# 临安电力工业志

## （1930—2016）

《临安电力工业志》编纂委员会　编

ZHEJIANG UNIVERSITY PRESS
浙江大学出版社
·杭州·

**图书在版编目（CIP）数据**

临安电力工业志. 1930—2016/《临安电力工业志》
编纂委员会编. —杭州：浙江大学出版社，2023.12
　　ISBN 978-7-308-24500-5

　　Ⅰ. ①临… Ⅱ. ①临… Ⅲ. ①电力工业－工业史－临
安－1930-2016 Ⅳ. ①F426.61

　　中国国家版本馆 CIP 数据核字（2023）第 249346 号

临安电力工业志（1930—2016）

《临安电力工业志》编纂委员会　编

| | |
|---|---|
| 责任编辑 | 季　峥 |
| 责任校对 | 蔡晓欢 |
| 封面设计 | 周　灵 |
| 出版发行 | 浙江大学出版社 |
| | （杭州市天目山路 148 号　邮政编码 310007） |
| | （网址：http://www.zjupress.com） |
| 排　版 | 杭州星云光电图文制作有限公司 |
| 印　刷 | 杭州宏雅印刷有限公司 |
| 开　本 | 889mm×1194mm　1/16 |
| 印　张 | 22.5 |
| 插　页 | 20 |
| 字　数 | 686 千 |
| 版 印 次 | 2023 年 12 月第 1 版　2023 年 12 月第 1 次印刷 |
| 书　号 | ISBN 978-7-308-24500-5 |
| 定　价 | 388.00 元 |

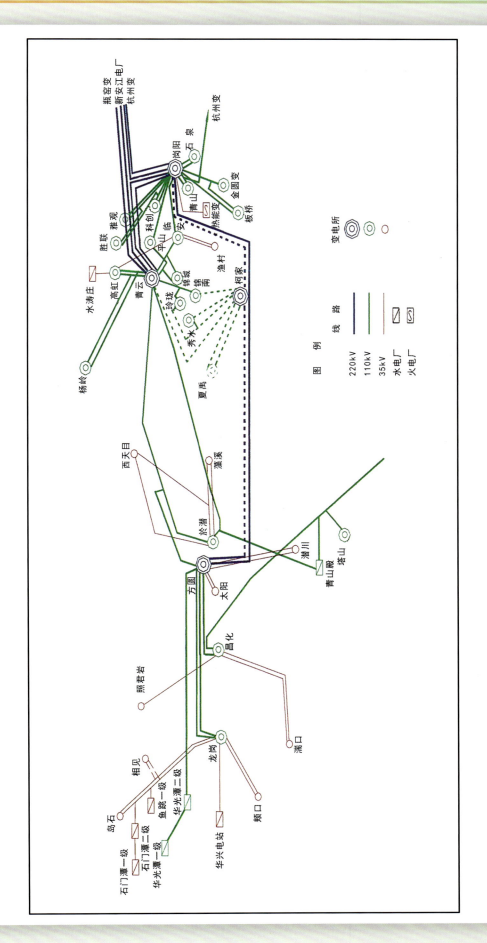

临安电网2016年末220kV、110kV、35kV电网网架示意图

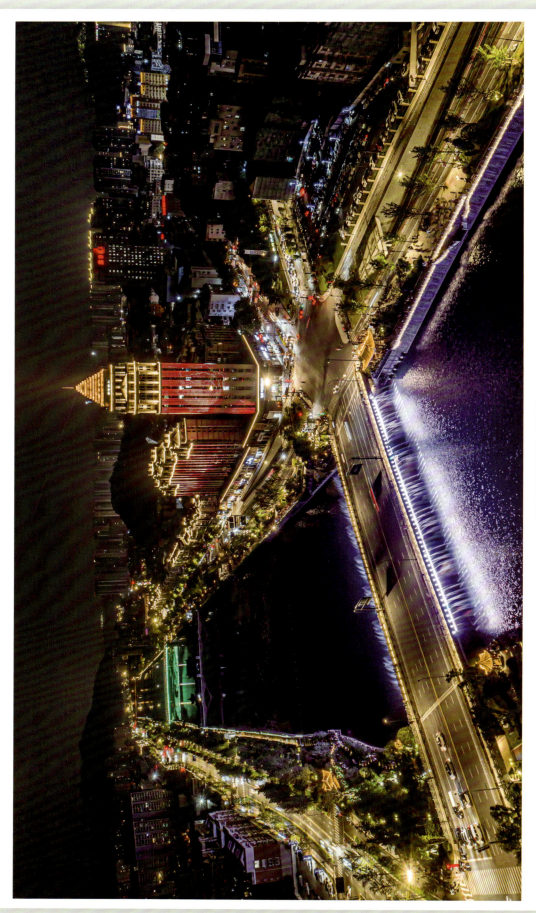

锦城街道苕溪两岸夜景

2005年10月25日,浙江省委常委、杭州市委书记王国平在临安市委书记王坚、市长方建生的陪同下视察杭州恒信电气有限公司

2015年6月26日,杭州市委副书记、市长张鸿铭到临安昌化"6·23"洪灾一线慰问抢修工人

2005 年 9 月 7 日,浙江省电力公司总经理赵义亮赴昌化受灾地区慰问电力职工

2015 年 1 月 14 日,国网浙江省电力公司副总经理、国网杭州供电公司总经理杨勇到临安与临安市委书记张振丰会谈

钱王街临安电力大厦(1996—2005 年)

万马路临安电力中心(2005 年至今)

新农村电气化建设施工现场（2006—2012 年）

1996 年 12 月 23 日，临安县第一座 220 千伏变电站——青云变电站投入运行

2001 年 10 月 25 日,临安市最偏远的一座 35 千伏变电站——岛石变电站投入运行

2006 年 12 月 26 日,临安市第二座 220 千伏变电站——列入浙江省重点工程、杭州市重点工程的 220 千伏岗阳变电站投入运行

2009 年 6 月 11 日,杭州地区第一座按"两型一化"典型设计的 110 千伏杨岭变电站投入运行

2011 年 11 月 22 日,临安市供电局第一个 GIS 室内变电站——110 千伏锦城变电站投入运行

2012 年 5 月 31 日,临安市第三座 220 千伏变电站——方圆变电站投入运行

2012 年 12 月 27 日,临安市第一座 110 千伏智能化变电站——科创变电站投入运行

2006 年 7 月,途经临安的超高压线路——500 千伏宣富线投入运行

2014 年 4 月,途经临安的 1000 千伏浙北—福州特高压交流输电线路正在施工

2016 年 8 月,途经临安的±800 千伏灵州-绍兴特高压直流输电线路投入运行

2016 年 8 月 17 日,国网杭州供电公司与临安市政府签订"十三五"电网建设战略合作协议

1998 年 5 月 25 日,青山殿水电站并网发电

2015 年 8 月 26,国网浙江临安市供电公司工作人员对太湖源镇浪口村屋顶光伏项目进行现场指导

1999 年 9 月 21 日,临安市供电局召开安全生产 3000 天总结表彰大会

2010 年 3 月 9 日,临安市供电局召开"三个不发生"百日安全活动动员大会

2005 年 5 月,110 千伏秀水变电站施工现场

2013 年 1 月,临安市供电局输电运检人员巡视 35 千伏天池线

2015 年 7 月 2 日,千年古镇河桥镇进行电力线路改造

20 世纪 90 年代的临安市供电局调度室

2004 年 6 月 30 日,临安市供电局青年志愿者在锦城街道开展"全民携手 节约用电"宣传活动

2004 年 7 月 8 日,临安市供电局联合临安市委宣传部等在锦城、於潜、昌化三地开展临安市中小学生节电万人签名活动

2015 年 3 月 4 日,国网浙江临安市供电公司团员青年掀起"让地球远离污染、让绿色走进家园"活动,号召大家节约能源、绿色出行

2015 年 3 月 13 日,国网浙江临安市供电公司参加"临安市 3·15 国际消费者权益日"主题活动,在临安人民广场向市民介绍安全用电、节约用电等知识

2016 年 5 月 12 日,国网浙江临安市供电公司开展"电力课堂"进校园活动,在江南幼儿园、临安晨曦小学等学校进行安全用电、节约用电讲座

1986 年,临安县供电局召开供电作风监督员聘请大会

2000 年 4 月 6 日,临安市供电局第一个乡(镇)供电营业所——横畈供电营业所成立

2006 年 4 月 22 日,临安市供电局组织服务队到文明结对村三口镇大青村开展电力服务

2007年7月19日,临安市青山湖街道宫里村干部给临安市供电局送锦旗

2008年1月29日,昌化供电所职工在雨雪灾害中抢修

2015 年 9 月 17 日,第九届亚洲技巧锦标赛在临安市文体会展中心举行,国网浙江临安市供电公司全力做好保供电工作

2016 年 1 月 4 日,浙江省有效投资重大项目开工仪式在临安青山湖科技城举行,国网浙江临安市供电公司以总经理为组长的保供电小组完成一级保供电工作

1976年10月28日,昌化供电地区农电经验交流会全体代表合影

1995年6月20日,临安县供电局召开第十五次农电百日安全竞赛暨双夏动员大会

1999 年 3 月 3 日,临安市供电局召开班组长培训暨班组建设工作会议

2001 年 9 月 22 日,临安市供电局与浙西电力技术学校联合开办的中技函授班开学

2003 年 6 月 20 日,临安市供电局举办农村电工岗位知识及技能竞赛

2007年4月27日,临安市供电局举行"职业技能年"启动仪式

2009年5月,在浙江省电力公司系统企业管理创新成果发布会上,临安市供电局成果"党支部和党员考核激励机制的创新实施"获二等奖

2010 年 4 月 29 日,浙江省电力公司授予临安市供电局培训中心"浙江省农电培训基地(临安教学点)"牌匾

2013 年 4 月 13 日,临安市供电局报送的"工器具准备单智能填写装置的研制"和"线路压变谐波抑制装置的研制"
分别获第六届"海洋王"杯全国 QC 小组成果发表赛一等奖和二等奖

2014 年 4 月 4 日,临安青山湖科技城智能电网综合建设工程通过验收

2014 年 5 月 15 日,国网浙江临安市供电公司组织退休职工了解智能电网建设情况

1990 年 7 月 18 日,临安县供电局召开企业档案升级工作会议

1991 年 5 月 29 日,临安县供电局召开第五届第二次职工代表大会

2000 年 11 月 17 日,临安市供电局召开"创一流"决战动员大会

2002 年 4 月 26 日,临安市供电局职工持股会第二届第一次会员代表大会通过职工持股方案

2005年1月30日—2月1日，临安市供电局召开公开竞聘会，竞聘中层副职干部

2006年7月26—28日，杭州万泰认证有限公司对临安市供电局"三标一体"管理体系进行现场审核

2012年5月21日,临安市供电局举行"三集五大"体系第一批机构揭牌仪式

2016年12月23日,国网浙江临安市供电公司召开2016年度政工一体化考评及干部考核大会

2006 年 10 月 12 日，中共临安市供电局第一次代表大会全体代表合影

2003 年 9 月 13 日，临安市供电局召开第九次团员代表大会

2005 年 2 月 4 日,临安市供电局召开党员先进性教育动员大会

2006 年 7 月 1 日,临安市供电局在临安人民广场举行"党员活动日"广场活动

2009 年 5 月 22 日,临安市供电局团委组织为汶川儿童捐赠优秀少儿读物活动

2015 年 9 月 1 日,国网浙江临安市供电公司团委开展"寻访抗日足迹,传承红色精神"活动

1994 年 9 月 17 日,临安县供电局举行卡拉 OK 大赛

2006 年 5 月 27 日,临安市供电局组织员工参加杭州市电力局第四届职工文化艺术年大合唱比赛

2008 年 3 月 15 日,临安市供电局举办职工体育运动年启动仪式暨"我与奥运同行"职工乒乓球比赛

2008 年 5 月 31 日,临安市供电局承办杭州市电力局第五届体育运动年"临电杯"趣味运动会

2011 年 9 月 22 日,临安市供电局举办"青春临电 嘹亮红歌"迎国庆主题晚会

2014年12月23日,国网浙江临安市供电公司团委、工会联合举办"传递正能量,共筑中国梦"迎新年联欢晚会

2016年7月1日,国网浙江临安区供电公司召开纪念建党95周年暨G20保电及迎峰度夏动员大会

# 企业荣誉

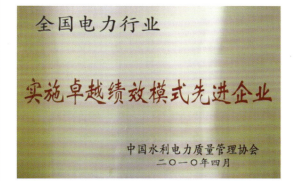

2022年5月22日，国网浙江省电力有限公司杭州市临安区供电公司领导班子合影（左起：副总经理姚旭东、纪委书记刘柱、浙江大有集团有限公司临安分部主任何可人、总经理朱卫东、党委书记王一达、副总经理陈礼朝、副总经理张稼睿、浙江大有集团有限公司临安分部副主任/浙江恒力电力承装有限公司总经理钱敏）

2022年5月22日，参加《临安电力工业志》终审会议人员合影（前排左起：何永林、徐长松、朱卫东、王一达、杨彩霞；中排左起：姚旭东、刘柱、何可人、陈礼朝、张稼睿、钱敏；后排左起：方恒慧、李宁、章浩、杨越、庞宏展、安琪儿、韩鹏）

# 《临安电力工业志》编纂委员会

主　任　　朱卫东　　王一达

副主任　　何永林

委　员　　黄小平　　何可人　　陈礼朝　　刘　柱

张稼睿　　姚旭东　　丁　松　　钱　敏

包红民　　王国锋　　章　浩　　杨　越

李　宁　　庞宏展

顾　问　　徐长松


# 《临安电力工业志》编纂办公室

主任(兼主编)　　何永林

副　主　任　　庞宏展　　安琪儿　　韩　鹏

副　主　编　　方恒慧

编　　　辑　　章　梵　　楼春莉　　姚晓倩　　蓝小辉

杨倩莹　　应小保　　张鹏飞　　罗明亮

潘晓静　　欧阳娜　　贾　磊　　王　园

李芳洁　　朱　青　　许　琳　　钱　岚

郭　芳

# 序

鉴古以知今，继往而察来。钱王故里的千年绵延，孕育着临安电力工业的蓬勃生机；昭明禅寺的点滴星火，化成了幸福来临的光明图腾。《临安电力工业志（1930—2016）》的付梓在临安电力工业发展史上具有里程碑意义，值得庆贺！

临安电力工业始于20世纪初，在风雨飘摇中艰难前行。中华人民共和国成立后，在中国共产党的领导下，如火如荼的社会主义建设在中华大地全面铺开，临安电力工业进入新的发展时期，广大电力职工坚持"干电力就是干革命"，团结奋斗、求实创新，安全供电、服务人民，取得辉煌成就。如今，我们铭记"电等发展"重要嘱托，始终秉持"人民电业为人民"的企业宗旨，为临安经济社会发展注入源源不断的强劲动能。

《临安电力工业志（1930—2016）》是第一部系统记述临安电力工业发展的专志。本书的编纂遵循辩证唯物主义和历史唯物主义原理，以确凿的史料为依据，以生产力发展为线索，分编十一章，各设节目，体例严谨，内容翔实，文约事丰。本书总揽临安电力工业之变迁，汇集盛世发展之成就，承载为民谋电之业绩，充分展示了临安电力工业的地方特色和时代特色。施政之助、施教之材展卷可得，告慰前人、激励当代，启迪后世、造福桑梓。

新竹高于旧竹枝，全凭老干为扶持。本书编写过程中，得到了何永林、周作模、陆鉴、陈坚等前辈的大力支持，得到了洪洲、李宏雯、赵训君等领导的热心关怀，得到了徐长松、许锦光等专家的宝贵建议。他们中有的早已退居幕后，但不辞辛劳，主导、参与编纂；有的年事已高，或废寝忘食地审读后递来十几页建议，或如数家珍地提供史料故事。年迢事远，资料散佚，收集不易，修志人员不辞辛苦，历时八年，经无数明月高悬的夜晚、无数夜色渐淡的黎明，终将这一本厚重的志书编纂而成。

政通人和，百业俱兴，盛世修志，志载盛世。奔赴充满光荣和梦想的远征，临安电力是一叶破浪前行的轻舟，已驶入全新水域。衷心期望本书能为读者所用，帮助大家进一步了解临安电力，热爱临安电力，振兴临安电力，创造新的业绩，谱写新的华章！同时，志书修撰工程浩繁，虽经各方努力，精雕细琢，但差错疏漏在所难免。希望读者不吝赐教，以便再次修志时纠谬补遗。

是为序。

2023 年 10 月

# 凡　例

## 一、宗旨

以马克思列宁主义、毛泽东思想、邓小平理论、"三个代表"重要思想、科学发展观、习近平新时代中国特色社会主义思想为指导，遵循辩证唯物主义和历史唯物主义原理，全面、客观、系统地记述临安电力工业的发展历史和现状，体现时代特点和企业特色，旨在"存史、资治、教化"。

## 二、起讫时间

上溯事物发端，下限为 2016 年 12 月 31 日。个别事物，为详其始末，延伸至志书脱稿。

## 三、地域范围

以下限时临安市行政区域为界。

## 四、体裁

采用述、记、志、图、表、录等体裁，以志体为主。

## 五、结构

卷首设彩图、序、凡例、概述、大事记；卷末辑人物录、附录、编后记。专志设发电、电网、供电、用电、营业、农电、管理、多种经营、科学技术、职工、党群十一章；设章、节、目，横排门类，事以类从，纵叙发展，突出重点。

## 六、文体

使用规范的现代语体文。直接引用资料使用原文文体。

## 七、文字

以 1986 年 10 月 10 日国家语言文字工作委员会重新发表的《简化字总表》，1955 年 12 月 22 日中华人民共和国文化部、中国文字改革委员会发布的《第一批异体字整理表》及 2013 年 6 月 5 日中华人民共和国国务院公布的《通用规范汉字表》为准。异形词以 2001 年 12 月 19 日中华人民共和国教育部、国家语言文字工作委员会发布的《第一批异形词整理表》为准。

## 八、标点符号

以 2011 年 12 月 30 日中华人民共和国国家质量监督检验检疫总局、中国国家标准化管理委员会发布的《标点符号用法》为准。

## 九、称谓

人名，除引文外，一律直书其名，必要时冠职务名。

地名，志书下限时的地名使用政府审定的标准地名，必要时括注俗称地名。

政府机关、党派团体等均用当时称谓。

## 十、简称

各种较复杂的名称重复出现时,首次出现时使用全称并括注简称。有关机构、单位的全称、简称均以《有关机构、单位全称与规范化简称对照表》为准。其他简称采用社会上通行、不产生歧义者,且全卷保持一致。

## 十一、纪年

历史纪年按传统习惯,首次出现时,括注公历纪年。自1949年10月1日起,采用公历纪年。公历纪年及公历的世纪、年代、月、日和时刻,均以阿拉伯数字书写。

## 十二、数字

数字按2011年7月29日中华人民共和国国家质量监督检验检疫总局、中国国家标准化管理委员会发布的《出版物上数字用法》表述。

## 十三、数据

中华人民共和国成立前的数据按文献记载入志。

中华人民共和国成立后的统计数据以统计部门公布数据为准。统计部门数据缺失者,则采用相关部门经过核实的数据,并以注释形式说明资料来源。同一内容数据有不同者,也以注释形式加以说明。重要地理信息数据采用测绘部门公布的法定数据。

## 十四、计量单位

按1984年2月27日中华人民共和国国务院发布的《中华人民共和国法定计量单位》规定表述。使用单位名称或单位符号视具体情况而定。

## 十五、货币

中华人民共和国成立前的货币币值均按文献记载入志。

中华人民共和国成立后的货币币值均指人民币币值。1955年3月1日前后人民币各按当时币值记载,不做换算。

## 十六、资料

入志资料取之于档案、书籍、报刊、网络及社会调查等,均经考订、核实。凡记载不一样者,正文采其一说,其余说法以注释形式记述。口述资料经考证核实入志,不注明出处。

## 十七、人物

人物分企业主要负责人简介和企业先进人物名录,先进人物仅录杭州市级及以上劳动模范。

# 目　录

# 概　述

临安位于浙江省西北部天目山区，东邻杭州市余杭区，南连杭州市富阳区及桐庐、淳安两县，西接安徽省歙县，北连湖州市安吉县及安徽省绩溪县、宁国市。境域由原临安、於潜、昌化三县合并而成，总面积3126.8千米²。原三县建置为：西汉武帝元封二年(前109)有於潜县；临安县建置始于东汉建安十六年(211)，时称临水县，县治在今高虹镇，西晋太康元年(280)，因境内临安山而更名为临安县；唐垂拱二年(686)置紫溪县，北宋太平兴国三年(978)改称昌化县。中华人民共和国成立后，1958年，余杭并入临安县，於潜并入昌化县。1960年，昌化(含於潜)并入临安县。1961年，原余杭县部分划出。1996年12月28日，临安撤县设市。2016年，全市户籍人口53.15万人，有街道5个、镇13个、社区16个、行政村287个、居民区14个。

民国21年(1932)，著名京剧表演艺术大师梅兰芳捐赠1台发电机给东天目山昭明禅寺，装灯200余盏，供昭明禅寺照明，为临安境内有电之始。之后，临安县陆续开办临安电汽有限公司、碾米厂、私营发电厂等具小型发电设备的企业。1953年12月，临安电厂投产发电。1955年5月，於潜电厂投产发电。临安的火力发电工业逐渐起步。

临安丘陵起伏，雨量充沛，水系发达，主要溪流有南苕溪、中苕溪、天目溪、昌化溪，均发源于崇山峻岭之间，落差较大，源流湍急，蕴藏着丰富的水力资源。1957年7月，昌化水电站首台机组发电，容量100千瓦。此为杭州市范围内第一座建成投产的小水电站。1958年，昌化县又筹建白牛水电站，11月发电，开昌化县境内农村用电之先河。其后，昌化、临安县相继兴建小水电站。

1959年10月，从闲林埠经余杭到临安的10千伏线路通电，临安开始由杭州电网供电，临安电厂结束火力发电。1960年8月，临安电厂改名为临安县供电所。1962年5月，10千伏线路延伸至於潜，於潜电厂停止发电。1963年1月，临安县供电所改名为临安电力公司，归属杭州供电局。同年3月，浙江省人民委员会发文将临安电力公司等企业划归水利电力部直属管理。临安电力公司实行党支部领导下的经理负责制。

1963年5月，临安县第一座35千伏变电站——35千伏临安变电站建成投入运行(简称投运)。同年7月，35千伏於潜变电站建成投入运行。1964年6月，昌化水电站停止发电。

"文化大革命"给临安电力工业带来极为严重的干扰。临安电力公司领导班子遭到严重冲击，生产管理上合理的规章制度遭到批判，致使生产秩序混乱，设备检修失常，安全状况不佳，电能质量低下。但全体电力职工仍然坚守岗位，克服困难，保证电力供应。其间，临安电力发展曲折，电力建设缓慢。因杭州无线电二厂迁到龙岗，该厂生产的半导体元器件对电能质量和电源可靠性要求较高，故于1973年8月建成投入运行35千伏龙岗变电站。"文化大革命"这10年临安县的用电量年均增长率为20%，比之前10

年77%的平均增长率减少57个百分点。

十一届三中全会后,临安的乡镇企业迅速崛起,经济快速发展,临安电力工业的发展随之加快。1980年10月,35千伏临安变电站升压为110千伏。1982年4月起,临安电力公司开展全面整顿,推行经济责任制,试行"党组织集体领导,职工民主管理,经理行政指挥"的管理体制。1983年12月,临安电力公司改名为临安县供电局。1984年9月,35千伏夏禹变电站建成投入运行,随后,35千伏藻溪临时变电站、35千伏青云变电站、35千伏青山变电站相继建设并投入运行。

1988年4月,临安县供电局由部属企业划为省属企业,原管理模式不变,企业党政职能更为明晰,管理工作不断加强并规范科学。

在1994年之前,临安电网只有2座110千伏变电站供电,即110千伏昌化变电站和110千伏临安变电站。1994年,35千伏於潜变电站升压为110千伏变电站。1995年,35千伏青山变电站升压为110千伏变电站。1996年12月23日,临安县第一座220千伏变电站——220千伏青云变电站建成投入运行,主变压器容量15万千伏安,电源进线220千伏瓶青线接自500千伏瓶窑变电站。220千伏青云输变电工程的建成改变了临安电网长期以来仅由浙江电网单一电源供电的局面。从此,临安可从华东大电网直接吸取电能,提高了整个临安电网的供电可靠性。1996年12月28日,临安撤县设市,临安县供电局改称临安市供电局。是年,临安市供电局通过华东电网"双达标"(即安全、文明生产达标)验收。1997年,通过电力工业部"双达标"验收。

随着电网的发展,新设备、新技术的推广使用,临安供电企业现代化管理水平不断提高。"九五"计划期间(1996—2000年),变电站实行无人值班改造,调度自动化实用化通过考评验收,筹划和实施用电管理(NOVELL网)系统和管理信息系统(MIS),推出承诺制服务和"客户服务中心""事故抢修中心",用电管理信息全部网络化等,体现出临安市供电局不断进步、发展,朝着一流供电企业的方向迈进。

1999年4月,浙江省电力公司与浙江省政府签订全省统一的《趸售县供电企业代管协议》,代管协议明确"三个不变""两个控制""四个加强"的原则,即代管后产权隶属关系不变、财税体制不变、趸售方式不变,以及控制人员增长、控制工资总额。临安市供电局成为浙江省电力公司代管的县供电企业。9月,临安市供电局设立农网改造领导小组,在全市开展"两改一同价"(改革农村电力管理体制、改造农村电网、实现城乡用电同网同价)工作。经过4年的努力,临安市供电局完成全市651个村的农网改造,临安市全域实现城乡居民生活用电同网同价。2002年,临安市由点到面在全市范围内开展农电管理体制改革,撤销各乡(镇)电力管理联站(简称电管联站)及各乡(镇)电力管理站(简称电管站),组建19个供电营业所。原电管站的工作全部移交给供电营业所,由临安市供电局直接领导,实行规范化管理。2002年11月,临安市供电局被国家电力公司授予"一流县供电企业"称号。至2004年12月,临安市供电局全面完成全市26个乡镇(街道)的农电体制改革任务,理顺农电管理体制。

"十一五"计划期间(2006—2010年),临安电网建设成绩突出。先后建成110千伏秀水、石泉、平山、板桥、杨岭输变电工程,投运110千伏塔山临时变电站、110千伏於潜变电站技改、110千伏锦城变电站升压工程,完成220千伏杭州变电站至岗阳变电站的2回路建设。2006年12月,列入浙江省重点工程、杭州市重点工程的220千伏钱王变电站(正式命名为岗阳变电站)投入运行,临安形成以220千伏为骨干、110千伏为支撑、35千伏及10千伏为覆盖,技术先进,网架合理,供电可靠,调度灵活,运行经济,具有较高自动化水平的地方电网。

新农村电气化建设是全面改善民生、促进农村经济可持续发展、努力履行央企社会责任的一项重点

工作。自 2006 年起，临安市供电局围绕"新农村、新电力、新服务"的发展战略，按照"政府发动、乡镇主动、电力推动、百姓互动"的思路，以"标准化、智能化"为目标，推进新农村电气化建设工作。2009 年 1 月，临安市供电局被国家电网公司授予"新农村电气化建设先进单位"称号。2012 年 8 月，临安全境实现"村村电气化"。6 年累计投入资金 10.68 亿元，完成 18 个乡镇（街道）、298 个行政村的新农村电气化建设改造工作。

"十二五"计划期间（2011—2015 年）是临安市全面建成小康社会、实现杭州西郊现代化生态市建设大跨越的关键时期。临安市供电局制定的《临安电网"十二五"发展规划及远景展望》《临安市"十二五"电力设施布局规划》通过政府部门评审并发布，制定的《临安市"十二五"管网规划》《临安市"十二五"配电网规划》《临安市"十二五"中心镇电网规划》等提交临安发展和改革局备案，这为"十二五"期间电网建设打下了良好的基础。2012 年 5 月 31 日，临安电网第三座 220 千伏变电站——220 千伏方圆变电站投入运行，结束临安地区用电均由临安东部提供的现状，为於潜和两昌地区提供了充足电源，使临安中西部地区经济发展摆脱了电力不足的束缚，也将该地充足的小水电输送到用电较为紧张的临安东部地区，有效调整了电网网架结构，使得电力资源配置更为优化。11 月 22 日，国务院国有资产监督管理委员会批复浙江省包括临安市在内的 61 家地方供电企业国有产权无偿划转浙江省电力公司管理，临安市供电局从代管县局变成直供直管子公司，全面纳入国家电网公司一体化管理。产权划转后，企业独立法人地位不变，独立购销主体不变，核算体制不变，利润全部用于地方电网建设与发展不变。2013 年 5 月，根据《浙江省电力公司关于规范公司系统各单位名称的通知》（浙电人资〔2013〕702 号），临安市供电局更名为国网浙江临安市供电公司。7 月 11 日，启用"国网浙江临安市供电公司"印章。11 月，国网浙江临安市供电公司被国家电网公司授予 2013 年"科技进步先进县供电企业"称号。2015 年 10 月，国网浙江临安市供电公司被中国水利电力质量管理协会授予 2015 年"全国电力行业用户满意企业"称号。2016 年 11 月，国网浙江临安市供电公司被中国电力企业联合会、中国水利电力质量管理协会授予"2016 年全国电力行业质量奖"。

至 2016 年，临安电网拥有 220 千伏公用变电站 3 座、主变压器（简称主变）6 台，总容量 105 万千伏安；110 千伏公用变电站 18 座，主变压器 35 台，总容量 158.05 万千伏安；35 千伏公用变电站 9 座，主变压器 18 台，总容量 18.4 万千伏安；10 千伏公用变压器（简称公变）3436 台，总容量 161.62 万千伏安；110 千伏线路（含电厂、用户）27 条，总长度 420.20 千米；35 千伏线路 28 条（含电厂、用户），总长度 276.95 千米；10 千伏线路 292 条（含用户），总长度 3817.40 千米；杭州调度直管的水电站 3 座，即青山殿水电站、华光潭一级水电站、华光潭二级水电站，装机总容量 12.5 万千瓦；临安直接调度电站 94 座，装机总容量 11.06 万千瓦（其中，小水电站 91 座，装机总容量 8.71 万千瓦；小火电站 2 座，装机总容量 1.35 万千瓦；光伏发电站 1 座，装机总容量 1 万千峰瓦）。临安市电力用户数 28.92 万户，售电量 29.33 亿千瓦时，全社会用电量 31.09 亿千瓦时；农网综合电压合格率 99.94%，农网供电可靠率 99.93%，综合线损率 3.45%；全网最高供电负荷 60.1 万千瓦。

# 大事记

## 中华民国

### 1930 年（民国 19 年）

11 月 1 日，昌化县第二次行政会议议决商会会员的"昌城创设公营电灯厂"议案。于 11 月 26 日呈送浙江省建设厅，浙江省建设厅于 12 月 6 日答复此议案可行，要求昌化县政府将详细计划及经费预算一并报送。但最后此事不了了之。

### 1932 年（民国 21 年）

冬，著名京剧大师梅兰芳先生捐赠东天目山昭明禅寺美国产发电机 1 台，装灯 200 余盏，晚上供寺院照明用，为临安有电之始。

### 1934 年（民国 23 年）

8 月，杭县人沈锦林等 6 人集资 5600 元，在临安县锦城镇租用茧行的房子开办临安电汽有限公司，设 20 匹马力（1 马力＝735 瓦）的卧式单汽缸柴油引擎和 15 千瓦直流发电机各 1 台，装有电灯 380 余盏，主要用于县政府和周边商店照明。

### 1938 年（民国 27 年）

临安电汽有限公司因侵华日军严控柴油导致燃料短缺而被迫停办，日机轰炸临安县城时，厂房、机器被炸毁。

## 中华人民共和国

### 1950 年

下半年，江苏常州人胡禹门等人合股在临安办电厂。厂址设在城关镇木梳弄，以煤气内燃机提供动力，装机容量 50 千瓦。后因经营不善，该厂无法继续经营，遂将机器迁往江西。

### 1951 年

7 月，临安县城关镇建成私营发电厂（木炭发电），装设发电机组 1 台，装机容量 15 千瓦，电力用于碾米、印刷和机关、商店照明，但开办不久就关闭了。同月，临安专署生产科在临安县城投资开办 10 家地方国营企业，均冠以"裕民"字号，裕民米厂为其中之一。

### 1952 年

裕民米厂附设发电车间发电，白天用于碾米，晚上供专区、县机关及商店照明。

### 1953 年

7 月 23 日，浙江省工业厅下发 1953 年工业基建计划，提出审查意见：裕民加工厂原系电米厂，因临安私营电厂迁往江西,私营电厂的用户将由该厂供应。

7月27日,成立临安电厂基建委员会,临安县委城镇工作部戴福君部长任主任,原裕民米厂翁顺潮负责基建领导工作。由临安县政府拨款1.9万元筹建电厂,厂址即原裕民米厂发电车间。

12月7日,临安电厂正式发电,装设75匹马力双缸引擎和50千瓦发电机各1台。翁顺潮任厂长,有职工7人。

## 1955 年

年初,於潜县政府动员工商业界集资办电厂,时任县工商联(筹)委员的方恒裕和邵志达申请将他们合办南货商店的全部资金投资办电厂。於潜县政府批准即筹办於潜电厂。厂址在於潜县城关镇潜阳路东门巷1~5号,方恒裕任厂长。

5月30日,於潜电厂正式发电,装设25匹马力的引擎和30千瓦的发电机各1台,有职工5人。

7月,浙江省委书记江华途经昌化,向昌化县领导面示:"昌化山区,河流多,坡度陡急,水力资源丰富,可以兴建水力发电站。"

是年,临安电厂架设1回6千伏线路,线路长度1.5千米,供工农速成中学用电。

## 1956 年

3月1日,昌化水电站开工兴建。电站建设委员会负责人为昌化县财粮科科长李青萍。站址在昌化县城西街。

是年春,於潜电厂实行公私合营,并成立董事会,宣吉生任董事长,方恒裕任厂长。

## 1957 年

2月2日,昌化县委发出《关于继续动员民工兴建县水力发电站的通知》。

7月22日,昌化水电站第一台机组建成发电,装机容量100千瓦。

## 1958 年

12月6日,临安县成立青山水库工程总指挥部,临安县县长黄太和任总指挥。

12月18日,青山水库大坝主体工程正式开工。

## 1959 年

3月,设立临安电厂党支部,辛苗海任副书记。

7月,余杭电厂、瓶窑电厂相继并入临安电厂。

10月1日,从闲林埠钢铁厂35千伏降压站引出的10千伏余杭线上支接31.5千米线路至临安县城关镇,临安开始由杭州电网供电,临安电厂结束火力发电。

## 1960 年

5月28日,水利电力部副部长冯仲云、张含英视察青山水库工地。

8月,临安电厂更名为临安县供电所,翁顺潮任主任。

9月28日,220千伏杭州变电站建成投入运行,从闲林埠经余杭到临安的10千伏线路改从杭州变电站出线。

## 1961 年

3月,临安电厂党支部更名为临安县供电所党支部。

4月,余杭电厂、瓶窑电厂从临安县供电所划出。

10月28日,临安县委任命刘德柱为临安县供电所党支部书记。

11月6日,临安县成立电力灌溉基本建设委员会。

是年,临安县青山人民公社蒋杨生产大队电力抽水机埠建成。

## 1962 年

5月28日,从杭州变电站到临安的10千伏线路延伸至於潜,於潜电厂停办,该厂9名职工归属临安县供电所。

7月,杭州供电局成立,临安等5县的电力企业及供用电业务划归其管理。

11月,临安县委任命张景亭为临安县供电所党支部书记。

## 1963 年

1月1日,临安县供电所归属杭州供电局,同时更名为临安电力公司,张景亭任经理,翁顺潮任副经理。临安县供电所党支部更名为临安电力公司党支部,张景亭任书记。

1月,中共临安县第三次代表大会提出临安县1963—1967年第三个五年计划的奋斗目标,其中包括努力争取在1967年前,凡是有条件的地方都实现机电灌溉、加工和用电照明。

3月29日,临安电力公司划归水利电力部直属管理。

5月6日,35千伏临安变电站建成投入运行,装设2400千伏安主变压器1台。

7月24日,35千伏於潜变电站建成投入运行,装设1000千伏安主变压器1台。

## 1964 年

6月1日,昌化水电站停止发电。昌化水电站18名职工转为从事线路检修、运行及收费等工作。

是年,临安县实现乡(公社)乡通电。

## 1965 年

3月29日,临安县人民委员会向浙江省人民委员会提出昌化水电站要求划归临安电力公司统一管理。

5月,水利电力部副部长钱正英视察青山水库。

## 1967 年

3月,"临安电力公司革命造反总部"成立,强行接管企业党政大权。

3月28日,杭州供电局发文,明确昌化水电站业务暂时由临安电力公司代为管理。

7月2日,35千伏昌化临时变电站建成投入运行,装设1000千伏安主变压器1台。

12月19日,"临安县革命造反联合总指挥部"下文给"临安电力公司革命造反总部",同意成立临安电力公司革命委员会,陈先根为主任,翁顺潮为副主任。

## 1968 年

12月14日,临安县革命委员会下文,黄再荣任临安电力公司革命委员会主任。

## 1969 年

5月31日,临安县革命委员会向浙江省革命委员会生产指挥组提交要求将昌化水电站并入临安电力公司革命委员会的报告。

7月5日,临安县暴发特大山洪,大量供电设施遭破坏,经半个多月的抢修,供电逐步恢复。

10 月 20—27 日,临安电力公司革命委员会派出 13 名职工参加杭州供电局首届带电作业现场会议,并演示带电更换 35 千伏耐张绝缘子串和带电更换 10 千伏线路横担。

## 1970 年

9 月 12 日,35 千伏於潜变电站 10 千伏系统改成"二线一地制"运行。

9 月 15 日,临安电力公司革命委员会设立工代会(1975 年 7 月撤销),潘柏青任主任。

10 月,恢复临安电力公司党支部,朱开清任书记。

## 1971 年

6 月 30 日,临安电力公司团支部成立,郭志相任书记。

## 1973 年

6 月 1 日,临安县青山水库电站并网发电,装设 500 千瓦水轮发电机组 4 台,装机总容量 2000 瓦,为全县第一座并入大电网的水电站。

8 月,35 千伏龙岗变电站建成投入运行,装设 2400 千伏安主变压器 1 台。

## 1974 年

1 月 1 日,昌化水电站划归临安电力公司革命委员会管理,35 名职工归属临安电力公司革命委员会,中止原有趸购、趸售关系,改称临安电力公司革命委员会昌化工段。

是年,临安县龙岗公社腰铺村(新建村)通电,实现村(大队所在地村,或称行政村)村通电。

## 1976 年

10 月 6 日,110 千伏昌化变电站建成投入运行,装设 1 万千伏安主变压器 1 台。

11 月 4 日,临安县委批复同意设立临安电力公司党总支,张景亭任书记,郭明任副书记。

11 月 27 日,临安电力公司革命委员会下设三个工段(临安工段、於潜工段、昌化工段),并分别设立党支部。

## 1977 年

1 月初,连日大雪,110 千伏七里垅(泷)至昌化输电线(1121 线)13 座铁塔倾倒。

4 月 15 日,临安电力公司革命委员会设立调度室。

4 月 16 日,临安县革命委员会政治工作组批复同意设立临安电力公司团总支,潘之元任书记。

## 1978 年

4 月,撤销临安电力公司革命委员会,恢复临安电力公司名称,张景亭任经理,潘之元任副经理。

4 月 29 日,临安电力公司召开工会代表大会,选举产生工会委员会,潘之元任主任。

6 月 22 日,临安县革命委员会向浙江省革命委员会上报华光(潭)水电站的计划任务书。

9 月 19 日,临安县革命委员会为解决临安县严重缺电的实际困难,向浙江省计划委员会要求兴建青山殿水电站。

## 1979 年

11 月 26 日,临安县革命委员会下文,设立临安县"三电"(安全用电、计划用电、节约用电)领导小组及其办公室,临安县革命委员会副主任缪开寿任领导小组组长。

## 1980 年

10 月 15 日,35 千伏临安变电站升压为 110 千伏变电站,装设 2 万千伏安主变压器 1 台。

## 1981 年

4 月 22 日,临安电力公司在杭州市电力局管理的五县电力公司中率先召开第一届第一次职工代表大会。

5 月 15 日,临安电力公司设立生产技术股、用电管理股、行政财务股。

## 1982 年

4 月 15 日,临安工段在 10 千伏上甘线大同分线作业时,展放导线时误碰到带电导线,造成拉线民工 1 人死亡、1 人重伤、另有 12 人不同程度触电的事故。

6 月,临安电力公司在全县农村供电范围内开展农电安全"百日无事故"竞赛活动。

11 月 10 日,周作模任临安电力公司经理。

11 月,潘之元任临安电力公司党总支书记。

## 1983 年

3 月 20 日,临安电力公司设立变电工段。

4 月 15 日,临安电力公司召开第二届职工代表大会,王金华当选为工会主席。

12 月 8 日,临安电力公司改名为临安县供电局。

12 月 12 日,临安县被国务院列为全国 100 个农村电气化试点县之一。

## 1984 年

4 月 22 日,110 千伏临安变电站因值班员误操作,35 千伏临化线停电 11 分钟。

7 月 2 日,陆鉴任临安县供电局主任工程师。

9 月 14 日,35 千伏夏禹变电站建成投入运行,装设 5000 千伏安主变压器 1 台。

10 月 6 日,杭州市电力局在於潜召开杭州市电力局文明班组建设经验交流会。

10 月 25 日,临安县与浙江省水电勘察设计院确定华光潭梯级水电站的两级开发最佳方案,装机总容量 8 万千瓦。

11 月 19 日,设立临安县供电局电气服务公司。

12 月 4 日,临安县委批准同意设立临安县供电局党委,潘之元任书记,周作模任副书记。

12 月 24 日,临安团县委批准同意设立临安县供电局团委,何永林任书记。

## 1985 年

5 月 15 日,临安县农电管理总站成立,陈坚任站长。

7 月,浙江省省长薛驹、副省长李德葆到临安视察,听取了临安县领导关于供电体制问题的汇报。

## 1986 年

2 月 1 日,临安县受大雪袭击,全县平均积雪厚 160 毫米。全县送配电线路毁坏严重,临安县供电局干部职工迅速投入抗雪抢修工作。

8 月 11 日,35 千伏藻溪临时变电站建成投入运行,装设 3200 千伏安主变压器 1 台。

## 1987 年

1 月 23 日,110 千伏昌化变电站完成 10 千伏系统"二改三"工程,改为"三线制"运行。

2月11—15日,在全省电力工作会议上,临安县供电局被授予"全省供电系统优质服务先进单位"称号。

3月31日,35千伏青云变电站建成投入运行,装设5000千伏安主变压器1台。

4月6日,临安县供电局设立企业管理办公室。

7月4日,临安县遭受暴雨袭击,昌化地区山洪暴发,遭遇200年一遇的特大灾害,输配电线路受损严重。临安县供电局职工迅速投入抗灾抢修工作。

8月13日,35千伏青山临时变电站建成投入运行,装设3200千伏安主变压器1台。

9月,临安县供电局被浙江省电力工业局评为1987年"双夏"(即夏收夏种)优质服务先进集体。

11月28日,临安县供电局实现第一个"安全运行1000天"。

## 1988年

1月22日,110千伏临安变电站二期扩建工程建成投入运行,增设2万千伏安2号主变压器1台。

2月25—28日,临安县遭"冻雨"袭击,电网损坏严重,昌化、玲珑供电所等职工投入抢修工作。

4月19日,临安县供电局由部属企业划为省属企业。

6月25日,35千伏於潜变电站10千伏系统"二改三"工作完成,恢复"三线制"运行。

6月,在全省电力系统安全工作会议上,临安县供电局被授予"1987年度安全生产先进单位"称号。

7月12日,临安县供电局召开第四届第一次职工代表大会,选举产生章启昌为主席的工会委员会。

8月8日,杭州市区遭强台风侵袭,线路毁坏严重,临安县供电局派出抢修队支援杭城抢修。

9月15日,浙江省电力工业局召开"双夏"抗灾抢险、优质服务表彰大会,临安县供电局被授予"'双夏'抗灾抢险、优质服务先进集体"称号。

12月22日,临安县供电局以昌化工段为试点开展企业升级工作,临安县供电局党委书记潘之元提出"'质、量、素、积'管理法"的初步设想。

12月,经临安县委同意,3个区电管站党支部和横畈电工器材厂党支部进行属地化管理,划归当地区委、镇委管辖。

## 1989年

3月6日,临安县供电局设立综合档案室。

3月23日,华东电管局全面质量管理验收组到昌化供电所检查验收,给予较高评价。

6月29日,35千伏龙岗变电站主变压器增容为5000千伏安。

7月31日0时15分,35千伏化肥线跳闸,夏禹变电站主变压器分接开关烧坏造成停电,临安县供电局1580个安全运行日中断。

9月2日,临安县供电局召开第四届第二次职工代表大会,审议通过《临安县供电局职工住房分配办法》。

10月20日,浙江省电力工业局电能计量标准装置考核组到临安县供电局进行认证考核,当场宣布考核合格。

10月,临安县供电局党委被杭州市委评为"1988年度先进党组织"。

12月,临安县供电局通过杭州市爱国卫生运动委员会检查,被授予"杭州市卫生先进单位"称号。

## 1990年

2月23日,临安县供电局下文确定杭州临安电工器材厂由临安县供电局直接管理。

3月6日,临安县供电局电气服务公司更名为临安县电力承装公司;临安县供电局建立杭州临安开关厂。

3月15日,临安县电力承装公司获电力设施许可证四级资质。

4月25日,临安县供电局设立物资供应股。

5月15—16日,临安县供电局通过浙江省电力工业局、杭州市电力局会计工作达标验收组的验收。

6月17日,临安县电力承装公司初步通过浙江省低压开关柜整顿验收组的评审验收。

9月13日,临安县县级机关党委批准设立临安县供电局机关第一、第二党支部。原机关党支部和直属党支部撤销。

10月23—24日,临安县供电局召开第五届第一次职工代表大会,通过《局规局纪》《职工奖惩实施细则》,选举产生局第六届工会委员会和工会经费审查委员会。

12月5—6日,临安县供电局通过杭州市电力局检查验收组的全面质量管理评审验收和文明单位检查验收。

12月29日,110千伏昌化变电站扩建工程建成投入运行,增设1万千伏安主变压器1台。

## 1991年

1月4日,临安镇飞艇爆炸,冲击波将110千伏临安变电站宿舍楼摧毁,职工及家属有3人受伤;控制室、开关室门窗全部被掀翻,砸在设备上;开关室墙严重位移,控制室二次设备损坏严重,临安变电站停电。临安县供电局领导和职工至现场抢救伤员、整理场地。临安县委、县政府领导和有关单位至现场指导、帮助。临安县供电局全局投入抢修,杭州市电力局党委副书记张忠带领抢修队支援。1月5日17时30分,城关线、西墅线恢复通电;22时40分,全部线路恢复供电。

1月29日,杭州市安全生产委员会召开表彰会,临安县供电局、临安县供电局驾驶班分别被授予"杭州市劳动安全先进单位"和"杭州市交通安全先进单位"称号。

2月11日,由杭州市电力局局长徐乾康为组长的考评验收组到临安县供电局进行浙江省级先进企业和国家二级企业总体验收,并宣布临安县供电局通过验收。

2月12日,临安县电视台播放临安县1990年20件大事,其中2件为:临安县供电局110千伏昌化变电站扩建和35千伏青山输变电工程开工;临安县供电局各项基础管理已通过验收,各项指标达到国家二级企业标准。

3月1日,临安县检察院发文批准设立临安县人民检察院供电检察室(1993年12月9日撤销)。

7月2—7日,临安县遭到连续三次特大洪水袭击,10千伏电网遭到严重破坏,临安县供电局职工奋力抢修,及时恢复送电。12日,浙江省人大常委会副主任杨彬在临安县人大常委会主任蒋瑞斌等陪同下到临安县供电局慰问电力职工。

9月26日,在第二次全国电力系统思想政治工作会议暨中国电力职工思想政治工作研究会成立大会上,临安县供电局被授予"全国电力系统抗洪救灾先进集体"称号。

9月,浙江省电力工业局召开表彰大会,临安县供电局被授予"抗洪救灾先进集体"称号。

10月12日,35千伏青山变电站建成投入运行,装设8000千伏安主变压器1台。

12月2日,潘之元任临安县供电局局长。

## 1992年

2月22日,110千伏临安变电站主变压器35千伏中性点消弧线圈投入运行,此为临安电力系统首次采用中性点经消弧线圈接地方式。

6月5日,临安县供电局与江苏省张家港市供电局结为友好单位。

6月11日,临安县供电局设立多种经营办公室。

9月11日,临安县供电局设立基建办公室。

12月24日,华东电业管理局陈渭良副处长、浙江省电力工业局陈积民副局长等领导带领验收组到临安县供电局进行"双达标"验收。临安县供电局以较好的成绩通过验收。

## 1993 年

1月7日,浙江省电力工业局验收组到临安县供电局验收农村标准化线路和变电站。

1月19日,临安县供电局党委召开首次(临时)党员代表大会,选举产生潘之元、陈坚、宋林根为中共临安县第九次代表大会代表。

2月2日,临安县供电局设立安全监察股。

2月4日,杭州临安电力实业总公司成立。

3月26日,浙江省电力工业局、杭州市电力局有关领导、专家到临安县选 220 千伏青云变电站地址。

4月11日,杭州电力培训中心临安分校成立。

5月17日,临安县委副书记、县长庄鸿章等领导为临安县供电局电力调度大楼奠基剪彩。同日,成立杭州临安电力实业总公司董事会。

6月5日,临安县委发文表彰,临安县供电局被授予"临安县 1993 年文明单位"称号。

6月28日,35 千伏锦城变电站建成投入运行,装设 8000 千伏安主变压器 2 台。

11月10—13日,华东电力工会企事业工作经验交流会在临安县供电局召开。

11月15日,临安县政府设立临安县电力设施保护领导小组。

12月3日,临安县供电局首次招聘中层干部(临安县供电局总安全员和杭州临安电力实业总公司财务部主任)。

## 1994 年

2月1日,35 千伏於潜变电站升压为 110 千伏变电站,装设 3.15 万千伏安主变压器 1 台。

3月3日,临安县供电局与甘肃省高台县电力局结为友好单位。

5月18日,临安县供电局程控电话总机开通。

5月27日,110 千伏昌於线通电,打通临安县 110 千伏东西电网网架。

6月14日,临安县供电局党委首次设立离退休党支部。

6月21日,临安华能热电厂第一期工程并网发电,装机容量 6000 千瓦。

7月8日,35 千伏藻溪变电站建成投入运行,装设 8000 千伏安主变压器 1 台。

8月1日,临安县供电局把锦湖苑宾馆从生活服务公司剥离,成立临安电力锦湖苑宾馆。

8月2日,临安县农村初级电气化建设领导小组成立,临安县副县长郑柏松任组长,临安县供电局局长潘之元任副组长。

8月20日,35 千伏青云变电站扩建工程建成投入运行,增设 8000 千伏安主变压器 1 台。

11月11日,浙江省电力工业局批准杭州临安电力实业总公司电力设施许可证资质从四级升为三级。

11月30日,35 千伏太阳临时变电站建成投入运行,装设 3200 千伏安主变压器 1 台。

## 1995 年

1月11—12日，杭州市电力局"三为"服务达标验收组到临安县供电局开展验收，并宣布验收合格。

1月18日，临安县供电局设立行政科、供应科、车队、设计室。

1月20日，临安华能热电厂（青山）2号机组并网发电，装机容量6000千瓦。

1月23日，杭州市电力局决定将县级110千伏输变电设备委托当地供电局代管。

2月18日，临安电力通讯有限公司成立。

2月28日，临安县供电局路灯队成立。

6月18日，临安县供电局电力财经信息服务有限公司开始营业。

7月4日，110千伏青山变电站建成投入运行，装设2万千伏安主变压器1台。

8月8日，35千伏横畈临时变电站建成投入运行，装设3200千伏安主变压器1台。

8月29日，110千伏临安变电站2号主变压器由2万千伏安调换成3.15万千伏安。在施工中，临安县供电局首次完成吊车吊装110千伏主变压器作业。

11月4日，35千伏龙岗变电站扩建工程建成投入运行，增设5000千伏安主变压器1台。

11月9日，电力工业部党组成员、纪检组长李雪莹带领电力工业部监察局副局长石成梁等在浙江省电力工业局党组成员、纪检组长柯毓柱等领导的陪同下到临安县供电局检查行风建设工作。李雪莹对临安县供电局的行风建设工作给予充分肯定。

11月17—18日，临安县农村电气化县通过浙江省农村电气化验收委员会组织的验收。

12月12日，浙江省政协常委张兴钱率浙江省行风评估组在浙江省电力工业局工会主席张身康的陪同下到临安县供电局检查。

## 1996 年

1月29日，临安县供电局发文设立"四大中心"：财务核算中心、劳动工资管理中心、信息中心、生产指挥调度中心。

3月15日，35千伏潜川变电站建成投入运行，装设8000千伏安主变压器1台。

3月19日，临安县供电局钱王街大楼投入使用，总建筑面积15709米²，共19层（地上18层、地下1层），总建筑高度73.5米，楼内设置远动调度系统、计算机网络系统、千门程控总机、保安监视系统、消防报警联动系统、中央空调及排烟系统等，是临安第一座初级智能化大厦。

4月23日，在浙江省卫生、电力系统行风表彰大会上，临安县供电局被评为"十佳县供电局"，玲珑供电所被评为"十佳供电所"，临目电管站被评为"十佳乡镇电管站"。

5月7日，临安县供电局设立安全监察科。

6月30日—7月2日，临安县遭"6·30"特大洪灾袭击，电力设施遭到严重破坏，3天内有28条送配电线路跳闸停电，临安县供电局干部职工奋力抗洪救灾。

7月4—5日，浙江省电力工业局支援临安县总价值80余万元的材料物资。

9月3日，在浙江省电力系统双文明建设工作会议上，临安县供电局作为全国电力系统"双文明单位"受到表彰，临安县供电局党委副书记何永林代表临安县供电局介绍经验。

10月8日，临安县委下文通知，临安县供电局纪检组改为临安县供电局纪委，何永林任书记。

11月21日，临安县供电局调度自动化实用化通过由浙江省电力工业局、杭州市电力局组成的实用化验收小组的考评验收。

12月23日,临安县第一座220千伏变电站——青云变电站建成投入运行,装设15万千伏安主变压器1台。

12月28日,临安撤县设市,临安县供电局改名为临安市供电局。

## 1997年

2月15日,杭州临安超亚热电厂1号机组并网发电,装机容量1.5万千瓦。

2月28日,浙江省电力工业局企管处、供用电处及杭州市电力局有关领导组成电力工业部"双达标"验收组,对临安市供电局进行验收,并对临安市供电局的"双达标"工作给予较高评价。

4月29日,何永林任临安市供电局党委书记。

6月12日,临安市供电局设立审计科。

7月17日,35千伏锦城变电站1号主变压器由8000千伏安增容为1.6万千伏安。

9月3日,35千伏颊口变电站建成投入运行,装设5000千伏安主变压器1台。

9月12日,青山湖休闲村通过"二星级旅游涉外饭店"初评。

11月18日,临安市供电局设立劳动人事科。

12月6日,临安市供电局党委召开第二次(临时)党员代表大会,选举潘之元、何永林、石德荣为中共临安市第十次代表大会代表。

## 1998年

1月21日,临安市供电局档案工作通过由浙江省电力工业局、杭州市电力局及临安市档案局组织的验收组检查,以总分83.5分通过企业档案工作目标管理省级先进认定。

1月22日,临安遭遇历史罕见的大雪,积雪厚26厘米,造成全市1回110千伏线路、6条35千伏线路、30余条10千伏线路停电。临安市供电局全局上下奋起抗灾,临时组建指挥中心,局领导到一线指挥抢修,以最快的速度恢复送电。

2月20日,浙江省电力工业局、杭州市电力局有关领导和专家组成检查组,对临安市供电局电力工业部"双文明"单位进行考评复查。

4月10日,110千伏於潜变电站二期工程建成投入运行,增设3.15万千伏安2号主变压器1台。

5月7—8日,由浙江省电力工业局、杭州市电力局组成的检查组检查临安市供电局用电管理信息系统,获得一致通过。

5月25日,临安市总投资3.1亿元、历时2年10个月的青山殿水利工程并网发电,装机总容量4万千瓦,设计年发电量9109万千瓦时。

6月6日,临安市供电局召开第六届职工代表大会临时会议,审议通过党委书记何永林所作的机构改革动员报告,选举产生临安市供电局电力建设有限公司董事会和监事会。

6月10日,临安市供电局设立锦城供电所筹建小组。

6月15日,临安市供电局撤销行政科和审计科,行政管理职能划归办公室。

7月1日,临安市供电局锦城供电所挂牌成立。

9月29日,沈跃建任临安市供电局局长。

10月9日,110千伏昌化变电站1号主变压器由1万千伏安增容为2万千伏安。

12月1日,临安市市长张建华、副市长吴苗强会同政府有关部门领导到110千伏玲珑输变电工程施工现场进行协调,确保重点工程畅通无阻。

12月23日,由浙江省档案局、杭州市档案局、临安市档案局和浙江省电力工业局、杭州市电力局档案专家组成的检查验收组对临安市供电局档案工作目标管理"国家二级"进行验收。临安市供电局以92分成为临安首家档案工作目标管理国家二级企业。

## 1999 年

1月22日,临安市供电局在锦城供电所召开"'客户服务中心'和'事故抢修中心'成立"新闻发布会,向社会推出"两个中心"、政务(服务)公开十项内容及第二次社会承诺服务。

2月10日,110千伏玲珑变电站建成投入运行,装设3.15万千伏安主变压器1台。

4月27日,临安市政府设立农电体制改革农村电网改造领导小组,市长张建华任组长。

5月19日,临安市供电局与山东省蓬莱市电业局结为友好单位。

6月10日,杭临1185线于10时46分跳闸(青山支线1号杆绝缘子遭雷击闪络),造成临安电网13座变电站失电54分钟。11时40分,杭临1185线强送成功。

8月18日,临安市供电局杭州临安开关厂在"(19)99年浙江市场千种品牌万人评说"问卷调查活动中,被评为1999年"浙江市场服务质量信得过单位"。

8月27日,临安市横畈镇姜村农网改造通过杭州市电力局农村电网改造质量验收小组的验收,成为临安市第一个通过农网改造验收的村。

9月21日,临安市供电局召开安全生产3000天总结表彰大会。

11月8日,临安市供电局杭州临安开关厂通过中国进出口商品质量认证中心的评审,通过ISO 9002质量体系认证。

12月16日,临安市供电局计算机管理信息系统通过浙江省电力工业局、杭州市电力局和临安市有关专家组成的验收组验收。

## 2000 年

1月29日,35千伏太阳变电站建成投入运行,装设5000千伏安主变压器2台。

3月14日,临安市供电局撤销变电工区,设立变电检修管理所、变电运行管理所。

4月6日,临安市第一个乡(镇)供电营业所——横畈供电营业所成立。

8月29日,35千伏横畈变电站建成投入运行,装设5000千伏安主变压器1台。

9月30日,35千伏西天目变电站建成投入运行,装设5000千伏安主变压器1台。

12月1日,李连强任临安市供电局代局长(2001年4月6日任局长)。

12月8日,35千伏湍口变电站建成投入运行,装设5000千伏安主变压器1台。

## 2001 年

1月15日,杭州临安电力实业总公司取得武隆电站5年的经营权。

2月10日,临安市供电局电网调度自动化主站系统升级工作完成,由RD-800B版升为RD-800C版;同时Web浏览器投入运行。

2月15日,临安市供电局锦城电力客户服务中心获"华东电力系统供电营业规范化服务达标窗口"称号。

2月16日,临安市供电局全市农村电工清理整顿工作结束,共招聘农村专业电工214人。

3月15日,临安电网小水电实时信息管理系统试运行。临安市供电局内联网新闻发布系统试运行。

临安市供电局生产技术科、变电运行管理所和调度所办理交接手续,宣布调度所监控站成立。

4月26日,220千伏青云变电站至110千伏於潜变电站新出110千伏线路——於潜1126线建成投入运行,线路长度33.5千米。

5月30日,35千伏高虹临时变电站建成投入运行,装设5000千伏安主变压器1台。

6月2日,临安市供电局召开第八届工会会员代表大会,选举产生第八届工会委员会和工会经费审查委员会,包红民当选为工会副主席(主持工会工作)。

6月18日,临安电力汽修厂通过临安市供电局内部ADSL与计算机局域网实现联网,标志着临安市供电局内部ADSL正式启用。

10月10日,由浙江省发展计划委员会、浙江省经济贸易委员会、浙江省财政厅、浙江省农业银行、浙江省电力公司等单位的9人组成的联合验收专家组对临安市供电局农网建设与改造工程进行检查。专家组认为临安市供电局农网建设与改造工程合格。

10月25日,35千伏岛石变电站建成投入运行,装设5000千伏安主变压器1台。

12月18日,临安市首座全封闭室内110千伏变电站——锦南变电站建成投入运行,装设4万千伏安主变压器1台。

12月,临安市供电局内联网综合查询系统向全局用户开放。

## 2002年

1月18日,临安市供电局召开职工代表大会临时会议,审议并通过《临安市供电局营销体制改革方案》《临安市供电局电力生产体制改革方案》《临安市供电局职工持股制度改革方案》。

4月26日,临安市供电局召开职工持股会第二届第一次会员代表大会,通过职工持股方案。

5月24日,临安恒力电力承装有限公司被批准为电力设施许可证三级资质施工企业。

5月24日,220千伏青云变电站无人值班改造工程完成,成为杭州地区五县(市)中第一个改造完毕的220千伏变电站。

6月8日,全国首届森林博览会开幕式在临安天目高级中学举行,临安市供电局各个部门协同完成"周末喜相逢"晚会的保供电任务。

7月10日,临安市供电局获国家电力公司"2000—2001年度双文明单位"称号。

9月6—7日,国家电力公司农电工作部刘福义处长率验收组对临安市供电局创一流县级供电企业工作进行考核验收。

11月1日,国家电力公司授予临安市供电局"国家电力公司2001年度一流县供电企业"称号。

12月16日,临安电力"95598"客户服务热线开通。

## 2003年

2月28日,临安恒力电力承装有限公司收到北京华龙电联认证中心批准注册的通知和质量认证证书,标志着该公司通过ISO 9001:2000质量体系认证。

5月10日,临安市供电局虚拟专用网(VPN)投入使用。

5月15日,临安市供电局设立青云操作站,主要负责220千伏青云变电站、110千伏高虹变电站、35千伏横畈变电站、35千伏西天目变电站、35千伏畈龙变电站、35千伏藻溪变电站的运行维护(简称运维)工作。

5月17日,110千伏高虹变电站建成投入运行,装设4万千伏安主变压器1台。

5月，临安市城镇全面推广使用抄表机抄表，取消手工抄表。

6月，临安市供电局工会被杭州市总工会授予"杭州市先进职工之家"称号。

7月，临安市全社会用电量首次突破1亿千瓦时大关，达到10290.87万千瓦时。

8月16日，临安市供电局举行临安电力中心奠基仪式。

9月1日，临安市供电局农网改造二期竣工档案工作通过浙江省电力公司组织的专项验收。

9月8日，由杭州市电力局、杭州市质量技术监督局、临安市质量技术监督局等单位人员组成的验收专家组对临安市供电局标准化工作进行评审验收。临安市供电局以24个A项、3个B项通过企业标准化三级水平确认。

10月26日，临安市供电局完成2003年全省第八届"十月的阳光——建设生态省"大型广场电视直播活动的保供电工作。

## 2004 年

2月5日，临安市供电局被浙江省电力公司评为"2003年度标准化工作先进集体"。

6月27日，35千伏渔村变电站建成投入运行，装设8000千伏安主变压器1台。

7月12日，临安市电网用电负荷首次突破20万千瓦。

7月21日，电力负荷管理系统终端开始推广安装。

8月15日，临安市供电局组织25人的电力抢修队，赴台风重灾区浙江省温岭市抢修遭台风破坏的电力设施。

10月1日，临安市供电局互联网站对外发布。网址http://www.china-laep.com/。

11月2日，临安市农电体制改革总结大会召开。

## 2005 年

1月19日，临安市供电局被浙江省委、省政府评为"省级文明单位"。

3月18日，临安恒力电力承装有限公司更名为浙江恒力电力承装有限公司。

4月28日，临安市供电局搬入位于临安市锦城街道万马路269号的临安电力中心。临安电力中心于2003年9月开工建设，总建筑面积约$4.9\times10^4$米$^2$。

6月3日，110千伏石泉变电站建成投入运行，装设4万千伏安主变压器1台。

7月27日，浙江恒晟置业有限公司房地产开发资质等级晋升为二级。

8月1日，浙江省电力公司2005年年中工作会议在临安市供电局召开。

8月22日，临安市供电局主办的每月信息简报《临安电力》第1期出刊。

10月25日，浙江省委常委、杭州市委书记王国平在临安市委书记王坚、市长方建生等陪同下，调研杭州恒信电气有限公司。

10月26—28日，临安市供电局"三标一体"管理体系（职业安全健康管理体系、质量管理体系、环境管理体系）通过杭州万泰认证中心第一次监督审核。

## 2006 年

1月11日8时58分，华光潭一、二级水电站开始黑启动试验。11时30分，黑启动试验成功。黑启动试验验证了华光潭梯级水电站作为杭州电网黑启动电源点的切实可行性，为在杭州电网、临安电网发生故障停电时实现在最短时间内使系统恢复送电提供保障。

1月17日,临安市供电局集中抄表系统试点成功,并投入试运行。

1月17—18日,110千伏石泉、秀水输变电工程通过基建达标验收。

4月,临安市供电局实行非居民用户电费由银行代收。

5月,临安市供电局配电GIS(地理信息系统)试运行。

6月5日,110千伏龙岗变电站建成投入运行,装设3.15万千伏安主变压器1台。

6月19日,宋耘任临安市供电局局长。

7月4日,110千伏平山变电站建成投入运行,装设5万千伏安主变压器1台。

7月26—28日,临安市供电局"三标一体"管理体系通过杭州万泰认证中心现场审核。

7月,临安市供电局电力客户服务中心电费语音催缴系统通过验收,开始试运行。

8月11—17日,临安市供电局组织1支由41人组成的志愿者抢险队赶赴受浙江省50年来最强台风"桑美"袭击的温州苍南,协助当地开展灾后抢险工作。

9月26日,临安市供电局县城电网建设与改造工程通过杭州市发展和改革委员会、杭州市电力局的联合验收。

10月12日,临安市供电局党委召开第一次代表大会,选举产生新一届临安市供电局党委和纪委,何永林当选为党委书记,郑应忠当选为纪委书记。

12月26日,被列入浙江省重点工程、杭州市重点工程的220千伏岗阳变电站建成投入运行,装设18万千伏安主变压器1台。

## 2007 年

1月18日,临安市供电局第一座110千伏临时变电站——塔山临时变电站建成投入运行,装设2万千伏安主变压器1台。

3月6日,浙江省电力公司、浙江省电力设计院及杭州市电力局有关领导、专家到临安现场踏勘220千伏方圆变电站站址,标志着220千伏方圆输变电工程前期工作全面启动。

4月5日,《临安电网"十一五"规划和远景目标网架展望》和《临安市电力工程专项规划》论证会在临安市供电局召开,浙江大学电气工程学院黄民翔教授等专家参与论证。临安市副市长柴世民出席会议。

8月21日,临安市供电局代表杭州市电力局参加杭州市工业兴市文艺汇演选拔赛,自创节目《红旗飘飘》获第一名。

9月18日,110千伏石泉变电站二期工程建成投入运行,增设5万千伏安主变压器1台。

11月20日,临安市供电局被国家电网公司授予"农电电压无功标杆单位"称号。

## 2008 年

1月28日,35千伏岛石变电站二期工程建成投入运行,增设5000千伏安主变压器1台。

2月18日,临安市供电局举行支援丽水抗灾抢修动员会,41名电力工人到丽水遂昌雪灾区抢修被冰雪压损的电力线路。

3月18日,临安市供电局与兰溪市供电局结为友好单位。

3月25日,浙江省电力公司授予临安市供电局天目供电营业所"星级供电营业所"称号,此为临安市供电局首个星级供电营业所。

3月26日,浙江省委、浙江省政府印发《关于表彰抗击雨雪冰冻灾害先进集体和先进个人的通报》,临安市供电局获"先进集体"称号。

5月30日,"临电讲坛"正式开班。

6月4日,国家电力监管委员会供电检查组一行到临安市供电局检查指导。

6月11日,国家电网公司2008年奥运信息安全检查组到临安市供电局对信息安全工作及十项重点保障措施的执行情况进行检查指导。

9月23日,35千伏渔村变电站二期扩建工程建成投入运行,增设1.6万千伏安主变压器1台。

10月13日,国家电网公司"两率"检查组到临安市供电局检查工作。

11月24日,临安市供电局与嵊泗电力公司结为友好单位。

## 2009 年

1月18日,临安市供电局被国家电网公司授予"2008年新农村电气化建设先进单位"称号。

2月17日18时9分,临安市昌北地区海拔1400多米的高山上35千伏天池线因覆冰超重断线,经临安市供电局全力抢修后恢复供电。

3月2日,临安市供电局被评为全省"城乡电力设施布局专业规划编制工作先进单位"。

4月26日,临安电力"95598"客户服务班被浙江省总工会授予浙江省"工人先锋号"称号。

5月5日,杭州市电力局批复同意临安市供电局撤销临安变电管理所、青云变电管理所、昌化变电管理所,设立变电运行工区。

5月14日,临安市供电局通过浙江省电力公司关于国家电力公司一流县供电企业动态、安全管理、财务管理和企业文化建设的检查考核。

5月20日,在2008年度浙江省电力公司系统创新成果发布会上,临安市供电局党委发布的《党支部和党员考核机制的创新实施》创新成果获二等奖。

6月11日,杭州地区首座按照"两型一化"(资源节约型、环境友好型、工业化)典型设计的110千伏杨岭变电站建成投入运行,装设5万千伏安主变压器1台。

6月,临安市供电局天目供电营业所被评为"2008年度浙江省电力公司标杆班组",是杭州市电力局唯一获该荣誉的供电营业所。

6月,临安市供电局职工帅军代表国家电网公司(共4名选手)参加全国总工会举办的"安全伴我行"全国演讲比赛。

8月4日,临安市供电局电压无功自动控制系统通过杭州市电力局组织的验收,投入运行,成为杭州电网第一个在OPEN2000调度自动化系统平台上投运该系统的县级供电企业。

9月15日,国家电网公司发文表彰国家电网公司电力建设工程造价管理知识竞赛获奖单位和个人,临安市供电局职工何文代表浙江省电力公司参赛,获土建专业个人二等奖。

9月28日,浙江省委、省政府在浙江省人民大会堂召开表彰会,临安市供电局"95598"客户服务班获"浙江省模范集体"称号。

10月17日,临安市供电局工会召开第十次会员代表大会,选举产生第十届工会委员会和经费审查委员会,包红民当选为工会主席。

10月30日,临安市供电局职工程炜东在浙江省电力公司变电运行人员岗位知识技能调考竞赛中获第二名。

11月19日,临安市供电局天目供电营业所天目电力服务队获浙江省电力公司"供电服务品牌30佳"称号。

## 2010 年

1 月 20 日,临安市供电局再获国家电网公司"文明单位"称号。

1 月 26 日,35 千伏西天目二期输变电工程建成投入运行,增设 8000 千伏安主变压器 1 台。

3 月 3 日,临安市供电局完成青山湖科技城 115 千米$^2$ 配套电网建设远景规划。

3 月 4 日,《临安电力志》编纂委员会(后更名为《临安电力工业志》编纂委员会)成立,宋耕任主任,何永林任副主任。

3 月,临安市供电局被浙江省建设厅、浙江省电力工业局授予"浙江省城乡电力设施布局专项规划编制工作先进单位"称号。

4 月 11—15 日,临安市供电局客户服务中心业务班参赛的质量控制(QC)成果"客户信息管理系统的研发"、浙江恒力电力承装有限公司项目一部参赛的 QC 成果"缩短隔离开关操作机构安装时间"获第二届"海洋王"杯全国 QC 小组成果发表赛二等奖。

4 月 15 日,临安市供电局开通临安市党员干部现代远程教育网专线。

4 月 27,临安市供电局被中国水利电力质量管理协会电力分会授予"全国电力行业实施卓越绩效模式先进企业"称号。

4 月 28 日,临安市供电局客户服务中心被授予"杭州市杰出青年文明号"称号。

4 月 29 日,临安市供电局农电中级工培训基地授牌暨农电中级工开班仪式在临安市供电局培训中心进行,临安市供电局培训中心被浙江省电力公司授予"浙江省农电培训基地(临安教学点)"(全省第二家、杭州市第一家县局级农电中级工培训基地)。

6 月 4 日,临安市供电局居民用电信息采集系统建设项目启动。

7 月 2 日,临安市供电局申报的"基于 BPM 平台流程化管理系统"获全国优秀电力信息化成果奖二等奖。

7 月 22 日,浙江省电力公司副总经理(正局级)徐伟良等一行到临安市供电局,就有关重点工作进行调研。

7 月 26 日,临安市供电局客户服务中心业务班 QC 小组被中国水利电力质量管理协会电力分会评为全国电力行业优秀 QC 小组一等奖。

7 月,临安市供电局客户服务中心业务班 QC 小组被中国质量协会评为"全国质量信得过班组"。

8 月 27 日,临安市委副书记、市长王宏带领有关部门负责人到临安市供电局召开临安市节能降耗督查会议。该次督查是继 8 月 9 日、18 日专项督查后第三次督查。

8 月 27 日,丁松任临安市供电局党委书记,何永林任协理员(杭州市电力局正处级)。

9 月 9 日,国家电网公司农电体制改革工作调研小组一行 3 人到临安市供电局调研。

9 月 28 日,临安市供电局所辖的 220 千伏岗阳变电站、青云变电站开始实行无人值班双轨制。

9 月,临安市供电局自主开发的"电网调控一体化信息辅助管理系统"上线运行。

10 月 22 日,临安市副市长柴世民到临安市供电局主持召开节能降耗和有序用电工作会议。

11 月 22 日,110 千伏锦城变电站建成投入运行,装设 5 万千伏安主变压器 2 台。

12 月 1 日,临安市供电局新一代国网远程费控智能电能表投入运行。

12 月 7 日,临安市供电局被浙江省公安厅、浙江省社会治安综合治理委员会办公室、浙江省社会治安综合治理协会联合授予"2009 年度省级治安安全示范单位"称号。

12月28日，临安市首次采用动力伞架线新技术，为建设中的220千伏方圆变电站架设输电线路。

12月31日，临安市供电局天目供电营业所被国家电网公司评为"2011—2012年度标准化示范供电所"。

## 2011年

1月，临安市供电局被杭州市政府授予"创建和谐劳动关系先进企业"荣誉称号，被浙江省电力公司评为"2010年度同业对标第二类（规模售电量10亿～30亿）综合管理标杆"。

1月15日，临安市供电局天目供电营业所被授予"中国最美供电所"荣誉称号。

2月23日，临安市供电局召开全局生产系统准军事化宣贯推进会，标志着该局生产系统准军事化管理正式启动。

3月10日，110千伏雅观变电站、平山变电站Ⅱ期基建工程中金属技术监督工作在临安市供电局和浙江省电力试验研究院材料所的共同努力下开展。这是杭州电网首次进行110千伏基建工程中金属技术监督工作。

3月，临安市供电局太阳供电营业所、天目供电营业所、昌南供电营业所、青山供电营业所、太湖源供电营业所和龙岗供电营业所被评为浙江省电力公司第一批"标准化供电（营业）所"。

4月29日，临安市供电局党委召开第二次代表大会，选举产生新一届党委和纪委委员，丁松当选为党委书记，包红民当选为纪委书记。

4月，临安市供电局客服中心业务班参赛的成果"缩短客户电费增值税专用发票换领时间"和浙江恒力电力承装有限公司项目一部参赛的成果"缩短继电保护二次电缆对线时间"获第三届"海洋王"杯全国QC小组成果二等奖。

5月27日，110千伏平山变电站二期扩建工程建成投入运行，增设5万千伏安主变压器1台。

6月23日，临安市供电局调控中心申报的成果"电网调控一体化信息辅助管理系统的研发"获2011年浙江省级优秀质量管理小组成果一等奖。

6月24日，临安市供电局被浙江省公安厅、浙江省社会治安综合治理委员会办公室、浙江省社会治安综合治理协会联合授予"2010年度省级治安安全示范单位"称号。

7月，临安市供电局申报的"变电运行班组自主教育培训模式的探索与实践"管理创新成果获浙江省电力公司一等奖。

10月10日，杭州市电力工程交易中心临安工作站成立。

10月20日，临安市供电局官方微博上线。

10月22日，临安市供电局"配调图形管理系统"上线运行，率先完成杭州市电力局关于输变配一体化配网部分的实施推广工作。

10月25日，临安市供电局推出电费充值卡业务。

10月28日，浙江省电力监管委员会开发的"浙江省发电类电力许可企业监管系统"在临安试点运行。

11月28日，临安市供电局发布实施ERP（企业资源计划）评价考核办法。

## 2012年

1月，临安市供电局在2011年度全国"安康杯"竞赛活动中获"优胜单位"称号。《临安电网"十二五"发展规划》《临安市"十二五"电力设施布局规划》发布实施。

4月6日,临安市供电局被浙江省公安厅、浙江省社会治安综合治理委员会办公室、浙江省社会治安综合治理协会联合授予"2011年度省级治安安全示范单位"称号。

4月11—15日,在全国第四届"海洋王"杯QC小组成果发表赛上,临安市供电局岗阳操作站参赛的成果"接地线在柜监测管理系统的研制"获一等奖,杭州恒信电气有限公司参赛的成果"缩短航空插座换针时间"获二等奖。

4月,杭州恒信电气有限公司Handsin牌高低压成套输配电设备被杭州市名牌战略推进委员会评为"杭州市名牌产品"。

5月18日,临安市供电局召开第十届第四次职工代表大会,专题审议通过"三集五大"体系(人、财、物集约化管理,建设大规划、大建设、大运行、大检修、大营销体系)建设操作方案及主多分开工作方案。

5月21日,临安市供电局举行"三集五大"体系第一批机构(办公室、党群工作部、人力资源部、财务资产部、发展建设部、物流服务中心、临安电力调度控制中心)成立揭牌仪式。

5月29日,临安市供电局举行"三集五大"体系第二批机构(安全运检部、客户服务中心)成立揭牌仪式。

5月31日,临安电网第三座220千伏变电站——220千伏方圆变电站建成投入运行,装设18万千伏安主变压器1台。

6月8日,临安市供电局召开第十届第五次职工代表大会,专题审议资产无偿划转方案。

6月27日,110千伏雅观输变电二期工程建成投入运行,装设5万千伏安主变压器2台。

6月29日,规定自2012年7月1日起,浙江省居民阶梯电价从按月用电量累进加价调整为按年用电量划分三档阶梯式累进加价。

7月,临安市供电局团委获2009—2012年"杭州市五四红旗团委"称号。

8月22日,杭州恒信电气有限公司申报的"铠装移开式户内交流金属封闭开关设备"被列入2012年度国家火炬计划。

8月28日,临安市最后3个镇(岛石镇、清凉峰镇、湍口镇)通过新农村电气化验收,全市18个镇(街道)新农村电气化建设工作全部完成。

10月10日,浙江省首组磁悬浮智能风光互补路灯在临安青山湖科技城大园路安装,并成功实现一次性亮灯。

10月19日,临安市供电局与华北电力大学合办的2012年专升本学历班举行开学典礼。

10月30日,110千伏龙岗变电站二期扩建工程建成投入运行,增设5万千伏安主变压器1台。

10月,临安市供电局岗阳运维班"积发"QC小组被中国质量协会授予"2012年全国优秀质量管理小组"称号。

12月13日,110千伏杨岭变电站二期扩建工程建成投入运行,增设5万千伏安主变压器1台。

12月24日,杭州地区首个数字化变电站扩建项目——220千伏方圆变电站二期工程建成投入运行,增设18万千伏安主变压器1台。

12月27日,110千伏科创变电站建成投入运行,增设5万千伏安主变压器2台。

## 2013年

1月5日,临安市供电局被评为2011年度"国家电网公司一流县供电企业"。

1月8日,临安市供电局客户服务中心职工李宁获"国家电网公司劳动模范"称号。

4月9—13日,在第六届"海洋王"杯全国QC小组成果发表赛上,临安市供电局参赛的"工器具准备单智能填写装置的研制"和"线路压变谐波抑制装置的研制"两项成果分别获一等奖和二等奖。

4月,临安市供电局在2012年度全国"安康杯"竞赛活动中获"优胜单位"称号。

5月26日,35千伏畈龙变电站退出运行。

5月27日,浙江省电力公司印发《关于规范公司系统各单位名称的通知》,统一规范各单位名称,临安市供电局更名为国网浙江临安市供电公司。7月11日,启用"国网浙江临安市供电公司"印章。

5月30日,国网浙江临安市供电公司通过浙江省电力公司县级供电企业库存资源盘活利用验收。

6月18日,国网浙江临安市供电公司客户服务中心营业班被授予"全国五一巾帼标兵岗"奖牌。

6月20日,国网浙江临安市供电公司增值税发票自助系统上线。

6月21日,临安市启动农村农用电力线路改造移交工作。

8月1日,临安当时最大的光伏发电项目——杭州福斯特光伏材料股份有限公司光伏发电项目并网发电,装机容量3兆峰瓦。

8月27日,"临安电力便民服务"微信公众平台上线。

8月,国网浙江临安市供电公司锦西供电营业所被中国水利电力质量管理协会授予2013年"全国电力行业用户满意服务"称号。

9月2日,沈广任国网浙江临安市供电公司总经理。

9月24日,35千伏湍口变电站二期扩建工程建成投入运行,增设1万千伏安主变压器1台。

11月29日,国网浙江临安市供电公司被国家电网公司授予"科技进步先进县供电企业"称号。

12月5日,国网浙江临安市供电公司供电所机构化设置通过国网浙江省电力公司验收。

## 2014 年

1月15日,临安97家小水电运行数据全部接入国网浙江省电力公司用电信息采集系统。

3月1日,在浙江省"巾帼建功"和"双学双比"活动中,国网浙江临安市供电公司客户服务中心营业班获浙江省"巾帼文明岗"荣誉称号。

3月24日,钱腾波任国网浙江临安市供电公司纪委书记。

4月4日,临安青山湖科技城智能电网综合建设工程通过国网浙江省电力公司验收。该工程是浙江省内2个智能电网综合建设工程之一,也是唯一的县级智能电网综合建设工程。

5月6日,钱腾波任国网浙江临安市供电公司工会主席。

5月19日,国网浙江临安市供电公司率先在杭州地区完成双跨线路治理工作。

5月27日,国网浙江临安市供电公司自动化UPS(不间断电源)系统建设工程通过验收并投入使用。

5月30日,国网浙江临安市供电公司完成房屋土地资产清查工作。

7月17日,浙江电力建设监理有限公司杭州分公司临安监理站挂牌成立。

7月21日,基于GIS、PMS(工程生产管理系统)和营配贯通平台的停电主动通知启用。

7月23日,国网浙江临安市供电公司变电检修二班参赛的"缩短变电站更换蓄电池断电时间"和配网抢修指挥班参赛的"降低铜铝过渡连接金具故障数"成果分别获第十届"海洋王"杯全国QC小组成果发表赛特等奖和一等奖。

7月,国网浙江临安市供电公司培训中心被华北电力大学授予"优秀函授站"称号,这是浙江省教学站点中唯一获此殊荣的单位。

8月4日,国网浙江临安市供电公司申报的"青山湖科技城智能电网综合技术的研究与应用"项目获国网浙江省电力公司县级供电企业科技成果奖一等奖。

9月20日,国网浙江省电力公司成功完成"95598"客户服务系统割接工作,自该日凌晨起,"95598"业务统一上划至国家电网客户服务中心集中管理。

9月24日,灵州—绍兴±800千伏特高压直流输电线路工程临安段在天目山镇交口村开工。

10月20日,临安市首个光伏并网发电用户——杭州国电能源环境设计研究院有限公司(杭州源牌环境设备有限公司光伏发电项目)完成电费结算。

10月21日,随着於潜供电所监控室的正式运行,国网浙江临安市供电公司供电所运营监控室全面建成,实现供电所全覆盖。

10月30日,临安华旺热能污泥焚烧发电项目并网发电,装机容量6000千瓦。

12月9日,临安市农用电力线路改造移交工程通过国网浙江省电力公司杭州供电公司(简称国网杭州供电公司)与杭州市经济和信息化委员会的联合验收。

## 2015 年

1月20日,国务院副总理汪洋调研临安市昌化镇白牛村,国网浙江临安市供电公司完成保供电任务。

1月29日,国网浙江临安市供电公司同业对标综合排名位列国网浙江电力县级供电企业第二集团第1名,被评为"综合管理标杆"单位。

6月26日,国网浙江省电力公司副总经理、国网杭州供电公司总经理杨勇陪同杭州市委副书记、市长张鸿铭到临安市昌化镇"6·23"洪灾一线,指挥抢险救灾工作。

9月17—20日,国网浙江临安市供电公司完成第九届亚洲技巧锦标赛保供电工作。

10月,国网浙江临安市供电公司被中国水利电力质量管理协会授予2015年"全国电力行业用户满意企业"称号。

11月10日,国网浙江临安市供电公司完成地下电缆不停电作业试点工作,成为杭州市首家具备电缆带电作业检修的县级公司。

11月26日,国网浙江临安市供电公司完成天目、藻溪片区3条环网架空线配电自动化试点工作,成为浙江省第一家实现架空线配电自动化的供电公司。

12月19日,殷伟斌任国网浙江临安市供电公司总经理。

## 2016 年

1月27日,国网浙江临安市供电公司同业对标排名再次名列国网浙江电力县级供电企业第二集团第1位,被评为"综合管理标杆"单位。

3月25日,杭州恒信电气有限公司和西安交通大学签署"博士后工作站"产学研合作协议。

4月29日,在第十四届"海洋王"杯全国QC小组成果发表赛上,国网浙江临安市供电公司客户服务中心营业班参赛的"普通发票自助打印终端的研发"获优胜奖,变电检修二班参赛的"缩短充放电试验蓄电池断电时间"获一等奖,方圆运维班参赛的"KYN28A-12型高压开关柜航空插件延长器的研制"获二等奖。

7月26日,临安电网供电负荷首次突破60万千瓦,全社会最高供电负荷达60.1万千瓦。

9月29日,洪洲任国网浙江临安市供电公司总经理。

11月11日,国网浙江临安市供电公司党委召开第三次代表大会,选举产生新一届党委和纪委委员,丁松当选为党委书记,钱腾波当选为纪委书记。

11月,《临安电网"十三五"电力设施布局规划》经临安市政府批准,发布实施。

12月2日,国网浙江临安市供电公司获中国电力企业联合会颁发的"全国电力行业质量奖"。

12月28日,国网浙江临安市供电公司实现连续16年电费回收"双结零"。

# 第一章 发 电

民国 19 年(1930),昌化县有商会会员提议"昌城创设公营电灯厂一所"。昌化县于 11 月 1 日召开行政会议对此议案进行议决,并于 11 月 26 日呈送浙江省建设厅。浙江省建设厅于 12 月 6 日核示此议案,认为"创设电灯厂替代油灯事属可行",并要求昌化县"将详细计划及经费预算一并呈候"。而后却没了下文,此事也就不了了之。

民国 21 年(1932),著名京剧表演艺术大师梅兰芳捐赠 1 台美国产发电机给东天目山昭明禅寺,装灯 200 余盏,使当时的昭明禅寺成为临安有电之始。民国 23 年(1934)8 月,杭县人沈锦林父子在临安县城租用茧行的房子开办临安电汽有限公司。抗日战争爆发后,其因燃料断绝而停办,厂房及设备也被日机炸毁。而后,临安县城也曾陆续开办临安聚源碾米厂、丰年大碾米厂等,一些较大的镇,如横畈等镇也开办碾米厂。这些碾米厂以白天碾米为主,晚上兼营照明,但因经营不善,开办时间均不长。中华人民共和国成立初期,昌化镇上也开办木炭发电的碾米厂。

1950 年下半年,江苏常州胡禹门等人合股来临安办电厂,他们既是股东,又是工人。厂址设在木梳弄,以煤气内燃机为动力,发电机容量 50 千瓦。后因经营不善,亏损严重,债主向法院起诉,该厂无法在临安继续开办,遂将机器设备迁往江西。

1951 年 7 月,临安县城关镇建成用木炭发电的私营发电厂,发电机容量 15 千瓦,用于碾米、印刷和机关商店照明,不久遂关闭。是月,临安专署生产科在临安县城投资兴办 10 家地方国营企业,其中有裕民米厂。1952 年,裕民米厂附设发电车间发电,白天用于碾米,晚上供给专区、县机关及商店照明。1953 年 7 月,国营临安电厂筹建,12 月,正式投产。

【梅公桥】

1932 年,京剧表演艺术大师梅兰芳捐赠一台发电机给昭明禅寺,使当时的昭明禅寺成为临安第一个用电的地方。此桥为纪念梅兰芳大师,故名。

[Master Mei Bridge] In 1932, the Beijing Opera master Mei Lanfang donated a generator to Zhaoming Zen Temple, which made the Zhaoming Zen Temple the first place using electricity in Lin'an. People named the bridge with his name to commemorate his contribution.

纪念 1932 年梅兰芳捐赠发电机给昭明禅寺的梅公桥说明牌

1955 年,於潜县政府动员工商业界集资办电。该年 5 月,於潜电厂正式发电。1962 年 5 月,从 220 千伏杭州变电站到临安的 10 千伏线路延伸至於潜,於潜电厂停办。

1959 年 7 月,随行政区划调整,余杭县的余杭电厂与瓶窑电厂相继并入临安电厂。1959 年 10 月,从闲林埠钢铁厂 35 千伏降压站引出的 10 千伏余杭线上支接 31.5 千米线路至临安县城关镇,临安开始由杭州电网供电,临安电厂结束火力发电。1960 年 8 月,临安电厂更名为临安县供电所。1961 年 4 月,随行政区划的调整,余杭电厂和瓶窑电厂从临安县供电所划出。其间,一些镇(公社)也办过小电厂,如天目电厂、青云电厂等,但规模很小,存在时间也不长。

1957 年 7 月,昌化水电站第一台水轮机组发电,装机容量 100 千瓦。1964 年 6 月,昌化水电站停止发电。

1973年6月,青山水库电站并网发电,装机容量4×500千瓦,此为全县第一个并入大电网的水电站。从1973年开始,随着小型水库建成,利用水库和渠系配套工程,梯级开发小流域水力,因地制宜地建成各类小水电站,并入电网运行,对全县用电起到了调节和补充作用。

20世纪90年代,随着乡镇企业的崛起,用电供需矛盾日渐突出。1993年6月,临安热电厂并网发电。随后,临安境内又陆续建成华能、超亚等热电厂,部分企事业单位筹办余热发电或自购发电设备,作为补充或备用电源。

进入21世纪,绿色、高效、清洁的新能源发展日益加快。临安市处于中亚热带季风气候区,温暖湿润,光照充足,太阳能资源丰富,适合建设光伏发电项目。与传统火力发电相比,光伏发电是绿色、清洁、无污染的能源项目。2013年8月,临安当时最大的光伏发电项目——杭州福斯特光伏材料股份有限公司3兆峰瓦光伏发电项目并网发电。不仅是光伏能源,诸如垃圾发电之类的新能源也在蓬勃发展。2014年10月,临安华旺热能污泥焚烧发电项目并网发电,使用造纸污泥、山核桃蒲作为燃料,实现这两种污染物的"减量化、无害化、资源化"。

至2016年,临安市发电设备装机总容量26.43万千瓦,全年发电量8.97亿千瓦时,上网电量8.63亿千瓦时。

# 第一节　火力发电

(一)临安电汽有限公司

民国23年(1934)8月间,杭县人沈锦林、沈森、沈继森父子三人在闲林埠开办普明电气公司。因农村遭灾,碾米业务锐减,企业亏损,经人介绍,迁至临安县城,改称临安电汽有限公司,资本总额为5600元(共分80股,每股70元,一次缴足)。他们又向临安县商会会长、益大棉布店老板杨维义借3000元,并向杨维义租用其开茧行的房屋作车间。装设20匹马力卧式单汽缸柴油引擎1台和15千瓦直流发电机1台,装电灯380盏(其中,8只电度表出线电灯230盏,25瓦包灯制电灯150盏),创办支出概算8560元。公司雇佣民工2人,白天碾米,晚上供电,供电时间为18时至24时,主要用于县政府和商店照明。电度表出线电灯按每千瓦时3角收费,25瓦包灯制电灯按每盏每月1元5角收费。供电成本每千瓦时约2角7分(每月总支出约321元3角4分)。民国27年(1938),侵

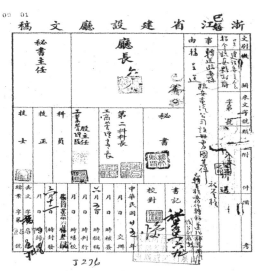

民国25年,临安电汽有限公司呈送注册书

华日军将柴油列为军用物资,公司因燃料断绝被迫停办,且厂房及机器设备均被日机炸毁。

(二)临安电厂

1951年7月,临安专署生产科在临安县城投资开办10家地方国营企业,均冠以"裕民"字号,其中有裕民米厂(厂址在新民街,现"新天地"位置)。裕民米厂原属专署工业局领导,后由县粮食局接收。原来全镇有碾米厂6家,后搬的搬,停开的停开,只留下裕民米厂和一家私营加工厂(私营加工厂只能完成乡下的碾米任务,且准备撤销),因此裕民米厂碾米任务很重。由于私营电厂都已停办,专区和县政府机关、商店照明均需由裕民米厂供电,只能提供需求量的1/3。该厂装有100匹马力和24匹马力煤气内燃机各1台、20千瓦和25千瓦发电机各1台,但实际出力的只有30来匹马力,并经常要修,停工修理时间长,修

理费用昂贵,100匹马力的需停工修理2个月,而且修好后也只有6个月可用。1953年,浙江省粮食厅、浙江省工业厅、浙江省电业管理局联合发出"以粮食加工兼营发电的电米厂,应分别独立成为粮食加工厂和电厂"的通知。同年7月,经浙江省工业厅批准同意,临安县政府将裕民米厂附设之发电部分划出,筹建临安电厂,并拨款投资2万元,然后追补计划批拨3600元,共投资2.36万元,作为安装发电设备、修缮房屋、修理动力机、新建蓄水池、购置架空线路材料与办公用具等费用。新架低压线路2200米,从菱湖电厂调拨75匹马力立式双缸单轮引擎与50千瓦发电机及附件1套(初为租用,1957年下半年经浙江省工业厅批准为调拨)。7月27日,临安县政府成立临安电厂基建委员会,由临安县委城镇工作部部长戴福君任主任,县有关部门负责人9人任委员;原裕民米厂厂长翁顺潮负责基建和设备安装工作。厂址即原裕民米厂发电车间。临安电厂于9月24日正式开工,11月29日竣工,12月7日投产。共有职工7人,厂长为翁顺潮。当时用户主要是机关、学校和商店,用电量小,供电成本高,每天仅前半夜发电。随着用电量的不断增长,从1957年1月开始,临安电厂整夜发电。6月,从长安电厂调拨50千瓦发电机组1套(但动力引擎安装后不久即调出)。至1957年,5年内共投资4.8万元(其中,省级拨款投资2.35万元,县级拨款投资2.45万元),实现利润5.1万元,上缴税金2712元。1958年8月,临安电厂党支部成立,辛苗海任副书记(此前临安电厂与临安食品厂等单位联合设立电厂党支部)。1959年10月,临安开始由杭州电网供电,临安电厂结束火力发电。1960年8月,临安电厂更名为临安县供电所。

(三)於潜电厂

1954年,於潜县工商科将潜东等三个土特产联营处的资金集中起来,用于筹建电厂,并请临安电厂职工黄磊作技术指导。在筹建过程中,到上海等地采购的大部分是寄售商店的旧货,且价格昂贵,待资金用完,尚缺原动机,电厂筹建被迫停止。

1955年初,於潜县政府动员全县工商业界集资,继续筹建电厂。当时任於潜县工商联(筹)委员的方恒裕和邵志达申请将他们合办的同顺泰南货商店的全部资金转为筹建电厂,经县政府批准后实施。由于技术力量不足,求助余杭电厂,余杭电厂派出3名职工相助,并将1台30匹马力的汽车引擎租给於潜电厂作为原动机,但因设备太旧,出力不足,弃而未用。后从昌化洪岭借到1台25匹马力的引擎代用,勉强配用30千瓦的发电机。1955年5月30日,於潜电厂正式发电。方恒裕任厂长,职工5人。1956年春,根据对私营工业企业进行社会主义改造的要求,於潜电厂实行公私合营,成立董事会,宣吉生(於潜供销社负责人)任董事长,方恒裕任厂长。发电时间为每天晚上19—24时,供应於潜县城关镇范围居民的照明和粮食加工。电费按灯泡功率收取,15瓦每只每月1.80元;25瓦每只每月2.50元。当时集资踊跃,共有600多户参加集资。电厂根据盈利情况每年向民间投资者发放红利。至20世纪60年代中期,民间投资本金偿清,1967年红利停止发放。1957年,电厂自筹资金从上海购入40匹马力船用引擎1台;年底,由县工商局拨款购入55千瓦发电机1台。1959年第4季度,又从临安拨来双缸75匹马力引擎配40千瓦发电机组1套,1960年初投入使用。当时,於潜电厂拥有发电机组3套,装机总容量110千瓦,全年发电量40万千瓦时。是年,於潜电厂并入於潜纸厂,成为纸厂的发电车间。1961年,由于木炭缺乏,影响正常发电,县工商局又无偿调拨2台40匹马力柴油机作为备用。但由于柴油既贵又供应紧张,仍不得不派工人到昌化龙井山上去挑木炭,以维持发电。1962年5月28日,10千伏线路延伸至於潜,於潜电厂停办,该厂9名职工划归临安县供电所。

(四)杭州临安欧锦热电有限公司

杭州临安欧锦热电有限公司的前身是临安热电厂,位于锦城街道苕溪南路16号(锦江集团内)。1992年,开工建设。1993年6月,建成投产。1997年12月,与美国欧格登能源公司合作,更名为杭州临安欧锦热电有限公司,注册资金为1480万美元。1998年10月,引轻纺公司印染厂的碱性污水进入文丘里—水膜二级除尘装置,使脱硫效果达到20%以上。

1993 年,装设 NG35－38/M 型锅炉 2 台、CN6－35/9 型汽轮机发电机组 2 台、31－12－1 型发电机组 2 台。1994 年 12 月,装设 NG35－38/M 型锅炉 2 台、CN12－35/9 型汽轮机发电机组 1 台、TQC5674/2 型 12MW 发电机组 1 台。1996 年 1 月、2000 年 1 月分别装设 NG45－3.82/M 型锅炉 2 台。拥有油浸自冷厂用变压器 5 台,SF7－16000/35 油浸风冷主变压器 1 台,装机总容量 2.4 万千瓦。年供热量 50 余万吨,供热用户 60 余家,遍及锦城街道 70％范围,协助电厂周边拆除无烟尘治理设施的小锅炉 60 余台,发挥热电联产的环境效益和社会效益,年发电量 1.6 亿万千瓦时。总建筑面积 $1.2 \times 10^4$ 米²,占地面积 $2.7 \times 10^4$ 米²,主厂房共 4 层,高 28 米。根据临安市政府印发的《关于杭州临安欧锦热电和恒康热电有限公司关停事宜专题协调会议纪要》(临府纪要〔2008〕30 号)精神,2008 年底,该公司关停。1999—2008 年杭州临安欧锦热电有限公司发电情况见表 1-1。

表 1-1　1999—2008 年杭州临安欧锦热电有限公司发电情况

| 年份 | 发电设备容量/千瓦 | 发电量/万千瓦时 | 上网电量/万千瓦时 | 厂用电量/万千瓦时 | 标准煤耗用量/吨 | 供电标准煤耗率/(克/千瓦时) | 发电标准煤耗率/(克/千瓦时) |
|---|---|---|---|---|---|---|---|
| 1999 | 24000 | 9425.61 | 8434.35 | 807.06 | 41350 | 455 | 439 |
| 2000 | 24000 | 12430.07 | 11109.34 | 1205.54 | 51432 | 430 | 414 |
| 2001 | 24000 | 13390.64 | 11955.82 | 1408.45 | 58870 | 455 | 441 |
| 2002 | 24000 | 14255.75 | 12918.53 | 1318.98 | 61371 | 442 | 430 |
| 2003 | 24000 | 14125.80 | 12690.61 | 1435.19 | 59463 | 432 | 421 |
| 2004 | 24000 | 11270.91 | 10001.78 | 1269.13 | 54899 | 503 | 487 |
| 2005 | 24000 | 8342.37 | 7277.54 | 1064.83 | 37689 | 471 | 452 |
| 2006 | 24000 | 8512.83 | 7468.85 | 1043.98 | 36407 | 444 | 428 |
| 2007 | 24000 | 5992.80 | 5142.74 | 850.06 | 24871 | 437 | 415 |
| 2008 | 24000 | 1528.39 | 1055.12 | 473.27 | | | |

(五)临安恒康热电有限公司

临安恒康热电有限公司的前身是临安华能热电厂,始建于 1992 年,位于临安市青山湖街道浙江省临安经济技术开发区内,南临杭徽高速、杭昱一级公路,北临苕溪,距杭徽高速公路 700 米。1994 年 6 月,1 号发电机组竣工投产。1995 年 1 月,2 号发电机组竣工投产。2004 年 5 月 19 日,临安华能热电厂被临安恒康热电有限公司收购,属浙江省临安经济技术开发区的配套基础产业企业,承担着开发区集中供热的职能。

临安恒康热电有限公司总投资 5600 余万元,注册资本 3600 万元,建设规模为二炉二机。主要发电设备有 NG35－38/M 型锅炉 2 台、CN6－35/9 型汽轮机 1 台、B6－3.43/0.98 汽轮机 1 台、QF－J6－2 型 6MW 发电机 1 台、TQC5466/2 型 6MW 发电机 1 台;拥有油浸自冷厂用变压器 3 台、S7－8000/38.5 油浸风冷主变压器 2 台。拥有供热蒸汽管网 6 千米,供热能力 117 吨/时,年最大发电量 9000 万千瓦时,有供热用户 20 余家。公司占地面积 $4.43 \times 10^4$ 米²,建筑面积 9479.45 米²。

临安恒康热电有限公司投资 30 万元引进锅炉给煤分层装置,改善燃烧工况,灰渣含碳量从 25％下降到 5％,汽煤比从 5.5 上升到 6.5,锅炉运行热效率显著提高,超过锅炉厂设计值 81.5％。同时,投资 200 万元对 2 号机组进行技术改造,供电煤耗由原来的 559.4 克/千瓦时下降至 200 克/千瓦时左右,经济效益可观。2005 年,投资 38 万元建成烟尘烟气在线连续监测系统。2006 年 11 月,经临安市环境监测站监测,2 号锅炉 $SO_2$ 排放浓度为 135.5 毫克/米³,烟尘排放浓度为 69.4 毫克/米³,脱硫除尘器的脱硫效率为 83.5％、除尘效率为 92.2％,林格曼烟气黑度等级均达到《锅炉大气污染物排放标准》(GB 13271—

2001)中二类区Ⅱ时段标准要求。

临安恒康热电有限公司于 2008 年底关停。1999—2008 年临安恒康热电有限公司发电情况见表 1-2。

表 1-2　1999—2008 年临安恒康热电有限公司发电情况

| 年份 | 发电设备容量/千瓦 | 发电量/万千瓦时 | 上网电量/万千瓦时 | 厂用电量/万千瓦时 | 标准煤耗用量/吨 | 供电标准煤耗率/（克/千瓦时） | 发电标准煤耗率/（克/千瓦时） |
|---|---|---|---|---|---|---|---|
| 1999 | 12000 | 3841.36 | 3400.63 | 340.90 | 19896 | 555 | 518 |
| 2000 | 12000 | 5358.19 | 4777.13 | 520.17 | 20319 | 398 | 379 |
| 2001 | 12000 | 6759.84 | 6041.02 | 701.60 | 32447 | 511 | 482 |
| 2002 | 12000 | 6259.43 | 5585.45 | 663.16 | 31336 | 538 | 501 |
| 2003 | 12000 | 6883.20 | 6123.85 | 759.35 | 33375 | 521 | 485 |
| 2004 | 12000 | 4245.37 | 3717.23 | 528.14 | 23568 | 599 | 555 |
| 2005 | 12000 | 4580.62 | 4039.56 | 541.06 | 25570 | 595 | 558 |
| 2006 | 12000 | 5463.12 | 4857.39 | 605.73 | 29329 | 573 | 537 |
| 2007 | 12000 | 3781.68 | 3348.47 | 433.21 | 19938 | 561 | 527 |
| 2008 | 12000 | 1770.96 | 1452.46 | 318.5 | — | — | — |

### （六）临安恒锦热电有限公司

临安恒锦热电有限公司的前身为杭州临安超亚热电厂（简称超亚热电厂），位于锦城镇青年路1号，占地面积 $10.17\times10^4$ 米²，建筑面积 $1.52\times10^4$ 米²。1997年2月，1号发电机组竣工投产。1998年1月，2号发电机组竣工投产。装设 QF-15-2 汽轮发电机 2 台、C15-3.43/0.98 Ⅰ-Ⅱ型汽轮机 2 台、UG65-3.82-M10 型排式抛煤锅炉 2 台，拥有厂用变压器 2 台，设计年发电量 1.8 亿千瓦时。1999年10月停产。经杭州市中级人民法院许可，杭州锦江集团有限公司于 2004 年 1 月 18 日以 7000 万元通过竞拍拍得原超亚热电厂土地及该土地上的全部房屋和机器设备。2004 年 4 月 14 日，由临安市政府牵头就超亚热电厂恢复生产的有关事项召开专题协议会，同意超亚热电厂恢复生产。2004 年 4 月 27 日，杭州锦江集团有限公司会同临安恒晟房地产开发有限公司共同组建临安恒锦热电有限公司，专项运营原超亚热电厂。经过 3 个月的恢复性大修，第 1 台机组于 2004 年 6 月 29 日并网发电，第 2 台机组于 7 月初并网发电。2005 年 7 月底停止发电，12 月 31 日销户。1997—2005 年临安恒锦热电有限公司发电情况见表 1-3。

表 1-3　1997—2005 年临安恒锦热电有限公司发电情况

| 年份 | 发电设备容量/千瓦 | 发电量/万千瓦时 | 上网电量/万千瓦时 | 厂用电量/万千瓦时 | 标准煤耗用量/吨 | 供电标准煤耗率/（克/千瓦时） | 发电标准煤耗率/（克/千瓦时） |
|---|---|---|---|---|---|---|---|
| 1997 | 30000 | 3578.4 | 2998.87 | — | — | 580 | — |
| 1998 | 30000 | 5260.80 | 4525.65 | — | — | — | — |
| 1999 | 30000 | 5040.02 | 4434.85 | 458.80 | 27256 | 595 | 541 |
| 2004 | 30000 | 4226.40 | 3730.80 | 495.60 | 26809 | 699 | 634 |
| 2005 | 24000 | 3248.88 | 2900.23 | 348.65 | 19704 | 639 | 606 |

# 第二节 水力发电

### 一、水力发电发展概况

中华人民共和国成立后,小水电得以开发。1955 年,遵照浙江省人民委员会《关于重点试办农村小水电站和站址普查工作》的指示及《农村小水电站工作纲要(草案)》精神,农村各地开始兴办小水电站。临安境内山溪多,自然落差大,水力资源理论蕴藏量28.24 万千瓦,据普查,可开发单站75 千瓦以上电站142 处,装机总容量达 23.16 万千瓦。

1955 年 7 月,浙江省委书记江华途经昌化,面示昌化县领导:"昌化山区,河流多,坡度陡急,水力资源丰富,可以兴建水力发电站。"1956 年 3 月,昌化县人民委员会在武隆镇西街兴建昌化水电站,浙江省工业厅电业管理局负责电气部分技术设计,昌化县水电站建设委员会负责基建。1957 年 7 月,昌化水电站第 1 台 100 千瓦水轮发电机组建成发电,电站每天傍晚至次日凌晨发电,供县城照明。1958 年 4 月,昌化县委制定《1958 年发展地方工业规划》,针对昌化县山区水力资源丰富的特点,确定发展地方工业应"以钢为纲,电力先行",把重点放在水电事业上。当时,昌化县人民委员会还派人去北京,与民主德国、捷克斯洛伐克和罗马尼亚驻华大使馆商定,用山核桃换回发电机等设备。当年筹建白牛水电站,11 月建成发电。其后,昌化、於潜、临安三地相继大力兴建小水电站。1960 年 2 月 9 日,嘉兴专区林化、水电工业现场会在临安召开,进一步促进了水电站建设工作。至 1960 年,共建成小水电站 43 座,装机总容量 1238.5 千瓦,每座小水电站装机容量一般为 10～20 千瓦,最小的仅 3 千瓦(见表 1-4)。这批小水电站规模小,且配电设备简陋,仅供当地农村照明和粮食加工。1960 年,大电网进入临安后,小水电站逐步被淘汰。至 1970 年,仅存小水电站 8 座,装机总容量 666 千瓦。

开临安农村用电之先河的白牛水电站原址

表 1-4　1960 年及以前临安县 40 千瓦以下水电站基本情况

| 电站名称 | 站址 | | 溪流 | 所有制 | 水头/米 | 流量/(米³/秒) | 装机容量/千瓦 | 建成年份 | 废弃年份 |
|---|---|---|---|---|---|---|---|---|---|
| | 公社 | 大队 | | | | | | | |
| 寨村 | 潜阳 | 寨村 | 虞溪 | 大队集体 | 3 | 0.5 | 16 | 1958 | 1967 |
| 黄家 | 潜阳 | 黄家 | 丰陵溪 | 大队集体 | 6 | 0.2 | 13.5 | 1958 | 1967 |
| 逸村 | 潜川 | 逸村 | 天目溪 | 大队集体 | 3 | 1.7 | 40 | 1958 | 1967 |
| 谢家桥 | 潜阳 | 谢家桥 | 桃源溪 | 大队集体 | 5 | 0.3 | 10 | 1958 | 1968 |
| 绍鲁 | 西天目 | 绍鲁 | 东关溪 | 大队集体 | 2 | 0.6 | 18 | 1958 | 1968 |
| 告岭 | 西天目 | 鲍家 | 西关溪 | 大队集体 | 15 | 0.3 | 24 | 1958 | 1970 |
| 岛石 | 昌北 | 岛石 | 仁里溪 | 大队集体 | 5 | 0.4 | 16 | 1958 | 1967 |
| 桐坑 | 国庆(湍口) | 桐坑 | 沈溪 | 大队集体 | 3.5 | 0.2 | 5 | 1959 | 1968 |

| 电站名称 | 站址 | | 溪流 | 所有制 | 水头/米 | 流量/（米³/秒） | 装机容量/千瓦 | 建成年份 | 废弃年份 |
|---|---|---|---|---|---|---|---|---|---|
| | 公社 | 大队 | | | | | | | |
| 曙光 | 昌南 | 曙光 | 蒲溪 | 大队集体 | 5.5 | 0.5 | 16 | 1958 | 1967 |
| 株柳 | 昌西 | 株柳 | 昌西溪 | 大队集体 | 3 | 1.0 | 16 | 1958 | 1968 |
| 洙浪 | 昌西 | 洙浪 | 昌西溪 | 大队集体 | 3 | 1.0 | 20 | 1958 | 1983 |
| 北坞 | 昌西 | 北坞 | 北坞水 | 大队集体 | 6 | 0.2 | 16 | 1958 | 1968 |
| 颊口 | 昌西 | 颊口 | 昌西溪 | 大队集体 | 4 | 0.5 | 16 | 1958 | 1968 |
| 路口 | 昌西 | 路口 | 颊口溪 | 大队集体 | 4 | 0.6 | 16 | 1958 | 1968 |
| 同山下 | 昌西 | 同山下 | 颊口溪 | 大队集体 | 5 | 0.4 | 16 | 1958 | 1968 |
| 浪广 | 昌西 | 浪广 | 浪广水 | 大队集体 | 7.5 | 0.2 | 16 | 1958 | 1968 |
| 夏林 | 昌西 | 夏林 | 杨溪 | 大队集体 | 4.5 | 0.4 | 16 | 1958 | 1968 |
| 祝川 | 昌西 | 祝川 | 岭下水 | 大队集体 | 8.0 | 0.2 | 16 | 1958 | 1968 |
| 鸠甫山 | 昌西 | 鸠甫山 | 鸠甫水 | 大队集体 | 5.5 | 0.2 | 16 | 1958 | 1968 |
| 沈家坞 | 潜川 | 沈家坞 | 悉山水 | 大队集体 | — | — | 5 | 1960 | 1975 |
| 河桥 | 昌南 | 河桥 | 昌南溪 | 大队集体 | 5 | 0.4 | 16 | 1960 | 1968 |
| 赤石 | 昌城 | 赤石 | 昌南溪 | 大队集体 | 5 | 0.4 | 16 | 1960 | 1968 |
| 中胜 | 昌西 | 中胜 | 昌北溪 | 大队集体 | 2.5 | 1.0 | 16 | 1960 | 1983 |
| 义干 | 昌西 | 义干 | 义涧水 | 大队集体 | 2.5 | 1.0 | 16 | 1960 | 1968 |
| 申明 | 昌西 | 申明 | 横溪 | 大队集体 | 3.0 | 0.8 | 16 | 1960 | 1968 |
| 前山 | 昌西 | 乾山 | 横溪 | 大队集体 | 4.0 | 0.5 | 16 | 1960 | 1968 |
| 里仁 | 昌西 | 里仁 | 横溪 | 大队集体 | 10.0 | 0.25 | 16 | 1960 | 1968 |
| 山边 | 昌西 | 山边 | 马啸溪 | 大队集体 | 4.0 | 0.5 | 16 | 1960 | 1968 |
| 阳建 | 昌西 | 阳建 | 颊口溪 | 大队集体 | 5.0 | 0.4 | 16 | 1960 | 1968 |
| 大石门 | 昌西 | 大石门 | 颊口溪 | 大队集体 | 5.0 | 0.4 | 16 | 1960 | 1968 |
| 竹溪 | 昌西 | 竹溪 | 杨溪 | 大队集体 | 3 | 0.8 | 16 | 1960 | 1968 |
| 龙门 | 横畈 | 龙门 | 獭溪 | 大队集体 | — | — | 14 | 1960 | 1968 |
| 湍口 | 昌南 | 湍口 | 昌南溪 | 大队集体 | 3 | 0.8 | 16 | 1960 | 1968 |
| 下许 | 昌北 | 下许 | 后溪 | 大队集体 | 4 | 0.5 | 16 | 1960 | 1968 |
| 三联 | 昌南 | 三联 | 昌南溪 | 大队集体 | 4 | 0.5 | 16 | 1960 | 1968 |
| 召黄 | 昌南 | 召黄 | 蒲溪 | 大队集体 | 6 | 0.3 | 16 | 1960 | 1968 |
| 长春桥 | 临安 | 长春桥 | 横溪 | 大队集体 | — | — | 16 | 1960 | 1968 |
| 田干 | 潜阳 | 田干 | 东关溪 | 大队集体 | — | — | 16 | 1960 | 1968 |

　　1970年起，随着"大中小并举，国家办和地方办相结合"的方针和"谁建、谁管、谁有、谁受益"政策的贯彻，国家在建材、税收等方面予以优惠。临安县对全县水力资源进行普查，弄清可开发利用的资源，制定规划，实行县、公社、大队三级办电，宜大队办的由大队办，宜公社办的由公社办，公社、大队（简称社、队）暂时无法办的就联办或由县办，小水电站建设发展迅猛。小水电站装机容量小，设备简陋，被群众称为"夜明珠"。1973年6月，临安县青山水库电站并网发电，装机容量4×500千瓦，此为全县第一个并入

大电网的水电站。此后,里畈、横畈、西关等小水电站相继建成,并入电网运行,对电网起到调节和补充作用,为山区农村兴办地方工业提供电力。特别是昌北地区,地处浙西山区,水力资源丰富,该地区领导把发展水电作为山区开发重点任务来抓,自1979年起,小水电建设掀起高潮。1982年后,国家开展以小水电为主要电源的农村电气化试点县建设。浙江省政府印发关于发展小水电事业若干规定以及水利系统开展综合经营等通知,浙江省水利厅也提出加强小水电管理若干规定等,解决全省小水电建设和管理问题。临安县坚持走自力更生、多方集资、社会办电道路,并进行电价和管理体制改革。至1983年10月,建成22座小水电站,装机总容量5400千瓦。

1983年2月,浙江省水利厅组织部分县进行实现农村电气化可行性调查。3月,水利电力部召开全国农村电气化规划座谈会,明确试点县在电源上主要依靠小水电,在建设上主要依靠地方,建成后贯彻自建、自管、自用方针和建立发、供、用统一管理经济实体。根据上述要求,在电气化可行性调查基础上,浙江省选定临安等10个水力资源比较丰富、有一定电气化水平的县为试点县。5月,10个试点县完成电气化初步规划。6月,规划由浙江省政府报送水利电力部。12月12日,《国务院批转水利电力部关于积极发展小水电建设中国式农村电气化试点县的报告的通知》(国发〔1983〕190号)批准公布100个第一批农村电气化试点县,临安县名列其中。临安社会各界兴建小水电站的热情高涨。

20世纪80年代,里畈、英公、千顷塘等水库下游进行梯级开发,建有杨岭一级、二级,英公一级、二级,龙井一级、二级、四级等有调节性能水电站19座,装机总容量8160千瓦;建成鱼跳一级、浮桥、武隆、无他、西乐等径流水电站26座,装机总容量12745千瓦。

1990年,临安县企业推行股份制后,水电站开发规模增大,建设周期缩短。1991年7月,西关一级电站增设200千瓦发电机组1台。1992年4月,青山航道电站设125千瓦发电机组3台。12月,苕溪电站设100千瓦发电机组2台。1993年8月,新溪坑电站设160千瓦发电机组3台。12月,千顷塘电站设800千瓦发电机组2台。1994年5月,甘溪二级电站设500千瓦发电机组3台。1995年4月,绍鲁电站设320千瓦发电机组3台。5月,白牛二级电站设400千瓦发电机组3台。6月,鲍家电站设320千瓦发电机组2台。8月,渠道电站设400千瓦发电机组1台。9月,翠艺电站设160千瓦发电机组3台,陶金坪电站设250千瓦发电机组2台。1996年3月,俞家电站设200千瓦发电机组2台。4月,柘林电站设320千瓦发电机组2台。8月,上坪电站设200千瓦发电机组2台,大龙湾电站设500千瓦发电机组2台。1997年4月,汪家坞电站设400千瓦发电机组1台。5月,马山三级电站设250千瓦发电机组2台。6月,东升电站设120千瓦发电机组4台。7月,里畈二级电站设1250千瓦发电机组2台。11月,颊口电站设320千瓦发电机组2台。至1997年,全市共建成小水电站77座,装机总容量4.28万千瓦。

临安小水电继续向规划建设、规模开发方向发展,水电站管理逐渐向现代化中型水电站管理靠近。1998年5月,青山殿电站设2万千瓦发电机2台,装机总容量4万千瓦。1999年12月,英公一级电站技改,装机总容量增至1260千瓦。2001年8月,东关电站设800千瓦发电机组2台。2002年7月,马啸二级电站设800千瓦发电机组2台。10月,林峰电站设800千瓦发电机组1台。2003年7月,水涛庄电站设1000千瓦发电机组2台,二村电站设500千瓦发电机组2台。2004年4月,沈溪电站设1000千瓦发电机组2台,华光潭梯级水电站二级电站设1.25万千瓦发电机组2台。8月,双石电站设800千瓦发电机组1台。10月,荞麦塘电站设2500千瓦发电机组1台。11月,剑门潭电站和东溪电站设500千瓦发电机组各1台,马啸五级电站设500千瓦发电机组2台。2005年2月,良源电站设1000千瓦发电机组2台。5月,原荣盛电站增容并更名为东河电站,装机容量由原来的250千瓦增至500千瓦。6月,龙之石电站设400千瓦发电机组1台。9月,华光潭梯级水电站一级电站设3万千瓦发电机组2台(华光潭梯级水电站装机总容量8.5万千瓦),华光潭三级电站设2500千瓦发电机组2台。11月,桐坑电站设500千瓦发电机组2台,沃溪一级电站设400千瓦发电机组2台。12月,龙头电站设500千瓦发电机组2台和

320 千瓦发电机组 1 台。

2006 年 3 月,石门潭一级电站并网发电,装机总容量 3200 千瓦。10 月,二村二级电站并网发电,设 630 千瓦发电机组 2 台。2007 年 2 月,石门潭二级电站并网发电,装机总容量 3200 千瓦。2009 年 8 月,大龙湾电站扩建,装机容量增至 2000 千瓦。

至 2010 年,临安市建成水电站 100 座,装机总容量 20.6 万千瓦,年发电量 5.57 亿千瓦时。其中装机总容量 1 万千瓦及以上水电站有:青山殿水电站装机总容量 4 万千瓦,年发电量 1.08 亿千瓦时;华光潭梯级水电站装机总容量 8.5 万千瓦,年发电量 2.02 亿千瓦时。

2011 年 7 月,新建柳溪江电站,装机总容量 4000 千瓦。10 月,新建大源塘电站,装机总容量 630 千瓦。2015 年 11 月,学川郑涛电站并网发电,装机总容量 320 千瓦。

报废重建、改扩建水电站有:2011 年 5 月,武隆电站停止发电。8 月,浪口电站停止发电。2012 年 4 月,里畈一级电站扩建,装机总容量增至 1890 千瓦。6 月,龙皇桥电站增容,装机总容量增至 800 千瓦。2013 年 5 月,英公一级电站报废重建,装机总容量 1600 千瓦。10 月,白牛二级电站进行扩容改造,新增 1 台 630 千瓦机组,原白牛一级机组即报废。2014 年 1 月,临安市小水电数据全部接入国网浙江省电力公司用电信息采集系统。

至 2016 年,临安市拥有杭州调度直管的水电站 3 座,即青山殿水电站、华光潭一级水电站、华光潭二级水电站,装机总容量 12.5 万千瓦;拥有临安直接调度电站 94 座,装机总容量 11.06 万千瓦,其中小水电站 91 座,装机总容量 8.71 万千瓦,全年发电量 3.55 亿千瓦时。1986—2016 年临安装机容量 6000 千瓦以下小水电站发电情况见表 1-5。

表 1-5   1986—2016 年临安装机容量 6000 千瓦以下小水电站发电情况

| 年份 | 发电设备容量/万千瓦 | 发电量/万千瓦时 | 上网电量/万千瓦时 | 水电站数/座 |
|---|---|---|---|---|
| 1986 | 2.31 | 5541 | 5541 | 55 |
| 1987 | 2.48 | 7793 | 7595 | 57 |
| 1988 | 2.67 | 6255 | 5908 | 59 |
| 1989 | 2.69 | 9745 | 9145 | 60 |
| 1990 | 2.75 | 9270 | 8506 | 61 |
| 1991 | 2.76 | 9377 | 8989 | 59 |
| 1992 | 2.82 | 7288 | 6222 | 61 |
| 1993 | 3.03 | 10184 | 10184 | 63 |
| 1994 | 3.18 | 7823 | 7823 | 64 |
| 1995 | 3.54 | 9775 | 9260 | 69 |
| 1996 | 3.80 | 8681 | 8681 | 75 |
| 1997 | 4.28 | 8720 | 8720 | 77 |
| 1998 | 4.22 | 13622 | 13622 | 77 |
| 1999 | 4.22 | 13490 | 13490 | 77 |
| 2000 | 4.22 | 10993 | 10993 | 77 |
| 2001 | 4.46 | 14033 | 13016 | 76 |
| 2002 | 4.52 | 15608 | 15003 | 78 |
| 2003 | 5.00 | 11230 | 11230 | 81 |
| 2004 | 5.39 | 9805 | 9805 | 84 |
| 2005 | 6.59 | 14887 | 14887 | 89 |
| 2006 | 7.07 | 17080 | 17080 | 89 |
| 2007 | 7.87 | 16358 | 16358 | 91 |

续表

| 年份 | 发电设备容量/万千瓦 | 发电量/万千瓦时 | 上网电量/万千瓦时 | 水电站数/座 |
|---|---|---|---|---|
| 2008 | 7.87 | 22621 | 22621 | 95 |
| 2009 | 8.10 | 21639 | 21639 | 97 |
| 2010 | 8.10 | 24668 | 24668 | 97 |
| 2011 | 8.64 | 19561 | 19561 | 98 |
| 2012 | 8.64 | 28266 | 28266 | 94 |
| 2013 | 8.64 | 21004 | 21004 | 90 |
| 2014 | 8.30 | 25311 | 25311 | 89 |
| 2015 | 8.30 | 29375 | 29375 | 90 |
| 2016 | 8.71 | 35542 | 35542 | 91 |

注:1995 年及以前的数据来自《临安市水利志》,之后的数据来自统计报表。

## 二、500 千瓦以下水电站

1956 年 3 月,昌化水电站开工建设后,昌化县委十分重视电站建设;11 月,《关于认真做好参加水电站建设民工动员工作的通知》印发。1957 年 2 月,《关于继续动员民工兴建县水力发电站的通知》印发。1958 年 4 月,昌化县委印发《1958 年发展地方工业规划》,分析了昌化县山区水力资源丰富的特点,明确发展地方工业应"以钢为纲,电力先行",把重点放在水电事业建设上,要求全县在 1958 年底前建设水电站 192 座,装机总容量 2340 千瓦,总投资 298.5 万元。至 1958 年,先后建成白牛、宜养、岛石、北坞、株柳、祝川等 31 座水电站,装机总容量 1010 千瓦,全县 21 个乡镇中有 20 个建有水电站。这些水电站装机容量小,采用木制旋桨式水轮机,规模小,单独运行,用于照明和农产品加工。1958 年 8 月—1959 年 4 月,国庆(湍口)公社桐坑生产大队投资 6000 多元建成装机容量为 5 千瓦的小水电站,用电力机械加工茶叶,昌化县委、昌化县人民委员会授予其"山坞水电站,制茶自动化"锦旗一面。1965 年以后,大电网普及,不少小水电站陆续废弃。2016 年临安市 500 千瓦以下水电站基本情况见表 1-6。

表 1-6　2016 年临安市 500 千瓦以下水电站基本情况

| 电站名称 | 地址 | 并网时间 | 并网电压/千伏 | 装机容量/千瓦 | 2016 年发电量/万千瓦时 |
|---|---|---|---|---|---|
| 安村 | 青山湖街道安村村 | 1978 年 2 月 | 10 | 150 | 51 |
| 龙井三级 | 龙岗镇龙井桥村 | 1979 年 12 月 | 10 | 400 | 275 |
| 毛塔 | 龙岗镇东塔村 | 1980 年 6 月 | 10 | 400 | 316 |
| 小毛塔 | 龙岗镇东塔村 | 1980 年 10 月 | 10 | 75 | 19 |
| 西关二级 | 天目山镇告岭村 | 1980 年 10 月 | 10 | 375 | 159 |
| 堰口 | 於潜镇堰口村 | 1981 年 5 月 | 10 | 250 | 176 |
| 后郎 | 锦城街道后郎村 | 1981 年 11 月 | 10 | 200 | 76 |
| 周胡 | 龙岗镇仙人塘村 | 1982 年 1 月 | 10 | 175 | 83 |
| 夏色岭 | 河桥镇学川村 | 1982 年 7 月 | 10 | 250 | 125 |
| 石门 | 高虹镇石门村 | 1982 年 7 月 | 10 | 320 | 117 |
| 横潭 | 锦城街道横潭村 | 1982 年 7 月 | 10 | 250 | 79 |
| 沃溪 | 昌化镇联盟村 | 1982 年 10 月 | 10 | 320 | 149 |
| 溪口 | 太湖源镇溪口村 | 1984 年 2 月 | 10 | 400 | 188 |
| 逸村 | 於潜镇逸村村 | 1984 年 7 月 | 10 | 450 | 185 |
| 横溪 | 锦城街道横溪村 | 1985 年 9 月 | 10 | 225 | 109 |
| 横街 | 锦城街道横街村 | 1985 年 9 月 | 10 | 200 | 77 |
| 青柯 | 锦城街道青柯村 | 1986 年 5 月 | 10 | 275 | 102 |

| 电站名称 | 地址 | 并网时间 | 并网电压/千伏 | 装机容量/千瓦 | 2016 年发电量/万千瓦时 |
|---|---|---|---|---|---|
| 新燕 | 清凉峰镇昱岭关村 | 1986 年 5 月 | 10 | 125 | 37 |
| 顺溪 | 清凉峰镇昱岭关村 | 1986 年 6 月 | 10 | 180 | 83 |
| 龙井一级 | 龙岗镇桃花溪村 | 1986 年 12 月 | 10 | 320 | 166 |
| 后院 | 天目山镇告岭村 | 1988 年 1 月 | 10 | 400 | 200 |
| 龙井四级 | 龙岗镇龙井桥村 | 1988 年 8 月 | 10 | 200 | 111 |
| 航道 | 青山湖街道研口村 | 1992 年 4 月 | 10 | 375 | / |
| 茗溪 | 锦城街道 | 1992 年 12 月 | 10 | 200 | 35 |
| 新溪坑 | 龙岗镇新溪村 | 1993 年 8 月 | 10 | 480 | 273 |
| 马啸一级 | 清凉峰镇石长城村 | 1995 年 4 月 | 10 | 320 | 210 |
| 翠艺 | 於潜镇南山村 | 1995 年 9 月 | 10 | 480 | 125 |
| 天河 | 天目山镇一都村 | 1996 年 3 月 | 10 | 400 | 136 |
| 上坪 | 龙岗镇五星村 | 1996 年 8 月 | 10 | 400 | 191 |
| 汪家坞 | 高虹镇石门村 | 1997 年 4 月 | 10 | 400 | 128 |
| 东升 | 昌化镇宜养村 | 1997 年 6 月 | 10 | 480 | 328 |
| 狮溪 | 龙岗镇太平村 | 1998 年 4 月 | 10 | 250 | 79 |
| 千洪 | 於潜镇杨洪村 | 2000 年 2 月 | 10 | 320 | 156 |
| 龙之石 | 安徽省绩溪县 | 2005 年 6 月 | 10 | 400 | 92 |
| 学川郑涛 | 河桥镇河桥村 | 2015 年 11 月 | 10 | 320 | 75 |
| 合计 | | | | 10765 | 3526 |

## 三、500～960 千瓦水电站

### (一)西关一级电站

该电站位于天目山镇,为西关水库坝后式电站,系乡镇集体企业。集雨面积 21.3 千米²,水库库容 75×10⁴ 米³。设计水头 52 米,流量 1.32 米³/秒。装设 HL110—WJ—42 水轮机 2 台,配 TSWN—160—8 发电机 2 台。1972 年,开工建设;1978 年 12 月,并网发电。原装机总容量 320 千瓦。总投资 21.09 万元,其中,银行贷款 3.00 万元,国家补助 6.40 万元。1991 年 7 月,电站完成扩建,装机总容量增至 520 千瓦。年均发电量 125.63 万千瓦时。

### (二)浪口电站

该电站位于太湖源镇浪口村,为里畈水库下游梯级开发引水式电站,系乡镇集体企业。集雨面积 90 千米²,设计水头 19.2 米,流量 4.4 米³/秒。装设 GD560—WJ—60 水轮机 2 台,配 TSWN—160—6 和 SFWN—250—6 发电机各 1 台。原装机总容量 320 千瓦。1977 年,开工建设;1979 年 8 月,并网发电。总投资 33.23 万元,其中,国家补助 11.82 万元。1998 年 9 月,电站改造后,装机总容量增至 650 千瓦。1999 年 10 月,改为股份制企业,投资 30 万元维修与更新水轮机、发电机等。2011 年 8 月,停止发电。

### (三)杨岭一级电站

该电站位于太湖源镇里畈村,为里畈水库下游梯级开发引水式电站,系乡镇集体企业。集雨面积 87 千米²,水库正常库容 1647×10⁴ 米³。设计水头 27 米,流量 4.7 米³/秒。装设 HL240—WJ—50 水轮机 3 台,配 TSWN85/39—8 发电机 2 台、SFW85/8 发电机 1 台。1977 年 6 月,开工建设;1980 年 6 月,并网发电。装机总容量 960 千瓦。总投资 86.89 万元,其中,银行贷款 35.00 万元,国家补助 12.91 万元。2000 年,由华兴服装有限公司兼并后,更名为华兴一级电站。

（四）龙井二级电站

该电站位于龙岗镇龙井桥村，为千顷塘水库下游梯级开发中水头引水式电站，系乡镇集体企业。集雨面积 25 千米²，设计水头 135 米，流量 0.65 米³/秒。总投资 44.5 万元，其中，银行贷款 28.5 万元，国家补助 16.0 万元。1979 年 1 月，开工建设。装设 CJ22－W－70/1×9 型水轮机 2 台，配 TSWN85/41－10 发电机 2 台，装机总容量 640 千瓦。1981 年 1 月，并网发电。该电站运行年久，存在机组设备老化、压力管道渗漏严重等问题，影响电站的安全运行和发电效益。2012 年 10 月，电站进行技术改造；2013 年 2 月，竣工投产，总投资 128 万元。年均发电量 307.9 万千瓦时。

（五）龙皇桥电站

该电站位于太阳镇桃源溪村，为太阳溪（交溪）源头龙王桥（惠春）水库引水式电站，系乡镇集体企业。集雨面积 24 千米²，水库正常库容 80×10⁴ 米³。设计水头 64 米，流量 1.06 米³/秒。装设 HL110－WJ－42 水轮机 2 台，配 TSWN74/36－6 发电机 2 台。1979 年 8 月，开工建设；1982 年 5 月，并网发电。原装机总容量 500 千瓦。总投资 64.50 万元，其中，银行贷款 35.31 万元，国家补助 13.02 万元。2012 年 6 月，电站增容改造后装机总容量增至 800 千瓦。年均发电量 227.8 万千瓦时。

（六）相见电站

该电站位于龙岗镇相见村，为相见水高水头引水式电站，系乡镇集体企业。集雨面积 16.9 千米²，设计水头 150 米，流量 0.49 米³/秒。总投资 30.2 万元，其中，银行贷款 19.0 万元，国家补助 11.2 万元。1981 年 2 月，开工建设。装设 CJ－W－75/1×9 水轮机 2 台，配 TSWN85/39－10 发电机 2 台。装机总容量 500 千瓦。1982 年 11 月，并网发电。年均发电量 148.96 万千瓦时。

（七）无他电站

该电站位于龙岗镇无他村，为昌西溪引水式电站，系村办企业。集雨面积 300 千米²，设计水头 9 米，流量 8.3 米³/秒。总投资 39 万元，其中，银行贷款 22 万元，国家补助 13 万元。1980 年 12 月，开工建设。装设 ZD760－LH－80 水轮机 2 台，配 SF－250－10 发电机 2 台。装机总容量 500 千瓦。1983 年 1 月，并网发电。年均发电量 144.77 万千瓦时。

（八）马啸四级电站

该电站位于清凉峰镇石长城村，为颊口溪引水式电站，系乡镇集体企业。集雨面积 50 千米²。上游有大石门水库 30×10⁴ 米³ 库容调节。设计水头 43 米，流量 1.76 米³/秒。装设 HL110－WJ－60 水轮机 2 台，配 SFW－250－10 发电机 2 台。原装机总容量 500 千瓦。总投资 38 万元，其中，银行贷款 22 万元，国家补助 13 万元。1980 年 11 月，开工建设；1983 年 8 月，并网发电。2005 年 5 月，电站增容改造后，装机总容量增至 640 千瓦。年均发电量 200.36 万千瓦时。

（九）浮桥电站

该电站位于龙岗镇东塔村，为上溪中水头引水式电站，系乡镇集体企业。集雨面积 40 千米²，设计水头 80 米，流量 1.1 米³/秒。装设 HL110－WJ－50 水轮机 2 台，配 SFW400－6 发电机 2 台。装机总容量 800 千瓦。1980 年 12 月，开工建设；1983 年 10 月，并网发电。总投资 39 万元，其中，银行贷款 22 万元，国家补助 13 万元。年均发电量 255.03 万千瓦时。

（十）马山二级电站

该电站位于潜川镇沈家坞村横坞口，为悉山水梯级开发引水式电站，系村集体企业。设计水头 64 米，流量 1.34 米³/秒。装设 HL110－WJ－50 水轮机 2 台，配 SFW－320－85/6 发电机 2 台。装机总容量 640 千瓦。总投资 142 万元，其中，自筹 61 万元，银行贷款 77 万元，国家补助 4 万元。1987 年 6 月，开工建设;1990年1月,并网发电。年均发电量227.81万千瓦时。

(十一)绍鲁电站

该电站位於潜镇光明村前山岭脚,为东关溪引水式电站,原系乡(镇)集体企业,后转为股份制企业。集雨面积151千米$^2$,西关水库电站尾水输入,设计水头28.5米,流量4.3米$^3$/秒。装设HL220—WJ—50水轮机3台。配TSWE—K320—8发电机3台,装机总容量960千瓦。总投资568.4万元,其中,自筹13.4万元,银行贷款555.0万元。1992年2月,开工建设;1995年4月,并网发电。年均发电量298.48万千瓦时。

(十二)鲍家电站

该电站位于天目山镇西游村西关水库上游,为西关溪高水头引水式电站,原系村集体企业,后转为私营。集雨面积17.9千米$^2$,设计水头158米,流量0.6米$^3$/秒。装设XJ02—W—42A水轮机2台,配SFW—J320—6发电机2台。装机总容量640千瓦。总投资488万元,其中,自筹140万元,银行贷款313万元。1991年12月,开工建设;1995年6月,并网发电。年均发电量202.18万千瓦时。

(十三)陶金坪电站

该电站位于龙岗镇大峡谷村,为昌北溪引水式电站,系股份制企业。集雨面积336千米$^2$,设计水头14米,流量3.4米$^3$/秒。装设ZD560A—LH—60水轮机2台,配SF250—6发电机2台。装机总容量500千瓦。总投资334万元,其中,自筹314万元,银行贷款20万元。1995年9月,并网发电。年均发电量127.95万千瓦时。

(十四)柘林电站

该电站位于龙岗镇大峡谷村荞麦岭脚,为柘林坑溪高水头引水式电站,系股份制企业。主源长8.2千米,集雨面积19.3千米$^2$,上游横坞坑有2×10$^4$米$^3$蓄水调节,设计水头242米,流量0.35米$^3$/秒。装设CJ22—WJ—55/1×7水轮机2台,配SF320—6发电机2台。装机总容量640千瓦。总投资380万元,其中,自筹330万元,银行贷款50万元。1995年9月,开工建设;1996年4月,并网发电。年均发电量300.7万千瓦时。

(十五)颊口电站

该电站位于清凉峰镇新都村青山潭,为昌西溪引水式电站,系乡镇集体企业。集雨面积283千米$^2$,设计水头9.95米,流量8.5米$^3$/秒。装设ZD560—LM—120水轮机2台,配SF320—16/1730发电机2台。装机总容量640千瓦。总投资480万元,其中,自筹120万元,银行贷款360万元。1995年9月,开工建设;1997年11月,并网发电。年均发电量209.72万千瓦时。

(十六)林峰电站

该电站位于潜川镇沈家坞村(原林峰村),由临安市华裕水电开发有限公司与潜川镇林峰村村委会合作开发建设。集雨面积24.7千米$^2$,设计净水头94米,流量0.86米$^3$/秒。原装机总容量630千瓦。1999年7月,开工建设;2002年11月,并网发电。2005年,电站增容改造后,装机总容量800千瓦。年均发电量250.89万千瓦时。

(十七)大源塘电站

该电站位于昌化镇联盟村,坐落于昌化溪支流沃溪上。整个沃溪小流域,规划建设4个梯级电站,其中大源塘水电站为第1个梯级,下游已建成沃溪一级电站、沃溪电站和江波潭电站3个梯级电站。为充分利用沃溪流域的水力资源,经《关于临安大源塘水力发电有限公司大源塘水电站项目核准的批复》(临安改〔2009〕377号)批准,由临安大源塘水力发电有限公司投资建设。设计水头347米,流量0.24米$^3$/秒。装设CJ475—80/1×7

型水轮机 1 台,配 630 千瓦发电机 1 台。装机总容量 630 千瓦。2011 年 1 月,开工建设;2011 年 10 月,并网发电。电站总投资 573.7 万元。年均发电量 135.86 万千瓦时。

2016 年临安市 500～960 千瓦水电站基本情况见表 1-7。

表 1-7　2016 年临安市 500～960 千瓦水电站基本情况

| 电站名称 | 地址 | 并网时间 | 并网电压/千伏 | 装机容量/千瓦 | 2016 年发电量/万千瓦时 |
|---|---|---|---|---|---|
| 西关一级 | 天目山镇西游村 | 1978 年 12 月 | 10 | 520 | 190 |
| 华兴一级 | 太湖源镇里畈村 | 1980 年 6 月 | 10 | 960 | 143 |
| 龙井二级 | 龙岗镇龙井桥村 | 1981 年 1 月 | 10 | 640 | 314 |
| 东河 | 天目山镇门口村 | 1981 年 7 月 | 10 | 500 | 171 |
| 龙皇桥 | 太阳镇桃源溪村 | 1982 年 5 月 | 10 | 800 | 319 |
| 相见 | 龙岗镇相见村 | 1982 年 11 月 | 10 | 500 | 211 |
| 无他 | 龙岗镇无他村 | 1983 年 1 月 | 10 | 500 | 249 |
| 马山一级 | 潜川镇沈家坞村 | 1983 年 4 月 | 10 | 500 | 249 |
| 马啸四级 | 清凉峰镇石长城村 | 1983 年 8 月 | 10 | 640 | 304 |
| 浮桥 | 龙岗镇东塔村 | 1983 年 10 月 | 10 | 800 | 382 |
| 毛山 | 龙岗镇百丈村 | 1985 年 6 月 | 10 | 800 | 289 |
| 马山二级 | 潜川镇沈家坞村 | 1990 年 1 月 | 10 | 640 | 294 |
| 绍鲁 | 於潜镇光明村 | 1995 年 4 月 | 10 | 960 | 464 |
| 鲍家 | 天目山镇西游村 | 1995 年 6 月 | 10 | 640 | 321 |
| 陶金坪 | 龙岗镇大峡谷村 | 1995 年 9 月 | 10 | 500 | 199 |
| 柘林 | 龙岗镇大峡谷村 | 1996 年 4 月 | 10 | 640 | 369 |
| 马山三级 | 潜川镇沈家坞村 | 1997 年 5 月 | 10 | 500 | 258 |
| 颊口 | 清凉峰镇新都村 | 1997 年 11 月 | 10 | 640 | 346 |
| 林峰 | 潜川镇沈家坞村 | 2002 年 11 月 | 10 | 800 | 310 |
| 双石 | 龙岗镇百丈村 | 2004 年 8 月 | 10 | 800 | 402 |
| 剑门潭 | 龙岗镇大峡谷村 | 2004 年 11 月 | 10 | 500 | 179 |
| 东关一级 | 天目山镇东关村 | 2004 年 11 月 | 10 | 500 | 179 |
| 沃溪一级 | 昌化镇联盟村 | 2005 年 11 月 | 10 | 800 | 380 |
| 山边 | 清凉峰镇湖门村 | 2007 年 1 月 | 10 | 630 | 242 |
| 杨树 | 龙岗镇百丈村 | 2007 年 12 月 | 10 | 800 | 267 |
| 塘源 | 龙岗镇新溪村 | 2008 年 1 月 | 10 | 800 | 375 |
| 青龙山 | 河桥镇中鑫村 | 2008 年 4 月 | 10 | 630 | 178 |
| 珍珠塘 | 清凉峰镇玉屏村 | 2009 年 6 月 | 10 | 500 | 172 |
| 大源塘 | 昌化镇联盟村 | 2011 年 10 月 | 10 | 630 | 290 |
| 合计 | | | | 19070 | 8046 |

## 四、1000～6000 千瓦水电站

临安坚持走自力更生、多方集资、社会办电道路。至 2016 年,先后建成青山水库、里畈一级、鱼跳一级、华兴二级、千顷塘、甘溪二级、白牛二级、大龙湾、里畈二级、石门潭一级、石门潭二级、柳溪江电站等 27 座装机容量 1000～6000 千瓦水电站,装机总容量 5.73 万千瓦,年均发电量 22607 万千瓦时。

（一）武隆电站

该电站位于昌化镇西街,其前身为昌化水电站,低水头大流量引水式,集雨面积 876 千米²。1956 年

3月1日,昌化县开工兴建昌化水电站。4月,浙江省工业厅电业管理局派员与时任昌化县财粮科科长的电站建设委员会负责人李青萍确定电气部分方案,并于5月批准电气部分技术设计。电站建设共投资12万元,投入15万工。1957年7月22日,并网发电,装机容量100千瓦。1964年6月1日,昌化水电站停止发电。1974年,原昌化水电站人员划归临安电力公司管理后,原昌化水电站发电部分划归武隆公社管理,改名为武隆电站。11月,武隆电站开始进行修复,完成渠道等水利设施和电气设备安装,原100千瓦机组增容为125千瓦。1975年6月,并网发电,装机总容量250千瓦。1984年再次扩建,设计水头10.5米,流量24米³/秒,装机总容量1600千瓦,设计年发电量700万千瓦时,由临安县水利水电勘测设计所设计。1984年6月,开工建设,装设ZD560－LH/100水轮机4台,配SF118/14－400发电机4台;建宽8米、深3米的引水渠2千米。总投资372.3万元,其中,自筹61.9万元,银行贷款281.0万元,国家补助29.4万元。1988年4月,并网发电,年均发电量698万千瓦时。2011年5月,停止发电。

(二)青山水库电站

该电站位于青山湖街道青山水库大坝下游左侧,坝后引水式,集雨面积603千米²,正常库容量3850×10⁴米³,正常蓄水位(坝高基面)11米,设计水头12米,流量21.8米³/秒。装设ZD661－LH－120型水轮机4台,配TS173/34－16(500千瓦)发电机4台,装机总容量2000千瓦。工程总投资205万元,其中,浙江省投资130万元,杭州市补助75万元。1958年9月,浙江省人民委员会批准建设青山水库工程,确定该工程任务是"以防洪为主,结合灌溉、发电";12月,水库大坝工程开工建设。1970年10月,开工建设;1973年6月1日,并

青山水库电站(临安第一个并入大电网的水电站)发电机组

网发电,为全县第一个并入大电网的水电站。2014年8月,电站技术改造后,装机总容量增至2920千瓦,年均发电量643.57万千瓦时。

(三)里畈一级电站

该电站位于太湖源镇里畈村里畈水库坝下右侧,为坝后引水式电站,系国有企业。集雨面积83千米²,水库正常库容量1647×10⁴米³,设计水头30米,流量4.3米³/秒。装设HL123－WJ－50水轮机3台,配TSWN－320－85/39发电机1台、TSWN85/39－8P发电机2台,其中,1号、2号发电机装机容量均为200千瓦,3号发电机装机容量为320千瓦,装机总容量720千瓦。1974年,开工建设;1977年7月,并网发电。1981年,下半年枯水期扩建,1号、2号发电机装机容量更换为320千瓦,装机总容量增至960千瓦。总投资61.11万元,其中国家拨款35.90万元。2012年4月,电站进行增效扩容改造,更新630千瓦水轮发电机组3台,装机总容量增至1890千瓦,设计水头52米,设计流量4.43米³/秒,总投资372万元,年均发电量393.77万千瓦时。

(四)英公一级电站

该电站位于於潜镇英公村英公水库大坝下边,坝后式,系县办企业。集雨面积81.3千米²,最大库容量3528×10⁴米³,正常蓄水水位159.5米,设计水头23～38米,流量4.6米³/秒。装设HL240－WJ－59型水轮机2台,配500千瓦发电机2台,装机总容量1000千瓦。总投资165万元,其中,自筹41万元,银行贷款40万元,国家补助84万元。1978年9月,开工建设;1981年12月,并网发电。1999年12月,电站技术改造,投资86万元,装机容量增至1260千瓦。年均发电量451.48万千瓦时。

电站于2010年重建,新建的英公水库电站位于於潜镇英公村。设计水头36.93米,流量5.4米³/秒,装机总容量1600千瓦。2010年11月,开工建设;2013年5月,并网发电,总投资998.7万元。年均发电量359.20万千瓦时。

**（五）鱼跳一级电站**

该电站位于龙岗镇鱼跳村,压力引水管式（集中落差发电）。集雨面积47.2千米²,设计水头213.5米,流量1.65米³/秒。它是浙江省第一座单机容量800千瓦的公社水电站,杭州农村第一个县社联办、合股经营、按股分红的电站。1979年12月,第一期工程开工建设,装设CJ22—W—92/1×11型水轮机2台,配800千瓦发电机2台;1982年7月,并网发电。1986年12月,第二期工程开工建设,增设CJ22—W—92/1×11型水轮机1台,配800千瓦发电机1台。1988年8月,并网发电。两期总投资343.36万元,其中,自筹36.92万元,银行贷款233.44万元,国家补助73.00万元。装机总容量2400千瓦。年均发电量929.07万千瓦时。

**（六）杨岭二级电站**

该电站位于太湖源镇里畈村,为里畈水库下游第三级电站,由杨岭乡集资兴建,为南苕溪12座梯级电站中规模最大的1座。集雨面积87千米²,设计水头35米,流量4.6米³/秒,设计年发电量462万千瓦时。总投资205万元,其中,自筹15.9万元,银行贷款90.1万元,国家补助99.0万元。装设HL240—WJ—60型水轮机2台,配630千瓦发电机2台,装机总容量1260千瓦。1984年12月,开工建设;1987年5月,并网发电。年均发电量472.2万千瓦时。2000年,由华兴服装有限公司兼并后,更名为华兴二级电站。

**（七）千顷塘电站**

该电站位于龙岗镇桃花溪村,为柘林坑溪上游千顷塘水库下高水头引水式电站,系股份制企业。集雨面积5.5千米²,水库正常库容380×10⁴米³,设计水头452米,流量0.442米³/秒。装设CJA237—W—9/1×5.5水轮机2台,配SFW800—6/900发电机2台,装机总容量1600千瓦。总投资590万元,其中,自筹286万元,银行贷款304万元。1992年,开工建设;1993年12月,并网发电。年均发电量338.10万千瓦时。

**（八）甘溪二级电站**

该电站位于於潜镇杨洪村,为甘溪水库下游梯级开发引水式电站,系股份制企业。集雨面积37.7千米²,水库正常库容178×10⁴米³,设计水头86米,流量2.4米³/秒。装设HL110—WJ—50水轮机3台,配SFW—500发电机3台,装机总容量1500千瓦。总投资620万元,其中,自筹46万元,银行贷款570万元,国家补助4万元。1991年2月,开工建设;1993年11月,并网发电。12月12日,前池池墙倒塌,冲毁山脚农民住房11间,损坏楼房8间,7农户23人受灾,直接经济损失达60多万元。1994年5月,修复后并网发电。年均发电量285.20万千瓦时。

**（九）白牛二级电站**

该电站位于昌化镇白牛村,为昌化溪引水式电站,系股份制企业。集雨面积761千米²,设计水头7.5米,流量7.7米³/秒。装设ZD560—LMY—120水轮机3台,配SF—400—16/1180发电机3台,装机总容量1200千瓦。总投资1266万元,其中,自筹696万元,银行贷款570万元。1992年1月,开工建设;1995年5月,并网发电。2013年10月,电站扩容改造,新增630千瓦机组1台;2014年4月,并网发电。总投资565万元。年均发电量764.5万千瓦时。因与原白牛一级电站用同一引水渠,新机组投产后原白牛一级电站机组即报废。

（十）大龙湾电站

该电站位于龙岗镇龙井村龙潭，为合溪下游引水式电站，系股份制企业。集雨面积 14.25 千米$^2$，有 $3 \times 10^4$ 米$^3$ 蓄水调节，设计水头 220 米，流量 0.7 米$^3$/秒。装设 CJ22－W－70/1×9 水轮机 2 台，配 SFW－500－8/900 发电机 2 台，装机总容量 1000 千瓦。总投资 620 万元，其中，自筹 350 万元，银行贷款 270 万元。1994 年 12 月，开工建设；1996 年 8 月，并网发电。2009 年 8 月，电站扩容后装机总容量增至 2000 千瓦，年均发电量增至 607.7 万千瓦时。

（十一）里畈二级电站

该电站位于里畈水库坝下左岸，为水库扩建配套工程坝后式电站，系国有企业。集雨面积 83 千米$^2$。水库正常库容 1647×10$^4$ 米$^3$，设计水头 42.5 米，流量 7.2 米$^3$/秒。装设 HL260/D74－EJ－71 水轮机 2 台，配 SFW－1250－8/1430 发电机 2 台，装机总容量 2500 千瓦。总投资 1100 万元，其中自筹 180 万元，银行贷款 900 万元，国家补助 20 万元。1994 年 10 月，开工建设；1997 年 7 月，并网发电，年均发电量 301.41 万千瓦时。2014 年 10 月，电站技改；2015 年 11 月，技改工程竣工，总投资 1306 万元。2016 年，年发电量 948 万千瓦时。

（十二）石门潭一、二级电站

该电站位于岛石镇。20 世纪 70 年代，该电站项目曾进行勘察初设及三通一平工作，石门潭水库上游集雨面积 52 千米$^2$，水力资源丰富，雨量充沛，坝址区域岩层发育良好，结构稳定。《关于石门潭一、二级水电站项目建议书的批复》（临计字〔2001〕第 303 号）批准在石门潭建一、二级电站。一期建设石门潭一级电站，装机总容量 3200 千瓦，项目总投资概算 2980.02 万元，2003 年 9 月，开工建设，2006 年 3 月，并网发电；二期建设石门潭二级电站，装机总容量 3200 千瓦，项目总投资概算 2407.3 万元，2007 年 2 月，并网发电。石门潭一、二级电站接入系统方式为：一级电站以 35 千伏电压等级，线路导线型号为 LGJ－120，线路长度约 5 千米，送入二级电站 35 千伏侧，再由二级电站以 35 千伏电压等级，线路导线型号为 LGJ－120，线路长度约 3 千米，接入 35 千伏岛石变电站。年均发电量 1414.67 万千瓦时。

（十三）柳溪江电站

该电站位于河桥镇聚秀村，在分水江主要支流昌化溪上，该流域已建成多座水电站，其中包括华光潭一、二、三级电站和武隆、白牛、东升等小水电站。该项目位于东升电站下游，东升电站尾水至云浪大桥河段长约 4.1 千米，尚有 9.89 米落差可以利用。为充分利用该段水力资源，发展农村经济，根据临安市发改局项目服务联系单（临发改投资函〔2008〕212 号），由临安市华裕水电开发有限公司投资建设。设计水头 5.65 米，流量 84 米$^3$/秒。2010 年 4 月，开工建设，装设 2000 千瓦发电机 2 台，装机总容量 4000 千瓦。2011 年 7 月，并网发电，总投资 3282.4 万元。年均发电量 844.03 万千瓦时。

2016 年临安市 1000～6000 千瓦水电站基本情况见表 1-8。

表 1-8　2016 年临安市 1000～6000 千瓦水电站基本情况

| 电站名称 | 地址 | 并网时间 | 并网电压/千伏 | 装机容量/千瓦 | 2016 年发电量/万千瓦时 |
|---|---|---|---|---|---|
| 青山水库 | 青山湖街道 | 1973 年 6 月 | 10 | 2920 | 1168 |
| 里畈一级 | 太湖源镇里畈村 | 1977 年 7 月 | 10 | 1890 | 427 |
| 鱼跳 | 龙岗镇鱼跳村 | 1982 年 7 月 | 35 | 2400 | 1456 |
| 华兴二级 | 太湖源镇里畈村 | 1987 年 5 月 | 10 | 1260 | 183 |
| 千顷塘 | 龙岗镇桃花溪村 | 1993 年 12 月 | 10 | 1600 | 571 |
| 甘溪二级 | 於潜镇杨洪村 | 1994 年 5 月 | 10 | 1500 | 427 |
| 白牛二级 | 昌化镇白牛村 | 1995 年 5 月 | 10 | 1830 | 872 |
| 大龙湾 | 龙岗镇龙井村 | 1996 年 8 月 | 10 | 2000 | 741 |

续表

| 电站名称 | 地址 | 并网时间 | 并网电压/千伏 | 装机容量/千瓦 | 2016年发电量/万千瓦时 |
|---|---|---|---|---|---|
| 里畈二级 | 太湖源镇里畈村 | 1997年7月 | 10 | 2500 | 948 |
| 东关 | 天目山镇告岭村 | 2001年8月 | 10 | 1600 | 785 |
| 马啸二级 | 清凉峰镇石长城村 | 2002年7月 | 10 | 1600 | 866 |
| 二村 | 昌化镇后葛村 | 2003年7月 | 10 | 2000 | 934 |
| 水涛庄 | 高虹镇虹桥村 | 2003年7月 | 35 | 2000 | 831 |
| 沈溪 | 湍口镇湍口村 | 2004年4月 | 10 | 2000 | 924 |
| 荞麦塘 | 昌化镇白牛村 | 2004年10月 | 10 | 2500 | 1125 |
| 马啸五级 | 清凉峰镇湖门村 | 2004年11月 | 10 | 1000 | 452 |
| 良源 | 昌化镇后葛村 | 2005年2月 | 10 | 2500 | 1021 |
| 华光潭三级 | 龙岗镇茆里村 | 2005年9月 | 35 | 5000 | 1688 |
| 桐坑 | 湍口镇桐坑村 | 2005年11月 | 10 | 1000 | 454 |
| 龙头 | 高虹镇龙上村 | 2005年12月 | 10 | 1320 | 352 |
| 石门潭一级 | 岛石镇上许村 | 2006年3月 | 35 | 3200 | 913 |
| 新业 | 龙岗镇龙井村 | 2006年3月 | 10 | 1600 | 647 |
| 二村二级 | 昌化镇后葛村 | 2006年10月 | 10 | 1260 | 565 |
| 石门潭二级 | 岛石镇大山川村 | 2007年2月 | 35 | 3200 | 913 |
| 良源二级 | 昌化镇后葛村 | 2007年2月 | 10 | 2000 | 1147 |
| 柳溪江 | 河桥镇聚秀村 | 2011年7月 | 10 | 4000 | 1412 |
| 英公水库 | 於潜镇英公村 | 2013年5月 | 10 | 1600 | 785 |
| 合计 | | | | 57280 | 22607 |

## 五、6000千瓦及以上水电站

20世纪末21世纪初期,临安小水电继续向规划建设、规模开发方向发展,水电站管理逐渐向现代化中型水电站管理靠近。1998年5月,青山殿水电站1号、2号发电机组并网发电,装设2万千瓦的水轮发电机组2台,装机总容量4万千瓦。2004年4月,华光潭梯级水电站二级电站3号、4号水轮发电机组并网发电,装设1.25万千瓦的水轮发电机组2台;2005年9月,华光潭梯级水电站一级电站1号、2号水轮发电机组并网发电,装设3万千瓦的水轮发电机组2台。全市水电装机容量实现翻番。

(一)青山殿水电站

1978年9月,临安县革命委员会向浙江省计划委员会要求兴建青山殿水电站,并附水电站设计任务书。1993年7月,水利部太湖流域管理局批准水电站可行性研究报告。1994年10月,浙江省计划经济委员会批准水电站初步设计。1995年1月,浙江省水利水电建设投资公司、上海太湖水利水电开发公司、杭州天目山药厂、杭州临安电力实业总公司、杭州临安水利水电实业公司五家单位组建临安青山殿水电开发有限公司;5月10日,出资方增加杭州坚胜贸易商行。7月16日,开工建设;11月30日,实现围堰截流;1998年2月26日,下闸蓄水;5月25日,并网发电。装设2万千瓦的轴流转桨式水轮发电机组2台,装机总容量4万千瓦。2004年1月12日,通过整体工程竣工验收。主要工程量:土石方 $25.41 \times 10^4$ 米³,钢砼 $9.44 \times 10^4$ 米³,架设110千伏输电线路19千米处与110千伏於潜变电站联网。工程总投资3.15亿元。工程共动迁移民546人,淹没和永久占地面积17.16公顷(1公顷＝0.01千米²),拆迁房屋面积 $3.76 \times 10^4$ 米²。工程控制流域面积1429千米²,水库总库容 $5600 \times 10^4$ 米³,调节库容 $2000 \times 10^4$ 米³,防洪库容 $891 \times 10^4$ 米³,具有季节调节功能。电站具有发电、防洪、灌溉、旅游、水产养殖等综合效益。流域内年均降水量1723毫米,年均流量47.2米³/秒。水库大坝为细骨料砼砌石重力坝,坝顶高程为90.07米,最大坝高47米,坝顶总长187米,坝顶宽4.9米,坝基宽36米。大坝中段设有四孔宽16米、高14.5米的弧形泄洪钢闸门,采用液压启闭机泄洪。水库正常蓄水位87.07米,最大净水头35.6米,最小净水头 23.4 米,额定水头 29 米。引水隧洞主洞内径 8 米,长 219.1 米,盆管长 17.63 米,内壁采用钢砼衬砌;支洞采用内径 4.6 米钢管,其中,1 号支洞长 82.52 米,2 号支洞长 75.66 米。发电厂房长 57.1 米,宽 21.5 米,高 42.7 米。电站装有 2 台 2 万千瓦的轴流转桨式水轮发电机组。设计年发电量 9109 万千瓦时,年利用小时 2277 小时。升压站装设 SF8-50000/110 型悬式三相密闭空冷主变压器 1 台,变比为 10/110 千伏,电流通过两回 110 千伏的高压输电线接入於潜变电站,减轻了杭州地区的电网压力。

2008—2016 年青山殿水电站发电情况见表 1-9。

表 1-9　2008—2016 年青山殿水电站发电情况

| 年份 | 发电设备容量/万千瓦 | 发电量/万千瓦时 | 上网电量/万千瓦时 | 综合厂用电量/万千瓦时 |
|---|---|---|---|---|
| 2008 | 4 | 9385.65 | 9350.61 | 35.04 |
| 2009 | 4 | 10047.11 | 10015.97 | 31.13 |
| 2010 | 4 | 10824.67 | 10794.55 | 30.12 |
| 2011 | 4 | 8411.84 | 8346.63 | 65.21 |
| 2012 | 4 | 12778.99 | 12723.92 | 55.07 |
| 2013 | 4 | 9880.59 | 9847.39 | 33.20 |
| 2014 | 4 | 9884.14 | 9847.40 | 71.72 |
| 2015 | 4 | 15808.36 | 15649.05 | 159.31 |
| 2016 | 4 | 14133.60 | 13962.64 | 170.96 |

(二)华光潭梯级水电站

华光潭梯级水电站位于龙岗镇,分水江干流昌化江上游的巨溪上。其主要任务为发电,兼顾防洪、供水、灌溉及改善水环境等多种效益。华光潭梯级水电站是浙江省重点工程,也是浙江省能源集团有限公司成立后控股并建设管理的首座水电站,是分水江干流上规模最大的梯级开发引水式电站,设计年发电量 1.87 亿千瓦时。华光潭水库淹没土地近 30 公顷,移民安置动迁 1008 户,共计 2547 人,拆迁房屋面积约 $9 \times 10^4$ 米[2]。

华光潭梯级水电站由一级水电站(2 台 3 万千瓦)、二级水电站(2 台 1.25 万千瓦)组成;一级水电站拦河大坝为抛物线型混凝土双曲拱坝,最大坝高 103.85 米;一级水电站水库的正常蓄水位为 444 米,总库容 $8260 \times 10^4$ 米[3],为不完全年调节水库;二级水电站坝高程 232 米,库容 $324 \times 10^4$ 米[3],最大坝高 36.5 米;一、二级水电站引水隧洞开挖洞径为 5.7 米,分别长 8.3 千米和 5.24 千米。还有超过百米的调压井和竖井。

华光潭梯级水电站作为分水江巨溪流域梯级开发方式早在 1967 年就有了初步规划。1970 年,上海勘测设计院完成《华光潭水电站扩大初步设计》。1978 年 6 月,临安县革命委员会向浙江省革命委员会上报华光潭梯级水电站的计划任务书。1984 年 7 月,浙江省水电设计院技术人员对华光潭进行流域水力资源梯级开发规划工作。10 月,确定昌北流域开发华光潭梯级水电站的两级开发最优方案。该项目被浙江省列为"七五"计划重点项目。1994 年 10 月,浙江省水电设计院完成初步设计;1997 年 10 月,浙江省电力工业局主持审查通过。2000 年 6 月,浙江省电力公司向华东电力集团公司转报浙江省电力开发公司、临安市水电开发公司《华光潭梯级水电站工程可行性研究报告书(代项目建议书)》。2000 年 11 月 27 日,获浙江省发展计划委员会正式批复立项,开展工程前期工作。2001 年 7 月 13 日,浙江省发展计划委员会《关于华光潭梯级水电站初步设计的批复》(浙发计委〔2001〕115 号)批复华光潭梯级水电站初步设计,核定工程总概算为 5.71 亿元。2004 年 5 月,经浙江省发展和改革委员会批准,调整总概算为 6.90 亿元。由浙江省能源集团有限公司(出资 90%)和临安市水电开发公司(出资 10%)出资兴建,浙江省华光潭水力发电有限公司承担建设和电站管理工作,设计单位为浙江省水电勘测设计院,监理单位为中国水利水电建设工程咨询西北公司,一级大坝施工单位为中国水利水电第十二工程局,二级大坝施工单位为浙江省第一水电建设有限公司,隧洞的施工单位为浙江省隧道工程有限公司,主厂房施工单位为浙江省正邦建设有限公司,机电安装单位为浙江省江能建设有限公司。

2002年2月11日，华光潭梯级水电站5个土建项目经公开招标确定承包商；4月1日，正式开工；10月14日，二级大坝第一方混凝土开始浇筑；11月25日，一级大坝第一方混凝土开始浇筑；2003年8月4日，二级隧洞贯通；2004年3月4日，一级隧洞贯通；3月31日，二级大坝通过验收；4月1日，二级大坝下闸蓄水；5月12日，二级电站3号、4号水轮发电机组并网发电，装设1.25万千瓦水轮发电机组2台；2005年6月3日，一级大坝通过验收，下闸蓄水；9月30日，一级电站1号、2号水轮发电机组并网发电，装设3万千瓦水轮发电机组2台。电站装机总容量8.5万千瓦。

华光潭梯级水电站是浙江省政府决策兴建的分水江流域综合治理规划推荐的一期建设项目，电站建成后，年均发电量1.85亿千瓦时，有效加强了杭州市电网的调峰能力，为缓解2005年、2006年杭州市电力紧缺出了一份力；并成为杭州市电网"黑启动"的首选电站，对保障杭州市电网安全起到重要作用。它同时有 $1500 \times 10^4$ 米$^3$ 的防洪库容，使下游的防洪能力从不到抗5年一遇洪水提高到抗20年一遇洪水标准，对分水江流域的水患综合治理起到积极作用。电站的建成不仅推动了当地经济的发展，也为临安市"工业西进"和下游农田的灌溉创造了良好的条件。

2008—2016年华光潭梯级水电站发电情况见表1-10。

表1-10　2008—2016年华光潭梯级水电站发电情况

| 年份 | 发电设备容量/万千瓦 | 发电量/万千瓦时 | 上网电量/万千瓦时 | 综合厂用电量/万千瓦时 |
|------|------|------|------|------|
| 2008 | 8.50 | 19815.75 | 19557.81 | 257.94 |
| 2009 | 8.50 | 20222.67 | 19948.88 | 273.79 |
| 2010 | 8.50 | 20211.70 | 19922.68 | 289.02 |
| 2011 | 8.50 | 18337.34 | 18092.98 | 244.36 |
| 2012 | 8.50 | 23106.82 | 22793.75 | 313.07 |
| 2013 | 8.50 | 18650.18 | 18386.90 | 263.28 |
| 2014 | 8.50 | 18813.66 | 18509.39 | 304.27 |
| 2015 | 8.50 | 30842.69 | 30338.00 | 504.69 |
| 2016 | 8.50 | 30121.51 | 29653.20 | 468.31 |

## 第三节　新能源发电

浙江电网电源主要是以火力发电为主，来源的单一造成在用电高峰季节无法满足所有的用电需求，传统的火力发电也浪费了大量能源。而临安市处于中亚热带季风气候区，温暖湿润，光照充足，太阳能资源丰富，年均日照时数1847小时，适合建设光伏发电项目。光伏发电是清洁能源产业，具有显著的社会效益和环保效益，作为一种可再生能源的发电形式，具有光能资源随处可得、就近供电、发电过程不污染空气、不产生噪声、节能环保绿色等众多优点。垃圾发电也是一项新型发电产业，以生活垃圾作为燃料，通过焚烧产生蒸汽推动汽轮机发电，实现生活垃圾的"减量化、无害化、资源化"，形成良好的经济、社会和生态效益。与传统火力发电相比，光伏发电、垃圾发电是绿色、清洁、无污染的新能源项目。新能源发电项目增加是未来发展的必然趋势。自2013年，杭州福斯特光伏材料股份有限公司3兆峰瓦光伏发电项目、杭州源牌环境设备有限公司250千峰瓦光伏发电项目等临安首批光伏发电项目并网，太阳能光伏利用已经成为临安绿色发展的一个亮点。国网浙江临安市供电公司持续促进分布式光伏加快发展，完善分布式光伏并网管理，提高并网服务水平，为本地区分布式光伏产业发展做出贡献。

至2016年，临安市1519户分布式光伏发电并网，实现光伏上网电费按月结算，地方电厂上网电量营销系统结算。

## 一、光伏发电

### （一）杭州福斯特光伏材料股份有限公司光伏发电项目

该项目位于临安市锦北街道金马村,设计装机容量 3 兆峰瓦,于杭州福斯特光伏材料股份有限公司金马村新厂区厂房屋顶 $2.91\times10^4$ 米$^2$ 安装光伏板(多晶硅组件)1.27 万块,是国家"金太阳示范工程"项目,为临安市 2013 年规模最大的光伏发电项目。杭州福斯特光伏材料股份有限公司同步建设 35 千伏受电工程,新建 1 回 35 千伏线路接入 220 千伏青云变电站,建设的光伏发电系统通过升压变并入该公司 35 千伏受电工程 10 千伏母线,采用自备电厂设计、自发自用、并网不上网模式。项目总投资 3654.72 万元,其中,申请国家"金太阳示范工程"补贴 1674.75 万元(按 5.5 元/瓦计算),企业自筹资金 1979.97 万元。年均发电量 282 万千瓦时。2013 年夏季电网用电形势紧张,负荷缺口较大,该项目于 8 月 1 日经吴马 493 线并入 110 千伏平山变电站临时上网发电,以减轻供电压力,其间所发电量免结算。

### （二）光伏小镇

随着科技突飞猛进的发展,临安市传统的用电模式发生变化。太湖源镇"光伏小镇"给农户们提供崭新的电源;青山湖科技城大园路上的智能风光互补路灯也给市民们夜间出行提供更多便利。2014 年,浙江省发展和改革委员会引进分布式光伏发电项目,总投资 2600 万元。临安市太湖源镇是浙江省首批创建"光伏小镇"十个试点之一。2015 年,太湖源镇以浪口、青云、碧淙、金岫四个村为试点,利用农户的屋顶做成小型的发电站,建设"光伏小镇"。农户提供屋顶,杭州临安臻美新能源开发有限公司提供资金,产生的电量并网后销售给国家电网。按临安年均日照时数 1200 小时,每户屋顶安装 3 千峰瓦太阳能光伏板,每年可产生 3600 千瓦时左右的电量,每千瓦时电可获得 1.05 元的收益,一年净效益约 4000 元。至2016 年,太湖源镇共有 423 户屋顶安装小型发电站,装机总容量 0.16 万千峰瓦。

### （三）大龙田农光互补光伏电站

2015 年 1 月,临安泰特光伏发电有限公司投资建设临安市首个大型地面光伏发电项目——大龙田农光互补光伏电站。该电站位于临安市潜川镇麻车埠村,装机容量 1 万千峰瓦,占地 4 公顷,总投资 9000万元。电站采用农光互补技术,即采用支架将光伏发电板固定在离地 2 米高处,下面的空地种植诸如铁皮石斛之类的喜阴作物,增加土地收益。2016 年 1 月 27 日,大龙田农光互补光伏电站一期并网发电,年均发电量 1005 万千瓦时,可节约标准煤约 3300 余吨,减排二氧化碳 9000 余吨。每年的发电量可满足1 万户居民一年生活用电需求。

### （四）家庭光伏发电项目

#### 1. 临安观锦街 9.28 千峰瓦光伏项目

2015 年 2 月 9 日,临安市观锦街黄先生家屋顶上的 9.28 千峰瓦光伏项目并网发电。该项目由晶科家庭光伏科技(中国)有限公司(简称晶科公司)提供一站式安装服务,时为临安市最大的家庭光伏发电项目。黄先生家屋顶上安装 35 块 265 峰瓦多晶组件,光电转换效率国内领先,达 16.19％,并享受晶科公司提供的 25 年发电性能质保,发电收益有效保障,5 年左右即可收回成本,年投资收益率达 15％～20％。

#### 2. 万隆公寓屋顶 3.18 千峰瓦光伏电站

2015 年 8 月,临安市万隆公寓的业主李先生在自家屋顶建设的 3.18 千峰瓦光伏电站并网发电,开创临安市分布式光伏发电站走进企业和民间的先例,是对农村居民普及应用光伏发电的有益尝试。2014 年 12月,李先生与无锡艾能电力工程有限公司技术人员确定屋顶电站容量为 3.18 千峰瓦。逆变器选择深圳市首航新能源有限公司 Sofar 3000TL 型,可通过网络在手机、电脑上远程监控电站的发电、运行情况。

（五）智能风光互补路灯

2012年10月10日,临安市路灯管理所在青山湖科技城大园路安装完成浙江省首例磁悬浮智能风光互补路灯,一期建设的智能风光互补路灯20盏成功实现一次性亮灯。临安市路灯管理所有效追踪风光互补路灯的运行情况,监测新能源的安全、节能、环保等各项性能以及对路灯的各部件进行系统调试,确保达到最佳效果。2013年7月,临安市路灯管理所在青山湖科技城大园路完成智能风光互补路灯二期建设,增加智能风光互补路灯52盏。2013年11月,一期建设的20盏智能风光互补路灯太阳能板升级为250瓦,极大地提高了路灯续航能力。2015年,临安市路灯管理所与青山湖科技城管理委员会协调决定建设第三期风光互补路灯工程,在大园路(科技大道—岗阳街段)安装智能风光互补路灯116套。8月,临安市路灯管理所开始进行第三期智能风光互补路灯的安装工作。智能风光互补路灯采用600瓦磁悬浮风力发电机,风力达2米/秒时即可发电,白天,风力发电机和太阳能电池组将转化的电能存储到蓄电池中,夜晚,逆变器将蓄电池中存储的直流电转变为交流电,供路灯用电。该类型的路灯虽然首次投资成本略高,但不需要敷设电缆,不消耗常规能源,安装简便,性能稳定可靠,使用寿命长,每盏路灯每年可节约用电约1600千瓦时。

## 二、综合能源发电

（一）临安华旺热能污泥焚烧发电项目

2012年,由杭州临安华旺热能有限公司筹建。该公司位于临安青山湖科技城内,是科技城用热企业唯一的供热点。该技术改造项目建设完成后,使用造纸污泥、山核桃蒲作为燃料,实现这两种污染物的"减量化、无害化、资源化"。项目投资近1亿元,将2台50吨/时的循环流化床燃煤炉改造为2台60吨/时的污泥-山核桃蒲-煤混烧炉(一用一备),配套扩建1套6000千瓦抽背式汽轮发电机组,装机总容量为6000千瓦,基本可解决临安华旺热能有限公司供热站自用电。年焚烧处理造纸污泥7.5万吨,山核桃蒲约9.5万吨。该项目变单一供热为同时生产电和热能,年节标准煤1.32万吨。2012年12月,开工建设;2014年10月30日,并网发电。年均上网电量2000万千瓦时。

（二）杭州临安绿能环保发电有限公司垃圾焚烧发电项目

为解决临安市垃圾产生量和收集量不断增长、现有生活垃圾填埋场即将饱和的问题,进一步改善临安市生态环境质量,完善城市基础设施建设,2010年,杭州临安绿能环保发电有限公司筹建垃圾焚烧发电项目。该公司位于临安市锦南街道上畈村,是临安市首家垃圾发电企业。杭州临安绿能环保发电有限公司垃圾焚烧发电项目被浙江省发展和改革委员会、浙江省重点建设领导小组列为2010年浙江省重点建设项目,占地面积3.78公顷,建筑面积$1.84 \times 10^4$米$^2$,总投资1.89亿元,其中环保投资3000余万元。该项目采取BOT(即build-operate-transfer,建设-经营-转让)经营方式,建设规模为日处理生活垃圾450吨,装设2台日处理生活垃圾225吨/时二段往复式炉排垃圾焚烧炉,配1套7500千瓦汽轮发电机组及其他附属配套设备。发电机出口电压为10千伏,并网电压为35千伏。35千伏进线1回,引自110千伏秀水变电站35千伏Ⅱ段母线,采用地埋电缆与架空线方式接入,线路长度4.3千米。其中秀水变电站侧35千伏线路采用型号为YJYV26/35kV3×120毫米$^2$的电缆,电缆线路长度约2.1千米,发电机侧采用型号为LGJ—185/30的钢芯铝绞线,单根地线架设,地线为型号JLB1A—35的铝包钢绞线,架空线路长度约2.2千米。升压变电压等级为35/10千伏,变电站采用全户内综合自动化型式。采用两层半结构,半层为电缆室,1层为主变室、10千伏开关室和电容器室,二层为35千伏开关室、控制室、直流屏室。2010年10月,开工建设;2014年11月20日,并网发电,日均发电量15万千瓦时。

# 第二章 电 网

　　民国 23 年(1934)，临安县锦城镇临安电汽有限公司建成投产，就地低压供电。1955 年，临安电厂架设 6 千伏线路 1.5 千米，供临安工农速成中学用电。1959 年 10 月，从闲林埠钢铁厂 35 千伏降压站引出的 10 千伏余杭线上，支接 31.5 千米线路至临安县城关镇，临安开始由杭州电网供电，临安电厂结束火力发电。1960 年 9 月，220 千伏杭州变电站建成投入运行，浙江电网开始与华东电网连接。临安城关镇电源改由 220 千伏杭州变电站的 10 千伏临安线馈供。20 世纪 70 年代起，临安相继建成多家水力发电站。20 世纪 90 年代起，又相继建成多家热电厂。

　　1963 年 5 月，临安境内第一座 35 千伏临安变电站建成投入运行，变电容量 2400 千伏安，有 35 千伏进线 1 回、10 千伏出线 3 条，分别送电至青山、青云、玲珑等地；7 月，临安变电站至於潜的 35 千伏临於线通电，35 千伏於潜变电站建成投入运行，变电容量 1000 千伏安。1967 年 6 月，昌化镇天目机器厂自建 35 千伏於昌线；7 月，电力部门征得该厂同意，从於昌线挂接 1000 千伏安主变压器 1 台，建 35 千伏昌化临时变电站，并采用杆上油断路器分支 10 千伏出线，供电到昌西、昌北、昌南和石瑞等地。

　　为解决华光潭梯级水电站施工用电，1972 年，从安徽省宁国县 35 千伏胡乐变电站引接 35 千伏线路 1 回，线路途经仁里乡落点，昌北协作厂变电站建成投入运行，装设 800 千伏安配电变压器(简称配变) 1 台，由宁国县供电局管理。1973 年 8 月，35 千伏於昌线末端延伸至龙岗，35 千伏龙岗变电站建成投入运行，装设变电容量 2400 千伏安主变压器 1 台，10 千伏出线 5 条。其后，又从变电站接出 35 千伏白果线，作为昌化钨铍矿的专用线路。

　　1976 年 10 月 6 日，临安第一座 110 千伏昌化变电站建成投入运行，装设主变压器 1 台，变电容量 1 万千伏安，110 千伏进线 1 回；35 千伏出线 2 条，分别送电至於潜、龙岗两地；10 千伏出线 5 条，分别送电至昌化、昌南、石瑞、白牛、钢铁厂等地。110 千伏昌化变电站投入运行时，35 千伏於昌线改开口环入，后段改称龙岗线。同时撤销 35 千伏昌化临时变电站。

1976 年 10 月 6 日，110 千伏昌化变电站投运现场

　　1979 年，随着国民经济的发展，电力供需矛盾日趋尖锐。为适应临安地区工农业生产发展的需要，经浙江省电力工业局、杭州市电力局和临安县革命委员会批准，将原 35 千伏的临安变电站扩建为 110 千伏变电站。升压后的临安变电站于 1980 年 10 月 15 日建成投入运行，装设主变压器 1 台，变电容量 2 万千伏安，110 千伏进线 1 回，35 千伏出线 3 条，分别送电至临安县化肥厂、临安县水泥厂和於潜变电站；10 千伏出线 7 条，分别送电至青山、青云、横畈、板桥、上甘、玲珑山等公社和临安镇。

　　1990 年起，临安东部地区经济发展迅速，为此，临安县供电局加快 35 千伏电网的布点。1991 年 10 月，35 千伏青山变电站建成投入运行，其电源进线引自 110 千伏临安变电站，设 1 台 8000 千伏安主变压器。1993年6月,35千伏锦城变电站建成投入运行,电源支接35千伏青云线、玲珑线,设2台主变压器,变电总容量1.6万千伏安。

为改善电网布局,1994年2月,原35千伏於潜变电站易地重建,升压为110千伏变电站,供电范围涵盖於潜、太阳、藻溪等乡(镇),成为临安县中部地区的供电枢纽。於潜变电站电源——110千伏临於线引自110千伏临安变电站;另1回电源——110千伏昌於线引自110千伏昌化变电站,变电站一期设1台主变压器,变电容量3.15万千伏安。该变电站的建成结束了昌化地区丰富的小水电电能无法送达经济发达的於潜地区的历史,使来自富春江水电厂的富昌1121线(临安西部电源)和来自220千伏杭州变电站的杭临1185线(临安东部电源)在临安电网间连接起来,为临安县输入大电网电源创造了条件,并使临安、於潜、昌化3座变电站构成临安电网的110千伏联网线路,提高了电网的供电可靠性。

为缓解临安变电站的供电压力,1995年7月,35千伏青山变电站扩建升压为110千伏变电站,新建杭州变电站至青山变电站的110千伏线路1回,与临安变电站至青山变电站的原降压运行的110千伏线路支接;另一电源支接110千伏杭临线。110千伏青山变电站装设2台主变压器,变电总容量4万千伏安。至此,临安电网构成以临安、於潜、昌化、青山4座变电站为枢纽的供电网络,迂回供电减少,电网结构趋于合理。

1996年12月,临安县第一座220千伏青云变电站建成投入运行,电源进线220千伏瓶青线接自500千伏瓶窑变电站,装设主变压器1台,变电容量15万千伏安。瓶窑变电站是华东电网枢纽变电站之一,220千伏青云输变电工程的建成改变临安电网长期以来仅由浙江电网单一电源供电的局面,提高了整个临安电网的供电可靠性。

临安市供电局在加强电网建设的同时,开展变电站无人值班改造工作。1997年,110千伏临安、青山变电站,35千伏夏禹、藻溪、锦城变电站完成无人值班的技术改造,变电站实行无人值班,并在临安变电站设临安操作班。9月,临安市第一座按无人值班设计的综合自动化变电站——35千伏颊口变电站建成投入运行。1998年,临安市又先后完成110千伏於潜、昌化变电站,35千伏畈龙、龙岗、潜川变电站的无人值班改造,并成立昌化操作班。2000年8月,110千伏昌化变电站完成无人值班改造。至此,临安电网110千伏及以下变电站全部实现无人值班。

随着临安地区经济迅速发展,为满足社会用电需求,迫切需要增加110千伏和35千伏变电站。1999年2月,110千伏玲珑变电站建成投入运行,装设3.15万千伏安主变压器1台,其中电源进线——110千伏青珑线引自220千伏青云变电站。2000年,又先后建成太阳、横畈、西天目、湍口等4座35千伏变电站。至2000年,临安电网拥有220千伏公用变电站1座,主变压器1台,变电总容量15万千伏安;110千伏公用变电站5座,主变压器9台,变电总容量22.75万千伏安;35千伏公用变电站12座,主变压器17台,变电总容量12.8万千伏安。

2001—2005年,临安市电力供应支撑经济社会发展的能力显著增强,电力投资进一步加大,电网发展实现重大突破,绿色发展能力进一步增强。2001年10月,临安市最偏远的35千伏岛石变电站建成投入运行。与此同时,临安东部地区供电负荷呈快速增长的态势,单变单线的主供电源——220千伏青云变电站已无法满足供电要求,促使青云变电站二期工程开工建设,于2003年8月建成投入运行。在此期间,临安市供电局新建的110千伏锦南、高虹、秀水、石泉变电站也先后建成投入运行,新增主变压器4台,变电总容量达15.15万千伏安,并对已有40年运行历史的110千伏临安变电站进行重建。临安电网结构越来越完善,形成以220千伏为骨干、110千伏为支撑、35千伏及10千伏为覆盖的技术先进、网架合理、供电可靠、调度灵活、经济运行、具有较高自动化水平的地方电网。2005年1月,浙江临安金圆水泥有限公司根据自身发展的需要,投资建设110千伏金圆变电站。电源进线T接于110千伏杭临1185线,装设主变压器1台,变电容量3.15万千伏安,为临安电网第一座110千伏用户变电站。

2006—2010年,临安市电力产业更强大和完善,逐步构建现代电力体系。2006年12月26日,220

千伏岗阳变电站建成投入运行,标志着临安电网建设迈入新的历史时期。7 月 17 日,途经临安境内的 500 千伏宣城至富阳输电线路工程建成投入运行。2009 年 6 月 11 日,杭州地区首座按照"两型一化"典型设计的 110 千伏杨岭变电站建成投入运行,为地方经济建设提供了有力保障。

2010 年 1 月 21 日,临安东部电网补强专项规划评审会在杭州召开。专项规划结合临安东部区域社会经济发展现状和趋势,对临安东部区域近期和远期的电力电量进行科学合理的测算,分析得出临安东部电网存在的根本性问题,提出多个有针对性的优化补强方案。通过对比分析,确定最终的补强规划方案。至 2010 年,临安电网拥有 220 千伏变电站 2 座,110 千伏变电站 15 座,35 千伏变电站 12 座;拥有 110 千伏输电线路 23 条,35 千伏线路 30 条,10 千伏线路 262 条。

2011—2012 年,110 千伏平山、板桥、龙岗、杨岭变电站先后增容扩建。2012 年 5 月,220 千伏方圆变电站建成投入运行,结束於潜和两昌地区用电均由临安东部提供的现状,为该地区提供了充足电源,使临安中西部地区经济发展摆脱电力不足的束缚,也将西部地区充足的小水电输送到用电较为紧张的东部地区,有效调整了电网网架结构,使得资源配置更为优化。2012 年 6 月,110 千伏雅观变电站建成投入运行。11 月 21 日,35 千伏横畈变电站、雅观临时变电站退出运行,有利于改善临安东北部电网运行结构,特别是对青山湖科技城供电网络进行优化,同时也降低变电站运行成本,提高运行的经济性和可靠性。12 月 27 日,杭州市电力局第一座 110 千伏智能化变电站(科创变电站)建成投入运行,解决了临安高新技术产业园、青山湖别墅区电力供应矛盾,为创造良好的投资环境提供了有利的条件。

2014 年 4 月 4 日,青山湖科技城智能电网综合建设工程通过国网浙江省电力公司验收,成为浙江省内投入运行的两个智能电网综合建设工程之一,也是唯一的县级智能电网综合建设工程。10 月 24 日,110 千伏胜联变电站建成投入运行,装设主变压器 2 台,变电总容量 10 万千伏安。12 月 26 日,浙北—福州 1000 千伏特高压交流输变电工程建成投入运行。临安电网形成以 1000 千伏输电网为骨干网架,超高压输电网、高压输电网以及特高压直流输电和配电网构成的分层、分区、机构清晰的现代化大电网。

2016 年,国网浙江临安市供电公司完成配电网提升规划、"十三五"发展规划和电力设施布局规划编制。推动 220 千伏泉口、110 千伏江家、110 千伏逸村、35 千伏三口输变电工程项目前期工作,推进 220 千伏柯家、110 千伏夏禹、110 千伏杨岱输变电重点项目建设,完成 35 千伏相见变电站改造工程。配合政府开展"靓城行动""百路千里"等重点工程。

至 2016 年,临安电网拥有 220 千伏公用变电站 3 座,主变压器 6 台,变电总容量 105 万千伏安;110 千伏公用变电站 18 座,主变压器 35 台,变电总容量 158.05 万千伏安;35 千伏公用变电站 9 座,主变压器 18 台,变电总容量 18.4 万千伏安;10 千伏公用变压器 3436 台,变电总容量 161.62 万千伏安;110 千伏线路(含电厂、用户)27 条,线路总长度 420.20 千米,其中电缆总长度 28.64 千米;35 千伏线路 28 条(含电厂、用户),线路总长度 276.95 千米,其中电缆总长度 22.30 千米;10 千伏线路 292 条(含用户),线路总长度 3817.40 千米,其中电缆总长度 851.48 千米。

# 第一节　10 千伏及以下电网

## 一、220/380 伏电网

民国 21 年(1932)冬,东天目山昭明禅寺寺内安装照明线路,装灯 200 余盏。民国 23 年,临安电汽有限公司发电,低压线路用木质电杆架设,导线截面最大为 20.88 毫米²,最小为 6.02 毫米²。发电容量 15 千瓦,发电电压为 220 伏,配电电压为 200 伏,装灯 380 余盏。

中华人民共和国成立后,临安镇建有私营碾米厂,装有 1 台柴油发电机,白天碾米,晚上用于小范围照明。1953 年 12 月,临安电厂建成发电,新建线路 2.2 千米。电力除供应商店、机关、学校、居民照明外,也供应工厂动力用电。

20世纪50年代,临安电厂职工在架线

20世纪60年代,临安县农副产品加工、电力灌溉、城镇工厂相继发展,低压电网、用电客户发展迅速,但当时的低压电网极大部分是木质电杆架设,甚至是竹竿架设,导线为铜线、铁线、铝线、橡皮线,甚至采用拆股线等,线损较大,且雷击、大风大雨容易引起断线断杆,引发触电事故。1964年之后,供电部门对产权属电业的部分低压线进行整改。导线更换为铝导线,城镇部分主杆低压线更换为钢芯铝导线,木质电杆更换为钢筋混凝土杆,用电可靠性有所提高。

"文化大革命"开始后,农村用电管理失控,加上资金、材料紧缺,不合格的低压配电线路大量增加,严重危及安全用电,触电死亡事故时有发生。20世纪70年代中后期,低压配电线路按"谁用、谁建、谁管"的原则,对危及人身安全的低压配电线路进行整改。1978年,整改标准低压线路1391千米。1978年以后,各公社相继建立农村电管站,负责当地低压电网的运行维护,农村低压电网管理得以加强。

十一届三中全会以后,城乡生产和生活电器迅速普及,对城镇和农村低压电网的要求不断提高,在加大城镇低压电网整改力度的同时,结合农村用电"标准村""合格村"建设和"两改一同价"措施的实施农村低压电网日趋标准化、规范化。

进入21世纪,临安市供电局响应国家建设能源节约型、环境友好型社会号召。在先后赴江苏吴江、杭州城西考察学习的基础上,结合临安实际,设计制造杭州地区第一台适合农村综合变压器(简称综合变)形式的单相变压器计量箱。在此基础上,推广接地新材料的使用,提高施工效率,节约工程成本。

2012年11月,临安市供电局作为杭州市电力局智能配电台区建设试点单位,完成首个智能配电台区——青柯村中变配电台区智能化改造工作。智能化配电台区管理打破了有的台区运行管理模式,通过对变压器、配电柜、漏电保护器以及无功补偿装置等设备的智能化改造,加入智能配电变压器终端、智能剩余电流动作保护器、温度检测仪、智能电容、智能防盗模块、智能门禁等装置,不仅实现将配电变压器油温、配电房室温、漏电保护器、无功补偿等常规运行参数纳入智能公变监测系统进行实时监测,还新增漏电保护器分合闸告警及短信提醒、远程试跳、远程控制分合、无功远程控制投切、配电柜门禁化管理等智能化功能,使得配电台区管理更趋于信息化、合理化、人性化。

## 二、6～10千伏电网

1955年,临安电厂架设6千伏线路1.5千米,供位于西墅街的工农速成中学用电,此为临安高压线路之始。

1959年,从闲林埠钢铁厂35千伏降压站引出的10千伏余杭线上,支接1回31.5千米的线路至临安县城关镇,临安开始由杭州电网供电,临安电厂随即停止发电。1960年,又架设1千米的线路到220千伏杭州变电站。同年9月,杭州变电站建成投入运行,临安由杭州变电站的10千伏临安线馈供。这条10千伏线路是临安电厂和临安县财政出资架设的木质电杆线路。

1960年11月,中国人民解放军112医院自备材料委托临安县供电所施工,从西市小学到边岭脚112医院架设10千伏线路1回,线路长度为3.96千米。1962年5月,112医院把该条线路及30千伏安三相变压器1台无偿移交给临安县供电所。

1963年1月,中共临安县第三次代表大会提出临安县第三个五年计划的奋斗目标,其中提到"凡有条件的地方都实现机电灌溉、加工和用电照明",进一步推动临安电力建设的步伐。1963年5月,35千伏临安变电站建成投入运行,有10千伏出线3条,分别送电至青山、青云、玲珑等地,为临安东部地区用大电网的电提供了保障。1963年7月,35千伏於潜变电站建成投入运行,10千伏线路有於潜、潜川、昌化3

条,为临安中部地区用大电网的电提供了保证。

1964年4月,天目区委代表原东天目公社将原大公社承办的天目电厂所有财产实物暂交临安电力公司使用,其中包括显岭脚至青云电厂的高压线路及变压器、配电装置等。1964年起,10千伏青山线沿线余杭县中乔、泰山两公社所有大队陆续接入10千伏青山线。至1973年,两公社有高压分支线路19.1千米,配电变压器30台,变电总容量1695千伏安。为进一步做好线路、配电变压器的维护检修和用电管理工作,1973年10月,临安电力公司将中乔、泰山两公社的10千伏分、支线和配电变压器全部移交余杭电力公司管理。10千伏青山线(即主线)仍由临安电力公司管理。

1967年6月,昌化镇天目机器厂自建从於潜变电站到厂区的35千伏於昌线1回;同年秋季,从於昌线专线上挂接1000千伏安主变压器1台,建35千伏昌化临时变电站,10千伏出线5条,分别送电至昌西、昌化、昌南、昌北、石瑞等地,为临安西部地区用大电网的电提供了保证。是年,安吉县山河公社大溪大队接上临安电网的电。1971年,安吉县山河公社前村大队接上临安电网的电。

1970年,临安县因电网建设的原材料缺乏,为节省投资,35千伏变电站开始执行10千伏"二线一地制"运行。1972年,建成投入运行的10千伏大坎线(即浙江省电信局一九二站专用线路),线路长度10.57千米,有电杆133基,1974年,根据浙江省水电局指示精神,移交临安电力公司管理。1976年10月,全县第一座110千伏变电站——昌化变电站建成投入运行(同时撤销昌化临时变电站),有10千伏出线5条,分别送电至昌化、昌南、石瑞、白牛、钢铁厂等地。至1977年,临安全县所有公社都架通10千伏配电线路,95%以上的大队安装了配电变压器,100%的大队通了电。

根据电力工业部《关于建立代管农电资产维护基金的通知》(〔82〕电财字第47号),临安电力公司从1982年起,按接收或代管资产的总额提取"代管社队农电资产维护基金",作为农村社、队10千伏供电线路的维修和改造资金。凡属临安县供电范围内,产权仍属社、队集体所有的农村10千伏供电线路,按照自愿的原则,由产权所属的社、队提出申请,经临安电力公司核实同意并签订接收或代管协议书,报请临安县政府核准后,该条10千伏供电线路由临安电力公司接收或负责代管,此后高压供电线路的维修及更新改造费用由临安电力公司负担。至1982年12月,临安电力公司和临安全县各社、队签订代管农电资产协议书227份,代管10千伏配电线路931.32千米。1982年前,临安县有10千伏线路木质电杆6200余基,1982年起,临安电网木质电杆逐渐更换成混凝土电杆。

"二线一地制"供电因供电可靠性差,事故多,对通信干扰大,20世纪80年代开始逐步改为"三相三线制"运行。1992年初,龙岗变电站完成二改三扫尾工作,结束临安县10千伏电网"二线一地制"历史。

1990年起,临安县(市)供电局通过新建35~220千伏电压等级变电站,使10千伏供电半径逐渐缩小,小水电站先后通过10千伏线路并入临安电网,供电范围随之扩大。之后,供电企业结合企业安全、文明生产达标和"创一流"活动,开展建设10千伏标准化配电线路活动,加大配电网整改力度。农村配电网结合建设农村电气化县,以创建用电"标准村""合格村"为载体进行整改;城区配电网结合城市化建设,以提高用户供电可靠率、按"N-1"和主干线路"手拉手"为目标进行整改。

1999—2002年,临安市供电局在全市开展两期农网建设与改造工作,按照"所站结合,以所为主"的要求,以"小容量,多布点"的形式,达到降低农网线损、提高线路末端电压、确保供电质量之目的。

2001—2005年,临安市供电局对配电网建设力度不断加大,至2004年,城区10千伏线路平均长度为2千米,大部分导线规格为185毫米$^2$,线路平均负载率为45%,基本实现环网供电,线路主要以架空线为主。

2006—2010年,随着城市道路改造工作一次性完成10千伏电缆排管,临安城区供电能力显著提高。

2011年,临安电网引入断路器环网柜、角钢铁塔、非晶合金变压器等新型技术装备,逐步淘汰高耗能配电变压器。2012年,临安市供电局响应浙江省电力公司推广应用"三双"(即"双电源、双线路、双接入","双电源,双线路"由供电企业负责建设,用户负责实施"双接入")接线的要求,率先在青山湖科技城鹤亭大街"上改下"(即将架空线路改为地下管道电缆)工程和御城房地产项目中推广应用"三双"接线。

2013 年 6 月,青山湖科技城核心区块环网线路投入使用,同时,在该区域试点开展的配电自动化设备与主站也投入运行。该次配网自动化项目是青山湖科技城智能电网示范工程的 16 个子项目之一,以青山湖科技城核心区块的 4 条 10 千伏线路为对象,进行硬件改造,实现配网远程的"三遥"(即遥测、遥信、遥控)功能,实现运行数据远程遥测、开关闸刀远程遥控、故障自动定位和隔离、快速恢复非故障用户用电等功能。

2015 年 11 月 11 日,国网杭州供电公司召开架空线路配电自动化试点项目宣传贯彻会,确定国网浙江临安市供电公司为首批试点单位。11 月 26 日,国网浙江临安市供电公司完成天目山镇、藻溪区域 3 条环网架空线路的配电自动化试点工作,成为浙江省第一家实现架空线路配电自动化的供电公司。架空线路配电自动化是以 10 千伏架空线路为基础网架,通过加装具有遥测、遥信、遥控、遥调功能的自动化开关,实现对架空线路故障自动隔离、快速研判、负荷转供等操作的一种自动控制技术。

2016 年,国网浙江临安市供电公司结合临安山区配网实际情况编制《新增城农网改造升级工程设备选型和配置要求》(联一运检〔2015〕62 号),在标准化设计基础上适当提高建设改造标准,在昌化、於潜等山区跨距较大、树枝引起线路故障多发区域,采用钢质转角杆、耐张杆和小型铁塔;在锦城城区和青山湖科技城、锦南新城核心区域,配网设备的高压接线端子及导线接续线夹采用绝缘引线或绝缘罩等进行绝缘封闭,低压线路连接采用异形线夹或合金金具,铜铝过渡连接采用合金金具连接,并均加装绝缘护套。通过柱上开关的智能化改造,利用无线技术接入配电自动化主站系统,在天目供电所试点开展架空线"三遥"开关建设。

至 2016 年,临安全市 10 千伏配网基本形成环网供电,重要用户双电源供电,供电半径缩短,线损率降低,电压合格率和供电可靠性增加,尤其是临安城区,主要街道供电线路电缆化,新建住宅小区采用箱式变电站供电。

1986 年、2000 年、2016 年 10 千伏配电线路情况分别见表 2-1～表 2-3。

**表 2-1　1986 年临安电网 10 千伏配电线路情况**

| 序号 | 线路名称 | 线路代号 | 线路长度/千米 | | | 杆塔基数/基 | | 配电变压器 | |
|---|---|---|---|---|---|---|---|---|---|
| | | | 正线 | 分张 | 合计 | 混凝土电杆 | 木质电杆 | 数量/台 | 容量/千伏安 |
| 1 | 横畈线 | 102 | 13.92 | 96.37 | 110.29 | 1219 | 115 | 119 | 72220 |
| 2 | 阀门线 | 103 | 2.50 | — | 2.50 | 29 | — | 3 | 1885 |
| 3 | 西市线 | 105 | 3.31 | 0.81 | 4.12 | 68 | — | 14 | 2385 |
| 4 | 城关线 | 113 | 3.36 | 16.82 | 20.18 | 244 | 14 | 57 | 6990 |
| 5 | 青云线 | — | 15.00 | 128.32 | 143.32 | 1527 | 147 | 141 | 10675 |
| 6 | 上甘线 | 114 | 6.14 | 35.33 | 41.47 | 453 | 43 | 51 | 3770 |
| 7 | 化工线 | 115 | 3.70 | — | 3.70 | 43 | — | 2 | 1030 |
| 8 | 板桥线 | 116 | 22.90 | 57.28 | 80.18 | 944 | 3 | 86 | 6970 |
| 9 | 青山线 | 117 | 14.50 | 43.24 | 57.74 | 621 | 46 | 85 | 9830 |
| 10 | 高坎线 | 150 | 3.60 | 3.98 | 7.58 | 98 | — | 17 | 1485 |
| 11 | 玲纸线 | 151 | 5.72 | — | 5.72 | 71 | — | 3 | 1130 |
| 12 | 化龙线 | 152 | 8.40 | 25.93 | 34.33 | 407 | — | 36 | 2365 |
| 13 | 东山线 | 153 | 5.13 | 16.66 | 21.79 | 278 | — | 24 | 1355 |
| 14 | 纸厂线 | 120 | 1.69 | — | 1.69 | 25 | — | 3 | 1490 |
| 15 | 潜川线 | 121 | 22.28 | 73.08 | 95.36 | 894 | 243 | 90 | 7125 |
| 16 | 天目线 | 122 | 20.42 | 76.78 | 97.20 | 766 | 519 | 79 | 5750 |
| 17 | 于潜线 | 123 | 10.00 | 68.15 | 78.15 | 731 | 388 | 80 | 5405 |
| 18 | 太阳线 | 124 | 13.67 | 60.11 | 73.78 | 857 | 14 | 65 | 3790 |
| 19 | 藻溪线 | 171 | 2.70 | 21.52 | 24.22 | 205 | 109 | 36 | 2450 |
| 20 | 纤维线 | — | 1.10 | — | 1.10 | 16 | — | 2 | 740 |
| 21 | 昌化线 | 130 | 4.50 | 28.94 | 33.44 | 412 | — | 34 | 2670 |
| 22 | 钢厂线 | 131 | 1.50 | — | 1.50 | 16 | — | 2 | 1980 |
| 23 | 昌南线 | 132 | 19.40 | 111.71 | 131.11 | 1356 | 72 | 101 | 5515 |

| 序号 | 线路名称 | 线路代号 | 线路长度/千米 | | | 杆塔基数/基 | | 配电变压器 | |
|---|---|---|---|---|---|---|---|---|---|
| | | | 正线 | 分张 | 合计 | 混凝土电杆 | 木质电杆 | 数量/台 | 容量/千伏安 |
| 24 | 杭二线 | 133 | 1.30 | — | 1.30 | 18 | — | 3 | 260 |
| 25 | 石瑞线 | 134 | 23.86 | 14.50 | 38.36 | 450 | — | 31 | 1955 |
| 26 | 白牛线 | 135 | 13.00 | 31.48 | 44.48 | 448 | — | 41 | 3250 |
| 27 | 鱼跳线 | 140 | 37.00 | 92.85 | 129.85 | 936 | 576 | 105 | 5575 |
| 28 | 二厂线 | 141 | 1.76 | — | 1.76 | 22 | — | 2 | 420 |
| 29 | 昌西线 | 142 | 35.50 | 86.60 | 122.10 | 934 | 334 | 112 | 6935 |
| 30 | 龙井线 | 143 | 2.90 | 0.57 | 3.47 | 42 | — | 6 | 740 |
| 31 | 相见线 | 161 | 0.37 | 1.00 | 1.37 | 15 | — | — | — |
| 32 | 太平线 | 162 | 3.40 | 0.30 | 3.70 | 42 | — | 2 | 180 |
| 33 | 浮桥线 | 177 | 5.93 | — | 5.93 | 66 | — | — | — |
| 34 | 208 矿线 | | — | 0.14 | — | 0.14 | 2 | — | — |
| | 合计 | | 330.60 | 1092.33 | 1422.93 | 14255 | 2623 | 1431 | 178320 |

表 2-2 2000 年临安电网 10 千伏配电线路情况

| 序号 | 线路所属供电所 | 线路名称 | 架空线路长度/千米 | | | 电缆长度/千米 | 混凝土电杆/基 | 配电变压器 | |
|---|---|---|---|---|---|---|---|---|---|
| | | | 主干线 | 分支线 | 合计 | | | 数量/台 | 容量/千伏安 |
| 1 | 锦城供电所 | 城南 101 线 | 1.30 | 3.37 | 4.67 | — | 115 | 47 | 13090 |
| 2 | | 马溪 102 线 | 7.63 | 7.55 | 15.18 | — | 365 | 38 | 3830 |
| 3 | | 阀门 103 线 | 2.35 | 0.28 | 2.63 | — | 54 | 5 | 2535 |
| 4 | | 横溪 104 线 | 11.76 | 20.48 | 32.24 | — | 394 | 83 | 10115 |
| 5 | | 西市 105 线 | 3.20 | 2.36 | 5.56 | — | 90 | 17 | 4790 |
| 6 | | 环山 106 线 | 1.32 | 0.43 | 1.75 | — | 53 | 13 | 3505 |
| 7 | | 苕溪 107 线 | 2.82 | 0.99 | 3.81 | — | 90 | 21 | 4870 |
| 8 | | 衣锦 113 线 | 1.62 | 2.73 | 4.35 | — | 61 | 25 | 6045 |
| 9 | | 上甘 114 线 | 3.97 | 1.10 | 5.07 | — | 92 | 10 | 2025 |
| 10 | | 化工 115 线 | 3.90 | 0.23 | 4.13 | — | 56 | 6 | 1650 |
| 11 | | 休闲 116 线 | 3.80 | 4.20 | 8.00 | — | 137 | 17 | 3570 |
| 12 | | 锦都 117 线 | 0.65 | 0.96 | 1.61 | — | 27 | 8 | 2895 |
| 13 | | 大罗 118 线 | 7.80 | 0.12 | 7.92 | — | 146 | 1 | 50 |
| 14 | | 锦桥 119 线 | 1.59 | 10.29 | 11.88 | — | 252 | 42 | 8295 |
| 15 | | 长桥 193 线 | 5.20 | 8.92 | 14.12 | 0.09 | 227 | 23 | 1960 |
| 16 | | 邮电 201 线 | 1.38 | — | 1.38 | 0.40 | 39 | 6 | 4540 |
| 17 | | 西瓜 203 线 | 1.84 | 13.50 | 15.34 | — | 174 | 41 | 10740 |
| 18 | | 车站 204 线 | 1.32 | 2.33 | 3.65 | — | 114 | 33 | 10735 |
| 19 | | 万马 205 线 | 1.84 | — | 1.84 | 0.76 | 38 | 5 | 6125 |
| 20 | | 临天 207 线 | 1.23 | 3.88 | 5.11 | — | 120 | 43 | 10430 |
| 21 | | 锦西 212 线 | 0.48 | — | 0.48 | — | 14 | 0 | 0 |
| 22 | | 棉织 213 线 | 1.08 | — | 1.08 | — | 23 | 2 | 1620 |
| 23 | | 电料 214 线 | 1.31 | 6.42 | 7.73 | — | 187 | 54 | 10895 |
| 24 | | 横潭 216 线 | 0.96 | 1.50 | 2.46 | — | 61 | 16 | 3775 |
| 25 | | 化纤 217 线 | — | 0.53 | 0.53 | — | 14 | 4 | 2770 |
| 26 | | 中宇 270 线 | 0.89 | 3.90 | 4.79 | — | 112 | 16 | 4210 |
| 27 | | 城中 271 线 | 0.89 | 1.60 | 2.49 | — | 68 | 5 | 1200 |
| 28 | | 仁钢 272 线 | 1.52 | 1.72 | 3.24 | — | 143 | 26 | 7450 |
| 29 | | 挂畈 273 线 | 1.32 | 1.62 | 2.94 | — | 105 | 21 | 3290 |
| 30 | | 临西 277 线 | 0.63 | 0.10 | 0.73 | 0.06 | 16 | 2 | 2000 |
| | 合计 | | 75.60 | 101.11 | 176.71 | 1.31 | 3387 | 630 | 149005 |

续表

| 序号 | 线路所属供电所 | 线路名称 | 架空线路长度/千米 | | | 电缆长度/千米 | 混凝土电杆/基 | 配电变压器 | |
|---|---|---|---|---|---|---|---|---|---|
| | | | 主干线 | 分支线 | 合计 | | | 数量/台 | 容量/千伏安 |
| 1 | 玲珑供电所 | 上甘114线 | 8.48 | 18.48 | 26.96 | — | 302 | 46 | 4360 |
| 2 | | 高坎150线 | 4.49 | 7.16 | 11.65 | 0.55 | 174 | 47 | 5705 |
| 3 | | 玲纸151线 | 4.80 | 0.39 | 5.19 | — | 68 | 5 | 2090 |
| 4 | | 化龙152线 | 8.37 | 20.12 | 28.49 | — | 372 | 47 | 4540 |
| 5 | | 东山153线 | 5.13 | 24.63 | 29.76 | — | 326 | 47 | 4365 |
| 6 | | 乌渡154线 | 2.17 | — | 2.17 | 0.21 | 40 | 2 | 945 |
| 7 | | 杨岭181线 | 9.81 | 24.35 | 34.16 | — | 303 | 40 | 5115 |
| 8 | | 浪口182线 | 3.76 | 2.07 | 5.83 | — | 86 | 9 | 1510 |
| 9 | | 射干183线 | 7.22 | 12.44 | 19.66 | — | 289 | 30 | 3185 |
| 10 | | 临目185线 | 8.41 | 44.96 | 53.37 | — | 631 | 52 | 2805 |
| 11 | | 里畈186线 | 9.42 | 3.91 | 13.33 | 0.03 | 179 | 10 | 3995 |
| 12 | | 光辉187线 | 8.16 | 15.25 | 23.41 | — | 329 | 35 | 3915 |
| 13 | | 高乐283线 | 7.415 | 21.48 | 28.90 | — | 373 | 38 | 3325 |
| 14 | | 青航194线 | 1.91 | — | 1.91 | — | 39 | 1 | 1000 |
| 15 | | 牌联242线 | 3.44 | 18.11 | 21.55 | — | 256 | 38 | 3565 |
| 16 | | 平峰243线 | 5.02 | 16.00 | 21.02 | — | 263 | 33 | 6190 |
| 17 | | 亭子190线 | 1.57 | 0.54 | 2.11 | — | 38 | 7 | 2265 |
| 18 | | 石泉191线 | 4.34 | 14.36 | 18.70 | — | 307 | 62 | 9600 |
| 19 | | 斜阳221线 | 1.74 | 8.11 | 9.85 | — | 154 | 11 | 955 |
| 20 | | 泉口282线 | 0.98 | 10.68 | 11.66 | — | 159 | 31 | 3030 |
| 21 | | 洪村281线 | 4.62 | 36.81 | 41.43 | — | 476 | 71 | 7775 |
| 22 | | 水库192线 | 1.28 | — | 1.28 | — | 16 | 7 | 4060 |
| 23 | | 民主195线 | 3.92 | 10.51 | 14.43 | — | 184 | 24 | 3345 |
| 24 | | 三口240线 | 14.67 | 33.46 | 48.13 | — | 495 | 62 | 5720 |
| 25 | | 朱村222线 | 2.48 | 2.56 | 5.04 | 0.79 | 75 | 9 | 2290 |
| 26 | | 合计 | 133.61 | 346.38 | 479.88 | 1.58 | 5934 | 764 | 95650 |
| 27 | 於潜供电所 | 纸厂120线 | 1.13 | 0.06 | 1.19 | 0.74 | 29 | 6 | 3370 |
| 28 | | 对石121线 | 7.75 | 10.56 | 18.31 | 0.47 | 273 | 42 | 4325 |
| 29 | | 绍鲁122线 | 14.41 | 12.35 | 26.76 | 0.34 | 291 | 29 | 3415 |
| 30 | | 於潜123线 | 2.99 | 7.22 | 10.21 | 1.30 | 182 | 53 | 8415 |
| 31 | | 太阳124线 | 7.15 | 21.60 | 28.75 | 0.40 | 316 | 29 | 2770 |
| 32 | | 甘溪125线 | 16.58 | — | 16.58 | 0.22 | 213 | 2 | 2030 |
| 33 | | 堰口126线 | 9.65 | 23.94 | 33.59 | 0.26 | 405 | 43 | 4523 |
| 34 | | 紫水127线 | 13.15 | 0.47 | 13.62 | 0.53 | 160 | 3 | 560 |
| 35 | | 横路128线 | 11.14 | 65.16 | 76.30 | 0.29 | 870 | 69 | 7105 |
| 36 | | 潜阳129线 | 1.13 | — | 1.13 | 0.42 | 27 | 4 | 790 |
| 37 | | 阔滩231线 | 9.56 | 17.71 | 27.27 | 0.09 | 320 | 45 | 6870 |
| 38 | | 塔山232线 | 3.09 | 13.71 | 16.80 | 0.08 | 207 | 20 | 1480 |
| 39 | | 大坝233线 | 7.33 | 24.12 | 31.45 | 0.64 | 357 | 27 | 5210 |
| 40 | | 闽坞171线 | 7.32 | 2.05 | 9.37 | 0.27 | 107 | 22 | 2290 |
| 41 | | 纤维172线 | 0.96 | — | 0.96 | 0.24 | 18 | 2 | 1430 |
| 42 | | 横塘173线 | 6.15 | 21.73 | 27.88 | 0.06 | 382 | 38 | 3215 |
| 43 | | 桃源251线 | 4.51 | 14.86 | 19.37 | 0.03 | 243 | 22 | 2190 |
| 44 | | 百亩252线 | 4.56 | 2.00 | 6.56 | 0.03 | 92 | 12 | 1370 |
| 45 | | 双庙253线 | 8.93 | 14.73 | 23.66 | 0.05 | 329 | 29 | 2405 |
| 46 | | 沈家258线 | 1.90 | 2.13 | 4.03 | 0.04 | 60 | 10 | 1050 |
| 47 | | 交口291线 | 3.34 | 4.98 | 8.30 | — | 103 | 12 | 1105 |

| 序号 | 线路所属供电所 | 线路名称 | 架空线路长度/千米 | | | 电缆长度/千米 | 混凝土电杆/基 | 配电变压器 | |
|---|---|---|---|---|---|---|---|---|---|
| | | | 主干线 | 分支线 | 合计 | | | 数量/台 | 容量/千伏安 |
| 48 | 於潜供电所 | 天目 292 线 | 7.74 | 10.11 | 17.85 | 0.75 | 224 | 18 | 1795 |
| 49 | | 郜岭 293 线 | 12.08 | 24.05 | 36.13 | — | 477 | 43 | 6080 |
| | | 合计 | 162.55 | 293.54 | 456.09 | 7.25 | 5685 | 580 | 73793 |
| 1 | 昌化供电所 | 昌化 130 线 | 4.92 | 26.09 | 31.01 | — | 375 | 24 | 1000 |
| 2 | | 钢厂 131 线 | 1.50 | — | 1.50 | — | 17 | 4 | 2000 |
| 3 | | 昌南 132 线 | 13.12 | 28.23 | 41.34 | — | 469 | 60 | 4410 |
| 4 | | 武隆 133 线 | 0.66 | 12.66 | 13.31 | 0.10 | 232 | 46 | 8910 |
| 5 | | 石瑞 134 线 | 27.68 | 16.70 | 44.38 | — | 482 | 37 | 2405 |
| 6 | | 白牛 135 线 | 9.35 | 38.48 | 47.83 | 0.10 | 550 | 49 | 3460 |
| 7 | | 昌犁 135 线 | 3.90 | — | 3.90 | | 46 | 1 | 1600 |
| 8 | | 鱼跳 140 线 | 18.93 | 23.25 | 42.18 | | 452 | 27 | 2900 |
| 9 | | 二厂 141 线 | 0.91 | 0.84 | 1.75 | | 25 | 4 | 430 |
| 10 | | 昌西 142 线 | 11.82 | 26.93 | 38.75 | 0.06 | 446 | 47 | 5430 |
| 11 | | 龙井 143 线 | 1.99 | 2.32 | 4.31 | — | 56 | 5 | 600 |
| 12 | | 龙潭 144 线 | 5.34 | — | 5.34 | | 65 | 2 | 1280 |
| 13 | | 相见 161 线 | 0.50 | 1.97 | 2.47 | | 26 | 4 | 940 |
| 14 | | 太平 162 线 | 4.70 | 0.72 | 5.42 | | 71 | 9 | 1990 |
| 15 | | 桃花 163 线 | 4.46 | — | 4.46 | | 58 | 2 | 2030 |
| 16 | | 河桥 301 线 | 4.75 | 10.08 | 14.83 | | 159 | 5 | 1530 |
| 17 | | 洪岭 302 线 | 6.04 | 31.45 | 37.49 | | 380 | 24 | 970 |
| 18 | | 湍口 303 线 | 7.39 | 36.74 | 44.13 | | 486 | 31 | 2075 |
| 19 | | 浮桥 167 线 | 5.30 | 0.36 | 5.66 | — | 63 | 5 | 1530 |
| 20 | | 岛石 168 线 | 10.99 | 70.90 | 81.89 | — | 884 | 91 | 5715 |
| 21 | | 顺溪 261 线 | 17.00 | 32.91 | 49.91 | 0.06 | 617 | 71 | 6840 |
| 22 | | 马啸 262 线 | 17.52 | 13.93 | 31.45 | 0.06 | 386 | 37 | 2755 |
| | | 合计 | 178.77 | 374.56 | 553.33 | 0.38 | 6345 | 585 | 60800 |

表 2-3　2016 年临安电网 10 千伏配电线路情况

| 序号 | 线路所在变电站 | 线路名称 | 线路长度/千米 | | 混凝土电杆(钢管)/基 | 配电变压器 | |
|---|---|---|---|---|---|---|---|
| | | | 电缆 | 架空线路 | | 数量/台 | 容量/千伏安 |
| 1 | 藻溪变 | 桂芳 V174 线 | 1.10 | 2.66 | 80 | 25 | 10015 |
| 2 | | 严家 V175 线 | 1.07 | 31.29 | 598 | 69 | 22815 |
| 3 | | 九里 V170 线 | 0.29 | 12.69 | 184 | 13 | 4180 |
| 4 | | 上召 V177 线 | 1.15 | 15.74 | 224 | 39 | 14890 |
| 5 | | 闽坞 V171 线 | 1.51 | 8.22 | 127 | 13 | 5110 |
| 6 | | 城镇 V172 线 | 1.81 | 1.79 | 55 | 16 | 6910 |
| 7 | | 横塘 V173 线 | 1.33 | 38.44 | 591 | 51 | 16390 |
| 8 | 渔村变 | 曼陀 V388 线 | 1.94 | 0.00 | 0 | 5 | 2960 |
| 9 | | 中都 V387 线 | 1.77 | 0.00 | 0 | 2 | 1260 |
| 10 | | 中湖 V380 线 | 4.64 | 0.00 | 0 | 6 | 3520 |
| 11 | | 民泰 V386 线 | 2.44 | 0.00 | 0 | 2 | 1280 |
| 12 | | 大桥 V384 线 | 0.41 | 2.32 | 48 | 7 | 1450 |
| 13 | | 横山 V381 线 | 13.14 | 6.01 | 142 | 50 | 32150 |
| 14 | | 吴越 V382 线 | 6.95 | 10.07 | 252 | 48 | 22160 |
| 15 | | 银湖 V383 线 | 6.61 | 4.27 | 126 | 41 | 20195 |

续表

| 序号 | 线路所在变电站 | 线路名称 | 线路长度/千米 | | 混凝土电杆(钢管)/基 | 配电变压器 | |
|---|---|---|---|---|---|---|---|
| | | | 电缆 | 架空线路 | | 数量/台 | 容量/千伏安 |
| 16 | 於潜变 | 松溪 V122 线 | 1.60 | 24.44 | 257 | 31 | 9390 |
| 17 | | 扶西 V698 线 | 0.75 | 9.25 | 156 | 4 | 2400 |
| 18 | | 逸村 V691 线 | 0.74 | 7.53 | 158 | 4 | 910 |
| 19 | | 石佛 V506 线 | 1.29 | 2.95 | 88 | 12 | 4525 |
| 20 | | 千洪 V121 线 | 1.05 | 37.72 | 726 | 41 | 12195 |
| 21 | | 邵鲁 V502 线 | 1.14 | 16.28 | 252 | 24 | 7755 |
| 22 | | 横路 V128 线 | 1.43 | 81.13 | 1204 | 90 | 30070 |
| 23 | | 下埠 V503 线 | 1.13 | 5.66 | 106 | 23 | 7140 |
| 24 | | 富源 V509 线 | 1.01 | 23.15 | 415 | 25 | 9045 |
| 25 | | 太阳 V124 线 | 1.04 | 12.56 | 244 | 23 | 8635 |
| 26 | | 堰口 V126 线 | 1.36 | 21.99 | 435 | 47 | 16240 |
| 27 | | 英公 V697 线 | 0.00 | 0.00 | 0 | 0 | 0 |
| 28 | | 铜山 V697 线 | 1.74 | 0.20 | 56 | 10 | 4000 |
| 29 | | 紫水 V505 线 | 0.59 | 24.82 | 475 | 14 | 3605 |
| 30 | | 盈村 V125 线 | 0.48 | 7.86 | 167 | 17 | 5175 |
| 31 | | 后渚 V123 线 | 1.18 | 4.87 | 132 | 32 | 13525 |
| 32 | | 阮家 V127 线 | 1.47 | 2.74 | 67 | 28 | 7160 |
| 33 | | 甘溪 V501 线 | 0.23 | 16.95 | 216 | 2 | 2030 |
| 34 | | 杏花 V508 线 | 1.74 | 0.35 | 14 | 11 | 4455 |
| 35 | | 潜阳 V504 线 | 1.35 | 5.69 | 140 | 28 | 13615 |
| 36 | | 纸厂 V120 线 | 0.31 | 1.25 | 32 | 1 | 400 |
| 37 | 杨岭变 | 郜溪 V585 线 | 1.17 | 4.54 | 93 | 15 | 6345 |
| 38 | | 杨里 V732 线 | 1.03 | 8.01 | 73 | 2 | 3310 |
| 39 | | 素云 V733 线 | 0.73 | 12.41 | 226 | 14 | 4390 |
| 40 | | 杨桥 V720 线 | 0.94 | 17.92 | 295 | 39 | 14285 |
| 41 | | 青柯 V583 线 | 2.58 | 12.7 | 283 | 29 | 10280 |
| 42 | | 浪口 V730 线 | 1.79 | 3.89 | 119 | 23 | 7850 |
| 43 | | 里畈 V580 线 | 0.54 | 7.86 | 154 | 12 | 9730 |
| 44 | | 临目 V581 线 | 2.39 | 54.76 | 941 | 63 | 28875 |
| 45 | | 溪里 V591 线 | 0.29 | 12.84 | 230 | 18 | 6985 |
| 46 | | 杨华 V731 线 | 1.55 | 42.72 | 906 | 87 | 28775 |
| 47 | | 杨西 V721 线 | 0.82 | 18.26 | 358 | 30 | 11305 |
| 48 | | 杨畈 V582 线 | 0.69 | 31.91 | 625 | 52 | 16055 |
| 49 | | 枣园 V590 线 | 0.59 | 8.80 | 199 | 22 | 7585 |
| 50 | | 桥东 V584 线 | 0.77 | 1.25 | 30 | 6 | 1935 |
| 51 | | 朗碧 V594 线 | 2.14 | 10.33 | 229 | 45 | 13550 |
| 52 | | 横街 V593 线 | 4.18 | 22.98 | 438 | 57 | 18255 |
| 53 | 雅观变 | 铁牛 V632 线 | 2.60 | 0.00 | 0 | 2 | 1260 |
| 54 | | 易辰 V610 线 | 2.62 | 0.00 | 0 | 3 | 3330 |
| 55 | | 安迪 V630 线 | 9.08 | 11.61 | 163 | 29 | 11335 |
| 56 | | 泉口 V614 线 | 0.71 | 4.14 | 126 | 11 | 3640 |
| 57 | | 大禾 V622 线 | 0.77 | 6.93 | 194 | 29 | 8955 |
| 58 | | 格林 V618 线 | 0.63 | 7.71 | 164 | 10 | 3925 |
| 59 | | 星宏 V631 线 | 4.12 | 2.34 | 56 | 19 | 10355 |
| 60 | | 兰海 V613 线 | 3.66 | 0.52 | 22 | 11 | 5570 |
| 61 | | 九通 V623 线 | 1.19 | 1.76 | 75 | 17 | 6040 |

| 序号 | 线路所在变电站 | 线路名称 | 线路长度/千米 | | 混凝土电杆（钢管）/基 | 配电变压器 | |
|---|---|---|---|---|---|---|---|
| | | | 电缆 | 架空线路 | | 数量/台 | 容量/千伏安 |
| 62 | 雅观变 | 长乐 V615 线 | 0.00 | 0.00 | 0 | 0 | 0 |
| 63 | | 塘楼 V621 线 | 0.00 | 0.00 | 0 | 0 | 0 |
| 64 | | 星兰 V600 线 | 4.23 | 0.02 | 35 | 15 | 5000 |
| 65 | | 观湖 V601 线 | 0.72 | 31.61 | 124 | 14 | 5600 |
| 66 | | 联飞 V633 线 | 6.15 | 0.00 | 5 | 7 | 3500 |
| 67 | | 三联 V616 线 | 1.09 | 4.80 | 71 | 9 | 6320 |
| 68 | | 市地 V620 线 | 1.08 | 7.60 | 122 | 14 | 7655 |
| 69 | | 意向 V617 线 | 0.48 | 4.05 | 81 | 6 | 2710 |
| 70 | 秀水变 | 秀体 V407 线 | 2.57 | 0.00 | 0 | 5 | 4030 |
| 71 | | 金盾 V405 线 | 6.92 | 2.43 | 70 | 40 | 12495 |
| 72 | | 祥盛 V394 线 | 5.53 | 0.37 | 11 | 14 | 6840 |
| 73 | | 吉祥 V392 线 | 2.73 | 5.93 | 136 | 40 | 13960 |
| 74 | | 店基 V401 线 | 2.39 | 1.47 | 44 | 5 | 1630 |
| 75 | | 塘家 V396 线 | 4.52 | 3.76 | 98 | 26 | 11545 |
| 76 | | 天杰 V398 线 | 1.25 | 0.00 | 0 | 0 | 0 |
| 77 | | 雅坞 V395 线 | 4.20 | 6.14 | 134 | 37 | 12655 |
| 78 | | 锦秀 V402 线 | 1.89 | 19.09 | 305 | 33 | 11735 |
| 79 | | 石山 V393 线 | 1.70 | 1.46 | 43 | 24 | 11485 |
| 80 | | 秀贩 V406 线 | 1.03 | 0.00 | 0 | 0 | 0 |
| 81 | | 秀申 V399 线 | 0.99 | 0.00 | 0 | 0 | 0 |
| 82 | | 富善 V409 线 | 1.79 | 3.28 | 95 | 23 | 7620 |
| 83 | | 钱谷 V408 线 | 1.62 | 13.18 | 294 | 40 | 11060 |
| 84 | | 上潭 V397 线 | 1.41 | 4.92 | 126 | 26 | 10130 |
| 85 | | 上禹 V403 线 | 1.51 | 2.33 | 65 | 21 | 11130 |
| 86 | | 杨岱 V391 线 | 4.31 | 2.36 | 51 | 5 | 4030 |
| 87 | | 都美 V390 线 | 0.32 | 0.46 | 16 | 0 | 0 |
| 88 | | 鑫富 V404 线 | 1.37 | 0.45 | 12 | 7 | 6800 |
| 89 | | 洪家 V400 线 | 4.98 | 5.28 | 111 | 30 | 10955 |
| 90 | 夏禹变 | 化龙 V152 线 | 2.22 | 18.85 | 394 | 66 | 15555 |
| 91 | | 东山 V153 线 | 0.72 | 3.94 | 83 | 26 | 7665 |
| 92 | | 高坎 V150 线 | 1.52 | 2.42 | 56 | 21 | 6435 |
| 93 | | 桥里 V155 线 | 1.72 | 14.55 | 255 | 56 | 17675 |
| 94 | | 乌渡 V154 线 | 1.23 | 11.97 | 211 | 30 | 9250 |
| 95 | 西天目变 | 由口 V290 线 | 0.24 | 24.1 | 470 | 25 | 8195 |
| 96 | | 天目 V298 线 | 4.42 | 10.88 | 153 | 16 | 5675 |
| 97 | | 武山 V299 线 | 0.39 | 19.64 | 260 | 21 | 7935 |
| 98 | | 郜岭 V293 线 | 0.71 | 88.10 | 637 | 72 | 24145 |
| 99 | | 姚家 V297 线 | 0.38 | 22.31 | 381 | 25 | 8150 |
| 100 | | 交口 V291 线 | 0.37 | 8.09 | 113 | 19 | 7130 |
| 101 | | 东关 V296 线 | 0.09 | 29.30 | 421 | 23 | 10320 |
| 102 | 湍口变 | 众泉 V786 线 | 0.90 | 1.75 | 6 | 3 | 3250 |
| 103 | | 众温 V306 线 | 0.88 | 1.74 | 6 | 3 | 3250 |
| 104 | | 河桥 V781 线 | 0.45 | 48.38 | 641 | 46 | 12155 |
| 105 | | 洪岭 V302 线 | 0.19 | 51.58 | 584 | 34 | 6890 |
| 106 | | 沈溪 V782 线 | 0.03 | 5.71 | 41 | 3 | 2550 |
| 107 | | 湍口 V303 线 | 5.12 | 68.26 | 840 | 58 | 23165 |

续表

| 序号 | 线路所在变电站 | 线路名称 | 线路长度/千米 | | 混凝土电杆（钢管）/基 | 配电变压器 | |
|---|---|---|---|---|---|---|---|
| | | | 电缆 | 架空线路 | | 数量/台 | 容量/千伏安 |
| 108 | 太阳变 | 双庙 V253 线 | 4.56 | 41.39 | 682 | 67 | 20655 |
| 109 | | 枫林 V257 线 | 0.56 | 4.57 | 113 | 33 | 11235 |
| 110 | | 沈家 V258 线 | 1.45 | 5.99 | 112 | 19 | 6635 |
| 111 | | 百亩 V252 线 | 0.36 | 17.03 | 241 | 23 | 6475 |
| 112 | | 桃源 V251 线 | 0.81 | 22.42 | 366 | 48 | 14250 |
| 113 | 塔山临时变 | 星奥 V515 线 | 0.00 | 0.00 | 0 | 0 | 0 |
| 114 | | 奥生 V513 线 | 0.57 | 0.00 | 0 | 5 | 5830 |
| 115 | | 城后 V512 线 | 0.52 | 21.99 | 386 | 28 | 17360 |
| 116 | | 牧亭 V511 线 | 0.52 | 7.10 | 135 | 8 | 4680 |
| 117 | 石泉变 | 石云 V420 线 | 4.08 | 0.00 | 0 | 5 | 10000 |
| 118 | | 富沃 V539 线 | 1.42 | 0.00 | 0 | 8 | 7260 |
| 119 | | 夏岭 V416 线 | 2.89 | 1.78 | 56 | 5 | 1880 |
| 120 | | 中试 V425 线 | 2.35 | 3.03 | 92 | 19 | 6635 |
| 121 | | 鸿雁 V535 线 | 0.91 | 0.00 | 0 | 4 | 3300 |
| 122 | | 西子 V412 线 | 2.13 | 0.53 | 15 | 6 | 7780 |
| 123 | | 杭塑 V538 线 | 1.16 | 0.00 | 0 | 4 | 4830 |
| 124 | | 东环 V537 线 | 7.24 | 1.92 | 49 | 17 | 13300 |
| 125 | | 相坞 V536 线 | 2.00 | 2.57 | 69 | 9 | 3800 |
| 126 | | 景观 V423 线 | 1.81 | 1.57 | 7 | 15 | 8455 |
| 127 | | 松友 V532 线 | 2.50 | 1.55 | 41 | 13 | 6765 |
| 128 | | 叉车 V426 线 | 4.48 | 0.00 | 0 | 8 | 5430 |
| 129 | | 杭叉 V534 线 | 4.79 | 0.00 | 0 | 7 | 5850 |
| 130 | | 凤二 V427 线 | 2.20 | 0.00 | 0 | 5 | 4780 |
| 131 | | 凤一 V533 线 | 2.20 | 0.00 | 0 | 4 | 3780 |
| 132 | | 重二 V418 线 | 1.20 | 0.00 | 0 | 5 | 8050 |
| 133 | | 重一 V417 线 | 1.19 | 0.00 | 0 | 3 | 3250 |
| 134 | | 水家 V413 线 | 3.44 | 0.01 | 1 | 5 | 2550 |
| 135 | | 宫里 V411 线 | 5.12 | 3.73 | 78 | 19 | 6825 |
| 136 | | 桥头 V410 线 | 2.16 | 12.83 | 164 | 19 | 8120 |
| 137 | | 天松 V415 线 | 3.51 | 2.82 | 74 | 36 | 13620 |
| 138 | | 会达 V422 线 | 4.90 | 2.54 | 73 | 22 | 10585 |
| 139 | | 和协 V421 线 | 2.35 | 1.93 | 51 | 12 | 3685 |
| 140 | 胜联变 | 越滨 V815 线 | 4.04 | 0.00 | 0 | 4 | 4100 |
| 141 | | 越秀 V800 线 | 4.03 | 0.00 | 0 | 4 | 4100 |
| 142 | | 秀港 V814 线 | 5.23 | 0.00 | 0 | 12 | 9400 |
| 143 | | 越星 V799 线 | 4.84 | 0.00 | 0 | 10 | 8260 |
| 144 | | 节能 V794 线 | 0.40 | 0.00 | 0 | 4 | 2910 |
| 145 | | 能源 V813 线 | 0.40 | 0.00 | 0 | 4 | 2910 |
| 146 | | 港大 V820 线 | 1.29 | 0.00 | 0 | 2 | 2500 |
| 147 | | 云盈 V793 线 | 2.42 | 0.00 | 0 | 5 | 10000 |
| 148 | | 科技 V792 线 | 1.44 | 1.15 | 41 | 0 | 0 |
| 149 | | 联科 V811 线 | 4.55 | 2.20 | 44 | 20 | 9000 |
| 150 | | 联民 V812 线 | 4.25 | 1.98 | 41 | 0 | 0 |
| 151 | | 联青 V790 线 | 6.11 | 1.26 | 38 | 25 | 11735 |
| 152 | | 胜夏 V791 线 | 3.33 | 0.09 | 2 | 10 | 4690 |
| 153 | | 胜中 V810 线 | 3.57 | 0.09 | 0 | 12 | 7050 |

| 序号 | 线路所在变电站 | 线路名称 | 线路长度/千米 | | 混凝土电杆(钢管)/基 | 配电变压器 | |
|---|---|---|---|---|---|---|---|
| | | | 电缆 | 架空线路 | | 数量/台 | 容量/千伏安 |
| 154 | 胜联变 | 胜园 V821 线 | 3.68 | 0.00 | 0 | 20 | 8000 |
| 155 | | 珺府 V822 线 | 1.58 | 0.00 | 0 | 20 | 8000 |
| 156 | | 寺前 V801 线 | 0.72 | 0.00 | 0 | 1 | 400 |
| 157 | 青山变 | 青井 V226 线 | 2.22 | 2.50 | 12 | 9 | 4415 |
| 158 | | 亭子 V190 线 | 5.03 | 1.29 | 41 | 31 | 14745 |
| 159 | | 水库 V192 线 | 0.86 | 3.43 | 43 | 10 | 5695 |
| 160 | | 科创 V225 线 | 1.20 | 2.21 | 45 | 5 | 1750 |
| 161 | | 民主 V195 线 | 2.86 | 4.43 | 91 | 17 | 7745 |
| 162 | | 朱村 V222 线 | 3.12 | 7.46 | 140 | 27 | 11385 |
| 163 | | 青航 V194 线 | 3.04 | 0.83 | 23 | 18 | 10395 |
| 164 | | 斜阳 V221 线 | 1.04 | 8.73 | 140 | 19 | 7765 |
| 165 | | 研口 V224 线 | 4.20 | 4.84 | 72 | 20 | 8375 |
| 166 | | 天柱 V223 线 | 1.79 | 2.78 | 62 | 13 | 6025 |
| 167 | | 石泉 V191 线 | 4.65 | 2.38 | 63 | 29 | 13160 |
| 168 | 潜川变 | 龙田 V238 线 | 0.43 | 2.30 | 11 | 11 | 11050 |
| 169 | | 乐平 V239 线 | 0.42 | 15.69 | 309 | 33 | 11365 |
| 170 | | 里伍 V237 线 | 0.21 | 17.52 | 305 | 19 | 7195 |
| 171 | | 新梅 V230 线 | 0.26 | 13.26 | 242 | 15 | 4305 |
| 172 | | 大坝 V233 线 | 0.35 | 35.23 | 519 | 38 | 11695 |
| 173 | | 七坑 V236 线 | 0.23 | 9.08 | 145 | 6 | 3840 |
| 174 | | 阔滩 V231 线 | 0.28 | 21.49 | 345 | 28 | 10870 |
| 175 | | 塔山 V232 线 | 0.18 | 6.90 | 118 | 18 | 4590 |
| 176 | 平山变 | 警院 V488 线 | 7.35 | 0.00 | 0 | 2 | 2000 |
| 177 | | 临西 V496 线 | 3.17 | 0.58 | 15 | 11 | 7040 |
| 178 | | 海德 V485 线 | 5.23 | 3.85 | 109 | 39 | 27980 |
| 179 | | 环北 V495 线 | 3.63 | 0.93 | 26 | 11 | 4790 |
| 180 | | 锦竹 V491 线 | 2.83 | 0.75 | 17 | 14 | 8590 |
| 181 | | 临水 V184 线 | 1.95 | 0.76 | 10 | 11 | 5115 |
| 182 | | 吴马 V493 线 | 2.78 | 25.10 | 466 | 62 | 20330 |
| 183 | | 农贸 V490 线 | 2.52 | 0.00 | 0 | 12 | 6080 |
| 184 | | 上东 V494 线 | 1.89 | 8.94 | 160 | 30 | 10250 |
| 185 | | 浙皖 V480 线 | 3.55 | 1.73 | 31 | 24 | 12565 |
| 186 | | 西墅 V484 线 | 2.80 | 3.03 | 64 | 26 | 11725 |
| 187 | | 横溪 V492 线 | 3.60 | 5.96 | 127 | 25 | 12975 |
| 188 | | 明月 V481 线 | 7.61 | 8.33 | 184 | 63 | 27745 |
| 189 | | 临中 V497 线 | 7.39 | 0.00 | 49 | 25 | 10600 |
| 190 | | 竹林 V483 线 | 3.32 | 0.96 | 21 | 13 | 5385 |
| 191 | 龙岗变 | 北山 V476 线 | 0.17 | 2.20 | 58 | 4 | 1440 |
| 192 | | 龙都 V706 线 | 0.20 | 1.95 | 48 | 4 | 1700 |
| 193 | | 峡谷 V472 线 | 0.40 | 36.57 | 385 | 35 | 10700 |
| 194 | | 昌西 V142 线 | 0.95 | 33.98 | 482 | 48 | 16880 |
| 195 | | 龙井 V474 线 | 0.16 | 4.32 | 86 | 9 | 2635 |
| 196 | | 龙潭 V470 线 | 0.18 | 8.60 | 120 | 6 | 4640 |
| 197 | | 上汤 V140 线 | 0.31 | 3.25 | 74 | 10 | 2425 |
| 198 | | 上营 V145 线 | 0.81 | 5.74 | 108 | 16 | 3555 |
| 199 | | 无他 V141 线 | 0.16 | 11.96 | 111 | 7 | 2280 |

续表

| 序号 | 线路所在变电站 | 线路名称 | 线路长度/千米 | | 混凝土电杆(钢管)/基 | 配电变压器 | |
|---|---|---|---|---|---|---|---|
| | | | 电缆 | 架空线路 | | 数量/台 | 容量/千伏安 |
| 200 | 龙岗变 | 下汤 V143 线 | 0.30 | 4.87 | 99 | 13 | 4090 |
| 201 | | 鱼跳 V471 线 | 0.43 | 53.21 | 549 | 43 | 11095 |
| 202 | | 茆里 V475 线 | 1.67 | 3.81 | 93 | 36 | 8340 |
| 203 | 玲珑变 | 恒晟 V375 线 | 7.58 | 2.16 | 58 | 36 | 18085 |
| 204 | | 绿岛 V371 线 | 3.75 | 0.61 | 11 | 10 | 5760 |
| 205 | | 仁钢 V277 线 | 4.46 | 0.10 | 5 | 9 | 5780 |
| 206 | | 商城 V376 线 | 2.63 | 0.27 | 1 | 2 | 2500 |
| 207 | | 城中 V271 线 | 13.48 | 1.48 | 36 | 34 | 23080 |
| 208 | | 春天 V372 线 | 12.8 | 1.41 | 28 | 40 | 25425 |
| 209 | | 盘龙 V272 线 | 0.64 | 1.41 | 41 | 13 | 4950 |
| 210 | | 珑二 V373 线 | 4.01 | 1.83 | 54 | 18 | 9380 |
| 211 | | 中宇 V270 线 | 3.17 | 3.10 | 64 | 24 | 9800 |
| 212 | | 珑一 V274 线 | 2.91 | 1.18 | 36 | 7 | 6395 |
| 213 | | 卦畈 V273 线 | 2.03 | 4.54 | 132 | 27 | 10285 |
| 214 | | 锦天 V276 线 | 2.92 | 1.57 | 44 | 20 | 10420 |
| 215 | | 玲高 V370 线 | 3.59 | 5.35 | 155 | 40 | 14800 |
| 216 | | 申光 V275 线 | 3.36 | 5.64 | 162 | 49 | 15480 |
| 217 | 临安变 | 伊顿 V362 线 | 1.45 | 0.18 | 6 | 5 | 3260 |
| 218 | | 人武 V364 线 | 6.06 | 0.00 | 0 | 12 | 9060 |
| 219 | | 府前 V360 线 | 4.75 | 0.06 | 5 | 11 | 10300 |
| 220 | | 水岸 V363 线 | 5.91 | 0.21 | 13 | 23 | 13820 |
| 221 | | 环山 V106 线 | 5.68 | 1.05 | 39 | 28 | 16735 |
| 222 | | 党校 V105 线 | 1.48 | 2.21 | 61 | 20 | 9725 |
| 223 | | 茗溪 V107 线 | 0.92 | 3.56 | 45 | 6 | 2180 |
| 224 | | 碧桂 V104 线 | 1.94 | 2.53 | 70 | 18 | 8130 |
| 225 | | 马溪 V102 线 | 4.93 | 2.12 | 57 | 41 | 21865 |
| 226 | | 平山 V111 线 | 6.13 | 0.46 | 14 | 18 | 11590 |
| 227 | | 化工 V109 线 | 2.76 | 1.63 | 42 | 17 | 8590 |
| 228 | | 城北 V103 线 | 12.83 | 0.72 | 19 | 22 | 12870 |
| 229 | | 城南 V101 线 | 4.81 | 0.35 | 14 | 24 | 14730 |
| 230 | | 锦桥 V119 线 | 2.85 | 1.22 | 36 | 12 | 7750 |
| 231 | | 锦都 V117 线 | 3.64 | 20.51 | 424 | 51 | 21900 |
| 232 | | 上甘 V114 线 | 4.37 | 3.22 | 74 | 25 | 11205 |
| 233 | | 长桥 V115 线 | 2.28 | 2.47 | 46 | 14 | 6840 |
| 234 | | 国土 V361 线 | 3.02 | 0.86 | 23 | 19 | 9930 |
| 235 | | 远洋 V118 线 | 0.00 | 0.00 | 0 | 0 | 0 |
| 236 | | 回龙 V116 线 | 8.92 | 0.47 | 13 | 19 | 9775 |
| 237 | | 休闲 V108 线 | 3.87 | 2.88 | 59 | 29 | 14320 |
| 238 | | 学院 V112 线 | 10.11 | 1.10 | 22 | 11 | 8550 |
| 239 | | 衣锦 V113 线 | 2.89 | 0.90 | 28 | 19 | 8380 |
| 240 | 科创变 | 科林 V770 线 | 3.38 | 0.00 | 0 | 2 | 1430 |
| 241 | | 科森 V749 线 | 3.61 | 0.00 | 0 | 3 | 2230 |
| 242 | | 笑岭 V750 线 | 14.23 | 9.03 | 111 | 59 | 30100 |
| 243 | | 潘山 V751 线 | 7.45 | 45.96 | 332 | 50 | 18420 |
| 244 | | 同人 V740 线 | 3.19 | 5.96 | 24 | 15 | 6000 |
| 245 | | 玫瑰 V761 线 | 7.8 | 0.05 | 2 | 10 | 4000 |
| 246 | | 月弦 V747 线 | 3.87 | 0.00 | 2 | 10 | 4000 |
| 247 | | 石临 V760 线 | 14.18 | 9.20 | 172 | 68 | 35195 |

| 序号 | 线路所在变电站 | 线路名称 | 线路长度/千米 | | 混凝土电杆（钢管）/基 | 配电变压器 | |
|---|---|---|---|---|---|---|---|
| | | | 电缆 | 架空线路 | | 数量/台 | 容量/千伏安 |
| 248 | 锦南变 | 国瑞 V569 线 | 1.59 | 0.00 | 0 | 9 | 6500 |
| 249 | | 飞翠 V567 线 | 3.94 | 4.93 | 121 | 27 | 23215 |
| 250 | | 盛龙 V331 线 | 3.68 | 5.41 | 134 | 27 | 8885 |
| 251 | | 阳光 V563 线 | 4.68 | 0.00 | 0 | 12 | 8550 |
| 252 | | 御园 V566 线 | 4.67 | 0.00 | 0 | 2 | 2000 |
| 253 | | 锦新 V560 线 | 1.05 | 2.31 | 44 | 16 | 8795 |
| 254 | | 兰岭 V568 线 | 0.97 | 0.87 | 22 | 12 | 6790 |
| 255 | | 南苑 V565 线 | 1.01 | 0.90 | 19 | 13 | 6800 |
| 256 | | 万马 V321 线 | 3.40 | 0.00 | 0 | 3 | 2060 |
| 257 | | 电力 V328 线 | 0.79 | 0.51 | 16 | 8 | 3835 |
| 258 | | 畔湖 V329 线 | 0.84 | 1.26 | 47 | 17 | 8630 |
| 259 | | 钱王 V326 线 | 1.60 | 1.20 | 39 | 15 | 8635 |
| 260 | | 西苑 V324 线 | 2.91 | 0.67 | 21 | 17 | 9705 |
| 261 | | 长春 V564 线 | 2.78 | 34.78 | 577 | 77 | 25570 |
| 262 | | 柯家 V330 线 | 2.51 | 9.58 | 177 | 38 | 12875 |
| 263 | | 广临 V325 线 | 1.75 | 0.83 | 25 | 18 | 9125 |
| 264 | | 樱花 V322 线 | 1.51 | 0.00 | 0 | 3 | 2260 |
| 265 | | 汇锦 V327 线 | 5.19 | 0.97 | 36 | 29 | 15040 |
| 266 | | 石镜 V323 线 | 2.42 | 4.07 | 78 | 36 | 17370 |
| 267 | | 顺达 V320 线 | 3.55 | 2.41 | 57 | 34 | 20250 |
| 268 | 锦城变 | 新城 V205 线 | 6.29 | 0.00 | 0 | 12 | 8890 |
| 269 | | 新园 V217 线 | 6.39 | 0.00 | 0 | 14 | 9880 |
| 270 | | 华府 V206 线 | 2.83 | 0.00 | 0 | 8 | 8000 |
| 271 | | 锦中 V641 线 | 1.15 | 0.25 | 7 | 5 | 4060 |
| 272 | | 锦春 V204 线 | 1.79 | 0.25 | 6 | 10 | 5910 |
| 273 | | 锦泉 V640 线 | 3.54 | 0.00 | 0 | 11 | 9290 |
| 274 | | 前丁 V200 线 | 1.07 | 0.00 | 0 | 0 | 0 |
| 275 | | 电料 V214 线 | 2.33 | 1.46 | 38 | 23 | 14685 |
| 276 | | 解百 V216 线 | 2.23 | 2.85 | 76 | 41 | 22365 |
| 277 | | 锦福 V215 线 | 5.61 | 0.63 | 17 | 28 | 19615 |
| 278 | | 锦西 V201 线 | 2.17 | 2.92 | 26 | 16 | 7625 |
| 279 | | 临天 V644 线 | 2.55 | 2.23 | 66 | 28 | 16655 |
| 280 | | 叁福 V213 线 | 1.71 | 0.00 | 0 | 6 | 5510 |
| 281 | | 西瓜 V203 线 | 4.51 | 1.49 | 39 | 31 | 17625 |
| 282 | | 邮电 V643 线 | 0.48 | 1.36 | 37 | 4 | 4130 |
| 283 | | 横潭 V202 线 | 4.24 | 3.30 | 77 | 38 | 19230 |
| 284 | 颊口变 | 九都 V265 线 | 0.62 | 6.91 | 127 | 13 | 4110 |
| 285 | | 明川 V264 线 | 0.56 | 31.18 | 457 | 33 | 10570 |
| 286 | | 长石 V260 线 | 0.10 | 12.75 | 148 | 6 | 4170 |
| 287 | | 马啸 V262 线 | 0.46 | 40.86 | 515 | 54 | 15125 |
| 288 | | 顺溪 V261 线 | 0.38 | 36.82 | 549 | 50 | 13565 |
| 289 | | 株柳 V263 线 | 0.63 | 13.26 | 212 | 24 | 6325 |
| 290 | 高虹变 | 宇明 V358 线 | 0.94 | 0.00 | 0 | 5 | 8030 |
| 291 | | 洪村 V340 线 | 1.05 | 27.89 | 455 | 55 | 21940 |
| 292 | | 来特 V347 线 | 0.92 | 1.9 | 1 | 5 | 3600 |
| 293 | | 园二 V344 线 | 0.83 | 1.49 | 34 | 11 | 4185 |

续表

| 序号 | 线路所在变电站 | 线路名称 | 线路长度/千米 | | 混凝土电杆(钢管)/基 | 配电变压器 | |
|---|---|---|---|---|---|---|---|
| | | | 电缆 | 架空线路 | | 数量/台 | 容量/千伏安 |
| 294 | 高虹变 | 园三 V357 线 | 1.30 | 3.74 | 91 | 23 | 7430 |
| 295 | | 泥马 V350 线 | 0.57 | 5.86 | 103 | 17 | 6700 |
| 296 | | 上峰 V342 线 | 0.89 | 20.67 | 375 | 35 | 11415 |
| 297 | | 下峰 V341 线 | 0.50 | 8.79 | 229 | 14 | 5760 |
| 298 | | 陈家 V349 线 | 0.39 | 3.99 | 20 | 9 | 4405 |
| 299 | | 高宇 V343 线 | 1.10 | 0.09 | 2 | 5 | 5630 |
| 300 | | 宇中 V354 线 | 1.07 | 0.09 | 0 | 4 | 3880 |
| 301 | | 大坞 V356 线 | 1.27 | 5.07 | 113 | 16 | 7040 |
| 302 | | 园一 V355 线 | 1.05 | 1.16 | 30 | 16 | 6845 |
| 303 | | 虹桥 V345 线 | 1.02 | 3.40 | 80 | 24 | 10620 |
| 304 | | 石门 V353 线 | 1.31 | 49.30 | 647 | 68 | 22935 |
| 305 | | 下城 V351 线 | 0.96 | 12.02 | 240 | 30 | 10230 |
| 306 | | 杨山 V346 线 | 1.52 | 4.46 | 89 | 10 | 3545 |
| 307 | | 重阳 V348 线 | 1.07 | 10.45 | 204 | 25 | 8260 |
| 308 | 岛石变 | 岛石 V168 线 | 0.08 | 50.85 | 687 | 60 | 14685 |
| 309 | | 新桥 V311 线 | 0.19 | 28.27 | 345 | 41 | 9385 |
| 310 | | 仁里 V312 线 | 0.37 | 28.72 | 428 | 52 | 11655 |
| 311 | 昌化变 | 五丰 V135 线 | 1.66 | 7.48 | 147 | 22 | 6930 |
| 312 | | 白牛 V455 线 | 0.89 | 53.29 | 737 | 67 | 17230 |
| 313 | | 昌犁 V136 线 | 0.18 | 4.41 | 58 | 2 | 1680 |
| 314 | | 昌南 V452 线 | 1.12 | 32.07 | 596 | 57 | 14065 |
| 315 | | 二村 V457 线 | 0.19 | 20.60 | 245 | 11 | 8200 |
| 316 | | 钢厂 V451 线 | 0.93 | 3.82 | 97 | 7 | 2020 |
| 317 | | 界头 V454 线 | 0.04 | 0.70 | 1 | 0 | 0 |
| 318 | | 芦岭 V130 线 | 0.79 | 38.27 | 484 | 39 | 9650 |
| 319 | | 石瑞 V134 线 | 0.47 | 57.06 | 779 | 56 | 12375 |
| 320 | | 水南 V131 线 | 0.48 | 3.35 | 5 | 1 | 315 |
| 321 | | 唐山 V456 线 | 3.00 | 4.63 | 112 | 30 | 15500 |
| 322 | | 武隆 V133 线 | 1.70 | 3.12 | 71 | 19 | 8515 |
| 323 | | 新剑 V453 线 | 1.42 | 7.99 | 196 | 35 | 7460 |
| 324 | | 中山 V132 线 | 0.23 | 4.92 | 89 | 11 | 2060 |
| 325 | | 荞麦 V138 线 | 0.05 | 14.72 | 161 | 6 | 3340 |
| 326 | | 东街 V665 线 | 3.91 | 0.55 | 80 | 8 | 3200 |
| 327 | | 文昌 V450 线 | 1.51 | 3.30 | 78 | 23 | 10675 |
| 328 | 板桥变 | 高墙 V550 线 | 0.95 | 6.81 | 140 | 21 | 7320 |
| 329 | | 牌联 V670 线 | 0.74 | 12.75 | 267 | 27 | 9815 |
| 330 | | 新机 V540 线 | 0.63 | 1.39 | 31 | 4 | 4580 |
| 331 | | 大横 V543 线 | 1.22 | 48.37 | 831 | 52 | 19985 |
| 332 | | 花戏 V551 线 | 1.35 | 16.20 | 337 | 51 | 13610 |
| 333 | | 建材 V545 线 | 0.74 | 6.41 | 69 | 16 | 4725 |
| 334 | | 锦宇 V557 线 | 0.52 | 0.27 | 8 | 3 | 1460 |
| 335 | | 井里 V546 线 | 0.75 | 11.33 | 181 | 32 | 10470 |
| 336 | | 里桃 V541 线 | 1.28 | 14.91 | 273 | 31 | 10590 |
| 337 | | 平峰 V555 线 | 1.34 | 4.96 | 93 | 8 | 3215 |
| 338 | | 秋口 V542 线 | 4.15 | 18.12 | 376 | 33 | 15695 |
| 339 | | 如龙 V556 线 | 1.44 | 13.10 | 203 | 36 | 11560 |

| 序号 | 线路所在变电站 | 线路名称 | 线路长度/千米 | | 混凝土电杆(钢管)/基 | 配电变压器 | |
|---|---|---|---|---|---|---|---|
| | | | 电缆 | 架空线路 | | 数量/台 | 容量/千伏安 |
| 340 | 板桥变 | 三口 V552 线 | 1.15 | 19.59 | 359 | 28 | 13355 |
| 341 | | 水板 V547 线 | 0.22 | 0.50 | 10 | 1 | 630 |
| 342 | | 祝家 V553 线 | 1.26 | 12.82 | 240 | 19 | 8870 |

# 第二节　35 千伏电网

## 一、输电线路

1961 年,临安县人民委员会根据中共中央"大办农业"的指示精神,为有效解决临安、於潜等粮食生产重点地区的农田灌溉问题,向浙江省人民委员会、杭州市人民委员会提交新建 2 座变电站和 1 回 35 千伏线路的报告。经批复,投资总金额为 70 万元,工程物资由地方自筹。临安县人民委员会专门设立电力灌溉基本建设委员会,组织人员用农产品,如番薯、小木料,甚至毛竹梢等换取电力工程物资。线路起于 220 千伏杭州变电站,终于临安,1962 年 6 月完工(全长 20.9 千米),暂作 10 千伏线路使用。

为贯彻"调整、巩固、充实、提高"方针,35 千伏变电站工程一度中断。至 1963 年 5 月,35 千伏临安变电站建成投入运行时,临安线才真正成为 35 千伏线路。初期,曾供电给原余杭县的中乔、泰山 2 个公社。临安至於潜的 35 千伏线路,在 1962 年 6 月架到藻溪时因资金不足被迫停止,一直到 1963 年 7 月,35 千伏於潜变电站建成投入运行后才正式通电,线路长度 35.42 千米。1967 年 6 月,昌化镇天目机器厂为改善供电质量,自建从於潜变电站到厂区的 35 千伏专线 1 回,线路长度 19.54 千米,命名为於昌线。7 月,电力部门征得该厂同意,从专线上挂接 1000 千伏安主变压器 1 台,建 35 千伏昌化临时变电站。

为解决华光潭梯级水电站施工用电,1972 年从安徽省宁国县 35 千伏胡乐变电站引接 35 千伏线路 1 回,线路长度 31.89 千米。其前段从胡乐至昌北岛石乡,称 35 千伏乐岛线,线路长度 13.7 千米,线路途经仁里乡落点,建立昌北协作厂变电站,装设 800 千伏安配电变压器 1 台,由宁国县供电局管理。此后,电站停建,岛石到鱼跳后段线路未投入运行。1973 年 8 月,从 35 千伏於昌线末端延伸 10.36 千米至龙岗,建立 35 千伏龙岗变电站。其后,又从龙岗变电站接出 35 千伏白果线,作为昌化钨铍矿的专用线路,线路长度 10.62 千米。至此,全县 35 千伏线路从 220 千伏杭州变电站的 35 千伏临时升压站引出,经临安,通於潜,直抵昌西,线路长度 101 千米。

在 35 千伏乐岛线建设的同时,位于昌化镇西武隆山麓的 110 千伏昌化变电站开始兴建。该站地形复杂,土石方开挖量大,且受"文化大革命"的影响,逾期 4 年完成。1976 年 10 月 6 日,110 千伏昌化变电站建成投入运行;35 千伏於昌线改开口环入,后段改称龙岗线。撤销 35 千伏昌化临时变电站。

为配合昌北地区鱼跳水电站的建设,1982 年 7 月,从龙岗变电站引出 35 千伏昌北线,与鱼跳水电站连接并网,线路长 19.95 千米,距临安镇西约 10 千米的玲珑山公社夏禹桥地区,造纸、轻化等社、队企业领先发展。1984 年 9 月,建成 35 千伏夏禹变电站,电源从临於线上支接引入,支接段线路长度 3 千米。翌年,电源线由支接引入改为开口环入。改接后,电源侧称 35 千伏玲珑线,线路长度 10.78 千米;於潜侧改名为於夏线,线路长度 20.95 千米。1986 年 8 月,藻溪乡政府与电力部门联合建成 35 千伏藻溪变电站,装设 3200 千伏安主变压器 1 台,进线支接于 35 千伏於夏线上。

1987 年 3 月和 8 月,青云乡和青山乡相继建成 35 千伏青云变电站和青山临时变电站。前者电源为 35 千伏青云线,引自 110 千伏临安变电站,线路长度 14.84 千米,装设 5000 千伏安主变压器 1 台;后者电源支接于 35 千伏临化线上,装设 3200 千伏安主变压器 1 台,设计时考虑到杭州市电网规划"八五"期间青山变电站将升压为 110 千伏,所以 35 千伏线路 12 千米及主控室按 110 千伏设计。1988 年,结合电网规划新建临安至於潜 110 千伏线路 1 回,先期降压 35 千伏运行,以解决於潜地区用电增长的需求,并为 35 千伏於潜变电站升压创造条件。线路长 34.33 千米,导线为 240 毫米² 钢芯铝绞线。该线路于 1989 年 12 月建成投入运行。

20 世纪 90 年代初期,临安东部地区经济发展迅速,临安县供电局加快 35 千伏电网的布点。1991 年 10 月,35 千伏青山变电站建成投入运行,装设 8000 千伏安主变压器 1 台,其电源进线引自 110 千伏临安变电站,线路长度单回 11 千米,按 110 千伏电压等级设计。1993 年 6 月,35 千伏锦城变电站建成投入运行,电源支接自 35 千伏青云线、玲珑线,装设 8000 千伏安主变压器 2 台。1995 年 8 月,35 千伏横畈临时变电站建成投入运行,35 千伏进线引自 110 千伏临安变电站。1997 年 9 月,35 千伏颊口变电站建成投入运行,装设 5000 千伏安主变压器 1 台,其电源进线引自原 35 千伏龙岗变电站,线路长度 10.33 千米。

20 世纪末,临安地区经济发展迅速,为满足社会用电需求,迫切需要增加 110 千伏和 35 千伏变电站布点。2000 年,先后建成太阳、横畈、西天目、湍口等 4 座 35 千伏变电站,新增 35 千伏线路 4 回,分别是於太 3563 线(引自 110 千伏於潜变电站)、太昌 3786 线(引自 110 千伏昌化变电站)、白鹤 3790 线(引自 110 千伏於潜变电站)、湍口 3792 线(引自 110 千伏昌化变电站),导线型号为 LGJ—185/30、LGJ—150/25,地线型号为 GJ—35 等,线路长度为 49.74 千米。2000 年 12 月,建成 220 千伏青云变电站至 35 千伏畈龙变电站的 35 千伏线路,线路长度 8.95 千米,导线型号为 LGJ—185/30,地线型号为 GJ—35 等。

2001 年,建成 35 千伏岛石变电站,35 千伏进线引自 35 千伏龙岗变电站和 110 千伏昌化变电站,线路长度 10.18 千米,新立杆塔 29 基,导线型号为 LGJ—120/20,地线型号为 GJ—35 等。

2004 年,建成 35 千伏藻溪 2 回输电线路,引自 110 千伏於潜变电站,架空单回线路长度 6.01 千米,全线铁塔 22 基,导线型号为 LGJ—185/30,地线型号为 JLB1A—35;电缆线路从 110 千伏於潜变电站穿墙套管至 35 千伏藻溪 2 回线 1 号终端塔止,电缆线路长度 1.38 千米,型号为 YJYV—26/35—1×240。新建双回青龙村口围水防洪堤(引自 110 千伏临安变电站的 35 千伏水泥厂专线 16 号塔 T 接)至 35 千伏渔村变电站 35 千伏线路,全线新立铁塔 12 基、钢管塔 1 基;新架双回线路长度 2.23 千米,导线为型号 LGJ—240/40 的钢芯铝绞线,地线为型号 JLB1A—50 的铝包钢绞线。其中,1 回渔村 3796 线于 2004 年 6 月 27 日建成投入运行,另 1 回临村 3795 线于 2008 年 9 月 23 日 35 千伏渔村变电站二期扩建后投入运行。

2007 年,建成 35 千伏横畈临时变电站配套 35 千伏线路,导线为型号 LGJ—120/20 的钢芯铝绞线,地线为型号 GJ—35 的钢绞线,从 35 千伏横畈 3561 线 51 号杆 T 接,新立杆塔 7 基,架空线路长度为 1.634 千米。

2008 年,建成 35 千伏岛石 2 回输电线路,线路长度 21.807 千米。其中,双回路 11.361 千米,单回路 10.446 千米;分支单回路长 1.37 千米;原昌北线 66 号 T 接单回路长 0.554 千米,立铁塔 54 基,导线为型号 LGJ—185/45、LGJ—120/20 的钢芯铝绞线,地线为型号 JLB1A—50 的铝包钢绞线。

2009 年,建成 35 千伏颊口 2 回输电线路,线路长度 12 千米。其中,已建双回路架空线路长度 1.2 千米,新建线路长度 10.8 千米(电缆长度 0.2 千米、架空线路双回路长度 1.39 千米、单回路长度 9.21 千米),自立式铁塔 30 基,导线为型号 LGJ—185/45 的钢芯铝绞线,地线为型号 JLB1A—50 的铝包钢绞线。

2010 年,建成 35 千伏西天目二期输电线路,从 35 千伏藻溪 3562 线 31 号塔 T 接至 35 千伏西天目变电站,新建架空线路长度 9.6 千米,新立铁塔 43 基,导线为型号 LGJ—185/30 的钢芯铝绞线,地线为型号 JLB1A—35 的铝包钢绞线。

2013 年,建成 35 千伏湍口二期输电线路,从 110 千伏昌化变电站至 35 千伏湍口变电站,线路长度 18.33 千米,导线为型号 LGJ—185/30 的钢芯铝绞线,地线为型号 JLB1A—35 的铝包钢绞线。

2014 年,建成 35 千伏渔村输电线路,从 110 千伏临安变电站至 35 千伏渔村变电站,线路长度 2×2.23

千米,新立铁塔 12 基,导线为型号 LGJ－240/40 的钢芯铝绞线,地线为型号 JLB1A－50 的铝包钢绞线。

2015 年,建成 35 千伏潜川 2 回输电线路,从 220 千伏方圆变电站新出 35 千伏双回架空线路至 35 千伏潜川变电站,改造双回架空线线路长度 2×13.9 千米,新立双回路铁塔 60 基,拆除旧线路长度 14 千米、铁塔及砼杆 58 基,导线为型号 LGJ－185/30 的钢芯铝绞线,地线为型号 GJ－50 的镀锌钢绞线。

2016 年临安电网 35 千伏输电线路情况见 2-4。

**表 2-4　2016 年临安电网 35 千伏输电线路情况**

| 序号 | 线路名称 | 起点 | 终点 | 架空线路长度/千米 | | 电缆长度/千米 | 杆路/基 | | | | 投运时间 |
|---|---|---|---|---|---|---|---|---|---|---|---|
| | | | | 杆路 | 回路 | | 小计 | 角钢塔 | 钢管塔 | 混凝土电杆 | |
| 1 | 横畈 3561 线 | 110 千伏临安变电站 | 110 千伏高虹变电站 | 14.05 | 14.05 | 1.49 | 77 | 51 | 21 | 5 | 1995 年 8 月 |
| 2 | 白鹤 3790 线 | 110 千伏於潜变电站 | 35 千伏西天目变电站 | 14.09 | 14.09 | 0.08 | 65 | 42 | — | 23 | 2000 年 9 月 |
| 3 | 水夏 3797 线 | 110 千伏秀水变电站 | 35 千伏夏禹变电站 | 4.25 | 4.25 | 0.12 | 17 | 11 | 6 | — | 2004 年 12 月 |
| 4 | 於藻 3798 线 | 110 千伏於潜变电站 | 35 千伏藻溪变电站 | 9.79 | 9.79 | 0.46 | 34 | 34 | — | — | 2005 年 1 月 |
| 5 | 昌北 3568 线 | 110 千伏龙岗变电站 | 35 千伏岛石变电站 | 22.87 | 22.87 | 0.05 | 62 | 62 | — | — | 2006 年 6 月 |
| 6 | 颊口 3566 线 | 110 千伏龙岗变电站 | 35 千伏颊口变电站 | 9.03 | 11.44 | 0.12 | 41 | 35 | — | 6 | 2006 年 6 月 |
| 7 | 藻溪 3562 线 | 110 千伏於潜变电站 | 35 千伏藻溪变电站 | 9.53 | 9.53 | 0.08 | 41 | 16 | — | 25 | 2007 年 1 月 |
| 8 | 藻溪 3562 线支 | 藻溪 3562 线 31 号 | 35 千伏西天目变电站 | 9.12 | 9.12 | — | 40 | 40 | — | — | 2010 年 1 月 |
| 9 | 龙岛 3892 线 | 110 千伏龙岗变电站 | 35 千伏岛石变电站 | 22.69 | 22.69 | 0.05 | 56 | 56 | — | — | 2008 年 1 月 |
| 10 | 龙颊 3893 线 | 110 千伏龙岗变电站 | 35 千伏颊口变电站 | 11.80 | 11.80 | 0.20 | 35 | 35 | — | — | 2009 年 4 月 |
| 11 | 方阳 3673 线 | 220 千伏方圆变电站 | 35 千伏太阳变电站 | 5.20 | 5.20 | 0.02 | 23 | 23 | — | — | 2013 年 10 月 |
| 12 | 方太 3888 线 | 220 千伏方圆变电站 | 35 千伏太阳变电站 | — | 5.20 | 0.02 | 23 | 23 | — | — | 2013 年 5 月 |
| 13 | 昌湍 3792 线 | 110 千伏昌化变电站 | 35 千伏湍口变电站 | 19.11 | 19.11 | 0.14 | 66 | 66 | — | — | 2013 年 9 月 |
| 14 | 昌口 3890 线 | 110 千伏昌化变电站 | 35 千伏湍口变电站 | 15.04 | 20.60 | 0.14 | 80 | 58 | — | 22 | 2013 年 12 月 |
| 15 | 青夏 3784 线 | 220 千伏青云变电站 | 35 千伏夏禹变电站 | 9.20 | 9.20 | 0.14 | 44 | 33 | 5 | 6 | 2014 年 9 月 |
| 16 | 渔村 3796 线 | 110 千伏临安变电站 | 35 千伏渔村变电站 | 2.08 | 2.08 | 3.15 | 14 | 11 | 3 | — | 2014 年 12 月 |
| 17 | 临村 3795 线 | 110 千伏临安变电站 | 35 千伏渔村变电站 | — | 2.08 | 3.17 | 14 | 11 | 3 | — | 2014 年 12 月 |
| 18 | 潜川 3677 线 | 220 千伏方圆变电站 | 35 千伏潜川变电站 | 13.91 | 13.91 | 0.24 | 62 | 62 | — | — | 2015 年 3 月 |
| 19 | 方潜 3894 线 | 220 千伏方圆变电站 | 35 千伏潜川变电站 | — | 13.91 | 0.24 | 62 | 62 | — | — | 2015 年 3 月 |

续表

| 序号 | 线路名称 | 起点 | 终点 | 架空线路长度/千米 | | 电缆长度/千米 | 杆路/基 | | | | 投运时间 |
|---|---|---|---|---|---|---|---|---|---|---|---|
| | | | | 杆路 | 回路 | | 小计 | 角钢塔 | 钢管塔 | 混凝土电杆 | |
| 20 | 虹涛3794线（电厂） | 110千伏高虹变电站 | 水涛庄水电站 | 3.30 | 3.30 | 0.18 | 16 | 16 | — | — | 2003年7月 |
| 21 | 石联3671线（电厂） | 石门潭二级电站 | 石门潭一级电站 | 6.20 | 6.20 | — | 23 | 23 | — | — | 2007年2月 |
| 22 | 天池3799线（用户） | 110千伏昌化变电站 | 35千伏照君岩变电站 | 22.69 | 22.69 | 0.09 | 55 | 55 | — | — | 2005年1月 |
| 25 | 华锦3897线（用户） | 220千伏岗阳变电站 | 35千伏杭州华锦特种纸有限公司变电站 | — | — | 1.29 | — | — | — | — | 2007年7月 |
| 26 | 青达3898线（用户） | 220千伏岗阳变电站 | 35千伏临安市青鸿达金属制品有限公司变电站 | — | — | 0.65 | — | — | — | — | 2007年12月 |
| 27 | 鸿达3899线（用户） | 220千伏岗阳变电站 | 35千伏临安市青鸿达金属制品有限公司变电站 | — | — | 0.63 | — | — | — | — | 2007年12月 |
| 23 | 杭氧3895线（用户） | 220千伏岗阳变电站 | 35千伏杭州杭氧股份有限公司变电站 | — | — | 3.24 | — | — | — | — | 2008年11月 |
| 24 | 制氧3884线（用户） | 220千伏岗阳变电站 | 35千伏杭州杭氧股份有限公司变电站 | — | — | 3.22 | — | — | — | — | 2008年11月 |
| 28 | 南都3885线（用户） | 220千伏岗阳变电站 | 35千伏杭州南都能源科技有限公司变电站 | — | — | 3.10 | — | — | — | — | 2009年7月 |
| 29 | 福特3781线（用户） | 220千伏青云变电站 | 35千伏杭州福斯特光伏材料有限公司变电站 | 5.18 | 5.18 | — | — | — | — | — | 2014年3月 |

## 二、公用变电站

### （一）35千伏夏禹变电站

十一届三中全会以后,农村乡镇企业迅速发展,玲珑山公社夏禹桥地区的社、队企业用电量迅猛增加,单靠10千伏线路难以承受。1982年,浙江省电力工业局、杭州市电力局拨款20万元,批准建造35千伏夏禹变电站。该站位于夏禹桥黄泥岭,占地面积2126.3米²,1983年3月开工建设。变电站工程除土建工程承包给临安第一建筑公司外,设计、施工、安装、调试均由临安电力公司承担,工程总造价37.69万元。1984年9月14日,35千伏夏禹变电站建成投入运行。装设主变压器1台,变电容量5000千伏安。35千伏进线是从临於3562线61号杆支接1回35千伏线路（玲珑3670线）,35千伏系统为线路变压器组接线,10千伏系统为单母线接线,10千伏线路3回,分别送电至玲珑造纸厂、化龙、高坎等地。由于用电负荷的增加,原有变电容量不能满足用户需要,于1995年8月进行主变压器增容改造,主变压器增容至8000千伏安。2001年5月,夏禹变电站进行二期扩建,增加1回35千伏进线,增加主变压器1台,变电容量8000千伏安。将35千伏接线方式改为单母线运行方式:1号主变、青夏3784线、35千伏母线压变、2号主变、水夏3797线接于该母线。正常运行时由青夏3784线送夏禹变电站1号主变、2号主变,水夏3797线热备用。随着用户需求的增加,10千伏侧增加东山、桥里、乌渡3回出线,10千伏运行方式最终改为单母线运行方式:1号主变、10千伏母线压变、10千伏电容器、10千伏所用变及10千伏线路均接入该母线。

至 2016 年,该站拥有主变压器 2 台,变电总容量 1.6 万千伏安;35 千伏进线 2 回,分别为青夏 3784 线、水夏 3797 线;10 千伏出线 5 回,分别为乌渡 V154 线、化龙 V152 线、东山 V153 线、桥里 V155 线、高坎 V150 线。

(二)35 千伏青云变电站(后改名畈龙变电站)

青云桥地区位于天目山区南苕溪流域,包括杨岭、临目、青云、东天目、横溪等乡。1985 年,用户配电变压器总容量 7945 千伏安,有小水电站 11 座,装机总容量 3745 千瓦,仅由 10 千伏青云线供电已不能满足要求。浙江省电力工业局、杭州市电力局于 1985 年 11 月批准建造 35 千伏青云变电站。该站位于青云镇东,占地面积 2226.2 米²。1986 年 3 月,开工建设,由临安县供电局设计、施工安装,工程总投资为 124.88 万元。1987 年 3 月 31 日,建成投入运行,装设主变压器 1 台,变电容量 5000 千伏安。35 千伏进线由 110 千伏临安变电站引出,35 千伏系统接线方式为线路变压器组接线,10 千伏系统为单母线接线方式,10 千伏线路有南庄、杨岭、横溪、里畈、临目等 5 回。1994 年 8 月 20 日,二期扩建工程建成投入运行。2 台主变压器变电总容量增至 1.6 万千伏安,增加 35 千伏进线 1 回,35 千伏系统为单母线接线方式,新增 10 千伏出线 2 回,10 千伏系统为单母线分段接线。

1996 年 12 月,220 千伏青云变电站建成投入运行,35 千伏青云变电站改名 35 千伏畈龙变电站。2013 年 5 月 26 日,35 千伏畈龙变电站退出运行。

(三)35 千伏藻溪变电站

35 千伏藻溪变电站的前身是 1986 年 8 月投入运行的 35 千伏藻溪临时变电站。进入 20 世纪 90 年代,随着藻溪地区工农业生产的迅猛发展,藻溪临时变电站已严重超载,为改变藻溪地区电能质量下降和供电设备不适应生产发展的局面,1993 年扩建为正式 35 千伏变电站,土建设计单位为临安县第二建筑设计室,土建施工单位为临安县第四建筑公司,电气设计及安装由临安县供电局承担。1993 年 2 月 5 日,开工建设。1994 年 7 月 8 日,建成投入运行。工程征用土地 2724.3 米²,总投资 430 万元,其中藻溪镇政府负担 150 万元。新增主变压器 1 台,变电容量 8000 千伏安。35 千伏接线方式为单母线分段接线,2 回母线硬连接,新架 35 千伏线路 2 回,线路长度 11.50 千米;10 千伏接线方式与 35 千伏相同,新架和改造 10 千伏线路 4 回(横塘、对石、纤维、藻溪),线路长度 6.00 千米。

藻溪变电站经多次增容扩建,至 2016 年,该站拥有主变压器 2 台,变电容量均为 2.5 万千伏安;35 千伏进线 2 回,分别为藻溪 3562 线、於藻 3798 线;10 千伏出线 7 回,分别为九里 V170 线、闽坞 V171 线、横塘 V173 线、桂芳 V174 线、严家 V175 线、城镇 V172 线、上召 V177 线。

(四)35 千伏潜川变电站

潜川地区经济发展较快,用电量猛增,原有的 1 回 10 千伏输电线路供电已不能满足该地区的经济建设和生活用电的需要;此外,青山殿水利枢纽工程开工建设急需工程供电线路。1994 年 5 月,临安县计划委员会批准建设 35 千伏潜川变电站。该变电站选址在紫水乡城后村,占地面积 2945.9 米²,总投资 451.8 万元,首期设主变压器 1 台,变电容量 8000 千伏安,35 千伏线路由 110 千伏於潜变电站引进,10 千伏出线 4 回,35 千伏配电装置为户内布置,采用 GBC－35 型手车式开关柜,10 千伏配电装置为户内布置,采用 GG－1A(F)固定式开关柜。工程由临安县供电局设计、安装,土建由临安大华建筑工程公司承担。1994 年 12 月,开工建设。1996 年 3 月,建成投入运行。随着潜川地区用电负荷的不断增长以及供电可靠性的要求,2006 年,对潜川变电站进行增容扩建,投资 342.186 万元,由浙江恒力电力承装有限公司施工,增设主变压器 1 台,变电容量 8000 千伏安,完善 35 千伏、10 千伏单母线接线方式。同时结合该次扩建,调换所用电和直流系统;将原有一期的保护和远动系统更换为集测控和保护于一体的微机综合自动化系统,扩建及改造后的 35 千伏潜川变电站拥有先进的微机测控能力。

2012 年 5 月,220 千伏方圆变电站投入运行后,潜川变电站 2 回 35 千伏进线由方圆变电站潜川 3677 线和方潜 3894 线送出。2016 年 9 月,对潜川变电站 2 台主变压器进行增容,增容后 2 台主变压器变电容量均增至 1.25 千伏安。

至 2016 年,该站拥有主变压器 2 台,变电总容量 2.5 万千伏安;35 千伏进线 2 回,分别为方潜 3894 线、潜川 3677 线;10 千伏出线 8 回,分别为塔山 V232 线、龙田 V238 线、里伍 V237 线、七坑 V236 线、大坝 V233 线、乐平 V239 线、阔滩 V231 线、新梅 V230 线。

(五)35 千伏颊口变电站

随着昌西地区的经济发展,35 千伏龙岗变电站已不能满足颊口、顺溪、马啸二镇一乡的工农业生产用电需要。1996 年 11 月,35 千伏颊口变电站开工建设,占地面积 2625 米$^2$。1997 年 9 月 3 日,建成投入运行。该工程(一期)总投资 810 万元,土建由临安县建筑设计所设计,浙江省东阳市第四建筑工程公司施工,电气设计和安装均由临安市供电局承担。一期装设主变压器 1 台,变电容量 5000 千伏安。新建 35 千伏进线 1 回、10 千伏出线 4 回。该站的控制、保护设备采用南京南瑞继电保护有限公司生产的 LFP－900 型微机处理系统,是当时国内最先进的控制、保护设备。该变电站的投入运行彻底扭转临安市昌西地区的用电紧张局面,为西部地区的经济发展奠定基础。2007 年,临安市供电局争取到浙江省电力公司新农村电网建设资金 1319 万元,用于该站二期扩建工程。2008 年 12 月,该站一期设备保护自动化改造及 10 千伏开关柜、10 千伏电容器调换和二期扩建工程完工;新增 1 台 8000 千伏安主变压器;新增 35 千伏进线 1 回、10 千伏出线 4 回;35 千伏系统单母线分段(母分硬连接),10 千伏系统单母线分段接线。2014 年,将大修后的 35 千伏板桥变电站退役主变压器(SZ9－8000/35)更换颊口变电站原 1 号主变压器,并改造两侧配电装置(电流互感器、电容器组)。

至 2016 年,该站拥有主变压器 2 台,变电总容量 1.6 万千伏安;35 千伏进线 2 回,分别为颊口 3566 线、龙颊 3893 线;10 千伏出线 6 回,分别为九都 V265 线、株柳 V263 线、顺溪 V261 线、明川 V264 线、马啸 V262 线、长石 V260 线。

(六)35 千伏太阳变电站

35 千伏太阳变电站位于临安市太阳镇南,杭昱公路以北,马太公路以东,是为适应太阳镇及杭昱公路沿线地区用电负荷发展的需要而建。该工程总投资 1000.95 万元,占地面积 1819.3 米$^2$。首期装设主变压器 2 台,变电总容量 1.6 万千伏安(利用原锦城变电站的主变压器);新建 35 千伏线路 2 回,分别自 110 千伏昌化变电站和 110 千伏於潜变电站引出;新建 10 千伏出线 4 回。该变电站属于无人值班变电站,配置综合自动化系统 1 套,2 回 35 千伏线路均不设保护,直流系统选用高频开关直流电源,免维护电池。1999 年 10 月 13 日,开工建设。2000 年 1 月 29 日,建成投入运行。正常运行方式是安排 1 台主变压器运行,10 千伏母分运行,10 千伏备用电源自动投入装置停用。丰水期,由太昌 3786 线供电,于太 3563 线备用;枯水期,由于太 3563 线供电,太昌 3786 线备用。2006 年 3 月,对 35 千伏太阳变电站电气设备进行改造,将原河南思达保护及综合自动化系统更换为国瑞继保的 RCS 系列综合自动化系统。10 千伏馈线保护由原来的控制室集中布置改为分散式就地控制,通过以太网连接至监控系统。对 35 千伏系统的 3 台开关、5 组电流互感器、10 组闸刀以及直流系统进行调换。4 月,太阳变电站完成改造,投入运行。

由于太阳镇经济发展迅速,35 千伏太阳变电站主变压器正常运行时负载率较高,迎峰度夏期间 2 台主变压器负载率均超 90%,原变电容量不足以满足用户需求,因此于 2011 年 9 月进行太阳变电站增容工程。9 月 29 日,增容工程竣工,2 台主变压器变电容量均增至 1.6 万千伏安,新增 2 回 10 千伏出线间隔,调换 35 千伏电流互感器 18 只(包括对侧昌化变 35 千伏电流互感器)、10 千伏电流互感器 38 只、10 千电容器成套装置 2 组,并加装变电站等电位测温系统。2012 年 5 月,220 千伏方圆变电站投入运行后,35 千伏太阳变电站 2 回 35 千伏进线由方圆变电站方阳 3673 线和方太 3888 线送出。

至 2016 年,该站拥有主变压器 2 台,变电总容量 3.2 万千伏安;35 千伏进线 2 回,分别为方阳 3673 线、方太 3888 线;10 千伏出线 5 回,分别为沈家 V258 线、枫林 V257 线、双庙 V253 线、百亩 V252 线、桃源 V251 线。

(七)35 千伏横畈变电站

35 千伏横畈变电站的前身是 1995 年 8 月投入运行的 35 千伏横畈临时变电站。2000 年,经临安市计划委员会批复同意,在原地建造 35 千伏横畈变电站,占地面积 2000 米$^2$,总投资 368.26 万元。工程由杭州市电力设计所设计,杭州环宇建筑工程有限公司进行土建施工,临安市供电局变电安装工程队进行电气安装。2000 年 4 月,开工建设。8 月 29 日,建成投入运行。首期设主变压器 1 台,变电容量 5000 千伏安(35 千伏线路 1 回 1995 年已建);新建 10 千伏出线 3 回;35 千伏系统接线方式为线路变压器组接线;10 千伏系统接线方式为单母线分段接线。2001 年,横畈、高虹两镇工业用电量急剧增长,仅有的 1 座 35 千伏横畈变电站满载运行,难以满足当地需要,故投资 300 万元进行扩建,新增主变压器 1 台,变电容量 5000 千伏安;新建 35 千伏进线 1 回、10 千伏出线 2 回,由临安市供电局变电检修管理所进行电气安装。8 月,建成投入运行。改造后接线方式为:横畈 3561 线送 1 号主变压器,高虹 3793 线送 2 号主变压器,10 千伏电压等级接线为单母分段方式,由 1 号主变送 10 千伏Ⅰ段母线,2 号主变送 10 千伏Ⅱ段母线。2012 年 11 月 21 日,35 千伏横畈变电站停止运行。

(八)35 千伏西天目变电站

35 千伏西天目变电站位于天目山镇白鹤村南,占地面积 1760 米$^2$,工程总投资 628.17 万元。2000 年 4 月 10 日,开工建设。9 月 30 日,建成投入运行。设计单位为杭州市电力局设计所及该所临安分支机构,土建施工单位为浙江东阳万利建筑工程有限公司,电气安装单位为杭州临安电力实业总公司。首期装设主变压器 1 台,变电容量 5000 千伏安;35 千伏进线 1 回,引自 110 千伏於潜变电站;10 千伏出线 4 回;35 千伏系统为线路变压器组接线方式;10 千伏系统为单母线分段接线方式。西天目乡工业发展迅速,用电量大幅增长。2009 年,35 千伏西天目变电站进行原址改建,在原址新建变电主控楼 1 幢,总建筑面积 540 米$^2$。采用半户内形式,35 千伏、10 千伏设备户内布置,主变压器户外布置。增设主变压器 1 台,变电容量 8000 千伏安。35 千伏侧为内桥接线,10 千伏侧为单母线分段接线,10 千伏线路保护、电容器保护等装置采用保护测控"四合一"装置。安装烟感防盗报警及图像监控系统 1 套,设置电子围栏 1 套。35 千伏电源引自 110 千伏於潜变电站,新建架空线路 9.43 千米,拆除旧有架空线路 2.3 千米。工程总投资 1402 万元。2009 年 6 月 17 日,开工建设。2010 年 1 月 26 日,建成投入运行。2013 年 6 月,投资 22.93 万元,对 2 号主变压器进行增容,变电容量增至 8000 千伏安。

至 2016 年,该站拥有主变压器 2 台,变电总容量 1.6 万千伏安;35 千伏进线 2 回,分别为藻溪 3562 线、白鹤 3790 线;10 千伏出线 7 回,分别为东关 V296 线、姚家 V297 线、天目 V298 线、武山 V299 线、由口 V290 线、邰岭 V293 线、交口 V291 线。

(九)35 千伏湍口变电站

35 千伏湍口变电站位于湍口镇万村昌湍公路西侧,占地面积 1702 米$^2$,工程总投资 835.73 万元。设计单位为杭州市电力局设计所及该所临安分支机构,土建施工单位为杭州环宇建筑工程有限公司,电气安装单位为杭州临安电力实业总公司。2000 年 5 月 15 日,开工建设。12 月 8 日,建成投入运行。首期装设主变压器 1 台,变电容量 5000 千伏安;新建 35 千伏线路 1 回,引自 110 千伏昌化变电站,线路长度 19.06 千米;新建 10 千伏出线 3 回。2012 年 7 月,二期扩建开工建设。2013 年 9 月 24 日,建成投入运行。设计单位为杭州临安恒益电力设计有限公司，土建施工单位为浙江万利建筑工程有限公司，土建监理单位为杭州之江建设工程监理有限公司，电气安装单位为浙江恒力电力承装有限公司，电气监理单位为浙江电力建设监理有限公司。工程总投资 1068.60 万元。新建无人值班有人值守的主控制楼，总建筑面积 704 米²，其中新征地面积 1700 米²。装设主变压器 2 台，变电总容量 2 万千伏安；新建 35 千伏进线 1 回、10 千伏出线 12 回。

至 2016 年，该站拥有主变压器 2 台，变电总容量 2 万千伏安；35 千伏进线 2 回，分别为昌口 3890 线、昌湍 3792 线；10 千伏出线 6 回，分别为众泉 V786 线、众温 V306 线、湍口 V303 线、洪岭 V302 线、河桥 V781 线、沈溪 V782 线。

（十）35 千伏岛石变电站

35 千伏岛石变电站位于岛石镇岛石村，占地面积 1433.87 米²，工程总投资 693.19 万元。设计单位为杭州市电力局设计所及该所临安分支机构，土建施工单位为杭州环宇建筑工程有限公司，电气安装单位为杭州临安电力实业总公司。2001 年 7 月 15 日，开工建设。10 月 25 日，建成投入运行。首期装设主变压器 1 台，变电容量 5000 千伏安；新建 35 千伏进线 1 回、10 千伏出线 3 回。

由于岛石镇所在的昌北地区是临安山核桃主要产区，为保证山核桃采摘和加工期间的用电以及人民日常生活用电的稳定性，2007 年 11 月 10 日，岛石变电站二期扩建工程开工。2008 年 1 月 28 日，建成投入运行。总投资 1723 万元。增设主变压器 1 台，变电容量 5000 千伏安（利用原 35 千伏龙岗变电站旧主变压器）。新建 35 千伏线路 1 回，T 接在 110 千伏龙岗变电站至 35 千伏岛石变电站上，线路长度 23.73 千米；10 千伏出线 3 回，主接线完善为单母线分段接线。

2016 年 6 月，国网浙江临安市供电公司对岛石变电站进行技术改造，加大原 10 千伏开关箱体，原 10 千伏非标准中置柜全部改为操作简便的常规中置柜，对超期运行的直流系统（含蓄电池）进行整体更换，对户外 35 千伏 II 段设备进行全面除锈翻新工作，消除安全隐患，保证设备安全可靠运行。

至 2016 年，该站拥有主变压器 2 台，变电总容量 1 万千伏安；35 千伏进线 2 回，分别为昌北 3568 线、龙岛 3892 线；10 千伏出线 3 回，分别为新桥 V311 线、岛石 V168 线、仁里 V312 线。

（十一）35 千伏渔村变电站

35 千伏渔村变电站位于临安市锦城街道东部，青山湖国家级森林公园南部，总占地面积 1515 米²。2003 年 9 月 13 日，开工建设。2004 年 6 月 27 日，建成投入运行。首期装设主变压器 1 台，变电容量 8000 千伏安。新建 35 千伏进线 2 回（首期投入运行 1 回），均引自 110 千伏临安变电站；10 千伏出线 4 回。工程由杭州市电力设计院有限公司设计，土建部分由临安锦城建设工程有限公司承建，电气部分由临安恒力电力承装有限公司承包。

2008 年进行二期扩建和一期保护及综合自动化改造，增设主变压器 1 台，变电容量 1.6 万千伏安；新增 35 千伏进线 1 回，35 千伏母线完善为内桥接线；新增 10 千伏出线 6 回，10 千伏母线完善为单母分段接线。结合二期扩建，将缺陷较多的一期综合自动化设备全部更新。设计单位为杭州市电力设计院有限公司临安分公司，施工单位为浙江恒力电力承装有限公司，监理单位为浙江电力建设监理有限公司。2008 年 6 月 13 日，开工建设。2008 年 9 月 23 日，建成投入运行。工程总投资 562.14 万元。

至 2016 年，该站拥有主变压器 2 台，变电总容量 2.4 万千伏安；35 千伏进线 2 回，分别为渔村 3796 线、临村 3795 线；10 千伏出线 8 回，分别为横山 V381 线、吴越 V382 线、民泰 V386 线、中都 V387 线、曼陀 V388 线、中湖 V380 线、银湖 V383 线、大桥 V384 线。

2016 年临安电网 35 千伏公用变电站情况见表 2-5。

表 2-5　2016 年临安电网 35 千伏公用变电站情况

| 序号 | 变电站名称 | 变电站投运时间 | 主变压器编号 | 容量/千伏安 | 主变压器型号 | 接线方式 | 主变压器投运时间 | 地址 |
|---|---|---|---|---|---|---|---|---|
| 1 | 夏禹变电站 | 1984 年 9 月 | 1 | 8000 | SZ9－8000/35 | YNd11 | 2001 年 5 月 | 玲珑街道 |
| | | | 2 | 8000 | SFZ7－8000/35 | YNd11 | 1995 年 5 月 | |
| 2 | 藻溪变电站 | 1994 年 7 月 | 1 | 12500 | SZ9－12500/35 | YNd11 | 2012 年 11 月 | 天目山镇 |
| | | | 2 | 12500 | SZ11－12500/35 | YNd11 | 2006 年 12 月 | |
| 3 | 潜川变电站 | 1996 年 3 月 | 1 | 12500 | SZ11－12500/35 | YNd11 | 2016 年 9 月 | 潜川镇 |
| | | | 2 | 12500 | SZ11－12500/35 | YNd11 | 2016 年 9 月 | |
| 4 | 颊口变电站 | 1997 年 9 月 | 1 | 8000 | SFZ7－8000/35 | YNd11 | 2014 年 5 月 | 清凉峰镇 |
| | | | 2 | 8000 | SZ8－8000/35 | YNd11 | 2008 年 12 月 | |
| 5 | 太阳变电站 | 2000 年 1 月 | 1 | 16000 | SZ7－16000/35 | YNd11 | 2011 年 9 月 | 太阳镇 |
| | | | 2 | 16000 | SZ9－16000/35 | YNd11 | 2011 年 9 月 | |
| 6 | 西天目变电站 | 2000 年 9 月 | 1 | 8000 | SZ9－8000/35 | YNd11 | 2013 年 6 月 | 天目山镇 |
| | | | 2 | 8000 | SZ11－8000/35 | YNd11 | 2010 年 1 月 | |
| 7 | 湍口变电站 | 2000 年 12 月 | 1 | 10000 | SZ11－10000/35 | YNd11 | 2013 年 9 月 | 湍口镇 |
| | | | 2 | 10000 | SZ11－10000/35 | YNd11 | 2013 年 9 月 | |
| 8 | 岛石变电站 | 2001 年 10 月 | 1 | 5000 | SZ9－5000/35 | YNd11 | 2001 年 10 月 | 岛石镇 |
| | | | 2 | 5000 | SZ9－5000/35 | YNd11 | 2008 年 1 月 | |
| 9 | 渔村变电站 | 2004 年 6 月 | 1 | 8000 | SZ9－8000/35 | YNd11 | 2004 年 6 月 | 锦城街道 |
| | | | 2 | 16000 | SZ11－16000/35 | YNd11 | 2008 年 9 月 | |

### 三、临时变电站

（一）35 千伏昌化临时变电站

1967 年 6 月，位于昌化镇的天目机器厂为改善供电质量，从於潜变电站到厂区，自建 35 千伏专线 1 回，长 19.54 千米，命名为於昌线。7 月，临安电力部门征得该厂同意，从专线上挂接 1000 千伏安主变压器 1 台，建 35 千伏昌化临时变电站，并采用杆上油断路器分支 10 千伏出线，供电至昌西、昌化、昌南、昌北、石瑞等地。1976 年 10 月，110 千伏昌化变电站建成投入运行后，撤销 35 千伏昌化临时变电站。

（二）35 千伏藻溪临时变电站

十一届三中全会后，藻溪地区经济迅速发展，为缓解藻溪地区供电紧张的状况，1986 年，临安县供电局和藻溪乡共同出资新建 35 千伏藻溪临时变电站。8 月 11 日，建成投入运行。装设主变压器 1 台，变电容量 3200 千伏安；35 千伏进线 T 接于於夏 3671 线 61 号杆。1993 年 7 月，35 千伏藻溪变电站建成投入运行后，35 千伏藻溪临时变电站撤销。

（三）35 千伏横畈临时变电站

35 千伏横畈临时变电站位于横畈镇径山路。1995 年 8 月 8 日，建成投入运行。装设主变压器 1 台，变电容量 3150 千伏安。进入 21 世纪，横畈镇工农业发展迅速，尤其是竹制品加工业和节能灯制造业初具规模,使得该地区的用电量显著提高。35 千伏横畈临时变电站变电容量小,设备简易、陈旧且无保护,已无法适应该地区日益增长的经济发展和人民生活的需求。2000 年,原地建造 35 千伏横畈变电站。

（四）35 千伏高虹临时变电站

35 千伏高虹临时变电站位于高虹镇高乐村。土建施工单位为东阳市万利建筑工程有限公司,电气安装单位为临安市供电局变电工区。2001 年 5 月 30 日,建成投入运行。装设主变压器 1 台,变电容量 5000 千伏安。随着高虹、横畈两镇节能灯和竹制品加工业的迅猛发展,原有的 35 千伏高虹临时变电站已远远满足不了当地经济发展的需要。2003 年 5 月,110 千伏高虹变电站建成投入运行后,撤销 35 千伏高虹临时变电站。

（五）35 千伏杨岭临时变电站

35 千伏杨岭临时变电站位于太湖源镇。土建施工单位为临安锦城建设工程有限公司,电气安装单位为浙江恒力电力承装有限公司。2006 年 4 月,建成投入运行。装设主变压器 1 台,变电容量 8000 千伏安。2009 年 6 月,110 千伏杨岭变电站建成投入运行后,35 千伏杨岭临时变电站退出运行,关于 11 月拆除。

（六）35 千伏雅观临时变电站

35 千伏雅观临时变电站地处横畈镇雅观村（工业园区）。随着横畈镇工业的迅猛发展,该区域内仅有的 1 座 35 千伏横畈小型化变电站已不能满足需要。2007 年 5 月,35 千伏雅观临时变电站由临安中大建设工程有限公司开始进行土建施工。次月,由浙江恒力电力承装有限公司开始进行电气安装。7 月 12 日,建成投入运行。装设主变压器 1 台,变电容量 8000 千伏安;新建 35 千伏进线 1 回,引自 110 千伏临安变电站;10 千伏出线 3 回。2008 年 5 月 23 日,35 千伏雅观临时变电站主变压器增容改造,变电容量增至 1.25 万千伏安。随着横畈镇用电需求的增加,35 千伏雅观临时变电站已无法满足用户需要。2012 年 6 月,110 千伏雅观变电站建成投入运行。11 月 21 日,35 千伏雅观临时变电站停止运行。

## 四、用户变电站

20 世纪 70 年代,临安境内开始出现一批用户自备变电站,如变电容量 320 千伏安的八三〇〇厂变电站、变电容量 750 千伏安的白果变电站、变电容量 3800 千伏安的临安化肥厂变电站。这些用户自备变电站对当时的电力发展起到一定的促进作用。

1984 年 5 月 31 日,位于龙岗镇相见村的 35 千伏用户变电站——相见变电站并网运行。一期装设主变压器 1 台,变电容量 2500 千伏安。二期于 1993 年 12 月增设变电容量 2500 千伏安的主变压器 1 台。它担负着龙井一级、二级、三级、四级,相见,千顷塘水电站的发电变供电和童玉、西坑、九元、龙井、杨岭、相见、赵见 7 个自然村及太平桥小集镇的供电重任。由于运行时间久,设备设施陈旧,加上技术力量严重不足,难以维持平常的养护和维修。2013 年 6 月,龙岗镇政府决定,将 35 千伏相见变电站整体移交临安市供电局管理。临安市供电局接管后,于 2016 年进行增容改造。

2016 年临安电网 35 千伏用户变电站情况见表 2-6。

表 2-6 2016 年临安电网 35 千伏用户变电站情况

| 序号 | 变电站名称 | 主变压器编号 | 容量/千伏安 | 主变压器型号 | 接线方式 | 35 千伏电源线 | 主变压器投运时间 | 地址 |
|---|---|---|---|---|---|---|---|---|
| 1 | 临安江南膨润土化工有限公司变电站 | 1 | 1000 | SJ | Yyn0 | — | 1985 年 5 月 | 青山湖街道 |

| 序号 | 变电站名称 | 主变压器编号 | 容量/千伏安 | 主变压器型号 | 接线方式 | 35千伏电源线 | 主变压器投运时间 | 地址 |
|---|---|---|---|---|---|---|---|---|
| 2 | 临安市青鸿达金属制品有限公司变电站 | 1 | 20050 | SZ9－20000/35 | YNd11 | 青达3898线、鸿达3899线 | 2007年12月 | 青山湖街道 |
| | | 2 | 8000 | SZ－8000/35 | Dyn | | 2009年5月 | |
| | | 3 | 8000 | SZ－8000/35 | Dyn | | 2009年5月 | |
| 3 | 杭州华天纸业有限公司变电站 | 1 | 6350 | SZ9－10000/35 | Yyn0 | — | 2003年8月 | 锦城街道 |
| 4 | 杭州杭氧股份有限公司变电站 | 1 | 10000 | SZ11－10000/35 | YNd11 | 杭氧3895线、制氧3884线 | 2008年11月 | 青山湖街道 |
| | | 2 | 10000 | SZ11－10000/35 | YNd11 | | 2008年11月 | |
| 5 | 照君岩变电站 | 1 | 5000 | SZ9－5000/35 | YNd11 | 天池3799线 | 2005年11月 | 龙岗镇 |
| 6 | 杭州南都能源科技有限公司变电站 | 1 | 8000 | SZ11－8000/35 | YNd11 | 南都3885线 | 2009年7月 | 青山湖街道 |
| 7 | 杭州华锦特种纸有限公司变电站 | 1 | 16000 | SZ9－16000/35 | YNd11 | 华锦3897线 | 2007年12月 | 青山湖街道 |
| 8 | 杭州福斯特光伏材料有限公司变电站 | 1 | 6300 | S9－6300/35 | YNd11 | 福特3781线 | 2014年2月 | 锦北街道 |

# 第三节 110千伏电网

## 一、发展历程

20世纪70年代,随着"小三线"工程(如无线电二厂、602厂、603厂、玻璃钢厂等)的陆续投入运行和"五小"工业(如化肥厂、水泥厂、炼钢厂、煤矿等)的上马,临安地区的用电量大幅度增加。由于临安地区35千伏线路是从220千伏杭州变电站延伸到临安、於潜、昌化、龙岗等地,线路长度84千米,远远不能满足昌化等地"小三线"大用户对电压的要求。1976年10月6日,110千伏昌化变电站建成投入运行,电源引自富春江水力发电厂。线路起于富春江水力发电厂,终于110千伏昌化变电站,称富春线,由南而北,纵跨桐庐、临安县山区,线路长度75.02千米。

十一届三中全会以后,社、队企业开始起步,县属工业规模及用电量相继增长,促使35千伏临安变电站升压改造为110千伏级。1980年10月,110千伏临安变电站建成投入运行,线路起于220千伏杭州变电站,终于110千伏临安变电站,称杭临线,线路长度20.84千米,供电范围遍及玲珑、青云、横畈、板桥等社、队,成为临安县东部地区的供电枢纽。

为改善电网布局,1994年2月,原35千伏於潜变电站易地重建升压为110千伏,供电范围涵盖於潜、太阳、藻溪等乡(镇),成为临安县中部地区的供电枢纽。110千伏於潜变电站的1回电源——110千伏临於线引自110千伏临安变电站,另1回电源——110千伏昌於线引自110千伏昌化变电站。110千伏於潜变电站建成后,结束昌化地区丰富的小水电电能无法送至经济较发达的於潜地区的历史。临安西部电源来自富春江水力发电厂的富昌1121线,东部电源来自220千伏杭州变电站的杭临1185线,110千伏於潜变电站将临安东西部电网连接起来,为临安输入大电网电源创造了条件,使临安、於潜、昌化3座变电站构成临安电网的110千伏联网线路,提高了电网的供电可靠性。

为缓解临安变电站的供电压力,1995年7月,35千伏青山变电站升压为110千伏变电站。110千伏

进线 1 条从杭余 1189 线 4 号杆支接,线路长度 12 千米;另 1 条从杭临 1185 线 38 号杆支接,线路长度 1.1 千米。至此,临安县构成以临安、昌化、於潜、青山 4 座 110 千伏变电站为枢纽的供电网络,迂回供电减少,电网结构趋于合理。

1998 年 5 月,为配套青山殿水利枢纽工程建设,建成 110 千伏出线 2 回,线路全长 17.72 千米。1 回自青山殿水电站升压站 110 千伏出线构架至 110 千伏於潜变电站;另 1 回自青山殿水电站 110 千伏出线构架至塔山,与 110 千伏水昌线支接。

随着临安地区经济迅速发展,为满足社会用电需求,迫切需要增加 110 千伏和 35 千伏变电站布点。1998 年 8 月,110 千伏玲珑输变电工程开工建设。由于建设中涉及部分土地和赔偿问题,施工进度减慢。12 月 1 日,临安市市长张建华、副市长吴苗强听取临安市供电局汇报后,会同政府有关部门到 110 千伏玲珑输变电工程施工现场进行现场协调,使工程施工顺利进行。1999 年 2 月,110 千伏玲珑变电站投入运行,其电源进线——110 千伏青珑线引自 220 千伏青云变电站。1999 年,110 千伏青山变电站 2 回路改造后,直接从 220 千伏杭州变电站出线,不需要再 T 接杭余 1189 线。青山变电站 2 回路成为单独向临安地区供电的 110 千伏线路,为临安地区增加一个可靠的电源点,提高了供电可靠性。

长期以来,於昌地区的主要供电电源一直是单进线,经常出现断电现象,不能满足地方经济发展对电网供电能力的需求。2000 年,临安市供电局投入资金 1900 万元,建设连接 220 千伏青云变电站和 110 千伏於潜变电站的青於 2 回路工程。2001 年 4 月,青於 2 回路建成投入运行,进一步改善临安市的 110 千伏网架结构,提高於昌地区的电网运行可靠性,增强该地区的电网供电能力。

21 世纪初,110 千伏高虹、秀水和石泉变电站先后投入运行,建成的 110 千伏线路分别为青虹 1063 线(线路长度 9.75 千米,2003 年 5 月,建成投入运行)、青秀 1065 线(线路长度 10.2 千米,2004 年 12 月,建成投入运行)、青山 1184 线(线路长度 0.79 千米,2005 年 6 月,建成投入运行)。

2006 年 6 月,35 千伏龙岗变电站升压建成 110 千伏龙岗变电站,新建 110 千伏线路 T 接于於潜至昌化的 110 千伏昌於 1124 线,线路长度 10.12 千米。12 月,建成 220 千伏岗阳变电站 110 千伏配套送出线路 4 回。其中,岗阳变电站至青山变电站方向 2 回线,1 回线直接至青山变电站,形成岗阳—青山第 1 回线,另 1 回与杭青线搭接,并断开原 T 接点,形成岗阳—青山第 2 回线,与杭州变电站仍保持联系,双回路长度 4.47 千米;岗阳变电站至临安方向 1 回线,与原杭临线搭接,并断开至杭州变电站的线路,形成岗阳—临安线,线路长度 4.91 千米;岗阳—石泉 1 回线与石泉变电站的原 T 接线在变电站附近搭接,线路长度 3.77 千米。为充分利用路径,岗阳—青山、临安方向按 4 回路设计,预留岗阳—平山变电站线路;岗阳—石泉方向线路按双回路设计,预留石泉变电站二期线路。

2007 年,从 220 千伏岗阳变电站至 110 千伏板桥变电站架设 110 千伏线路 2 回,1 回为 110 千伏板桥线,另 1 回为 110 千伏金圆线,经双回路 40 号塔 T 接至 110 千伏金圆水泥厂变电站。12 月,配合 110 千伏锦南二期、玲珑二期变电站建设,建成 110 千伏锦南二期电缆线路和玲珑二期输电线路。锦南二期电缆线路搭接在 110 千伏青珑 1129 线 18 号塔上,沿万马集团厂区向北,至 110 千伏青南 1061 线 19 号塔后,与 110 千伏青南电缆沟并沟敷设至锦南变电站,单回电缆路径长度为 1.37 千米。玲珑二期输电线路从 110 千伏青秀线 35 号塔支接,单回路跨过锦溪河后沿河西走向,至新建 19 号塔后左转向北,与已建的 110 千伏青珑、青南线连接,全线新建单回路长度 2.62 千米。

2009 年 4 月,配合 110 千伏杨岭变电站建设,建成 110 千伏杨岭输电线路,该线路从 110 千伏青虹 1063 线 4 号塔 T 接至杨岭变电站,全线双回路架设,线路长度 5.87 千米。

2010 年 11 月,110 千伏锦城输电线路工程建成投入运行,电源 1 回在 110 千伏青平 1067 线 9 号塔 T 接,另 1 回在青临 1127 线 6 号塔 T 接,双 T 接后合并为双回路,至万马路大桥西侧右转跨南苕溪后立双回电缆终端塔,新建电缆沿万马路西侧、新民街北侧人行道至 110 千伏锦城变电站。新建线路长度

3.48千米,其中单回路架空线0.4千米,双回路架空线2.3千米,铁塔6基,钢管杆13基,双回电缆线路0.78千米。

2012年5月,配合220千伏方圆变电站建设,建成220千伏方圆变电站110千伏送出线路,分别为方圆变电站至於潜接青云(线路长度0.49千米)、至华光潭/龙岗Ⅰ(线路长度0.84千米)、至龙岗ⅡT昌化Ⅰ(线路长度14.78千米)。6月,配合110千伏雅观变电站建设,建成110千伏雅观输电线路,起于220千伏岗阳变电站,终于110千伏雅观变电站,新建双回路架空线路长度3.75千米,全线有杆塔19基,导线型号为LGJ—300/40,地线型号为JLB30—80。12月,配合110千伏科创变电站建设,建成110千伏科创输电线路,从岗阳—方圆4回路终端塔搭接至110千伏科创变电站,新建双回架空线路长度为3千米,新建杆塔22基,导线型号为LGJ—300/40,地线型号为JLB20A—80。同月,配合110千伏杨岭变电站二期扩建,建成110千伏杨岭二期输电线路,T接于110千伏青高1064线(与青虹1063线为同杆双回路),双回架空线的路径长度为0.02千米,单回架空线路长度为0.06千米,新建VFJG33分支塔1基。

2014年10月,配合110千伏胜联变电站建设,建成110千伏胜联电缆线路2回,1回T接岗雅1289线,另1回T接岗科1747线,至110千伏胜联变电站,电缆长度分别为0.67千米、0.74千米。

2016年3月,110千伏青於1123线改造工程建成投入运行。新建双回路线路长度2.46千米,导地线新架;改造线路长度22.82千米,青於1123线18号塔后段改造部分导线基本利旧,其中69号—78号段导线新架,地线全部新架(其中1根为OPGW);新立双、单回路铁塔55基(其中双回路10基)。拆除旧导线单回路长度6千米、地线单回路长度22.8千米,拆除铁塔及砼杆69基。

## 二、输电线路

(一)富(春江)昌(化)输电线路

该线路起于富春江水力发电厂,终于110千伏昌化变电站。

临安电网第一条110千伏输电线路,于1972年由浙江省革命委员会生产指挥组批准建设,主要提供临安、昌化等地国防建设和工农业生产用电。浙江省水利电力勘测设计院设计,浙江省电力安装公司施工,全线有杆塔93基(其中,铁塔72基、砼杆21基),导线型号为LGJ—120,地线型号为GJ—35,线路长度32.14千米。1976年10月6日建成投入运行,线路被命名为富昌1121线。该线路由南向北,纵跨桐庐、临安县山区,原由杭州市电力局送电工区管辖,1982年7月1日分别划归桐庐、临安两县电力公司管辖。该线路中的Ⅴ型带拉线铁塔的塔头由于结构强度不足,1977年初大雪期间,13基杆塔倾倒、损坏,外层铝绞线全部断股。之后,对线路进行恢复性大修,增加ZV1型铁塔1基,升高ZV1型铁塔1基,补强加固ZV型铁塔32基,对6基ZT型塔基重做保护帽。1999年,杭州市电力局对该线路进行全面改造,在原有线路上重建,将120毫米²的钢芯铝绞线更换成240毫米²的钢芯铝绞线,全部采用自立铁塔。由杭州市电力局设计所设计,杭州电力发展集团有限公司电力建设分公司施工。12月,竣工投入运行,更名为水昌1125线。

(二)杭(州)临(安)输电线路

该线路起于220千伏杭州变电站,终于110千伏临安变电站。

该线路属于35千伏临安变电站升压改造为110千伏变电站的配套线路,从设计到施工,均由临安电力公司承担。1980年10月15日,建成投入运行,线路被命名为杭临1185线,从余杭县太山公社起,经中乔公社和临安县的青山、临天公社到临安县的良种场止,全线杆塔67基(其中,铁塔7基、砼杆60基),导线型号为LGJ—185,地线型号为GJ—35,线路长度20.84千米。2006年12月16日,220千伏岗阳输变电工程建成投入运行,110千伏系统接线方式改变,杭临1185线停止运行。

（三）临（安）於（潜）输电线路

该线路起于110千伏临安变电站,终于110千伏於潜变电站。

该线路属于35千伏於潜变电站易地重建升压为110千伏变电站的配套线路,线路长度34.33千米,导线型号LGJ—240,地线型号GJ—50,有杆塔121基(其中,铁塔41基、砼杆80基)。由江西省电力设计院设计,九江市水利电力建筑公司施工。1989年12月,建成投入运行,线路被命名为临於1123线,暂作35千伏线路运行。1994年2月,升压为110千伏的於潜变电站投入运行后,临於1123线作为110千伏线路运行。

1996年,配合220千伏青云变电站建设,临安县供电局自己设计并建设110千伏临於线开口工程。7月,开工建设。12月,建成投入运行。导线型号为LGJ—240/30,地线型号为GJ—50,全线建设铁塔6基。从220千伏青云变电站110千伏临安间隔出线,至临於线28号杆旁,与临於线27号杆接通至临安变电站(线路被命名为青临1127线),出线长度473米;从220千伏青云变电站110千伏於潜间隔出线,至临於线30号杆旁,与临於线31号杆接通至於潜变电站(线路被命名为青於1123线),出线长度791米。原110千伏临於线28~30号杆之间线路拆除。

（四）昌（化）於（潜）输电线路

该线路起于110千伏昌化变电站,终于110千伏於潜变电站。

该线路属于35千伏於潜变电站易地重建升压为110千伏变电站的配套线路,线路长度19千米,导线型号LGJ—240,地线型号GJ—50,杆塔121基(其中,铁塔41基、砼杆80基)。由江西省电力设计院设计,九江市水利电力建筑公司施工。1994年5月,建成投入运行,线路被命名为昌於1124线。临於1123线和昌於1124线投入运行后,临安县110千伏电网一次系统形成自富春江水力发电厂—110千伏昌化变电站—110千伏於潜变电站—110千伏临安变电站—220千伏杭州变电站较完善的网络结构。

（五）青於1123线改造工程

2016年3月15日,青於1123线改造工程建成投入运行。原青於1123线投入运行超过20年,混凝土电杆老化严重,杆体表层水泥脱落,杆体连接处、拉棒均出现较为严重的锈蚀。线路大部分杆塔较低,线路下方经济作物大量种植,线路安全运行受到威胁。为保证临安中西部安全可靠供电,2014年6月,国网浙江临安市供电公司对110千伏青於1123线进行改造。该线路改造工程从青於1123线3号塔、方青1750线105号塔起,至青於1123线17号塔、方青1750线91号塔止。原2条单回线路改造成1条双回架空线路;升高青於1123线18~90号段对地距离不足的杆;重建老旧砼杆、V型塔。新建双回路线路长度2.46千米,改造线路长度22.82千米,总投资1644万元。由杭州市电力设计院有限公司设计,浙江恒力电力承装有限公司施工,浙江电力建设监理有限公司监理。

2016年临安电网110千伏输电线路情况见表2-7。

**表2-7　2016年临安电网110千伏输电线路情况**

| 序号 | 线路名称 | 起点 | 终点 | 架空线路长度/千米 | | 电缆长度/千米 | 杆路基数/基 | | | | 投运时间 |
| --- | --- | --- | --- | --- | --- | --- | --- | --- | --- | --- | --- |
| | | | | 杆路 | 回路 | | 小计 | 角钢塔 | 钢管塔 | 混凝土电杆 | |
| 1 | 水昌1125线 | 水昌线31号塔 | 110千伏昌化变电站 | 31.62 | 31.62 | — | 84 | 84 | — | — | 1999年12月 |
| 2 | 水昌1125线支 | 水昌线54号塔(含) | 青山殿水电站 | 6.44 | 6.44 | — | 25 | 25 | — | — | 1998年5月 |
| 3 | 青於1123线 | 220千伏青云变电站 | 110千伏於潜变电站 | 28.26 | 29.02 | — | 92 | 64 | — | 28 | 1996年12月 |

| 序号 | 线路名称 | 起点 | 终点 | 架空线路长度/千米 | | 电缆长度/千米 | 杆路基数/基 | | | | 投运时间 |
|---|---|---|---|---|---|---|---|---|---|---|---|
| | | | | 杆路 | 回路 | | 小计 | 角钢塔 | 钢管塔 | 混凝土电杆 | |
| 4 | 岗山1281线 | 220千伏岗阳变电站 | 110千伏青山变电站 | 2.83 | 2.83 | 2.41 | 12 | 11 | 1 | — | 2006年12月 |
| 5 | 青山1282线 | 220千伏岗阳变电站 | 110千伏青山变电站 | — | 2.83 | 2.41 | 12 | 11 | 1 | — | 2006年12月 |
| 6 | 青山1282线支 | 220千伏杭州变电站 | 110千伏青山变电站 | 9.96 | 9.96 | — | 37 | 37 | — | — | 1997年5月 |
| 7 | 岗石1283线 | 220千伏岗阳变电站 | 110千伏石泉变电站 | 3.74 | 3.74 | — | 21 | 10 | 11 | — | 2006年12月 |
| 8 | 岗金1287线支 | 220千伏岗阳变电站 | 110千伏板桥变电站 | 0.85 | 0.85 | — | 3 | 3 | — | — | 2007年10月 |
| 9 | 岗平1286线 | 220千伏岗阳变电站 | 110千伏平山变电站 | 13.60 | 13.60 | 4.85 | 52 | 33 | 19 | — | 2006年12月 |
| 10 | 岗临1285线 | 220千伏岗阳变电站 | 110千伏临安变电站 | 5.17 | 12.55 | 3.92 | 44 | 44 | — | — | 2006年12月 |
| 11 | 青临1127线 | 220千伏青云变电站 | 110千伏临安变电站 | 6.65 | 6.65 | 0.94 | 44 | 11 | 33 | — | 2004年4月 |
| 12 | 青临1127线支 | 青临线5号塔(含) | 110千伏锦城变电站 | 2.32 | 2.32 | 0.72 | 18 | 5 | 13 | — | 2010年11月 |
| 13 | 青平1067线 | 110千伏平山变电站 | 220千伏青云变电站 | 1.90 | 3.72 | — | 28 | 10 | 18 | — | 1997年5月 |
| 14 | 青平1067线支 | 青平线 | 110千伏锦城变电站 | 0.10 | 2.42 | 0.72 | 19 | 6 | 13 | — | 2010年11月 |
| 15 | 青珑1129线 | 220千伏青云变电站 | 110千伏玲珑变电站 | 3.52 | 3.52 | — | 12 | 12 | — | — | 1999年2月 |
| 16 | 方青1750线 | 220千伏方圆变电站 | 220千伏青云变电站 | 35.51 | 35.51 | — | 112 | 112 | — | — | 2001年4月 |
| 17 | 方青1750线於潜分线 | 方青1750线10号塔 | 110千伏於潜变电站 | 1.31 | 1.31 | — | 5 | 5 | — | — | 2013年6月 |
| 18 | 青於1123线青山殿分线(电厂) | 青於1123线92号塔 | 青山殿水电站 | 11.65 | 18.41 | — | 68 | 50 | — | 18 | 1998年5月 |
| 19 | 青南1061线 | 220千伏青云变电站 | 110千伏锦南变电站 | 3.88 | 3.88 | 2.72 | 16 | 14 | 2 | — | 2013年6月 |
| 20 | 青南1061线支 | 220千伏青云变电站 | 110千伏玲珑变电站 | 0.10 | 0.10 | — | — | — | — | — | 2013年6月 |
| 21 | 青虹1063线支 | 220千伏青云变电站 | 110千伏杨岭变电站 | 5.87 | 5.87 | — | 16 | 16 | — | — | 2003年3月 |
| 22 | 青虹1063线 | 220千伏青云变电站 | 110千伏高虹变电站 | 9.53 | 9.53 | — | 37 | 37 | — | — | 2003年5月 |
| 23 | 华电1128线 | 110千伏於潜变电站 | 华光潭梯级水电站 | 24.05 | 24.05 | — | 64 | 64 | — | — | 2013年4月 |
| 24 | 青秀1065线 | 220千伏青云变电站 | 110千伏秀水变电站 | 10.30 | 10.30 | — | 38 | 35 | 3 | — | 2004年12月 |
| 25 | 青秀1065线支 | 220千伏青云变电站 | 110千伏锦南变电站 | 2.51 | 2.51 | 3.00 | 20 | — | 20 | — | 2013年6月 |

续表

| 序号 | 线路名称 | 起点 | 终点 | 架空线路长度/千米 | | 电缆长度/千米 | 杆路基数/基 | | | | 投运时间 |
|---|---|---|---|---|---|---|---|---|---|---|---|
| | | | | 杆路 | 回路 | | 小计 | 角钢塔 | 钢管塔 | 混凝土电杆 | |
| 26 | 青高1064线 | 220千伏青云变电站 | 110千伏高虹变电站 | — | 9.53 | — | 37 | 37 | — | — | 2007年9月 |
| 27 | 板桥1280线 | 220千伏岗阳变电站 | 110千伏板桥变电站 | 13.64 | 13.64 | — | 44 | 30 | 14 | — | 2007年10月 |
| 28 | 岗泉1284线 | 220千伏岗阳变电站 | 110千伏石泉变电站 | — | 3.69 | — | 20 | 9 | 11 | — | 2007年9月 |
| 29 | 青高1064线支 | 220千伏青云变电站 | 110千伏杨岭变电站 | — | 5.87 | — | 16 | 16 | — | — | 2012年12月 |
| 30 | 青水1066线 | 220千伏青云变电站 | 110千伏秀水变电站 | — | 10.30 | — | 38 | 35 | 3 | — | 2007年11月 |
| 31 | 华联1121线（电厂） | 华光潭一级水电站 | 华光潭二级水电站 | 9.42 | 13.12 | — | 33 | 33 | — | — | 2005年1月 |
| 32 | 方龙1751线 | 220千伏方圆变电站 | 110千伏龙岗变电站 | 25.19 | 25.19 | — | 73 | 73 | — | — | 2012年5月 |
| 33 | 龙岗1752线 | 220千伏方圆变电站 | 110千伏龙岗变电站 | 14.58 | 25.15 | — | 78 | 78 | — | — | 2012年5月 |
| 34 | 昌化1754线 | 220千伏方圆变电站 | 110千伏昌化变电站 | 14.75 | 14.75 | — | 48 | 48 | — | — | 2012年12月 |
| 35 | 雅观1288线 | 220千伏岗阳变电站 | 110千伏雅观变电站 | — | 7.86 | 1.26 | 32 | 31 | 1 | — | 2012年6月 |
| 36 | 岗雅1289线 | 220千伏岗阳变电站 | 110千伏雅观变电站 | 7.86 | 7.86 | 1.26 | 32 | 31 | 1 | — | 2012年6月 |
| 37 | 岗科1747线 | 220千伏岗阳变电站 | 110千伏科创变电站 | 5.53 | 5.53 | 1.43 | 34 | 12 | 22 | — | 2012年12月 |
| 38 | 科创1748线 | 220千伏岗阳变电站 | 110千伏科创变电站 | — | 5.53 | 1.43 | 34 | 12 | 22 | — | 2012年12月 |
| 39 | 岗雅1289线支 | 220千伏岗阳变电站 | 110千伏胜联变电站 | — | — | 0.79 | 1 | 1 | — | — | 2014年10月 |
| 40 | 岗科1747线支 | 220千伏岗阳变电站 | 110千伏胜联变电站 | — | — | 0.78 | 1 | 1 | — | — | 2014年10月 |

## 三、公用变电站

### (一)110千伏昌化变电站

1965—1970年,浙江省、杭州市及上海的部分电子、军工企业先后搬迁至昌化、昌北地区,原35千伏昌化临时变电站供电已无法满足需要。1972年,经浙江省革命委员会生产指挥组批准,浙江省水利电力局、杭州供电局决定在昌化镇武隆山脚建造110千伏变电站。该工程由浙江省水利电力勘测设计院负责设计,浙江省电力安装公司负责施工。1972年,开工建设。1975年,建成投入运行。因当时110千伏富昌线尚未完工,故暂担负原昌化临时变电站的供电任务。1976年10月6日,全县第一座110千伏变电站——昌化变电站和富昌线投入运行。装设主变压器1台,变电容量1万千伏安。新建110千伏进线1回,为富昌1121线;35千伏出线2回,分别送电至於潜、龙岗两地;10千伏出线5回,分别送电至昌化、昌南、石瑞、白牛、钢铁厂等地。

1987年1月23日,昌化变电站10千伏系统由"二线一地制"运行改为"三线制"运行。

1988年,征用围墙外山坡茶地227.5米²,作二期扩建生产用地。1990年,由杭州市电力局输变电工程公司完成二期扩建及改造。新建10千伏开关室和电容器室;增设主变压器1台,变电容量1万千伏安;110千伏电源从富昌1121线昌化变电站1号主变压器进线隔离开关与阻波器间跨接引入,为1条线路带2台变压器方式;10千伏新增出线4回;更换控制室的控制屏、保护屏。

1998年10月,为解决昌北地区小水电输送问题,提高昌化地区电压质量,昌化变电站1号主变压器增容至2万千伏安。2002年3月,昌化变电站2号主变压器增容至2万千伏安。

2005年,按无人值班变电站设计,分期完成昌化变电站全面改造。一期改造于2005年8月23日建成投入运行。二期改造于2005年12月7日建成投入运行。改造规模为:新建主控制楼1幢,建筑面积891.5米²;主变压器容量分别3.15万千伏安、2万千伏安;35千伏出线增至6回;10千伏出线增至16回。

2016年11月,昌化变电站2号主变压器增容,变电容量增至3.15万千伏安。

至2016年,该站拥有主变压器2台,变电总容量6.3万千伏安;110千伏进线2回,分别为水昌1125线、昌化1754线;35千伏出线3回,分别为昌湍3792线、天池3799线、昌口3890线;10千伏出线15回,分别为武隆V133线、荞麦V138线、石瑞V134线、昌犁V136线、水南V131线、五丰V135线、中山V132线、芦岭V130线、钢厂V451线、新剑V453线、唐山V456线、昌南V452线、二村V457线、白牛V455线、文昌V450线。

### (二)110千伏临安变电站

临安变电站的前身为35千伏变电站,位于临安市锦城街道东。1963年5月,建成投入运行。首期设主变压器1台,变电容量2400千伏安;新建35千伏进线1回;10千伏出线3回,分别送电至青山、青云、玲珑等地。此后经过两次增容扩建,至1976年,该站有主变压器2台,变电容量分别为4200千伏安、1800千伏安。1979年,在原35千伏临安变电站的基础上,征地4046.67米²,扩建为110千伏变电站。工程投资163.1万元。设计任务基本由临安电力公司完成,施工除110千伏部分由杭州市电力局安装调试外,其余均由临安电力公司承担。升压后的临安变电站于1980年10月15日建成投入运行。装设主变压器1台,变电容量2万千伏安;新建110千伏进线1回,为杭临1185线;35千伏出线3回,分别送电至县化肥厂、县水泥厂和於潜变电站;10千伏出线7回,分别送电至往青山、青云、横畈、板桥、上甘、玲珑等公社和临安镇。

随着临安县工农业生产的发展和人民生活水平的提高,临安变电站经常处在满载甚至过负荷状态下运行,当110千伏富昌线停电时,无法向於潜、昌化地区送电,严重威胁着安全可靠供电。1987年4月,浙江省电力工业局批复同意110千伏临安变电站增设1台主变压器。1988年1月,临安变电站二期扩建工程建成投入运行,增设主变压器1台,变电容量2万千伏安。1992年12月,临安变电站2号主变压器由2万千伏安增容至3.15万千伏安。1995年6月,临安变电站1号主变压器也由2万千伏安增容至3.15万千伏安。

1991年1月4日,由于临安气体公司的飞艇爆炸,临安变电站的所有设备、生产用房、生活用房遭受严重冲击。当时,临安变电站是锦城镇唯一的一座变电站,也是於潜、青山、夏禹等地区的主供电源,为了确保临安县工农业生产的正常进行和人们生活用电的需要,在短短的几天内,对设备进行了修复处理,对开关室和主控制楼进行加固处理,快速恢复运行。受时间和电网结构的限制,一些严重的安全隐患无法得到根本处理,再加上临安变电站陈旧设备多,缺陷、异常情况明显增多,但规模受场地限制,无扩建余地。2003年,110千伏高虹变电站建成投入运行。临安变电站的负荷全部就近转移,临安变电站就地分步改造。2004年5月,一期改造工程建成投入运行,2005年8月,二期改造工程建成投入运行。改造规模为:新建主控制楼,建筑面积1061.7米²;新建110千伏进线2回,采用内桥接线;35千伏出线5回,采用单母线分段接线,户内中置开关柜单列布置;10千伏出线18回,采用单母线分段接线,户内中置开关柜双列布置。

2009年,对2台主变压器进行增容改造,分别增容至5万千伏安。

至2016年,该站拥有主变压器2台,变电总容量10万千伏安;110千伏进线2回,分别为青临1127线、岗临1285线;35千伏出线3回,分别为临村3795线、横畈3561线、渔村3796线;10千伏出线22回,分别为回龙V116线、长桥V115线、平山V111线、锦都V117线、环山V106线、城南V101线、苕溪V107线、党校V105线、碧桂V104线、人武V364线、水岸V363线、上甘V114线、锦桥V119线、衣锦V113线、学院V112线、马溪V102线、城北V103线、休闲V108线、化工V109线、府前V360线、国土V361线、伊顿V362线。

(三)110千伏於潜变电站

1962年5月28日,10千伏线路从临安接到於潜。12月,经浙江省计划经济委员会批准,在潜阳公社横山大队后山坞建造35千伏於潜变电站。1963年7月24日,35千伏於潜变电站建成投入运行,装设主变压器1台,变电容量1000千伏安,35千伏电源于临安变电站引出,10千伏线路有於潜、潜川、昌化3回。1966年,主变压器增容为1800千伏安。1972年,将原1800千伏安主变压器调换为2400千伏安。1978年进行增容扩建,建造了控制室,将所有10千伏开关从手动合闸改为电动合闸,并采用JSGC—3型晶体管继电保护。增加1800千伏安主变压器1台,与原2400千伏安主变压器同时运行。1980年2月,原1800千伏安主变压器调换为4200千伏安。1988年6月25日,於潜变电站由"二线一地制"改为"三线制"运行。1988年7月,原2400千伏安主变压器调换为8000千伏安。

1994年2月,35千伏於潜变电站易地升压为110千伏变电站,结束了临安县东西电网不能联络的状态,解决了西电东送问题。新建的110千伏於潜变电站地处於潜镇横山村,占地面积5197.9米²(2001年又划拨用地853米²);装设主变压器1台,变电容量3.15万千伏安,110千伏进线2回,35千伏出线4回,10千伏出线8回。原35千伏於潜变电站停用并除名。

1998年4月,110千伏於潜变电站二期扩建(配套青山殿水利枢纽工程)建成投入运行,新增主变压器1台,变电容量3.15万千伏安,110千伏出线2回,线路全长17.723千米。1回自青山殿水电站升压站110千伏出线构架至110千伏於潜变电站;另1回自青山殿水电站110千伏出线构架至塔山,与110千伏水昌线支接。

进入21世纪后,於潜地区经济社会发展,用电量大幅增长,而於潜变电站控制楼和设备老化严重,安全隐患众多。为提高於潜地区供电可靠性,促进经济社会发展,2006年4月开始对於潜变电站实施技术改造,拆建主控制楼、附属楼,并更新设备。2006年12月,一期改造工程建成投入运行。2007年4月,二期改造工程建成投入运行。改造规模为:新建主配电楼及辅助配电楼,建筑面积共1384.5米²;主变压器变电容量及110千伏、35千伏、10千伏设备规模和接线均不改变,所用电系统全部更换,控制保护设备更换为综合自动化设备。

2015年6月,完成110千伏於潜变电站2台主变压器增容工程,变电总容量增至10万千伏安。

至2016年,该站拥有主变压器2台,变电总容量10万千伏安;110千伏进线2回,分别为青於1123线、方青1750线;35千伏出线3回,分别为藻溪3562线、白鹤3790线、於藻3798线;10千伏出线20回,分别为逸村V691线、甘溪V501线、绍鲁V02线、下埠V503线、潜阳V504线、紫水V505线、石佛V506线、杏花V508线、富源V509线、纸厂V120线、千洪V121线、阮家V127线、后渚V123线、松溪V122线、盈村V125线、太阳V124线、横路V128线、堰口V126线、英公V697线、扶西V698线。

(四)110千伏青山变电站

1990年,为解决临安县青山地区供电矛盾,改善供电质量,浙江省电力工业局批准建35千伏变电站一座,并在征地、布置、设计中考虑今后升压为 110 千伏变电站。工程总投资 195 万元,由临安县供电局设计、安装,土建由临安青山镇建筑工程公司承建。1990 年 11 月,开工建设。1991 年 10 月,建成投入运行。电源进线引自 110 千伏临安变电站;装设主变压器 1 台,变电容量 8000 千伏安;新建 35 千伏线路 2 回、10 千伏线路 5 回。

为缓解临安变电站的供电压力,1995 年 7 月,35 千伏青山变电站原址扩建升压为 110 千伏青山变电站,工程由杭州临安电力实业总公司承包。装设主变压器 2 台,变电总容量 4 万千伏安;110 千伏进线从杭余 1189 线和杭临 1185 线双 T 接入;新建 35 千伏出线 2 回、10 千伏出线 7 回。1999 年,110 千伏青山变电站完成无人值班改造。2002 年 6 月,2 台主变压器完成 110 千伏风冷型主变压器改造,变电总容量 6.3 万千伏安。

2016 年 4 月,110 千伏青山变电站完成整体改造,该次改造系统接入方式不变,即 110 千伏进线 2 回,全部接自 220 千伏岗阳变电站;2 台主变压器不变,即总容量 6.3 万千伏安;拆除 10 千伏旧开关柜 24 面,新安装开关柜 34 面;改造全站保护及综合自动化系统;更换电度表屏、交流系统。

至 2016 年,该站拥有主变压器 2 台,变电总容量 6.3 万千伏安;110 千伏进线 2 回,分别为岗山 1281 线、青山 1282 线;10 千伏出线 11 回,分别为亭子 V190 线、石泉 V191 线、青航 V194 线、民主 V195 线、青井 V193 线、水库 V192 线、斜阳 V221 线、朱村 V222 线、天柱 V223 线、研口 V224 线、科创 V225 线。

(五)110 千伏玲珑变电站

玲珑变电站位于玲珑街道矢稚弄,1997 年,经临安市计划委员会批复同意建设,总投资 1600 万元,征地 6334 米²。由杭州市电力局设计所设计,变电、线路工程由杭州临安电力实业总公司负责施工,土建由东阳市第四建筑工程公司负责施工。1998 年 8 月,开工建设。1999 年 2 月,建成投入运行。首期装设主变压器 1 台,变电容量 3.15 万千伏安;新建 110 千伏进线 1 回,引自 220 千伏青云变电站,线路长度 3.58 千米;新建 10 千伏出线 8 回。2005 年 9 月,二期扩建工程开工建设。2007 年 12 月,建成投入运行。新增主变压器 1 台,变电容量 3.15 万千伏安;110 千伏线路 1 回,引自 220 千伏青云变电站,线路长度 2.58 千米。2007 年,对 10 千伏 I 段 1 号、2 号电容器开关进行大修,将 2 台 ZN－28 型开关更换为 VS1 型开关;改造一期 110 千伏闸刀,调换闸刀 4 组;改造一期监控系统,将原 LFP 系列保护装置和 DISA 监控系统更换为 RCS 系列保护测控装置,改造后的保护和测控设备接入二期监控系统,实现全站监控。2008 年,进行 10 千伏 I 段 1 号、2 号电容器组改造,改造成型号为 TBB10－2400/100AK 的成套装置。

至 2016 年,该站拥有主变压器 2 台,变电总容量 6.3 万千伏安;110 千伏进线 2 回,分别为青珑 1129 线、青南 1061 线;10 千伏出线 14 回,分别为珑二 V373 线、盘龙 V272 线、申光 V275 线、仁钢 V277 线、春天 V372 线、绿岛 V371 线、玲高 V370 线、锦天 V276 线、卦畈 V273 线、珑一 V274 线、恒晟 V375 线、商城 V376 线、城中 V271 线、中宇 V270 线。

(六)110 千伏锦南变电站

为解决锦城街道随着工农业经济发展和人民生活水平提高而日益增长的用电需要,提高供电可靠率,根据临安市 1998—2015 年农村电网发展规划,2001 年,临安市供电局投资 2500 万元,在锦城街道胜利村征地 4275 米²,建设 110 千伏锦南变电站。该变电站是临安市第一座 110 千伏全封闭户内变电站,也是临安市供电局第一座基建达标变电站,设计单位为杭州市电力局设计所,土建施工单位为东阳市第四建筑工程公司,电气安装单位为浙江恒力电力承装有限公司。2001 年 5 月,开工建设。12 月 18 日,建成投入运行。首期装设主变压器 1 台,变电容量 4 万千伏安;110 千伏进线 1 回,引自 110 千伏玲珑变电站;10 千伏出线 12 回。综合自动化设备采用 DISA 分布式监控系统,保护装置采用 LFP 系列及首次使用的 RCS 系列。

2007 年 12 月,锦南变电站二期工程建成投入运行,增设主变压器 1 台,变电容量 5 万千伏安;110 千伏设备采用常规设备户内布置;装设 2 组 10 千伏电容器无功补偿装置,型号为 TBB10－3600/100AK;110 千伏线路为电缆线路,全线选用交联聚乙烯电缆,线路长度 4176 米。为使扩建后的锦南变电站设备统一,改造锦南变电站 1 号主变压器保护装置,将一期的 LFP 系列主变压器保护更换为同二期一样的 RCS 系列主变压器保护。

至 2016 年,该站拥有主变压器 2 台,变电总容量 9 万千伏安;110 千伏进线 2 回,分别为青南 1061 线、青秀 1065 线;10 千伏出线 21 回,分别为阳关 V563 线、西苑 V324 线、柯家 V330 线、钱王 V326 线、电力 V328 线、锦新 V560 线、盛龙 V331 线、石镜 V323 线、广临 V325 线、汇锦 V327 线、畔湖 V329 线、长春 V564 线、南苑 V565 线、御圆 V566 线、飞翠 V567 线、顺达 V320 线、万马 V321 线、樱花 V322 线、城际 V570 线、国瑞 V569 线、兰岭 V568 线。

(七)110 千伏高虹变电站

高虹变电站的前身是 35 千伏高虹临时变电站,位于高虹镇。2001 年 5 月 30 日,建成投入运行,装设主变压器 1 台,变电容量 5000 千伏安。

随着横畈、高虹两镇节能灯和竹制品加工业的迅猛发展,原有的 35 千伏横畈变电站和 35 千伏高虹临时变电站已远远满足不了当地经济发展的需要。2002 年 6 月,临安市发展计划局批复建设 110 千伏高虹输变电工程,批复总投资 3299 万元(审定总投资 2949 万元),征地 5333.33 米²。2002 年 8 月,开工建设。2003 年 5 月,建成投入运行。由杭州市电力局设计所设计,浙江电力建设监理有限公司杭州分公司监理,临安恒力电力承装有限公司总承包。装设 3 绕组主变压器 1 台,变电容量 4 万千伏安,按无人值班采用分散分布式综合自动化系统设计建设;新建 110 千伏进线 1 回,线路长度 10.1 千米,引自 220 千伏青云变电站;35 千伏出线 2 回,电缆长度 0.15 千米,架空线路长度 0.75 千米;10 千伏出线 7 回。投入运行后承担高虹镇、横畈镇生活、商业用电及临安市绿色照明制造业基地的工业用电。

2007 年 9 月,110 千伏高虹变电站二期工程建成投入运行。总投资 169 万元,新增主变压器 1 台,变电容量 5 万千伏安;将 110 千伏主接线完善为内桥接线;新增 35 千伏出线 1 回,将 35 千伏主接线完善为单母线分段接线;新增 10 千伏出线 8 回;新增无功补偿装置 2 组,容量 4200 千乏;新增 10 千伏接地变压器、消弧线圈装置 1 组,容量 750 千伏安。由杭州市电力设计院有限公司设计,浙江恒力电力承装有限公司施工,浙江电力建设监理有限公司杭州分公司监理。

至 2016 年,该站拥有主变压器 2 台,变电总容量 9 万千伏安;110 千伏进线 2 回,分别为青虹 1063 线、青高 1064 线;35 千伏出线 2 回,分别为洪涛 3794 线、横畈 3561 线;10 千伏出线 18 回,分别为洪村 V340 线、下峰 V341 线、上峰 V342 线、高宇 V343 线、来特 V347 线、虹桥 V345 线、杨山 V346 线、园二 V344 线、重阳 V348 线、陈家 V349 线、泥马 V350 线、下城 V351 线、石门 V353 线、宇中 V354 线、园三 V357 线、大坞 V356 线、园一 V355 线、宇明 V358 线。

(八)110 千伏秀水变电站

110 千伏秀水变电站位于玲珑街道玲珑工业园区。该区域主要由 110 千伏玲珑变电站和 35 千伏夏禹变电站供电,随着工业园区的快速发展,变电容量无法满足发展需要。2002 年 12 月,临安市发展计划局批复同意建设 110 千伏秀水变电站,总投资 2269 万元,占地面积 4840 米²。2004 年 4 月,开工建设。2004 年 12 月,建成投入运行。装设三绕组主变压器 1 台,变电容量 3.15 万千伏安;新建 110 千伏进线 1 回,线路长度 10.2 千米;新建 35 千伏线路 1 回,线路长度 4.5 千米,其中,电缆线路长度 0.6 千米;新建 10 千伏线路 10 回。由杭州市电力局设计所设计,建筑工程由浙江省建工集团有限责任公司承接,其余工程由临安恒力电力承装有限公司总承包,由浙江电力建设监理有限公司杭州分公司监理。

2007 年 9 月,秀水变电站二期工程开工建设。2007 年 11 月,建成投入运行。新增三绕组主变压器 1 台(利用原通惠变电站 1 号主变压器),变电容量 3.15 万千伏安;将 110 千伏主接线完善为内桥接线;新增 35 千伏出线 3 回,预留出线 2 回,将 35 千伏主接线完善为单母线分段接线;新增 10 千伏出线 10 回。工程投资 151 万元。由杭州市电力设计院有限公司设计,浙江恒力电力承装有限公司负责电气施工,浙江电力建设监理有限公司杭州分公司监理。

2014 年 11 月,秀水变电站 2 号主变压器增容至 5 万千伏安。2016 年 10 月,秀水变电站 1 号主变压器增容至 5 万千伏安。

至 2016 年,该站拥有主变压器 2 台,变电总容量 10 万千伏安;110 千伏进线 2 回,分别为青秀 1065 线、青水 1066 线;35 千伏出线 1 回,为水夏 3797 线;10 千伏出线 20 回,分别为都美 V390 线、杨岱 V391 线、吉祥 V392 线、石山 V393 线、祥盛 V394 线、雅坞 V395 线、塘家 V396 线、上潭 V397 线、天杰 V398 线、秀申 V399 线、锦秀 V402 线、店基 V401 线、洪家 V400 线、上禹 V403 线、鑫富 V404 线、金盾 V405 线、秀畈 V406 线、秀体 V407 线、钱谷 V408 线、富善 V409 线。

(九)110 千伏石泉变电站

110 千伏石泉变电站位于临安经济开发区青山湖街道坎头村,是 2004 年度杭州市重点工程之一,占地面积 3614 米²,建筑面积为 1706 米²。2004 年 4 月 16 日,开工建设。2005 年 6 月 3 日,建成投入运行。变电站总投资 1525 万元。装设双绕组主变压器 1 台,变电容量 4 万千伏安,采用常规设备全户内布置,配置分层分布式计算机监控系统;新建 110 千伏进线 1 回,从 110 千伏杭青线 T 接,线路长度 0.79 千米;10 千伏出线 12 回。由杭州市电力局设计所设计,土建工程由浙江省建工集团有限责任公司承建,电气安装工程由杭州凯达电力建设有限公司承建,浙江电力建设监理有限公司杭州分公司监理。

2007 年 7 月 19 日,石泉变电站二期工程开工建设。2007 年 9 月 18 日,建成投入运行。工程总投资 984.49 万元。新增双绕组主变压器 1 台,变电容量 5 万千伏安;将 110 千伏主接线完善为内桥接线;新增 10 千伏出线 12 回。设计单位为杭州市电力设计院有限公司,电气安装施工单位为浙江恒力电力承装有限公司,监理单位为杭州标特电力工程咨询有限公司。

至 2016 年,该站拥有主变压器 2 台,变电总容量 9 万千伏安;110 千伏进线 2 回,分别为岗石 1283 线、岗泉 1284 线;10 千伏出线 23 回,分别为凤二 V427 线、叉车 V426 线、中试 V425 线、景观 V423 线、会达 V422 线、和协 V421 线、石云 V420 线、相坞 V536 线、重一 V417 线、夏岭 V416 线、天松 V415 线、水家 V413 线、西子 V412 线、宫里 V411 线、富沃 V539 线、杭塑 V538 线、东环 V537 线、重二 V418 线、鸿雁 V535 线、杭叉 V534 线、风一 V533 线、松友 V532 线、桥头 V410 线。

(十)110 千伏龙岗变电站

1968 年,杭州无线电二厂迁到龙岗(昌化镇西 11 千米),由于该厂生产的半导体元器件对电能质量和电源可靠性要求较高,故于 1970 年计划建造 35 千伏龙岗变电站。1973 年 8 月,35 千伏龙岗变电站建成投入运行,装设主变压器 1 台,变电容量 2400 千伏安。1981 年,为配合临安县昌北鱼跳电站等小水电建设,确保安全经济地将昌北地区小水电电能经龙岗变电站送向昌化地区,对龙岗变电站进行扩建,扩建控制室 1 间,建筑面积 60 米²。土建由当地大队工程队承担。新增 35 千伏昌北线线路间隔 1 个,装设 LCW－35 电流互感器 2 台、JDJ2－35 电压互感器 1 台;增加 35 千伏开关 1 台、母线闸刀 1 组等;总投资 11.58 万元。1989 年 6 月 29 日,主变压器变电容量由 2400 千伏安增至 5000 千伏安。35 千伏龙岗变电站担负着北至昌北岛石镇、西至安徽交界、南至河桥乡共 1105 千米² 的供电任务,成为典型的枢纽变电站。1 条 35 千伏线路 T 接 6 座 35 千伏变电站,T 接点多,保护配置困难;接线复杂,可靠性差;小水电容量大,季节负荷变化大,电能质量调节能力差;随着华光潭梯级水电站的开发建设,华光潭三级、四级及石门潭等电站也相继被开发建设,35 千伏龙岗变电站缺乏电网发展空间,必须通过建设 110 千伏龙岗输变电工程彻底解决龙岗地区电网的多重问题。

2006 年 6 月 5 日,35 千伏龙岗变电站易地升压建成 110 千伏龙岗变电站,选址龙岗工业园区,占地面积 4565 米²。装设主变压器 1 台,变电容量 3.15 万千伏安;110 千伏进线 T 接于於潜至昌化的昌於 1124 线,双回路架设,线路长度 10.12 千米;新建 35 千伏出线 5 回、10 千伏出线 12 回。设计单位为杭州市电力设计院有限公司,土建施工单位为临安锦城建设工程有限公司,电气安装单位为浙江恒力电力承装有限公司。

2012 年 10 月 30 日,110 千伏龙岗变电站二期扩建工程建成投入运行。工程投资 880 万元。增设主变压器 1 台,变电容量 5 万千伏安;新建 35 千伏出线 1 回、10 千伏出线 12 回。工程由杭州市电力设计院有限公司设计,浙江电力建设监理有限公司杭州分公司监理,浙江恒力电力承装有限公司施工。

至 2016 年,该站拥有主变压器 2 台,变电总容量 8.15 万千伏安;110 千伏进线 2 回,分别为方龙 1751 线、龙岗 1752 线;35 千伏出线 5 回,分别为华兴 3891 线、龙岛 3892 线、颊口 3566 线、龙颊 3893 线、昌北 3568 线;10 千伏出线 12 回,分别为上汤 V140 线、下汤 V143 线、上营 V145 线、无他 V141 线、昌西 V142 线、龙潭 V470 线、鱼跳 V471 线、峡谷 V472 线、龙井 V474 线、茆里 V475 线、龙都 V706 线、北山 V476 线。

(十一)110 千伏平山变电站

110 千伏平山变电站位于锦城街道竹林村,占地面积 3600 米²,建筑总面积 1916 米²。2005 年 9 月 6 日,开工建设。2006 年 7 月 4 日,建成投入运行。装设双绕组主变压器 1 台,变电容量 5 万千伏安;新建 110 千伏线路 2 回、10 千伏出线 15 回。总投资 2224 万元。由浙江恒力电力承装有限公司总承包,杭州市电力局设计所设计,土建工程由浙江省工程咨询有限公司监理,电气部分由浙江电力建设监理有限公司杭州分公司监理。

2011 年 1 月 1 日,平山变电站二期工程开工建设。2011 年 5 月 27 日,建成投入运行。总投资 537 万元。增设主变压器 1 台,变电容量 5 万千伏安;新建 10 千伏出线 15 回。工程设计单位为杭州市电力设计院有限公司,施工单位为浙江恒力电力承装有限公司,监理单位为浙江电力建设监理有限公司杭州分公司。

至 2016 年,该站拥有主变压器 2 台,变电总容量 10 万千伏安;110 千伏进线 2 回,分别为青平 1067 线、岗平 1286 线;10 千伏出线 16 回,分别为浙皖 V480 线、临水 V481 线、明月 V482 线、竹林 V483 线、西墅 V484 线、海德 V485 线、玉泉 V486 线、警院 V488 线、农贸 V490 线、锦竹 V491 线、横溪 V492 线、吴马 V493 线、上东 V494 线、环北 V495 线、临西 V496 线、临中 V497 线。

(十二)110 千伏板桥变电站

板桥变电站的前身为 35 千伏板桥变电站,位于板桥镇横溪村。1993 年,临安县计划委员会批复建设 35 千伏板桥变电站,总投资 600 万元,征地 2000 米²。1994 年 11 月,根据公路管理部门规划要求和牧家桥至三口公路将向东拓宽 15 米及该工程进出线设计要求,追加用地指标 1600 米²。35 千伏板桥变电站工程由临安县供电局设计室设计,临安县供电局施工管理,土建工程由临安县昌西建筑工程公司承建。1995 年 6 月,开工建设。1996 年 8 月,建成投入运行。首期装设主变压器 1 台,变电容量 8000 千伏安;35 千伏配电装置为单母线分段接线;10 千伏配电装置为单母线分段接线,出线 4 回。

2007 年 10 月 16 日,35 千伏板桥变电站易地升压工程建成,占地面积 3344 米²;新建 110 千伏线路 2 回,1 回来自 220 千伏岗阳变电站,另 1 回来自 220 千伏岗阳变电站至金圆变电站 110 千伏线路 T 接;装设主变压器 1 台,变电容量 5 万千伏安,两线一变运行方式,通过线路负荷重新分配解决线路负荷分配不均问题;新建 10 千伏出线 15 回。

2011 年 12 月 1 日,110 千伏板桥变电站二期扩建工程建成投入运行。总投资 590 万元。增设 2 号主变压器 1 台,变电容量 5 万千伏安;110 千伏主接线完善为内桥接线,增设进线断路器及主变压器侧隔离开关;增设无功补偿装置 2 组、10 千伏接地变压器及消弧线圈成套装置 2 套;新建 10 千伏出线 15 回,出线均为电缆出线。

至 2016 年,该站拥有主变压器 2 台,变电总容量 10 万千伏安;110 千伏线路 2 回,分别为板桥 1280 线、岗金 1287 线;10 千伏出线 15 回,分别为里桃 V541 线、新机 V540 线、牌联 V670 线、秋口 V542 线、大横 V543 线、建材 V545 线、井里 V546 线、水板 V547 线、锦宇 V557 线、如龙 V556 线、平峰 V555 线、祝家 V553 线、三口 V552 线、花戏 V551 线、高墙 V550 线。

### (十三)110 千伏杨岭变电站

110 千伏杨岭变电站位于太湖源镇浪口村北面,占地面积 3599 米²,建筑面积 492.65 米²。2008 年 10 月 10 日,开工建设。2009 年 6 月 11 日,建成投入运行,是杭州地区首座按"两型一化"(即资源节约型、环境友好型、工业化)典型设计的变电站。工程总投资 1658.5 万元。首期装设主变压器 1 台,容量 5 万千伏安;新建 110 千伏进线 1 回,T 接至 110 千伏高虹 1103 线 8 号塔附近,按同杆双回建设,线路长度 5.87 千米;新建 10 千伏出线 12 回。由杭州市电力设计院有限公司设计,临安锦城建设工程有限公司土建施工,浙江恒力电力承装有限公司电气安装施工,浙江电力建设监理有限公司杭州分公司监理。

在太湖源镇政府 5 年工业经济冲百亿的经济建设目标的指引下,作为主要的工业小区,太湖源镇纺织服装工业小区快速发展,用电负荷也快速增长。原杨岭变电站为单主变压器,主变压器故障或检修将造成全站停电,无法满足用户对供电可靠率的要求。为了满足增长的用电需求,提高供电可靠性,2012 年 8 月 28 日,110 千伏杨岭变电站二期扩建工程开工建设。12 月 13 日,二期扩建工程建成投入运行。工程投资 1066 万元,增设主变压器 1 台,变电容量 5 万千伏安;新建 110 千伏出线 1 回、10 千伏出线 12 回。由杭州市电力设计院有限公司设计,浙江电力建设监理有限公司杭州分公司监理,浙江恒力电力承装有限公司施工。二期扩建工程投入运行后,改变原杨岭变电站的单线单变模式,供电可靠性得到增强,也满足了太湖源区域增长的用电需求。

至 2016 年,该站拥有主变压器 2 台,变电总容量 10 万千伏安;110 千伏进线 2 回,分别为青虹 1063 线、青高 1064 线;10 千伏出线 16 回,分别为里畈 V580 线、V 临目 V581 线、杨畈 V582 线、青柯 V583 线、桥东 V584 线、邰溪 V585 线、枣园 V590 线、溪里 V591 线、横街 V593 线、郎碧 V594 线、杨桥 V720 线、杨西 V721 线、浪口 V730 线、杨华 V731 线、杨里 V732 线、素云 V733 线。

### (十四)110 千伏锦城变电站

110 千伏锦城变电站的前身是 35 千伏锦城变电站,位于锦城街道吕家弄延伸段临安热电厂西面,为临安热电厂升压并网配套工程。1992 年,经临安县计划委员会批复建设,占地面积 2000 米²,总投资 593 万元。12 月,开工建设。1993 年 6 月,建成投入运行。首期装设主变压器 2 台,每台变电容量 8000 千伏安;新建 35 千伏进线 2 回、10 千伏出线 11 回。由杭州市电力局设计室设计,临安县供电局进行现场施工管理,土建工程由横畈建筑工程公司承建。

2009 年,作为临安城区主供电源的 35 千伏锦城变电站已处于满载状态,无法满足该区域用电增长的需求。2010 年 1 月,110 千伏锦城变电站开工建设。11 月 22 日,建成投入运行。该变电站是临安首座 110 千伏 GIS 变电站,全户内布置。占地面积 2611 米²,建筑面积 1750 米²,工程总投资 2534 万元。装设双绕组变压器 2 台,变电总容量 10 万千伏安;新建 110 千伏进线 2 回,采用完善内桥接线方式,分别从青平 1067 线和青临 1127 线 T 接,双 T 接后再合并为双回路线路,新建线路长度 3.48 千米,其中同杆双回架空线路 2.3 千米、单回架空线路 0.4 千米、双回电缆线路 0.78 千米;新建 10 千伏出线 24 回,为单母线分段接线。由杭州市电力设计院有限公司设计,临安锦城建设工程有限公司土建施工,浙江恒力电力承装有限公司电气安装施工,浙江电力建设监理有限公司杭州分公司监理。

至 2016 年,该站拥有主变压器 2 台,变电总容量 10 万千伏安;110 千伏进线 2 回,分别为青平 1067 线、青临 1127 线;10 千伏出线 17 回,分别为前丁 V200 线、叁福 V213 线、锦福 V215 线、电料 V214 线、解百 V216 线、新园 V217 线、锦泉 V640 线、锦中 V641 线、锦西 V201 线、横潭 V202 线、西瓜 V203 线、锦春 V204 线、新城 V205 线、华府 V206 线、人广 V207 线、邮电 V643 线、临天 V644 线。

(十五)110 千伏雅观变电站

110 千伏雅观变电站位于临安市横畈镇雅观村,处于临安市横畈镇工业集聚点,是杭州电网第十批输变电项目之一。占地面积 3599 米²,建筑面积 487.2 米²。2009 年 6 月 4 日,开工建设。2012 年 6 月 27 日,一期、二期工程建成投入运行。总投资 2470.38 万元,其中,一期工程 1656.24 万元,二期工程 814.14 万元。一期、二期装设主变压器 2 台,变电容量均为 5 万千伏安;新建 110 千伏进线 2 回、10 千伏出线 24 回。由杭州市电力设计院有限公司设计,临安中大工程建设有限公司土建施工,浙江恒力电力承装有限公司电气安装施工,杭州标特电力工程咨询有限公司监理。

至 2016 年,该站拥有主变压器 2 台,变电总容量 10 万千伏安;110 千伏进线 2 回,分别为岗雅 1289 线、雅观 1288 线;10 千伏出线 19 回,分别为易辰 V610 线、环球 V611 线、哈尔 V612 线、兰海 V613 线、泉口 V614 线、长乐 V615 线、三联 V616 线、意向 V617 线、格林 V618 线、星兰 V600 线、观湖 V601 线、市地 V620 线、塘楼 V621 线、大禾 V622 线、九通 V623 线、安迪 V630 线、星宏 V631 线、铁牛 V632 线、联飞 V633 线。

(十六)110 千伏科创变电站

110 千伏科创变电站位于锦北街道潘山村,是高新技术产业园和科技大道两侧旅游度假区的重要基础设施工程,也是临安市第一座 110 千伏智能化变电站和青山湖科技城智能电网示范工程。该工程按户内变电站设计建设,占地面积 2714 米²,建筑面积 1958 米²。2012 年 8 月 28 日,开工建设。2012 年 12 月 27 日,建成投入运行。工程总投资 3149.92 万元。首期装设主变压器 2 台,变电容量均为 5 万千伏安;新建 110 千伏进线 2 回、10 千伏出线 24 回。由杭州市电力设计院有限公司设计,临安锦城建设工程有限公司土建施工,浙江恒力电力承装有限公司电气安装施工,浙江电力建设监理有限公司杭州分公司监理。

至 2016 年,该站拥有主变压器 2 台,变电总容量 10 万千伏安;110 千伏进线 2 回,分别为岗科 1747 线、科创 1748 线;10 千伏出线 8 回,分别为月弦 V747 线、科森 V749 线、笑岭 V750 线、潘山 V751 线、同人 V740 线、石临 V760 线、玫瑰 V761 线、科林 V770 线。

(十七)110 千伏胜联变电站

110 千伏胜联变电站位于青山湖街道青山村,是为配合浙江省科研机构创新基地用电要求而建设,占地面积 2867 米²,建筑面积 1838 米²,工程总投资 3025.55 万元。2013 年 12 月 23 日,开工建设。2014 年 10 月 24 日,建成投入运行。首期装设主变压器 2 台,变电容量均为 5 万千伏安;新建 110 千伏进线 2 回、10 千伏出线 24 回。由杭州市电力设计院有限公司设计,浙江电力建设监理有限公司监理,临安锦城建设工程有限公司土建施工,绍兴市大兴电气承装有限公司电气安装施工。

至 2016 年,该站拥有主变压器 2 台,变电总容量 10 万千伏安;110 千伏进线 2 回,分别为岗科 1747 线、岗雅 1289 线;10 千伏出线 19 回,分别为寺前 V801 线、胜中 V810 线、联科 V811 线、联民 V812 线、能源 V813 线、秀港 V814 线、越滨 V815 线、港大 V820 线、胜园 V821 线、珺府 V822 线、联青 V790 线、胜夏 V791 线、科技 V792 线、云盈 V793 线、节能 V794 线、信工 V796 线、越星 V799 线、越秀 V800 线、科大 V825 线。

2016 年临安电网 110 千伏公用变电站情况见表 2-8。

**表 2-8　2016 年临安电网 110 千伏公用变电站情况**

| 序号 | 变电站名称 | 变电站投运时间 | 主变压器编号 | 容量/千伏安 | 主变压器型号 | 接线方式 | 主变压器投运时间 | 地址 |
|---|---|---|---|---|---|---|---|---|
| 1 | 昌化变电站 | 1976 年 10 月 | 1 | 31500 | SSZ9－31500/110 | YNyn0d11 | 2005 年 8 月 | 昌化镇 |
| | | | 2 | 31500 | SSZ9－31500/110 | YNyn0d11 | 2016 年 11 月 | |
| 2 | 临安变电站 | 1980 年 10 月 | 1 | 50000 | SSZ10－50000/110 | YNYn0d11 | 2009 年 9 月 | 锦城街道 |
| | | | 2 | 50000 | SSZ10－50000/110 | YNYn0d11 | 2009 年 10 月 | |
| 3 | 於潜变电站 | 1994 年 2 月 | 1 | 50000 | SSZ11－50000/110 | YNyn0d11 | 2015 年 5 月 | 於潜镇 |
| | | | 2 | 50000 | SSZ11－50000/110 | YNyn0d11 | 2015 年 6 月 | |
| 4 | 青山变电站 | 1995 年 7 月 | 1 | 31500 | SFSZ8－31500/110 | YNyn0d11 | 2003 年 5 月 | 青山湖街道 |
| | | | 2 | 31500 | SFSZ8－31500/110 | Yn－Y0/△－1 | 2004 年 7 月 | |
| 5 | 玲珑变电站 | 1999 年 2 月 | 1 | 31500 | SZ8－31500/110 | YNd11 | 1999 年 2 月 | 玲珑街道 |
| | | | 2 | 31500 | SSZ9－31500/110 | YNd11 | 2005 年 12 月 | |
| 6 | 锦南变电站 | 2001 年 12 月 | 1 | 40000 | SZ9－40000/110 | YNd11 | 2001 年 12 月 | 锦城街道 |
| | | | 2 | 50000 | SSZ10－50000/110 | YNd11 | 2007 年 12 月 | |
| 7 | 高虹变电站 | 2003 年 5 月 | 1 | 40000 | SSZ9－40000/110 | YNYn0d11 | 2003 年 5 月 | 高虹镇 |
| | | | 2 | 50000 | SSZ10－50000/110 | YNyn0d11 | 2007 年 9 月 | |
| 8 | 秀水变电站 | 2004 年 12 月 | 1 | 50000 | SSZ11－50000/110 | YNyn0d11 | 2016 年 10 月 | 玲珑街道 |
| | | | 2 | 50000 | SSZ9－50000/110 | YNyn0d11 | 2014 年 11 月 | |
| 9 | 石泉变电站 | 2005 年 6 月 | 1 | 40000 | SZ9－40000/110 | YNd11 | 2005 年 6 月 | 青山湖街道 |
| | | | 2 | 50000 | SZ10－50000/110 | YNd11 | 2007 年 9 月 | |
| 10 | 龙岗变电站 | 2006 年 6 月 | 1 | 31500 | SSZ9－31500/110 | YNyn0d11 | 2006 年 6 月 | 龙岗镇 |
| | | | 2 | 50000 | SSZ11－50000/110 | YNyn0d11 | 2012 年 10 月 | |
| 11 | 平山变电站 | 2006 年 7 月 | 1 | 50000 | SZ11－50000/110 | YNd11 | 2006 年 7 月 | 锦城街道 |
| | | | 2 | 50000 | SZ10－50000/110 | YNd11 | 2011 年 5 月 | |
| 12 | 板桥变电站 | 2007 年 10 月 | 1 | 50000 | SZ11－50000/110 | YNd11 | 2011 年 12 月 | 锦城街道 |
| | | | 2 | 50000 | SZ9－50000/110 | YNd11 | 2007 年 10 月 | |
| 13 | 杨岭变电站 | 2009 年 6 月 | 1 | 50000 | SZ10－50000/110 | YNd11 | 2009 年 6 月 | 太湖源镇 |
| | | | 2 | 50000 | SZ11－50000/110 | YNd11 | 2012 年 12 月 | |
| 14 | 锦城变电站 | 2010 年 11 月 | 1 | 50000 | SZ11－50000/110 | YNd11 | 2010 年 11 月 | 锦城街道 |
| | | | 2 | 50000 | SZ11－50000/110 | YNd11 | 2010 年 11 月 | |
| 15 | 雅观变电站 | 2012 年 6 月 | 1 | 50000 | SZ11－50000/110 | YNd11 | 2012 年 6 月 | 横畈镇 |
| | | | 2 | 50000 | SZ11－50000/110 | YNd11 | 2012 年 6 月 | |
| 16 | 科创变电站 | 2012 年 12 月 | 1 | 50000 | SZ11－50000/110 | YNd11 | 2012 年 12 月 | 锦北街道 |
| | | | 2 | 50000 | SZ11－50000/110 | YNd11 | 2012 年 12 月 | |
| 17 | 胜联变电站 | 2014 年 10 月 | 1 | 50000 | SZ11－50000/110 | YNd11 | 2014 年 10 月 | 青山湖街道 |
| | | | 2 | 50000 | SZ11－50000/110 | YNd11 | 2014 年 10 月 | |

### 四、临时变电站

*110 千伏塔山临时变电站*

110 千伏塔山临时变电站位于於潜地区牧亭新 16 省道边。随着於潜地区工业用电负荷不断增长，於潜变电站改造期间供电形势紧张，为保障於潜电网的安全运行和冬季用户的正常供电，急需建设 110 千伏塔山临时变电站。2006 年 12 月，110 千伏塔山临时变电开工建设。2007 年 1 月，建成投入运行。装设主变压器 1 台，变电容量 2 万千伏安；新建 110 千伏进线 1 回，T 接于水昌 1125 线，线路长度 0.45 千米；新建 10 千伏线路 4 回。2015 年 10 月，主变压器变电容量增至 4 万千伏安。

至 2016 年，该站拥有主变压器 1 台，变电容量 4 万千伏安；110 千伏进线 1 回，为水昌 1125 线；10 千伏出线 4 回，分别为牧亭 V511 线、城后 V512 线、奥生 V513 线、星奥 V515 线。

### 五、用户变电站

*110 千伏金圆变电站*

110 千伏金圆变电站位于板桥镇高墙村，是浙江临安金圆水泥有限公司根据自身发展的需要，投资建设的 110 千伏用户变电站。2005 年 1 月，建成投入运行。该变电站电源进线 T 接于 110 千伏杭临 1185 线；装设主变压器 1 台，变电容量 3.15 万千伏安。该变电站为临安电网首座 110 千伏用户变电站。

# 第四节　220 千伏电网

## 一、发展历程

1996 年 12 月 23 日，北仑发电厂二期工程配套项目——220 千伏青云变电站建成投入运行。装设主变压器 1 台，变电容量 15 万千伏安。电源进线 220 千伏瓶青线接自 500 千伏瓶窑变电站，线路长度 33.393 千米。220 千伏青云输变电工程的建成改变了临安电网长期以来仅从浙江电网单一电源供电的局面，从此，临安电网可从华东大电网直接吸取电能，提高了供电可靠性。

21 世纪初，临安东部地区供电负荷快速增长，单变单线的主供电源——220 千伏青云变电站已无法满足供电要求，2002 年 9 月，开始对青云变电站进行二期扩建。2003 年 8 月，建成投入运行。增设主变压器 1 台，变电容量 15 万千伏安；新建 220 千伏杭州变电站至 220 千伏青云变电站的杭青 2402 线，极大地提高了临安电网的供电可靠性。

2006 年 2 月，作为浙江省重点建设项目和临安经济开发区的重要供电源的钱王变电站开工建设。2006 年 12 月 26 日，建成投入运行(正式命名为岗阳变电站)。该变电站是临安市首座数字化变电站。装设主变压器 1 台，变电容量 18 万千伏安；新建 220 千伏杭青线开口环入岗阳变电站输电线路 2 回，线路长度 2.8 千米。

2012 年 5 月 31 日，220 千伏方圆变电站建成投入运行，为於潜和两昌地区提供了充足电源，使临安中西部地区经济发展摆脱了电力不足的束缚，也将该地区充足的小水电输送到用电较为紧张的东部地区，有效调整了电网网架结构，使资源配置更为优化。新建 220 千伏岗阳至方圆输电线路工程，线路长度 55.77 千米，其中，双回路长度 53.36 千米、四回路长度 2.41 千米。

至 2016 年，临安市拥有 220 千伏变电站 3 座，即青云、岗阳、方圆变电站。220 千伏东部电网青云、岗阳 2 座变电站通过岗阳—杭变 2 回、青云—瓶窑 2 回与系统相连，方圆变电站通过 220 千伏岗阳—方圆 2 回线路接入系统。220 千伏东部电网通过 500 千伏瓶窑变电站、220 千伏杭州变电站建成瓶窑供区的双环网结构。

## 二、输电线路

（一）瓶（窑）青（云）输电线路

线路起于500千伏瓶窑变电站，终于220千伏青云变电站。

该输电线路是北仑发电厂二期工程配套项目送出工程。由浙江省电力设计院设计，安徽省送变电工程公司施工。1996年12月23日，建成投入运行，命名为瓶青2425线。线路长度34.5千米，新建杆塔96基，导线型号为LGJ—500/45，地线型号为GJ—70。

2014年3月28日，瓶青2425线（43～63号）改造工程竣工投入运行，新建线路长度7.68千米，其中，单回线路长度1.55千米、双回线路长度6.13千米；导线型号为JL/G1A—400/35，地线1根型号为JLB20A—10，另1根为OPGW复合光缆；新建杆塔22基，其中，1～18号段与瓶窑—青云2回输电线路48～65号同杆架设。由浙江省电力设计院设计，浙江大有实业有限公司施工，浙江电力建设监理有限公司监理。改造工程完成后，拆除瓶青2425线老线路单回路线路长度约7.06千米、杆塔20基。新建的瓶窑—青云2回输电线路与瓶青2425线同时完成改造，线路长度37.09千米，其中，与瓶青2425线同塔双回架设线路6.13千米；新建杆塔103基，导线型号为JL/G1A—400/35，地线1根型号为JLB35—150、JLB20A—100，另1根为OPGW复合光缆。设计、施工、监理单位与瓶青2425线改造工程相同。

（二）岗（阳）方（圆）、岗（阳）（方）圆输电线路

线路起于220千伏岗阳变电站，终于220千伏方圆变电站，为岗阳—方圆双回220千伏输电线路。

新建线路长度55.77千米，其中，新建双回路长度53.36千米、四回路长度2.41千米；新建铁塔141基、钢管杆1基。导线型号为LGJ—400/35、LGJ—300/40，地线1根型号为JLB20A—120，另1根为OPGW复合光缆。由浙江省电力设计院设计，浙江大有实业有限公司施工，浙江电力建设监理有限公司监理。2012年5月31日，建成投入运行，命名为岗方2R57线、岗圆2R58线。

2016年临安电网220千伏输电线路（临安境内）情况见表2-9。

**表2-9 2016年临安电网220千伏输电线路（临安境内）情况**

| 序号 | 220千伏线路名称 | 起点 | 终点 | 架空线路回路长度/千米 | 导线型号 | 杆路类别 | 基数/基 | 投运时间 |
|---|---|---|---|---|---|---|---|---|
| 1 | 瓶青2425线 | 瓶窑变电站 | 青云变电站 | 36.23 | JL/G1A—400/35；LGJ—500/45 | 铁塔 | 99 | 1996年12月 |
| 2 | 岗青2402线 | 岗阳变电站 | 青云变电站 | 19.64 | LGJ—400/35；LGJ—500/45 | 铁塔 | 52 | 2003年8月 |
| 3 | 岗排2493线 | 岗阳变电站 | 排岭变电站 | 82.89 | LGJ—500/45；JL/G1A—300/25；LGJ—300/25；JL/G1A—300/25；LGJ—300/40 | 铁塔 | 203 | 2006年1月 |
| 4 | 岗杭2P11线 | 岗阳变电站 | 杭州变电站 | 13.50 | JL/G1A—300/25；JL/G1A—630/45 | 铁塔 | 32 | 2007年12月 |
| 5 | 岗方2R57线 | 岗阳变电站 | 方圆变电站 | 55.77 | LGJ—400/35；LGJ—300/40 | 铁塔 | 141 | 2012年5月 |
| 6 | 岗圆2R58线 | 岗阳变电站 | 方圆变电站 | 55.77 | LGJ—400/35；LGJ—300/40 | 铁塔 | 141 | 2012年5月 |
| 7 | 岗云2449线 | 岗阳变电站 | 青云变电站 | 18.98 | JL/G1A—400/35 | 铁塔 | 50 | 2013年10月 |
| 8 | 瓶云2448线 | 瓶窑变电站 | 青云变电站 | 37.09 | JL/G1A—400/35 | 铁塔 | 103 | 2014年3月 |

### 三、公用变电站

#### (一)青云变电站

220千伏青云变电站位于锦城镇新溪村,是临安第一座220千伏变电站,是临安市城区主供电源点,担负着为临安市城区供电的主要任务。1996年1月28日,开工建设。1996年12月23日,建成投入运行。占地面积约$2.81×10^4$米$^2$;新建主控制楼砖混结构3层,建筑面积1539.75米$^2$;新建35千伏配电室砖混结构1层,建筑面积444米$^2$;新建宿舍楼砖混结构3层,建筑面积373米$^2$;新建传达室车库砖混结构1层,建筑面积71米$^2$。变电站总投资3243.90万元。首期装设低耗能无载调压自耦变压器1台,变电容量15万千伏安,电压等级为220千伏、110千伏、35千伏三级;220千伏进线1回,110千伏出线4回,35千伏出线7回;35千伏无功补偿2×8400千乏。由浙江省电力设计院设计,浙江省东阳市第四建筑工程公司负责土建施工,浙江省送变电工程公司负责电气安装施工。

2002年9月2日,青云变电站扩建工程开工建设。2003年8月12日,建成投入运行。扩建1台15万千伏安主变压器及其三侧间隔;扩建220千伏杭州变电站间隔1个;完善220千伏、110千伏主接线及1号主变压器220千伏间隔;新建35千伏并联电容器无功补偿装置2×8400千乏;扩建工程总投资1685.04万元。由浙江省电力设计院设计,浙江省电力建设监理有限公司监理,浙江省长城建设集团股份有限公司负责土建施工,浙江省送变电工程公司负责电气安装施工,浙江大有实业股份有限公司负责通信配套施工。

2008年11月,青云变电站1号主变压器增容至18万千伏安。

至2016年,该站拥有主变压器2台,变电总容量33万千伏安;220千伏进线4回,分别为瓶云2448线、岗云2449线、瓶青2425线、岗青2402线;110千伏出线10回,分别为青临1127线、青南1061线、青珑1129线、青秀1065线、青水1066线、青於1123线、方青1750线、青虹1063线、青高1064线、青平1067线;35千伏出线3回,分别为青夏3784线、锦江3783线、福特3781线。

#### (二)岗阳变电站

220千伏岗阳变电站是浙江省重点工程、杭州市重点工程,位于临安市东部工业重镇青山湖街道行政辖区内,是锦城街道东部及青山湖街道主供电源点;220千伏岗阳变电站与青云变电站联络,共同为110千伏临安变电站、平山变电站供电,提高临安市城区及青山湖街道大部分地区110千伏电源点的供电可靠性。2006年2月8日,开工建设。2006年12月26日,建成投入运行。总占地面积$2.31×10^4$米$^2$,建筑面积为2239.60米$^2$。首期装设主变压器1台,变电容量18万千伏安,电压等级为220千伏、110千伏、35千伏三级,各电压侧回路数及配电装置形式分别为:220千伏线路本期出线2回,采用单母线接线;110千伏线路本期出线4回,采用单母线接线。变电站总投资5554.65万元。由浙江省电力设计院设计,浙江电力建设监理有限公司监理,浙江华夏建设集团有限公司负责土建施工,浙江省送变电工程公司负责电气安装施工。

2007年11月18日,变电站扩建工程开工建设。2008年4月9日,建成投入运行。增设主变压器1台,变电容量18万千伏安;新增35千伏出线5回。由浙江省电力设计院设计,浙江电力建设监理有限公司监理,恒元建设控股集团有限公司负责土建施工,浙江省送变电工程公司负责电气安装施工。

至2016年,该站拥有主变压器2台,变电总容量36万千伏安;220千伏进线6回,分别为岗青2402线、岗杭2P11线、岗排2493线、岗云2449线、岗方2R57线、岗圆2R58线;110千伏出线12回,分别为岗山1281线、青山1282线、岗石1283线、岗金1287线、岗平1286线、岗临1285线、板桥1280线、岗泉1284线、雅观1288线、岗雅1289线、岗科1747线、科创1748线;35千伏出线7回,分别为杭氧3895线、华锦3896线、青达3898线、鸿达3899线、制氧3884线、南都3885线、万电3886线。

（三）方圆变电站

2012 年 5 月 31 日，临安电网第三座 220 千伏变电站——220 千伏方圆变电站建成投入运行。该变电站位于临安市於潜镇以西方元村东侧，是临安中西部第一座 220 千伏变电站。2011 年 3 月 15 日，开工建设。首期装设主变压器 1 台，变电容量 18 万千伏安；新建 220 千伏进线 2 回、110 千伏出线 4 回、35 千伏出线 2 回。变电站占地面积 9977.40 米²，建筑面积 1128.17 米²，工程投资 6030.53 万元。由浙江省电力设计院设计，浙江电力建设监理有限公司监理，中扶建设有限责任公司、浙江省送变电工程公司施工。

2012 年 10 月 30 日，方圆变电站第二台主变压器扩建工程开工建设。12 月 24 日，建成投入运行。增设主变压器 1 台，变电容量 18 万千伏安。220 千伏主接线由单母线完善为双母线接线，110 千伏主接线单母线分段接线，新增 110 千伏出线 2 回，35 千伏接线由单母线完善为单母线分段接线，扩建 2 组 1 万千乏电容器组。工程总投资 2195.94 万元（其中扩建光纤通信工程 39.06 万元）。由杭州市电力设计院有限公司设计，浙江电力建设监理有限公司监理，浙江省送变电工程公司施工。

至 2016 年，该站拥有主变压器 2 台，变电总容量 36 万千伏安；220 千伏进线 2 回，分别为岗方 2R57 线、岗圆 2R58 线；110 千伏出线 5 回，分别为龙岗 1752 线、昌化 1754 线、华电 1128 线、方龙 1751 线、方青 1750 线；35 千伏出线 4 回，分别为潜川 3677 线、方阳 3673 线、方太 3888 线、方潜 3894 线。

2016 年临安电网 220 千伏公用变电站情况见表 2-10。

表 2-10　2016 年临安电网 220 千伏公用变电站情况

| 序号 | 变电站名称 | 变电站投运时间 | 主变压器编号 | 容量/千伏安 | 主变压器型号 | 接线方式 | 110 千伏出线数 | 35 千伏出线数 | 主变压器投运时间 | 地址 |
|---|---|---|---|---|---|---|---|---|---|---|
| 1 | 青云变电站 | 1996 年 12 月 | 1 | 180000 | OSSz10－180000/220 | YNyn0d11 | 10 | 3 | 2008 年 11 月 | 锦城街道 |
| | | | 2 | 150000 | OSFS9－150000/220 | YNyn0d11 | | | 2003 年 12 月 | |
| 2 | 岗阳变电站 | 2006 年 12 月 | 1 | 180000 | SFS10－180000/220 | YNyn0d11 | 12 | 7 | 2006 年 12 月 | 青山湖街道 |
| | | | 2 | 180000 | SS10－180000/220 | YNyn0d11 | | | 2008 年 4 月 | |
| 3 | 方圆变电站 | 2012 年 5 月 | 1 | 180000 | SSZ11－180000/220 | YNyn0d11 | 5 | 4 | 2012 年 12 月 | 於潜镇 |
| | | | 2 | 180000 | SS10－180000/220 | YNyn0d11 | | | 2012 年 5 月 | |

# 第五节　途经临安的超高压线路和特高压线路

2006 年 7 月，500 千伏宣富线建成投入运行。2014 年 12 月，1000 千伏浙北—福州特高压交流输电线路工程建成投入运行。2016 年 8 月，灵州—绍兴±800 千伏特高压直流输电线路建成投入运行。

## 一、途经临安的超高压线路

500 千伏宣富线从安徽宣城（敬亭变电站）送电至浙江富阳变电站，是华东电网有限公司 2006 年的重点抢建工程，由华东电力设计院设计，浙江省电力公司超高压建设分公司承建，浙江电力建设监理有限公司监理。工程同塔架设双回路 2×160 千米，其中浙江境内线路长度为 75.07 千米，铁塔 160 基，线路经过临安、富阳两地区。500 千伏宣富线临安段线路长度约 65 千米，铁塔 131 基，导线型号为 4×LGJ－630/45；地线型号一根为 LGJ－95/55，另一根为 48 芯 OPGW。临安境内段线路途经横路乡、千洪乡、於潜镇、太湖源镇、藻溪镇、玲珑街道、上甘街道、板桥乡等 8 个乡（镇）。2006 年 3 月，开工建设。同年 7 月，建成投入运行。

500千伏宣富线的投入运行开辟了由安徽向浙江送电(即"皖电东送")的通道,提高浙江的供电可靠性,大幅提升安徽向浙江输送电能的额度。

## 二、途经临安的特高压线路

### (一)1000千伏浙北—福州特高压交流输电线路(安兰Ⅰ线/安兰Ⅱ线)

1000千伏浙北—福州特高压交流输电线路工程起于浙北变电站,经浙中变电站、浙南变电站,止于福建福州变电站,途经浙江、福建2个省,线路长度约2×603千米,其中浙江境内线路长度约2×428千米。1000千伏浙北—福州特高压交流输电线路工程临安境内段线路长度约45千米,铁塔112基,途经青山湖街道、高虹镇、锦北街道、太湖源镇、锦城街道、玲珑街道和板桥镇。2013年4月,开工建设。2014年12月,建成投入运行。

### (二)灵州—绍兴±800千伏特高压直流输电线路(灵绍线)

灵州—绍兴±800千伏特高压直流输电线路工程起于宁夏银川境内灵州换流站,止于浙江绍兴换流站,途经宁夏、陕西、山西、河南、安徽、浙江6省份,线路长度约1720千米,额定输送功率800万千瓦。该工程线路进入浙江境内途经临安、富阳、萧山、诸暨等行政区域,浙江段线路长度约为114.629千米,杆塔223基。灵州—绍兴±800千伏特高压直流输电线路临安境内段线路长度约55千米,铁塔100基,途经太阳镇、於潜镇、天目山镇、太湖源镇、玲珑街道和板桥镇。2014年9月,开工建设。2016年8月,建成投入运行。

2016年途经临安的超高压、特高压线路见表2-11。

表2-11 2016年途经临安的超高压、特高压线路情况

| 序号 | 线路名称 | 电压等级/千伏 | 起点 | 终点 | 临安境内 | | | 投运时间 |
| --- | --- | --- | --- | --- | --- | --- | --- | --- |
| | | | | | 长度/千米 | 导线型号 | 杆路基数/基 | |
| 1 | 宣富线 | 500 | 宣城 | 富阳 | 65 | LGJ—630/45 | 131 | 2006年7月 |
| 2 | 安兰Ⅰ线、安兰Ⅱ线 | 1000 | 浙北 | 福州 | 45 | JLK/G1A—530(630)/45;JLK/G1A—500/45;JLK/G1A—500/55 | 112 | 2014年12月 |
| 3 | 灵绍线 | ±800 | 灵州 | 绍兴 | 55 | JL/G2A—1250/100 | 100 | 2016年8月 |

# 第三章　供　电

　　民国23年(1934)开办的临安电汽有限公司就地低压供电,1938年,因燃料断绝被迫停办,不久厂房设备被日机炸毁。

　　中华人民共和国成立初期,临安县城关镇上有私营小电厂短暂供电。1952年,裕民米厂附设发电车间发电,供给专区、县机关及商店照明。1953年12月,临安电厂投产发电,向机关、学校、商店供电。1955年5月,於潜电厂投产发电,供於潜镇上照明用电。1958年,於潜电厂以低压直供的形式向於潜甲子山酒厂供电,开启向工厂供电之先河。1957年7月,昌化水电站投产发电,供电范围为昌化镇上照明用电。1958年,由于昌化县的"五小"工业兴起,开始有了动力用电。11月,白牛水电站投产发电。白牛水电站是临安县第一个农村水电站,白牛村成为临安县第一个用上电的乡村。1959年10月,从闲林埠经余杭到临安的10千伏线路通电,临安开始由杭州电网供电。1960年9月,220千伏杭州变电站建成投入运行后,这条10千伏线路接入杭州变电站,临安开始由大电网供电。随着1963年35千伏临安变电站和於潜变电站的先后投入运行,供电范围不断扩大。1967年7月,35千伏昌化临时变电站建成投入运行。至此,供电范围遍及临安大部分社、队。

　　"文化大革命"期间,电力建设发展缓慢,电能质量低,线损大,10年中有8年线损大于20%,最大时达22%。改革开放后,电力发展不断加快。1980年,全县年供电量突破1亿千瓦时,为1.03亿千瓦时。

　　随着电力建设步伐的加快和电能质量管理工作的加强,电能质量逐步改善,供电负荷和供电量继续增长。1990年,全县最高供电负荷2.8万千瓦,供电量2.45亿千瓦时。临安电网以110千伏电网为重点,加快电网建设步伐,经历了改造、扩建阶段,同时加强用电水平安全生产管理,确保电能质量的稳步提高。

　　1996年12月,220千伏青云变电站建成投入运行。从此,临安可从华东大电网直接吸取电能,提高了整个临安电网的供电可靠性。2003年,临安全市供电最高供电负荷18.02万千瓦,供电量首次突破10亿千瓦时大关,为10.85亿千瓦时。面对2008年初的冰雪灾害,临安市供电局一如既往迅速组织抢修队伍进行抢修,快速恢复供电。是年,全市供电量突破20亿千瓦时大关,为20.57亿千瓦时。2016年,全市最高供电负荷60.1万千瓦,供电量30.38亿千瓦时。

## 第一节　供电水平

### 一、负荷与电量

　　中华人民共和国成立初期,临安县城有私营电厂,仅供县城照明。1953年12月,临安电厂建成投产,当年供电量1.37万千瓦时。至1959年9月,年均供电量107万千瓦时。

　　1959年10月,从闲林埠经余杭到临安的10千伏线路通电,临安开始由杭州电网供电。1963年5月,临安县第一座35千伏临安变电站建成投入运行,分别供电青山、青云、玲珑等地。35千伏於潜变电站和临於线于 1963 年 7 月建成投入运行,除供电於潜地区用电,还引出 10 千伏昌化线,供电到昌化镇。是年,临安电网最高供电负荷 400 千瓦,供电量 352 万千瓦时。1967 年 7 月,35 千伏昌化临时变电站建成投入运行,分别供电昌西、昌化、昌南、昌北、石瑞等地。是年,临安电网最高供电负荷 1500 千瓦,全县供电量 1268 万千瓦时。1976 年 10 月,临安县第一座 110 千伏昌化变电站建成投入运行,分别供电於潜、龙岗、昌化、昌南、石瑞、白牛、钢铁厂等地。是年,临安电网最高供电负荷 6400 千瓦,供电量 5634 万千瓦时。

十一届三中全会以后,临安县经济发展迅速,用电量剧增。1980 年 10 月,35 千伏临安变电站升压为 110 千伏。是年,临安电网最高供电负荷 1.17 万千瓦,供电量首次突破 1 亿千瓦时,为 1.03 亿千瓦时。通过大规模电网改造,供电水平明显提高。1985 年,临安电网最高供电负荷 1.81 万千瓦,供电量 1.58 亿千瓦时,是 1975 年的 3.36 倍。之后,因统配网电不足,实施计划用电。工厂企业采取避峰用电,节约非生产用电,确保供用电负荷平衡。由于大网电力不足,仍经常拉闸断电,严重影响了经济的发展。20 世纪 80 年代中期至 90 年代前期,临安地方政府鼓励集资办电,一批小火电站、小水电站先后建成投产。在此期间,临安县供电局以 35 千伏电网为重点,加快电网建设。至 1996 年,先后建成龙岗、夏禹、青云、锦城、藻溪、潜川等 35 千伏变电站。对临安、於潜、青山变电站 3 座变电站升压或扩容,极大地提高了临安电网的供电水平。1996 年,临安电网最高供电负荷 9.6 万千瓦,供电量 5.06 亿千瓦时,是 1985 年的 3.20 倍。其中,小水电供电量 8681.18 万千瓦时,小火电供电量 1.29 亿千瓦时,小水电与小火电供电量占临安电网供电量的 42.59%。

进入 21 世纪后,临安电网的供电量快速增长。至 2003 年,临安电网最高供电负荷 18.02 万千瓦,供电量超过 10 亿千瓦时,为 10.85 亿千瓦时。临安加快 110 千伏电网建设,以提高供电水平。先后新建锦南、高虹、秀水、石泉等 110 千伏变电站,新建青云、岗阳 220 千伏变电站,形成以 220 千伏为骨干、110 千伏为支撑、35 千伏及 10 千伏为覆盖的,技术先进,网架合理,供电可靠,调度灵活,经济运行,具有较高自动化水平的地方电网。

2005 年,临安电网最高供电负荷 25.46 万千瓦,比上年同期增长 22.58%;供电量 14.34 亿千瓦时,比上年同期增长 18%。

2006—2010 年,临安电网供电量指标实现新的突破,供电量超 20 亿千瓦时。2010 年,临安电网最高供电负荷 45.90 万千瓦,比 2005 年增长 80%;供电量 26.21 亿千瓦时,比 2005 年增长 83%。

2013 年 7 月 18 日,临安电网最高供电负荷 53.57 万千瓦,创临安供电负荷历史新高。为应对用电缺口,临安市全面启动全市有序用电工作,国网浙江临安市供电公司与临安市政府建立"合署办公,联合执法"工作机制,制定"先生活、后生产""有保有压"和"控制与节约并举"的有序用电原则,制定有序用电六级响应预案,最大程度让电于民。

2016 年,临安市电力用户数 28.92 万户,最高供电负荷 60.1 万千瓦,供电量 30.38 亿千瓦时。其中,小水电与小火电供电量 4.2 亿千瓦时,占临安电网供电量的 13.82%。

1963—2016 年临安电网最高供电负荷、供电量情况见表 3-1。

表 3-1　1963—2016 年临安电网最高供电负荷、供电量情况

| 年份 | 最高供电负荷/万千瓦 | 供电量/万千瓦时 |
| --- | --- | --- |
| 1963 | 0.04 | 352 |
| 1964 | 0.06 | 504 |
| 1965 | 0.08 | 711 |
| 1966 | 0.11 | 966 |
| 1967 | 0.15 | 1268 |
| 1968 | 0.15 | 1312 |
| 1970 | 0.21 | 1846 |

| 年份 | 最高供电负荷/万千瓦 | 供电量/万千瓦时 |
|---|---|---|
| 1971 | 0.33 | 2918 |
| 1972 | 0.43 | 3791 |
| 1973 | 0.48 | 4230 |
| 1974 | 0.48 | 4240 |
| 1975 | 0.54 | 4700 |
| 1976 | 0.64 | 5634 |
| 1977 | 0.79 | 6920 |
| 1978 | 0.87 | 7633 |
| 1979 | 0.99 | 8656 |
| 1980 | 1.17 | 10272 |
| 1981 | 1.27 | 11111 |
| 1982 | 1.25 | 10952 |
| 1983 | 1.34 | 11723 |
| 1984 | 1.41 | 12808 |
| 1985 | 1.81 | 15815 |
| 1986 | 2.04 | 17842 |
| 1987 | 2.42 | 21233 |
| 1988 | 2.61 | 22826 |
| 1989 | 2.79 | 24452.50 |
| 1990 | 2.80 | 24535.80 |
| 1991 | 3.27 | 28600.29 |
| 1992 | 5.5 | 32364.28 |
| 1993 | 7 | 38873.22 |
| 1994 | 8 | 47850.26 |
| 1995 | 10.02 | 49281.86 |
| 1996 | 9.60 | 50554.74 |
| 1997 | 8.28 | 51450.23 |
| 1998 | 9.27 | 52599.78 |
| 1999 | 9.24 | 49574.63 |
| 2000 | 10.68 | 57627.59 |
| 2001 | 12.60 | 71588.36 |
| 2002 | 15.14 | 86114.56 |
| 2003 | 18.02 | 108537.04 |
| 2004 | 20.77 | 121558.97 |
| 2005 | 25.46 | 143379.51 |
| 2006 | 29.05 | 166962.25 |
| 2007 | 33.06 | 193422.36 |
| 2008 | 36.62 | 205695.10 |
| 2009 | 42.85 | 227200.04 |
| 2010 | 45.90 | 262149.32 |
| 2011 | 51.06 | 278751.22 |
| 2012 | 50.25 | 288935.00 |
| 2013 | 53.60 | 303682.62 |
| 2014 | 54.91 | 302002.86 |
| 2015 | 53.77 | 285560.40 |
| 2016 | 60.10 | 303815.35 |

## 二、电能质量

### (一)电压

民国期间,临安电汽有限公司采用直流发电机供照明用电,额定电压为220伏。虽供电范围小,单纯供照明用电,负荷波动小,但因技术薄弱、燃料资金不足等原因,存在电压不稳等问题。

中华人民共和国成立之初,临安县陆续建成的小电厂额定电压为380/220伏,由于设备陈旧、技术薄弱(特别是临安电厂,发电机实际出力不足额定容量的60%),发电机组不能正常运转,电压不稳,电灯时明时暗。

1959年10月,杭州电网的电送至临安。从1960年9月至1963年6月,临安、於潜、昌化相继用上大电网的电,供电电压规定为国家标准电压:35千伏、10千伏和380伏/220伏。供电电压质量开始得到改善,靠近电源的用户的电压质量基本达到合格标准,但线路末端的用户的电压质量仍不合格。为提高电压质量,部分变电站开始安装电力电容器。

随着临安电网向农村延伸,供电半径扩大,负荷增加,农村线路电压质量普遍下降。20世纪60年代初,采取整改农网的措施,新建或改造10千伏线路,增设10千伏配电变压器。至1964年,全县有10千伏线路458.68千米,配电变压器251台,配电总容量7967千伏安,农村电网的电压质量有所改善。

20世纪70年代,系统严重缺电,电网长期处于低频率、低电压运行状态。每年4—9月农业用电高峰期,虽采取多种措施让电于农业和重要用户,但电压和频率质量仍得不到保障。部分农村配电线路,由于线路长、线径小、负荷大,末端电压很低,致使用户的电动机无法启动。1971年后,随着"小三线"工程的陆续投产和"五小"工业的上马,临安地区的用电量大幅度增加。由于临安地区35千伏线路是从杭州变电站延伸到临安、於潜、昌化、龙岗等地,远远不能满足昌化、於潜"小三线"大用户对电压的要求。为了确保工农业生产的需要,1972年,开始架设1条七里坞(垅)至昌化的110千伏线路,并在昌化镇建设110千伏变电站1座,于1976年10月建成投入运行,使缺电状况得到缓解。1979年,为了做好电力平衡工作,临安电力公司组织开展群众性调荷节电活动,在全县10家单位安装电容器,容量3452千乏,在於潜变电站、临安变电站共投入电容器2588千乏。另外,还加强了小水电的管理,实行无功计量,使系统功率因素有了很大好转。

电力工业部于1980年印发《电力系统电压和无功电力管理(试行)》,规定35千伏及以上电力用户受电端电压偏移幅度为额定电压±5%,10千伏及以下用户受电端电压为额定电压±7%。为达到国家规定的电压标准,临安供电部门加快电网完善化建设,缩短供电线路半径,并按无功就地补偿的原则,由电力部门和用户分别安装无功补偿设备。1981年11月起,对100千伏安及以上变压器用户执行功率因素奖惩制度,凡功率因素达到0.85以上者奖,低于0.85者罚。

根据能源部1988年9月22日印发的《电力系统电压和无功电力管理条例》(能源电〔1988〕18号)精神,1989年10月起,临安县供电局电压合格率被纳入杭州市电力局考核,临安县供电局结合电压考核工作制定《电压管理制度》。1990年,为了统一电压合格率考核办法,临安县供电局制定《电压合格率考核实施细则》,以用户电压质量符合标准为着眼点,加强电压质量考核。同时,建立由主任工程师负责,由生技股、企管办、用电股、调度室、供电所、变电工段等有关单位开展具体工作,生技股设兼职人员归口管理的电压管理网络。为了做好电压监测统计表的运行、维护、校验工作,临安县供电局制定《电压监测统计表使用管理办法(试行)》;针对电压监测用户,下发《关于用户电压监测有关事项的通知》,在电压管理上形成一个保证体系。在临安全县范围内进行电压监测点的选置工作,选择一些变电站次级母线、10千伏高压用户、低压用户作为电网电压监测点,安装电压监测仪,对电压合格率实行目标管理。变电站值班人员根据母线电压偏差范围,调整有载开关,投切电容器,使母线在正常电压范围内运行。供电所、修配场对二次侧电压偏差的配电变压器分接头进行及时调整,提高了用户的电压合格率。该年电压合格率达91.13％,使电压低的矛盾得到缓解。

临安县供电局加快变电站布点。至1990年,临安电网共拥有15座35千伏及以上变电站(含用户变电站),变电总容量10.88万千伏安。变电站按容量配置电容器,实行无功就地补偿。

为进一步提高电压合格率,2001年,临安市供电局开始实行电压合格率考核,制定《临安市供电局电压质量和无功电力管理制度》,明确管理的组织领导、职责分工、电压质量的监测、无功电压设备的运行要求等,改善电压质量,降低损耗,保持电网的安全稳定运行。

2003年,针对各变电站电压自动调节装置的缺陷,更新、安装更先进的电压无功调节(VQC)装置,改变长期由变电运行人员监控电压、调节有载调压分接头和投切电容器的做法,确保了变电站电压稳定运行。借助调度自动化系统的"四遥"功能,实现对电网内各变电站的有载调压装置和无功补偿装置进行集中控制、集中监视和集中管理,实现全网无功电压无功优化运行闭环控制。

2008年,浙江省电力公司地区功率因素考核办法要求对220千伏变电站按照220千伏母线电压水平控制主变压器高压侧功率因素。VQC装置不具备该功能,于是临安市供电局在调度自动化系统(OPEN2000)中增加自动电压控制(AVC)模块。2009年4月,将110千伏及以下变电站接入AVC系统闭环运行;8月,将220千伏青云变电站、岗阳变电站的8组35千伏电容器接入AVC系统闭环运行。2009年,A类电压合格率达99.95％。

2010年4月,临安市供电局藻溪供电营业所邀请临安市供电局分管电能质量人员到现场进行工作指导,加强无功管理,提高功率因素,解决电能质量及电压质量问题,为用户排忧解难,得到当地绸机加工户的一致好评。

低电压改造关系到居民的日常生活,电能质量的高低直接影响老百姓的生活质量。2011—2012年,临安市供电局投入资金2715万元,缓解岛石、青山等7大区块的供电瓶颈问题,消除低电压现场89处,2万余户居民受益,助推农村绿色经济的发展。2012年,临安市供电局推广集束导线在低压接户线中的应用,机械强度增强3倍以上,有效缓解各种恶劣天气对线路产生的影响,阻抗比传统导线电压下降30％,对于稳定末端电压、提高电压质量具有实际意义。

电压数据的实时监测是电压管理的必然手段,电压监测数据远传系统是电压管理由事后分析向事前预控转变的重要工具。2010年,临安市供电局成为杭州市电力局电压监测数据远传系统建设的试点单位。至2012年,完成各个供电营业所的远传改造,采用远传系统数据,全面实施在线监测。通过定期在线监测,对不合格的区域及时通过调节配电变压器分接开关、合理配置台区无功自动补偿装置、在低压线路末端加装小容量无功补偿装置、调整线路负载三相平衡、低压大容量动力用户安装无功就地补偿装置等技术措施进行整治,确保各类电压偏差在正常范围内,既减轻了基层人员的工作量,又能够及时了解监测点的电压质量情况,便于对电压不合格情况及时采取措施,极大地提高了电压质量。

2016年,针对临安电网山区多、供电半径长、小水电众多、负荷性质多样等特点,国网浙江临安市供电公司以提升电压质量为目标,通过分析不同时期用电特性,从技术措施和管理措施两方面落实电压管控。技术上通过构建坚强主网、合理布局无功设备、加强配网改造,保障电网电压质量,再通过建立电压实时监测系统,及时发现电压异常情况,及时处理。管理上通过建立管理网络体系、制定月度例会通报制度、联合运营监测中心、建立绩效考核制度,确保电压工作流程通畅。通过特殊时期的特殊对策,临安地区的电压得到有效控制,满足了用户日益提高的用电需求。

至2016年12月,临安电网拥有138处电压检测点,分A、B、C、D四类,其中,A类49处、B点类5处、C类11处、D类73处,各处均有记录型电压表进行自动记录。临安电网综合电压合格率99.94％。

2006—2016年临安电网电压合格率见表3-2。

表3-2　2006—2016年临安电网电压合格率

单位:%

| 年份 | 2006 | 2007 | 2008 | 2009 | 2010 | 2011 | 2012 | 2013 | 2014 | 2015 | 2016 |
|------|------|------|------|------|------|------|------|------|------|------|------|
| A类 | 99.81 | 99.91 | 99.96 | 99.95 | 99.99 | 99.988 | 99.933 | 99.917 | 99.971 | 99.965 | 99.954 |
| B类 | 99.89 | 99.91 | 99.59 | 99.99 | 100.00 | 99.972 | 99.820 | 99.838 | 99.923 | 98.956 | 100.00 |
| C类 | 99.99 | 99.76 | 99.96 | 99.99 | 100.00 | 100.00 | 99.912 | 99.892 | 99.249 | 99.458 | 99.824 |
| D类 | 99.00 | 99.09 | 99.00 | 99.12 | 99.31 | 99.529 | 99.799 | 99.926 | 99.957 | 99.957 | 99.926 |
| 综合 | 99.72 | 99.74 | 99.74 | 99.82 | 99.88 | 99.911 | 99.888 | 99.901 | 99.674 | 99.711 | 99.935 |

注:A类:10千伏母线电压合格率;B类:35千伏及以上专线用户电压合格率;C类:10千伏高压用户电压合格率;D类:380/220伏低压用户电压合格率。

（二）供电可靠性

20世纪80年代以前,供电可靠性未引起充分重视。当时用电量相对较小,输电线路较细、设备陈旧,通信条件差,加上10千伏电网为"二线一地制",事故发生较多,供电可靠性较差。随着临安社会经济的发展、用电需求量的急剧增加,逐步对供电可靠性有了明确的要求。1985年2月1日,水利电力部印发《SD 137－85 配电系统供电可靠性统计办法(试行)》(〔85〕水电电生字第9号),在部分城市供电企业中试行。1987年,能源部贯彻国务院于1986年7月4日印发的《关于加强工业企业管理若干问题的决定》(国发〔1986〕7号)文件精神,组织电力企业开展"抓管理,上等级,全面提高企业素质"企业升级活动,将供电可靠性指标列入供电企业升级考核标准。1989年下半年和1990年初,能源部先后印发《供电线路国家级企业等级标准(试行本)》及《农电线路国家级企业等级标准(试行本)》,要求县城所在地配电线路和各县农村配电线路主干线进行可靠性试统计。1990年起,杭州市电力局配电系统供电可靠性指标的考核值扩大到各县县城,临安县供电局开始配电系统供电可靠率统计。临安县供电局制定《配电可靠性统计办法实施细则》,修订《配电系统供电可靠性管理制度》,设立由分管副局长负责,由生技股、企管办、调度室、供电所、变电工段等有关单位开展具体工作,生技股设兼职人员归口管理的配电网供电可靠性管理网络,形成供电可靠率保证体系。

此后,临安县供电局又将配电系统用户供电可靠率作为量化的优质服务指标向社会公开承诺。由于配电系统用户供电可靠率是衡量供电企业对配电用户持续供电的能力,涉及供电企业电力设施状况、运行检修能力、企业管理水平和企业、社会的经济效益、企业形象等方面,受到供电企业和电力用户的高度重视。为提高配电系统用户供电可靠率,临安县供电局在电网建设、电力调度、运行检修、供电管理、用电服务等方面采取一系列措施。在电网建设方面,加大建设投资,逐步改造单变、单线变电站,在城市配电网增建开闭所,增加公用变压器,增装线路分段开关和联络开关,进行配电线路绝缘化改造等;在电力调度方面,优化运行方式,建立、健全应急预案,实行灵活调度;在运行检修方面,加强生产管理,加强线路和变电以及运行和检修之间的密切配合,开展带电作业、状态检修,缩短倒闸操作和停电时间;在管理方面,实行可靠性目标管理,指标分解,严格考核。另外,还通过购置发电设备保证突发事件临时用电等,使用户供电可靠率逐步提高。

1995年7月,在升压后的110千伏青山变电站110千伏、35千伏、10千伏侧均安装备用电源自动投入装置,提高供电可靠性。

1996年12月,220千伏青云变电站建成投入运行,改变临安电网长期以来仅从浙江电网单一电源供电的局面,从此,临安可由华东大电网直接吸取电能,提高了整个临安电网的供电可靠性。

1998年,临安市供电局抓住"两网改造"的时机,在配电网中大量使用绝缘导线、电缆、SF6断路器,使供电线路的现代化、绝缘化、电缆化、环网化程度大幅度提高,有效提高了配电网的供电可行靠性。

2006 年 12 月,220 千伏岗阳变电站建成投入运行,对提高临安市青山工业园区的供电可靠性、满足临安市用电需求和拉动地方经济发展具有极其重要的意义。

2010 年 9 月,调控一体化信息辅助管理系统投入使用,其强大的数据库功能和智能分析、决策功能为调控员提供强有力的技术支持,也为缩短故障排查时间、提高供电可靠性提供了有效途径。

2012 年 10 月,110 千伏龙岗变电站二期扩建工程建成投入运行,改变原龙岗变电站的单线单变模式,满足龙岗地区用电增长的需求。12 月,110 千伏杨岭变电站二期扩建工程建成投入运行,改变原杨岭变电站的单线单变模式,提高了供电可靠性。是年,临安市城镇用户供电可靠率 99.99%,农村用户供电可靠率 99.96%。

为了确保广大用户安心用电,国网浙江临安市供电公司立足配网现状,早筹划、早部署,多措并举开展迎峰度夏保供电措施。2014 年,完成 113 个超满载综合治理项目,总投资 1800 多万元,新增和增容变压器 97 台,新建和改造线路 60 余千米。完成超满载清零目标,解决配变台区供电半径长、线径小等问题,极大提高配网的输送能力和供电可靠率。

至 2016 年,临安电网城网供电可靠率 99.9764%;农网供电可靠率 99.9315 %。

2013—2016 年临安电网供电可靠率见表 3-3。

表 3-3　2013—2016 年临安电网供电可靠率

单位:%

| 分类 | | 城网 $RS_1$ | 城网 $RS_2$ | 城网 $RS_3$ | 农网 $RS_1$ | 农网 $RS_2$ | 农网 $RS_3$ |
|---|---|---|---|---|---|---|---|
| 2013 | 全年 | 99.9929 | 99.9929 | 99.9929 | 99.9900 | 99.9900 | 99.9900 |
| | 一季度 | 100.0000 | 100.0000 | 100.0000 | 99.9793 | 99.9793 | 99.9793 |
| | 二季度 | 99.9998 | 99.9998 | 99.9998 | 99.9868 | 99.9868 | 99.9868 |
| | 三季度 | 99.9985 | 99.9985 | 99.9985 | 99.9913 | 99.9913 | 99.9913 |
| | 四季度 | 99.9929 | 99.9929 | 99.9929 | 99.9911 | 99.9911 | 99.9911 |
| 2014 | 全年 | 99.9939 | 99.9939 | 99.9939 | 99.9910 | 99.9910 | 99.9910 |
| | 一季度 | 100.0000 | 100.0000 | 100.0000 | 99.9799 | 99.9799 | 99.9799 |
| | 二季度 | 99.9998 | 99.9998 | 99.9998 | 99.9869 | 99.9869 | 99.9869 |
| | 三季度 | 99.9985 | 99.9985 | 99.9985 | 99.9915 | 99.9915 | 99.9915 |
| | 四季度 | 99.9939 | 99.9939 | 99.9939 | 99.9910 | 99.9910 | 99.9910 |
| 2015 | 全年 | 99.9675 | 99.9675 | 99.9675 | 99.9225 | 99.9225 | 99.9225 |
| | 一季度 | 99.9912 | 99.9912 | 99.9912 | 99.8764 | 99.8764 | 99.8764 |
| | 二季度 | 99.9749 | 99.9749 | 99.9749 | 99.9305 | 99.9305 | 99.9305 |
| | 三季度 | 99.9694 | 99.9694 | 99.9694 | 99.9374 | 99.9374 | 99.9374 |
| | 四季度 | 99.9675 | 99.9675 | 99.9675 | 99.9225 | 99.9225 | 99.9225 |
| 2016 | 全年 | 99.9764 | 99.9764 | 99.9764 | 99.9315 | 99.9315 | 99.9315 |
| | 一季度 | 99.9999 | 99.9999 | 99.9999 | 99.9846 | 99.9846 | 99.9846 |
| | 二季度 | 99.9893 | 99.9893 | 99.9893 | 99.9426 | 99.9426 | 99.9426 |
| | 三季度 | 99.9772 | 99.9772 | 99.9772 | 99.9284 | 99.9284 | 99.9284 |
| | 四季度 | 99.9764 | 99.9764 | 99.9764 | 99.9315 | 99.9315 | 99.9315 |

注:$RS_1$ 为计算全部停电时间的用户供电可靠率;$RS_2$ 为不计外部影响停电时间的用户供电可靠率;$RS_3$ 为不计系统电源不足限电时间的用户供电可靠率。

## 三、保供电

2002 年 6 月 8—15 日,中国首届森林风景资源博览会暨中国天目山森林旅游节在临安市举办,这是临安历史上首次举办的国家级节庆活动。临安市供电局制定保供电方案,协同完成节庆活动及《周末喜相逢》晚会的保供电任务。

2003年10月26日,浙江省第八届"十月的阳光——建设生态省"大型广场电视直播活动在浙江农林大学东湖校区五舟广场举行。临安市供电局制定保供电方案,圆满完成直播活动的保供电工作。

2005年9月20—23日,第四届中国天目山森林旅游资源博览会期间,临安市供电局制定专项保供电方案,对相关供电线路和用电设备进行巡查和全面整修,确保在活动期间未发生任何意外停电事故。同时,临安市路灯管理所调换灯箱197只,发布大型广告牌1200米²,新增路灯彩旗600余杆,保障整个活动顺利开展。

2010年10月27日—11月1日,第七届中国森林生态博览会在临安市举行。临安市供电局组织大量人力、物力进行安全检查、电力设施安装、非正常用电备用方案确定、物资储备等保供电工作,确保活动的用电需求,全程保供电。

2011年10月28日,临安市政府在太湖源镇指南村举办"指南秋韵——临安市首届指南村高山红叶旅游节"大型乡村广场活动。该活动全程现场直播,对电力保障的要求较高。临安市供电局制定保供电方案,对涉及保供电的所有线路进行特巡,对现场用电设备进行细致检查,确保现场演出圆满结束。

2015年9月17—19日,第九届亚洲技巧锦标赛在临安市举办,该比赛是亚洲范围最大、规格最高、影响最广的技巧国际级专项体育赛事。为确保该比赛供电,国网浙江临安市供电公司制定严密的保供电方案,赛前对涉及的线路和设备进行全面检查,多次进行赛场馆满负荷运行试验,确保设备满载时可靠运行,全力保障比赛场馆和参赛人员入住场所的电力供应。

2016年10月19日,为确保杭州市第三批重大项目暨浙商回归重大项目集中开工仪式临安分会场活动供电需求,国网浙江临安市供电公司组织保电组到现场勘查,制定保供电方案,成立专项工作组巡查现场线路和设备。由于该活动采取多个会场多地同时举办,活动期间要求不间断供电,考虑到若采取公网和发电车双路电源供电,一旦主供电源故障,备用电源切换需3~5秒时间,因此,国网浙江临安市供电公司吸取G20杭州峰会保电经验,引进UPS作为第三路保护,完成临安分会场保电任务。

# 第二节　电力调度

## 一、调度管理

20世纪50年代,临安境内各电厂在各自经营范围内供电,无专人负责电力调度,一般由电厂(站)技术人员操纵闸刀、开关,控制通电、断电。1959年,临安县10千伏系统及35千伏临安变电站投入运行后,35千伏及10千伏设备均由杭州供电局调度室(简称杭调)统一调度。1976年10月,110千伏昌化变电站投运后,110千伏设备由浙江省水利电力局调度所(简称省调)调度,35千伏及10千伏设备仍由杭调调度。

1975年,为了适应电力事业的发展需要,杭州供电局革命委员会决定将原由杭调调度的临安县10千伏系统下放临安电力公司革命委员会调度,临安电力公司革命委员会筹备设立调度室。1977年,根据杭州供电局革命委员会《关于临安电力公司单独成立调度的通知》文件,临安电力公司单独设立电力调度(简称县调);4月25日,开始执行调度业务。杭州供电局安全调度科在现场进行调度设备下放及业务交底手续,10千伏系统及除青山水库电站(因通信线尚未与临安县调接通,暂仍属杭调调动)外的所有水电站均属临安县调调度。

随着电网发展,调度工作量增大。1985年5月10日,杭州市电力局把杭州电网部分设备调度关系下放,下放给临安县供电局的有临於3562线、於昌3563线、临安变电站35千伏母线、於潜变电站35千伏母线、昌化变电站35千伏母线。下放给临安县供电局的一次设备,包括二次继电保护及通信远动设备也一并归临安县供电局管辖。

1993年6月29日,国务院发布《电网调度管理条例》,县级调度机构正式成为全国第五级电网调度机构、全省第三级电网调度机构。1996年后,调度范围扩大,陆续增加35千伏畈龙变电站、35千伏潜川变电站、35千伏太阳变电站的调度工作,调度范围扩大到110千伏变电站主变压器35千伏开关以下设备、主变压器10千伏开关以下设备。1998年1月,临安市供电局调度室更名为调度所,下设调度班和通讯远动班。6月,根据《关于印发〈临安市供电局机构设置〉的通知》,调度所调整下设班组为调度班、通讯自动化班、运方班(运方班实际未成立)。

临安市供电局多年来采用调度值班模式"调控融一",获上级部门认可。2010年,临安市供电局作为被推荐单位完成国家电网公司"大运行"体系的县局调控一体化调研工作,并在杭州市电力局范围内率先通过浙江省电力公司调控一体化验收。9月28日,临安电网调度监控中心启用。按照浙江省电力公司对调控一体化工作的管理要求,结合临安电网的实际情况,临安市供电局制定《临安电网调控一体化管理规定》,对调控一体化模式下班组职责、岗位职责、值班管理、运行管理、技术管理、安全管理、班组建设、培训体系等方面的工作内容提出规范化要求,编制《县级调控中心监控事故及异常应急预案》《调控一体化人员培训方案》《临安电网调度规程补充规定》,组织调控及相关人员学习,提高人员素质,规范调控工作要求。2010年9月,临安市供电局调度所员工自主开发的群众性创新项目"电网调控一体化信息辅助管理系统"投入运行。10月,通过浙江省电力公司专家组的内部评审。2011年,获浙江省电力系统优秀QC成果二等奖、杭州市优秀质量管理小组成果一等奖、浙江省优秀质量管理小组成果一等奖。

为了适应电网的不断发展和调度关系的变化情况,2011年,临安市供电局结合临安地区电力系统的实际和管理规范化、标准化要求,依据《电网调度管理条例》,修订2002年版《临安地区电力系统调度规程》。修订后的规程明确"调控一体化"模式下的电网调度,同时对调度、运行方式、继保、通信、自动化运行管理提出新的要求。新规程自2012年1月1日起执行。各运行单位根据新规程,对原典型操作票进行相应的修订。

根据《浙江省电力公司实施代管县级供电企业"三集五大"体系建设指导意见》《杭州市电力局"大运行"体系建设操作方案》,2012年,临安市供电局推进临安电网"大运行"体系建设,完成29个工作、管理标准及27个流程梳理,编制修订30项制度。5月21日,电力调度控制中心挂牌;7月27日,通过杭州市电力局组织的专项验收。

2013年,国网浙江临安市供电公司设立电力调度控制分中心,作为地调分中心,调度管辖县域范围内35千伏及10千伏电网,承担县域内35千伏变电设备集中监控,以及所监控电力设施安保、消防告警信号远方集中监视;承担运行方式、保护整定、集中监控、自动化等专业职能;负责信息、通信业务管理;负责抢修类工单接收;负责配网故障研判和抢修指挥;负责县调自动化主站设备的运行维护和异常处置;负责县调电网模型、图形、数据的维护;负责网损管理。

2014年,国网浙江临安市供电公司电力调度控制分中心接收配网抢修指挥业务,建立和完善调控运行与抢修指挥业务协同工作机制,实现信息传递"零延时",提升专业协同效率。规范配网调控管理,编制《10千伏配网分支线调度管理规定》,把分支线纳入调度范围,改变配网"管主线、放分线"的历史调控模式,实现配网主线、分支线停电检修计划的协同,有效减少重复停电,提高配网的安全运行和管理水平。

2014年,国网浙江省电力公司和国网杭州供电公司先后印发《国网浙江省电力公司配电网设备调度命名规范的通知》(浙电调〔2014〕474号)、《国网杭州供电公司关于印发配电网设备调度命名实施细则的通知》(杭电规〔2014〕11号),要求"规范配电网调度管辖设备命名,保证区域电网设备命名的唯一性"。2015年2月12日,国网浙江临安市供电公司召开配电网设备调度命名实施方案宣传贯彻会,启动10千伏配电网设备调度命名调整工作。根据文件要求,国网浙江临安市供电公司配电网线路名称主要有以下调整:原 10 千伏线路 3 位数字编码前统一增加字母 V,以示与其他县(市、区)区分;原配网联络开关 4 位编码全部取消,重新按"V"+主线 3 位数字编码+统一流水编号编排;原开关站之间的联络线路不再跟随主线命名,采取两座开关站首字母+"V"+主线 3 位编码+流水编号形式命名,相应环网柜开关一并调整;新增"××联线"命名,"令克"名称统一替换为"跌落式熔断器"等。4 月 7 日,国网浙江临安市供电公司印发《配电网设备调度规范化命名具体实施方案》。至 2015 年底,完成锦城、太阳、渔村、湍口、胜联5 座变电站 30 条配电网线路更名工作。至 2016 年 5 月底,完成 27 座变电站 10 千伏间隔更名工作。

2016 年,国网浙江临安市供电公司推进地县一体化 D5000 调度自动化系统建设,完成临安电网全部30 座变电站和 6 座用户变厂站的 D5000 调度自动化主站系统接入调试工作;完成 OPEN3200 配网自动化主站系统升级改造,于 11 月通过国网杭州供电公司组织的实用化验收,实现远方控制配网方式调整、负荷转供和远方故障判断、隔离功能。

## 二、继电保护

### (一)继电保护管理

1977 年 4 月,临安电力公司单独设立调度后,继电保护按"二次跟一次走"的原则:凡属临安县调调度的设备,由临安电力公司自行整定管理和操作,其保护整定限额由杭州供电局安全调度科提供。1983年 9 月,杭州市电力局实施《杭州市电力局继电保护技术管理制度》,要求全局继电保护专业管理机构归口杭州市电力局调度所,实施三级管理。临安电力公司生技股负责公司所属范围继电保护的运行维护、整定计算、检验等技术管理工作。1986 年,杭州市电力局将临安境内各 35 千伏变电站的继电保护工作全部移交给临安县供电局,临安县供电局生技股负责继电保护的整定计算等技术管理工作,变电工段负责继电保护的调试及维护检修工作。

1996 年,临安市供电局在调度所增设专职继电保护管理人员,修订《继电保护及自动装置技术管理制度》,负责局属 35 千伏变电站和 110 千伏变电站 35 千伏及以下设备的保护配置、整定等工作。1999 年3 月,临安市供电局印发《继电保护专业管理制度》,规定全局继电保护专业管理机构归口局调度所,实行三级管理,即局调度所,变电工区,继电保护班、操作班与 220 千伏青云变电站。9 月,临安市供电局设立继电保护管理网络,全面负责临安电网基建、技改、大修、运行检修等环节的继电保护技术管理工作。

2002 年,临安市供电局对继电保护整定值进行专项整治,规范整定原则,组织检修单位现场核对整定值,核查保护装置的程序版本、校验码,复核区域定值,提高保护装置准确率。6 月,印发《临安市供电局继电保护技术监督工作实施细则(暂行)》,督促各单位、各部门严格执行国家、部、网、省、市局印发的继电保护专业的规程、规范、条例等技术法规及临安市供电局的继电保护专业管理制度等,并通过对继电保护设备(含二次回路)的设计、安装、调试、运行的合理性与正确性的监督检查,以及对运行状况的巡检、跟踪分析、消缺反措,使之常处于完好、准确、可靠状态。临安市供电局的继电保护监督工作实行三级管理的原则:局技术监督领导小组为第一级管理,具体由局调度所归口管理,在调度所设继电保护专职;局检修管理所、运行管理所为二级管理单位;检修管理所的变电检修班、运行管理所的操作站与青云变电站为三级管理单位。局属各设计、安装、运行、检修部门均设继电保护专业管理兼职监督员。

2003 年,杭州电网建成继电保护及自动化装置信息采集监控系统,接入 110 千伏变电站保护及故障录波器信息处理子系统,进行多规约信息采集、处理与集成。继电保护及自动装置管理分工是:杭州市电力局电力调度所负责调度管理范围电厂(站)和 110 千伏及以上输变电设备保护及自动装置配置、整定计算、专业管理;各县(市)供电局负责管理范围并网小水、火电厂(站)和 35 千伏及以下输变电设备继电保护及自动装置配置、整定计算、专业管理。

2009年,临安市供电局设立继电保护状态检修领导小组和工作小组,开展110千伏变电站继电保护状态检修工作,实现对运行设备状态的及时监控,依据状态及时调整检修策略。2010年,临安市供电局的科技项目"继电保护管理系统"解决了困扰同行多年的继电保护整定单、试验报告无纸化、流程化管理问题,同时实现等值阻抗自动计算等功能,因具实用性和先进性,在验收时获杭州市电力局专家的高度评价。2011年,在110千伏数字式继电保护设备状态检修工作的基础上,临安市供电局开展35千伏数字式主变压器保护状态检修工作。2013年,国网浙江临安市供电公司继电保护状态检修工作推广应用至10~35千伏电压等级的微机保护设备中。至此,国网浙江临安市供电公司全面建立继电保护状态检修工作制度,有效提升继电保护的专业管理水平和检修工作水平。

2016年7月10日,国网浙江临安市供电公司代表队获国网浙江省电力公司继电保护普考国网杭州供电公司第一名、G20杭州峰会继电保护设备运维技术竞赛团体第二名。

（二）继电保护发展

1963年5月,35千伏临安变电站建成初期,10千伏侧采用两相式定时限过电流保护,35千伏出线采用两相式带时限电流速断和两相式定时限过电流保护,主变压器采用两相式电流速断和三相式定时限过电流保护。

1973年8月,35千伏龙岗变电站建成投入运行,35千伏线路保护采用电流闭锁电压速动和方向过流二段式电磁型保护,昌北线装有无压检定启动重合闸,主变压器采用差动保护。

1980年10月,35千伏临安变电站升压为110千伏,110千伏杭临线杭变侧采用三阶段距离保护、零序保护,并配置重合闸;35千伏线路、10千伏电容器、主变压器均采用电磁型保护装置。此后,临安电网普遍使用电磁型保护装置。

1995年7月,在升压后的110千伏青山变电站110千伏、35千伏、10千伏侧均安装备用电源自动投入装置,提高供电可靠性。

1997年9月,35千伏颊口变电站建成投入运行,新建的变电站从设计到设备选型都严格要求,变电站内的控制屏、中央信号屏、主变保护屏、10千伏出线保护屏、直流控制屏均按标准配置,保护装置均采用南京南瑞继电保护有限公司的LFP系列成套保护装置。

随着农村电网建设的推进,建设"户外型、小型化、安全可靠、技术先进"的35千伏农村变电站成为发展方向。2000年,临安市供电局自行设计、安装、调试,具备无人值班条件的35千伏太阳变电站建成投入运行,保护采用河南思达电力技术公司的PWS系列成套微机保护装置。同年投入运行的35千伏横畈变电站采用扬州华源电气有限公司的PCD2000型电力控制设备。该设备是基于高度集成微处理器的具有保护、计量、通信功能的控制器,使电气开关和保护设备实现自动化。

2001年起,临安市供电局逐步改造临安电网变电站的电磁型控制测量保护设备,应用自动控制技术、计算机数字化信息传输技术,实现综合自动化。至2006年,改造告一段落,110千伏变电站仅青山变电站为电磁型保护,35千伏变电站仅夏禹、畈龙、锦城变电站为电磁型保护。临安电网保护主要有:主变压器主要设置差动保护,本体重瓦斯、有载调压重瓦斯、压力释放阀、电压闭锁过流、过负荷保护;35千伏母分、10千伏母分主要设置过电流、备用电源自投动作合闸及手动合闸后加速保护;35千伏线路主要设置电流闭锁电压速断、限时电流速断、过电流保护,并视接入电源容量投入方向;10千伏线路主要设置限时电流速断、过电流保护,并视接入电源容量投入方向;10千伏电容器主要设置过电流、过电压、失压、不平衡电压保护;10千伏接地变主要设置三相过流、零序过流保护。

2006—2010年,临安电网主网规模翻了一番:变电容量由91.9万千伏安增加到183.7千伏安,从1座220千伏、9座110千伏变电站发展到2座220千伏、15座110千伏变电站。全网最高负荷由29万千瓦攀升至45.9万千瓦。继电保护微机化率也从83.9%提高到93.5%。

2010年，临安电网新建或改建多个首次采用新设备、新技术及新接线方式的变电站：临安第一座220千伏数字化变电站——方圆变电站；临安第一座安装电弧光保护装置的变电站——110千伏雅观变电站；临安第一座110千伏GIS变电站——锦城变电站。伴随着科技的进步，继电保护面临着前所未有的挑战。

2012年12月，临安第一座智能化变电站——110千伏科创变电站建成投入运行，一次设备采用"一次设备本体＋智能组件"形式，配置智能终端、合并单元；变电站自动化系统采用开放式分层分布式网络结构，通信规约统一采用DL/T860标准，实现五防闭锁、远动功能、信号采集、顺序控制、智能告警及故障信息综合分析决策、支撑经济运行和优化控制、源端维护等功能；继电保护直接采样、直接跳闸。

至2016年，临安电网的保护间隔总数为877个，其中微机保护间隔为857个，微机化率为97.72%。综合自动化变电站28座，电磁型保护变电站2座（110千伏塔山临时变电站和35千伏夏禹变电站）。

### 三、电力通信

临安电力专用通信网不仅是临安地区电网生产、指挥、调度的重要支柱和手段，也是电网和企业实现现代化的基础。通信信道不仅要适合传输电话、电网自动化、电网保护等传统窄带信号通信，还要适合传输文字、计算机信息、监控图像和可视电话会议等宽带信息。

20世纪60年代，临安变电站、於潜变电站值班人员向杭州供电局调度室汇报操作，均用电信局手摇电话，停送电操作时间冗长。1970年，临安电力公司在杭州供电局的指导下，在临安变电站、於潜变电站35千伏线路距变电站1千米的电杆下，架设耦合地线（代替高压耦合电容器），开始使用电力载波通信，此为临安调度（简称临调）通信上的一大进步。

"八五"期间（1991—1995年），临安县供电局调度室至各变电站的通信主要采用电力载波和音频。随着电网的发展，传统的、落后的调度方式已无法实现电网的安全经济运行。"十五"期间（2001—2005年），临安市供电局的通信资源以光纤通信为主，模拟电力载波和音频电缆传输方式为备用。临安市供电局大楼是临安地区电网通信的中心，也是杭州地区电网通信的次中心。以临安市供电局大楼为中心，至各变电站、供电营业所均建成光纤通信网络，光纤长381千米，形成3个光纤环；光纤通信逐步由以PDH制式的系统为主过渡到以SDH制式的系统为主。SDH传输系统共23个点，基本实现SDH环网；PDH系统分东、西2个系统，共24个点，主要为调度自动化通信部分。

2009年，临安市供电局率先开始110千伏变电站调度数据网接入层项目建设工作。该项目通过将调度数据网延伸至110千伏变电站，具备了调度自动化、电能量采集、保护信息管理系统等信息的网络传送功能。2010年，将数据网延伸至35千伏变电站，完成全局电网内变电站网络传输通道的建设工作，在杭州5个县级供电局范围内率先完成调度数据网的全覆盖。通过调度数据网建设，建立起延伸至变电站的安全Ⅰ、Ⅱ区专用网络，为保护信息子站、自动化数据网络传送、后台机信息等调控一体深化类应用提供安全、可靠的传输通道。

随着以"信息化、自动化、互动化"为特征的坚强智能电网建设逐步开展，通信作为支撑平台的作用日益突出。2011年，临安市供电局依托青山湖科创基地的智能电网示范项目，逐步开展基于EPON和PLC技术的配电通信系统的研究，完成电力光纤到户的综合监控软件系统开发，建设承载配网自动化、用电信息采集、智能小区、家庭多媒体增值业务等多种业务的配用电一体化通信网络，为智能电网终端用户接入及用电信息交互提供可靠的通信保障，为智能电网配用电侧建设提供基础和技术支撑，为实现电力网、电信网、互联网、电视网的"四网融合"提供条件。通过电力光纤到户工程的实施，为智能电网最终实现

"信息化、自动化、互动化"提供可靠、先进的通信保障。

2012年3月,国家电网公司农电部印发《关于做好县域电力通信网试点工程建设工作的通知》(国家电网农〔2012〕347号),批准临安市供电局为国网55家(浙江省内共3家,另外2家为桐乡市供电局、海宁市供电局)试点开展县域电力通信网建设的单位之一。试点工程主要建设内容包括加强高压配电通信网建设,结合基建、技改等工程,建设110千伏雅观变电站通信工程以及改造方圆操作站通信工程;加强中压配电通信网建设,结合配电自动化智能电网项目,配套建设配电自动化通信配套工程。试点工程由浙江省电力公司农电部总负责,浙江省电力公司、杭州市电力局专业指导,中国电力科学研究院、杭州市电力设计院、临安市电力设计院等科研单位为技术支撑,临安市供电局负责组织工程实施。2012年6月,110千伏雅观变电站通信工程及方圆操作站通信工程投入运行,总投资210.92万元。2013年9月,配电自动化通信配套工程建设基本完成,各相关系统上线投入运行。试点工程提高了供电能力、供电质量和供电可靠性,降低了网损,年增加直接经济效益203.48万元,其中,通过提高供电可靠性增加效益37.56万元,通过降低网损增加效益3.92万元,通过降低运行维护成本增加效益162万元。

2013—2014年,国网浙江临安市供电公司、青云二中心、方圆变电站、岗阳变电站4个节点新建10G传输网核心层设备,并通过2.5G及以上光路与现有传输网互联,实现与原有通道的业务汇聚和互通,解决了原SDH传输的单点故障问题。中压配电自动化通信网扩建采用EPON通信技术,建设青山湖科技城区域10千伏线路配网自动化通信网络。中低压无线宽带通信网建设采用先进无线宽带技术,建设无线宽带通信专网,服务于中低压电力数据采集及青山湖科技城其他业务需求。

至2016年,国网浙江临安市供电公司通信业务服务有调度自动化模拟或数字专线、自动化调度数据网专线、自动化网络互联专线、配电自动化、电能量(计费)管理系统专线、继电保护专线、行政生产电话、信息内网(生产管理、协同办公、本部网站、工程管理、办公自动化、营销系统)宽带、信息外网宽带、会议电视系统、视频监控(变电站、营销等)等。公司通信系统以公司大楼、青云变电站为核心,通信站点共66个,包括220千伏变电站3座、110千伏变电站18座、35千伏变电站9座、用户电厂站8个、营业网点14个、工区1个、10千伏开关站13个。传输系统:大唐电信SDHSCT2500－30设备共有37个远端站,共45套,分5个系统4环、1链路运行;华为SDH设备25套,混合组网运行。接入设备103套,PDH制式UMC－1000E数字环路通信共有8套;配电通信网OLT设备4台,ONU设备30台;程控:西门子程控交换机1台,约配置1375门电路,其中IP电话151门;主要应用系统:变电站图像监控系统共26个站,共有摄像头395个,设有2个图像监控系统应用工作站;数字会议系统1套,共21个节点;调度交换网络2个站,用户147线,中继60线。

(一)载波通信

20世纪60年代,电力通信主要依靠临安县邮电部门的电话线路通话。20世纪70年代,启用电力载波机,型号主要为ZDD－5,临安电力公司调度室装有载波电话汇接机。之后,临安电网110千伏变电站和35千伏变电站载波通信相继投入运行,业务主要是调度电话。1987年,35千伏青云变电站至临安县调的通信采用ZJ－6型电力载波机。在线路检修或电力载波机故障的情况下,采用八三〇〇厂生产的JDD－1型无线电话机(不再架设从青云变电站至临安的长途架空电信线);另外,临安县供电局从变电站至青云邮电所架设0.5千米农话线1对,作为与当地行政单位通信之用。1991年,在35千伏於潜变电站、110千伏临安变电站投入运行ZDD－12E电力载波机2台。1991年10月,在35千伏青山变电站、110千伏临安变电站投入运行ZDD－5电力载波机2台,开通35千伏青山变电站调度载波电话电路1条。1994年11月,在35千伏龙岗变电站、110千伏临安变电站投入运行ZDD－12B电力载波机2台,更换原ZDD－5电力载波机,开通35千伏龙岗变电站调度载波电话电路1条;在35千伏藻溪变电站、110

千伏临安变电站投入运行 ZDD－12A 电力载波机 2 台，更换原 ZDD－5 电力载波机，开通 35 千伏藻溪变电站调度载波电话电路 1 条；在 110 千伏昌化变电站、110 千伏临安变电站投入运行 ZDD－12B 电力载波机 2 台，更换原 ZDD－5 电力载波机，开通 110 千伏昌化变电站杭调、临调调度载波电话电路 2 条。1995 年 7 月，在 110 千伏青山变电站投入运行 ESB－550MB 电力载波机 2 台，110 千伏临安变电站投入运行 ESB－550MB 电力载波机 1 台，开通 110 千伏青山变电站杭调、临调调度载波电话电路 2 条。1995 年 10 月，在 35 千伏畈龙变电站、110 千伏临安变电站投入运行 RTC－3 电力载波机共 2 台，开通 35 千伏畈龙变电站调度载波电话电路 1 条。1996 年 3 月，在 35 千伏潜川变电站、110 千伏临安变电站投入运行 RTC－3 电力载波机 2 台，开通 35 千伏畈龙变电站调度载波电话电路 1 条。5 月，临安电网调度自动化系统被列入实用化考核内容，开通 110 千伏青山变电站、昌化变电站、於潜变电站及 35 千伏藻溪变电站、夏禹变电站、青云变电站、板桥变电站、潜川变电站载波电话电路共 9 条，开通临安变电站、锦城变电站音频自动化电路 2 条。8 月，在 35 千伏板桥变电站、110 千伏临安变电站投入运行 RTC－3 电力载波机 2 台，开通 35 千伏板桥变电站调度载波电话电路 1 条。1996 年，临安电力载波通信业务包括调度电话、调度自动化通道。之后，随着数字微波和光纤通信的发展，载波通信逐渐退居为电网通信的备用通道。2000 年，临安市供电局有 ZDD－12 载波机 10 台、ESB－550MB 载波机 2 台、RTC－3 载波机 6 台。载波通信具有建设成本低、抗自然灾害能力强等优点，但也存在噪声大、传输速率低等缺点。2001 年后，临安电力通信系统开始建设 SDH 传输系统，光纤开始向环网目标发展，载波通信被逐步淘汰。至 2005 年，电力载波全部退出运行。

（二）音频通信

1994 年，临安县供电局调度总机开始采用程控交换机，型号为 H20－20M 型。5 月，临安县供电局 280 门内部电话投入使用，同时开通局办公楼内市话。

2005 年，建成行政交换网，程控电话交换机采用西门子公司 Hipath4500 设备，经 2×2 兆比特/秒中继连接到杭州市电力局行政交换网交换机。交换机系统容量 2000 门，配置容量 1200 门，已用 900 门，出局路由为杭州市电力局统一出局，采用等位拨号方式"512＋五位内线号"互通。全局电话采用分片分区分类的组织模式，系统内线临安市供电局占 35＋分机号、34＋分机号，公话号码占 51235＋分机号、51234＋分机号。

2008 年，在临安市供电局大楼和青云二中心分别配置 1 套爱立信 MD110 调度交换机模块，构建临安市供电局调度交换网。交换机模块配置容量 80 门，已用 30 门，经 2 兆比特/秒中继、ISDN/Q－Sig 专网信令连接到杭州市电力局（A 网）和城南供电局交换机（B 网）。每个调度点 A、B 网接入，主、备两路调度电话系统同时运行，电话号码由杭州市电力局统一安排。

（三）无线电通信

20 世纪 90 年代初期，为解决野外作业、事故抢修联系不畅等问题，经杭州市无线电管理处批准，临安县供电局专门组建了电力无线专用网，配置发射频率 157.5250 兆赫，发射功率不超过 5 瓦。在玲珑区设置玲珑山转信台，转信台传输频率 157.5250 兆赫，功率不超过 5 瓦。同时在临安县供电局调度大楼顶部架设基地台与有线联网，天线高度不超过 50 米，发射功率不超过 10 瓦。购置步话机 40 只，型号为建伍型。1999 年，临安市供电局调度所至 35 千伏板桥变电站装有 1 套小型微波收发机。21 世纪初期，随着移动通信和电力系统光纤通信发展，临安市供电局的无线电通信改作为应急备用。2008 年，购置卫星电话机 4 台，用于灾备应急通信。2013—2015 年，投资 264 万元，采用 TD－LTE 无线宽带技术，试点建设 1.8G 无线宽带通信专网，共建设基站 3 个，申请使用频率 1795～1800 兆赫。

（四）光纤通信

2001 年，临安市供电局建设以局大楼电力调度为中心的光纤 SDH 传输网络，在局大楼、青云变电站、於潜变电站、锦南变电站、昌化变电站、岛石变电站安装投入运行大唐电信 SDH（同步数字体系）光通信设备 6 套，於潜变电站和锦南变电站的 SDH 光通信设备还承担变电站图像监控的 2 兆业务传输任务。SDH 系统的投入运行使通信业务种类适应性明显增强，提高了系统运行的可靠率。

2003 年，临安市供电局率先普及完成 SDH 传输的组网，通信的主要传输方式完成由 PDH 制式向 SDH 制式的过渡，成为临安电网调度电话及各种自动化通信、图像监控、行政管理通信的主传输系统，通信水平、能力达到一个新层次，计算机通信 IP 业务传输也具备相当的能力。至 2003 年，以临安市供电局大楼为中心，光纤通信通达 21 座变电站、18 个供电营业所，共计光缆 345 千米。SDH 设备采用大唐电信 SCT2500 设备，有 22 个远端站，共 24 套，分 2 个系统 3 环运行。

2005 年，临安市供电局通信中心机房搬迁至万马路新大楼，在 220 千伏青云变电站设立通信二中心，新投入运行变电站按新大楼通信中心和青云变电站通信二中心 2 点接入的方式提高通信可靠性。

2006 年，临安市供电局进行 SDH 网络最大化改造，完成由 622 兆比特/秒向 2.5 吉比特/秒升级扩容，SDH 网络分为 4 个系统 4 个 2.5 吉比特/秒环，以新大楼为中心、220 千伏青云变电站为二中心划分，临安东部为 2 个系统 2 个环，西部为 2 个系统 2 个环，在扩大传输能力的同时，提高系统稳定性、可靠性、以太网传输效率，基本实现 SDH 传输网的规划目标。环网光缆长度 471 千米，工程总投资约 484 万元。

2012—2013 年，临安市供电局逐步建设配电光通信网，相应完成 15 个站点的通信配套建设[11 个开闭所＋4 个馈线终端装置（以下简称 FTU）站点，2 个 FTU 共用 1 个通信站点]，完成在雅观、石泉、青山变电站等 3 座 110 千伏变电站之间架设光纤线路；配电端在城区 8 条线路连接的 4 台 FTU 和 11 个开闭所架设光纤线路。设备配置架设光纤线路长度约 22 千米、光网络单元（ONU）13 套、光线路终端（OLT）3 套、分光器 13 套、无源光网络配套设备 13 套。

2016 年，国网浙江临安市供电公司大规模建设华为设备传输网，在杭州地区率先完成变电站光通信基础网工程临安区域 20 个变电站新一代华为 SDH 设备的安装调试、业务割接工作。

## 四、变电站无人值班改造

临安县（市）供电局在加强电网建设的同时开展变电站无人值班改造工作。1996 年，临安县电网调度自动化系统通过实用化验收，使临安县供电局具有实行无人值班的必备条件。8 月，临安县供电局第一座无人值班变电站——35 千伏板桥变电站建成投运。1997 年 7 月，110 千伏临安变电站、青山变电站，35 千伏夏禹变电站、藻溪变电站、锦城变电站完成无人值班改造，变电站实行无人值班，并在临安变电站设临安片变电操作班。9 月 3 日，临安市第一座按无人值班设计的综合自动化变电站——35 千伏颊口变电站建成投入运行。1998 年 7 月，临安市供电局完成 110 千伏於潜变电站，35 千伏畈龙变电站、龙岗变电站、潜川变电站无人值班改造，并设立昌化片变电操作班。2000 年 8 月，110 千伏昌化变电站完成无人值班改造。至此，临安电网 110 千伏及以下变电站全部实现无人值班。

2002 年 5 月 24 日，随着 220 千伏青云变电站无人值班改造工作的完成，临安市供电局 21 座 35 千伏及以上变电站全部实现无人值班。

## 五、电力系统自动化和监控

根据浙江省电力工业局、杭州市电力局实施县级电力调度自动化的要求，1995 年，临安县供电局开始调度自动化建设。10 月，临安县供电局建成的调度自动化系统主站采用国电南瑞科技股份有限公司开发的 RD－800 电网监控系统。1996 年初，1 个主站系统及 10 个厂站系统安装完毕，并投入运行，相应的通信网络也同时投入运行。5 月，进入实用化考核。该系统的主站采用国电南瑞科技股份有限公司开发基于 RISC 工作站的 RD－800 分布式电网监控系统。厂站系统主要有 RTU（远程终端单元）、变送器、遥测屏、遥信转接屏等组成。RTU 采用型号较多,有 WDF－7、WDF－10、MWY－C0A、DFY－2000。变送器采用海盐普博电机有限公司的 GP 系列和瑞安 R 系列、GBS 系列。通信系统采用载波、音频电缆。至 10 月 31 日,完成连续 6 个月的实用化考核。为确保调度自动化系统长期、稳定、可靠运行,临安县供电局根据《远动设备运行管理规程》,修订《临安电网调度自动化系统运行管理规程》,建立《远动运行值班制度》《远动缺陷管理制度》《远动通道设备巡测制度》等各项规章制度,并结合"创一流"要求制定《远动运行安全制度》《远动机房管理制度》,做到分工明确,责任到人,理顺自动化系统运行管理体制。1996 年 11 月 21 日,临安县电网调度自动化系统通过浙江省电力工业局、杭州市电力局主管部门的实用化验收。该系统基于 Unix 操作系统,采用分布式体系结构、关系式数据库及标准的 TCP/IP 网络协议,系统接收变电站的遥信、遥测和遥控信息,共接入 220 千伏变电站 1 座、110 千伏变电站 5 座、35 千伏变电站 8 座、电厂 3 座等 17 座变电站的遥信、遥测和遥控数据。

调度自动化系统建设初期,所有变电站均采用载波通道。自 1997 年 7 月开始在临安变电站投入第 1 套 PDH 光端机后,光纤通道逐步覆盖到所有变电站,采集的数据主要是开关位置、保护动作、重合闸信号等遥信信号以及电流电压有功、无功功率等遥测信号,初步实现变电站信号监视功能和自动生成负荷报表。2001 年,临安电网接入调度自动化系统的厂站共有 220 千伏变电站 1 座、110 千伏变电站 5 座、35 千伏变电站 12 座。

2001 年 9 月,为规范调度自动化系统软件管理,确保系统安全可靠运行,临安市供电局印发《调度自动化系统软件管理制度》。2002 年 8 月,随着电力调度自动化系统的不断发展和生产体制改革的进一步深化,原有的调度自动化各项制度已无法满足日常生产和管理工作的需求,为确保调度自动化系统的安全生产,并规范自动化专业的管理工作,参照上级有关部门印发的相关制度和规范,结合局自动化专业实际情况,临安市供电局修订调度自动化专业各项管理制度。

2002 年 5 月,临安市供电局对调度所设置监控人员,主要负责调度管辖范围内无人值班变电站的监控工作。监控人员由调度员及变电站运行人员抽调组成。

2003—2004 年,临安市供电局对调度自动化系统进行了全面升级。新系统采用国电南瑞科技股份有限公司的 OPEN2000 电网综合监控系统,采用光纤通道。2004 年 10 月,自动化系统随调度所搬迁至新供电大楼。2005 年 12 月,新系统通过杭州市电力局调度自动化实用化复查验收。

建设电能量采集系统是临安市供电局变电站开展无人值班后,加强变电站综合管理、提高工作效率、减少数据误差、提升电网管理水平的一大举措。2005 年 8 月,临安市供电局设立电能量采集系统建设工作小组,开始电能量采集系统的建设工作。电能量采集系统主站为南京华瑞杰自动化设备有限公司的 COM3000 电能量采集系统;电度表均采用电子式多功能表;厂站端分别采用创维 ERTU（即电能量数据采集终端）和长沙威胜 ERTU 进行电能量数据的采集。至 2006 年 2 月,系统共接入 110 千伏变电站 12 座、35 千伏变电站 13 座,涉及杭州市电力局关口 220 千伏变电站 2 座、110 千伏变电站 1 座,基本实现临安电网市局关口及所辖变电站的电能量采集和相应功能,2006 年 9 月开始试运行,12 月正式验收运行。2007 年 11 月,通过实用化验收。

2009 年 8 月 4 日,临安市供电局电压无功自动控制系统通过杭调专家组验收,投入运行,成为杭州电网第一个在 OPEN2000 调度自动化系统平台上投运该系统的县级供电企业。

2010 年,临安市供电局完成自动化系统前置规约升级工作,使各厂站以 IEC60870－5－101/104 规约传输,提高了调度自动化系统的可靠性。

2011 年,临安市供电局作为浙江省试点,与杭州市电力局开展地县一体调度自动化系统建设,完成调度自动化系统的升级改造。随着调度自动化系统的升级完善,以及胜联变电站等智能变电站的建设,在调度端实现远方程序化操作、保护远方投退、定值远方调取、修改及软压板投退等功能,实现调控一体化模式下对一、二次设备的最大监视及遥控范围,使调度员可全方位、多角度掌握电网的实时、故障信息。

2012年,临安市供电局配合杭州市电力局做好地县一体调度自动化系统技术支持体系建设和地、县两级调度监控业务界面调整,完成所有110千伏变电站总控改造及信息接入杭州市电力局地县一体调度自动化系统工作,完成配网调控一体化系统的建设。新建的基于地县一体调度自动化的配网调控一体化系统遵循IEC 61970/61968国际标准,以SCADA(即数据采集与监视控制)为基础,以配电网调度作业管理为应用核心,采用信息集成与共享的设计理念,实现与GIS模型和图形流程化数据交换,具有配网数据采集与监控、配电自动化、配网分析计算、配网调度作业管理等多个应用子系统。

2013年8月,地县一体化电能量采集系统临安子系统建设完成并投入运行,地、县和发电厂关口电量采集完整率、变电站电量采集完整率、系统平均运行率、地县关口电量采集合格率等关键指标运行均达100%。10月,地县一体化智能调度操作票系统完成安装、调试,并投入运行。智能调度操作票系统改变传统人工处理的作业模式,引入图形化智能自动成票、防误纠错、电网风险评估、调度在线操作监护等功能,实现调度操作票拟、审、预令、执行等全流程化,使操作票实现规范化、标准化,有效减轻调控员工作强度,防止调度误操作,提高电网日常检修工作调度操作安全性与工作效率,为电网日常运行、检修、事故提供电网运行分析与调整提供参考。

2015年,国网浙江临安市供电公司开展智能电网调度技术支持系统D5000系统的建设。D5000系统以面向服务性能的软件体系(SOA)为基础来进行平台架构,快速有效地对硬件资源、数据及软件功能模块进行良好的组织,为应用开发和运行提供理想环境,通过自主开发具有完全自主知识产权的电力中间件、调度计划应用和调度管理类应用系统,实现实时监控、在线稳定性分析、调度业务管理等功能。

# 第三节　运行检修

## 一、线路运行检修

民国时期的临安电汽有限公司是集发电、供电和用电营销于一体的企业。锦城镇上少量低压架空线路均由发电企业自行维护保养。

中华人民共和国成立后,临安境内低压线路仍由各发电企业自行运行、检修。

1960年,临安电厂下设供电工区,负责工区供电范围输配电线路(高低压)以及配电变压器等设备的维护检修、安全运行管理。1963年1月,临安电力公司成立后,设运行班、检修班负责输配变电线路的运行、检修工作。为保证线路质量,确保电网安全运行,临安电力公司运行班每月对主干线进行巡查,还安排日巡、夜巡、故障巡,特别是大风、大雪、雷雨后随即巡查,发现问题经登记入册提交检修班检修。1964年6月,昌化水电站停止发电,昌化水电站18名职工专责昌化地区10千伏线路运行、检修工作。

"文化大革命"初期,线路运行管理制度受到冲击,巡线质量下降,沿线的树枝、毛竹和建筑物对线路安全造成很大影响,因而事故较多。1972年,为减少事故,做好安全供电工作,临安电力公司加强输配电线路的运行检修,配备专责的线路工种,建立、健全线路和配电变压器的运行巡视与维修制度,发现缺陷及时修理,安全状况有所好转。

随着送配电线路和电力负荷的不断增加,对线路运行检修管理工作的要求也不断提高。1976年11月,临安电力公司设立临安、於潜、昌化三个工段,分辖三地的线路运行检修工作。各工段分别建立巡线手册、缺陷通知单和"一台一卡""一杆一卡"等运行基础资料,并建立运行检修人员岗位责任制,定期进行日巡、夜巡和事故特巡,及时发现和处理线路缺陷、重大故障。

为了发动沿线群众协助保护电力线路,确保电力线路安全运行,1980年,根据杭州市电力局制定的

《群众义务护线工作管理办法(试行稿)》,临安电网推广群众护线员工作。群众护线员实行区域护线责任制,主要职责是协助电力部门开展护线宣传;发现电力线路异常或故障,迅速及时报告电力部门进行处理;协助电力部门对护线区域的高压线路进行维护检查工作。临安电力公司定期对群众护线员进行电力基本知识和护线技能培训,定期开展优秀护线员评比,对优胜者给予表彰奖励。

1981年,临安县以10千伏供电线路为单位设立13个农村电力管理站,负责管辖范围内低压线路的运行、维护、改造等工作。

1983年,临安电力公司各工段下设线路检修班、线路运行班,负责临安管辖高压线路的运行、维护和检修工作。12月,贯彻执行中共中央、国务院印发的《关于国营工业企业全部整顿的决定》,整顿劳动组织,将线路班组整顿为送电检修带电作业班以及各工段线路大修班和配电线路班,并分别配置检修工、输配电线路运行工,分别负责所辖范围内的输配电线路运行、检修工作。进一步完善运行、检修、调度、缺陷管理等方面的规章制度和图纸资料,落实运行人员岗位责任制,将全部线路、变电设备的运行任务落实到班组和个人。在线路运行方面,35千伏及以上送电线路、10千伏主干线每月巡视一次,10千伏分支线每季度巡视一次。线路巡视的运行标准及维护、检修周期按照电力工业部印发的《架空送电线路运行规程》《电力线路防护规程》制定。线路运行人员对所管辖的设备参照《华东电网供电设备评级标准》按季评级,于季末报临安电力公司生技股,生技股按季制定线路设备升级计划和实施办法,由线路设备主人执行。

1984年5月,临安、於潜、昌化三个工段分别更名为玲珑、於潜、昌化供电所,分别负责各区块范围内的送配电线路运行、维护、检修工作。为了提高线路运行质量,确保线路安全运行,加强对送配电线路的巡视责任制,临安县供电局对下属三个供电所实行线路巡视"四定"(即定人员、定线路、定时间、定质量要求),使线路巡视质量有较大的提高。1990年3月,玲珑供电所增设线路三班,负责送电线路运行和带电作业等工作。1991年,临安电网的35千伏架空线路由临安县供电局自行管理。1995年,临安县供电局将线路的运行管理责任明确落实到各送配电线路的设备主人。

2002年,临安市供电局结合农电体制改革,设立运行管理所、检修管理所,改变原体制下输电线路检修、运行分散到各供电所管辖的模式,将输电线路的运行检修分别划分至运行管理所、检修管理所。印发《临安市供电局送电线路(含35~110千伏电缆)运行、检修职责》,对全局送电线路(包括35~110千伏架空线路、电缆线路)运行、检修职责进行重新调整,明确规定,运行管理所负责全局35~110千伏送电线路运行及35~110千伏电缆线路运行工作。检修管理所负责全局送电线路及35千伏电缆的施工和检修工作。设立运行管理所线路运行班,检修管理所线路一、二、三班,分别负责35~110千伏输电线路的运维、检修工作。2004年1月,撤销运行管理所。2月,设立输电线路管理所,进一步加强输电线路运行管理工作。为防止线路铁塔螺帽被偷,从2004年1月起,临安地区输电线路铁塔上大面积采用防盗螺帽。临安市供电局输电线路管理所QC小组根据磁铁对铁质材料具有很强吸引力的原理,制作防脱式防盗套筒。该产品获国家知识产权局实用新型专利授权,并在临安市供电局广泛使用。

2005年4月,杭州市电力局推出架空送电线路状态运行管理模式。临安市供电局输电线路管理所根据送电线路的实际状况和运行经验,动态确定线路(段)巡视周期和巡视方式。

2010年12月7日,临安市供电局输电线路管理所完成水夏3797线绝缘子消缺工作,这是输电线路管理所2004年成立后首次开展检修消缺工作,标志着线路专业检修作业的回归,之后输电线路管理所将不再只承担输电线路运行工作,还将担负输电线路的检修消缺工作。

2011年,临安市供电局将生产系统交叉专业巡视体系推广至输电专业和配电专业,以提高设备缺陷隐患发现率。

2012年3月,临安市供电局输电线路管理所对1200基110千伏线路铁塔进行接地电阻测量,为铁塔接地改造提供翔实的数据,实现雷击故障同比下降30%的目标。5月29日,在"三集五大"体系建设过程中,撤销输电线路管理所,设立输电运检中心,归安全运检部管辖。安全运检部线路专业人员针对线路运行中暴露出来的问题,编制《线路通道树线矛盾处理办法》《输电线路外力破坏预控管理办法》,指导输电线路运行单位掌握树竹碰线、外力破坏隐患等工作,规范树竹碰线、外力破坏处理流程,提升线路运行管理水平。

2013年9月1日起,国网浙江临安市供电公司输电运检中心在18条110千伏线路上选取具有代表性的25个监测点,安装25套在线监测装置,并完成调试工作,率先在杭州地区达到100%全覆盖指标,用"千里眼"实时监控重点线路段的运行情况。12月,国网浙江临安市供电公司撤销输电运检中心,运维检修部〔检修(建设)工区〕下设输电运检一班、二班,分别负责所辖输电线路运行巡视、输电设备信息数据维护、状态评价和维护性检修;负责县城区和中心城镇35千伏及以上输电线路通道维护、清障、防外破工作;负责所辖输电线路A、B类及部分C、D类检修,技改大修工程实施,线路状态信息收集上报,新、改、扩建工程验收。2014年6月,国网杭州供电公司将110千伏电缆检修工作下放至各县级公司负责。根据国网杭州供电公司输电属地化运维建设方案,国网浙江临安市供电公司开展输电线路通道属地化运维试点工作。

2015年,国网浙江临安市供电公司输电运检专业人员按照《国家电网公司提升架空输电线路防鸟害工作规范化水平指导意见》《防鸟害工作手册》要求,对管辖范围内的27条110千伏线路和18条35千伏线路进行专项巡视和鸟害隐患排查。按照《临安电网输变设备风险巡视管理规定》巡视周期要求,根据国网浙江临安市供电公司电网风险预控措施要求,线路专业严格执行到岗到位,开展特巡、红外测温等风险预控措施。进行特高压保供电、青於1123线技改保供电、青山殿分线地线调换保供电等重大保供电工作,以及对110千伏线路和35千伏线路开展红外特巡工作。完成10条110千伏线路、18条35千伏线路标准化整治,标准化线路建设覆盖率100%。

2016年,为提升输电线路运维巡视质量,基于线路状态评价及线路运行规程,并结合运行人员巡视经验,根据当地输电线路实际情况,国网浙江临安市供电公司制定《35千伏—110千伏输电线路差异化巡视实施要求》,推行输电线路差异化巡视,由原有的"线"为巡视单位转变为"点"或者"区段"为单位,制定班组特有的巡视周期,突出巡视重点,对大跨越、危险点等特殊区段加大巡视力度,及时发现危险隐患点,确保线路安全稳定运行。通过差异化巡视成功管控三个特大施工点:35千伏临村3795线、渔村3796线6号与7号电缆沟体道路施工开挖;吴越大街110千伏青秀1065线锦南分线、青南1061线电缆沟体开挖埋设污水管道;110千伏青平1067线、青临1127线锦城分线13号与14号保护区内建造高架。根据国网杭州供电公司统一部署,负责灵绍特高压接地极线路的运维工作,代运维区段为120~138号、162~189号,共46基铁塔,线路长度约20千米。

## 二、变电运行检修

1963年,35千伏临安变电站、於潜变电站投入运行,变电运行值班工作从此开始。1973年,临安、於潜、龙岗3座变电站投入运行后,变电设备运行维护工作量逐年增加。临安电力公司革命委员会由职工民主讨论制定变电站值班交接班、操作票、卫生、工具设备管理等制度,自己动手维修和改进变电设备,及时检查和排除隐患。1976年10月,110千伏昌化变电站投入运行后,临安电力公司革命委员会不断完善变电运行制度,于翌年建立以岗位责任制为中心的18项规章制度,为促进变电安全运行提供了制度保障。

1981年5月,临安电力公司设生产技术股,分别由专人负责变电运行和变电检修工作。1983年3月,临安电力公司通过企业整顿工作,调整体制,实行专业分工,设立变电工段(1993年11月,更名为临安县供电局变电工区)统一管理变电运行和变电检修。下设临安变电站、於潜变电站、昌化变电站、龙岗

变电站、变电检修班,分别负责35千伏及以上变电站的运行和35千伏以下变电设备的检修工作。进一步完善运行、检修、调度、缺陷管理等方面的规章制度和图纸资料,调度室、龙岗变电站、於潜变电站都制定和修改了现场规程,使整个生产体系逐步走上正规的管理轨道。在此基础上进一步落实运行人员岗位责任制,将全部线路和变电设备的运行任务落实到班组与个人,并要求按定额组织生产,调动了群众的积极性。在变电站值班方面,抓值班纪律,严格执行"两票三制"(工作票、操作票和交接班制度,巡回检查制度,设备定期试验轮换制度)。严格执行交接班制度,要求"三清",即手清(记录详细、正确、清晰)、口清(交清运行方式和注意事项)、眼清(接班者检查设备状况仔细)。完善设备巡回检查制度,要求做到定时、定路线巡视设备,在特殊天气还专门布置特训和关灯巡视。1984年,全面完成各变电站图纸资料整理和修改完善工作,基本做到图实相符。

为避免无计划停电或重复停电给企业和用户造成的损失,1985年,临安县供电局制定《关于加强计划检修的规定》,对局属供电设备的计划检修和停役申请做出明确规定,各生产单位必须在每月25日前填报下月的检修工作计划,一式两份,分别报送生技股和临调,然后由局负责运行方式的人员和有关股室讨论后下达执行。对计划检修的执行情况,由临调按月考核统计。凡是计划外的停电检修项目(包括事故处理)都应计入临修之数,临修率控制在20%以内。

1996年8月,临安电网第一座无人值班变电站——35千伏板桥变电站投入运行,于10月实行无人值班。1997年,临安市供电局开始对老变电站实行无人值班改造。110千伏临安变电站、青山变电站,35千伏夏禹变电站、藻溪变电站、锦城变电站完成无人值班的技术改造,变电站实行无人值班,并在临安变电站设立临安片变电操作班。1998年,临安市供电局完成110千伏於潜变电站,35千伏畈龙变电站、龙岗变电站、潜川变电站无人值班改造,并设立昌化片变电操作班。各变电站的值班人员统一纳入操作班管理,操作班的主要职责是对变电站进行设备日常现场巡视与维护、设备倒闸操作、年度检修、事故处理等。操作班由变电工区管辖。

2000年3月,临安市供电局撤销变电工区,设立变电运行管理所和变电检修管理所。变电运行管理所负责全局的变电运行管理工作,组织运行人员学习和贯彻执行上级规程、制度,督促变电运行人员按上级规范做好设备巡视、操作、验收及工作许可等工作,保证各变电站设备的安全运行。变电检修管理所负责全局110千伏及以下变电设备安装、检修、预试、缺陷消除、事故处理等工作。2001年,临安市供电局修订《无人值班变电站管理制度》《无人值班变电站调度管理制度》《变电运行操作站管理制度》,明确各单位、各部门在无人值班工作中的职责:生产技术科为归口管理部门;调度所当值调度负责临安电网的安全、经济、合理运行;监控人员负责监控系统运行情况,并根据情况及时调整变电站电压和无功功率;变电运行管理所设立的临安、昌化操作站属班组建制,负责对所辖无人值班变电站设备的运行安全状况进行巡视、现场操作和运行维护管理。操作站配备必需的交通工具和通信设备,操作站工作人员实行24小时值班管理模式,操作站驻点设置以工作人员一小时内能到达最远无人值班变电站为原则。操作站配置变电站的运行监视系统协助监视所辖变电站的运行情况,随时掌握所辖无人值班变电站设备运行状况、事故或异常处理、设备缺陷管理等工作,同时无人值班的变电站控制室、开关室内等应装设消防灭火设施和消防自动报警系统,确保无人值班变电站的安全运行。变电检修管理所负责处理无人值班变电站设备缺陷,确保"四遥"(遥测、遥信、遥控、遥调)的准确性,负责无人值班变电站的安装、调试和日常维护检修工作。

2002年5月,临安市供电局撤销变电运行管理所、变电检修管理所,设立运行管理所、检修管理所。运行管理所下设四个班组(220千伏青云变电站、临安操作站、昌化操作站、线路运行班),分别负责所辖区域输变电设备的运行工作;检修管理所下设五个班组(变电一班、变电二班、线路一班、线路二班、线路三班),负责全局输变电设备的检修、安装、调试等工作。

2004 年 1 月,临安市供电局撤销运行管理所,撤销原运行管理所青云操作站(2003 年 4 月成立)、临安操作站、昌化操作站和输电线路班(线路运行班),设立青云变电管理所、临安变电管理所、昌化变电管理所和输电线路管理所。

2005 年 8 月,临安市供电局制定《变电管理所值班方式实施细则》,进一步明确变电运行管理所值班方式。

2008 年,根据《国家电网公司输变电设备状态检修管理规定》《浙江省电力公司输变电设备状态检修管理规定实施细则》《杭州市电力局输变电设备状态检修管理标准》的要求,临安市供电局组织专业人员对输变电设备进行状态评价,形成《临安市供电局 2008 年输变电设备状态评估初评报告》。该次评价对各评价单元的状态评价结果、基准周期执行情况、遗留缺陷情况、安全措施与反事故技术措施(简称反措)执行情况、红外线监测、在线监测及其他不停电检测情况进行全面评价,提出下次检修时间和检修等级建议,确保输变电设备的安全、可靠运行。

2009 年 3 月 1 日,临安市供电局试行生产系统准军事化管理。5 月 5 日,根据杭州市电力局印发的《关于同意临安市供电局设立变电运行工区的批复》(杭电人资字〔2009〕22 号),临安市供电局撤销临安变电管理所、青云变电管理所、昌化变电管理所,设立变电运行工区,下设三个生产班组(即岗阳操作站、青云操作站、昌化操作站),负责变电站的运行维护工作。

2010 年 10 月,临安市供电局首次开展变电运行交叉专业巡视,以 220 千伏岗阳变电站和岗阳操作站为巡视检查对象,现场巡视岗阳变电站全部变电设备,对现场操作、检修作业、安全措施等方面进行规范性督导,对岗阳操作站技术培训、PSMS(安全生产管理系统)应用、防误等工作进行交流检查。通过变电运行交叉巡视的开展,促进变电运行工区内部三个操作站之间的同业对标,提高变电运行专业管理水平。

2012 年 5 月,临安市供电局根据"三集五大"体系建设要求,撤销变电运行工区、检修管理所,设立安全运检部[检修(建设)工区]变电运检中心,负责变电站的运行维护和设备检修等工作。临安市供电局全面梳理变电站相关规章制度、报表、台账等,从标识标牌标签、物品定置、基础资料管理、运行维护管理等方面统一标准,开展变电站运行标准化建设工作。修订《临安市供电局检修计划管理办法》,对周计划、月度计划、年度计划的完成率与工作新增率进行跟踪分析,对不达标的部门进行考核,对工作质量不过关造成计划检修延期、未完成的一并纳入考核。修订《临安市供电局主网检修工作"三个零时差"实施办法》,确保全局生产工作高效有序开展。在适应"大检修"体系建设管理模式的基础上,改变原先由运行人员进行设备巡视和现场操作、检修人员进行维护检修的专业分工协作的传统生产方式,将设备巡视、现场操作、维护(C,D 类检修)业务和运行检修人员进行重组整合,推行运维一体化管理,制定《临安市供电局变电运维一体化工作方案》,开展变电运维一体化上岗考核,先培养部分运行人员,使其掌握安全风险小、专业程度不高、经过短期培训可以实现,且无需取证即可开展的一、二次设备维护性检修业务技能,再由该部分运行人员承担运维班选定的检修工作,实现部分检修项目的运维一体化。

2013 年 2 月,临安市供电局根据《变电运维一体化建设方案》的工作要求,撤销运维检修部[检修(建设)工区]变电运检中心青云运维班和岗阳运维班,设立运维检修部[检修(建设)工区]变电运检中心青云运维班,管辖原青云运维班和原岗阳运维班所辖设备及业务。运维班优化后,临安市供电局运维班为两个,分别为青云运维班和方圆运维班。青云运维班设在 220 千伏青云变电站,管辖 35 千伏及以上变电站 18 座;方圆运维班设在 220 千伏方圆变电站,管辖 35 千伏及以上变电站 12 座。3 月,临安市供电局率先在杭州地区启动变电运维一体化工作模式。通过变电运维一体化工作的推进,临安市供电局进一步提升运维工作效率和设备健康水平,提升变电运维综合技能水平,优化人力资源配置,提高劳动生产率。

### 三、配电变压器运行维修

1960 年,临安电厂分设临安工区、余杭工区、修配车间。两个工区负责各自供电范围内配电变压器的维护检修、安全运行管理;修配车间负责配电变压器的检修工作。根据农业生产的不同季节特点,临安电力系统每年都组织力量及时做好配电变压器的检修工作。1972 年,在雷雨季节前,临安电力公司组织大修班和修配车间职工将公司所属的 430 多台农村配电变压器的避雷器全部拆回校验调换一次,提高了防雷水平。在原材料严重短缺的情况下,修配车间职工不但及时修理好拆回换修的变压器,还拼凑材料,自制 3 台 20 千伏安变压器。1973 年,修配车间改名为修配场,当时有职工 5 人,担负全公司配电变压器的调换大修任务。修配场完成公司内大修配电变压器 61 台后,又到 23 个公社 65 个大队现场维修配电变压器 81 台。

1976 年 11 月,临安电力公司下设三个工段:临安工段、於潜工段、昌化工段。各工段设立后,分片负责所辖区域配电变压器的运行。配电变压器的维修仍由修配场负责。

随着配电变压器的不断增长,运行管理上存在一定的问题,导致备用变压器的质量有所下降。1981 年 6 月,临安电力公司印发《配电变压器投入运行的几点规定》(临电字〔81〕16 号),明确要求:新投入运行的变压器需取得公司修配场试验合格证方可安装运行;凡在本县运行多年,并确由本县用户转卖给另一用户,在投产运行前需经大修并经公司修配场按标准全套交接试验合格者,方可投入运行。用户从外县购买的旧配电变压器一律不准投入运行,修配场不接受试验、修理业务。1983 年,临安电力公司加强临安电网内配电变压器的资产管理、质量管理、检修计划管理,制定《配电变压器检修管理制度(试行)》,规定公司所属电网内配电变压器进场大修、交接试验均由修配场负责进行。修配场设专人对全公司备用变压器进行资产管理,建立一台一卡及定期试验记录,并根据公司各股室会签的配电变压器调动单执行对配电变压器的临时调动。修配场对配电变压器的交接试验、大修出厂试验报告必须经生技股审查签字后方可投入运行。

1984 年 5 月,临安县供电局各工段改名为供电所,继续负责辖区内的 10 千伏公用变压器、农村综合变压器的运行维护。是年开始,临安电网内的农村变压器资产全部由供电部门实行代管,共 845 台。临安县供电局增加配电变压器检修人员和设备,逐年将早期安装的高耗能配电变压器更换成 S7、SL7、SLZ7 型低耗能配电变压器,并且按照浙江省电力工业局印发的《浙江省农村配电变压器不接地运行规程(试行)》推广实施中性点不接地的农电安全措施,完成 216 台配电变压器的中性点不接地保安措施。是年,临安电网配电变压器有 1328 台,变电总容量 8.84 万千伏安,日常运行和维护由各供电所负责,检修由修配场负责协助。1993 年,临安县供电局调整修配场体制,修配场划归变电工段管理。

随着电力营销体制改革和营配合一管理模式的建立,加强配电变压器的维护运行管理、提高设备健康水平、确保供电可靠性、满足广大客户对用电的需求成为各供电营业所的重要任务。经过几年的农网改造,全市农村公用变压器全部由临安市供电局统一管理。由于农村公用变压器存在大量的缺陷需要维护检修,且各供电营业所担负的工作任务十分繁重,并缺乏一定的配电变压器的检修技术和设备,因此各供电营业所难以承担检修的责任。为切实提高配电变压器的运行维护管理水平,确保电网安全,对属临安市供电局直接管理的农村公用变压器和城镇公用变压器的维修、检修、大修等工作委托临安市路灯管理所配电变压器修理班负责。2003 年 4 月,临安市供电局制定并印发《10 千伏城镇、农村公用变运行维护检修管理办法》,明确配电变压器的管理模式:配电变压器管理体系由营销配电科、各供电营业所和临安市路灯管理所构成,将对全局农村公用变压器和城镇公用变压器的管理工作分成运行和维修两大块,按照“分工明确、职责到位”的原则落实分解,即营销配电科负责协调和组织领导工作,各供电营业所负责管辖范围内配电变压器的日常运行工作,路灯管理所负责全局配电变压器的维修等工作。

2007年,为切实提高配电变压器的运行维护管理水平和设备健康水平,临安市供电局将所辖的农村和城镇公用配电变压器的维修、检修、大修以及库存管理等工作委托临安市路灯管理所实施,营销科作为配电变压器的管理职能科室,负责管理、监督、协调临安市路灯管理所及各供电营业所日常工作。

2011年,临安市供电局全面开展公用配电变压器安装智能配电变压器终端工作,按照统一标准规范、统一采集平台、统一数据应用的原则由浙江省电力公司统一组织实施,建成覆盖所有公用配电变压器的智能公用配电变压器监测系统,实现公用配电变压器信息远程自动实时采集、运行自动监视、自动无功补偿等功能。

2012年,临安市供电局全面贯彻浙江省电力公司《关于推广配电变压器台区智能化建设》的精神,临安作为杭州地区的试点,完成首个智能台区建设工作,通过对变压器、配电柜、漏电保护器以及无功补偿装置等设备的智能化改造,并加入智能配电变压器终端、智能剩余电流动作保护器、温度监测仪、智能电容、智能防盗模块、智能门禁等装置,不仅实现将配电变压器油温、配电房室温、漏电保护器、无功补偿等常规运行参数纳入智能公变检测系统进行实时监测,还新增漏保分合闸报警及短信提醒、远程试跳、远程控制分合、无功远程控制投切、配电柜门禁化管理等智能化功能,使配电台区管理更趋于信息化、合理化、人性化。

为进一步响应国家节能减排政策,推广新型节能设备,建设"能源节约型、新技术、新材料、新工艺"的绿色节能电网,2012年,按照国家电网公司《非晶合金配电变压器推广应用工作意见》,临安市供电局结合配电网改造进行非晶合金配电变压器更换工作,以S(B)H15等型号的非晶合金变压器替换掉原先老旧的高损耗配电变压器。是年,完成全县18个镇(街道)、298个行政村的新农村电气化建设改造工作,采用非晶合金等节能型配电变压器,节能型配电变压器占比达到100%,年可节约电能约259.7万千瓦时。

为配合临安"美丽家园"创建工作,国网浙江临安市供电公司开展农村公用变压器规范化管理,以5S(整理、整顿、清理、清洁、素养)的要求打造标准化配电房。2014年8月25日,国网浙江临安市供电公司试点在板桥镇界联村开展精品杆上变改造工程,通过在杆上式变压器四周增设1.5米高的塑钢材质的安全防护围栏,同时对电杆基础进行水泥浇筑平整,以达到保护电力设施、方便电力抢修作业开展的目的。

## 四、技术监督

临安电力公司成立初期,技术力量薄弱,变电站的绝缘监督工作由杭州供电局修配试验场负责,主要有绝缘、油务、仪表3项内容。临安电力公司负责配电变压器的绝缘电阻测量、主接地电阻测量、对配电变压器取油样做击穿电压试验、避雷器接地绝缘电阻检查。

进入20世纪80年代,临安电力公司全面进行变电设备年度预防性试验和设备定级工作。1985年,浙江省电力工业局印发《电能计量量值传递和技术监督实施细则》,规定:电能计量技术监督工作由省电力工业局用电处归口管理,省电力试验研究所代表省电力工业局行使电能计量监督工作的技术职能;县供电局为本地区的电能计量传递机构,负责电能量值标准传递和技术监督工作,县供电局的电能计量标准为0.5级,0.1~0.05级电流、电压互感器,受省电力试验研究所的量值传递和监督。是年开始,150/5A以下的串芯式(LMZ-0.5)低压电流互感器不能作为电能计量互感器用,原装用的被逐步更换。浙江省电力工业局规定各县(市)供电部门必须执行《电气仪表技术监督条例》中有关电能计量的规定,认真做好各项技术管理工作,定期上报"五率"(即校验率、轮换率、高压电能表调前合适率、故障差错、电压互感器二次回路压降测试率)。临安县供电局上报的"五率"技术指标均达到合格,校验率和调前合适率均为100%。

1997年9月,杭州市电力局转发《浙江省电力公司发供电企业技术改造和技术监督考核暂行办法》,

对电力企业的四项技术监督(绝缘监督、化学监督、电测监督、继电保护监督)考核内容做了详细说明和明确要求。1998年3月,为加强临安市供电局的电气设备绝缘、化学技术监督工作,设立临安市供电局绝缘、化学技术监督小组,并印发《临安市供电局绝缘、化学监督工作实施细则》《临安市供电局绝缘、化学监督考核办法》。细则和办法中规定:高压电气设备绝缘、化学监督工作的对象是3千伏及以上电压等级的全部高压电气设备,绝缘、化学监督应对高压电气设备的设计、造型、鉴定、验收、安装调试、交接试验以及预防性试验、运行、检修、报废实行全过程管理。绝缘、化学监督工作分为三级管理:局技术监督小组为第一级管理,具体由局生产技术科归口管理;局变电工区为二级管理;变电工区的检修班(包括油化)、操作班及各变电站为三级管理。之后不定期地召开绝缘、化学监督工作会议,总结和交流全局绝缘、化学监督工作情况,贯彻落实反措精神。分析绝缘、化学监督工作的薄弱环节,制定防范措施。绝缘、化学监督考核每季度考核一次,考核情况汇总报局办公室并公布于《生技月报》。

2001年3月,临安市供电局重新修订绝缘、化学监督工作实施细则,三级管理分为:局技术监督小组为第一级管理,具体由局生产技术科归口管理;局变电检修管理所、变电运行管理所为二级管理单位;变电检修管理所的检修班(包括油化)、变电运行管理所的操作站为三级管理单位。

2002年4月,设立临安市供电局电力技术监督领导小组和各工作小组,并制定《临安市供电局电力技术监督实施办法(试行)》。电力技术监督包括电能质量、环境保护、绝缘和化学、电测、继电保护等五项监督。技术监督工作实行技术监督责任制,按照依法监督、分级管理、行业归口的原则,严格贯彻执行上级部门颁发的有关规程、规定、制度、办法、条例、标准和技术措施。生产管理部门和基建管理部门均应从规划、工程设计、设备选型、主要设备的监造验收以及安装、调试、运行、检修、技术改造等整个过程实行全方位、全过程的技术监督,并相应地建立起严格的责任制,分级负责,逐步实行技术监督人员验收签字制度,对不符合监督规范要求与不合格产品,监督人员有权拒绝签字,各单位、各部门均不得以任何借口不严格执行。所有并入临安电网的发供电设备及重要用电设备都必须接受临安市供电局技术监督归口管理。生产技术科是临安市供电局绝缘和化学、电能质量技术监督的主要职能部门,兼管电测技术监督工作。调度所是临安市供电局负责继电保护技术监督的职能部门。营销配电科是临安市供电局负责电测计量技术监督的主要职能部门。安监科是临安市供电局负责环境保护监督的职能部门。各单位的生产领导或技术主管是本单位的技术监督专责人员,负责组建由班组技术员参加的技术监督网络,负责本单位的技术监督归口管理工作。之后,每年召开一次全局技术监督工作会议,总结、交流、推广技术监督工作经验、先进技术,部署下一年度技术监督工作。

2004年,临安市供电局技术监督工作小组增至6个,分别为绝缘(化学)监督、电能质量技术监督、电测监督、固定资产兼职管理、变电站监控系统监督、继电保护管理工作小组。2006年,技术监督工作小组取消固定资产兼职管理工作小组。

2010年,为加强对变电站防误装置的运行管理和技术管理,增设变电站防误装置技术监督工作,列入设备技术监督范畴,并设立临安市供电局防误装置技术监督工作网络,归口管理部门为生产技术科。

2011年3月10日,临安市供电局联合浙江省电力试验研究院在110千伏雅观变电站、平山Ⅱ期基建工程开展杭州电网首次110千伏基建金属监督工作。在现场检测过程中,工作人员发现雅观变电站110千伏Ⅱ段母线C相支柱瓷瓶存在内部缺陷,110千伏阿海珐双柱水平旋转式隔离开关导电杆和触头的镀银层厚度仅为$7.9\mu m$,不满足技术规范"导电杆和触头的镀银层厚度$\geqslant 20\mu m$"的要求。临安市供电局及时采取措施消缺,避免有缺陷的新设备投入运行。以该次基建变电站金属监督工作为契机,临安市供电局建立金属监督组织体系,相关人员经培训后持证上岗,为一线技术监督人员独立开展输变电设备金属监督工作提供有力支撑。

2011年4月,临安市供电局技术监督工作小组增至13个,分别为电气设备性能监督、电能质量技术监督、电测监督、化学监督、金属监督、信息监督、防误装置监督、保护与控制系统监督、自动化(主站)监督、自动化(厂站)监督、电力通信系统监督、节能监督、环保监督工作小组。2013年,国网浙江临安市供电公司技术监督工作小组取消防误装置监督工作小组,增加配网监督工作小组。

2015年,国网浙江临安市供电公司推进基建阶段技术监督,把关口前移,加强全过程监督,建立以带电检测为主的状态检修新体系,将带电检测工作计划列入检修计划管理,提高执行力;开展变压器接地电阻测量,重点排查高山、雷电多发区杆塔接地隐患,对不合格接地电阻进行汇总,制定并落实整改措施。各技术监督小组执行技术监督异常预警、告警制度,及时以分析报告的形式汇报设备事故和重大异常情况;技术监督各专业信息月报上报率和按时率均达100%。

2016年,临安电网区域供电能力加强,技术管理监督水平也相应提高,主要从电气设备性能监督、保护与控制系统监督、电测监督、化学监督、自动化(主站、厂站)监督、电力通信系统监督、电能质量监督、节能监督、环保监督、金属监督、信息监督、配网监督等12个方面加强监督。

# 第四节　供电安全

## 一、安监组织

(一)生产安全组织

1960年4月,临安电厂调整组织及工作职责范围,切实推进四员制,在临安工区、余杭工区、修配车间设置兼职的安全检查员,负责管辖范围内安全供电线路的设备和生产设备的检查工作,定期进行安全操作规程学习检查等有关安全监察工作。1963年1月,临安县供电所归属杭州供电局,同时更名为临安电力公司,安全生产工作归杭州供电局安全监察科管理,从属于杭州供电局三级安全生产管理网。

"文化大革命"开始,安全网组织瘫痪,杭州供电局安全监察科撤销,安全监察人员被下放,造成安全记录空白,考核资料断缺。1978年,为了尽快把安全工作基础恢复起来,建立正常的安全生产秩序,杭州市电力局重建安全监察科和全局安全网组织,所属5个县电力公司设安全员,恢复安全监察活动。

1979年,临安电力公司党总支主要负责人亲自抓安全,健全从公司到班组的安全网,恢复和坚持安全活动制度。1983年7月,临安电力公司设总安全员,管理全公司的安全生产工作。9月,临安电力公司建立、健全由各股室、供电所、工段以及班组形成的全局安全网组织,批准股室、工段、班组设安全员25人,加强对安全生产的监察工作。

1988年6月,临安县供电局设立以局长为组长、分管副局长为副组长、各股室负责人为成员的安全生产领导小组。1993年2月,为进一步加强安全监察管理职能,临安县供电局设立安全监察股。1994年,设立临安县供电局安全督查组,在全局范围内开展现场安全的监督和检查工作。1995年,临安县供电局建立安全生产领导分片联系制度,每个局领导班子成员负责联系一个单位,班子成员对所联系单位发生的事故负有直接责任。

1996年5月,临安县供电局设立安全监察科,有科长1名、专职员管理2名,负责全局的生产、基建、多种经营(简称多经)的安全监察管理工作以及车辆、交通、消防、保卫等方面的安全管理工作。6月,调整局安全生产领导小组和全局各级安全员,设立局安全管理网络,健全安全生产保证体系和安全生产监察体系。每季度召开一次安全生产领导小组会议,每月一次召开安全生产例会,生产班组每周开展一次安全活动,列入经济考核。1999年9月,安全生产记录日创3000天,临安市供电局召开总结表彰大会,表彰为安全生产做出贡献的单位、班组和个人。

2012年5月,临安市供电局设立安全生产工作督查组,深入梳理各单位、室(部)安全生产管理体制建设、机制建设,查找工作流程方面的薄弱环节,提出改进意见,督促整改落实。由于"三集五大"体系建设,调整相关机构,原安全监察部的安全监察管理等职责调整到新设立的安全运检部。为进一步落实安全生产责任制,强化安全生产管理与监督工作,确保各项安全生产管理制度有效执行,根据《中华人民共和国安全生产法》《安全生产工作规定》要求以及浙江省电力公司、杭州市电力局相关规定,临安市供电局印发《安全生产领导干部和管理人员到岗到位标准(修订)》。2013年1月,临安市供电局设立安全监察质量部(保卫部),负责全局安全监督与管理、交通管理、消防与保卫管理、电力设施保护管理、应急管理、与公安部门外联等工作。

至2016年,国网浙江临安市供电局连续安全生产日达5688天。

(二)消防安全组织

1982年,临安电力公司确定消防重点部位,设立公司本部、各变电站、各工段共7个消防小组,分别管理各管辖范围内的消防工作。1995年4月,制定《临安县供电局消防管理制度》,明确临安县供电局属各单位主要行政负责人为防火责任人,并设立义务消防队。明确临安县供电局办公室为全局消防工作管理部门,设兼职消防管理人员1名,配备兼职消防设备管理员1名(设在行政科内)。设立临安县供电局消防管理网络。建立以局长为全局消防安全第一责任人的三级防火责任制,并明确三级防火责任人职责。1996年,经杭州市公安局消防支队培训考核批复,临安县供电局设专职消防员1名。1998年5月,设立临安市供电局防火安全领导小组。

为进一步贯彻《中华人民共和国消防法》《机关、团体、事业单位消防安全管理规定》,按照"谁主管,谁负责"的消防安全管理原则,临安市供电局规定局、部门、班组的第一责任人和专(兼)职安全员应经常检查所管辖范围内的场所。至2016年,国网浙江临安市供电公司的三级消防安全管理网络进一步完善,定员、定岗、定责工作得到加强。

(三)交通安全组织

为加强交通车辆管理和安全行车管理,1984年3月,临安县供电局设立驾驶班,由生技股领导,与局车辆调度员一起统一调度管理各供电所、班组车辆,每月组织全体驾驶人员安全学习一次。4月,临安县供电局设立车辆安全监督小组。1985年6月,临安县供电局对全局汽车实行统一调度管理。1997年,临安市供电局制定《交通安全机动车辆管理工作规定》《安全行车考核办法》。2002年3月,根据《浙江省电力工业局交通安全管理工作规定》,临安市供电局制定《临安市供电局交通车辆安全管理工作规定》,设立交通安全网络,落实各级交通安全责任制,进一步明确局交通安全管理领导小组、安监科和各基层单位交通安全管理片组的职责。2005年3月,临安市供电局制定《车辆及交通安全管理规范》。

2013年4月,临安市供电局设立杭州市电力局车辆管理中心临安分中心筹建小组。10月,临安电力车辆管理中心通过国网杭州供电公司验收。重新修订《国网浙江临安市供电公司交通安全管理规范》,明确安全监察质量部管理公司交通安全,临安电力车辆管理中心负责全公司外聘司驾人员及所有车辆的交通安全管理,各单位负责所辖兼职司驾人员的交通安全管理。2014年1月,国网浙江临安市供电公司制定《车辆管理实施细则(试行)》,进一步规范用车行为,加强车辆维修管理,保障行车安全。明确临安电力车辆管理中心作为杭州临安电力实业总公司二级机构,承担车辆日常管理调度工作,承担车辆维修工作;国网浙江临安市供电公司安全监察质量部负责公司车辆的安全与费用归口管理;国网浙江临安市供电公司办公室负责公务用车的归口管理;国网浙江临安市供电公司运维检修部负责生产服务用车的归口管理;国网浙江临安市供电公司各集体企业负责集体企业所有用车费用的归口管理;杭州临安电力实业总公司负责车辆管理中心的日常管理,负责集体企业用车的归口管理;国网浙江临安市供电公司党群工作部负责用车纪律及规范性的归口管理。2015年8月,国网浙江临安市供电公司制定《车辆管理指导意见》,进一步发挥临安电力车辆管理中心集约化管理的优势,规范用车申请和车辆停放行为,保障行车安全,加强车辆维修和汽车配件材料管理,确保维修质量。

（四）环保安全组织

2002年3月,临安市供电局制定《环境保护监督管理实施细则》,设立环境保护领导小组,下设环境保护办公室(设在安监科),将环境保护技术监督纳入电力建设、生产的全过程管控。2006年8月,临安市供电局设立环境保护监督小组,具体负责局环境保护监督管理工作。2007年,临安市供电局修订《环境保护监督管理实施细则》,开展"三标一体"管理体系的认证工作,修订《环境因素识别程序》《环境与职业健康安全运行控制程序》,明确对环境因素的识别与控制流程。2008年7月,通过"三标一体"管理体系外部审核,首次将局汽车修理部纳入全局"三标一体"管理体系审核范围。

（五）综合治理

临安县供电局根据治保(即治安保卫)工作需要,1984年,在局办公室设专职治保干部,设立局治保调解组织。1990年,临安县供电局贯彻实施《浙江省机关、团体、企业、事业单位治安保卫工作条例》和《杭州市电力局〈治安保卫工作条例〉实施办法》,坚持"预防为主,确保重点,打击犯罪,保障安全"及"谁主管,谁负责"的原则,预防和减少违法犯罪、治安灾害事故的发生,保障电力生产建设。1997年,临安市供电局制定《内保安全管理细则》和"治安保卫目标管理责任书",在电力大厦内安装监控录像装置、消防自动报警装置、公安局联网的"110装置"、无人值班变电站安装红外报警装置,对偏远的变电站和有关重要部门完善与加固防盗装置。1997年,为加强治安管理,由临安市公安局保安服务公司派保安员负责临安市供电局大楼的治安工作。之后,又在各变电站配置保安人员,负责各变电站的治安工作。

1997年9月,在浙江省电力专项整治工作会议后,临安市政府设立临安市电力设施保护领导小组,临安市公安局和临安市供电局联合设立电力秩序管理办公室,由临安市公安局直属管辖,加大电力专项整治力度。当年,抓获严重窃电和破坏电力设施的犯罪嫌疑人7名。1998年7月,临安市供电局设立综合治理领导小组,下设办公室,建立、健全社会治安综合治理工作领导责任制,排查和消除各种不安全因素,保障全局范围内的政治稳定和单位内部秩序的安定。临安市供电局将治安工作纳入安全生产的工作范畴,坚持综合治理与安全生产工作同步考核,将防火、防盗、防交通事故、防电力责任事故纳入安全生产考核内容。每年年初,将综合治理纳入年度考核目标,并与上级主管单位和各基层单位签订目标责任书。1995年以来,临安电力系统多次被授予"浙江省治安安全示范单位""杭州市社会治安综合治理先进单位""杭州市平安示范企业""临安市社会治安综合治理先进单位"等称号。

2013年3月,临安市供电局与临安市公安局联合发文设立临安市电力秩序维护领导小组,实行警企联动,深化电力设施保护工作的长效机制。同时,临安市供电局建立、健全《生产调度大楼安全保卫制度》《变电站安全保卫管理制度》等规章制度,修订各种情况下的突发事件应急处置方案,建立较为完善的应急准备与响应机制,通过加强综合治理工作,防范影响企业安全稳定的不利因素,保证企业的安全稳定发展。

2015年,国网浙江临安市供电局开展24家危化品企业用电安全特别检查和4722户出租房电力设施专项整治,整治重点区域隐患22个。

## 二、安全措施

中华人民共和国成立初期,临安县城关镇上的私营小电厂由于设备陈旧,管理松懈,企业维持艰难,以致生存时间很短。临安电厂成立后,贯彻国务院和燃料工业部颁发的有关保障电力职工生产安全和健康的政策、法令、规程、制度,开始制定企业安全生产制度。随着供电网络和电气设备日趋复杂,电力安全日益受到重视。20世纪50年代末,电力生产企业执行燃料工业部印发的《电业安全工作规程》《电业生产事故调查规程》。20世纪60年代,贯彻国务院印发的《关于加强企业生产中安全工作的几项规定》和水利电力部印发的《电业安全工作规程》,临安电力部门制定事故处理、运行、检修、安装等安全生产制度,建立操作票、工作票、交接班、设备管理等管理制度,实施绝缘监督、继电保护、设备定级等一系列的保障安全生产的管理措施。根据安全工作规程要求,临安电力部门对线路安全生产执行《电业安全工作规程(线路部分)》,变电运行和检修工作执行《电业安全工作规程(电气部分)》。各变电站建立设备运行制度、倒闸操作制度。规定每年对电业生产人员进行安全规程考试,春、冬二季开展例行性安全生产大检查,对查出的问题及时进行整改。这些行之有效的安全生产制度在"文化大革命"遭到废除,电网安全生产水平有所下降。1971年,临安电力公司革命委员会逐渐恢复运行、检修、安全、调度4个规程和交接班、停送电联系等8项基本制度。

1977年,杭州供电局制定《安全生产若干规定汇编》,并做出"没有操作票不准作业,没有工作票不准作业,未经验电接地不准作业,不系安全带登高作业不准作业,不戴安全帽及酒后不准作业"的"六不准"安全措施,以保障职工的人身安全。1978年,恢复一年一度的安全规程考试制度,重新颁布考试合格证替代安全合格证。1979年,临安电力公司健全从公司到班组的安全网,恢复安全活动制度。恢复线路运行管理,检查全县7653支混凝土电杆,登记立卡。各工段变电站建立、健全"两票三制",工作中强调按操作规程办事。在此基础上,变电站还坚持开展每季度一次的反事故演习、每月一次的事故预想。

1980年,临安电力公司联合临安县工业交通办公室和总工会,对全县电气技术人员生产科(技术科)管电的有关领导干部和广大电工分期分批进行安全技术培训及考试,考试及格后由杭州市电力局发给"电气安全技术考试合格证"。凡进行电气工作的人员,及电气安装申请都必须持有"电气安全技术考试合格证",否则不准操作。

国务院批准于1980年5月在全国开展安全生产月(1991—2001年改为"安全生产周")活动,并确定之后每年6月都开展安全生产月活动。临安电力公司每年都在安全生产月活动期间,集中开展安全活动,加强安全生产的宣传,组织安全大检查,组织一些群众性的安全活动。

1982年,临安电力公司结合企业整顿,全面落实浙江省政府印发的《关于建立安全保卫责任制的若干规定》,把安全保卫责任制的内容列入岗位责任制中,明确每个生产岗位和工作岗位的安全保卫职责。进一步健全保卫组织,切实加强领导,以"四防"(防特、防盗、防火、防治安灾害事故)为主,落实门卫、值班、守护等各项安全防范措施。组织线路、变电、配变检修人员开展电业安全规程考试,增强安全意识。开展安全生产月活动,对发生的事故做到"三个不放过"(找不出原因不放过,找不出责任不放过,提不出改进措施不放过),查找出生产不安全因素,堵塞发生事故的漏洞,落实整改。

1983年,临安电力公司制定安全管理制度、消防安全制度、车辆调度和汽油管理制度、"十个反事故重点措施"等一系列制度、措施,建立正常的安全活动制度,每月召开1次各工段、直属班组安全员会议,班组每月开展4次安全活动,并有详细记录。严格执行安全工作规程、运行规程、事故调查规程,每年举办1次安全规程考试。公司每年进行2次安全生产检查,不定期开展安全监察。1984年,临安县供电局分别与杭州市电力局和各供电所签订《安全经济承包合同》。

杭州市电力局在总结1984年经验的基础上,拟定1985年临安县供电局内部指标承包和利润分成考核计奖办法(简称县供电局承包办法),自1985年1月1日起执行,为改进方法,简化手续,1985年不再履行合同签订手续,统一按该办法进行承包和结算;安全生产与经济利益挂钩,同各单位和个人的荣誉连在一起。临安县供电局完善经济责任制,推行目标管理,明确各股室的岗位职责,把目标承包值层层分解到各供电所、工段、班组。每年春季暨迎峰度夏、秋(冬)季进行安全大检查,下达系统雷季运行方式规定;教育职工做到"三不伤害"(不伤害自己、不伤害他人、不被他人伤害)。至1987年,临安县供电局累计安全日达到1000天,创造历史上安全生产的新纪录。

20世纪90年代初,临安县供电局针对习惯性违章,提出并实施"一二三四五"安全措施,即"一方案"(建立"施工方案"制度,每个较大或较复杂的工程都必须事先制定一个安全措施完备的施工方案)、"两票"(杜绝在电气设备上无票工作和无票操作)、"三交底"[每天出工之前和在工作现场,对工作内容、安全措施做到供电所(工段)生产负责人向班长交底,班长向工作负责人交底,工作负责人向工作班人员交底]、"四保障"[从局、所(工段)、班组到个人,层层落实安全责任,一级保一级]、"五个一的工具关"[即一带(保险带)、一帽(安全帽)、一线(等电位保安线)、一卡(一日工作顺序执行卡)、一辆不带故障的汽车]。

1991年2月,临安县供电局通过省级先进企业和国二级企业内部总体验收,重特大事故率、送电事故率、变电事故率等各项指标均达到省级先进企业和国二级企业标准。在通过验收的基础上,临安县供电局开展"双达标"活动,制定《安全、文明生产创水平达标工作责任分解》,以设备整治和环境治理为突破口,以青云变电站、於潜供电所、昌化变电站为试点,以修复临安变电站(飞艇爆炸致变电站受损)为重点,打开"双达标"局面。1992年12月,通过华东电网"双达标"验收。1997年2月,通过电力工业部"双达标"验收。

进入21世纪,为进一步稳定安全生产局面,临安市供电局不断完善思想、能力、制度、技术四大保障体系,致力于实现安全生产的预控。从2000年开始,每年都组织参加全国"安康杯"竞赛活动。2000年,临安市供电局在被选为杭州市电力局安全性评价试点后,设立临安市供电局安全性评价工作领导小组,全面开展安全性评价工作。2002年5月,通过杭州市电力局安全性评价查评组的验收。

2001年,临安市供电局坚持安全生产工作的"严格管理、严肃纪律、严格考核"原则,在2000年制定的《临安市供电局安全生产奖惩考核暂行规定》等3个文件的基础上,结合《临安市供电局经济责任制考核办法》,修订印发《安全生产奖惩考核规定》《局领导挂钩基层单位安全联责考核办法》《各职能科室、部门安全生产联责考核办法》,落实各级安全生产责任制,强化安全生产的管理和考核,贯彻"以责论处""重奖重罚"的原则,强调局领导和各职能科室、部门的安全生产连带责任,建立和完善分级控制、分级把关的安全生产管理体系。

2002年11月,临安市供电局依据《中华人民共和国安全生产法》《安全生产工作规定》等法律法规,根据局机构设置和安全生产工作情况,制定《安全生产责任制》,明确局领导、各职能科室、基层单位,以及各岗位工种的安全生产职责的内容、要求,明确各级行政正职是单位安全生产的第一责任者,对安全工作负全面的领导责任,各单位建立、健全和全面落实各级安全职责,形成"横向到边,纵向到底"的安全保证体系。

2003年,临安市供电局开展"以消除管理性违章为重点,消除习惯性违章为难点"的"零违章"活动,完善以人为本的安全生产保证体系。2004年,临安市供电局制定《安全性评价管理标准》《违规、违纪处罚及待岗培训管理实施细则》《外包电力工程(项目)安全管理规定》。2005年,临安市供电局开展"严格执行安规 确保人身安全"专项整治活动。根据新印发的《安全稽查管理标准》,把开展安全稽查工作纳入计划管理,从管理层到工作现场,层层查找有无违反安规的行为。临安市供电局执行新印发的《电力生产现场踏勘制度》《电力生产开工许可证制度》,规范工程的安全管理。召开《电力安全工作规程》研讨会,对不符合要求的设备装置、作业环境、安全措施、规章制度等进行修订和整改。组织全局从事电力生产的各级领导、专业管理人员、安全员、工作票签发人、工作负责人、工作许可人按《电力安全工作规程》进行考试。

2006年,为进一步加强承包工程、发包工程的安全管理,规范承包工程、发包工程施工现场的安全技术交底工作,明确承、发包双方在现场安全交底工作中各自的安全责任,临安市供电局在局线路、配网的承包工程、发包工程施工现场安全交底工作中,实施"现场安全技术交底记录"制度。对未按照"现场安全技术交底记录"制度进行交底工作的,按照临安市供电局《违章、违规记分及处罚管理规定》的有关规定予以考核。2007年,开展"反违章、除隐患、百日安全活动",按照《反违章工作管理规定》,形成领导层、管理层、专业稽查层、班组层四个层面的反违章管理模式。2009年,贯彻落实各级政府、国家电力监管委员会(简称国家电监会)关于进一步推进电力安全生产"三项行动"的指示和相关要求,根据浙江省电力公司关于安全生产"三项行动"的工作部署,临安市供电局制定《安全生产"三项行动"工作方案》,开展电力安全生产执法行动、治理行动和宣传教育行动。2010年,临安市供电局在电力生产中坚持"同进同出""到岗到位"等措施,强化安全管控。

2011年12月16日,临安市供电局召开2011年度交叉专业巡视总结大会,临安市供电局创建的输电、变电、配电专业联合的生产系统交叉专业巡视体系为安全生产工作保驾护航增添了筹码。是年,临安市供电局制定《安全生产奖惩规定》,实行安全生产目标管理,坚持以人为本、坚持"四不放过"的原则,严格管理,严格考核,以责论处,奖惩分明。

2013年,临安市供电局制定《员工安全积分制实施细则(试行)》,建立与员工安全技术等级体系相配套的激励机制,鼓励生产一线员工主动参与安全生产工作的积极性,量化员工在安全生产工作中承担的安全风险和安全职责,完善安全工作绩效考核机制。

2015年1月,国网浙江临安市供电公司设立"反违章安全警示学习室",以其为安全教育载体,采用理论学习、视频观看、书面考试、言传说教、现场稽查等教育模式,对公司新上岗的生产员工、安全生产严重违章人员、一个周期内违章记分达6分及以上人员、一个周期内违章记分达8分及以上外包单位进行安全警示教育,提高员工安全管理理念与安全技能,杜绝习惯性违章的发生。3月4日,举办开放式班组安全活动交流竞赛,围绕"展示班组风采、提升安全文化"竞赛主题,以PPT演示、安全情景剧、现场模拟、知识问答等形式开展,内容涵盖《电力安全工作规程》学习、案例分析、违章纠错、隐患排查等安全生产的各个方面,结合各岗位实际,指出存在的问题、风险与危害,提出完善、解决和预防的措施。

1985—2016年临安电力系统安全日情况见表3-4。

表3-4 1985—2016年临安电力系统安全日情况

| 年份 | 安全日 | | 年份 | 安全日 | |
| | 本年最高累计日/天 | 本年底累计日/天 | | 本年最高累计日/天 | 本年底累计日/天 |
|---|---|---|---|---|---|
| 1985 | 273 | 273 | 2001 | 209 | 209 |
| 1986 | 365 | 638 | 2002 | 365 | 574 |
| 1987 | 365 | 1003 | 2003 | 365 | 939 |
| 1988 | 366 | 1369 | 2004 | 366 | 1305 |
| 1989 | 153 | 153 | 2005 | 365 | 1670 |
| 1990 | 365 | 518 | 2006 | 365 | 2035 |
| 1991 | 207 | 207 | 2007 | 365 | 2400 |
| 1992 | 366 | 573 | 2008 | 366 | 2766 |
| 1993 | 365 | 938 | 2009 | 365 | 3131 |
| 1994 | 365 | 1303 | 2010 | 365 | 3496 |
| 1995 | 365 | 1668 | 2011 | 365 | 3861 |
| 1996 | 366 | 2034 | 2012 | 366 | 4227 |
| 1997 | 365 | 2399 | 2013 | 365 | 4592 |
| 1998 | 365 | 2764 | 2014 | 365 | 4957 |
| 1999 | 365 | 3129 | 2015 | 365 | 5322 |
| 2000 | 366 | 3495 | 2016 | 366 | 5688 |

注:1.1989年7月31日,用户设备瓷件绝缘击穿引起35千伏线路跳闸及35千伏夏禹变电站主变压器有载调压绝缘击穿,造成安全日中断。
　　2.1991年6月7日,变电工段检修班误操作事故造成安全日中断。
　　3.2001年6月5日,外包施工单位施工人员触电死亡事故造成安全日中断。

## 三、事故选录

（一）人员伤亡事故

1978年3月21日，於潜工段开展10千伏双庙分线调换混凝土电杆、导线工作。当拆除36～46号杆旧导线时，郑某某在转角杆上工作，未做临时拉线，突然剪断导线，造成木质电杆离地7米处折断。郑某某从杆端摔下，腰、背部被随身工具挤压伤，导致腰椎第三节骨折（重伤）。

1979年1月17日，於潜工段开展10千伏於潜线藻溪分线35～53号杆调换导线工作。工作开始时，发现40号杆根部有挖土痕迹，作业人员曾对此议论一番，各执己见，最终不了了之，未采取相应措施。当冯某某登杆并将导线拆除时，杆倒，杆梢压在冯某某胸腹上，导致冯某某当场死亡。

1980年10月1日，临安变电站扩建、青云线线路改道作业中，学徒工张某某在4号杆搁导线（LGJ—70）。张某某登杆至7米高左右处，将安全腰带系好（打了活结），用小绳将导线穿过滑车后将导线向上拉，因导线重拉不动，就弯下腰去用力拉，安全腰带活结松脱，张某某从7米高处摔下。经医院检查，张某某右手尺骨远端骨折（重伤）。

1982年4月15日，临安工段线路一班进行10千伏玲珑线上甘分线大同支线1～23号杆二线改三线作业。展放9～23号电杆之间导线时（9～16号处于缓坡，16号后处于陡坡），由蒋某某一人指挥民工操作。导线拉到19号杆时，导线受10号、16号电杆拉线及山坡岩石、树枝摩擦，拉力增加，导线沿16号电杆拉线向上滑向电杆横担，在朝上坡方向电杆外侧15米处碰及带电的红相导线，造成14名展放导线的民工触电，1名民工触电后跌入1.4米深的低坑而窒息死亡，1名民工摔跌至乱石上昏迷，肋骨骨折，其余民工轻伤。

1985年4月2日，玲珑供电所开展10千伏石山线28～38号电杆更换导线、电杆横担等工作。按分工由王某某和青工王某某负责38号电杆更换横担、挂绝缘子、更换拉线等工作。王某某在38号电杆上挂绝缘子，青工王某某与民工在地面做外转角拉线。在他们将钢绞线向外角方向拉直时，电杆连同王某某往转角外侧倾倒，王某某倒在电杆一侧横担空隙下面，造成下颌骨骨折，上、下7颗牙齿折断。经查：电杆根部几经土地平整，起土严重，杆卡资料记载埋深0.5米，但1983年划三米线时误将离地面38厘米处的1条黑线认为二米线，实际电杆埋深28厘米。

1995年8月15日，昌化供电所开展唐山路拓宽配套高低压线路改造移位工作。在新立昌化130线唐山路支线8号电杆挂接X—4.5单片绝缘子时，因绳结松脱，绝缘子从8米高处坠落，砸在电杆下配合工作的民工吴某某头部右后侧，造成其头部击伤。

（二）误操作事故

1972年4月26日，临安变电站当值人员在检修结束后，未拆除开关母线闸刀侧接地线，即操作母线闸刀，导致动静触头间拉弧，造成主变压器高低压开关跳闸。

1978年6月10日，临安变电站开展1号主变压器和35千伏开关（停用）油漆工作。13时，值班员茅某某去打扫2号主变压器35千伏开关操作箱外壳时，扫帚误碰2号主变压器跳闸机构，造成开关跳闸，全站停电1分钟。

1981年3月10日，於潜变电站於昌3563线开关检修，於潜变电站由临於3562线供电。在於昌3563线开关预试、继电保护校验工作中，工作人员汪某某误拉临於3562线开关，造成变电站全站停电26分钟。

1984年11月29日，变电工段检修班开展35千伏於潜变电站1号主变压器预防性试验工作。完成试验恢复结线时，工作班人员曲某某错误地把1号主变压器10千伏侧B相引线接到主变压器C相，C相引线搁在油枕上；工作负责人及运行人员在设备验收和交接班巡视时未发现该问题，到晚上送电时，发生短路故障,跳 1 号主变压器 35 千伏开关。

1991 年 6 月 7 日,变电工段检修班开展 110 千伏临安变电站大罗 118 线电缆接头工作。检修人员擅自操作大罗 118 线闸刀,造成带地线合闸的误操作事故,2 号主变压器 10 千伏过流保护动作跳闸,10 千伏备用电源动作合上 10 千伏母分开关,烧坏大罗 118 线母线闸刀和开关等设备。

1994 年 11 月 8 日,玲珑供电所线路一班在西市公变低压改造作业中,工作班成员陈某某责任心不强,误将零线搭至相线,工作负责人缪某未认真组织工作验收和检查,送电后造成部分用户电器损坏事故,直接损失近 2000 元。幸及时发现并处理了故障,未造成事故扩大。

1996 年 10 月 5 日,110 千伏昌化变电站 1 号主变压器一、二次设备预试,瓦斯继电器轮换工作,工作完毕,1 号主变压器由检修状态改运行后,继保工作负责人应某某想到 1 号主变压器本体瓦斯未做试验,在未征得当值人员同意、未办理许可手续的情况下,擅自到 1 号主变压器本体端子箱短接发信回路。由于端子排接线方向套字迹模糊,误将重瓦斯跳闸"09"端子当作轻瓦斯发信"019"端子短接,造成主变压器跳闸,昌化变电站失电 3 分钟。

2004 年 7 月 5 日,检修管理所变电班开展青山变电站 2 号主变压器的调换工作。因检修工作人员擅自挪动母线闸刀操作手柄,造成 2 号主变压器 10 千伏母线闸刀带接地线合闸,青山变电站 10 千伏母分开关跳闸,10 千伏Ⅱ段母线失电。

2005 年 2 月 22 日,计量管理所外校班工作人员商某某(工作负责人)、王某在杭州临安新联电器工业有限公司开展配电变压器增容后的调表、换互感器工作。工作全部结束后,商某某没有拆除互感器下方铝排上挂设的短路线,即合闸送电,导致带接地线合闸短路,造成闸刀、电缆、铝排、计量设备烧坏事故。

(三)交通事故

1975 年,临安电力公司昌化水电站对昌化地区上溪的 10 千伏配电线路进行全面大修改造,将木质电杆更换为混凝土电杆装置。武隆公社西街大队第二生产队支援劳力 10 人。3 月 20 日 8 时 20 分,装混凝土电杆的汽车行至龙岗公社地塔大队(罗家坎)附近时翻车,造成社员吴某某身亡。

2003 年 12 月 2 日,临安恒力电力承装有限公司杨某某(兼职驾驶员)驾驶浙 AB7970 丰田皮卡车途经杭昱一级公路昔口段,与一名骑自行车的四川籍民工相撞,造成对方死亡。

2004 年 1 月 8 日,临安恒力电力承装有限公司兼职驾驶员徐某驾驶浙 AB7970 丰田皮卡车途经杭昱一级公路高坎段,与一辆拖拉机相撞,造成一人重伤、两人轻伤。

2006 年 9 月 28 日,临安恒远电力工程有限公司项目五部主任周某某(兼职驾驶员)驾驶浙 AN0796 庆铃皮卡车途经横昌线太阳镇枫树岭村地段,与一名横穿公路的民工刘某相撞,刘某经医院抢救无效后死亡。

(四)自然灾害事故

1998 年 1 月 22 日,临安市遭遇一场历史罕见的大雪,造成 1 条 110 千伏线路(昌於 1124 线)、6 条 35 千伏线路、30 条 10 千伏线路停电,直接经济损失近 500 万元。灾情发生后,临安市供电局设立抗雪灾指挥中心,组织全局领导和职工赴一线抢修,在最短的时间内恢复送电。

1999 年 6 月 10 日,杭临 1185 线 38 号杆大号侧支接 110 千伏青山变电站支线 1 号杆遭受雷击闪络,造成 220 千伏杭州变电站杭临 1185 线距离Ⅱ段、零序Ⅱ段保护动作,重合失败;临安变电站青临 1127 线方向零序Ⅱ段保护动作,重合成功。事故造成临安市电网 13 座变电站失电 54 分钟。

2005 年 4 月 5 日,横畈镇发生森林大火,导致 500 千伏瓶窑变电站送 220 千伏青云变电站的 2425 线全线跳闸,临安全市停电。19 时左右,城区大部分地区恢复正常供电。

2005 年 9 月 3 日晚 19—23 时,昌化、昌北部分地区遭遇罕见特大暴雨,造成昌化镇、河桥镇、龙岗镇等地电力设备损毁严重,共发生高压故障 15 起、低压故障 45 起,造成 2 条 35 千伏输电线路跳闸,110 基电杆倒杆,89 台配电变压器停电,昌化、河桥和龙岗三镇分别有超过 80%、25% 和 15% 的地区停电,严重影响居民生活用电。灾情发生后,临安市供电局在第一时间启动应急响应预案,落实各项应急措施,进行抢险工作,于 9 月 5 日 18 时 30 分全部恢复供电,保证人民群众正常的生活用电。

2008 年 1 月中旬,持续的雨雪、冰冻天气导致临安电网 1 条 35 千伏线路、65 条 10 千伏线路正线、77 条分线、51 千米低压线路、135 座杆塔受损,248 处电力线路断线,132 个行政村、33017 户低压用户、88 户高压用户停电,造成全市电力设施经济损失 365 万元。

2015 年 6 月 23 日,昌化地区遭受暴雨袭击,导致山洪暴发,道路、房屋、电力设施等受到重创。国网浙江临安市供电公司主要领导人和专业室(部)成立应急抢险指挥部,连夜调度抢修力量、物资供应等。24 日 6 时,国网浙江临安市供电公司党员突击队和故障抢修人员共 150 人赶到洪灾现场,历时 5 个小时,完成全部受损线路勘察,查明昌化镇白牛 455 线下面的沃溪分线和恒泽电站分线停电,影响 17 台公用变压器、1302 户低压用户和 13 台专用变压器,涉及电杆 375 基。24 日 18 时,完成沃溪分线的高低压故障处理和恒泽电站部分分线高压断线处理工作,988 户电力用户通电。其他暂时无法通电的区域,配备发电机 5 台,保证停电区域居民基本照明用电。6 月 25 日 20 时 30 分,因洪灾断电的 1302 户电力用户全部通电。

(五)外力破坏事故

1973 年 1 月 2 日,临安变电站所用变压器高压侧因老鼠进入,引起短路,主变压器跳闸,全所停电。

1980 年 9 月 3 日 18 时 25 分,临天公社长桥造田指挥部在杭州至临安 35 千伏输电线路下放石炮,炸断 C 相输电线,造成临安变电站、化肥厂、临安片的小水电站停电,损失 1.3 万元(包括材料、人工费用)。4 日 11 时 30 分恢复供电。

1991 年 1 月 4 日,位于锦城镇东北方向的杭州飞艇公司电力设备厂一个停放飞艇的钢架棚被大雪压塌,引起灌满氢气的飞艇爆炸。距爆炸中心 60 米处的 110 千伏临安变电站严重受损,临安变电站及下属 4 座 35 千伏变电站全部停电,变电站宿舍楼倒塌,站内房屋门窗连框被掀,开关室墙体移位,控制楼控制屏、保护屏被砸坏,变电站一、二次设备受损千余件。

2011 年 7 月 30 日晚,临安市太湖源地区发生一起重大电力设备外力破坏事件,一起交通事故造成 2 基 10 千伏电杆严重倾斜。接到故障保修后,临安市供电局工作人员于第一时间赶到现场,组织抢修,迅速恢复严重倾斜的 2 基电杆,未对当地百姓生产生活用电造成影响。

(六)设备事故

1989 年 7 月 31 日,临安化肥厂 35 千伏高压配电室电压互感器间隔外绝缘不良造成 A、B 相间闪络,导致临安变电站临化线开关跳闸,重合失败。强送临化线后,化肥厂电压互感器间隔从单相电弧接地发展为 A、B 二相短路,临安变电站临化线开关跳闸,间歇电弧接地产生过电压,夏禹变电站 1 号主变压器有载调压开关本身绝缘力较弱,在过电压作用下,C 相对壳击穿,产生大量气体和游离碳,引起差动保护动作,临安变电站 35 千伏 Ⅰ 段母线电压互感器熔丝及临化线 8 号杆 B 相不良绝缘子熔断和爆碎。

1999 年 7 月 31 日,220 千伏青云变电站锦一 3781 线电压闭锁电流速断保护动作,重合成功;锦二 3782 线限时电流速断保护动作,重合成功(后经检查确认为 2 条线路共 10 串 90 片绝缘子遭雷击),锦城变电站 2 号主变压器重、轻瓦斯动作,开关跳闸,联一 215 线、联二 206 线开关跳闸,临安电厂 1 号、2 号、3 号机解列,3 号主变压器跳闸。

2006 年 8 月 26 日,110 千伏临安变电站因安装不合格端子排,导致 2 号主变压器端子箱内端子排破裂,造成 2 号主变压器本体重瓦斯保护动作,青临 1127 线开关、110 千伏母分开关、2 号主变 35 千伏开关、2 号主变 10 千伏开关跳闸,110 千伏备用电源自动投入装置启动,但未合杭临 1185 线开关。

# 第四章 用 电

民国时期,临安电汽有限公司生产规模小,电力用户少,主要是提供临安县城的照明用电。民国27年(1938),厂房及电力设备被日本侵略者飞机炸毁,临安电汽有限公司歇业。

中华人民共和国成立前后,临安县城陆续开办一些碾米厂,以白天碾米为主,晚上兼营照明。1952年,全县用电量0.3万千瓦时。1953年12月,临安电厂投产发电,供电给附近机关、商店及居民照明电。1955年5月,於潜电厂投产发电,以供於潜县城用电。1957年7月,昌化水电站开始发电,以供昌化县城用电。1959年,从闲林埠经余杭到临安的10千伏线路通电,临安开始由杭州电网供电;全县用电量118万千瓦时。此后,小火电厂逐步淘汰。1960年8月,临安县供电所成立,管理临安县供用电业务。1961年,全年用电量113万千瓦时,其中农村用电量11万千瓦时。之后,以电力排灌、农副产品加工和农村照明为主的农村用电

20世纪50年代,东天目乡金岫村建成小水电站,点亮村里第一盏电灯

快速发展,再加上山区农村小水电站的相继建立,农村用电量进一步提高。1964年,全县用电量418万千瓦时,其中农村用电量278万千瓦时。1974年,临安县实现村(大队所在地村,或称行政村)村通电,全县用电量3409万千瓦时。

1979年11月,临安县革命委员会设立临安县"三电"领导小组,进一步做好计划用电、调荷节电工作。十一届三中全会后,国民经济持续发展,工农业生产和人民生活用电不断增长。1981年,临安县全社会用电量首次突破1亿千瓦时大关,电力供需矛盾突出,拉闸限电频繁。为适应地方经济发展需要,临安电网建设步伐加快。1984年,根据杭州市政府(杭政〔1984〕186号)规定,在农村用电电费中加收10%农电维修管理费,落实农村低压电网建设、整修资金,临安低压电网开始全面改造。1995年,临安县实现农村电气化县的目标,全社会用电量4.64亿千瓦时。

进入21世纪,随着"生态经济强市、吴越文化名城、休闲度假胜地"的全面建设和"融入大都市,接轨大上海,参与长三角"发展战略的实施,临安经济发展迅猛。2004年,临安市地区生产总值112亿元,临安市全社会用电量12.39亿千瓦时,是1995年的2.67倍。电网严重缺电,临安市供电局从改造和加强电网结构着手,解决电网结构中的薄弱环节,扩大电网供电能力。

2006—2010年,220千伏岗阳变电站投入运行,龙岗、板桥等35千伏变电站先后升压为110千伏变电站,临安市供电局在全市范围内开展新农村电气化建设。2010年底,临安市全社会用电量26.57亿千瓦时,全网最高供电负荷45.9万千瓦。

2010—2015 年，随着临安经济的发展，用电量持续稳定增长，供电负荷也不断上升。2014 年 12 月 18 日 9 时 35 分，临安电网供电最高负荷达 54.91 万千瓦，比 2013 年增加 2.45%。

2016 年，临安市全社会用电量 31.09 亿千瓦时，临安电网最高供电负荷 60.1 万千瓦，用户数 28.92 万户，用电设备总容量 387.01 万千瓦。1952—2016 年临安电网用电构成情况见表 4-1、表 4-2。

**表 4-1    1952—1986 年临安电网用电构成情况**

单位：万千瓦时

| 年份 | 全社会用电量 | 用电构成 | | | |
| --- | --- | --- | --- | --- | --- |
| | | 农村用电（包括农村照明） | 工业用电 | 其他（包括交通运输） | 市政生活用电（包括城镇照明） |
| 1952 | 0.3 | — | — | — | — |
| 1953 | 1 | — | — | — | — |
| 1954 | 3 | — | — | — | — |
| 1955 | 4 | — | — | — | — |
| 1956 | 7 | — | — | — | — |
| 1957 | 29 | — | — | — | — |
| 1958 | 59 | — | — | — | — |
| 1959 | 118 | — | — | — | — |
| 1960 | 161 | — | — | — | — |
| 1961 | 113 | 11 | 65 | 9 | 28 |
| 1962 | 148 | 27 | 59 | 9 | 53 |
| 1963 | 273 | 120 | 90 | 8 | 55 |
| 1964 | 418 | 278 | 78 | 3 | 59 |
| 1965 | 588 | 413 | 112 | 12 | 51 |
| 1966 | 797 | 512 | 219 | 12 | 54 |
| 1967 | 1015 | 715 | 220 | 21 | 59 |
| 1968 | 1017 | 686 | 218 | 54 | 59 |
| 1969 | 1276 | 735 | 371 | 106 | 64 |
| 1970 | 1440 | 875 | 493 | 14 | 58 |
| 1971 | 2291 | 1033 | 1028 | 167 | 63 |
| 1972 | 2965 | 1159 | 1649 | 81 | 76 |
| 1973 | 3649 | 1255 | 2278 | 35 | 81 |
| 1974 | 3409 | 1327 | 1777 | 227 | 78 |
| 1975 | 3718 | 1492 | 2126 | 16 | 84 |
| 1976 | 4395 | 1844 | 2431 | 27 | 93 |
| 1977 | 5993 | 2002 | 3849 | 31 | 111 |
| 1978 | 6755 | 2468 | 4167 | 28 | 92 |
| 1979 | 7773 | 2799 | 4836 | 34 | 104 |
| 1980 | 9474 | 3387 | 5843 | 8 | 236 |
| 1981 | 10064 | 3906 | 5788 | 8 | 362 |
| 1982 | 10032 | 4277 | 5331 | 7 | 417 |
| 1983 | 10862 | 4622 | 5858 | 3 | 379 |
| 1984 | 12026 | 5035 | 6485 | 8 | 498 |
| 1985 | 14617 | 6497 | 7452 | 9 | 659 |
| 1986 | 16531 | 2991 | 13074 | 57 | 409 |

表 4-2　1987—2016 年临安电网用电构成情况

单位:万千瓦时

| 年份 | 全社会用电量 | 全行业 | | | 城乡生活 | |
|---|---|---|---|---|---|---|
| | | 第一产业 | 第二产业 | 第三产业 | 乡村 | 城镇 |
| 1987 | 21233.09 | 1751.48 | 17130.20 | 587.50 | 1570.79 | 193.11 |
| 1988 | 22402.49 | 1754.03 | 17692.16 | 730.96 | 1921.33 | 304.01 |
| 1989 | 23888.76 | 1612.24 | 18733.38 | 813.71 | 2313.25 | 416.18 |
| 1990 | 23680.83 | 2217.90 | 17280.31 | 919.77 | 2725.87 | 536.98 |
| 1991 | 27640.18 | 2390.32 | 20502.2 | 1040.04 | 2951.69 | 755.93 |
| 1992 | 31843.71 | 2555.39 | 23590.33 | 1273.67 | 3276.10 | 1148.22 |
| 1993 | 38140.88 | 2368.34 | 29186.27 | 1377.62 | 3822.85 | 1385.80 |
| 1994 | 46586.52 | 2742.47 | 35870.54 | 1810.85 | 4465.94 | 1696.72 |
| 1995 | 46375.91 | 2549.87 | 34854.17 | 2085.5 | 5006.06 | 1880.31 |
| 1996 | 47823.05 | 2788.27 | 34056.34 | 2348.11 | 5846.60 | 2783.73 |
| 1997 | 47737.23 | 2760.56 | 32474.58 | 2873.67 | 6345.06 | 3283.36 |
| 1998 | 47916.20 | 3987.65 | 31029.17 | 3333.08 | 6015.65 | 3550.66 |
| 1999 | 51867.03 | 4995.78 | 33990.28 | 3357.92 | 6000.63 | 3522.42 |
| 2000 | 59529.36 | 2858.65 | 38511.31 | 3952.30 | 9624.52 | 4582.58 |
| 2001 | 73741.98 | 2681.45 | 49444.42 | 4679.96 | 11983.14 | 4953.01 |
| 2002 | 88125.76 | 2209.90 | 61381.15 | 5852.89 | 13039.82 | 5642.00 |
| 2003 | 110731.58 | 1631.12 | 77835.43 | 9187.90 | 15045.15 | 7031.98 |
| 2004 | 123851.84 | 1223.87 | 96445.01 | 10760.23 | 8829.49 | 6593.22 |
| 2005 | 145334.05 | 1555.91 | 115418.67 | 11690.26 | 8787.43 | 7881.78 |
| 2006 | 168611.96 | 1593.13 | 133866.49 | 13530.85 | 10310.67 | 9310.83 |
| 2007 | 194705.63 | 1633.47 | 155068.13 | 15705.17 | 11857.57 | 10441.29 |
| 2008 | 206779.85 | 1378.65 | 163368.95 | 17198.86 | 13320.24 | 11513.15 |
| 2009 | 227504.96 | 1311.89 | 179751.28 | 18653.02 | 14465.11 | 13323.66 |
| 2010 | 265737.34 | 1408.44 | 211327.34 | 20906.72 | 16505.47 | 15589.37 |
| 2011 | 284517.57 | 1455.08 | 224901.17 | 23467.83 | 17679.39 | 17014.10 |
| 2012 | 292953.34 | 1624.86 | 225693.08 | 26151.96 | 20030.04 | 19453.40 |
| 2013 | 307000.04 | 1692.69 | 233239.82 | 27677.02 | 23014.75 | 21375.76 |
| 2014 | 305484.37 | 1348.68 | 231606.22 | 29793.36 | 22404.56 | 20331.55 |
| 2015 | 295762.04 | 1406.59 | 214424.14 | 35025.70 | 23666.13 | 21239.48 |
| 2016 | 310897.74 | 1735.92 | 216626.23 | 39968.91 | 27592.76 | 24973.92 |

注:第一产业的产品基本是直接从自然界取得的,包括农林牧渔水利;第二产业的产品是通过对自然物质资料及工业原料进行加工而取得的,包括工业、建筑业;第三产业本质上是服务业,包括地质普查和勘探业、交通运输、信息传输、计算机技术、商业、金融等。

# 第一节　用电水平

## 一、通电率

民国时期,现代工业在境内尚未形成规模,用电仅限于临安县城的政府机关、商店和部分居民的照明。

中华人民共和国成立后，随着用电负荷的不断增长，临安境内的发电厂逐步增加装机容量，增加商店、机关、学校照明供电。1958年，於潜电厂以380/220伏低压直供的形式向於潜甲子山酒厂供电，是临安县工业用电的开始。11月，昌化白牛水电站发电，通过白牛至昌化的6千伏木质电杆线路向昌化镇供电，还向附近农村供电，为农村用电之始。此后，农村小水电站开始兴办，就近解决农村用电问题。1959—1961年，全县农村建有近40座小水电站，在没有大电网的偏僻乡村起到"点灯不用油，推磨不用牛"的作用，也为农村普及用电打下基础。

1963年5月，临安境内第一座变电站——35千伏临安变电站建成投入运行后，10千伏配电线路辐射到四周农村。7月，35千伏於潜变电站建成投入运行，10千伏线路直达昌化。临安县逐步形成大电网供电，用电普及率逐步提高。

1974年，临安县所有公社都架通了10千伏配电线路，95%以上的大队安装了配电变压器，100%的大队通了电，农村电力网基本形成。20世纪80年代中后期，临安县开始进行农村"标准村""合格村"电网建设。至1995年底，全县建成农村用电标准村73个、合格村213个，通过农村电气化县验收。

1999年，临安市供电局开始对临安市农村电网实行"两改一同价"工作。经过近4年的努力，至2002年，临安市供电局完成全市651个村的农村电网改造和一户一表安装，实现临安市全域城乡居民生活用电同网同价。

至2016年，临安全市用电户数28.92万户，其中城乡居民照明用户23.57万户，工业用户2.10万户。全市镇（街道）18个，行政村287个，通电率100%。

## 二、用电量

民国时期，用电以照明为主，用电量极小，用户仅限临安县城极少居民及商店。

1953年12月，临安电厂建成发电，供电给附近机关、商店及居民。1954年，临安县全年用电量3万千瓦时。1958年，临安县全年用电量59万千瓦时。1959年10月，从闲林埠经余杭到临安的10千伏线路通电，生产用电由自发电改为购入电，增加设备容量，扩大供销面，增加供销量，临安县全年用电量118万千瓦时。随着临安县工农业的发展和电力应用的推广，临安县用电量增长较快，1964年，临安县全年用电量418万千瓦时，人均综合用电量12千瓦时。

十一届三中全会后，随着城乡经济体制的改革，临安县全社会各行业用电量增长迅猛，乡村工业发展迅速，人民生活水平大幅提高，家用电器开始进入普通百姓家庭，全县用电量逐年增加。1981年，临安县全社会用电量首次突破1亿大关，为1.01亿千瓦时，是1959年的85倍。

20世纪90年代，全社会各行业进入持续、迅猛发展阶段，人民生活水平也日益提高，家用电器的进一步普及更新使全社会用电量稳步上升。1990年，全社会用电量23680.83万千瓦时，人均综合用电量478.98千瓦时。2000年，全社会用电量59529.36万千瓦时，人均综合用电量1162.46千瓦时。全社会用电量10年增长1.5倍，其中以城镇生活用电量增长幅度最大。1999年，电力弹性系数为1.66。

"十五"期间，临安市通过企业转制、改制、租赁等灵活多样的形式盘活一批濒临倒闭企业的资产，增强了企业的活力，使生产用电量大幅度增长。锦江纸业有限公司、中成纺织有限公司等重大技改项目的投产也带动了用电量的增长。临安市旅游业的迅速发展促使交通、通信、酒店餐饮业用电量的增长。通过农网改造，城乡照明实现同网同价，再加上城镇实行一户一表后，电价明显下降，居民乐意用电，同时，由于生活水平的日益提高，一些耗电量大的电器，如空调、冰箱等数量越来越多，促使城乡居民生活用电量不断增长。2004年，临安市全社会用电量为12.39亿千瓦时，比上年增长11.92%。电力弹性系数为0.64，电力发展已不能满足经济发展需要，致使是年供电紧张，但用电量仍保持增长。

从前期数据分析，临安电力弹性系数的变化可分为三个阶段：1990—1998年，年均电力弹性系数

0.27;1999—2003 年,年均电力弹性系数 1.82;2004—2016 年,年均电力弹性系数 0.64。1990 年之前是电力弹性系数较大的时期,其原因与当时的经济结构、生产技术水平低、单位产值耗能高相关。1990—1998 年阶段电力弹性系数较低,一个原因是技术水平的提高和设备技术改造,另外一个原因是以国有大工业为主逐步调整为以民营企业为主的结构。1999—2003 年,电力弹性系数较高,年均电力弹性系数高达 1.82,主要是由于产业中电镀、造纸、化纤、水泥、钢铁等高耗能产业的发展。

2010 年,临安市供电局推出多种举措,加强自身节能降耗工作管理。根据临安市市级公共机构节能减排工作领导小组《关于实施应急措施确保完成全年节能降耗任务的通知》要求,临安市供电局印发《关于执行节能降耗工作任务的通知》,细化节能措施,加强监督考核,以树立供电企业带头节电的良好形象,取得社会各界对节能降耗各项限电措施的理解和支持。

2012 年,临安市经济开始下行,高耗能产业逐步进入改革转型之际,随着国家节能降耗政策的进一步实施,年均电力弹性系数逐年下降,2012 年电力弹性系数为 0.25。2015 年,国网浙江临安市供电公司大力促进节能减排工作,对用电大户特别是重工业用电大户进行上门实地调研,出具节电方案;是年,电力弹性系数为 −0.38,其中重工业用电量比上一年下降 9.96%。"十三五"期间,随着产业结构的调整以及落后产能的退出,第三产业呈现上升态势,弹性系数呈现缓慢的回升状态,2016 年,电力弹性系数为 0.47。

2016 年,临安市全社会用电量 310897.74 万千瓦时,其中,工业用电量 211399.1 万千瓦时、农林牧渔业用电量 1735.92 万千瓦时、城乡居民生活用电量 52566.68 万千瓦时;人均综合用电量 5849.44 千瓦时,是 1964 年的 487 倍。1987—2016 年临安用电水平情况见表 4-3。1987—2016 年临安全社会用电量与地区生产总值情况见表 4-4。

表 4-3　1987—2016 年临安用电水平情况

| 年份 | 全社会用电量/万千瓦时 | 年底人口总数/万人 | 年人均综合用电量/千瓦时 |
|---|---|---|---|
| 1987 | 21233.09 | 48.49 | 437.89 |
| 1988 | 22402.49 | 49.02 | 457.01 |
| 1989 | 23888.76 | 49.32 | 484.36 |
| 1990 | 23680.83 | 49.44 | 478.98 |
| 1991 | 27640.18 | 49.72 | 555.92 |
| 1992 | 31843.71 | 50.01 | 636.75 |
| 1993 | 38140.88 | 50.29 | 758.42 |
| 1994 | 46586.52 | 50.43 | 923.79 |
| 1995 | 46375.91 | 50.62 | 916.16 |
| 1996 | 47823.05 | 50.73 | 942.70 |
| 1997 | 47737.23 | 50.89 | 938.05 |
| 1998 | 47916.20 | 51.03 | 938.98 |
| 1999 | 51867.03 | 51.12 | 1014.61 |
| 2000 | 59529.36 | 51.21 | 1162.46 |
| 2001 | 73741.98 | 51.64 | 1428.00 |
| 2002 | 88125.76 | 51.73 | 1703.57 |
| 2003 | 110731.58 | 51.49 | 2150.55 |
| 2004 | 123851.84 | 51.89 | 2386.82 |
| 2005 | 145334.05 | 52.25 | 2781.51 |
| 2006 | 168611.96 | 52.61 | 3204.94 |
| 2007 | 194705.63 | 52.64 | 3698.82 |
| 2008 | 206779.85 | 52.65 | 3927.44 |

| 年份 | 全社会用电量/万千瓦时 | 年底人口总数/万人 | 年人均综合用电量/千瓦时 |
|---|---|---|---|
| 2009 | 227504.96 | 52.59 | 4326.01 |
| 2010 | 265737.34 | 52.59 | 5053.00 |
| 2011 | 284517.57 | 52.70 | 5398.82 |
| 2012 | 292953.34 | 52.60 | 5569.46 |
| 2013 | 307000.04 | 52.70 | 5825.43 |
| 2014 | 305484.37 | 52.97 | 5767.12 |
| 2015 | 295762.04 | 52.94 | 5586.74 |
| 2016 | 310897.74 | 53.15 | 5849.44 |

表 4-4    1987—2016 年临安全社会用电量与地区生产总值情况

| 项目 | 全社会用电量/万千瓦时 | 年增长率/% | 地区生产总值/万元 | 年增长率/% | 电力弹性系数 |
|---|---|---|---|---|---|
| 1987 | 21233.09 | — | 70699 | — | — |
| 1988 | 22402.49 | 5.51 | 79420 | 12.34 | 0.45 |
| 1989 | 23888.76 | 6.63 | 81618 | 2.77 | 2.40 |
| 1990 | 23680.83 | −0.87 | 95966 | 17.58 | −0.05 |
| 1991 | 27640.18 | 16.72 | 117932 | 22.89 | 0.73 |
| 1992 | 31843.71 | 15.21 | 160004 | 35.67 | 0.43 |
| 1993 | 38140.88 | 19.78 | 254613 | 59.13 | 0.33 |
| 1994 | 46586.52 | 22.14 | 369108 | 44.97 | 0.49 |
| 1995 | 46375.91 | −0.45 | 483712 | 31.05 | −0.01 |
| 1996 | 47823.05 | 3.12 | 518393 | 7.17 | 0.44 |
| 1997 | 47737.23 | −0.18 | 560632 | 8.15 | −0.02 |
| 1998 | 47916.20 | 0.37 | 588867 | 5.04 | 0.07 |
| 1999 | 51867.03 | 8.25 | 618200 | 4.98 | 1.66 |
| 2000 | 59529.36 | 14.77 | 675242 | 9.23 | 1.60 |
| 2001 | 73741.98 | 23.87 | 747537 | 10.71 | 2.23 |
| 2002 | 88125.76 | 19.51 | 824730 | 10.33 | 1.89 |
| 2003 | 110731.58 | 25.65 | 947238 | 14.85 | 1.73 |
| 2004 | 123851.84 | 11.85 | 1122108 | 18.46 | 0.64 |
| 2005 | 145334.05 | 17.35 | 1341795 | 19.58 | 0.89 |
| 2006 | 168611.96 | 16.02 | 1599275 | 19.19 | 0.83 |
| 2007 | 194705.63 | 15.48 | 1905751 | 19.16 | 0.81 |
| 2008 | 206779.85 | 6.20 | 2211785 | 16.06 | 0.39 |
| 2009 | 227504.96 | 10.02 | 2300038 | 3.99 | 2.51 |
| 2010 | 265737.34 | 16.81 | 2765150 | 20.22 | 0.83 |
| 2011 | 284517.57 | 7.07 | 3266021 | 18.11 | 0.39 |
| 2012 | 292953.34 | 2.96 | 3646455 | 11.65 | 0.25 |
| 2013 | 307000.04 | 4.79 | 3902375 | 7.02 | 0.68 |
| 2014 | 305484.37 | −0.49 | 4316686 | 10.62 | −0.05 |
| 2015 | 295762.04 | −3.18 | 4675658 | 8.32 | −0.38 |
| 2016 | 310897.74 | 5.12 | 5187612 | 10.95 | 0.47 |

注:1.电力弹性系数是全社会用电量的年增长率与地区生产总值的年增长率的比值。

2.地区生产总值数据来源于《临安统计年鉴2017》"GDP现价绝对值"数据。

## 第二节　用电构成

### 一、工业用电

民国时期，临安电汽有限公司所发电力仅供照明。新中国成立前后，临安县城及横畈等镇上有一些碾米厂，主营大米加工，晚上兼营照明。临安电厂发电后，以照明用电为主，也有印刷等少量服务行业用电。1958年，於潜电厂以380/220伏低压直供的形式向於潜甲子山酒厂供电，为於潜地区最早的工业用电。1959年，临安由杭州电网供电后，工业用电才逐步发展起来。1961年，临安工业用电量65万千瓦时，工业用电11项分类中，只有金属加工工业、化学工业、建筑材料工业、食品工业和其他工业有用电量。1963年，35千伏临安变电站建成投入运行，实行联网供电，为工业生产连续供电创造了条件。20世纪60年代末，"五小"工业兴起，临安化肥厂、临安水泥厂、浙江高中压阀门厂等企业先后兴建，临安丝厂、临安造纸厂也相继建成投产。1971年，临安工业用电量增至1028万千瓦时，比1961年增加14.82倍。

十一届三中全会以后，临安经济建设步伐加快，工业、第三产业等迅猛发展。1980年，临安工业用电量5843万千瓦时，其中临安化肥厂用电量1704万千瓦时，占临安全部工业用电总量的29％。1980—1985年，全县工业用电量从5843万千瓦时增长到7452万千瓦时，增长27.54％。1986年7月开始，用电分类统计口径从"四大类"改为"八大类"，原农村用电中的社队办工业（后为乡村工业）用电并入工业用电中统计。1987年，临安工业用电量17076万千瓦时。"七五"计划期间，电力工业的飞速发展加快了临安工业生产建设，轻、重工业得到全面发展。1989年，临安工业用电量18675万千瓦时，占临安全社会用电量的78.18％，工业用户由1985年的516个发展到9668个，增长17.74倍。

1990年后，随着改革开放的深入与经济的发展，产业结构发生较大的变化，农业产值比重下降，工业产值比重上升，工业用电量比重加大，特别是电力、蒸汽、热水行业的用电量增长很快。1996年，临安市工业用电量33766.90万千瓦时，电力、蒸汽、热水行业的用电量跃居首位，为6459.78万千瓦时，占临安全部工业供电量的19.13％。建筑材料行业用电量也迅速增长，为5088.43万千瓦时，占临安全部工业用电量的15.07％。1996年后，由于国有企业体制改革、乡镇工业优胜劣汰，以及亚洲金融危机的影响，特别是钢铁、电缆和水泥建材等行业遭受打击，工业用电量增长幅度缓慢，甚至有所下降。1998年，全市工业用电量仅30976.17万千瓦时。

进入21世纪后，世界整体经济环境好转，临安市委、市政府加大对工业经济的投入，出台一系列发展工业经济优惠政策，工业企业迅速发展，特别是2001年新增锦江纸业有限公司、青鸿达金属制品有限公司等一批大工业企业，以及省级临安经济开发区、玲珑工业园区、高虹工业园区等园区建设，使全市用电量大幅度增长。2001年，临安市工业用电量49219.73万千瓦时，工业用户3478户，用电装接容量18.05万千瓦。黑色金属冶炼及压延加工业生产形势趋好，用电量由2000年的282.11万千瓦时增长至2970.98万千瓦时，增长953.13％。其次是造纸及纸制品业，用电量由2000年的3060.77万千瓦时上升到5677.77万千瓦时，增长85.50％。纺织业用电量也迅速增长，用电量由2000年的2674.23万千瓦时上升到4411.63万千瓦时，增长64.97％，增加用电量1737.4万千瓦时。2001年、2002年、2003年、2004年临安市工业用电量分别为49219.73万千瓦时、60802.73万千瓦时、76417.34万千瓦时、94429.88万千瓦时，年均增长率24.26％。

2005年，用电分类统计口径再次进行调整。工业用电量细分为采矿业，制造业，电力、燃气及水的生产和供应业3大类共29个门类；取消工业用电分类中的"乡村工业用电"项目。2005年，全市工业用户发展到20229个，用电装接容量54.96万千瓦，工业用电量113478.81万千瓦时，占全社会用电量的78.08％。

　　"十一五"期间,临安市经济运行呈现"总量壮大、质量提升"的良好态势,临安市委、市政府实施"1+5"工业转型升级扶持政策,先进装备制造业产业集群快速崛起,全市规模企业超过千家,涌现出3家中国500强企业、6家上市公司和91家亿元(销售产值)企业。随着青山湖科技城建设,杭氧集团、杭叉集团等大企业大集团投产,带动工业用电量迅猛增加,2010年,全市工业用电量208572.64万千瓦时,是2005年的1.84倍。

　　"十二五"期间是临安实现大变化、大转型、大发展的五年,临安连续开展"招商引资年"活动,引进中电海康、滨湖新天地等亿元以上项目;绿色照明、电线电缆等传统产业加快转型,高端装备制造、新材料、新能源、生物医药等新兴产业蓬勃发展。但因为节能减排的大力开展,工业用电量增长幅度不大。至2016年,临安市工业用电量211399万千瓦时,仅比2010年上涨1.36%。1987—2016年临安主要企业用电量情况见表4-5、表4-6。

表 4-5　1987—2004 年临安主要工业用电量情况

单位:万千瓦时

| 年份 | 1987 | 1988 | 1989 | 1990 | 1991 | 1992 | 1993 | 1994 | 1995 |
|---|---|---|---|---|---|---|---|---|---|
| 矿业 | 1137.50 | 1326.23 | 1174.78 | 1205.82 | 1207.36 | 1088.05 | 1518.68 | 1527.69 | 1261.59 |
| 自来水 | 163.35 | 197.86 | 274.32 | 252.85 | 240.25 | 235.11 | 271.76 | 317.14 | 308.46 |
| 食品 | 806.36 | 888.00 | 755.68 | 710.46 | 671.41 | 680.50 | 1150.73 | 1340.91 | 1444.63 |
| 纺织 | 1028.78 | 1126.09 | 1489.29 | 1656.83 | 1990.16 | 2288.34 | 2951.90 | 3987.23 | 3178.18 |
| 造纸 | 1872.61 | 1868.67 | 1666.86 | 1620.54 | 2143.16 | 2248.10 | 2434.56 | 2895.13 | 3055.16 |
| 电力、蒸汽、热水 | 1577.56 | 1821.36 | 2591.45 | 2308.68 | 2767.69 | 2983.60 | 3829.19 | 5319.07 | 5497.14 |
| 化学 | 2979.66 | 2850.59 | 2648.01 | 2440.43 | 2723.36 | 2310.87 | 2099.91 | 3339.24 | 3388.11 |
| 橡胶及塑料制品 | 285.67 | 354.16 | 327.23 | 297.45 | 484.21 | 898.15 | 1523.15 | 1522.03 | 1228.06 |
| 建筑材料 | 3083.98 | 3379.87 | 3273.31 | 2894.96 | 3370.69 | 4133.47 | 5203.45 | 5316.21 | 5140.13 |
| 黑色金属 | 1522.26 | 1132.53 | 1427.40 | 1185.25 | 1353.47 | 1967.92 | 2439.68 | 3248.30 | 2638.85 |
| 金属制品 | 621.58 | 578.53 | 694.96 | 499.79 | 604.05 | 749.55 | 858.60 | 1410.81 | 1656.21 |
| 机械 | 670.76 | 749.03 | 786.67 | 619.52 | 754.13 | 826.97 | 965.45 | 1238.41 | 1240.13 |
| 交通运输、电气、电子设备制造 | 417.16 | 451.57 | 456.96 | 438.04 | 678.80 | 1029.72 | 1376.95 | 1731.67 | 1780.63 |
| 其他工业 | 694.68 | 680.45 | 860.19 | 808.11 | 1044.39 | 1629.59 | 1328.63 | 1643.31 | 1964.60 |
| 工业用电合计 | 17076.35 | 17624.67 | 18675.47 | 17226.17 | 20449.71 | 23478.61 | 29068.42 | 35687.28 | 34664.15 |
| 年份 | 1996 | 1997 | 1998 | 1999 | 2000 | 2001 | 2002 | 2003 | 2004 |
| 矿业 | 726.18 | 970.56 | 1061.14 | 1191.00 | 1434.00 | 1923.32 | 2137.55 | 1636.56 | 2386.23 |
| 自来水 | 300.46 | 252.76 | 91.49 | 107.39 | 100.37 | 58.72 | 73.23 | 123.23 | 165.82 |
| 食品 | 1212.79 | 1844.63 | 696.48 | 733.47 | 730.93 | 882.99 | 885.12 | 1072.24 | 1089.62 |
| 纺织 | 2486.32 | 2321.38 | 1898.13 | 2564.70 | 2674.23 | 4411.63 | 5265.16 | 5971.18 | 8972.36 |
| 造纸 | 2645.76 | 2230.08 | 2589.30 | 3120.00 | 3060.77 | 5677.77 | 8160.95 | 10108.66 | 11634.93 |
| 电力、蒸汽、热水 | 6459.78 | 6548.64 | 6593.47 | 6083.59 | 6532.71 | 7060.62 | 8390.69 | 9217.46 | 10034.63 |
| 化学 | 3118.65 | 2520.47 | 1782.63 | 1839.46 | 1885.96 | 1882.31 | 1876.07 | 2244.33 | 4245.46 |
| 橡胶及塑料制品 | 490.10 | 674.29 | 1596.25 | 2089.12 | 2626.50 | 2576.21 | 2521.55 | 2478.07 | 3059.08 |
| 建筑材料 | 5088.43 | 4050.89 | 4143.65 | 5303.22 | 6062.49 | 7106.65 | 8228.25 | 10317.68 | 12081.00 |
| 黑色金属 | 2341.79 | 2234.90 | 1807.81 | 1254.43 | 282.11 | 2970.98 | 5650.89 | 9342.83 | 8348.08 |
| 金属制品 | 1599.91 | 1650.25 | 1165.23 | 1301.22 | 1899.25 | 1500.96 | 1788.48 | 2534.28 | 4185.70 |
| 机械 | 1542.66 | 1651.51 | 819.90 | 948.07 | 1282.42 | 1496.46 | 1678.24 | 1905.73 | 2467.64 |
| 交通运输、电气、电子设备制造 | 2051.13 | 2361.63 | 3219.53 | 3540.70 | 6139.99 | 7616.52 | 9059.91 | 12506.29 | 16337.74 |
| 其他工业 | 2670.77 | 1874.32 | 2922.41 | 3048.59 | 2192.38 | 1957.79 | 2577.35 | 3871.55 | 7851.84 |
| 工业用电合计 | 33766.90 | 32197.06 | 30976.17 | 33914.91 | 38383.66 | 49219.73 | 60802.73 | 76417.34 | 94429.88 |

表 4-6　2005—2016 年临安主要工业用电量情况

单位:万千瓦时

| 年份 | 2005 | 2006 | 2007 | 2008 | 2009 | 2010 | 2011 | 2012 | 2013 | 2014 | 2015 | 2016 |
|---|---|---|---|---|---|---|---|---|---|---|---|---|
| 采矿 | 3245.67 | 3842.49 | 4524.87 | 4452.62 | 4591.78 | 5973.69 | 7098.22 | 6123.51 | 5347.65 | 5992.73 | 4576.25 | 4554.15 |
| 食品 | 4453.93 | 4765.26 | 5196.80 | 4995.07 | 4918.34 | 5883.30 | 6079.35 | 5766.14 | 5615.03 | 5271.89 | 5207.64 | 5366.39 |
| 纺织 | 11533.38 | 11370.15 | 11166.79 | 9930.16 | 11106.68 | 11957.21 | 12729.02 | 12674.59 | 12783.42 | 13485.79 | 13346.56 | 13045.45 |
| 造纸 | 13120.49 | 14644.41 | 16307.39 | 21846.12 | 27246.49 | 27569.34 | 28512.99 | 28184.81 | 27084.39 | 25420.24 | 23254.87 | 23992.74 |
| 化学原料及制品制造 | 3586.34 | 2769.67 | 3585.15 | 3001.29 | 3034.44 | 3661.65 | 3976.14 | 3965.44 | 4141.57 | 4352.51 | 3895.31 | 4431.16 |
| 橡胶及塑料 | 4595.99 | 5243.35 | 5434.01 | 6632.98 | 7461.40 | 8431.58 | 9331.68 | 8917.29 | 8638.33 | 9287.76 | 10114.23 | 10708.94 |
| 非金属矿物制品 | 17566.77 | 20920.19 | 23209.79 | 21621.12 | 19671.14 | 21875.97 | 19924.63 | 20833.10 | 20013.70 | 20274.37 | 15838.73 | 10965.79 |
| 黑色金属冶炼及加工 | 7400.78 | 9326.54 | 10671.81 | 5018.31 | 4213.38 | 4658.94 | 10719.16 | 17598.86 | 16580.89 | 15166.76 | 5262.43 | 1834.75 |
| 金属制品 | 5267.35 | 6678.34 | 8115.24 | 16266.11 | 18524.43 | 25185.41 | 22096.71 | 13211.45 | 13697.70 | 14033.04 | 14309.32 | 14636.43 |
| 通用及专用设备制造 | 2658.74 | 3020.54 | 3625.42 | 3950.35 | 6840.14 | 11755.24 | 12429.49 | 11673.09 | 12084.77 | 12428.37 | 12329.88 | 12703.20 |
| 交通运输、电气、电子设备制造 | 21810.32 | 27199.74 | 37043.19 | 40459.68 | 43891.65 | 59012.97 | 64870.40 | 66860.54 | 72160.16 | 71385.67 | 70335.94 | 74800.88 |
| 电力、燃气及水 | 10909.66 | 12142.76 | 12183.01 | 10919.99 | 13451.17 | 7703.65 | 5224.12 | 7594.31 | 11406.28 | 11295.76 | 12624.08 | 15322.26 |
| 工业用电合计 | 113478.81 | 131909.30 | 153193.94 | 161448.64 | 177568.63 | 208572.64 | 221150.50 | 221020.93 | 227680.93 | 226279.00 | 209294.04 | 211399.10 |

## 二、农村用电

1958 年 11 月,昌化白牛电站发电,以白牛至昌化 6 千伏木质电杆线路向昌化镇供电,还向附近农村供电,此为临安县农村用电之始。从 1959 年至 1961 年,全县农村建设小水电站近 40 座,除供抽水和农用外,就近解决附近农村生活用电。1961 年,临安第一个电力抽水机埠——青山公社蒋杨大队机埠建成后,各地陆续建立电力抽水机埠,全县农村用电量 11 万千瓦时,其中,排灌用电量 3 万千瓦时、照明用电量 8 万千瓦时;农村用电量以照明为主。1963 年,35 千伏临安变电站建成后,开始新建农村 10 千伏电力网,全县农村电力排灌、农副产品加工用电量陆续增加,农村用电量 120 万千瓦时,其中,排灌用电量 23 万千瓦时、农副产品加工用电量 57 万千瓦时、照明用电量 38 万千瓦时、农具修配等其他农村用电量 2 万千瓦时。1964 年 11 月,全县有排灌用电动机 273 台,容量 3015 千瓦。农村逐步推广使用电动打稻机,至 1970 年,全县有电动打稻机 319 台,容量 319 千瓦。

20 世纪 70 年代,社队办工业用电兴起,电力排灌用电量和农副产品加工用电量持续增长,出现电力供需矛盾。1973 年,临安地区小水电并入电网,对大电网起到一定的调节和补充作用,但电网建设还是赶不上用电发展的需要,供需矛盾仍很突出,特别是"双夏"用电,工业用电要让出一部分电力支援农业生产。1973 年,全县农村用电量 1255 万千瓦时,工业用电量 2278 万千瓦时。1974 年,全县农村用电量增至 1327 万千瓦时,工业用电量却降至 1777 万千瓦时。

十一届三中全会以后,农村经济蓬勃发展,收音机、电视机、电冰箱、电风扇、电饭锅等家用电器进入千家万户。1982—1983 年,临安县全面开展家庭联产承包责任制,进一步推动农村经济发展,农村用电需求也随之增长。1983 年,全县农村总用电量 4622.37 万千瓦时,其中,社队办工业用电量 2325.02 万千瓦时、照明用电量 944.53 万千瓦时。1986 年 7 月,用电分类统计口径改为"八大类",改按农、林、牧、渔、水利业统计用电,原农村用电中的乡村工业用电量计入工业用电,农村生活照明用电量计入城乡居民生活用电。农村产业结构开始有步骤地改善,农业、林业、畜牧业、水利业全面发展,社队办工业(乡村)用电在农村用电中增长幅度最大。1987 年,临安县全年农村用电 9447.42 万千瓦时,占全社会用电总量的 44.49%,其中,乡村工业用电 5774.61 万千瓦时,占全社会用电总量的 27.20%。

　　20 世纪 90 年代后期,乡村工业用电量增长很快。临安乡村工业用电量 1990 年为 6500.21 万千瓦时;1999 年为 23636.44 万千瓦时,是 1990 年的 3.64 倍,占全社会用电总量的 45.57%。1995 年,临安县实现农村电气化,乡、村、农户通电率均为 100%,乡村居民生活用电保证率为 99.93%,农村用电量 28889.96 万千瓦时,占全社会用电量的 62.30%。

　　为降低农村电价,减轻农民负担,临安市供电局从 1998 年 11 月开始对照明电价实行一村一价管理,规范了农村电费电价管理,取缔村电工承包电费现象,制止村电工随意乱加价、乱摊派行为。2000 年,临安市物价局和临安市供电局重新核定临安市 2000 年农村照明到户电价,取消 0.90 元/千瓦时以上的价格,到户电价平均下降 0.05 元/千瓦时,按当时用电量计算,每年可为农民减负 120 万元。2001 年,临安农村电网建设改造工程基本完成,城乡电网实现同价。由于农村电网的改造和农村电价的调整,农村电能质量得到根本性改善,电价更易被广大老百姓接受,空调等家用电器在农村越来越被广泛地使用。至 2001 年,农村生活用电量 11983.14 万千瓦时,占农村总用电量 47210.99 万千瓦时的 25.38%,是 1984 年同类用电量的 11.85 倍。

　　2005 年,用电分类统计口径又做调整,农、林、牧、渔、水利业用电改为农、林、牧、渔业用电,水利管理业用电列入公共事业及管理组织类用电,取消"乡村工业"项目。临安电网全年农村用电量 10343.34 万千瓦时,占全社会用电量的 7.12%。

　　自 2006 年起,临安市供电局围绕"新农村、新电力、新服务"的发展战略,以"标准化、智能化"为目标,推进新农村电气化建设工作。至 2012 年 8 月,临安全境实现"村村电气化、镇镇电气化"。2012 年临安全年农村用电量 21654.9 万千瓦时,占全社会用电量的 7.39%。1983—2016 年临安农村用电量分类统计见表 4-7~表 4-10。

表 4-7　1983—1986 年临安农村用电量分类统计

单位:万千瓦时

| 年份 | 1983 | 1984 | 1985 | 1986 |
|---|---|---|---|---|
| 农村用电量合计 | 4622.37 | 5034.70 | 6496.86 | 2990.93 |
| 排灌 | 238.47 | 188.38 | 224.31 | 224.08 |
| 农副产品加工 | 817.94 | 649.94 | 688.56 | 638.38 |
| 农村照明 | 944.53 | 1011.02 | 1312.27 | 1337.17 |
| 其他 | 2621.43 | 3185.36 | 4271.72 | 791.30 |

注:1986 年,"其他"里有关乡村工业的内容划到"工业"里统计。

表 4-8　1987—1995 年临安农村用电量分类统计

单位:万千瓦时

| 年份 | 1987 | 1988 | 1989 | 1990 | 1991 | 1992 | 1993 | 1994 | 1995 |
|---|---|---|---|---|---|---|---|---|---|
| 1.农林牧渔水利业合计 | 1751.48 | 1754.03 | 1612.24 | 2217.90 | 2390.32 | 2555.39 | 2368.34 | 2742.47 | 2549.87 |
| 农业 | 718.96 | 637.50 | 520.17 | 1087.72 | 1270.77 | 1750.78 | 970.15 | 1704.25 | 1659.73 |
| 林业 | 21.81 | 35.70 | 41.77 | 47.32 | 73.18 | 34.9 | 43.10 | 8.45 | 20.93 |
| 畜牧业 | 9.62 | 17.55 | 21.37 | 13.86 | 14.35 | 12.44 | 10.26 | 0.19 | 0.14 |
| 渔业 | 2.06 | 2.23 | — | — | — | — | — | — | — |
| 水利 | 227.42 | 330.50 | 237.33 | 67.16 | 48.18 | 8.54 | 15.74 | 2.04 | — |
| 其他 | 771.62 | 730.55 | 791.59 | 1001.84 | 983.84 | 748.73 | 1329.09 | 1027.54 | 869.07 |
| 2.乡村工业用电 | 5774.61 | 5654.73 | 6876.46 | 6500.21 | 8902.46 | 10892.34 | 15422.91 | 20845.00 | 21334.03 |
| 3.农村居民生活用电 | 1921.33 | 1921.33 | 2313.25 | 2525.87 | 2951.69 | 3276.10 | 3822.86 | 4465.94 | 5006.06 |
| 总计 | 9447.42 | 9330.09 | 10801.95 | 11243.98 | 14244.47 | 16723.83 | 21614.11 | 28053.41 | 28889.96 |

表 4-9　1996—2004 年临安农村用电量分类统计

单位:万千瓦时

| 年份 | 1996 | 1997 | 1998 | 1999 | 2000 | 2001 | 2002 | 2003 | 2004 |
|---|---|---|---|---|---|---|---|---|---|
| 1.农林牧渔水利业合计 | 2788.27 | 2760.56 | 3987.65 | 4995.78 | 2858.65 | 2681.45 | 2209.90 | 1631.12 | 1223.87 |
| 农业 | 1862.64 | 1666.93 | 2196.90 | 2735.91 | 1953.58 | 1664.63 | 1475.97 | 465.55 | 322.97 |
| 林业 | 12.48 | 25.65 | 57.71 | 44.54 | 43.39 | 43.25 | 46.05 | 45.36 | 39.59 |
| 畜牧业 | 0.12 | 7.86 | 29.07 | 32.37 | 65.48 | 72.55 | 67.68 | 69.01 | 79.59 |
| 渔业 | — | — | 0.20 | — | — | — | — | — | 2.41 |
| 水利 | — | 0.69 | 17.22 | 21.26 | 42.91 | 81.72 | 63.62 | 112.42 | 50.06 |
| 其他 | 913.03 | 1059.43 | 1686.55 | 2161.70 | 753.29 | 819.30 | 556.58 | 938.78 | 729.25 |
| 2.乡村工业用电 | 22027.41 | 19626.36 | 16880.10 | 23636.44 | 26166.11 | 32546.40 | 40172.03 | 50023.19 | 62110.52 |
| 3.农村居民生活用电 | 5846.60 | 6345.06 | 6015.65 | 6000.63 | 9624.52 | 11983.14 | 13039.82 | 15045.15 | 8829.49 |
| 总计 | 30662.28 | 28731.98 | 26883.4 | 34632.85 | 38649.28 | 47210.99 | 55421.75 | 66699.46 | 72163.88 |

表 4-10　2005—2016 年临安农村用电量分类统计

单位:万千瓦时

| 年份 | 2005 | 2006 | 2007 | 2008 | 2009 | 2010 | 2011 | 2012 | 2013 | 2014 | 2015 | 2016 |
|---|---|---|---|---|---|---|---|---|---|---|---|---|
| 1.农林牧渔合计 | 1555.91 | 1593.13 | 1633.47 | 1378.65 | 1311.89 | 1408.44 | 1455.08 | 1624.86 | 1692.69 | 1348.68 | 1406.59 | 1735.92 |
| 农业 | 375.12 | 354.10 | 339.36 | 229.93 | 212.97 | 216.99 | 183.84 | 267.12 | 469.41 | 376.61 | 408.49 | 534.24 |
| 林业 | 107.96 | 100.42 | 102.44 | 107.8 | 127.09 | 182.74 | 216.65 | 234.65 | 205.36 | 119.08 | 125.98 | 248.01 |
| 畜牧业 | 101.80 | 112.92 | 150.93 | 159.87 | 172.58 | 204.85 | 253.11 | 297.33 | 352.15 | 341.26 | 372.74 | 465.61 |
| 渔业 | 0.76 | 1.85 | 2.85 | 2.73 | 5.59 | 12.38 | 17.15 | 19.78 | 16.14 | 16.12 | 13.78 | 13.80 |
| 农林牧渔服务业 | 970.27 | 1023.84 | 1037.89 | 878.32 | 793.66 | 791.48 | 784.33 | 805.98 | 649.63 | 495.61 | 485.6 | 474.26 |
| 2.乡村居民生活用电 | 8787.43 | 10310.67 | 11857.57 | 13320.24 | 14465.11 | 16505.47 | 17679.39 | 20030.04 | 23014.75 | 22404.56 | 23666.13 | 27592.76 |
| 总计 | 10343.34 | 11903.8 | 13491.04 | 14698.89 | 15777 | 17913.91 | 19134.47 | 21654.9 | 24707.44 | 23753.24 | 25072.72 | 29328.68 |

注:2005 年起,国家行业用电分类调整:原第一产业中的水利业等调整到第三产业;乡村工业不再单独统计。

### 三、第三产业用电

第三产业用电出现较晚,发展也较缓慢,以交通运输业为主。1961 年,临安县第三产业用电量仅 9 万千瓦时,占全社会用电量的 2.15%。改革开放后,适应经济全面发展的需要,加快第三产业的发展。按照 1986 年用电分类,第三产业界定为地质普查勘探业,交通运输邮电通信业,商业、饮食、供销、仓储业和其他用电。1987 年,临安县第三产业用电量 587.50 万千瓦时,占全社会用电量的 2.77%。

"八五"期间,临安县大力发展城市建设和完善交通、通信设施。随着青山湖旅游区的建设,宾馆、饭店、大厦、度假村等建成开业,以旅游业为主导的第三产业成为临安的主要经济增长点,第三产业用电在较长的一段时期中保持着快速增长的势头。临安县第三产业年用电量,1990 年为 919.77 万千瓦时,占全社会用电量的 3.88%;1999 年达 3357.92 万千瓦时,占全社会用电量的 6.47%。

经济的发展、人民生活水平的提高,推动餐饮、服务、旅游业的发展。2005 年,临安市第三产业用电量 11690.26 万千瓦时,占全社会用电量的 8.04%。

"十一五"期间,现代服务业加快发展,康顺家政培训基地、华兴复合型商业中心等商贸项目推进,金沙湾大型户外扩展基地、浙西剑门十八瀑景区、河桥休闲农业观光园、昌化国石文化城等建成,信息服务与软件、房地产、金融、社区等其他服务业健康发展。2010 年,临安市第三产业用电量达 20906.72 万千瓦时,是 2005 年的 1.79 倍,占全社会用电量的 7.87%。

"十二五"期间,大明山滑雪场、湍口众安氡温泉等冬季旅游项目建成运营,农家乐规范经营实现全覆盖,培育全国淘宝镇、淘宝村,钱锦大道全线贯通,环湖绿道一期建成开放,科技大道竣工通车,城际铁路临安线、330 国道湍口段启动建设等第三产业全面发展,用电量高速增长。2016 年,临安市第三产业用电量 39968.91 万千瓦时,是 2010 年的 1.91 倍,占全社会用电量的 12.86%。

### 四、城乡居民生活用电

民国 23 年(1934),临安县城开办临安电汽有限公司,就地低压供电。所发电力供商号店铺和殷实人家照明,后逐步发展到供一般居民照明。受发电设备容量限制,照明用电仅限集镇范围,尚未向农村发展。抗日战争爆发后,临安电汽有限公司因燃料断绝而被迫停办,后厂房、机器均被日机炸毁。

1952 年,裕民米厂附设发电车间发电,白天碾米,晚上供专区和县级机关、商店照明。1953 年 12 月,临安电厂投产发电,供给当地机关、学校、商店和居民用电。

於潜电厂和昌化水电站分别于 1955 年和 1957 年建成发电,用电量以於潜、昌化两县城居民生活用电为主。

1959 年,临安县开始由杭州电网供电,临安县各公社、大队自筹资金解决照明用电。至 1959 年底,临安照明用电量 29.68 万千瓦时,占全县用电量的 25.15%。1964 年,临安农村照明用电首次超过城镇照明用电,用电量 86.31 万千瓦时;城镇照明用电 48.16 万千瓦时;城乡居民用电占全县用电量的 32.16%。

20 世纪 60 年代初至 70 年代中叶,临安电网建设着眼于用电的普及。1974 年,全县所有公社(乡)都架通了 10 千伏配电线路,95% 以上的村安装了配电变压器,100% 的村通了电。十一届三中全会以后,农村经济蓬勃发展,收音机、电视机、电冰箱、电风扇、电饭锅等家用电器进入千家万户。1984 年,临安县农村照明用电量 1011.02 万千瓦时,是 1964 年的 11.71 倍;城镇照明 295.21 万千瓦时,占照明总用电量的 22.6%。

20 世纪 90 年代,临安乡镇民营企业、个体私营经济迅速发展,农民生活消费水平不断提高,农村生活用电量直线上升。为降低农村电价,减轻农民负担,临安市供电局从 1998 年 11 月开始对照明电价实行一村一价管理,规范农村电费电价管理,取缔村电工承包电费现象,制止村电工随意乱加价、乱摊派行为。1998 年,全县用电量 47916.20 万千瓦时,其中,城乡居民生活用电 9566.31 万千瓦时,是 1987 年的 5.42 倍,占全县用电量的 19.96%,城乡人均年生活用电量 187.46 千瓦时。2001 年 11 月 1 日起,农村居民生活用电到户价按城镇居民生活用电到户价执行。

进入 21 世纪,随着电源项目的加快建设,电力供应能力逐步增强,城镇电网、农村电网改造为居民生活用电创造良好的条件,且随着居民峰谷电价实施范围的进一步扩大、城乡居民生活水平的不断提高,居民生活用电得到较快的增长。2005 年,临安电网城乡居民生活用电量达 16669.21 万千瓦时,比 1998 年增长 74%。2010 年,临安电网城乡居民生活用电量达 32094.84 万千瓦时,比 2005 年增长 93%。

2016 年,临安市有一户一表照明用户 235670 户,其中农村用户 151557 户,城镇居民用户 84113 户。临安电网城乡居民生活用电量达 52566.68 万千瓦时,占全社会用电量的 16.91%,年人均生活用电量 989.03 千瓦时。

## 第三节　用电平衡

### 一、计划用电

1963 年,为贯彻国务院下发的《关于加强煤电管理,节约煤电消耗的 16 项措施》,各地开始实行计划用电。"文化大革命"开始后,为调控负荷,一度主要采用拉闸限电的办法。20 世纪 70 年代,电力供需矛盾日益突出,国家分配电量只能是实际用电量的 2/3,不足部分只能采取拉闸限电、轮流供电、限时限量用电和增购计划外用电量的办法弥补。1972 年,临安电力公司革命委员会抓调荷节电、计划用电工作,摸清全县的工业、农业电气设备和用电情况,掌握用电规律,根据农业生产季节,与各工业用电单位密切配合,落实避峰措施,对非生产用电严加控制,采取工业用户让电农业的方式,调节工业用电,保证农业灌溉、脱粒和农副产品加工等生产上的用电需求。

1977 年,临安电力公司革命委员会按中共中央提出的"对煤、油、电的供应,要像口粮一样实行定量供应"和"电力部门要按照重新核定的电力消耗定额和生产任务供电"的指示精神,做好计划用电、节约用电工作,实行凭证供电。1978 年开展"一查四定",对用电单位进行一次用电大普查(即"一查"),查清供电设备,查清用电性质,查清负荷大小,查清浪费电力和非法用电,查清电单耗上升原因。在用电大普查的基础上,对用户实行定电力、定电量、定用电单耗、定用电时间(即"四定"),在"一查四定"的基础上实行凭证供电。根据《国务院批转燃料、电力凭证定量供应办法的通知》(国发〔1978〕2 号)规定和水利电力部《"电力定量器"暂行管理办法》(水电生字〔78〕第 131 号),推广使用电力定量器。

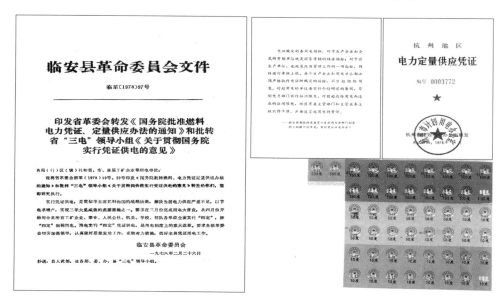

1978 年,临安县贯彻国务院实行凭证供电的文件及杭州地区电力定量供应凭证、电票

1979 年 11 月,临安县革命委员会设立临安县"三电"领导小组,下设临安县三电办公室,办公室地点设在临安电力公司,对全县的用电实行统一管理。

1980 年 4 月,临安县"三电"领导小组根据浙江省政府"各行各业都要实行凭证定量供电,加强计划用电管理,把电力像管口粮一样地管起来"的指示精神,制定《用电管理试行办法》,对全县所有用电单位逐步开展"一查四定",实行计划凭证供电制度;规定凡新建、新增用电设备必须加装无功补偿设备,各厂矿企业(包括社、队企业)必须按"三电"部门统一安排的厂休日实行厂休制,对用电单位逐步安装电力定量器,各用电单位开展节约用电的技术革新,控制非生产用电。5月,临安县"三电"领导小组印发《关于加强用电管理,搞好调荷节电的通知》(临三电〔80〕4号),规定生产单位避高峰用电,容量较大断续使用的设备和社队企业各种用电量大的设备安排在深夜(22时至次日6时)使用;加强非生产用电管理,于6月底前取消包电、包费制,实行装表计费;推广江山县"停机不停线"的经验,扭转"轮流供电"的局面,以确保工农业生产的正常用电和人民生活的需求。

1982年7月,浙江省电力工业局根据《国务院批转水利电力部〈关于按省、市、自治区实行计划用电包干的暂行管理办法〉的通知》(国发〔1982〕78号),制定《浙江省计划用电包干实施办法》,逐级实行计划用电包干制度,浙江省电力工业局按照华东电网分配的用电指标下达各地、市年度用电量计划,并在此基础上逐月下达月度用电指标,实行按月包干,按日考核,超用扣还。各地、市级电力部门按省分配的年度和月度计划用电指标,编制所属县、市的年度和月度用电计划,下达使用。县、市把用电计划分线分片落实到所属企事业单位和农村社、队,逐步实现"停机不停线,限电不拉闸"的供电方法。临安电力公司坚持对全县所有供电线路实行定量供电的原则,安排各类负荷用电时间,充分挖掘低谷电力和丰水电力,保证全县正常负荷率在85%以上;逐步搞好电力"查定"工作,对年用电量12万千瓦时以上的71家企业(包括社、队企业)分期分批全面查定,在清查的基础上,定电量、定单耗、定时间、定负荷,实行凭证定量供电;在农业"双夏"用电高峰季节或电网供电十分紧张的情况下,首先安排产品滞销、能耗高的企业停产让电;安排用电量较大的设备低谷避峰用电;推广节电新工艺、新技术,大力压缩非生产用电消耗。

1983年,临安县政府批转县三电办公室《关于实行计划用电包干,确保稳定供电的报告》,规定全县所有供电线路按线核定电力,电量包干使用。临安县三电办公室抽调各厂矿人员50人成立临安县供电线路管理委员会,实行定额定量管理,变政府和供电部门管电为政府供电部门和群众共同管电,有效地压缩负荷,缓和供需矛盾。

1983年之前,在计划用电工作中,主要是依靠行政手段。1983年,水利电力部印发《关于全面正确运用行政、经济、技术手段进一步加强计划用电工作的通知》(〔83〕水电电生字第30号),临安县供电局执行行政手段,推行经济手段和完善技术手段,主要的经济措施有:超用加倍收费,试行峰谷不同电价,推广季节电能优惠电价,逐步取消优待电价,发挥各企业自筹燃料发电的积极性。这些经济措施通过电力部门和用户双方商定后,以签订供用电合同方式付诸实施。

1984年,临安电网缺电十分严重,杭州市分配给临安县的全年统配电量8877万千瓦时,最低的1个月为589万千瓦时,分配日用电量19万千瓦时;同实际需要量比,电量缺47%。1月,临安县政府制定《临安县关于执行超计划用电处理办法的实施细则》,进一步明确计划用电的分级包干办法。临安县三电办公室根据杭州市分配给临安县的用电指标,按照"择优供电,确保重点"的原则,参照国家下达的生产计划和上年同期用电水平以及新增用电因素,进行综合平衡,提出分配方案,经县经济委员会批准后下达。各主管局、公司、社根据上述包干指标,层层落实到用电单位,实行分级包干。临安县三电办公室按照"谁超限谁,超用扣还"的原则,对各线和各系统的用电情况进行考核,考核以县供电局向用户收取的收费电量为准。8月,临安县委、县政府下文撤销临安县"三电"领导小组,三电工作由临安县政府三电办公室统管并主持日常工作,办公室设在县供电局。

1985年,在电力供需矛盾十分突出的情况下,临安县供电局制定并实施符合临安实际的调荷避峰用电计划,确定"丰水期放开,枯水期调荷,白天保城镇保工业,晚上保全县照明,'夏收夏种'期间工业让电下乡,乡镇企业深夜用电"的原则,用电负荷率从1984年的80.73%提高到83.7%。

1987年12月,为了贯彻精简、统一、效能的原则,临安县政府三电办公室、临安县农电管理总站和临安县供电局用电管理股实行一套机构、三块牌子模式,对内作为临安县供电局的用电管理部门,对外作为临安县政府、临安县经济委员会的三电办公室和临安县农电管理总站,负责全县包括计划用电、节约用电、安全用电在内的用电管理工作。

1988年，临安全县预计需用电量2.4亿千瓦时，缺口0.75亿千瓦时，最高负荷3.3万～3.5万千瓦，枯水期缺2万千瓦。为弥补缺口，防止频繁拉电现象发生，临安县供电局与临安县政府三电办公室强化"三电"管理的技术措施，对三班制连续生产的大工业用户和规定深夜用电的用户（如水泥、化工、造纸企业，中高频炉企业等），在实行峰谷电价的同时，根据各企业生产特点，安排避峰用电计划，安装电力定量器。因超负荷用电而令开关跳闸的，按整定容量处以每千瓦2元的罚款。对中小用户中的大用电设备，分别安装高峰用电控制表，在避峰时间用电的，按实用电量加收每千瓦时1元的高价电费。对个体企业密集的村，在变压器低压侧安装灯峰负荷控制器。在灯峰期间，实行缺相供电，确保农村照明用电。7月1日起，临安全县小水电和工业企业单位逐步实行峰谷电价计费；凡小水电和备有专用变压器的企业以及临安、於潜、昌化三个镇的动力用户，分期分批安装峰谷电度表；小水电上网电量实行0.05元/千瓦时的保护电价，分别改为白天0.072元/千瓦时、深夜0.02元/千瓦时的峰谷价；工矿企业用电，按企业性质实行峰谷定比使用；乡镇企业白天高峰普加0.18元/千瓦时，同时取消原普加0.10元/千瓦时的加工电费；原按比例分配的单位，白天高峰超用部分电量加收0.30元/千瓦时，深夜低谷用电免征加工电费，但如小于低谷定值，少用部分电量，除没收统配电量外，每千瓦时加收0.13元。"双夏"期间，又采取削峰填谷的措施，均衡负荷，并安排钢厂线、化肥线、阀门线、水泥线、纸厂线、化二线作为机动负荷，承担电网紧急限电任务，做到限电不拉闸，"死指标，活调度"。

进入21世纪，电力供求矛盾依然十分突出。2004年1月，临安市设立有序用电领导小组和监督检查组，领导小组下设办公室，设在市供电局，负责开展全市有序用电工作。有序用电管理按照"确保重点、分级管理""先生活、后生产""先错峰、后避峰、再限电、最后拉电"的原则，围绕"停机不停线"的目标，制定有序用电方案，经政府批准后，实行有序用电。确保的重点包括居民生活用电、市政府等重要用户的正常用电、重要工程的正常用电、重要活动的正常用电、重点企业的正常用电。根据气温和复合的变化特点，将供用电形势分为ABCD四个等级，实施分级控制，出现不同等级的缺电形势时，启动相应级别的组织领导体系和工作方案。严格限制高耗能企业的用电。临安市政府制定出台《安装使用电力负荷控制装置的暂行规定》《关于有连续用电特殊要求的重要用户必须配置自备应急电源的通告》《关于推广使用冰蓄冷中央空调的意见》等相关政策措施，推动有序用电方案的有效实施。之后，临安市政府每年都根据供用电形势制定有序用电方案，实施有序用电。

2006年，根据《国家发展改革委关于调整华东电网电价的通知》（发改价格〔2006〕1230号）文件精神，大工业、普通工业用户一律执行六时段分时电价。临安市供电局完成所有大工业用户三费率表计调换，翌年完成普通工业用户三费率表计调换，大工业和普通工业用户全部执行六时段三费率分时电价，缓和了高峰用电的矛盾，但执行尖峰电价时段用电量低于平均值，低谷用电仍然不足。

2008年，由于地方热电厂全面关停、临安电网网架结构限制和部分区域负荷突增等问题，供用电形势趋紧，用电高峰负荷缺口在3万～5万千瓦。针对该年有序供用电的特点，临安市供电局加强对有关单位采取错峰、避峰让电和限电措施，保证城乡居民生活用电，加强对用户侧的管理，通过启动负荷控制系统对大用户进行错峰、避峰管理，做到"停机不停线"。根据该年季节性、阶段性、时间性缺电的特点，按照"先错峰、后避峰、再限电、最终拉电"的原则，确定错峰、避峰限电负荷按3.5万千瓦安排，分ABCDE五个方案执行。7月，临安市政府设立临安市有序用电协调工作领导小组，根据临安电网负荷预测及变化情况，不定期召开会议，研究决定保障正常供用电秩序的重要事项和重大决策，指导协调临安有序用电工作。领导小组下设办公室，办公室设在市供电局，负责协调有序用电日常事务。

为了应对电网负荷高峰，2010年4月，临安市供电局制定《2010年临安电网有序用电方案》，与52家列入错峰、避峰负荷的大用户签订错峰、避峰协议，确保出现负荷缺口时，错峰、避峰措施快速执行到位，实现"让电于民"。

2011年,为了配合临安市政府有序用电政策的实施,临安市供电局成立专门工作小组,利用用电信息采集信息系统,实时监控全市88条轮休线路上525家企业的有序用电执行情况;设5个检查小组,会同临安市经济和信息化局相关人员按照2011年有序用电方案要求进行现场检查,对拒不执行有序用电方案的企业予以处罚,保证全市正常有序用电秩序,确保电网安全和居民用电不受影响。

之后几年,临安市有序用电都严格遵循"有多少、供多少,缺多少、限多少""先生活、后生产、有保有限""控制与节约并举"的原则,按照国家节能减排政策,首先压缩高耗能、高排放和产能过剩行业用电,科学、合理地落实错峰、避峰负荷按照每年夏季、冬季负荷高峰用电期间临安电网电源性、电网性的缺电实际情况,全市分不同等级执行错峰、避峰限电,科学合理调度,确保电网经济、安全、稳定运行。

## 二、节约用电

20世纪50年代,在开展增产节约运动中,临安县各地电厂绘制节约用电(简称节电)宣传画,印制节电标语,开展节电宣传,组织开展班组节电竞赛。1960年后,节电指标被列为供电企业主要技术经济指标,节电工作被纳入供电企业日常管理,节电工作由供电企业设专人负责管理。20世纪60年代,境内一些较大企业率先开展以节电、节煤为主要内容的降低单位产品能耗的活动,通过技术革新、改造设备、改进生产流程,以降低电耗、煤耗、油耗。

1979年,临安县"三电"领导小组设立后,节约用电列为"三电"工作的重要内容。1980年1月,为了有效使用能源,提高利用效率,临安县召开全县工交(工业与交通运输业)系统节能科技工作会议,推广三项节电新技术:①减少无功损耗、提高功率因数的电力补偿器装置;②提高热效率的远红外加热干燥技术;③降低热能消耗的硅酸铝纤维保温技术。各厂矿采用节电新技术后,效果明显。丝绸厂安装电力补偿器装置后,功率因数从0.7提高到0.96,生产一公担(即100千克)丝丝绸厂的平均耗电在1979年为238千瓦时,在1980年1月下降为198千瓦时,2月下降为180千瓦时。茶机厂在泥芯烘房应用远红外烘干泥芯,原升温需2.5小时,耗电130千瓦时,应用新技术后只要0.5小时,耗电19.8千瓦时,烘干功效提高4倍,每炉节电110千瓦时。机床厂1只30千瓦箱式电炉,原每炉升温需4小时30分钟,耗电121千瓦时,采用硅酸铝纤维隔热保温措施后,每炉升温只需2小时20分钟,耗电降低到63千瓦时。

1982年,临安县"三电"领导小组办公室进一步加强节约用电工作,建立、健全能源消耗定额管理和考核奖惩制度,对耗电100万千瓦时以上单位要求专人负责能源管理,能源消耗定额指标要求落实到车间班组,实行小指标考核,将消耗降低到最低水平,并制定能源消耗奖惩办法,多节约多奖,少节约少奖,不节约不奖,浪费受罚。积极推广节电新工艺、新技术,提高设备效率,改变"大马拉小车"情况。

随着国民经济的稳步发展和人民生活水平的提高,电力需求之间的矛盾更加突出,1987年分配给临安县的电量与实际需求量缺口达30%左右。国务院节能会议精神指出:在当时全国开展的增产节约、增收节支运动中,要把节约生产和生活用电作为一件大事来抓。生产用电要严格定额管理,并通过大力发展高效省能设备、淘汰废旧设备等措施努力节约生产用电。1987年,杭州市下达临安县节电指标:社会节电400万千瓦时;机泵节电改造1500千瓦;高耗能变压器更新2500千伏安。为达到节电指标,临安县广泛开展节电宣传教育,提高广大人民群众的节电意识。临安县政府三电办公室统一安排风机、泵类的测试,对测试不合格的进行改造更新。临安采取各种节电措施和开展工艺设备改革,降低单位产品电耗;凡单耗超过省定或县定最高限额的,按《浙江省超定额耗用燃料电力加价收费实施办法》,每千瓦时电按现行电价的30%加价收费;加速设备的更新改造,积极推广使用节能新技术;各企业的电焊机和配电屏、控制箱以及电气上功率为6~15瓦的电阻式、变压式指示灯限期推广使用空载节电器和0.5~1瓦的荧光式节能指示灯;电热炉(窑)采用轻质耐火砖、硅酸铝纤维、岩棉等新型筑炉材料,以取得节电效果;进一步加强非生产用电管理,把非生产用电也纳入计划定量分配和考核,限制各单位的空调器、冷热风机、电热水炉等电热器具的使用。是年底翌年初,临安县供电局、临安县政府三电办公室组织开展全县节约用电安全用电大检查,查浪费、堵漏洞,查管理、降单耗,查潜力、订措施,查定额、上等级,查安全、得效益;对检查中发现的问题或薄弱环节,采取有效措施,边查边改,推动全县节约用电、安全用电工作的发展。

1989年,由于全国煤炭、电力供应全面紧张,加之"煤电挂钩"政策的实行,临安县供用电形势十分严峻,进一步搞好节约用电、努力降低电耗是大势所趋,也是企业"双增双节"的重要内容。根据国务院颁布的《节约能源管理暂行条例》第54条"对企业超定额耗用的能源应当加价收费"的规定和浙江省计划经济委员、浙江省电力工业局、杭州市经济委员会相关文件精神,临安县发动全县9家水泥企业开展节能竞赛活动,并对3家低于单耗定额的水泥厂进行奖励,根据单耗给予上甘水泥一厂奖励电量1.5万千瓦时,如龙水泥厂奖励电量1万千瓦时,县水泥厂奖励电量0.5万千瓦时,对其他6家超单耗定额的企业进行加价收费。

1998年,临安市全面推广应用分散型的小容量异步电动机无功就地补偿装置和有"电力入网许可证"的节能灯。无功就地补偿按装机容量的20%～30%配置,照明系统按照明装置的1/3配置,并以此作为用户工程完工验收的主要内容之一。

进入21世纪,全民节电意识明显增强,全社会深入开展节电活动,节电技术和措施广泛运用。重要节电技术措施主要有:改善电能质量,采用无功就地补偿、智能控制、谐波滤波器等;改造耗电设备和工艺,采用变频调速和高效变压器等高效节电设备与工艺,淘汰低效风机、水泵、电动机、变压器、冷冻机等落后设备,提高用电效率;推广使用成熟的节电技术,采用天然气冷热电三联供,余热、余压、新能源及资源综合利用发电,热电联产和远红外加热等技术,提高能源转换效率;推广绿色照明和节能型家用电器。

随着能源短缺和大气污染等问题的日益突出,电能替代已成为终端能源替代的重要趋势。2015年,国网浙江临安市供电公司设立电能替代领导小组和工作小组,有计划地实施电能替代推广宣传,持续强化电能替代项目供电保障服务,保障电能替代项目电力接入、并网等工作,开辟业扩报装绿色通道,引导全社会用能单位"煤改电""油改电",促进节能减排,推动社会绿色、低碳发展。4月,浙江农林大学对学校食堂炊具及学生宿舍热水供应系统进行电能替代改造,采用电力炊具和电锅炉技术,全面替代原有的柴油炊具和燃油锅炉,一年节约费用70余万元。借鉴浙江农林大学改造的成功经验,国网浙江临安市供电公司联合临安市教育局,在临安市15所学校启动电炊具改造工程,并推进企事业单位、餐饮业的食堂炊饮设备电气化改造,以典型示范效应带动开展餐饮行业的电能替代工作。7月,国网浙江临安市供电公司协助青山湖科技城建成临安首个"冰蓄冷"项目。"冰蓄冷"项目利用夜晚低谷电价,将水制成冰,放入蓄冰池,白天电价高时,用冰融化释放的冷能当"空调"使用,节能环保。"冰蓄冷"项目覆盖$100 \times 10^4$米$^2$的办公区域,比传统的空调制冷节约35%～50%的电费,不仅经济环保,还可以转移电网峰值负荷,有利于平衡电网压力。

### 三、集资办电

长期以来,国家实行独家办电政策,电力建设投资统一由国家拨款,但由于电力建设资金不足,电源建设和电网建设滞后于国民经济的发展。1980年,国家批准电力工业部对部分电力基建项目由国家无偿拨款改为向银行贷款,同时提出由地方合资、集资办电的意向和按合资比例分电分利的优惠政策,浙江省电力工业局积极响应,并得到浙江省政府的首肯和支持。1984年11月,浙江省计划经济委员会、浙江省电力工业局、中国工商银行浙江省分行联合印发《浙江省集资办电实施办法》。翌年,杭州市政府印发《杭州市集资办电暂行办法》,规定电力部门在收电费时,按实用电量每千瓦时征收集资办电费1分(城乡居民、非营业性用电和临时用电免征);新用电户或老用户申请增加容量,新增容量在100千伏安(千瓦)

以上者,每千伏安(千瓦)随征 120 元。集资办电费 1985 年实收 137.43 万元,1986 年实收 152.48 万元, 1987 年 1—3 月实收 34.67 万元。1987 年 4 月起,遵照杭州市政府的规定,停止收取集资办电费,代收电力建设资金,其按用电量每千瓦时 0.02 元,或增容量每千伏安 120 元收取。

1986 年 5 月,浙江省电力开发公司成立,负责集资办电工作。按照"谁出资谁用电,多出资多用电"的原则,发动各市(地)、县认股。1987 年,临安县参加全省第二期集资办电,向省预购集资电 100 股,每股为 10 万元,自 1987 年交款至 1990 年,分 4 年交清,逐年交款比例为 2∶3∶3∶2。每股分电量 40 万千瓦时,自 1987 年起供电,在 1987—1989 年每年供电 5 万千瓦时/股不变,在 1990 年供电 20 万千瓦时/股, 1991 年起每年供电 40 万千瓦时/股,20 年不变。集资股金自 1991 年起还本付息,年息按单利 3.6% 计算,每年归还 1 万元,到本息全部还清为止。

1987 年 6 月,杭州市组织购买浙江省发行的电力建设债券 2320 万元,临安分配到 78.90 万元。债券不计息,从第 11 年起,每年偿还本金的 20%。从付款的第 2 年起,按债券面值,每 1 元债券每年供应 2 千瓦时的统配电和相应的用电负荷,用电指标有效期为 20 年。

1992 年 9 月,浙江省发行电力企业债券,临安分配到 88 万元。债券不计息,从第 11 年起分 5 年偿还本金,每年偿还本金的 20%。所含用电权从购买债券起计算,一年后开始供电,用电指标有效期为 15 年。

1994 年 5 月起,临安县政府征收县电网建设资金和嘉兴电厂集资办电金,同时调整新装、增量集资费和电力建设配套费。临安县电网建设资金和嘉兴电厂集资办电金,除城乡居民生活照明用电、农村排灌与脱粒用电,由财政拨款的县级党政机关及学校、部队的非经营性用电外,在综合价基础上一律加征 0.1 元/千瓦时;原征收的新装、增量集资费,由每千伏安(千瓦)120 元调整到 360 元;凡新建并入电网运行的发电厂,征收输变电工程配套资金每千瓦 50 元。临安县向浙江省电力开发公司购买 1 万千瓦的 20 年用电权。1994 年全县供购电量为 47850.26 万千瓦时,售电量为 43325.76 万千瓦时,全县用电量的 24% 为集资办电电量。

2000 年,浙江省实行统一销售电价后,取消各类集资办电。

# 第四节　用电监察

民国时期的临安电汽有限公司及中华人民共和国成立之初创办的一些碾米厂、发电厂,均未设专职用电监察,有关用户的用电安全工作由抄表收费人员负责。

1953 年 8 月 29 日,政务院批准《全国供用电暂行规则》,在全国试行。临安电厂开始设兼职用电监察员,负责业务扩展、宣传安全用电、查处违章用电和追缴欠费等工作。

1960 年 4 月,临安电厂调整组织与工作职责范围,设业务人员,负责用电申请、抄表、收费,检查用户用电情况,向用户开展安全用电、节约用电宣传教育。

1960 年 8 月,临安县供电所成立后,下属供电机构抄表收费人员兼职负责用电监察工作,主要查窃电和违章用电、安全用电。1963 年 1 月,临安电力公司成立,供电范围扩大,设专职用电监察员一名。"文化大革命"初期,用电监察工作基本停止。"文化大革命"结束后,用电监察工作逐步恢复,工作重点转为计划用电和农村安全用电。

1981 年 5 月,临安电力公司设用电管理股,负责用电业务、电费电价、用电监察等工作。1983 年 8 月,临安电力公司制定《用电监察制度(试行)》,对用电监察的范围、内容、周期都做了明确规定。1984 年,国家经济委员会、水利电力部颁发《用电监察条例》,使用电监察工作有章可循。为了贯彻用电监察条例,进一步加强监察工作,1985 年,临安县供电局对有自备发电机的单位进行了一次安全措施、低压线路协议执行情况等的检查,整顿双路电源用户,与部分用户重新签订协议,于10月起,开展为期一年的用电监察工作竞赛活动。

1995年12月,《中华人民共和国电力法》颁布后,用电检查被纳入法治化管理轨道。1996年,根据电力工业部印发的《供用电监督管理办法》《用电检查管理办法》,临安市供电局健全用电监察网络,采用多种形式加强营业检查和用电检查,进一步规范用电检查管理。

1997年9月4日,临安市政府办公室印发《关于成立"临安市电力设施保护领导小组"的通知》(临政办〔1997〕138号),同意成立临安市电力设施保护领导小组。9—11月,在临安市电力设施保护领导小组领导下,电力、公安、检察院、法院、土管、城建等职能部门协同合作,开展全市范围内的电力专项整治活动,打击破坏电力设施、盗窃电能、妨碍电力建设和电力生产等违法犯罪活动,治安、刑事拘留违法人员11人,逮捕4人。12月,临安市供电局被临安市电力设施保护领导小组、杭州市电力设施保护领导小组、浙江省电力设施保护领导小组评为"电力专项整治工作先进单位"。

1999年5月,临安市供电局设立用电稽查队,专项性地开展营业普查和反窃电活动,全年共组织营业普查1365户(次),查获窃电58户(次),追补电量46.04万千瓦时,补收电费23.10万元,收取违约使用电费22.23万元,为企业挽回经济损失45.33万元。在开展对外稽查的同时,还组织对内用电营业工作的稽查,坚持每月稽查1~2个供电所,对电费电价的执行,用电标准化、抄、开、收工作进行有针对性的稽查,特别是针对以往出现的抄表不到位等问题,采取突击检查、复核等方法,对个别不负责任的抄表人员进行调换和处理,提高了抄表质量。

2002年后,随着电力体制改革的分步实施,用电监察的部分行政职能移交政府相关部门。电力企业依法实行电力监督检查,主要职责是宣传贯彻国家有关电力供应的法律、法规、政策、制度,审查客户受电装置,推广应用节电措施,参与电气事故调查,检查并网电源,对客户安全用电、节约用电、计划用电进行检查指导等。

2004年,临安市开展有序用电后,临安市政府联合供电部门设立临安市有序用电监督检查组,负责监督检查全市工矿企业、商业用户以及其他有关用户有序用电情况,临安市有序用电监督检查组根据《中华人民共和国节能法》《节约用电管理办法》《能源利用监测管理办法》,对机关事业单位、工商企业等空调、照明动力系统用电和节电措施实施督查。

2005年5月,临安市供电局实施国务院颁布的《电力监管条例》。

2006年10月,临安市供电局制定用电检查作业指导书,规范各供电营业所的用电检查工作。之后,临安市供电局利用营销系统、配电运行管理系统、GIS等技术手段,延伸用电检查工作,增强用户规范用电的意识,减少或杜绝由运行不规范造成的事故。

2007年5月,临安市供电局启动营业抄核收工作专项效能监察,制定《开展营业抄核收管理效能监察实施方案》,设立局营业抄核收效能监察领导小组和工作小组,开展自查和整改活动,自查用户表10.23万户,差错纠正29户,补收电费2.94万元;查获违章用电2起,补收电费4.43万元。

2015年,国网浙江临安市供电公司以问题为导向,健全营销稽查工作网络,常态开展营销在线稽查,深入开展营销现场稽查,制定年度营销稽查方案,设立公司、供电所二级稽查团队,通过对居民大电量、定比定量用户、农排电价执行情况、采集系统异常数据等方面进行现场抽查,有力遏制违约用电、窃电现象的发生。

## 一、用户安全用电管理

民国时期以及中华人民共和国成立初期,临安的用电以照明为主,用户用电安全由电厂装灯接线工口头传授、指导等。1960年后,临安县农村逐步开始用电,由于广大用户缺乏用电知识,加之电气设备较简陋,触电事故不断发生,特别是农村触电死亡事故严重。供电部门职工主要是针对城乡照明用户宣传安全用电知识,对企业动力用户检查违章用电,普及安全用电知识。

1972年,临安电力公司自己编写和刻印教材,培养了15个公社的农村电工420多名。在"双夏"季节,公司组织职工到各社、队,一边参加农业劳动,一边帮助农村电工检修农业供用电设备。1973年,杭州供电局在临安、富阳、桐庐三个地区试点,落实公社专职电工,发挥社、队两级管电组织作用。

1979年,临安县工农业迅速发展,用电量和用电设备日益增多,全县有自备发电机58台,容量2650千瓦(不包括农村)。自备发电机增多使电网管理复杂化,为了确保电网安全供电和安全生产,临安电力公司制定《自备发电机管理规定(试行稿)》,规定用户自备发电机的安装、发电要事先向电力部门提出申请,经电力部门同意,并检查合格后,双方签订自备发电机管理运行协议,方可发电;并对自备发电机的安装要求、供电范围、值班管理等都做了明确规定。

1979年4月和9月,临安电力公司以工段为单位组织力量,开展全面营业普查,对城乡灯、动力用户都进行检查。1981年5月,临安电力公司又重点复查316户100千伏安及以上的专用变工业用户和所有低压动力用户。1983年,临安电力公司再一次进行全面普查,在普查过程中边查、边改、边整顿,农村用户基本上做到分电价装表;於潜工段开始试行对电度表及附件加装木罩加封的防窃电措施,并建立动力用户档案袋;对新装动力用户开始发放"用电设备容量核定证",确保用电设备容量和计费一致;对已批准双路电源的用户进行调查验收,重新签订协议,确保双路电源安全。

20世纪80年代,由于电力需求矛盾较大,要求自发电解决生产用电的单位越来越多,但是部分单位忽略对双路电源的管理,不顾电网设备和电力职工的人身安全,在供电线路检修时擅自发电,导致多次发生触电伤亡事故。为杜绝事故的发生,1985年,临安县供电局印发《关于加强自备电源管理、整顿的紧急通知》,对有自备发电机的单位进行了一次安全措施、装置标准、低压线路协议执行情况等方面的全面检查,并对高配用户工作负责人和自备发电单位专职发电人员进行变电、线路安全工作规程、发电运行规程的考核,考核合格的发给操作证。1987年,为监督用户严格遵守电力部颁发的各项电气技术规程,限期消除影响安全生产的各项缺陷,帮助指导用户做好安全用电工作,临安县供电局对用户发放《安全监察通知书》。1988年,临安县供电局对安装自备发电机单位核发"自备发电许可证",对操作人员进行培训考试,对合格者发给"浙江省电工安全技术操作证""自发电电工操作证"。自1988年6月1日起,若发现无两证人员操作自备发电,电力部门即停止对其供电。此后,自备发电单位每年实行年检,凡检查合格的,由临安县供电局在"自备发电许可证"上盖"审验合格",未经年检一律不准发电。

1989年上半年,临安县供电局对500千伏安及以上用户进行一次全面普查,普查内容包括安全、计量、装置、电价、电费及违章用电情况;下半年,对500千伏安以下100千伏安以上的用户进行普查,着重检查违章用电和核对表计、互感器是否正确。1990年,临安县供电局开展"三电"和"高配用户安全用电"互查评比和表彰活动。1991年,临安县供电局加强对小水电和自备电源的管理,通过开展小水电站和大用户的安全竞赛,帮助小水电和大用户电气值班人员增强安全意识。

进入21世纪后,临安市供电局在开展局级高危及重要用户管理的同时,各供电营业所开展所级高危及重要用户的安全隐患排查和整治工作。2011年,根据国家电监会浙江省电力监管专员办公室《转发国家电监会关于深入开展供电企业用户受电工程"三指定"专项治理工作的通知》(浙电监发〔2011〕15号)文件精神,临安市供电局深入开展"三指定"深化治理各项工作,客户的知情权、选择权、评价权得到充分的保障,促进电力市场健康、可持续发展;但同时也存在个别用户片面追求低成本,盲目选择设计、施工和供货单位,导致部分劣质设备进入电网,加之部分施工和业主单位对投入运行后的电力设施缺乏必要的运行维护和管理,产生电气安全事故隐患,安全用电形势较为严峻。

2012年9月,临安市政府召集临安市政府办公室、临安市供电局、临安市经济和信息化局、临安市安全生产监督管理局、临安市公安局、临安市规划建设局、临安市行政服务中心、临安市工商分局、临安市商务局、临安市消防大队等部门和单位,召开公共场所用电安全与电力市场规范管理专题有关问题协调会议。会议上明确强化政企联动,以各政府部门为主体、供电企业为技术支撑,对各自主管的行业和领域内用户的用电安全落实管控责任。10月,临安市供电局组织召开用电安全与电力市场规范管理工作内部协调会,对用电安全规范管理中的各项工作进行专项布置,形成政府各部门分工负责、政企相互联动的"五个一"(成立一个工作平台、打造一项常态机制、建立一套应急预案、形成一套评价体系、开展一次专项活动)工作体系,形成对用户用电安全管理从源头到监督,再到安全意识提升的管理体系,持续提升用户用电安全管理水平。

## 二、窃电查处

1952年8月1日,燃料工业部公布《电气事业处理窃电暂行规则》;1953年8月29日,政务院批准颁发《全国供用电暂行规则》,在全国试行,进一步明确窃电行为的界定及处罚办法,电厂有了查处窃电的依据。但因当时用电户较少等因素,未有窃电案例发生的记录。

20世纪70年代末,农村实行经济承包责任制,企业由集体或个人承包。因利益驱使,一些电工或承包者想方设法窃电。

十一届三中全会后,电力部门全面整顿用电秩序。1979—1983年,按照华东电业管理局提出的营业普查6条标准和浙江省电力工业局《关于处理违章用电的暂行规定》,临安电力公司对城乡用户进行全面普查,前后共查出问题124个,追补电量22.89万千瓦时,追补费用4.1万元。

20世纪80年代,社会经济建设开始恢复,用电量增加,电网建设和电源跟不上用电需求,特别是乡镇工业发展速度较快,用电量相应增长,窃电行为增多,不规范用电现象屡有发生,供电部门查处窃电和违章用电困难加大。

1983年8月25日,国家经济委员会批准颁布新版《全国供用电规则》,临安电力公司开展营业普查工作,重点完善用户基础资料,建立用户"三卡"(用户卡、抄表卡、量电设备资产卡),全年追补电量12万千瓦时,罚款3300元。

1987年,浙江省计划经济委员会、浙江省公安厅、浙江省电力工业局联合印发《关于严禁窃电的通告》,临安县供电部门组织力量开展经常性的查窃电工作。

1989年3月,杭州市电力局印发《关于检举查获窃电与违章用电人员给予奖励及有关事项的若干规定》,明确要求:对本单位职工查获窃电与违章奖励标准按罚款总额的10%计算;非本单位职工检举,并经本单位职工查获的,也按相同标准予以奖励;临安县供电局据此对查窃电有贡献者予以奖励;结合营业普查,检查并及时处理违章用电和窃电。临安县全年查获窃电户36户次,追补电量70553千瓦时,追补电费10433.22元,罚金25863.77元。

1991年11月,临安县供电局转发浙江省电力工业局《关于全省开展"反窃电、堵漏洞、增效益"活动的通知》,结合临安县实际情况,组织对重点乡、村地区进行反窃电检查。8月10日,临安县人民法院在於潜剧院召开宣判大会,依法判处窃电犯虞某某有期徒刑6年。

自1996年4月1日起施行的《中华人民共和国电力法》明确规定:对危害供电、用电安全和扰乱供电、用电秩序的,供电企业有权制止;允许供电企业查电人员进入用户用电现场进行用电安全检查。1996年8月21日,电力工业部发布《用电检查管理办法》,规范供电企业用电检查人员的查电行为。针对临安市部分地区窃电比较严重的实际情况,临安市供电局开展营业普查3336户,普查率为61.5%,追补电费19.85万元;组织查窃电127次,查获窃电户58户(次),追补电量78万千瓦时,追补电费32.02万元,罚金21.12万元。

1997年,设立临安市供电局和各供电所违章用电(窃电)处理小组,加大反窃电工作力度,严肃查处用户违章用电(窃电)的行为。共组织营业普查和反窃电39次,查获窃电等违章用户99户(次),追补电量177.58万千瓦时,追补电费83.05万元,收取违约使用电费27.79万元。1999年5月,临安市供电局设立用电稽查队,专项开展营业普查和反窃电活动,全年组织营业普查1365户(次),查获窃电58户(次),追补电量46.04万千瓦时,追补电费23.10万元,收取违约使用电费22.23万元,为企业挽回直接经济损失45.33万元。在开展用电稽查的同时,还组织对内用电营业工作的稽查,坚持每月稽查1~2个供电所,对电费电价的执行,用电标准化和抄、开、收工作进行有针对性的稽查,特别是针对以往出现的抄表不到位等问题采取突击检查、复核等方法,对个别不负责任的抄表人员进行调换和处理,提高了抄表质量。

2004年,临安市供电局对电能表接线盖进行改进,采用防窃电型下盖,提高防窃电水平。

2009年,临安市供电局在全局范围内开展以"反窃电、强管理、保效益"为主题的反窃电专项活动;重点检查窃电频发的重点区块、用户,结合举报线索并充分利用营销技术支持系统、用电信息采集系统等现代化手段,采用数据对比、曲线分析、排除统计等多种方法筛选确定打击、整治的嫌疑对象名单;同时,分重点、分大小、分轻重缓急,按照实际情况分期检查;共查处窃电用户11户,追补电量39.49万千瓦时,追补电费26.67万元,并依法收取违约金80.18万元。

2010年,在开展"反窃电"专项活动基础上,临安市供电局加强对高耗能企业和历史存在重点窃电嫌疑用户的用电检查,检查方式以不定期突击为主,查处窃电行为18起,涉案金额超过150万元。11月11日,随着临安某钢铁制品制造厂负责人在窃电确认书上签字,一起涉案金额近百万元的特大窃电案告破。

2012年8月13日,临安市供电局天目供电营业所通过集抄系统查获一名窃电用户。8月20日,於潜供电营业所在抄表过程中查获一名窃电用户。按照《供电营业规则》第102条规定,窃电用户按所窃电量补交电费,并补缴电费3倍的违约金。

2013年3—7月,临安多地连续发生多起盗窃变压器电缆线案件。电缆被盗不仅造成局部失电,而且短时电流不稳造成客户家中电器烧毁,给群众生产、生活带来极大的不便。7月17日,临安市供电局联合市公安局破获该起系列性盗窃电缆案件,有效遏制犯罪行为,还原和谐有序的用电环境。

2014年4—5月,国网浙江临安市供电公司营销部组织开展窃电与违约用电专项检查,共查处窃电与违约用电用户21户,追补电量6万千瓦时,追补电费5.71万元,依法收取违约使用电费15.94万元。

## 第五节　公共照明

### 一、路灯管理

民国23年(1934),临安电汽有限公司成立后,即在镇上主要街道设置少量路灯,并负责安装维护管理。抗日战争时期,日机炸毁其厂房设备,境内无电亦无路灯。

中华人民共和国成立后,各集镇路灯维护管理由当地供电部门代管。路灯新建、安装、维修费用以及路灯电费按月由当地财政局划拨。至1963年,临安镇、於潜镇、昌化镇的街道、里弄都普遍装上路灯,路灯费用开支也大幅度增加,地方政府对城镇居民用电和企事业单位照明用电加收10%的地方附加费,由供电部门代收上缴财政。路灯各项费用临安财政局在地方附加费中列支。

1986年3月,临安县供电局电气服务公司设立路灯班,专门负责临安城镇路灯维修、安装工作。1986年前,沿用竹梯放在汽车上加上拉线进行架设检修的方式维护路灯。1986年,临安县供电局向临安县财政局申请购置配备升降机的检修路灯专用车一辆。购置车辆费用在每月收取的地方附加费收入中,

每月提取 4 千元,分两年负担。

为加强路灯的管理,1999 年 2 月,临安市供电局设立临安电力路灯广告公司。2000 年 1 月,临安市政府印发《临安市城镇路灯专项资金管理办法》,明确规定:城镇路灯专项资金全额纳入财政管理,实行收支 2 条线,收入全额上缴财政,先收后支,专款专用。临安市供电局是临安市路灯建设与管理的职能部门,负责收取附加费的城镇路灯设施的施工与管理,城镇路灯专项资金委托市供电部门代为收取,专项用于路灯设施建设、维护等。8 月,为了加强路灯建设和管理,临安市供电局设立临安市路灯管理所,专门负责全市城镇的路灯建设和维护。9 月,临安市供电局印发《关于城市附加费及其路灯管理实行内部控制的通知》,明确规定:锦城、於潜、昌化供电所对城镇路灯负责做好装表计量,新增路灯容量由临安市路灯管理所向所在供电所办理增容申请手续;路灯管理所对路灯的维修费用、管理费用采用包干办法,一年一定,在城市附加费中列支;路灯电费由所在地的供电所按月抄表收取,按季度由局在附加费中扣除。

2000 年起,临安市路灯管理所受城建部门的委托,负责锦城、於潜、昌化和岛石四镇新建道路、原有道路及里弄的路灯新建工程和改造工程的设计、施工、管理。是年底,在道路照明行业评比中,临安市路灯管理所获浙江省道路照明技术信息站授予的先进集体荣誉称号、城市道路照明技术情报总站华东分站授予的先进集体荣誉称号。

2001 年,针对功臣山、临天桥头花园路灯、灯箱常遭人破坏的情况,临安市路灯管理所专门推出报修承诺服务,设立运行维护小组,24 小时全天候值班,不分节假,无论暑冬,只要接到报修电话,运行维护小组立即赶去维修。临安市逐步理顺乡镇路灯的建设和管理关系,明确乡镇政府是乡镇路灯的主业单位,路灯的建设资金、电费由乡镇政府自行出资,路灯的运行管理委托临安市路灯管理所实行有偿服务。

由于用于路灯建设的城市附加费临安市多年来存在赤字,2002 年,为节约电能,临安市路灯管理所对全市 14 条主要街道路灯进行节能改造,实行控时亮灯,即通过对路灯电源的控制器、线路部分及其他电器设施进行改造,实行分时段的照明方式,达到节能的目的。

随着临安市城市化进程的加速推进,城区范围不断扩大,道路照明和夜景亮灯设施也大量增加,至2002 年,临安市共有路灯 5263 盏,加上公共夜景亮灯设施,合计功率约 1800 千瓦,路灯电费开支急剧增大,电费附加费支付路灯电费存在很大的缺口。2003 年 5 月,根据《临安市人民政府关于城市路灯和电力设施建设有关问题协调会议纪要》(临府纪要〔2003〕31 号),明确路灯运行维护费先在电费附加费支付路灯电费后的结余资金中列支,不足部分再在城市维护费中开支。按照建管分离的原则,之后城市新建、改造道路中路灯建设的投入纳入道路建设费用概算,路灯灯具实行政府采购,路灯土建工程按原操作办法,由临安市路灯管理所组织实施。按照历年电费附加费收支情况,电费附加费用于路灯电费都已严重不足,路灯运行维护费全部在城市维护费中列支。之后几年,临安市供电局加快实施路灯监控和节能改造系统,通过科学的管理和技术手段,降低路灯电费开支。

2006 年 4 月,根据《临安市人民政府关于城市路灯管理问题专题协调会议纪要》(临府纪要〔2006〕26号),明确路灯电费和运行维护费要同电费附加费挂钩,执行"总体包干,收支平衡"的政策。路灯电费由财政按月予以拨付,电力部门要及时提供路灯电费清单,并将电费附加费按月全额缴入财政。路灯设备和路灯工程整体纳入政府采购,按现行的有关规定统一操作,路灯设备和工程合同由建设局同中标单位签订。临安市路灯管理所代表业主承担工程管理职能,工程款纳入财政部门基建财务统一管理和支付。会议强调,在执行现有的路灯调控节电的情况下,既要进一步完善路灯节能措施,也要保证城市主要道路的照明和全年一个月时间的节日亮灯用电。要依靠科技,大力提倡绿色照明和节约用电。

临安市政府重视路灯管理工作,每年都召开路灯管理问题的专题协调会,根据当年的实际情况给予路灯管理所定额补助。2008 年起,对路灯的电缆等设施实施盗窃保险制度,确保保险赔偿和路灯电缆等设施被盗的损失持平。路灯建设遵循"建管分离、收支两条线"的原则,路灯建设投资 20 万元以下(含)的项目由建设局出具工作联系单委托路灯管理所实施(路灯建设主材由招投标中心负责招标),财政审计后,工程建设资金由建设局根据联系单拨付给路灯管理所;20万元以上的路灯建设项目由建设局作为业主负责招投标,路灯管理所负责工程管理。

2016年,临安试点推广路灯合同能源管理,通过与优质厂家合作,实现路灯节能与效益的双赢。在路灯监控管理上,进一步与厂家合作,实现城区4条道路的单灯控制,分别为白泥路60盏、衣锦街1号(市政府门口)54盏、翠浪路49盏和城中路东72盏,提升临安市路灯管理工作的科学化。至2016年,临安城区主要道路路灯亮灯率达99%,於潜地区亮灯率达97%,昌化地区亮灯率达97%,基本实现城区路灯的"即坏即修、即修即亮";同时,路灯维修班组实行24小时值班及区域专人负责制,做到责任到人,确保每一个路灯区域"有人巡视、有人管理、有人负责",方便居民的夜间出行,同时也为市民营造一个安全和谐的夜间环境,亮灯工作得到百姓和政府的肯定。

## 二、路灯设施与数量

民国时期,供电设施较简陋,电线杆皆为杉木质电杆,高度一般在8~10米,路灯线与公用低压线路同杆架设,低压线居上方,路灯线安装在下方,路灯线直接从公用低压线路接入,灯光较暗淡。白天切断电源,天黑后方通电。

中华人民共和国成立初期,仅临安县城装设路灯十几盏。1959年接通杭州电网之前,临安县设置路灯的集镇有城关镇、於潜镇、昌化镇三镇,共设置71盏路灯,其中城关镇25盏,於潜镇17盏,昌化镇29盏。此后,随着电网不断扩大,供电能力增强,小集镇及农村公用场所也装设公用路灯。灯杆逐步采用专用的钢管制灯杆,灯杆有长杆、短杆及簇型灯(几只灯共1组)。灯泡有碘钨灯、高压汞灯、高压钠灯和节能灯等。至1988年,临安全县共有6个集镇设置路灯,共设置338盏路灯,其中临安镇167盏,於潜镇48盏,昌化镇67盏,岛石镇21盏,青云镇18盏,横畈镇17盏。

1999年,为配合临安市实施"亮灯工程和创建全国优秀旅游城市"项目,临安电力路灯广告公司完成钱王大街路灯改造和广告箱的制作,实施钱王大街路灯工程改造,在钱王大街与环城西路十字路口中间新建1座高22米、12只×400瓦的高杆灯;对大街9个十字路口共设18基,54只×400瓦投光灯作辅助光;从亚华制瓶厂至小山弄共356只灯具进行调换(原150瓦换成250瓦),同时对178块铜接块进行调换。

2001年,临安全市亮灯工程投资450万元,装灯800余套、1300盏,涵盖锦城、於潜、龙岗、玲珑、三口、太阳、颊口等10多个乡镇(街道)。临安市路灯管理所配合城建部门,先后完成於潜天目路、锦城西苑路、马溪路、新民街、钱王街、衣锦街、城中街、天目路、江桥路、临天路、长桥路、万马路等12条新建、改建道路的亮灯工程,完成功臣塔、苕溪"两桥四亭"的亮灯工程。至2001年,临安市四大集镇(锦城、於潜、昌化、岛石)共有路灯3377盏,合计功率805.34千瓦,全年支出路灯电费240万元。

2005年9月20—23日,第四届中国天目山森林旅游资源博览会期间,临安市路灯管理所共调换灯箱197只,发布大型广告牌1200米²,新增路灯彩旗600余杆,保证整个活动的顺利开展。

临安市路灯管理所致力于绿色新能源的测试、推广及使用。2012年,对无极灯、LED灯、QSD灯进行测试使用,在飞翠路建成新光源的测试试验路段,对数据进行记录分析比较。2013年,推广使用LED、无极灯等新型光源,分别在大学路、公园城道路安装LED灯308盏,在胥高线道路安装无极灯150盏,同时对青山湖街道天柱街路灯采用合同能源管理模式。2014年将万马路、西苑路、环城北路的315盏传统钠灯更换成LED光源,能耗节约40%左右。

2012年10月,路灯管理所在青山湖街道大园路安装使用智能风光互补路灯,与普通风光互补路灯相比,其中大园路段为当时浙江省内首个磁悬浮式风光互补路灯的项目,风力达到2米/秒的微风就可发电。工程分为两期。一期在2012年完成,共安装风光互补路灯20套。二期在2013年完成,共安装风光互补路灯52套。根据试运行阶段采集的数据分析,每盏智能风光互补路灯每年可节约用电1606千瓦时,72盏路灯1年可节约用电11.56万千瓦时。

至2016年,临安市城区主次干道及小巷已全部消除路灯照明盲区,实现"有路有灯,有灯即亮"的配套工程,路灯设备完好率100%。全市路灯维护工作实行24小时值班制度及夜间巡视制度,并结合数字城管及路灯报修电话等方式,确保路灯设备随坏随修,保证城区亮灯率达98%以上。同时,全市提倡绿色照明,使用节能灯、无极灯、LED灯以及智能风光互补路灯照明,探索新能源、新光源的运用,降低城市照明的能耗,提高城市照明的科学技术水平,达到道路照明环保节能的可持续性发展。

# 第五章 营 业

　　20世纪50年代,临安县、於潜县、昌化县有电之初,供电营业区域主要集中在城镇范围内,以解决城镇居民和部分商店照明、县府办公用电为主。无论是民国时期的临安电汽有限公司,还是中华人民共和国成立初期的碾米厂、私营小电厂以及1953年12月建成的临安电厂,营业范围均以提供临安镇照明用电为主。1955年,於潜电厂建成发电,营业范围以提供於潜镇照明用电为主。1957年,昌化水电站建成发电,营业范围以提供昌化镇照明用电为主。由各地电厂自行营业。1959年10月,从闲林埠经余杭到临安的10千伏线路通电,临安开始由杭州电网供电,临安电厂结束火力发电。1960年8月,临安电厂改名为临安县供电所,管辖临安县区域内的供用电业务。1962年5月,10千伏线路延伸至於潜,於潜电厂停止发电,人员并入临安供电所,原於潜区域内的供用电业务亦由临安供电所统一管理。1963年,35千伏临安、於潜变电站相继建成投入运行,大电网供电营业区范围向农村用电进一步扩大。1963年1月,临安供电所归属杭州供电局,更名为临安电力公司。1963年,大电网供电至昌化,昌化用电业务由临安电力公司於潜供电所负责,后委托昌化水电站代为收费等工作。1964年6月,昌化水电站停止发电,水电站人员转为从事线路检修、运行和收费等工作。用电营业由临安电力公司与昌化水电站签订供用电协议,两者为趸购、趸售关系。1967年3月,杭州供电局下文明确昌化水电站业务由临安电力公司代为管理。1974年1月,昌化水电站划归临安电力公司管理,人员并入临安电力公司,中止原有趸购、趸售关系。

　　1982年7月1日起,杭州市电力局根据以行政区划分供电营业区的原则,将原由杭州市区城南、城北工区和富阳、临安电力公司供电的18个公社的供用电业务,划归余杭电力公司营业管理。

　　地方小电厂各自经营时期,分别执行不同的电价。临安电力公司成立后,执行杭州电网统一电价。1983年开始,先后出现多种补充电价。90年代开始,计算机在供用电业务中广泛应用,抄表采用抄表机,电费账单由计算机处理,电费收取委托银行代收。

　　1998年,临安市供电局在全市开展"两改一同价"工作,推广"一户一表"改造,出台"一户一表"政策和收费标准。2000年,多种电价停止执行,全省实行统一销售电价。2002年,农村电网改造完成,临安全域实现城乡居民生活用电同网同价。临安市供电局进行大规模的营销体制改革,撤销原来的供电所和电管站,将原来的用电科、农电管理总站职能和生产技术科的配网职能进行合并,设立营销配电科,按乡(镇)区域设立19个供电营业所,增加营业服务网点,使营业网点布局更合理,服务更规范。

　　2013年,按照国网浙江省电力公司和国网杭州供电公司的总体部署,国网浙江临安市供电公司组织实施供电所机构优化设置工作,采用"供电所＋供电服务站"模式,整合供电所机构设置,提升管理水平,提高劳动效率、深化优质服务。

　　至2016年,临安市供电营业区域为18个乡镇287个行政村,供电面积3126.80千米$^2$,用电户数28.92万户,售电量29.33亿千瓦时。

# 第一节 营业区域

## 一、营业区的形成

民国时期,电厂建成时,需将电厂规模、营业章程、供电区域等各类文件呈送浙江省建设厅注册登记后方可营业。营业涉及的法规、条例皆参照省建设厅规定。民国23年(1934),国民政府颁发《修正电气事业条例》,规定:"经营电气事业者,无论公营、民营,非经中央主管机关登记、发给营业执照及营业区域图,并经地方监督机关备案后,不得开始营业。"民国25年(1936),临安电汽有限公司呈送注册书图暨申领执照及印花费,其中包括营业区域图和路线分布图、发电所内线图等。

1953年,临安电厂建成发电,主供临安城区生活生产用电,供电营业面积为1.2千米²。1959年7月,随行政区划调整,余杭县的余杭电厂与瓶窑电厂相继并入临安电厂。1959年10月,从闲林埠经余杭到临安的10千伏线路通电,供电营业面积剧增为60千米²。1961年4月,随行政区划的重新调整,余杭电厂和瓶窑电厂从临安县供电所划出。1962年5月,从杭州变电站到临安的10千伏线路延伸至於潜,於潜电厂停办,电厂职工并入临安县供电所,原由於潜电厂供电的区域,改由大电网供电。供电营业区面积为1850千米²。

1963年,临安变电站、於潜变电站相继建成投产,此为临安电网发展的历史转折,电网开始向农村发展,用电类型由单一的城镇居民生活照明和少量的工业用电拓展到农村居民照明、电力排灌、农副产品加工等多类用电,供电营业区不断扩大,用户大量增加。至1963年,临安地区用电户数为2153户,售电量为270.96万千瓦时。1964年6月,昌化水电站停止发电,原昌化水电站供电的区域改由大电网供电,售电量417.70万千瓦时。1974年1月,昌化水电站划归临安电力公司管辖。至此,临安全县供用电事业统一由临安电力公司管辖,供电营业区面积为3126.8千米²,实现临安县全域供电。

## 二、营业区的变迁

20世纪60年代初,临安县由大电网供电后,安吉县山河乡大溪村、山川乡前村、九亩田村由临安县供电并营业管辖,后于1987年撤出营业,由安吉县供电局接手管理。其时,还有安徽省绩溪县逍遥乡永来村、阴山村由马啸乡银龙村低压电网供电,由临安昌化营业管辖,也于1987年撤出营业,由安徽省绩溪县供电局接手管理。

1976年11月,临安电力公司下设临安工段、於潜工段、昌化工段3个工段,分别负责3个地区的供用电业务。1977年,临安电力公司调整供用电范围,把工段管电范围同行政区大致统一起来。

1982年7月,杭州市电力局决定,将原由杭州市区城南、城北工区和富阳、临安电力公司供电的18个公社的供用电业务,划归余杭电力公司营业管理,实现按行政区归属管理。至1982年,临安电力公司的供电区域为临安境内49个公社649个大队,售电量10032万千瓦时。

1984年,全国基本完成撤社改乡的工作。临安县供电局供电营业区域为临安境内的50个乡镇649个村,全社会用电量12026万千瓦时,用电户数为6395户。

20世纪90年代,中国开展大规模的撤区扩镇并乡的改革工作。临安县于1992年完成撤区扩镇并乡,经过撤扩并,全县50个乡镇调整为39个,其中建制镇13个,建制乡26个。临安县供电局撤销玲珑、於潜、昌化3个区电力管理站,增设高虹、堰口、湍口、龙岗4个乡(镇)电力管理站,供电营业区域也做了相应的调整。是年,全社会用电量31843.71万千瓦时,用电户数为10893户。1994年,为进一步加强临安县的农电管理,促进全县经济的发展,增设上甘、乐平、临目、塔山、洪岭、顺溪、马啸、千洪、横路等电管站,全县共有乡(镇)电管站30个。

1996年5月19日,电力工业部发布《供电营业区划分及管理办法》,首次明确在一个供电营业区内,只准设一个供电营业机构。供电营业区分跨省(自治区、直辖市)、省(自治区、直辖市)内跨地(市)行政区、地内跨县行政区、县内跨乡(镇)行政区共4类营业区。供电营业区应分级,设置由上一级电力部门核准。根据浙江省电力工业局《关于开展我省供电营业区划分工作的通知》(浙供用〔1996〕0772号)规定,1997年7月30日,临安市供电局向浙江省电力工业局上报《关于申请供电营业区的报告》(临电用〔1997〕019号),临安市供电局供电营业分支机构为玲珑供电所[营业区域13个乡(镇)]、於潜供电所[营业区域12个乡(镇)]、昌化供电所[营业区域14个乡(镇)]。交叉供电区域临安市岛石镇仁里村,原一直由安徽省宁国市供电局供电,仍由该局暂供,并附签暂供电协议书。10月,经浙江省电力工业局批准,临安市供电局供电营业区获"供电营业许可证"。

2002年,临安市供电局进行全面的体制改革,在全局范围内对传统业务职能分工重构,撤销各农电管理联站和各乡(镇)电管站,重新划分原供电营业所区域,组建完全隶属于供电局的19个乡(镇)供电营业所,实行营配合一和收支两条线的管理。

2002年10月前,原龙井桥乡小水电发电自供龙井桥乡政府、龙井桥自然村和赵建自然村等;该自供区于2002年由当时的大峡谷供电营业所接管,成为临安市供电局的用电用户。2002年10月前,昌北地区有仁里村、大坦村以及一户军工企业的用电由安徽省宁国市供电局供电;该区域于2002年由当时的昌北供电营业所接管,成为临安市供电局的用电用户。

20世纪70年代中期,国家级干线微波中继站——临安电信分公司一九二站投入使用,站址位于临安板桥大坎山,原由余杭闲林埠变电站供电,2000年改由临安板桥变电站供电。由于数据通信技术的发展,模拟微波通信已不能满足通信发展需要,一九二站于2003年9月3日关停。

2013年8月30日,根据国网浙江省电力公司《关于杭州地区县公司供电所机构优化设置的批复》(浙电农〔2013〕919号)的批复意见,国网浙江临安市供电公司设立6个供电所和8个供电服务站。

各供电所负责所辖区域内10千伏及以下配电网运维、检修和故障抢修工作;承担配网设备主人的责任,负责本所范围内配网工程的施工许可、安全质量监督管理、工程验收等;负责所辖区域内电力设施巡视、青苗赔偿工作,配合做好电网建设属地政策处理;负责各类用户营业受理;负责所辖区域内低压用户业扩、勘查、抄表催费、装表接电、用电检查工作。供电服务站负责管辖范围内农村低压运维、故障抢修、业务受理(点)、营销服务、台区管理等工作。

# 第二节　供用电业务

## 一、用电申请

民国时期,临安电汽有限公司因用电业务量较少,且多为照明用户,故用户申请用电也较为便捷,只需向公司提出申请,缴付相关费用,当日或数日内即可接电。中华人民共和国成立后,在用户申请用电方面,各碾米厂及后来的三镇电厂(水电站)仍沿袭旧制,接到用户申请后,电厂即派员勘查,估算使用材料和费用,数日内即可施工接电。当时无专职的安装工,由电厂派工作人员去执行安装接电工作。

1962年7月,杭州供电局成立,临安的电力企业及供用电业务划归杭州供电局管理。1963年1月,临安电力公司成立后,执行杭州供电局统一的业务受理模式。

20世纪80年代后,申请用电者倍增,传统的营业规则不能满足需要。1986年3月,杭州市电力局成立一口对外办公室,统一管理业扩报装业务,协调各部门之间关系。临安县电网较大的业扩工程,按规定也上报一口对外办公室进行审批和协调。

1983年9月,临安电力公司开始执行用电申请会签制度,用户申请新装、增容配电变压器或变更用电性质等业务一律由各工段用电组受理,经工段监察人员实地监察调查后填写《企业概况及用电设备统计表》,工段领导对用户申请集体审议同意后,方可填写用电申请会签单,报公司用电股、县三电办公室审核,审核后的会签单经公司经理室批准执行。

1988年,临安县供电局完善业扩工作责任制,印发《关于贯彻业扩工程期限标准和考核办法的通知》(临电用字〔1988〕第08号),明确业扩工程分类、期限及考核范围、办法。

1993年2月,临安县供电局印发《关于下达局经营工作的几项规定》(临电字〔1993〕第12号),强化"一口对外"的工作流程。1994年3月,临安县供电局在临电字〔1993〕第12号文的基础上,对用户业扩工程做出补充规定:用户业扩工程受理的窗口单位为临安各供电所的营业室,用电管理部门负责牵头做好工程的勘察、委托、审批、通电,工程的设计、审查、备料施工均由杭州临安电力实业总公司组织实施。

2000年9月,锦城电力客户服务中心向社会推出"客户代理"服务项目,增设客户代理岗位,负责客户用电申请、业扩报装等代办服务,客户用电申请现场勘查,客户关系处理并确定供电方案,业扩工程各阶段的组织协调工作,供用电合同以及双路供电协议的签订等工作。是月,印发《临安市供电局城镇"一户一表"和低压业扩工程管理办法》,规定"一户一表"和低压客户用电申请由供电所客户服务中心统一负责受理,由电力承装公司负责施工,并按规定流程办理用电业务手续。

2001年4月,临安市供电局制定《业扩报装"一口对外"服务管理制度》,进一步规范业扩流程管理,减少工作环节,实行"一口对外",真正做到"内转外不转"和方便客户。

2002年11月,电力营销客户信息系统投入运行,实现工作传票的电子化、报表汇总的自动化、系统信息的实时化,各项功能覆盖电力营销业务各个环节,客户可方便地了解用电服务常识、业扩进程、停电信息、承诺服务、相关法规与档案,以及查询电费。

2005年1月,设立临安市供电局电力客户服务中心,专门受理客户业扩工程管理。6月,修订《临安市供电局业扩报装"一口对外"服务管理办法(试行)》,规范各营业窗口受理、客户委托施工单位设计施工和中心组织验收、装表通电3个过程,明确所有客户业扩报装一律由营业窗口受理,业务人员直接负责与客户的一切业务联系,协调与各部门的内部联系。

2008年4月,临安市供电局设立客户经理班,修订《35kV客户业扩实施办法》《500kVA及以上10kV业扩报装管理办法》,制定《客户经理服务规范化管理办法》,规范业扩报装、服务项目、服务职责等方面内容;编制并印刷"客户工程投入运行温馨提示卡",将流程步骤、需提供的文件资料及无功考核等注意事项罗列出来,使客户在办理业务时一目了然。

2010年5月,浙江省电力公司印发《关于进一步规范供电企业"三不指定"有关事项的通知》(浙电营〔2010〕480号),进一步规范公司系统供电营业服务行文,强调对客户受电工程的设计、施工、供货不得指定设计单位、施工单位和供货单位(即不得"三指定")。是月,临安市供电局制定并印发《用户受电工程"三指定"专项治理工作方案》,对"三指定"行为进行排查和治理。

2012年,临安市供电局设立"台区经理便民服务点",定期在便民服务点提供业扩报装、用电业务咨询和故障报修等服务。

2013年10月,国网浙江临安市供电公司制定《客户业扩管理实施办法(试行)》,明确各营业窗口受理、现场勘查、委托设计和施工、现场检验、装表通电及资料移交等过程,客户业扩工作严格按照"一口对外、便捷高效、三不指定、办事公开"的原则开展。

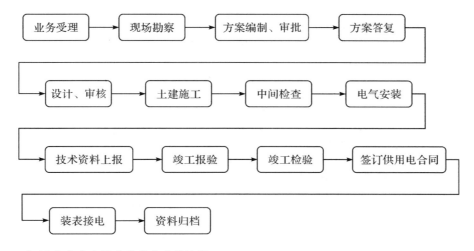

2016年临安电网普通客户业扩流程

专线、多回路供电、地方电厂客户和35千伏及以上电压等级供电客户投入运行前还需由客户服务中心或供电所组织召开投入运行协调会。与省调、杭调、临调管辖和许可的新建、改(扩)建关系的客户需编制新设备投运报告。地方电厂、35千伏客户及10千伏侧需要合环运行的多电源供电客户需签订并网调度协议。地方电厂还需签订购售电合同。10千伏及以上专线、多回路供电、地方电厂、客户侧同一段母线环网供电的客户受电工程需编制启动方案。

2014年,国网浙江临安市供电公司贯彻执行业扩协同优化管控方案,建立"一口对外、各部门协同"的业扩报装新体系,精简新装、增容等业务流程环节,简化收资材料,提高并行运作效率;推行业扩报装客户经理负责制,为每个业扩项目指定专属客户经理,对客户工程设计、施工等客户自主环节加强跟踪服务,加快业扩报装办理速度;梳理高低压业扩流程27个业务环节,居民客户必备资料由8种减少为2种,低压非居民客户必备资料由23种减少为3种,高压客户必备资料由46种减少为12种。

2015年,为贯彻国家电网公司关于《进一步精简业扩手续、提高办电效率的工作意见》(国家电网营销〔2015〕70号)精神,国网浙江临安市供电公司印发《关于进一步精简业扩手续、提质提速的实施方案(试行)》,全面开展业扩提质提速工作,实施低压居民客户申请"免填单",杜绝业务"体外流转",严格履行"一次性告知"业务和"三不指定"要求;应用移动作业终端等渠道,实现电子资料传递、信息通知、业务缴费、咨询沟通、预约服务等业务的线上办理及信息共享;推行主动预约式服务,对低压客户提供预约办电服务,对高压客户实施预约挂号服务,建立预约服务操作规程;对有特殊需求的客户群体,提供办电预约全程上门服务;精简申请资料,统一客户提交的申请资料清单,减少客户临柜次数,实行营业厅"一证受理";实行勘查、装表"一岗制"快响作业模式和"容量分级、独立查勘""联合查勘、一次办结"作业模式;根据用电属性、行业类别、容量、特殊属性(五保护、充电桩等)参数,制定组合式电价策略参照表,并利用移动作业终端快速生成电价策略参考方案,提高现场查勘和供电方案答复效率,同时降低人为判断差错率;简化客户工程查验,优化配套工程建设;简化竣工检验内容,优化停(送)电计划安排。

2016年,受理各类客户业扩报装新装8619户,新装容量25.29万千伏安;受理增容667户,增容容量4.36万千伏安。

2016年客户受理时限及流程表见表5-1。

表 5-1　2016 年客户受理时限及流程表

| 业务类型 | 业务环节 | 时限要求 | 计算规则 |
|---|---|---|---|
| 低压居民新装 | 装表接电 | 1.流程有外线工程时,考核时限为 5 天<br>2.流程无外线工程时,考核时限为 2 天 | 答复供电方案<br>开始时间:首次"业务受理"环节开始时间<br>结束时间:最后一次"勘查确定方案(配表)"完成时间<br>供电工程跟踪<br>开始时间:首次"配套工程进度跟踪"环节开始时间<br>结束时间:最后一次"配套工程进度跟踪"环节结束时间<br>装表接电<br>开始时间:最后一次"勘查确定方案(配表)、业务收费、配套工程进度跟踪、业务收费_1"环节完成时间<br>结束时间:最后一次"安装信息录入"环节完成时间<br>时限 1=答复供电方案+供电工程跟踪 +装表接电<br>时限 2=最后一次"安装信息录入"环节完成时间－首次"业务受理"环节开始时间<br>实际装表接电时,对比时限 1、时限 2 取两者最小值 |
| 低压非居民新装 | 装表接电 | 1.流程有外线工程时,考核时限为 7 天<br>2.流程无外线工程时,考核时限为 4 天 | 答复供电方案<br>开始时间:首次"业务受理"环节开始时间<br>结束时间:最后一次"勘查确定方案(配表)"完成时间<br>供电工程跟踪<br>开始时间:首次"配套工程进度跟踪"环节开始时间<br>结束时间:最后一次"配套工程进度跟踪"环节结束时间<br>装表接电:<br>开始时间:最后一次"勘查确定方案(配表)、业务收费、竣工验收、合同签订、配套工程进度跟踪、业务收费_1、合同签订_1"环节完成时间<br>结束时间:最后一次"安装信息录入"环节完成时间<br>时限 1=答复供电方案+供电工程跟踪 +装表接电<br>时限 2=最后一次"安装信息录入"环节完成时间－首次"业务受理"环节开始时间<br>实际装表接电时,对比时限 1、时限 2 取两者最小值 |
| 高压新装及增容(单电源) | 供电方案答复 | 1.35kV 以下情况下,不超过 13 个工作日<br>2.35kV 及以上情况下,不超过 14 个工作日 | 答复供电方案<br>开始时间:首次"业务受理"环节开始时间<br>结束时间:最后一次"答复供电方案"环节完成时间<br>委托设计<br>开始时间:首次"接入系统意见拟定"环节开始时间<br>结束时间:最后一次"用户提交接入设计"环节完成时间<br>考核时限=答复供电方案－委托设计 |
|  | 设计审核 | 所有电压等级情况下,不超过 5 个工作日 | 1.如果没有设计文件受理环节<br>开始时间:"答复供电方案"环节的完成时间<br>结束时间:"设计文件审核"环节的完成时间<br>2.如果有设计文件受理环节<br>开始时间:"设计文件受理"环节的完成时间<br>结束时间:"设计文件审核"环节的完成时间<br>出现多次设计审核的情况下,取时间跨度最大的一次 |
|  | 中间检查 | 所有电压等级情况下,不超过 5 个工作日 | 1.如果没有中间检查受理环节<br>开始时间:"设计文件审核"环节的完成时间。<br>结束时间:"中间检查"环节的完成时间。<br>2.如果有中间检查受理环节,<br>开始时间:"中间检查受理"环节的完成时间<br>结束时间:"中间检查"环节的完成时间<br>出现多次中间检查的情况下,取时间跨度最大的一次 |

| 业务类型 | 业务环节 | 时限要求 | 计算规则 |
|---|---|---|---|
| 高压新装及增容（单电源） | 竣工检验 | 所有电压等级情况下，不超过5个工作日 | 开始时间："竣工报验"环节发出时间<br>结束时间："竣工验收"环节发出时间<br>出现多次中间检查的情况下，取时间跨度最大的一次 |
| | 装表接电 | 所有电压等级情况下，不超过5个工作日 | 开始时间：最后一次"竣工验收"环节完成时间、最后一次"签订调度协议"环节完成时间、最后一次"合同签订"环节完成时间、最后一次"领表"环节完成时间、最后一次"外部工程验收"完成时间，取最大值<br>结束时间：最后一次"送（停）电管理"环节完成时间 |
| 高压新装及增容（多电源） | 供电方案答复 | 1.35kV以下情况下，不超过28个工作日<br>2.35kV及以上情况下不超过29个工作日 | 开始时间：首次"业务受理"环节开始时间<br>结束时间：最后一次"答复供电方案"环节完成时间<br>委托设计<br>开始时间：首次"接入系统意见拟定"开始时间<br>结束时间：最后一次"用户提交接入设计"完成时间<br>考核时限＝答复供电方案－委托设计 |
| | 设计审核 | 所有电压等级情况下，不超过5个工作日 | 1.如果没有设计文件受理环节<br>开始时间："答复供电方案"环节的完成时间<br>结束时间："设计文件审核"环节的完成时间<br>2.如果有设计文件受理环节<br>开始时间："设计文件受理"环节的完成时间<br>结束时间："设计文件审核"环节的完成时间<br>出现多次设计审核的情况下，取时间跨度最大的一次。 |
| | 中间检查 | 所有电压等级情况下，不超过5个工作日 | 1.如果没有中间检查受理环节，<br>开始时间："设计文件审核"环节的完成时间<br>结束时间："中间检查"环节的完成时间<br>2.如果有中间检查受理环节<br>开始时间："中间检查受理"环节的完成时间<br>结束时间："中间检查"环节的完成时间<br>出现多次中间检查的情况下，取时间跨度最大的一次 |
| | 竣工检验 | 所有电压等级情况下，不超过5个工作日 | 开始时间："竣工报验"环节发出时间<br>结束时间："竣工验收"环节发出时间<br>出现多次中间检查的情况下，取时间跨度最大的一次。 |
| | 装表接电 | 所有电压等级情况下，不超过5个工作日 | 开始时间：最后一次"竣工验收"环节完成时间、最后一次"签订调度协议"环节完成时间、最后一次"合同签订"环节完成时间、最后一次"领表"环节完成时间、最后一次"外部工程验收"完成时间，取最大值<br>结束时间：最后一次"送（停）电管理"环节完成时间 |

## 二、工程费用

临安各电厂在开办之初，有关营业章程、工程收费、电价等上报经批准后，即可按规定收取有关费用，收费标准各电厂间不统一。

1959年10月，临安电网并入杭州电网后，执行杭州电网的收费标准。1963年，国家计划委员会颁发《关于协作配合工程的投资划分规定》，规定10千伏及以下业扩工程费用全部由用户投资，停止收取线路设备补助费。为合理分担公用配电变压器投资，同年9月，按照《全国供用电规则》规定，配电变压器由临安电业部门统一购置；低压用户无论新装或增容，均按用电设备容量向电业部门缴纳每千瓦30元的变压器贴费；不足1千瓦的用户或居民照明用户，贴费免收。

为克服城市配电网改造资金不足,解决投资分摊不合理问题,1965年8月1日起,水利电力部印发《关于业务扩充资金的来源和使用范围的规定》(〔65〕水电财生字第281号),明确用户新装和增容用电时,要向供电企业缴纳配置变压器容量贴费和线路工程贴费的要求。对380/220伏供电用户,按用电设备容量计算,每千瓦缴纳线路工程贴费20元、变压器贴费30元;10千伏供电用户,按变压器容量,每千伏安缴纳线路工程贴费20元。临安县电网按照该规定执行。

1978年12月,浙江省电力工业局转发《水利电力部〈关于不向农村用户收取变压器贴费和线路工程贴费〉的通知》,原按《全国供用电规则》执行的《社办企业申请用电或增加用电设备收取贴费办法》同时废止。

1981年10月,浙江省电力工业局印发《关于业务扩充工程费用收取及使用办法的暂行规定》,明确要求35千伏及以上的业务扩充,按照实际工程费用收取;10千伏及以下的业务扩充收取工程贴费,低压供电用户,按用电设备容量计算,每千瓦收取线路工程贴费和变压器贴费各20元,不足1千瓦的尾数不收,高压供电用户,按变压器容量计算,每千伏安收取线路工程贴费20元。

由于水利电力部《关于业务扩充资金的来源和使用范围的规定》(〔65〕水电财生字第281号)和《关于"变压器贴费收费标准"的函》(〔74〕水电财字第31号)规定只限于向用户收取10千伏及以下线路与变压器贴费,对涉及35千伏及以上的供电设施的资金来源未作规定,致使很多新建、扩建增容的用户供电问题难以解决。1982年7月,水利电力部试行《贴费收取范围、标准和使用范围的规定》,重新修订原有关于收取线路和变压器贴费的规定,扩大贴费收取范围,调整贴费收取标准,明确贴费按用户的用电电压分380/220伏、10千伏、35(66)千伏以及110千伏四种电压等级收取,分供电贴费和配电贴费两部分。

1983年3月,临安电力公司转发杭州市电力局《关于执行水电部"贴费收取范围、标准和使用范围的规定"的通知》,规定新装或增加用电容量的低压供电用户,按装接容量每千瓦缴纳贴费160元;10千伏供电用户,按受电变压器容量每千伏安缴纳贴费140元;35千伏供电用户,按受电变压器容量每千伏安120元;35千伏专线供电用户应付上一级电压的贴费暂定每千伏安100元;专线供电用户和自建工程用户,除自行负责该级电压供电工程的全部投资和建设外,按上一级电压的贴费标准缴付贴费;厂矿企业、机关、学校、部队等单位的宿舍生活照明用电需缴纳贴费,均由房屋宿舍建设管理单位统一交付。一般零星居民生活照明用电,合表用电的免交贴费,一表独户用电在五安培及以上者仍按规定收取贴费。对低压供电的中小学校用电、县及县以下城镇的中小医院以及民政部门举办的救济福利事业单位用电,只收配电贴费,免收供电贴费。上述收取贴费标准,临安县电网自1983年3月起执行。

1984年7月,临安县供电局转发杭州市电力局《贯彻实施水利电力部"关于110千伏以下供电工程收取贴费的暂行规定"的具体细则(试行)》,结合临安县供电局具体情况规定:供电工程贴费收取标准为380/220伏供电用户,每千瓦160元;10千伏供电用户,每千伏安130元;35千伏供电用户,每千伏安100元;10千伏专用变(包括社队企业),由用户自己负责本级电压供电工程的全部投资和安装,其贴费按上一级电压标准收取,即每千伏安交付100元;农业生产用户本级供电工程由用户自建,贴费按上一级电压标准减半,即每千伏安交付50元。9月,杭州市电力局印发《关于收取农电维修管理费暂行规定》,规定对资产归属乡(镇)、村集体所有的低压线路的整修和改造,其资金在农电费中加收10%的农电维修管理费;对于加收农电维修管理费的农村用电户,不再代征地方附加费;乡(镇)、村企业的配电变压器管理费也停止收取(并网小水电除外)。临安县从1985年1月开始执行。

1986年11月起,临安县执行《杭州市电力局供电工程贴费收取办法》规定,对自备配电变压器的农业生产用电,本级电压供电工程由用户自建,按上级电压的贴费标准收取供电贴费,并核减供电贴费10元,即每千伏安90元;对具有综合用电性质的用电(包括工业、副业、农业生产和照明生活用电),考虑其用电范围内有免收贴费的农户照明负荷,再核减供电贴费10元,即每千伏安80元;由供电部门公用配电变压器供电的农村生产用电,供电贴费减为90元,加配电贴费60元,合计每千瓦收取贴费150元。

1992年12月,杭州市电力局修订并印发《供电工程收取贴费的实施办法》,供电工程贴费收取标准为:380/220伏供电用户,每千瓦180元;10千伏供电用户,每千伏安140元;35千伏供电用户,每千伏安100元。对自备配电变压器的农业生产用电户,本级电压供电工程由用户自建,按上级电压的贴费标准收取供电贴费,并核减供电贴费10元,即每千伏安100元;对具有综合用电性质的用电(包括工业、副业、农业生产和生活照明用电),考虑其用电范围内有免收贴费的用户,再核减供电贴费10元,即每千伏安90元;由供电部门公用配电变压器供电的农村生产用电,供电贴费减10元,加配电贴费70元,合计每千瓦收取贴费170元。

1993年2月2日,国家计划委员会印发《关于调整供电贴费标准和加强贴费管理的请示》,并随文印发《关于110千伏及以下供电工程收取贴费的暂行规定》,将贴费收取范围扩展到110、66千伏供电工程,并提高收取标准。1993年4月,杭州市电力局印发《关于转发能源部和华东电管局调整贴费标准有关文件的通知》,贴费收取标准有较大提高:380/220伏供电用户,每千瓦应缴550元,其中供电贴费每千瓦210元,配电贴费每千瓦340元;10千伏供电用户,每千伏安应缴450元,其中供电贴费每千伏安250元,配电贴费每千伏安200元;35千伏供电用户,每千伏安应缴330元,为供电贴费。此外,对上述3种供电用户,若为自建工程,分别缴纳自建本级电压外部供电工程贴费,每千伏安分别为450元、330元、180元。照明用户按计量表容量收取贴费(5安培折1千瓦计算),使用宽容量表的用户,按允许容量的50%计收。此标准执行到2001年底不变,见表5-2。

表5-2 1993—2001年临安电网贴费收取标准

| 用户受电电压等级/千伏 | 应缴纳贴费 | | | 自建本级电压外部供电工程应缴纳贴费 |
|---|---|---|---|---|
| | 总计 | 供电贴费 | 配电贴费 | |
| 0.38/0.22 | 550元/千瓦 | 210元/千瓦 | 340元/千瓦 | 450元/千伏安 |
| 10 | 450元/千伏安 | 250元/千伏安 | 200元/千伏安 | 330元/千伏安 |
| 35 | 330元/千伏安 | 330元/千伏安 | — | 180元/千伏安 |
| 110 | 180元/千伏安 | 180元/千伏安 | — | — |

2002年,根据《国家计委、国家经贸委关于停止收取供(配)电工程贴费有关问题的通知》(计价格〔2002〕98号)规定,浙江省电力工业局印发《关于贯彻停止收取供(配)电工程贴费有关问题的通知》(浙电营〔2002〕559号),自2002年1月1日起开始执行,最后期限为2002年12月31日。文件中提到的停止收取供配电贴费的用户指单回路直接供电和居民生活单相用电户。双(多)回路用电、临时用电、居民生活三相用电等非一般供电要求的用户,新装或增加容量仍按浙江省物价局、浙江省经济贸易委员会《关于调整供电贴费标准的通知》(浙价工〔2000〕379号)的标准执行。若用户自建本级供电电压工程,则按同一文件的自建本级电压外部供电工程应缴纳贴费标准收取。7月,杭州市电力局根据国家发展计划委员会、国家经济贸易委员会《关于调整供电贴费标准等问题的通知》(计价格〔2000〕744号)、《关于调整供电贴费有关问题的补充通知》(计价格〔2000〕1288号)、《关于停止收取供(配)电工程贴费有关问题的通知》(计价格〔2002〕98号)文件和浙江省物价局、省经贸委、省电力工业局下达的有关规定,结合杭州地区的实际情况,制定并印发《杭州市电力局收取供(配)电工程贴费的实施办法》,对贴费收取标准做了较大的调整:380/220伏受电用户每千瓦应缴纳270元,其中供电贴费100元,配电贴费170元;10千伏受电用户每千伏安应缴纳220元,其中供电贴费120元,配电贴费100元;35千伏用户每千伏安应缴纳贴费170元,为供电贴费;自建本级电压外部供电工程,按电压等级,每千伏安分别缴纳220元、160元和90元,见表5-3。

表 5-3　2002 年临安电网贴费收取标准

| 用户受电电压等级/千伏 | 应缴纳贴费 | | | 自建本级电压外部供电工程应缴纳贴费 |
| --- | --- | --- | --- | --- |
| | 总计 | 供电贴费 | 配电贴费 | |
| 0.38/0.22 | 270 元/千瓦 | 100 元/千瓦 | 170 元/千瓦 | 220 元/千伏安 |
| 10 | 220 元/千伏安 | 120 元/千伏安 | 100 元/千伏安 | 160 元/千伏安 |
| 35 | 170 元/千伏安 | 170 元/千伏安 | — | 90 元/千伏安 |
| 110 | 90 元/千伏安 | 90 元/千伏安 | — | — |

根据《国家发展改革委关于停止收取供配电贴费有关问题的补充通知》(发改价格〔2003〕2279 号),浙江省物价局印发《关于停止收取供配电贴费有关问题的补充通知》(浙价商〔2004〕138 号),对各类用电一律停止征收供(配)电贴费,自 2004 年 6 月 1 日起执行。与此同时,为合理配置电力资源,对申请新装及增加用电容量的两路及以上多回路供电(含备用电源、保安电源)的用电户,除供电容量最大的供电回路外,对其余供电回路按规定收取高可靠性供电费用;对临时用电的电力用户,以合同方式约定临时用电期限(一般不超过 3 年)并预缴相应容量的临时接电费用,收费标准与高可靠性供电费用相同;在合同期内结束临时用电的,预缴的临时接电费用全部退还用户,超过合同约定期限的,由双方另行约定。

### 三、保证金

中华人民共和国成立初期,临安县城关镇上小电厂循旧制,由电厂提供表计时,以当时置表价向用户收取电能表保证金。1957 年,浙江省电力工业局转发电力工业部通知,规定对国营、公私合营企业以及由国家经费预算开支单位,不再收取电费保证金和电表保证金,以往缴纳的保证金转账清理,不予退还。临安电厂和於潜电厂根据浙江省电力工业局通知,全面停收保证金。

1990 年 7 月,杭州市电力局、杭州市财税局联合转发浙江省电力工业局、浙江省财政厅文件《关于颁发〈浙江省电费、电能表保证金实施细则〉的通知》,重新实行电费、电能表保证金制度。电费保证金收取范围:①集体所有制单位;②私营企业、个人承包企业及其他个体经营户;③各种临时用电户;④细则实施后,凡发生欠费的其他用户。电能表保证金收取范围:①电能表由供电企业购置安装在低压用电户和高压供电低压计量的用户暂不缴纳;②合表用电的居民用户的保证金由房屋建设单位缴纳,非单位建房的合表用电户暂不缴纳;③由用户投资购置,并无偿移交给供电企业的电能表的,不收取保证金。电费保证金的收取标准:①原有用户,按用户上月均电量×现行电价收取;②新装、增加容量的用户,按报装容量50 元/千伏安收取;③电价变更及用户用电情况发生较大变化,电费额增幅超过 30%时,供电企业有权对用户补收电费保证金;④电费保证金以 10 元为单位整数收取。电能表保证金收取标准:单相电能表每只80 元;三相电能表每只 150 元;特种电能表每只 1500 元。新增和增容用户,在缴足保证金后方可通电;电费保证金不能抵充正常电费和违章用电罚款,用户发生欠费和罚款时,仍按《全国供用电规则》办理;因用户责任致使电能表损坏或丢失时,用户应赔偿;用户终止用电时,应结清电费,办完拆表销户手续,交验保证金收据,退还用户所交电费和电能表保证金。

2000 年,浙江省电力公司转发财政部等部门《关于公布第三批取消的各类基金(资金、附加、费用)项目的通知》(财综字〔1999〕180 号),规定浙江省电力系统停止收取电费、电度表保证金,并退还用户已缴的保证金。临安市供电局根据杭州市电力局《关于做好电费、电度表保证金退还工作的通知》(杭电供〔2000〕404 号),对 1990 年以来已收取的电费、电度表保证金从 2000 年 12 月开始予以退还。

### 四、用电服务

民国时期,临安电汽有限公司为招揽用户,扩展业务,以恪守行规、做好服务作为营销手段。中华人民共和国成立后,国民经济处在恢复时期,百业待兴,电厂与用户之间形成相互依赖、共求发展的关系。临安电厂和於潜电厂的建设发展有赖于政府与工商户的支持。通过生产自救,克服困难,摆脱困境,各家电厂都有新的发展,用电户也不断增加。

20世纪60年代,农村电网改造开始,临安电力公司职工、机电工、民工连年苦战,把木质电杆换成钢筋水泥电杆,提高电网的可靠性。

1970—1977年,为确保"双夏"期间电力需求和农民用电安全,临安电力公司组织大部分职工下乡"支农",宣传用电安全,指导安全用电,随时为农民提供服务。按照浙江省电力工业局的要求,1978年起,"双夏"支农服务以"农电百日安全无事故"竞赛活动形式进行。通过安全用电知识的宣传和现场用电服务,临安农村触电死亡事故大幅度下降。由于"双夏"期间服务周到,临安电力企业多次被评为浙江省电力系统"农电百日安全竞赛"先进单位。

1980年,临安电力公司贯彻执行电力工业部颁发的《供电部门职工服务守则(暂行)》为用户服务的具体规定,提高服务态度和质量。1981年,浙江省电力工业局在全省电力系统开展"人民电业为人民"优良服务活动,临安电力公司全年为小水电建设投放3000多个劳动日,解决小水电的并网困难的问题;组织召开班组长以上干部的专题会议,各工段、各班组都制定服务公约,惩治不正之风,端正服务的方向,新的风尚逐步形成。

1983年,临安电力公司根据水利电力部、浙江省电力工业局和杭州市电力局提出的"进一步改进服务作风,提高服务质量"的精神,设立用户监督电话和领导接待用户的制度,实行业扩报装一口对外制度,制定对用户反映的意见登记处理制度,开创用电服务新局面。

1986年,水利电力部印发《供电部门提高服务质量端正行业作风》的决定,重新修订《供电部门职工服务守则》8条,从遵纪守法、优质服务、尽职尽责、诚实守信、秉公办事等方面提高职工素养。6月,临安县供电局从全县各区、乡(镇)、局、工矿企事业以及新闻单位聘请50名供电作风监督员。之后,临安县供电局设立供电作风监督小组,聘请内部监督员,形成内外结合、上下结合的监督网。临安县供电局每年除召开供电作风监督员会议外,还不定期地走访用户,广泛征求用户的意见。1986年12月,临安县供电局被浙江省电力工业局授予"全省供电系统优质服务先进单位"称号。1988年,临安县供电局在玲珑供电所进行"两公开一监督"(即公开办事制度、公开办事结果,接受公开监督)试点工作。1989年,进一步健全"两公开一监督",制定《供电所两公开一监督制度考核标准》,进行百分制考核,每年由局组织对口检查两次,进行评比表彰,把执行"两公开一监督"制度列入行业作风考核的重要内容,做到经常化、制度化、规范化。

1992年,临安县供电局贯彻落实能源部关于在全国电力行业开展以安全、效益、服务为主要内容的"电力为农业、为农民、为农村经济服务"(简称"三为"服务)达标竞赛活动的决定,在全局范围内开展"三为"服务达标活动,工作中立足于办实事,解决农民最关心的用电方面的难题,全面提高企业的服务水平。1995年6月,临安县供电局被电力工业部授予"电力'三为'服务达标单位"称号。

1996年,杭州市电力局被列为全国社会服务承诺制试点单位,推出社会服务承诺内容;临安县供电局于9月25日召开社会服务承诺制公开动员会。1997年2月,临安市供电局印发《社会服务承诺制实施方案》。3月1日,临安市供电局向社会推出承诺制服务,对包括用电申请、业扩流程、事故报修等用电服务项目和受理期限,通过报纸、广播、电视台等各新闻媒体向社会公开承诺。

1999年,临安市供电局开展"99电力营销服务年"活动。1月,临安市供电局在锦城供电所召开"客户服务中心"和"事故抢修中心"新闻发布会,向社会推出"两个中心"和政务(服务)公开十项内容及第二次为社会服务"八项"承诺。临安市供电局客户服务中心规范电力售前、售中和售后服务,除原有的申请用电、电费收缴、客户接待外,增设业扩工程缴费、设立客户用电查询等,使客户进一道门,办妥一切手续,加快了办事效率。事故抢修中心实行电力事故抢修24小时服务，做到"四专三快"（即专人值班、专用电话、专用车辆、专用工具，并与"110"报警系统联网，接到报修电话后，做到出车快、抢修快、送电快）。7月，为进一步提高优质服务水平，结合全国电力系统开展的"为人民服务，树行业新风"活动，临安市供电局制定《客户来电、来访首问责任制》，对接待客户的态度、问题的解答等方面做出明确要求，对违反责任制的处理也做了明确规定。

2000年1月1日，国家电力公司印发《供电营业职工文明服务行为规范》，对供电营业窗口职工的品质、技能、纪律、着装、仪容、举止、接待、会话、服务、沟通等方面做了更具体的规范，要求树立"敬业爱岗、诚实守信、办事公道、服务人民、奉献社会"的良好风尚。临安市供电局以"对内以营销为中心，对外以客户为中心"，开展供电营业所规范化服务窗口建设。锦城电力客户服务中心通过国家电力公司华东公司"规范化服务"达标验收。横畈供电营业所通过浙江省电力公司"乡镇电管站示范窗口"达标验收。是年，临安市供电局建立领导班子成员定期走访客户制度，开展以"为人民服务，树行业新风"为主题的"访百家客户，办百件实事"的双百活动，局领导分片组织有关科室、供电所走访临安市有关部门、部分乡镇和企业，广泛征询客户的意见和建议，对客户提出的意见和建议及时答复与处理。之后，临安市供电局领导班子成员每年都会同有关科室和供电所一起定期走访客户，为客户解决一些实际困难。

2001年2月15日，国家电力公司华东公司印发《关于对城市供电营业规范化服务达标窗口授牌的决定》（华东电纠〔2001〕061号），临安市供电局锦城电力客户服务中心获华东电力系统城市供电营业规范化服务达标窗口称号。2001年2月7日，浙江省电力公司印发《关于表彰2000年省电力公司农村供电营业规范化服务达标窗口的决定》（浙电总〔2001〕0132号），横畈供电营业所被浙江省电力公司授予"农村供电规范化服务达标窗口"称号。

2002年12月，临安市供电局开通临安电力"95598"客户服务热线，接受用户的事故报修、用电咨询、服务投诉。

2003年5月，临安市供电局印发《客户工程全程代理制管理办法》，通过各供电管辖区内供电营业厅，统一受理客户交办的有关用电事项后，为客户最终完成包括受理、现场查勘、委托设计施工、竣工报验及装表通电等全过程代理，实现一站式的代理服务、跟踪式的售后服务和集成式的上门服务。

2003年，临安市供电局锦南、天目、横路、昌南、湍口、大峡谷、昌北、龙岗、昌西供电营业所等9家供电营业所获浙江省电力公司农村供电营业规范化服务窗口称号。

2005年，临安市供电局贯彻落实国家电网公司"三个十条"和国家电力监管委员会《供电服务监管办法》，规范自身服务行为，设立电力客户服务中心，真正实现"一口对外"。2006年，临安市供电局推出VIP客户服务制度，为电力客户提供个性化、差异化特征服务，并广泛开展"青春光明行""党员服务日"等活动服务客户。2007年，为贯彻落实国家电网"真诚服务，共谋发展"的服务宗旨，临安市供电局客户服务中心以"作风建设年""优质服务年"和创建"群众满意基层站所"活动为契机，开展电力服务走进"广场（小区）"活动，各供电营业所推出"便民服务卡""义务服务周"等举措，将电力优质服务带进千家万户。

2008年1月14日，临安市供电局召开规范供电服务动员大会，提出规范供电服务三大举措，贯彻落实国家电力监管委员会《供电服务监管办法》，提升服务水平；与基层单位负责人签订规范供电服务及业扩工程管理责任书，从首问责任制的落实、停电预告管理的执行等8个方面进行明确规定，落实具体责任。3月25日，临安市供电局天目供电营业所被浙江省电力公司授予"星级供电（营业）所"称号。4月17日，临安市供电局设立客户经理班，客户经理对客户用电业务所涉及的各个环节进行全过程跟踪服务，并制定《客户经理服务规范化管理办法》，对服务项目、服务职责、服务技巧等内容进行规范；开展"关注、帮助和提高边远地区农村供电服务活动。在临安市2008年度满意单位评选中，临安市供电局位居榜首。

2009年，临安市供电局高度关注高危及重要用户供电方案优化，保证国庆60周年等特殊时期安全可靠用电;落实有序用电方案,保证负荷高峰时期的用电秩序;推行"电力社区共建"模式,受到浙江电视台、《杭州日报》等媒体的专题报道和宣传;开展各类营业人员服务培训,不断提高服务水平。"95598"客户服务班获"浙江省工人先锋号"称号,并被评为"浙江省劳动模范集体"。"天目电力服务队"被评为浙江省电力公司"供电服务品牌30佳"。

2010年,临安市供电局对18个供电营业窗口营业受理人员开展"窗口服务之星"竞赛活动,以促进窗口人员熟悉《供电监管办法》《百问百查优质服务100条》《国家电网供电服务规范》、国网三个"十条",以及"三不指定"相关内容,提高优质服务水平。

2011年,临安市供电局启动西墅社区、兰岭社区、苕溪社区等7家社区的"电力—社区"服务共建工作,覆盖锦城街道和锦北街道,为社区居民提供缴费提示、停电预告、调表签证、业务咨询、故障抢修、电力宣传、安全巡视等十项基本服务。"临安阿斌"电力服务品牌推广情况通过杭州市电力局组织的检查。临安市供电局天目供电营业所获"中国最美供电所"称号,为杭州地区首家获该称号的供电所。

2012年5月3日,临安市供电局客户服务中心新营业大厅投入使用。新营业大厅按照国家电网公司标准化营业厅建设要求进行改造,配备高质量的硬件设备,开设24小时自助营业厅,延伸营业服务时间。新设施突出智能化、互动化、无纸化服务的特点,实现客户业务办理、电力信息交流、服务监督评价的双向互动功能,使优质服务有了新的突破。7月,临安市供电局在锦西、太阳供电营业所率先试点"强化专业管理、前移服务关口、营配协同管控"的1+N台区经理制,召开临安市供电局台区经理制实施情况新闻通报会,邀请浙江在线、杭州电视台、《今日早报》《每日商报》《浙江日报》等9家媒体,对"台区经理制"推行情况进行集中报道。在锦西、太阳供电营业所试点成功的基础上,临安市供电局各供(配)电营业所相继推广台区经理模式,建立起完善的台区管理体系和台区经理便民服务点,定期在便民服务点提供业扩报装、用电业务咨询和故障报修等服务。是年,在杭州市电力局组织的客户满意度第三方评价中,临安市供电局名列杭州市所属各县(市、区)第一名。

2013年,国网浙江临安供电公司拓展电费缴费方式,开设临安市农村邮政服务站92个、报刊亭21个开展代收电费业务,投入使用24小时自助缴费终端,打造城区"10分钟缴费圈";开展"进村入企""百日攻坚"活动,全年走访30余家重点工程项目和客户,为企业量身定制优化用电建议书;开展供电服务"无投诉"劳动竞赛,以竞赛为抓手,层层落实供电服务责任;推出"临安电力便民服务"微信平台,为用户提供停电通知、投诉与咨询、电力资讯、用电小知识、用电业务办理须知、电费缴纳、其他服务共七类服务,定期向用户推送各类用电小常识与公司动态;与营业网点、"95598"客户服务热线、台区经理、微博服务等形成更立体和多元化的服务平台。

2014年5月20日,由国网浙江临安市供电公司编制的《便民服务中心建设规范手册》《便民服务规范手册》通过国网杭州供电公司审核,在临安地区推广使用。临安市设立村级电力便民服务中心298个,实现全面前移服务平台,缩短服务半径,提升农村地区客户满意率。

2015年,国网浙江临安市供电公司推广电费电子账单、电力微信、掌上电力App、"95598"网上营业厅等电子平台,开启"互联网+电力营销"服务模式。是年,国网浙江临安市供电公司第三方客户满意度测评再次列杭州地区7个县级供电公司第一名,并获"全国电力行业用户满意企业"称号。

2016年5月8日,国网浙江临安市供电公司"快响"(即快速响应)服务模式试运行,26位电力客户成为首批受益者。"快响"服务把低压居民业扩、增容,低压非居民业扩、增容和表计申校5项业务纳入"快响"工作模式,由"快响"服务组负责对业务开展过程流程监控,进行电话回访,开展满意度调查。与传统的业务模式不同,在"快响"服务中,客户可自主预约上门查勘装表的具体事宜。预约成功后,客户和工作人员均会收到平台发送的短信,内容包括双方联系方式、预约时间等。服务完成后,"快响"服务组对客户进行电话回访,收集客户对电力服务的意见和建议,针对客户不满意点和服务质量不合格点进行整改。

## 五、供用电合同

供用电合同是电力企业与用户之间就电力供应、合理使用违约责任等事项经过协商,达成的共同遵守的书面文件。这在民国时期地方小电厂已经通用。20世纪60年代,临安电力公司对动力用电户在装表通电前,均与其协商签订《供用电协议》(合同)。该协议主要内容包括供电方式、供电质量和时间、用电容量、用电性质、用电单位地址、计量方式、电价和结算方式、供用电设备维护责任的划分,以及协议的有效期、违约责任、供用电双方的权利和义务。供用电协议一经签订,供用电双方的合法权益就受到国家法律法规保护。按协议的规定,用电方有权按时、按质、按量得到电力的供应;供电方有权得到相应的电费;供用电双方因供电用电发生纠纷时,违约一方承担违约责任。

1996年4月,《中华人民共和国电力法》施行。9月,国务院颁布《电力供应和使用条例》。10月,电力工业部印发《供电营业规则》。一系列法律法规的出台,使供用电双方在电力的供应和使用上,有了更明确的法律依据。临安市供电局根据上述法律法规,与电力用户全面签订供用电合同,合同类型分为高压供用电合同、低压供用电合同、临时供用电合同、趸购电合同及居民供用电合同。采用格式合同与非格式合同,供用电简单的一般用户采用格式合同,供用电较复杂的用户采用非格式合同。

1999年10月,《中华人民共和国合同法》施行,杭州市电力局根据《浙江省电力公司供用电合同管理办法(试行)》的规定,修订供用电合同3个文本(供用电、多路供用电、委托转供电合同文本)。临安市供电局按3个文本与用户签订相应的供用电合同。

2002年,浙江省电力公司对全省供用电合同签订情况进行检查,并印发《关于供用电合同签约情况的通报》(浙电营〔2002〕601号)。临安市供电局针对通报中指出的问题,组织人员进行分析,找出差距和薄弱环节,制订相应的工作计划,将任务落实到人,采取有力措施,依法做好供用电合同的重签、补签、新签工作。2003年,锦城供电营业所用电营业班以"供用电合同的规范化管理"为课题进行QC小组活动,针对补签合同、分类存档、专柜保存等方面制定相应的对策措施。是年,大工业、高压商业的签订率都达到100%,低压用户的签订率也大幅度提高。

2010年,浙江省电力公司修订《供用电合同管理办法》,根据供电方式和用电需求,把供用电合同分为高压供用电合同、低压供用电合同、临时供用电合同、趸购电合同、转供电合同、居民供用电合同等六种。居民供用电合同为格式合同,采用浙江省工商局备案的统一格式合同;其余五种合同为非格式合同,采用国家电网公司制定的统一《供用电合同》示范文本。供用电双方签订的电力调度协议、产权分界协议、并网协议、电费结算协议等作为供用电合同的附件,是供用电合同的重要组成部分,与供用电合同具有同等法律效力。经双方同意的有关修改合同的文书、电报、信件等也可作为供用电合同的组成部分。供用电合同编号统一采用户号加两位流水号方式确定。供用电合同的签订实行分级负责的原则,按各自供电营业范围与客户签订。供用电合同及有关资料在营销部门建档,并实行计算机管理,所有非居民供用电合同文本录入营销系统,实现供用电合同管理的规范化和信息化,满足查询和管理的需要。

2011年,为进一步规范供用电合同管理,合理规避法律风险,临安市供电局对于全局范围内的新用户、合同到期用户,全面推行国家电网《供用电合同》示范文本;并对示范文本中的条款进行逐项梳理,逐项制定填写规范,印发《供用电合同填写规范文本》,使供用电合同更加统一和规范,并得到杭州市电力局的认可,在杭州市范围内推广。2012年,临安市供电局对系统内临时用电的用户进行集中整治,明确临时用电用户《供用电合同》重签流程。

至2016年,国网浙江临安市供电公司有营业户28.42万户,合同签订率100%。

## 六、电动汽车充电桩

2011年,临安市供电局启动汽车充电桩、充电站的建设工作,在临安市供电局地下停车场、7个供电营业场所停车场安装临安首批电动汽车立式交流充电桩 48 组,同时建设平山充电站、青山充电站、西墅配送站、锦西配送站 4 座充换电站。充电桩具备相应测控保护及计费功能,电费按一般工商业电价计费。

2016 年 7 月 7 日,临安市供电局完成杭徽高速临安、龙岗 2 个服务区充电桩建设,双向各设立总容量为 630 千伏安的充电桩 4 台,满足高速公路 50 千米内服务站布置充电桩的要求。

# 第三节 电能计量

## 一、电能计量装置

电能计量装置包括各种类型电能表、计量用电压、电流互感器及其二次回路、电能计量柜(箱、屏)等。

民国时期,用户以照明为主,兼有少量动力用户,以包灯者居多,装表计量为少数,计量装置也较简单。装表用电户,电能表进户线均用橡皮绝缘线引入,电能表装在表板上,以火漆加封,并无外罩。

20 世纪 50 年代后期,由于电网向农村发展,用户大量增加,电能表供不应求。三相四线动力用户均以 3 只单相电能表的组合装置取代三相四线表,称为"三合一"表。农村电网初期,因资金、材料短缺,按不同电价架线装表尚有困难,一般一台配电变压器装一组总电能表,另外在农副产品加工或电力排灌线路上装分表,总表电量减去分表后,即得照明用电量。

1975 年,余杭仪表厂生产 DD28 型单相电能表,以后相继生产其他各类电能表,临安电网大量采用该厂的各类电能表。20 世纪 90 年代中期起,感应式电能表逐步为电子式电能表所代替。20 世纪 90 年代后期至 21 世纪初期,对用户实行峰谷用电计价,要求电能表具有多种功能。量电方式更加复杂,各类先进的电能表投放市场,除一般的有功表、无功表、需量表外,还有复费率表、多功能表等,根据量电需要选择安装。

1982 年,水利电力部颁发《电能计量装置管理规程(试行)》,对电能计量装置的管理工作做了明确规定。是年,根据水利电力部财务司《关于将全民所有制企、事业的自备电度计量设备无偿调拨给电业部门的批复》(〔82〕财生字第 108 号),经临安电力公司和用户协商,用户将自备电能表、计量用互感器全部移交电力部门统一管理,其中全民所有制单位无偿移交,集体所有制和私有单位按新旧折价签订代管协议移交。此后,10 千伏以下低压的新上用户,均由电力部门负责安装经校验合格的计量电能表、互感器;10千伏及以上电压供电的用户,计量点设在用户侧的,由用户投资安装计量专柜(包括计量表和互感器),经电力部门验收合格后接电,并将计量装置移交电力部门管理。

1983 年,临安电力公司结合营业普查发现的计量问题,边查边改边整顿,对城镇公用变用户的计量装置规定:进户线采用镀锌金属软管作护套,计量表板应涂色,并装表罩和锁或铅封,电度表应标有明显的倍率,表计接线应走明线。临安农村计量装置基本上做到分电价装表。

1984 年,浙江省电业管理局印发《关于发布用户计量方式的规定和专用计量柜有关问题的通知》,对计量方式作统一规范:高压供电用户,在高压侧装电能表量电,采用专用计量柜;低压用户,也安装专用计量柜或计量箱;无论高压计量柜或低压计量柜、计量箱,计量表计和互感器等安装在计量柜和计量箱内部,电能表、接线盒、计量柜门都加封条,以达防窃电目的;计量柜正面留有玻璃窥视窗,便于抄表和监视计量设备运行状况。

1999 年,依据《测量设备的质量保证要求第一部分:测量设备的计量确认体系》(ISO 10012－1)和《浙江省企业计量水平审核标准》,临安市供电局编写并印发《计量确认体系程序文件》,作为局计量管理的纲领性文件和计量确认体系活动的准则。是年,临安市供电局对全局测量设备进行重新界定,清理报废一批测量设备,重新添置一些急需设备。

2003年,临安市供电局开发和试运行远方抄表系统。该系统是一套建立在现代数字通信技术、计算机软硬件技术、电能计量技术和电力营销技术上的用电需求侧综合性实时信息采集与分析处理系统。是年,为该系统批量安装了乡镇公用变压器、农村综合变压器类远方抄表终端,把公用变压器需装的考核用电能表、统计型电压表、配电变压器综合检测仪等仪表的主要功能做在一台终端上,实现电能计量、电压合格率统计、负荷检测、功率因数检测、电容器投切、异常情况报警等功能。

2004年,随着电力体制改革的深入、监督管理职能的移交,杭州市技术监督局作为社会职能部门,对临安市供电局的计量装置开展标准认证工作,并现场抽取15块农网电能表进行检测,检测结果良好。临安市供电局结合浙江省电力公司对校验的新要求,对三相校验台进行时钟校准,改造误差测试的功能,购置互感器校验台、单相程控走字台、三相程控走字台、耐压台等;针对不法用户的窃电手段,对电能表接线盖进行改进,采用防窃电型下盖,提高防窃电水平。

2005年,临安市供电局建成智能表库,实现自动配表功能。是年,临安市供电局开始电能量采集系统建设。该系统主要目标是自动采集调度范围内变电站电能量数据,同时实现对所辖范围内电厂的上网电量、地区网供电量及线损、网损电量等的自动统计。该系统2006年9月开始试运行,12月正式运行。

2006年12月,计量集约化管理改革后,临安表计与互感器都由杭州市电力局计量中心配送。根据《国家发展改革委关于调整华东电网电价的通知》,大工业、普通工业新增用户一律执行三费率六时段分时电价,原大工业、普通工业用户逐步调整为三费率六时段分时电价。是年,临安市供电局为286户315千伏安及以上用户更换三费率六时段多功能电能表。

2011年,临安市供电局推广应用国网智能电能表,并且在各个供电营业所推广使用电能表现场校验仪,及时解决用户对智能电能表计量有异议和电能计量装置故障损坏现场不能判断等问题,使供电营业所工作人员在用电客户怀疑电能计量装置不准或故障等情况下能够及时、有效地把问题解决。

2013年,根据《浙江省电力公司二、三级表库建设与管理指导意见(试行)》(浙电营〔2013〕211号)、《关于加快推进老旧电能表清仓利库的通知》(浙电营〔2013〕32号)等文件要求,临安市供电局客户服务中心建立二级表库,由计量班负责全公司所有计量装置的配、领、退工作。2014年,国网浙江临安市供电公司建立、健全三级电能表库管理机制,结合星级供电所的建设,在天目供电所、玲珑供电所完成三级表库的硬件布置。

2016年,国网浙江临安市供电公司贯彻国家电网公司"集团化运作、集约化发展、精益化管理、标准化建设"要求,规范资产集约化管理方式与业务流程,实现计量资产的全寿命周期管理目标,主要包括项目储备、预算编报、需求计划、ERP系统项目创建、物资招投标、合同签订、到货/检定配送、发票校验与付款、资产报废和资产调拨管理;完成二级表库改造升级,建成5个三级表库智能周转柜,实现与国网浙江省电力公司配送模式有效对接;规范老旧表计清仓利库流程,加强电能计量封印管理,健全资产管理机制,提高表计配、领、退等环节的运作效率。

2016年,临安电网计量装置情况见表5-4。

表5-4    2016年临安电网计量装置情况

| 名称 | 电能表 | | | 电压互感器 | 电流互感器 |
| --- | --- | --- | --- | --- | --- |
| | 单相 | 三相 | 合计 | | |
| 数量/只 | 242427 | 45615 | 288042 | 4792 | 33612 |

## 二、计量关口

20世纪60年代,在电网受电电源出口或变电站受电变压器10千伏侧装计量总表,仅供电网的供电量统计用。20世纪80年代中期后,因电网供用电矛盾突出,实行计划用电,杭州市对临安县供电局分配用电负荷和电量指标,关口表具有计量考核功能,管理更加具体和严格。1988年,临安县成为浙江省电力工业局趸售县后,关口表成了电量趸售的依据。1988年10月,杭州市电力局印发《关于杭州电网用电考核关口计量点的通知》,临安县供电局根据通知精神,安装110千伏临安、昌化变电站主变35千伏和10千伏峰谷电能表;11月1日起,经临安、昌化变电站主变35千伏侧、10千伏侧顺表计考核。

1995年7月,杭州市电力局印发《计量关口点清单及关口电量计算方法》,确定计量关口设置、变更及电量抄报计算原则:杭州市电力局与各县级供电局计量关口点110千伏变电站设在主变中、低压侧,220千伏变电站设在主变35千伏侧;220千伏、110千伏变电站所用电不设计量关口点,由所在地供电局作线损处理;各县级供电局小水电、小火电倒送关口电量按不互抵原则计算;财务上同口子正送倒送电量以相同电价结算;各县级供电局变动计量关口点必须报请杭州市电力局计划处审批。1998年9月,杭州市电力局与临安市供电局的计量关口上移至110千伏侧。2004年5月起,结算关口统一纳入《浙江省电力营销客户信息系统》管理,杭州市电力局对关口电量的抄表结算工作纳入综合责任制考核。

2011年,因建德、淳安电网划入杭州市电力局管理和省属县级供电局110千伏用户划入部属管理,杭州市电力局对计量关口重新设置。地处各省属县级供电局的220千伏变电站,主变220千伏侧为浙江省电力公司与杭州市电力局计量关口,主变35千伏侧、10千伏侧为杭州市电力局与省属县级供电局计量关口。地处省属县级供电局的110千伏变电站,主变110千伏侧为杭州市电力局与省属县级供电局计量关口。

### 三、计量检测

1960年,临安县供电所成立后,表计检测均送杭州电气公司检测。1970年9月,临安电力公司向杭州市五金公司借入单相标准电度表1只,用于公司单相校表台上,开始自行检测单相电能表。

1977年,临安电力公司明确计量表计的轮换周期,规定:大宗工业用户和月用电量1万千瓦时及以上用户的计量表计由公司统一每半年轮换一次,普通工业及农村用户的计量表计由各工段安排每两年轮换一次,以免错、漏、偷等现象;表计的领发必须按领发手续,用户用电必须填写用电申请,各工段业务人员根据申请传票及时建立一户三卡(即抄表卡、校表卡、用户卡),以健全原始资料;库存表计建立库分账,领装卡、表必须相符,仓库人员管物,"三电"人员管账,旧表回收要入库做账。

1979年,临安工段添置三相校表台,开始自行检测三相电能表。

1981年,杭州市电力局下放现场校表业务,临安电力公司设立大用户校表组,9月开始独立工作,10万千瓦时以上的大用户做到一季度校一次。

1982年6月,水利电力部颁发《电能计量装置管理规程(试行)》,临安电力公司校表室按规程的要求,规定单相电能表每5年轮换一次,三相电能表每2~3年轮换一次;对携带型标准表,每6个月一次送浙江省电力工业局中心试验所校验。1983年4月,原临安工段校表室和临安电力公司外勤校表合并为临安电力公司用电股校表组,负责管辖范围内的电度计量的日常维护、检修、校验,大中型用户的现场校验及管理工作,以及小水电并网中的计量电度表的校验业务。根据华东电管局《关于供电局电能计量工作质量指标统计口径的暂行规定》,要求进行五率(即校验率、轮换率、合格率、故障差错率、电量差错率)的统计和考核,每半年上报一次。为此,临安电力公司校表组于每年6月底和12月底将电能表的五率统计数据上报杭州市电力局,并接受考核。《电能计量装置检验规程》(SD 109－1983)规定:对电能计量装置按所计电能量的不同和计量对象的重要程度分四类(Ⅰ、Ⅱ、Ⅲ、Ⅳ)进行管理。为确保电能计量的准确性,临安电力公司校表组参照上级电力主管部门要求,确定电能表的校验和轮换周期(见表5-5)。

表 5-5　1983 年临安电力公司运行中的电能表校验和轮换周期

| 类别 | 计量对象 | 校验周期 | 轮换周期 |
|---|---|---|---|
| I | 月平均用电量 100 万千瓦时及以上计费用户；12 万千伏安及以上变压器供电量用户；1 万千瓦及以上发电机发电量；主网线损与 220 千伏安及以上地区分界电量用户 | 每 3 个月现场校验一次 | 2～3 年 |
| II | 月平均用电量 10 万千瓦时及以上计费用户；1 万千瓦以下发电机发电量用户；发电厂总厂用电量及供电量用户 | 每 6 个月现场校验一次 | 2～3 年 |
| III | 月平均用电量 10 万千瓦时以下的高压计费用户；320 千伏安及以上变压器的计费用户 | 每年现场校验一次 | 2～3 年 |
| IV | 320 千伏安以下变压器低压计费用户；其他非计费的计量用户 | 每年抽样校验一次 | 三相电能表 2～3 年；单相电能表 5 年 |

注：I、II 类电能计量装置的电流互感器、电压互感器每 5 年至少现场校验一次。

1984 年 7 月起，临安县所属变电站的计量电度表(除全局关口表外)和小水电站关口表改由临安县供电局负责检验、轮换、管理(原由杭州市电力局用电管理所校表组维护、管理)。

1985 年，根据浙江省电力工业局《电能计量量值传递和技术监督实施细则》，临安县供电局明确计量设备检验周期；0.5 级标准电度表送浙江省电力试验研究所修校，受浙江省电力试验研究所的量值传递和监督。

1989 年，根据《浙江省县级供电部门电能计量标准化管理条例》，315 千伏安及以上高压用户计量装置每 6 个月现场检验 1 次，100 千伏安低压用户计量装置每年现场检验 1 次，月用电量 50 万千瓦时及以上用户计量装置每季度现场检验 1 次。计量装置轮换，三相电度表 3 年 1 次，单相电能表 5 年 1 次，互感器 10 年 1 次。

1991 年，按照《电能计量装置管理规程》(DL 448－91)规定，临安县供电局厂对误差保证期已作明确规定的单相与三相电能表，按制造厂规定的年限进行轮换；其他电能表(即早期生产或上级明文规定不准生产的淘汰型电能表)，单相表每 5 年轮换一次，三相表每 3 年轮换一次；高压电流互感器至少每 10 年轮换或现场校验一次，低压电流互感器至少每 20 年轮换一次；电能表、互感器的周期检定，严格执行国家与部颁计量检定规程，其中包括检定项目、检定条件、误差测量点、检定方法、误差化整和检定结果的处理；经检定合格的电能表、互感器加封印、检定标记，出具检定证书或检定结果通知书。

2000 年，按照《电能计量装置技术管理规程》(DL/T 448－2000)的要求，临安市供电局对电能计量装置分类做了重大调整，运行中的电能计量装置按其所计量电能量的多少和计量对象的重要程度分五类(I、II、III、IV、V)进行管理；对所有的专变用户在投入运行后首月内进行现场特检，对 I 类电能表至少每 3 个月现场检验一次，II 类电能表至少每 6 个月现场检验一次，III 类电能表至少每年现场检验一次，高压互感器每 10 年现场检验一次；运行中的 I、II、III 类电能表的轮换周期一般为 3～4 年；运行中的 IV 类电能表的轮换周期为 4～6 年；居民用单相电能表由轮换改为抽检；低压电流互感器从运行的第 20 年起，每年抽取 10% 进行轮换和检定，统计合格率若低于 98%，则加倍抽取、检定、统计合格率，直至全部轮换。

2009 年 7 月，国家电网公司确定智能电网的发展规划。临安市供电局开展"公平秤"活动，在供电营业厅以实物展板的形式向客户宣传智能电能表较传统机械表、电子表的优势，扩大智能电能表的知名度。

2013 年 4 月，临安市供电局开展为期 20 天的安装运行智能电能表质量监督抽检工作，抽检对象为 2010 年和 2012 年安装运行的 3 个批次、5 个生产厂家的智能电能表；要求各基层单位采用现场校表方式，如实逐户记录校验情况，在抽检过程中发现电能表外观异常、检验不合格等情况的，将电能表送杭州市电力局检定。

2014 年 6 月，国网浙江临安市供电公司开展运行智能电能表质量抽检，采用电能表校验仪对已运行超过 3 个月的智能电能表的计量精度开展现场校验，智能电表抽查 100% 合格。

2016 年 12 月 5 日,国家能源局发布《电能计量装置技术管理规程》(DL/T 448－2016),修订电能计量装置分类方法和配置准确度等级,修订电能表有关"轮换周期"的相关规定,增加"运行质量检验"的相关概念和管理要求等内容;规定运行中的电能表到检定周期前一年,按制造厂商、订货(生产)批次、型号等划分抽样批量(次)范围,抽取其样本开展运行质量检验,以确定整批表是否更换。

2016 年,国网浙江临安市供电公司运行中的电能计量装置检验周期见表 5-6。

表 5-6　2016 年国网浙江临安市供电公司运行中的电能计量装置检验周期

| 类别 | 计量对象 | 检验周期 |
|---|---|---|
| Ⅰ | 220 千伏及以上贸易结算用,500 千伏及以上考核用,计量单机容量 300 兆瓦及以上发电机发电量 | 每 6 个月现场检验一次 |
| Ⅱ | 110(66)～220 千伏贸易结算用,220～500 千伏考核用,计量单机容量 100～300 兆瓦发电机发电量 | 每 12 个月现场检验一次 |
| Ⅲ | 10～110(66) 千伏贸易结算用,10～220 千伏考核用,计量 100 兆瓦以下发电机发电量、发电企业厂(站)用电量 | 每 24 个月现场检验一次 |
| Ⅳ | 380 伏～10 千伏 | 不需要现场周期检验 |
| Ⅴ | 220 伏单相 | 不需要现场周期检验 |

注:运行中的高压电磁式电压、电流互感器每 10 年现场检验一次;高压电容式电压互感器每 4 年现场检验一次。运行中的低压电流互感器在电能表更换时进行变比、二次回路及其负荷的检查。

### 四、封印钳和封印钢模管理

计量表计封印钳从 20 世纪 60 年代开始实行。70 年代,供电部门将表计外接线盒盖封印管理,1 个工段或班组配 1～2 把封印钳,防止窃电。

到 20 世纪 80 年代,封印钳落实到表计安装员个人,并有明确保管制度,执行非常严格,有遗失情况要上报并处罚。

1996 年,杭州市电力局制定《封印钳、模及封志管理制度》,明确规定:各供电局使用的封印钳、模应由专人(兼职)管理,负责发放、收回工作,并建立台账,写明领用人所在班组、姓名、工种、模号、领用和收回日期;凡领用人员调动工作,应将封印钳、模交回,办理退还手续,不得带走;原领模码应当面销毁,不得沿用,并做好销毁日期记录,如有遗失或失窃,应及时报告局公安处、供用电处进行追查,对当事人将根据情况给予严肃处理;明确各工种的封印钳使用范围和封志管理要求;各供电局的封印模式由杭州市电力局颁布,适当时期应予调换,调换时旧封印模一律上交市局公安处,并办理新封印模领用手续。翌年,临安市供电局重新刻制了一批新印模,特制专用封扣,从 1996 年 12 月 1 日起,启用新印模和新封扣,原印模和原封扣一律停用;封印模(钳)严格执行"谁领用谁保管"的使用原则,不得借给他人使用,不得跨地区使用;特制封扣由专人领发、保管,不得送给他人;工作时拆下的旧封印收回集中销毁。

2003 年,临安市供电局再一次进行换封,把原各电管站自刻的,农电管理总站印发的和原来各供电所用的封钳、封扣全部收回并作废,换成新封扣、封线和封钳。各道工序、不同的部位使用不同的封印、封线,由不同厂家生产,使用的材料、颜色各不相同,各工种间互不通用,并把封印钳持有人的名字直接刻在钳子上,对外增强防伪能力,对内起着防范作用。2004 年,临安市供电局修订出台封印管理标准,对封印钳、印模、封印、封印线的形式、权限、发放、使用、回收等方面做了更严格的规定。

为了加强电能计量封印管理,2016 年 1 月,国网浙江省电力公司制定并印发《电能计量封印标准化管理规范》,根据不同使用场合,将封印分为出厂封印、检定封印、现场封印三类,以不同颜色进行区分。检定封印及现场封印的封体采用二维码,现场封印带有与封体二维码编码一致的不干胶一维条码,粘贴在"计量装接单""封印更换记录单"等现场作业单据上。封印的形式包括卡扣式封印、带锁扣的穿线式旋紧封印、带锁扣的穿线式按压封印。封印由国网浙江省电力公司计量中心统一采购、配送,并按照"分级管理、逐级考核"的原则,对地市级公司、县级公司、封印使用班组、封印使用人员进行评价考核。

### 五、计量达标

1988年4月,浙江省电力工业局、浙江省标准计量局印发《关于转发〈电力工业发、供电企业计量工作定级升级实施细则(试行)的通知〉的通知》,规定供电企业的计量工作的定级、升级标准,分计量管理、计量检测率、计量技术素质3大项19小项的考核标准。临安县供电局计量室根据计量达标要求,制定相应规章制度,配足计量管理人员,配齐各类标准计量器具,建立计量检测网络,加强计量质量管理;标准计量器具、在用计量器具的检验轮换严格按照规定周期;校验试验场所达到规定的面积和恒温条件。

1990年8月,临安县供电局通过杭州市电力局计量三级内部验收;之后,对计量工作中的薄弱环节进行整改,对计量标准和计量检定工作进行强化管理。1997年7月,浙江省电力工业局修订并印发《浙江省企业计量水平确认管理办法》《浙江省计量水平确认审核标准》。杭州市电力局在创一流规划中提出计量水平确认三年目标要求。临安市供电局设立计量水平确认领导小组和工作小组,对照《浙江省企业计量水平确认管理办法》《浙江省计量水平确认审核标准》开展计量水平确认工作。2000年1月,通过浙江省技术监督局、杭州市技术监督局、浙江省电力工业局审核小组的审核,临安市供电局计量水平确认达到国家二级水平。2月,临安市供电局获浙江省技术监督局颁发的二级计量水平确认合格证书。

# 第四节　电　价

## 一、购入电价

### (一)小水电上网电价

1971年,杭州供电局革命委员会核定杭州供电范围内小水电电站电价,发电设备容量在500千瓦以上的电价为0.03元/千瓦时,500千瓦以下的电价为0.035元/千瓦时。1973年,浙江省水利电力局根据"电网略有盈余"的原则,提高小水电上网电价,规定装机容量200千瓦及以上水电站的上网电价为0.035元/千瓦时,装机容量200千瓦以下水电站的上网电价为0.04元/千瓦时。6月,临安县第一座接入大电网的小水电站——青山水库电站并网发电,装机容量2000千瓦,上网电价为0.03元/千瓦时。1974年11月28日,浙江省革命委员会印发《浙江省农村小水电站管理办法》规定,小水电上网电价与农业排灌电价相同,即0.042元/千瓦时。

1978年8月,浙江省电力工业局根据水利电力部印发的《关于无功电价问题的通知》,结合浙江省具体情况,制定《无功电价试行实施办法》,规定:凡并入电网并由各级调度管辖的小水电、小火电和自备电厂向电网送电时,应按发电机铭牌运行,如能多发无功或做调相运行,其多发无功电度由电网按0.015元/千瓦时结算;少发无功电度也应按无功电价付给电网电费。临安境内小水电上网电价参照此规定。为扶植和鼓励农村社、队发展,1980年11月,浙江省电力工业局和浙江省物价委员会联合印发《关于调整并网小水电电价的通知》,对并入浙江电网的社、队兴办的集体所有制小水电,送电电价全部从0.042元/千瓦时,调整为0.05元/千瓦时;地、县兴办的全民所有制小水电,送网电价暂时仍按0.042元/千瓦时结算。临安县自12月29日起执行。1983年9月,临安电力公司根据县政府《关于转发省人民政府"关于发展小水电事业的若干规定"的通知》精神,调整小水电电价,有功电度不分全民和集体,一律按 0.05 元/千瓦时计价。

1987 年,浙江省计划经济委员会、浙江省物价局、浙江省电力工业局、浙江省水利厅联合印发《关于县内小水电部分上网电量实行议价销售的通知》,规定对水电站部分上网电量实行议价销售。此后,并网水电站所发电量分为两部分:对于 1985 年底前投产的小水电站,以 1982—1985 年年均上网电量作为基数,基数以内的电量仍执行上网保护价每千瓦时 0.05 元不变,超基数部分上网电量实行议价;对于 1986 年 1 月 1 日以后投产的小水电站,上网电量全部实行议价销售。为弥补电网高峰电力的缺口,减少低谷电力的浪费,鼓励电站多发高峰电。电站的全部上网电量(包括议价上网电量)实行峰谷分时电价。原每千瓦时 0.05 元的保护电价改为高峰(8 时至 22 时)每千瓦时 0.085 元,低谷(22 时至次日 8 时)每千瓦时 0.02 元。老电站超基数上网电量和 1986 年 1 月 1 日后投产的新电站上网电量,由电网议价销售,为促使电站多发枯水电,议价电实行丰、枯水期不同电价,即丰水期(3—9 月)每千瓦时加价 0.04 元,枯水期 (1—2 月,10—12 月)每千瓦时加价 0.07 元。

1992 年 1 月,临安县经济委员会、临安县物价局、临安县供电局联合印发《关于调整小水电电价的通知》规定,1985 年以前投产的老电站,基数以内上网电量的电价调整为每千瓦时 0.10 元;1986 年及以后投产的新电站和老电站完成基数后的超发电量电价调整为每千瓦时 0.18 元。对上述基数内和基数外的平均电价实行丰枯和峰谷分时电价:基数内峰价每千瓦时 0.135 元,谷价每千瓦时 0.03 元;基数外丰期峰价每千瓦时 0.22 元,谷价每千瓦时 0.05 元;枯期峰价每千瓦时 0.31 元,谷价每千瓦时 0.06 元。1993 年,临安县物价局再次调整小水电价格:1986 年及以后投产的新电站和老电站超基数的议价电量,平均电价调整为每千瓦时 0.20 元;丰水期峰电价调整为每千瓦时 0.35 元,枯水期峰电价调整为每千瓦时 0.34 元;其余按原规定不变。

1994 年,浙江省物价局印发《关于调整小水电价格的通知》(浙价工〔1994〕59 号),取消分基数内外定价的办法,统一按照小水电电站的投产年限确定上网电价:1985 年底前投产的电站,上网电价为 0.23 元/千瓦时(含税及水资源费 1 分、水电建设基金 2 分,下同);1986—1990 年投产的电站,上网电价为 0.29 元/千瓦时;1991—1993 年投产的电站,上网电价为 0.39 元/千瓦时;1994 年及以后投产的电站,实行还本付息、新电新价。临安自 1995 年 1 月 1 日起执行。

1996—1997 年,浙江省物价局相继印发《关于调整小水电价格的通知》(浙价工〔1996〕295 号、浙价工〔1997〕200 号),鉴于临安市的实际困难,直到 1998 年才开始执行,即 1990 年以前投产的电站的上网电价每千瓦时提高到 0.32 元,1991—1993 年投产的电站的上网电价每千瓦时提高到 0.41 元;1994 年及以后投产的电站实行新电新价每千瓦时 0.46 元。

浙江省物价局自 2000 年 1 月 1 日起更改地方公用电厂上网电价指导价格。各地方公用电厂价格随即调整。临安市小水电上网电价见表 5-7。

表 5-7　2000 年临安市小水电上网电价

单位:元/千瓦时

| 电站 | 平均价 | 峰价 | 谷价 |
| --- | --- | --- | --- |
| 1990 年底前建成的电站 | 0.33 | 0.40 | 0.15 |
| 1991—1993 年建成的电站 | 0.39 | 0.47 | 0.188 |
| 1994 年及以后建成的电站 | 0.43 | 0.50 | 0.25 |
| 西关一级 | 0.353 | 0.425 | 0.17 |
| 英公一级 | 0.353 | 0.42 | 0.17 |
| 东风电站 | 0.344 | 0.414 | 0.166 |

2003年4月,浙江省物价局、浙江省电力工业局联合印发《关于调整地方公用电厂最高上网电价等有关事项的通知》(浙价商〔2003〕159号),明确1997年以前并网电站保持原电价不变,1997年及以后并网电站的最高上网电价调整为0.45元/千瓦时。考虑到临安的实际情况,1997年后并网水电站的上网平均电价定为0.44元/千瓦时,高峰电价为0.502元/千瓦时,低谷电价为0.251元/千瓦时。

2005年5月,浙江省物价局印发《关于调整非省统调地方公用水电发电机组最高上网电价等事项的通知》(浙价商〔2005〕106号),地方公用水电厂发电机组的最高上网电价调整为:1990年底以前投产的,从0.360元/千瓦时提高到0.373元/千瓦时;1991—1993年投产的,从0.390元/千瓦时提高到0.398元/千瓦时;1994—1996年投产的,从0.430元/千瓦时提高到0.433元/千瓦时;1997年及以后投产的,不做调整。临安新建水电站的上网峰电价仍为0.502元/千瓦时,谷电价仍为0.251元/千瓦时。

2011年11月,浙江省物价局印发《关于调整非省统调公用水力发电机组最高上网电价等事项的通知》(浙价资〔2011〕385号),调整1993年底前投产的水力发电机组的最高上网电价统一提高到0.40元/千瓦时,1994年及以后投产的不做调整。之后,临安地区新建、增容、改造的水电站由杭州市物价局根据浙价资〔2011〕385号文确定上网电价。

(二)热(火)电站上网电价

1993年,临安热电厂(后更名为欧锦热电厂)投产并网。1994年,华能热电厂投产并网,上网电价均为0.43元/千瓦时。1995年,临安县物价局和临安县供电局联合发文,规定临安热电厂和华能热电厂的上网电价为0.45元/千瓦时,其中峰期上网电价为0.64元/千瓦时,谷期上网电价为0.184元/千瓦时。

浙江省物价局自2000年1月1日起更改地方公用电厂上网电价指导价格。各地方公用电厂价格随即调整。临安市地方公用电厂上网电价见表5-8。

表5-8　2000年临安市地方公用电厂上网电价

单位:元/千瓦时

| 企业 | 平均价 | 峰价 | 谷价 |
|---|---|---|---|
| 欧锦热电厂 | 0.459 | 0.54 | 0.27 |
| 超亚热电厂 | 0.44 | 0.518 | 0.259 |
| 华能热电厂 | 0.445 | 0.524 | 0.262 |

2003年11月,杭州市物价局、杭州市电力局根据浙江省物价局、浙江省电力工业局《关于调整地方公用电厂最高上网电价等有关事项通知》文件精神,核定欧锦热电厂、华能热电厂上网电价为峰价0.494元/千瓦时,谷价0.247元/千瓦时。自2003年1月1日(上网抄见电量)起执行。

2004年1月,根据浙江省物价局《关于调整非省统调地方燃煤电厂上网电价的通知》,地方燃煤电厂上网电价不论平均、峰谷,每千瓦时统一提高0.7分,即欧锦热电厂、华能热电厂上网电价为峰价0.501元/千瓦时,谷价0.254元/千瓦时。7月,根据杭州市物价局《关于调整地方燃煤电厂上网电价的通知》,暂停执行上网峰谷电价政策,即电厂的上网电量均按平均上网电价结算。临安欧锦热电有限公司、临安恒康热电有限公司上网电价均为0.477元/千瓦时,临安恒锦热电有限公司上网电价为0.497元/千瓦时。

根据国家发展和改革委员会《关于华东电网实施煤电价格联动有关问题的通知》,浙江省决定自2005年5月1日起调整非统调地方公用热电机组和资源综合利用发电机组的上网电价。其中地方公用热电厂各投产时间段发电机组的上网电价统一提高0.0464元/千瓦时;企业自备电厂自用有余倒送大网电量的上网电价从0.400元/千瓦时调整到0.416元/千瓦时;经权限部门认定的地方公用资源综合利用电厂各投入运行时间段发电机组的上网电价,在其认定有效期内统一提高0.0093元/千瓦时;未经权限部门认定的地方公用资源综合利用电厂各投入运行时间段发电机组的上网电价统一按0.50元/千瓦时执行;临安欧锦热电有限公司、临安恒康热电有限公司上网电价为 0.5234 元/千瓦时;临安恒锦热电有限公司上网电价为 0.5434 元/千瓦时。

2007 年 12 月,根据浙江省物价局《关于降低非省统调地方公用燃煤小火电机组上网电价等事项的通知》,非省统调地方公用燃煤小火电机组上网电价不分投产时间,统一调整为 0.50 元/千瓦时;自备电厂自发自用有余倒送大网的电量的上网电价从 0.416 元/千瓦时调整到 0.4045 元/千瓦时。2008 年 7 月,非省统调公用热电联产发电机组上网电价调整为 0.5212 元/千瓦时。2009 年 11 月,非省统调公用热电联产发电机组上网电价再一次调整为 0.5375 元/千瓦时;自备电厂自发自用有余倒送大网的电量的上网电价调整到 0.442 元/千瓦时。

2014 年 10 月,临安华旺热能有限公司污泥焚烧发电项目建成发电,并入临安电网,装机容量 6000 千瓦。经浙江省物价局批复、杭州市物价局核定上网电价分为两部分:按入厂污泥处理量折算的上网电量的上网电价为 0.65 元/千瓦时,同时再享受 0.01 元/千瓦时的接网工程补贴;其余上网电量按浙江省同类燃煤发电机组上网电价 0.5365 元/千瓦时计。

2015 年 4 月 20 日起,浙江省物价局根据《国家发展改革委关于降低燃煤发电上网电价和工商业用电价格的通知》(发改价格〔2015〕748 号)规定:省统调燃煤电厂上网电价降低 0.0127 元/千瓦时。调整后,省统调燃煤发电机组标杆上网电价为 0.4453 元/千瓦时(含环保电价);未安装脱硫、脱硝、除尘设施的机组,相应扣减上网电价 0.015 元/千瓦时、0.010 元/千瓦时、0.002 元/千瓦时。非省统调公用热电联产发电机组上网电价减少 0.0127 元/千瓦时。调整后,安装脱硫设施的非省统调热电联产发电机组上网电价为 0.5238 元/千瓦时;未安装脱硫设施的机组,扣减上网电价 0.0150 元/千瓦时。垃圾焚烧发电上网电价仍按 0.65 元/千瓦时执行;其余上网电量的电价调整为 0.5238 元/千瓦时。分布式光伏自用有余上网电量的上网电价调整为 0.4453 元/千瓦时。

2016 年 1 月 8 日,浙江省物价局印发《关于电价调整有关事项的通知》(浙价资〔2016〕2 号)规定:浙江省统调燃煤电厂上网电价平均降低 0.03 元/千瓦时,其中,内陆统调机组降低 0.013 元/千瓦时,其他统调机组降低 0.033 元/千瓦时。非省统调公用热电联产发电机组上网电价降低 0.03 元/千瓦时。调整后,非省统调热电联产发电机组含环保上网电价为 0.5058 元/千瓦时;脱硫、脱硝、除尘设施未经有权限环保部门验收合格的,相应扣减上网电价 0.015 元/千瓦时、0.01 元/千瓦时、0.002 元/千瓦时。垃圾焚烧发电上网电量的电价仍按 0.65 元/千瓦时执行;其余上网电量的电价调整为 0.5058 元/千瓦时。分布式光伏自用有余上网电量的电价调整为 0.4153 元/千瓦时。

## 二、销售电价

民国期间,临安电汽有限公司只有照明电价一种。新中国成立后,随着经济的发展,用电类别增加。照明用电有城镇居民、农村居民生活照明电价;工业用电有大工业、非工业、普通工业电价,有些工业用电还享受优待电价。

### (一)生活照明电价

民国时期,临安电汽有限公司建成后,依据自身的经营情况,报浙江省建设厅批准,执行的电价分包灯制和用表制两种。民国 23 年(1934),临安电汽有限公司包灯制电价 25 瓦每月 1.5 元;用表制电价 0.3 元/千瓦时。20 世纪 50 年代初,中国使用旧人民币(简称旧币);1955 年发行新人民币(简称新币),旧币 1 万元兑换新币 1 元。

1953 年临安电厂建成发电后,电价报临安县政府批准为 1 万元/千瓦时(旧币),不久后因用户增多,成本有所下降,调整电价为 9 千元/千瓦时(旧币)。几次调整后,至 1959 年 10 月接通杭州电网前,临安电厂的销售电价见表 5-9。

表 5-9    1959 年临安电厂销售电价

| 包灯每只每月电价/元 | | | | | | | | 表灯及动力电价/(元/千瓦时) | | | |
|---|---|---|---|---|---|---|---|---|---|---|---|
| 15 瓦 | 20 瓦 | 25 瓦 | 40 瓦 | 50 瓦 | 60 瓦 | 75 瓦 | 100 瓦 | 照明 | 单相动力 | 两相动力 | 三相动力 |
| 1.60 | 2.10 | 2.40 | 3.84 | 4.60 | 5.40 | 6.30 | 8.40 | 0.75 | 0.75 | 0.50 | 0.30 |

1960 年 1 月 1 日和 4 月 1 日,临安电厂分别调整电价(见表 5-10)。

表 5-10    1960 年临安电厂销售电价

| 执行时间 | 包灯每只每月电价/元 | | | | | | | | 表灯及动力电价/(元/千瓦时) | | | |
|---|---|---|---|---|---|---|---|---|---|---|---|---|
| | 15 瓦 | 20 瓦 | 25 瓦 | 40 瓦 | 50 瓦 | 60 瓦 | 75 瓦 | 100 瓦 | 照明 | 单相动力 | 两相动力 | 三相动力 |
| 1960 年 1 月 1 日 | 1.40 | 2.10 | 2.40 | 3.84 | 4.80 | 5.40 | 6.30 | 8.40 | 0.60 | 0.60 | 0.40 | 0.20 |
| 1960 年 4 月 1 日 | 1.40 | 2.10 | 2.40 | 3.84 | 4.80 | 5.40 | 6.30 | 8.40 | 0.56 | 0.56 | 0.40 | 0.20 |

1963 年 1 月,临安电力公司成立后,执行杭州供电局规定电价。8 月,杭州地区电价再做调整;照明电价为 0.15 元/千瓦时,日光灯照明为 0.225 元/千瓦时。1965 年,水利电力部颁发《电热价格》,取消表灯座度,取消日光灯、霓虹灯电价,统一执行照明电价为 0.15 元/千瓦时,这一电价至 1976 年新的电价公布而终止。1976 年临安电网销售电价见表 5-11。

表 5-11    1976 年临安电网销售电价

| 分类 | 单位 | 价格/元 | 分类 | 单位 | 价格/元 |
|---|---|---|---|---|---|
| 1.照明用电 | | | (2)优待电价 | | |
| 普通照明 | 千瓦时 | 0.145 | 35 千伏电石 | 千瓦时 | 0.035 |
| 路灯 | 千瓦时 | 0.075 | 1~10 千伏电石 | 千瓦时 | 0.038 |
| 农村照明 | 千瓦时 | 0.150 | 35 千伏烧碱化肥 | 千瓦时 | 0.045 |
| 2.动力用电 | | | 1~10 千伏烧碱化肥 | 千瓦时 | 0.043 |
| (1)大宗工业 | | | (3)非工业普通 | | |
| 基本电价(按装见容量) | 千瓦·月 | 3.50 | 1~10 千伏 | 千瓦时 | 0.083 |
| 基本电价(按变压器容量) | 千伏安·月 | 4.00 | 不满 1 千伏 | 千瓦时 | 0.085 |
| 基本电价(按最大需量) | 千瓦·月 | 6.00 | 3.农业动力 | | |
| 不满 1 千伏 | 千瓦时 | 0.063 | 排灌用电 | 千瓦时 | 0.042 |
| 1~10 千伏 | 千瓦时 | 0.058 | 粮食加工 | 千瓦时 | 0.060 |
| 35 千伏及以上 | 千瓦时 | 0.055 | 其他动力 | 千瓦时 | 0.085 |

1991 年,杭州市物价局《关于临安县电价综合加价的批复》(杭价工〔1991〕234 号),同意临安县电力销售在水利电力部 1976 年制定的电价及地方附加费、农电维修管理费以外统一实行综合加价。综合加价款由临安县各供电所统一收取,收取标准为:集资电 0.15 元/千瓦时;计划内合成氨生产用电 0.02 元/千瓦时;农业排灌、脱粒、口粮加工用电 0.05 元/千瓦时;钢铁厂矽铁生产用电 0.10 元/千瓦时;昌北区、马啸乡生产和营业用电 0.10 元/千瓦时;国家机关及事业单位的非营业性用电 0.05 元/千瓦时。对以上范围以外的用电单位,定额分配用户:指标电量(不包括集资电)加价 0.12 元/千瓦时;超指标电量加价 0.29 元/千瓦时;实行峰谷考核的,峰电加价 0.45 元/千瓦时,谷电加价 0.06 元/千瓦时。普加用户加价 0.25 元/千瓦时;实行峰谷考核的,峰电加价 0.37 元/千瓦时,谷电加价 0.06 元/千瓦时。综合加价标准一年一定。

1993 年,浙江省物价局、浙江省电力工业局联合印发《关于调整城乡居民生活用电价格的通知》,临安县供电局据此制定临安电网销售电价,城市居民生活不满 1 千伏的为 0.25 元/千瓦时,1~10 千伏的为 0.245 元/千瓦时(见表 5-12)。

表 5-12　1993 年临安电网销售电价

| 分类 | 电度电价/(元/千瓦时) | | | 基本电价(按最大需量)/[元/(千瓦·月)] | 基本电价(按变压器容量)/[元/(千伏安·月)] |
| --- | --- | --- | --- | --- | --- |
| | 不满 1 千伏 | 1～10 千伏 | 35 千伏及以上 | | |
| 1.居民生活 | 0.250 | 0.245 | — | — | — |
| 2.非居民照明 | 0.344 | 0.332 | — | — | — |
| 3.非工业、普通工业 | 0.311 | 0.304 | 0.293 | — | — |
| 4.大工业 | — | 0.217 | 0.205 | 15.00 | 10.00 |
| 5.农业生产 | 0.254 | 0.246 | 0.233 | | |

　　1996 年 4 月,浙江省物价局、浙江省电力工业局印发《关于调整城乡居民生活用电价格的通知》,临安县供电局根据通知要求,对城乡居民生活用电电价做了调整:城镇低压居民生活用电价格,一律调整为 0.43 元/千瓦时;农村居民生活用电价格(至农村 10 千伏综合用电变压器)、城镇居民 1～10 千伏及以上用电价格一律调整为 0.42 元/千瓦时。1997 年,浙江省物价局、浙江省电力工业局再次调整城乡居民生活用电价格,城镇居民生活用电价格调整到 0.53 元/千瓦时,农村居民生活用电价格(指农村 10 千伏综合用电变压器)调整到 0.52 元/千瓦时。

　　2000 年 1 月,浙江省物价局、浙江省计划与经济委员会、浙江省电力工业局联合印发《关于全省实行统一销售电价的通知》,对各类电价做了全面调整,其中城镇居民生活用电价格按电压分:不满 1 千伏的为 0.53 元/千瓦时,1～10 千伏的为 0.51 元/千瓦时;农村居民生活用电,1～10 千伏的为 0.46 元/千瓦时(见表 5-13)。

表 5-13　2000 年浙江电网销售电价

| 分类 | | 电压等级 | 电度电价/(元/千瓦时) | 峰谷电价/(元/千瓦时) | | 基本电价(按变压器容量)/[元/(千伏安·月)] | 基本电价(按最大需量)/[元/(千瓦·月)] |
| --- | --- | --- | --- | --- | --- | --- | --- |
| | | | | 峰电价 | 谷电价 | | |
| 1.居民生活用电 | 城镇居民生活用电 | 城镇不满 1 千伏 | 0.530 | — | — | — | — |
| | | 城镇 1～10 千伏及 10 千伏以上 | 0.510 | — | — | — | — |
| | 农村居民生活用电 | 农村 1～10 千伏及 10 千伏以上 | 0.460 | — | — | — | — |
| 2.大工业用电 | 普通 | 1～10 千伏 | 0.510 | 0.611 | 0.382 | 18 | 27 |
| | | 35 千伏及以上 | 0.495 | 0.593 | 0.371 | 18 | 27 |
| | | 110 千伏及以上 | 0.485 | 0.581 | 0.363 | 18 | 27 |
| | | 220 千伏及以上 | 0.480 | 0.575 | 0.359 | 18 | 27 |
| | 电石、电解烧碱、合成氨、电炉黄磷用电 | 1～10 千伏 | 0.500 | 0.599 | 0.374 | 18 | 27 |
| | | 35 千伏及以上 | 0.485 | 0.581 | 0.363 | 18 | 27 |
| | | 110 千伏及以上 | 0.475 | 0.569 | 0.356 | 18 | 27 |
| | | 220 千伏及以上 | 0.470 | 0.563 | 0.352 | 18 | 27 |
| 3.非工业、普工业用电 | | 不满 1 千伏 | 0.708 | 0.794 | 0.567 | — | — |
| | | 1～10 千伏 | 0.688 | 0.772 | 0.551 | — | — |
| | | 35 千伏及以上 | 0.673 | 0.755 | 0.539 | — | — |
| 4.商业用电 | | 不满 1 千伏 | 0.899 | — | — | — | — |
| | | 1～10 千伏 | 0.879 | — | — | — | — |
| | | 35 千伏及以上 | 0.864 | — | — | — | — |
| 5.部队(狱政、敬老院)用电 | | 不满 1 千伏 | 0.530 | — | — | — | — |
| | | 1～10 千伏 | 0.510 | — | — | — | — |
| | | 35 千伏及以上 | 0.495 | — | — | — | — |

续表

| 分类 | 电压等级 | 电度电价/(元/千瓦时) | 峰谷电价/(元/千瓦时) | | 基本电价(按变压器容量)/[元/(千伏安·月)] | 基本电价(按最大需量)/[元/(千瓦·月)] |
|---|---|---|---|---|---|---|
| | | | 峰电价 | 谷电价 | | |
| 6.农业生产用电 | 不满1千伏 | 0.400 | — | — | — | — |
| | 1～10千伏 | 0.380 | — | — | — | — |
| | 35千伏及以上 | 0.365 | — | — | — | — |
| 7.中小化肥用电 | 1～10千伏 | 0.172 | — | — | 18 | 27 |
| | 35千伏及以上 | 0.157 | — | — | 18 | 27 |
| | 110千伏及以上 | 0.147 | — | — | 18 | 27 |
| 8.贫困县农业排灌用电 | 不满1千伏 | 0.113 | — | — | — | — |
| | 1～10千伏 | 0.093 | — | — | — | — |

注:1.除贫困县排灌电价外,均含电力建设基金2分/千瓦时和三峡建设基金1.5分/千瓦时。

2.除贫困县农业排灌电价外,农业生产电价外,其他电价均含城市公用事业附加0.5分/千瓦时。

3.根据《国家计委关于在"九五"期间继续征收电力建设基金的通知》(计交能〔1996〕583号)和《关于电力建设基金征收管理有关问题的补充通知》(财供字〔1997〕455号)规定,对国有重点煤炭企业生产用电、核工业铀扩散厂和堆化工厂生产用电价格,按表所列的分类电价降低1.7分/千瓦时执行;农业排灌、抗灾救灾用电及氮肥、磷肥、钾肥生产用电企业,按表所列分类电价降低2分/千瓦时执行。复合肥生产用电企业,凭原化工部发放的生产许可证,按表所列分类电价降低2分/千瓦时执行。

根据国家发展和改革委员会《关于调整浙江省居民生活用电价的通知》(发改价格〔2004〕1469号)的规定,浙江省从2004年8月1日抄见电量起执行新的居民生活用电价格。一户一表居民用户实施阶梯式累进电价:月用电量低于50千瓦时部分不加价,仍执行原电价;月用电量在50～200千瓦时部分,在原电价基础上,加价0.03元/千瓦时;月用电量高于200千瓦时部分,在调整前电价基础上,加价0.10元/千瓦时。执行峰谷电价的居民用户以总电量与阶梯基数比对进行计算。另外,对于居民合表用户和学校等执行居民生活用电价格的非居民用户,采取普加的办法,在现行电价的基础上,提高0.02元/千瓦时。

2012年7月1日起,浙江省居民生活用电执行阶梯电价政策,电价按年用电量划分三档阶梯式累进加价。第一档为年用电量2760千瓦时及以下,按0.538元/千瓦时收费;第二档为年用电量2761～4800千瓦时部分,按0.588元/千瓦时收费(加价0.05元/千瓦时);第三档为年用电量4800千瓦时以上部分,按0.838元/千瓦时收费(加价0.3元/千瓦时)。同时调整的还有峰谷分时电价。其中,第一档电量峰、谷电价仍按0.568元/千瓦时、0.288元/千瓦时执行;第二、三档电量峰、谷电价均同步提高0.05元/千瓦时和0.3元/千瓦时。

2016年1月1日起,根据《浙江省物价局关于电价调整有关事项的通知》(浙价资〔2016〕2号),一般工商业及其他用电价格降低0.0447元/千瓦时;可再生能源电价附加标准由0.015元/千瓦时上调至0.019元/千瓦时;垃圾焚烧用户,其上网电价调整为0.5058元/千瓦时;分布式光伏自用有余上网电量,其上网电价调整为0.4153元/千瓦时。按照浙江省物价局发布的《关于居民生活用电"一户多人口"有关事项的通知》(浙价资〔2015〕230号),浙江省电网供电区域内实行"一户一表"的城乡居民用户,户籍人口为5人及以上的家庭,每户每月增加100千瓦时的阶梯电量基数;户籍人口在7人及以上的家庭,也可以选择执行居民合表电价(不满1千伏合表用户电价为0.558元/千瓦时,1千伏及以上合表用户电价为0.538元/千瓦时)。

浙江省为推进供给侧结构性改革,降低企业用电成本,根据《浙江省物价局关于降低省电网销售电价有关事项的通知》(浙价资〔2016〕103号),自2016年4月20日起,全面取消中小化肥用电价格,按《浙江省物价局关于电价调整有关事项的通知》(浙价资〔2016〕2号)附件3所列浙江省电网销售电价表中相同类别的工商业用电价格执行。自2016年6月1日起,大工业用电和一般工商业及其他用电价格降低

0.01元/千瓦时。各类用户调价后具体用电标准见表5-14。

表5-14 2016年临安电网销售电价

| 分类 | | | 电压等级 | 电度电价/(元/千瓦时) | 分时电价/(元/千瓦时) | | | 基本电价(按变压器容量)/[元/(千伏安·月)] | 基本电价(按最大需量)/[元/(千瓦·月)] |
|---|---|---|---|---|---|---|---|---|---|
| | | | | | 尖峰电价 | 高峰电价 | 低谷电价 | | |
| 一、居民生活用电 | 一户一表居民用电 | 年用电2760千瓦时及以下部分 | 不满1千伏 | 0.5380 | — | 0.5680 | 0.2880 | — | — |
| | | 年用电2761~4800千瓦时部分 | 不满1千伏 | 0.5880 | — | 0.6180 | 0.3380 | — | — |
| | | 年用电4801千瓦时及以上部分 | 不满1千伏 | 0.8380 | — | 0.8680 | 0.5880 | — | — |
| | 合表用电 | | 不满1千伏 | 0.5580 | | | | — | — |
| | | | 1千伏及以上 | 0.5380 | | | | — | — |
| | 农村 | | 1~10千伏 | 0.5080 | | | | — | — |
| 二、大工业用电 | 普通 | | 1~10千伏 | 0.6866 | 1.1046 | 0.9226 | 0.4386 | 30 | 40 |
| | | | 20千伏 | 0.6666 | 1.0793 | 0.8993 | 0.4226 | 30 | 40 |
| | | | 35千伏 | 0.6566 | 1.0666 | 0.8876 | 0.4146 | 30 | 40 |
| | | | 110千伏 | 0.6346 | 1.0336 | 0.8586 | 0.3946 | 30 | 40 |
| | | | 220千伏及以上 | 0.6296 | 1.0236 | 0.8506 | 0.3906 | 30 | 40 |
| | 电解铝生产用电 | | — | 0.5156 | | | | 30 | 40 |
| | 氯碱生产用电 | | 1~10千伏 | 0.6206 | 0.9966 | 0.8326 | 0.3976 | 30 | 40 |
| | | | 20千伏 | 0.6026 | 0.9736 | 0.8116 | 0.3826 | 30 | 40 |
| | | | 35千伏 | 0.5936 | 0.9626 | 0.8016 | 0.3756 | 30 | 40 |
| | | | 110千伏及以上 | 0.5736 | 0.9326 | 0.7756 | 0.3576 | 30 | 40 |
| 三、一般工商业及其他用电 | 普通 | | 不满1千伏 | 0.8829 | 1.3929 | 1.0879 | 0.5649 | — | — |
| | | | 1~10千伏 | 0.8449 | 1.3429 | 1.0449 | 0.5329 | — | — |
| | | | 20千伏 | 0.8249 | 1.3169 | 1.0222 | 0.5162 | — | — |
| | | | 35千伏及以上 | 0.8149 | 1.3039 | 1.0109 | 0.5079 | — | — |
| | 部队、狱政用电 | | 不满1千伏 | 0.6669 | — | — | — | — | — |
| | | | 1~10千伏 | 0.6289 | — | — | — | — | — |
| | | | 20千伏 | 0.6089 | — | — | — | — | — |
| | | | 35千伏及以上 | 0.5989 | — | — | — | — | — |
| 四、农业生产用电 | 普通 | | 不满1千伏 | 0.7280 | 0.9984 | 0.8986 | 0.4992 | — | — |
| | | | 1~10千伏 | 0.6900 | 0.9462 | 0.8516 | 0.4731 | — | — |
| | | | 20千伏 | 0.6700 | 0.9188 | 0.8269 | 0.4594 | — | — |
| | | | 35千伏及以上 | 0.6600 | 0.9052 | 0.8147 | 0.4526 | — | — |
| | 农业排灌、脱粒用电 | | 不满1千伏 | 0.4770 | 0.6542 | 0.5888 | 0.3271 | — | — |
| | | | 1~10千伏 | 0.4390 | 0.6020 | 0.5418 | 0.3010 | — | — |
| | | | 20千伏 | 0.4190 | 0.5746 | 0.5171 | 0.2873 | — | — |
| | | | 35千伏及以上 | 0.4090 | 0.5608 | 0.5047 | 0.2804 | — | — |
| | 贫困县农业排灌用电 | | 不满1千伏 | 0.2100 | 0.2880 | 0.2592 | 0.1440 | — | — |
| | | | 1~10千伏 | 0.1720 | 0.2358 | 0.2122 | 0.1179 | — | — |

注:1.居民生活用电分时电价时段划分:高峰时段8:00—22:00,低谷时段22:00—次日8:00。大工业用电、一般工商业及其他用电、农业生产用电六时段分时电价时段划分:尖峰时段19:00—21:00;高峰时段8:00—11:00、13:00—19:00、21:00—22:00;低谷时段11:00—13:00、22:00—次日8:00。

2.居民1~10千伏"一户一表"用户用电价格在不满1千伏"一户一表"居民用电价格基础上相应降低0.02元/千瓦时执行。

3.不满1千伏大工业用电价格在1~10千伏大工业用电价格基础上相应提高0.038元/千瓦时执行。

（二）工业电价

1959年,临安接通杭州电网后,工业用电执行杭州电气公司规定的电价:受电电压不满1千伏的,为0.085元/千瓦时;1~10千伏的,为0.083元/千瓦时;35千伏的,为0.080元/千瓦时。受电变压器50千伏安起执行大宗工业电价,实行两部制计费,分电度电价和基本电价(按受电变压器容量),基本电价每千伏安每月3.50元。

1965年,水利电力部颁发《电热价格》,工业用电的电价按受电电压等级分为:不满1千伏的,为0.085元/千瓦时;1~10千伏的,为0.083元/千瓦时。享受大宗电价的用户,起点改为320千伏安以上的用户。大宗工业基本电价分为三种:按受电变压器容量,每千伏安6元/月;按用电设备容量,每千瓦3.50元/月;按最大需量每千瓦6元/月。大宗工业的用电电价按受电电压等级分为:不满1千伏的,为0.063元/千瓦时;1~10千伏的,为0.058元/千瓦时;35千伏及以上的,为0.055元/千瓦时。

根据水利电力部《关于缩小两部制电价执行范围的通知》(〔74〕水电财字第77号),1975年2月1日起,将执行两部制电价的起点由原来的100千伏安提高到320千伏安,并取消按用电设备装见容量计算的基本电价(即低压用户都不执行两部制电价);受电变压器容量在320千伏安以下的用户及低压用户,执行普通工业电价,并不再执行力率调整电费的办法;受电变压器容量在320千伏安及以上的用户,仍执行两部制电价和力率调整电费的办法。

1976年,水利电力部颁布新的《电热价格》,制定适用于实行两部制大工业用户生产用电的力率调整电费办法,一般以0.85为力率标准。如用户每月实际生产用电的平均力率高于或低于规定标准,先按照规定的电价计算出其当月全部用电电费,再按照力率调整电费表所定的数值进行计算(见表5-15)。

表5-15　1976年以0.85为标准值的力率调整电费

| 减收电费 | | 增收电费 | | | |
|---|---|---|---|---|---|
| 实际力率 | 月电费减少/% | 实际力率 | 月电费增加/% | 实际力率 | 月电费增加/% |
| 0.85 | 0.0 | 0.84 | 0.5 | 0.68 | 8.5 |
| 0.86 | 0.5 | 0.83 | 1.0 | 0.67 | 9.0 |
| 0.87 | 1.0 | 0.82 | 1.5 | 0.66 | 8.5 |
| 0.88 | 1.0 | 0.81 | 2.0 | 0.65 | 10.0 |
| 0.89 | 1.5 | 0.80 | 2.5 | 0.64 | 11.0 |
| 0.90 | 1.5 | 0.79 | 3.0 | 0.63 | 12.0 |
| 0.91 | 2.0 | 0.78 | 3.5 | 0.62 | 13.0 |
| 0.92 | 2.0 | 0.77 | 4.0 | 0.61 | 14.0 |
| 0.93 | 2.2 | 0.76 | 4.5 | 0.60 | 15.0 |
| 0.94 | 2.2 | 0.75 | 5.0 | | |
| 0.95 | 2.5 | 0.74 | 5.5 | | |
| 0.96 | 2.5 | 0.73 | 6.0 | | |
| 0.97 | 2.7 | 0.72 | 6.5 | 力率自0.59以下,每降低0.01,全部电费增加2% | |
| 0.98 | 2.7 | 0.71 | 7.0 | | |
| 0.99 | 3.0 | 0.70 | 7.5 | | |
| 1.00 | 3.0 | 0.69 | 8.0 | | |

1983年12月,水利电力部和国家物价局印发《功率因数调整电费办法》,规定:功率因素标准0.90,适用于160千伏安以上高压供电工业用户(包括社队办工业企业)、装有带负荷调整电压装置的高压供电电力用户和3200千伏安及以上的高压供电电力排灌站;功率因数标准0.85,适用于100千伏安(千瓦)及以上的其他工业用户(包括社队办工业用户)、100千伏安(千瓦)及以上的非工业用户和100千伏安(千瓦)及以上的电力排灌站;功率因数标准0.80,适用于100千伏安(千瓦)及以上的农业用户和趸售用户。

1993年,国家对工业电价做了较大的调整,按《浙江电网电价表》,大工业电价1～10千伏的为0.217元/千瓦时,35千伏及以上的为0.205元/千瓦时;非工业、普通工业电价不满1千伏的为0.311元/千瓦时,1～10千伏的为0.304元/千瓦时,35千伏及以上的为0.293元/千瓦时。

1996年,根据国家计划委员会、电力工业部《关于提高部分电网电价的通知》,按《1996年浙江电网目录电价表》《1996年浙江电网大工业和非普工业峰谷分时电价表》,大工业电价1～10千伏的为0.246元/千瓦时,35千伏及以上的为0.233元/千瓦时;非工业、普通工业电价不满1千伏的为0.347元/千瓦时,1～10千伏的为0.337元/千瓦时,35千伏及以上的为0.325元/千瓦时(见表5-16)。

表5-16　1996年浙江省电网峰谷分时电价

| 分类 | 时段 | 目录峰谷电度电价/(元/千瓦时) | | | 基本电价(按最大需量)/〔元/(千瓦·月)〕 | 基本电价(按变压器容量)/〔元/(千伏安·月)〕 |
|---|---|---|---|---|---|---|
| | | 不满1千伏 | 1～10千伏 | 35千伏及以上 | | |
| 大工业用电 | 高峰 | — | 0.336 | 0.314 | 15 | 10 |
| | 低谷 | 0.112 | | | | |
| 非工业普通工业用电 | 高峰 | 0.471 | 0.456 | 0.44 | — | — |
| | 低谷 | 0.157 | | | | |

注:高峰时段为8:00—22:00,低谷时段为22:00—次日8:00。

2000年1月,浙江省物价局、浙江省计划与经济委员会、浙江省电力工业局联合印发《关于全省实行统一销售电价的通知》,对8大类用电电价做了较大调整:非工业普通工业电价不满1千伏的调整到0.708元,1～10千伏的0.688元/千瓦时,35千伏及以上的0.673元/千瓦时;大工业电价1～10千伏的调整到0.510元/千瓦时,35千伏及以上的0.495元/千瓦时。大工业的基本电价,按受电变压器容量的,为18元/(千伏安·月);按最大需量的,为27元/(千瓦·月)。同时将商业用电单独列开;将部队(狱政、敬老院)用电单独列开并享受优待。

2003年6月,浙江省物价局印发《关于调整浙江省电网峰谷电价的通知》(浙商价〔2003〕228号),对浙江省电网内(舟山市电网除外)所有的大工业用户峰谷电度电价和普通工业用户峰谷电价做调整。调整的原则是:根据浙江电网用电曲线实际情况,合理设定峰谷时段,设立尖峰电价,适当拉大峰谷电价差,用价格杠杆调节需求,促使用户"移峰填谷",合理用电。调整后的峰谷电价为六时段三费率:尖峰时段(共2小时)为19:00—21:00,高峰时段(共10小时)为8:00—11:00、13:00—19:00、21:00—22:00;低谷时段(共12小时)为11:00—13:00、22:00—次日8:00。调整后大工业尖峰与低谷电价比为3:1。高峰与低谷电价比为2.2:1.0;普通工业尖峰与低谷电价比为2.6:1.0;高峰与低谷电价比为1.8:1.0。调整后的电度电价仍维持2000年的电价不变。2003年临安电网峰谷分时电价见表5-17。

表5-17　2003年临安电网峰谷分时电价

单位:元/千瓦时

| 分类 | | 电压等级 | 电度电价 | 调整后峰谷电度电价 | | |
|---|---|---|---|---|---|---|
| | | | | 尖峰电价 | 高峰电价 | 低谷电价 |
| 1.大工业用电 | 普通 | 1～10千伏 | 0.510 | 0.942 | 0.691 | 0.314 |
| | | 35千伏及以上 | 0.495 | 0.915 | 0.672 | 0.305 |
| | | 110千伏及以上 | 0.485 | 0.896 | 0.653 | 0.299 |
| | | 220千伏及以上 | 0.480 | 0.887 | 0.644 | 0.296 |
| | 电石、电解烧碱、合成氨、电炉黄磷用电 | 1～10千伏 | 0.500 | 0.924 | 0.679 | 0.308 |
| | | 35千伏及以上 | 0.485 | 0.896 | 0.653 | 0.299 |
| | | 110千伏及以上 | 0.475 | 0.878 | 0.637 | 0.293 |
| | | 220千伏及以上 | 0.470 | 0.869 | 0.627 | 0.290 |

续表

| 分类 | 电压等级 | 电度电价 | 调整后峰谷电度电价 | | |
|---|---|---|---|---|---|
| | | | 尖峰电价 | 高峰电价 | 低谷电价 |
| 2.普通工业用电 | 不满1千伏 | 0.708 | 1.239 | 0.858 | 0.477 |
| | 1~10千伏 | 0.688 | 1.204 | 0.834 | 0.463 |
| | 35千伏及以上 | 0.673 | 1.178 | 0.816 | 0.453 |

注:1.尖峰时段(共2小时):19:00—21:00。

2.高峰时段(共10小时):8:00—11:00、13:00—19:00、21:00—22:00。

3.低谷时段(共12小时):11:00—13:00、22:00—次日8:00。

2004年1月,根据浙江省物价局《关于调整浙江电网销售电价的通知》(浙价电〔2003〕91号),临安电网销售电价作适当调整,除居民生活、农业生产、中小化肥、部队(狱政、敬老院)用电外,其余各类用电价格在2000年浙江电网销售电价基础上提高0.008元/千瓦时。7月2日,根据浙江省物价局《关于国家发展改革委调整浙江省电网销售电价等事项的通知》(浙价商〔2004〕154号),临安市供电局全面调整销售电价,调整的额度为平均提高0.04元/千瓦时,并对国家产业政策限制类和淘汰类企业在相应电价的基础上再分别提高0.02元/千瓦时和0.05元/千瓦时。

2008年7月1日起,根据《浙江省物价局关于调整省电网销售电价有关事项的通知》(浙价电〔2008〕24号)调整电价:居民生活用电、中小化肥用电、农业生产用电价格不做调整,其他各类用电价格平均提高0.0394元/千瓦时。适当调整销售电价结构,简化销售电价分类:提高两部制电价中基本电价的比重;扩大六时段分时电价执行范围,拉大峰谷电价差,相应取消大工业二时段分时电价;将商业用电(含原执行非工业电价的旅游宾馆饭店用电)、普通工业用电合并为一般工商业用电;国家产业政策限制类和淘汰类企业,其电价在《浙江省电网销售电价表》中相应电价的基础上分别提高0.05元/千瓦时和0.20元/千瓦时执行。新增的大工业用户、普通工业用户一律执行六时段分时电价。

2009年11月20日起,根据《浙江省物价局关于提高省电网销售电价有关事项的通知》(浙价商〔2009〕285号),浙江省电网销售电价平均提高0.029元/千瓦时,其中可再生能源电价附加费从0.002元/千瓦时提高到0.004元/千瓦时;将需量电价和容量电价分别统一为40元/(千瓦·月)和30元/(千伏安·月);取消一般工商业用电二时段分时电价;增设20千伏电压等级用电价格;分时电价执行范围为除中小化肥、电解铝以外的大工业用电、一般工商业用电及居民生活用电;新增大工业用电、1~10千伏及以上一般工商业用户一律执行分时电价;不满1千伏工商业用户可选择执行分时电价或电度电价。

2015年4月20日起,浙江省物价局根据《国家发展改革委关于降低燃煤发电上网电价和工商业用电价格的通知》(发改价格〔2015〕748号)规定:除中小化肥用电外的大工业和一般工商业及其他用电价格降低0.0084元/千瓦时。中小化肥用电价格优惠分两步取消:该次中小化肥用电价格提高0.0916元/千瓦时;自2016年4月20日起,中小化肥用电价格优惠全部取消,执行相同用电类别的工商业用电价格。

2016年6月1日起,根据《浙江省物价局关于降低省电网销售电价有关事项的通知》(浙价资〔2016〕103号),降低企业用电成本,大工业用电和一般工商业及其他用电价格降低0.01元/千瓦时。

(三)农业生产电价

1959年,临安接通杭州电网后,临安电价按杭州电气公司规定的执行。杭州电网并入华东电网后,临安电价按1961年12月国家颁布的《新安江和杭州地区电价》执行。1963年9月,浙江省政府核定农业排灌用电和电耕犁用电电价,不分电压等级均按0.042元/千瓦时计费。1965年,执行水利电力部规定的电价:农业排灌电价仍为0.042元/千瓦时,农副产品加工电价为0.085元/千瓦时。

1966年,根据浙江省电业管理局、浙江省物价委员会《关于扩大农业优待电价范围的通知》,对农村脱粒、积肥、育秧、社员口粮和牲畜饲料加工、防汛照明等用电也实行优待电价。低压供电的电价为0.06

元/千瓦时;1～10千伏供电的为0.058元/千瓦时,临安电网均照此执行。1983年3月,浙江省电力工业局批转杭州市电力局报告,蔬菜育秧和养鸡保温用电执行照明电价。1987年12月,水利电力部、国家物价局《关于农村粮食加工用电电价问题的通知》(〔87〕水电财字第163号),农村粮食加工用电不再享受0.06元/千瓦时的优待电价,执行非工业、普通工业电价。

1993年国家计划委员会、电力工业部联合印发《关于印发华东电网电价表的通知》,浙江省电力工业局据此制定《浙江电网电价实施意见》,农业生产电价不满1千伏的为0.254元/千瓦时,1～10千伏的为0.246元/千瓦时,35千伏及以上的0.233元/千瓦时(见表5-12)。

1996年,根据国家计划委员会、电力工业部《关于提高部分电网电价的通知》,执行《1996年浙江电网目录电价表》,农业生产电价不满1千伏的为0.284元/千瓦时,1～10千伏的为0.274元/千瓦时,35千伏及以上的为0.260元/千瓦时。

2000年1月,浙江省物价局、浙江省计划与经济委员会、浙江省电力工业局联合印发《关于全省实行统一销售电价的通知》,对8大类电价均做了较大调整,其中农业生产用电不满1千伏的为0.40元/千瓦时,1～10千伏的为0.380元/千瓦时,35千伏及以上的为0.365元/千瓦时(见表5-13)。

之后,农业生产用电价格根据浙江省物价局关于电价调整的通知进行相应的调整。2016年临安农业生产用电价格见表5-14(分类四)。

### 三、趸售电价

1959年10月,经闲林埠钢铁厂35千伏降压站的10千伏余杭线向临安电厂供电,计量点设在降压站的10千伏出线出口,受电容量核定为160千瓦。杭州电气公司与临安电厂建立趸售关系,趸售电价78.95元/千千瓦时。1961年8月30日,浙江省人民委员会发出《关于降低新安江和杭州地区电价的通知》,规定自9月1日起,调低新安江和杭州地区电价,其中趸售电价调整为35元/千千瓦时。1962年5月,从杭州变电站到临安的10千伏线路延伸到於潜,於潜电厂停止发电,改为趸售经营,趸售电价为35元/千千瓦时。

1963年1月,临安电力公司成立后,杭州供电所终止与临安的趸售关系,改由电网直供,执行电网统一电价。1965年起,根据水利电力部《电、热价格》规定,对县级转售单位,以保本为原则,电价根据情况给予不同折扣,但不低于七折。

1986年1月,国家经济委员会印发《关于同意将浙江省十七个县的部属供电企业划给地方管理的复函》(经体〔1986〕60号),同意浙江省内临安等17个县的35千伏及以下的供电由直供改为趸售,下放地方管理。1988年,临安电网供电方式由直供改为趸售。趸售电价一般为直供电价的70%,屡做调整。

1999年2月,浙江省政府办公厅转发浙江省计划与经济委员会、浙江省电力工业局《关于对趸售县(市)级供电企业实行代管意见的通知》,决定由浙江省电力公司对38个趸售县(市)级供电企业先实行代管;对趸售县(市)级供电企业执行的趸售政策不变,税后利润原则上都用于发展当地电力事业;继续执行国家规定的对趸售县(市)级供电企业的批发电价和物价部门批准的对用户的零售电价。

2000年1月19日,浙江省物价局、浙江省计划与经济委员会、浙江省电力工业局联合印发《关于全省实行统一销售电价的通知》(浙价工〔2000〕28号),明确全省平均趸售电价为0.463元/千瓦时;各趸售企业的趸售差价以售电量为主要因素,采取分段累进制的方法确定,同时根据该供电区的用电结构、供电成本及线损等因素的特殊情况进行微调,其趸售结算价格由浙江省物价局会同浙江省电力工业局综合当地趸售差价、电价折让以及峰谷用电比等因素核定。

2001年12月3日,浙江省物价局、浙江省电力工业局印发《关于杭州市2001年趸售电量结算电价的批复》(浙价商〔2001〕420号),临安市平均结算电价0.4036元/千瓦时,峰电价0.4996元/千瓦时,谷电价 0.3123 元/千瓦时。

2003 年 4 月 30 日,浙江省物价局、浙江省电力工业局印发《关于自供区(趸售区、转供区)城乡居民生活用电同价的通知》(浙价商〔2003〕160 号),明确县(市、区)内供电局已接收或拟接收的自供区(趸售区、转供区)的农村居民生活用电到户价,自 2003 年 5 月 1 日抄见电量起,按城镇居民生活用电到户价 0.53 元/千瓦时执行;个别区域原农村居民生活用电到户价格低于 0.53 元/千瓦时,且一步到位确有困难的,也可考虑分步同价,但最迟应于 2005 年底前执行到位。

2005 年 5 月,浙江省物价局印发《关于 2005 年趸售电量临时结算电价有关事项的通知》(浙价商〔2005〕107 号),明确各市电力(业)局对其代管县供电企业的趸售电量临时结算电价在现行价格基础上提高 0.02 元/千瓦时。

2006—2016 年,浙江省物价局、浙江省电力工业局每年均会根据国家电价政策联合发文调整各市、县趸售电量结算电价。

### 四、附加费和其他各类电价

(一)附加费

自 20 世纪 60 年代起,临安供电部门即按地方政府规定对农村用电以外的各类用电加收 10% 的地方附加费。附加费由供电部门在收电费时代收,划给地方财政部门,作为市政建设和公用路灯费用开支。

浙江省政府于 1986 年 5 月印发《浙江省征收电力建设资金实施办法》,规定自当年 1 月 1 日起由省统一向在浙江省电网内用电的工业企业、商业、乡镇(包括村办、联户办及个体)工业企业、旅馆、宾馆(包括营业性招待所)以及事业单位中的营业性附属单位,统一征收电力建设资金 0.02 元/千瓦时,同时对农业排灌、小氮肥企业、城乡居民生活用电和机关、部队、医院、学校、幼儿园、非营业性的可研设计单位、民政企业、路灯与上下水道等市政公用事业单位用电免征。征收的电力建设资金,全部由浙江省计划经济委员会统一安排,用于全省集资办电。为照顾市、县利益,对征收的 0.02 元/千瓦时,其中 0.01 元/千瓦时抵作各市、县参加省集资办电的股金或购买用电权。杭州地区经浙江省政府批准,杭州地区从 1987 年 4 月 1 日起执行。对免收电力建设资金的工矿企业用户,新装或增容容量在 100 千伏安(千瓦)及以上者,照收每千伏安(千瓦)120 元的电力建设资金。

1988 年 8 月,浙江省政府印发关于执行《浙江省征收电力建设资金实施细则》若干问题的通知,除统配电、买用电权电、债券电以外,对集资电也按 0.02 元/千瓦时征收电力建设资金。集资电的电力建设资金自 1989 年 1 月 1 日起计征。

1992 年 12 月,浙江省物价局、浙江省计划经济委员会、浙江省电力工业局联合发文,对城镇居民生活用电征收城镇电网建设费 0.03 元/千瓦时。1993 年 8 月,浙江省财政厅、浙江省电力工业局等 4 单位联合发文,对网内居民生活照明用电收取每千瓦时 0.003 元的三峡建设基金。同年同月,浙江省农业厅、浙江省财政局、浙江省物价局、浙江省电力工业局印发《关于农村低压电网维修费用实行农村电价综合加价办法的通知》,根据"谁建、谁管、谁用""以电养电"的原则,将乡镇除照明以外的各类用电列入综合加价范围,标准加价 0.02 元/千瓦时,农业生产用电加价 0.01 元/千瓦时。9 月,临安县物价局、临安县供电局联合印发《关于调整我县各项电价标准的通知》,对分类综合销售电价做出调整:地方附加费按原征收范围为,城镇居民生活照明用电按 0.015 元/千瓦时征收,其他用电按 0.01 元/千瓦时征收。农村低压电网维修资金征收范围为,农村居民照明按 0.04 元/千瓦时征收,农村其他用电按 0.03 元/千瓦时征收。凡认购集资电企业,及机关、学校、部队等由财政拨款的其他单位的非经营性用电和农业用电,征收 0.13 元/千瓦时的差价(含省电力建设资金和三峡资金)。凡工矿企业生产用电和其他经营性用电除认购集资电外,一律按加工电计算,增收 0.20 元/千瓦时差价费。调整电价自 1993 年 10 月起执行。

1996年起,浙江省物价局、浙江省计划与经济委员会、浙江省电力工业局联合发文规定,把目录电价外加收的附加费、电力建设资金、三峡基金、库区维护费、省水利附加费,以及集资电电价、计划外电电价〔包括省加工电、地方小水电、小热(火)电和外购电〕与目录电价的价差,综合成一个加价额的形式来体现,即综合加价。1996年,临安市综合加价标准为:机关、口粮加工用电0.355元/千瓦时,工业企业用电0.405元/千瓦时,其他用电0.455元/千瓦时。

1997年5月,浙江省物价局、浙江省电力工业局联合发文规定,除城乡居民生活用电外的全社会用电,征收0.004元/千瓦时的山区电网建设资金。临安电网按照文件规定收取的各类附加费、基金、综合加价共10种:地方附加费、农村电网维修费、城镇电网维修费、三峡基金、水利附加费、省电力建设基金、移民扶持基金、新安江库区移民资金、山区电网建设资金、综合加价。以上各类附加收费和加价工作,给电费的收取统计带来不少困难。

1998年11月,国家发展计划委员会等联合发文,取消各地违反国家规定在电价外加收的各种附加费、基金等费用。浙江省明令取消的有水利附加费、山区电网建设资金、农村低压电网维修费、地方电网建设资金以及地方各项随电费收取的加价和附加费。是年底,在电价外加收的费用尚有国务院批准的电力建设资金、三峡工程建设基金、新安江库区移民费和城市公用事业附加费4项。

2000年,浙江省实行统一销售电价,将尚在执行的国家批准的基金和附加费纳入统一销售电价中,其中三峡工程建设基金0.015元/千瓦时,电力建设基金0.02元/千瓦时,城市公用事业附加费0.005元/千瓦时。

2016年,统一销售电价中除农业灌溉(简称农灌)用电外,包含农网还借贷基金0.02元/千瓦时、三峡工程建设基金0.015元/千瓦时、城市公用事业附加费0.005元/千瓦时。

（二）加工电差价

20世纪80年代初期,电力供应紧张,为缓解电力供需关系,国家提倡集资办电和实行多种电价政策。1983年11月,杭州市经济委员会转发杭州市计划用电办公室《关于执行超计划用电处理办法的实施细则》,杭州市按县、局、公司、线管会实行计划用电包干,对超计划用电加价收费。各县为弥补统配电的不足,自筹煤、油委托发电厂计划外加工电。加工电电价虽高于统配电价,但低于超计划用电电价,所以用电单位都踊跃认购加工电。加工电按计划分配,由临安县三电办公室收取0.10元/千瓦时的差价。

1988年11月起,临安县政府对加工电差价进行调整,普加企业加价从0.10元/千瓦时提高到0.20元/千瓦时,工业企业超基数用电量加价从0.143元/千瓦时提高到0.250元/千瓦时。

1989年5月起,根据杭州市电力局、杭州市经济委员会、杭州市物价局、杭州市财政税务局联合印发的《关于对加工电实行峰谷分时电价的通知》文件精神,临安县对工业企业的加工电实行峰谷分时电价。具体加价见表5-18。

表5-18　1989年临安县工业企业加工电加价

单位:元/千瓦时

| 单位项目 | 加工电分时电价 | | |
|---|---|---|---|
| | 峰电加价 | 谷电加价 | 平均加价 |
| 工业企业 | 0.40 | 0 | 0.233 |
| 普加企业 | 0.30 | 0.06 | 0.20 |

受统配煤炭矿发率不足和华东电网供电能力的影响,1989年8月起,经临安县计划委员会、临安县经济委员会、临安县物价局等有关部门研究测算,临安县政府批转同意提高加工电电价:普加企业加价从0.20元/千瓦时提高到0.23元/千瓦时,工业企业超基数用电量加价从0.25元/千瓦时提高到0.29元/千瓦时。普加企业峰电加价0.34元/千瓦时,谷电加价0.07元/千瓦时,平均加价0.288元/千瓦时;工业

企业峰电加价0.44元/千瓦时,谷电加价0.07元/千瓦时,平均加价0.286元/千瓦时。之后,加工电价多次调整。2000年1月1日起,浙江省政府决定取消加工电电价,临安电网照此执行。

　　(三)优待电价和差别电价

　　1961年9月,浙江省人民委员会报经国务院批准,大幅度降低新安江地区和杭州地区电价,对农业生产排灌、脱粒等用电实行优待,核定电石生产用电优待电价为0.03元/千瓦时。翌年1月,浙江省物价委员会修订新安江、杭州地区电价大工业电价,提价0.01元/千瓦时;但电石生产用电电价不变。1963年,浙江省人民委员会报经国务院批准,调高新安江和杭州地区电价,电石用电优待电价核定为0.05元/千瓦时。1965年开始,按照水利电力部颁发的《一九六五年电、热价格》,大工业优待电价范围扩大到电解铝、电石、电炉铁合金、电解烧碱、合成氨、电炉钙镁磷肥等6种产品用电。1966年,农业生产优待电价逐步扩大到打井、脱粒、积肥、粮食加工、饲料加工和防汛临时照明等用电,优待幅度为同期非工业普通工业电价的30%。1978年11月起,水利电力部和国家物价总局对直接用于镁、钛、纯硅、金属钠生产的电炉、电解的电力,实行优待电价:1~10千伏供电的,电价为0.048元/千瓦时;35千伏及以上供电的,电价为0.045元/千瓦时(其他电价不优待)。

　　自1960年起,国家为扶植基本化工工业和新兴工业的发展,对电解铝、电石、电炉铁合金、电炉黄磷、电解烧碱、电炼镁、电炼钛、电炼硅、电炼钠、电炉钙镁磷肥、合成氨等十一种工业产品用电,陆续实行优待电价。电解铝、电石用电,优待0.02元/千瓦时,其电价比一般工业电价低36.4%;其他几种用电,优待0.01/千瓦时,其电价比一般工业电价低18.2%。1980年9月,浙江省物价委员会、浙江省电力工业局联合转发电力工业部、国家物价总局《关于停止扩大工业优待电价范围的通知》,对已享受优待电价的单位和产品,暂时保留优待电价,但必须按照批准的耗电定额给予优待,超定额用电量不予优待;对新增生产电解铝、电石等11种工业产品的工厂和车间用电,不再实行优待电价;但对已享受优待电价产品的工厂和车间在现有基础上挖潜、改造,仍可享受优待电价;建立单耗定额考核和结算细则,实行两部制电价的按大工业电度电价结算,实行单一制电价的按工业电度电价结算。同年12月,浙江省电力工业局补充通知,有的工厂在原有供用电设备和主机设备范围内,经过采取措施降低电耗,以节约的电力增加生产同类产品的,仍执行优待电价;凡全厂电量原都享受优待电价的单位,电耗根据1979年综合电耗计算,超过综合电耗部分的电量不享受优待电价,低于综合电耗的仍继续享受优待电价;有些单位原来生产的产品享受优待电价,但根据国家和市场需要改变生产其他任何产品者,均不继续享受优待电价。1982年9月起,按国家物价局、水利电力部规定,取消对铁合金、镁、钛、硅、钠和电炉钙镁磷肥6种工业产品的用电优待,电解铝和电石生产用电优待值减为0.01元/千瓦时。1986年8月,根据水利电力部、国家物价局《关于取消电解铝的电价优待的通知》,取消对电解铝生产的用电优待。至1990年底,尚有农业排灌用电和电石、电炉黄磷、电解烧碱、合成氨4种工业产品用电继续享受优待电价。

　　2000年1月1日起,全省实行统一销售电价,为保证电价改革的顺利实施,对原统配电量比重较大、电价上升较多的国有企业,特别是大中型国有企业实行电价折让政策,在3~5年内逐步过渡到统一销售电价。

　　2004年,为了抑制高耗能行业盲目发展,促进技术进步和产业结构升级,提高能源利用效率,经国务院批准,对电解铝、铁合金、电石、烧碱、水泥、钢铁等6个高耗能企业按照国家产业政策的要求,分为淘汰类、限制类、允许和鼓励类企业实行差别电价。对上述行业中国家产业政策允许和鼓励类企业,其电价按《浙江省电网销售电价表》中相应的电价执行;对国家产业政策限制类和淘汰类企业,其电价在《浙江省电网销售电价表》中相应电价的基础上再分别提高0.02元/千瓦时和0.05元/千瓦时;对电石行业中排放不达标企业调价时,先按淘汰类电价执行,整改后经浙江省环保局验收排放达标的,1999年9月1日以后建设的电石生产装置用电改为执行限制类电价,其余企业用电改为执行允许和鼓励类电价。

　　2006年10月1日起,根据浙江省物价局《关于调整我省差别电价政策有关事项的通知》(浙价商

〔2006〕280号），对电解铝、铁合金、电石、烧碱、水泥、钢铁、黄磷、锌冶炼等8个高耗能行业的企业按照国家产业政策要求，分为淘汰类、限制类、允许和鼓励类企业实行差别电价。对上述行业中国家产业政策限制类和淘汰类企业，其电价在《浙江省电网销售电价表》中相应电价的基础上再分别提高0.03元/千瓦时和0.10元/千瓦时。经杭州市经济委员会核定，对临安市44家非淘汰类高耗能行业用户实行差别电价。2008年1月1日起，根据浙江省物价局《关于进一步调整我省差别电价政策有关事项的通知》（浙价商〔2007〕349号），对上述行业中国家产业政策限制类和淘汰类企业，其电价在《浙江省电网销售电价表》中相应电价的基础上分别提高0.05元/千瓦时和0.20元/千瓦时。至2010年，临安市无差别电价用户。

（四）煤炭和铁路运输加价

1985年5月23日，《国务院批转国家经委等部门〈关于鼓励集资办电和实行多种电价的暂行规定〉的通知》（国发〔1985〕72号）明确对部分电力实行多种电价，并提出煤运燃运加价政策。10月，浙江省计划经济委员会、浙江省财税局、浙江省电力工业局、浙江省物价局联合印发《关于通过用电加价收取煤炭加价和铁路运输加价款的通知》，规定对国家统配煤矿实行"投入产出包干"后，超过包干基数生产的煤炭用电，实行加价；铁路加运超产煤和各种加价煤用电，相应加收运费；供电企业同时实行新增电量加价销售。次月，临安县经济委员会、临安县财经税务局、临安县供电局、临安县物价局联合转发该文，并规定煤运加价收取范围，除城乡生活照明用电外，按实用电量的6%，加价0.04元/千瓦时，即平均增收0.0024元/千瓦时。根据临安县当年用电实际情况，由于小水电和差价电的补缺，实际增收0.0015元/千瓦时。加工电、余热发电及自行组织燃料的自备发电不收加价款。使用电煤的自备发电，按发电量扣除厂用电后收取加价款。所有煤运加价费，不另征地方附加费。之后，煤运加价多次调整。1993年国家全面调整目录电价，与煤运加价并轨，同年10月，取消煤运加价。

（五）集资电加价

浙江省利用集资办电资金建设的项目于1987年底开始陆续投产，根据《国务院批转国家经委等部门〈关于鼓励集资办电和实行多种电价的暂行规定〉的通知》（国发〔1985〕72号），从1988年起，浙江电网供电至各县（市）有关计量点的集资电量，核定电价0.14元/千瓦时（含国家规定的电价）。县（市）供电部门向当地用户结算时，加收线损、供电成本和销售税金。由于正常结算电费时，用户已按1976年国家颁发的电价结算，因此，从集资电价0.14元/千瓦时中减去上一年各地区平均销售电价和已结算的煤运加价费作为集资电差价，由三电办公室另收。1998年，国务院下文停止执行买用电权等有关规定，集资电价执行到1999年12月止。

（六）农网还贷资金

农网还贷资金是对电力用户征收的政府性基金，专项用于农村电网改造贷款还本付息。农网还贷资金前身是2001年以前实行的电力建设基金，是经国务院批准，在全国范围内向电力用户征收的专门用于电力建设的资金，征收标准为0.02元/千瓦时。

2001年，电力建设基金政策执行期满。经国务院批准，2001年12月17日，财政部印发《农网还贷资金征收使用管理办法》（财企〔2001〕820号），规定2001年1月1日—2005年12月31日，将电力建设基金0.02元/千瓦时并入电价，用于解决农村电网改造还贷问题。浙江属于农网改造贷款一省一贷的省份，直接将农网还贷资金并入电价内，由电力企业管理。

2004年10月，浙江省物价局、浙江省经济贸易委员会、浙江省电力工业局印发《关于明确企业自备电厂有关收费政策的通知》（浙价商〔2004〕281号），明确对企业自备电厂的自发自用电量按国家规定的标准征收三峡工程建设基金0.015元/千瓦时、农网还贷基金（电价）0.02元/千瓦时、城市公用事业附加费0.005元/千瓦时等政府性基金和附加费。

2007年1月8日，根据财政部印发的《关于延续农网还贷资金等17项政府性基金政策问题的通知》（财综〔2007〕3号），2006年底执行到期的农网还贷资金继续保留。"十二五"期间，根据《国务院办公厅转发发展改革委关于实施新一轮农村电网改造升级工程意见的通知》（国办发〔2011〕23号），将继续加收0.02元/千瓦时农网还贷资金，专项用于农村电网建设与改造升级工程贷款的还本付息。

# 第五节　电　费

## 一、抄表

民国时期，电厂属私人企业，表灯用电户较少，抄表由电厂负责。20世纪50年代，临安电厂、於潜电厂相继对动力用户（包括集体、企业）装表计量，由电厂抄表人员上门抄表后随即开出"缴费通知单"给用户，并建卡登记在册。每月按固定时间抄表，抄表卡分动力与照明两种。

1959年，临安电厂停止发电，改由杭州电气公司趸售电，抄表等用电业务工作参照杭州电气公司模式。1963年临安电力公司成立后，规定自月初至15日前抄表，抄表人员分片包干，基本固定抄表路线和时间，以形成惯例，使用户早有准备，闭户现象较少发生。若因居民用户闭户抄不到，抄表人员在居民门上写上告示，约定次日的抄表时间，便于用户配合。当时，抄表、开票、收费未严格分开，由抄表人员直接开票收费。

1964年3月，水利电力部《电费管理工作制度（试行本）》规定，电费抄表和核算工作必须分别由两个人或三个人担任（开据与收费必须分开），并加强审核、复算与监督检查工作。对于用电量较多的工业企业、机关、团体、学校、商店以及实行趸售电力的农村社、队等用户，凡在银行有结算账户者，可以采用以银行划拨方式结算电费；其他用户的电费，经当地银行同意可委托银行代收。抄表人员按月在规定日期持抄表卡片到用户现场抄录该月实用电量，做到不漏抄、不错抄、不误乘倍率、计算正确。抄表日期不得随意变动。抄表人员于抄表后，应立即将抄见电度、电费金额和收费限期通知用户。该时抄表卡已固定为统一的形式，照明表卡为红字印刷，动力表卡为黑字印刷。动力表卡多为三表合一，每个动力用户列4张抄表卡，3只单相表每表1卡，再加1张总表卡，3只单相表电量相加的总电量以及总电费都记录在总表卡上。当一张抄表卡用完时，需启用新的表卡，此时需把原表卡所列的用户名称、计量表型号、容量、电流互感器变比、电能表倍率、电价、专用变压器铜铁损、行业分类、最后一个月的抄见度数全部正确无误地填写在新卡栏目内，此项工作俗称"翻卡"。

受电变压器容量320千伏安以上的大用户，用电量很大，对当月售电量影响较大，因此大用户的抄表一般都安排在每月25日以后。又由于大用户执行二部制电价，计算较为复杂，从20世纪80年代中期起，临安县供电局对大用户定专人抄表和计算电量电费。而一般用电户的抄表安排在每个月的上旬。

20世纪90年代以前，抄表沿用现场手抄的方式，效率低，计算较为麻烦，易出现差错。1995年，临安县供电局的用电管理信息系统投入运行，供电企业售电量的抄、核、收均进入系统，实行流程管理，以微电脑器抄表，取代原始的手抄。这种抄表方式是将抄表器与用电营业系统微机接口，将应抄表用户数据传入抄表器，抄表人员携带抄表器赴用电户现场，将电能表记录数据输入抄表器内，回营业厅后，将抄表现场存储的数据通过接口传入营业系统微机进行电费计算，打印出电费通知单，通知用户在规定时期缴电费。供电局除对分散用户逐户现场抄表外，对一幢居民楼实行代抄，由该楼的业主轮流抄表。在一些社区，则由物业管理部门代抄表代收电费。

2001年，临安电网实行"两改一同价"后，临安农村用电实行一户一表，由临安各乡（镇）电管站统一销售到户、抄表到户、收费到户、服务到户。建立规范的抄表收费制度，实行微机开票，并推行"五统一、三公开"（即统一电价、统一发票、统一抄表、统一核算、统一考核，农户的电量公开、电价公开、电费公开）的电费电价管理措施。农村电费实行统收统支,全额上缴。临安各乡(镇)电管站及站聘请的村电工所需费用由临安市农电管理总站考核后统一划拨。

2002年,根据国务院农村电力体制改革的要求,临安市供电局撤销农电管理联站、乡(镇)电管站,重新划分原供电营业区域,组建完全隶属于临安市供电局的19个乡(镇)供电营业所,实行营配合一和收支2条线的管理。供电所抄表人员负责城镇供电范围内的用户,农村供电用户由营业所营配工(原称电管员、专职农电工)负责抄表,部分城镇郊区的公用变压器也由当地营业所营配工负责抄表收费。是年,浙江省电力营销客户管理信息系统投入运行。临安市供电局的用户(包括农村低压共20万用户)全部进入系统,取消传统的"三卡一台账",实现电子化管理。

"两改一同价"实施后电网用户数迅速增加,临安城乡居民生活用电用户由2002年的2.34万户增加到2006年的18.50万户,增长7.92倍,增大了抄表工作量和难度。2006年,临安市供电局开始试点安装低压集中抄表采集器,建立集中抄表系统,并编制《居民集抄系统运行管理规范》,明确居民集抄各部门的工作职责,以及主站和现场终端的安装、运行维护、信息管理等工作范围。2009年,把居民集抄项目移交至相应供电营业所。2010年3月,启动专变用户用电信息采集系统实用化工作。6月,启动居民用电信息采集系统建设,对居民用户安装无线采集器,用来采集居民用电信息,发挥用电信息采集系统在居民现场管理、远程抄表、台区线损管理中的重要作用。至年底,完成1600余台采集器安装工作,覆盖约1.7万户居民用户。

至2011年,临安市供电局安装专变终端2557台,覆盖率100%;安装配电终端2268台,覆盖率86.63%。12月20日,青山供电营业所完成低压集抄、公变终端、专变负控终端的全覆盖,成为临安市首个用电信息智能采集系统"三覆盖"的供电营业所。

2012年,根据浙江省电力公司"集抄集收"管理模式推广应用要求,临安市供电局组建"集抄集收"推广应用领导小组和工作小组;10月,完成全局所有专变用户(共计2679户)的"集抄集收"工作,并将3.8万户低压用户调入自动化抄表段,投入集抄集收应用。全面取消双月抄表,实现所有用户的月月抄表。

2015年2月,国网浙江省电力公司印发《关于2015年电费抄核收工作的实施意见》,要求充分利用用电信息采集、移交应用等手段,以抄核收一体化为目标,提升作业效率,以"一户一策"为核心控制回收风险,构建以抄表自动化、核算智能化、收费电子化、回收风险在线控制为主要特征的新型电费抄核收模式。国网浙江临安市供电公司低压用户的抄表收费工作通过招标采购以外包形式由浙江恒力电力承装有限公司供配电服务分公司承包。8月,撤销国网浙江临安市供电公司营销部(客户服务中心)抄表班。

2016年6月20日,国网浙江临安市供电公司与临安市经济和信息化局、临安市规划建设局联合印发《关于积极推进"四表合一"试点建设的通知》(临经信能源〔2016〕79号),推进"四表合一"试点建设工作。以星悦金座和公园城小区为试点,在Ⅱ型集中器和水表间加装通信接口转换器,通过协议转换器实现水表和Ⅱ型集中器之间数据传送,通过Ⅱ型集中器上传数据到用电信息采集主站,实现水、电采集一体化。8月18日,国网浙江临安市供电公司完成年度"四表合一"采集建设工程,共接入用电信息采集平台1070户智能水表,实现"水电"计量信息的统一采集,采集成功率95.24%。自10月1日起,临安城区取消发放纸质电费通知单,国网浙江临安市供电公司推出免费电费短信、微信公众号、掌上电力APP、支付宝电子账单等方式,通过电子化渠道,让市民自由选择查询和缴纳电费方式。针对孤寡老人或残疾人等特殊群体,工作人员主动上门提供各类供电服务。

## 二、收费

民国时期,临安电汽有限公司经营期间,收电费无固定日期。一般电厂派抄表人员抄表时,开票、收费一次完成。如因用户不在等,表抄不到,电费收不到时,隔日或下月收取。包灯用户则由用户按包灯盏数和灯泡瓦数按月上缴电费。

20世纪50年代末到60年代初，临安电力系统电费的回收沿袭杭州供电所的模式，抄表人员在抄录电表后，随即开出"缴费通知单"给用户，列出实用电量、应缴电费以及缴费截止日期。

70年代，随着供电线路的延长，用户、表计的增加，抄表收费工作日益繁重。临安电力公司抄表收费人员向用户宣传国家电费回收政策，做到口勤、手勤、脚勤，及时回收电费。1972年电费回收率为90%。

1973年2月起，贯彻执行水利电力部《供用电规则》第38条规定：对逾期10天不缴电费的用户，应加收滞纳金。滞纳金每日按电费总额5/10000征收，最低征收额电灯为0.5元，电力为1元；对长期不缴电费且多次拒交者，则停止供电，并追缴欠费。1973年电费回收率上升到96%。

1976年，浙江省电力工业局与中国农业银行签订农村信用社代收电费的合约，为供电部门电费回收工作带来方便。1977年，临安电力公司在17个公社试点开展委托信用社代收电费工作。1978年，在临安县42个公社中（除1个公社外）全面开展委托信用社代收电费，当年电费回收率100%。

1989年12月起，不论用电先后，临安县供电局对所有动力用户逐步实行先购后用的原则，供用双方签订供销合同；对用电大户，可实行分期购电；对于所有拖欠电费、逾期不缴的单位，一律根据《全国供用电规则》规定，予以停止供电；电费回收率计入季度、年度工作考核，并作为年终文明单位评比的重要依据。

1995年，临安县供电局下达电费回收（上缴）安全经济责任制考核办法，各乡（镇）电管站所承担的电费催收上缴到供电所的电费账户，月末应为应收电费总额的100%。各供电所应在次月7日前将电费总额的100%汇至局电费账户，以此考核各供电所的电费回收（上缴）率。

1999年，临安市供电局印发《关于进一步落实电费回收责任制和加大考核力度的通知》，进一步明确电费回收责任，电费回收考核人员范围扩大到分管局领导、用电科和三电办公室全体人员、农电总站领导、各供电所领导、用电班长、抄开收人员及电管站人员。

"两改一同价"后，抄表、收费方式也相应改革。2002年，浙江省电力工业局印发《城乡用电同价后农村供用电管理暂行办法》，规范农村供用电管理，规定农村综合变以下的用户由供电企业抄表、开票、收费到户，电费收入全额计入供电企业销售收入；供电企业与综合变以下的用户签订《供用电合同》，明确双方的权利和义务，实行"五统一、四到户、三公开"（统一电价、统一发票、统一抄表、统一核算、统一考核，销售到户、抄表到户、收费到户、服务到户，农户的电量公开、电价公开、电费公开）的规范化管理。是年，临安市供电局电力营销客户管理信息系统投入运行，农村综合变以下的用户也纳入该系统管理，解决传统的"三卡一账"所造成的频繁过卡、手工登记等人为因素造成的数据准确性差等缺点，采用电子化台账管理，并实现与银行计算机联网，提高电费回收（上缴）的及时性和安全性。

对逾期不缴电费的用户征收违约金（滞纳金）历来有之，收取标准不尽一致。2003年6月，杭州市电力局印发《电费违约金收缴工作暂行规定》，对违约金的收取管理做了具体规定。用户在供电企业规定的期限内，未交清电费，应当承担电费滞纳违约责任。电费违约金从逾期之日起，计算至缴纳日止。每日违约金的计算方法是：居民用户按欠费总额的千分之一计算；其他用户当年欠费部分，每日按欠费总额的千分之二计算；跨年度欠费部分，每日按欠费总额的千分之三计算。各供电营业网点（银行营业网点）收费窗口在收取欠费用户逾期电费时，必须同步收取违约金；欠费用户可以在各联网银行营业网点缴纳电费及电费违约金，银行工作人员不得拒收，应按"银电"双方签订的收费协议做好工作；委托银行代扣电费的用户，因存款不足等原因造成欠费时，在代扣电费时应同步扣违约金。

2004年，临安市供电局推行农村电费由银行代收试点工作，以锦南、太阳供电营业所为试点，召开电费代收试点工作总结分析会，总结经验后，在其他17个供电营业所广泛推广，实行银行代收电费，保证农村电费的安全及时回收。建立电费账户由营销系统管理、电费回收由银行系统划拨的管理轨道。

2006年，临安市供电局与中国建设银行、中国工商银行、上海浦东发展银行、农村信用合作社4家银行签订委托代收代扣电费协议，由银行代收代扣电费。2008年，临安市供电局与杭州金融清算中心签订

《浙江省集中代收付系统入网协议书》,通过直联方式接入浙江省集中代收付系统,实现批量代收付业务(简称批代)。临安市供电局推行《电费担保实施办法》,通过与银行(信用社)的业务合作,对电费回收高风险用户实行电费担保。2009年,临安市供电局推行电费分次结算,通过对内实行不间断的奖励考核政策,对外做好用户工作,使分次结算工作广泛实施。至2010年,临安市供电局对所有315千伏安以上工商业用户全部实行分次结算。

2011年3月,根据浙江省电力公司压缩电费"走收"的目标要求,临安市供电局与临安市路灯管理所沟通协调,原本由各供电营业所"走收"的路灯电费全部改为由电费管理中心统一托收,其他用户全部通过银行代扣、柜台等缴费。4月,临安市供电局在杭州地区率先实现山区用户"零走收";扩宽缴费渠道,完成POS机的上线。6—8月,临安市供电局与中国邮政储蓄银行股份有限公司等银行合作推出"银行批扣电费有奖赠礼""代扣电费上门服务活动"。9月,临安市供电局开通中国银行电费代扣代收业务。10月,临安市供电局上线一户通缴费业务。11月,临安市供电局完成电费充值卡推广业务,推出50元、100元、200元、500元四种面额电费充值卡,满足居民用户多样化的缴费需求。12月7日,临安市供电局发布电费回收预警通告,启动一级电费回收应急预案,防范"落后产能"企业电费回收风险。临安市各供电(营业)所逐户摸清全市114家"落后产能"企业生产经营情况和用电情况,指定专人对相关企业的电费缴纳情况进行跟踪分析,加强电费管控。

2012年,临安市供电局与中国邮政储蓄银行股份有限公司合作,完成全市98个农村邮政服务站建设,开通18个报刊亭代收电费业务,推行24小时自助缴费终端业务,拓展农村地区的缴费渠道,解决辖区部分农村地区缴费不便的问题。

2014年,国网浙江临安市供电公司印发《关于全面推广国网预付费控应用工作的通知》及操作手册细则,倡导"先付费、后用电"消费观念,重点向新建小区、租赁用户、欠费和不愿办理电费担保的高压客户推广。

2014—2016年,国网浙江临安市供电公司推广预付费控用户1.52万户。预付费控的推广有效地防范了电费回收风险。至2016年,国网浙江临安市供电公司连续16年实现电费回收"双结零"。

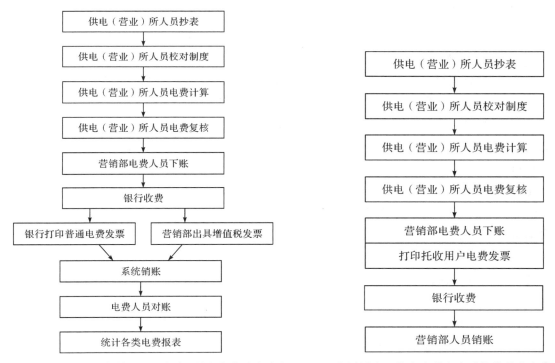

2016年国网浙江临安市供电公司批扣、现金电费业务流程　　2016年国网浙江临安市供电公司托收用户电费业务流程

### 三、电费管理

1964年3月,水利电力部《电费管理工作制度(试行本)》规定,电费抄表和核算工作必须分别由两个人或三个人完成(开据与收费必须分开),并加强审核、复算与监督检查工作。对于用电量较多的工业企业、机关、团体、学校、商店以及实行趸售电力的农村社、队等用户,凡在银行有结算账户者,可以采用银行划拨方式结算电费;对于其他用户的电费,经当地银行同意可委托银行代收。收取的电费,当日必须定时由专人存入银行,电费现金不在营业室或职工家中过夜。当月电费必须在月底前收齐,月末最后一天如数电汇至浙江省电业管理局财务处账户,月结月清。

1981年9月,电力工业部、财政部、中国人民银行、中国农业银行联合印发《关于继续抓好电、热费催收工作的通知》,明确电力是商品,必须坚持商品交换原则,用电要缴费;所有各类用户,不论单位和个人、工业用户和农业用户,都不得拖欠电费,否则电力部门有权按照《全国供用电规则》规定,停止供电,并追缴电费和滞纳金。1982年,浙江省电力工业局印发《浙江省电力工业局电费管理办法》,对抄表、收费、电费核算及账户管理,做出更明确的规定。临安县供电局于翌年制定电费管理制度,普通电价、二部制电价和工业优待电价严格按规定执行,农村用电基本上做到分电价装表。

1991年10月22日,《浙江省政府办公厅〈转发省物价局、省计经委、省电力局、省农村政策研究室关于加强农村电价电费管理的若干规定〉的通知》(浙政办〔1991〕12号),规定各级政府,特别是乡(镇)政府切实加强对乡(镇)电管站的领导,采取有力措施,坚决制止和纠正"三乱"(乱收费、乱罚款、乱摊派),使农村电价管理工作正规化;对禁而不止的,要追究领导责任;在整顿农电管理工作中,要强化法治意识,严厉查处偷窃电行为,情节严重者,由司法部门依法处理;电力部门要加强行业管理,整顿农电管理工作,从组织上、技术措施上使农电管理工作规范化,抓好农电设备的合理布局和技术改造,大力降低电能损耗;农村电价由县及县以上物价、供电部门共同负责管理,任何部门不得在电费中加收该规定以外的各种费用;县农电管理总站是服务性的管电组织,属独立核算的集体事业单位,在同级政府的领导下行使农村管电职能,由县供电局实行行业归口管理。区、乡(镇)电管站是县农电管理总站的派出机构,属非独立核算单位;乡(镇)电管站定员2~3人;每村配村电工1人(用电量大,供电范围广的村或用电户在500户以上的村可增加1人);各级电管站具体负责农村电价的执行,并把准确执行农村电价、电费的工作纳入电管站、村电工经济责任制考核;农村电费收支账目,各村应按县农电总站统一印制的表式,每月上报乡(镇)电管站并上墙公布;乡(镇)电管站负责汇总各村电费收支情况,经乡(镇)政府审核后,报县农电总站;电费账目应包括如下内容:县供电部门抄见总表各类电度、电费金额,各用户分表抄见电度、贴度、电费金额,总表与分表的差额电量,农电维修管理费等;严格禁止个人或联户经营电力;严格禁止对电费搞任何形式的个人承包,该规定下达前已搞个人或联户经营及承包的,必须立即收归集体管理,并与原经营者或承包人处理好资产和经济方面的问题;在一个县范围内不得层层趸售;尚未实行转供的地方,其转供费用需经县物价局和供电部门核定,报市(地)物价局、电力局备案。

1992年,临安县供电局按照杭州市电力局的统一安排,组织调查组,对农村电费电价进行调查分析,并会同当地乡(镇)政府取缔乱摊派、乱收费、乱加价,减轻农民负担。

1995年6月,临安县供电局开展全县行政村电费电价执行摸排和整改工作。1996年,临安市供电局巩固农村电费电价执行整顿成果,杜绝搭车收费和电费个人承包现象。

1997年9月13日,临安市政府印发《关于加强我市农村电费电价管理,取缔电费承包的通知》(临政发〔1997〕168号),要求各乡(镇)政府加强领导,明确职责,做好农村用电和电费电价管理工作。是月起,全市开展电力专项整治工作,村电工承包电费,盗窃国家电能的状况得到有效制止,农户用电电压低、不安全的状态也得到明显改善。

2000 年 9 月 29 日,浙江省物价局、浙江省电力工业局、浙江省发展计划委员会,根据国家计划委员会《关于加强农村电价管理,制止乱加价、乱收费行为的通知》(计电〔98〕39 号)等有关文件精神,联合印发《关于切实加强农村电价管理坚决制止农村电费承包的通知》浙价工〔2000〕378 号),规定如下:农村电价必须严格按规定实行明码标价,建立规范的电费收缴制度,杜绝权力电、人情电、关系电;农村电网改造完成的村对农户电费的收取,必须做到"五统一、四到户、三公开";对尚未完成改造的村,要及时上墙公布物价部门核定的电价,通过明码标价提高电价水平的透明度,加强社会监督,制止农村电费承包;供电企业对农村综合变压器结算价格应分别按省规定的分类电价执行;对确实难以按电价类别分别装设用电计量装置的,当地物价部门应按浙江省物价局、浙江省计划与经济委员会、浙江省电力工业局《关于全省实行统一销售电价的通知》(浙价工〔2000〕28 号)规定,合理确定不同电价类别用电量的比例,分别计费。

2001 年 11 月 1 日起,临安市实现城乡居民生活用电同网同价,实现电价电费"五统一"、用电消费"四到户"、电费收取过程"三公开",农村用电混乱现象得到极大改善。

2003 年 9 月,浙江省电力公司印发《关于加强电费安全管理的通知》,针对电力营销客户地理信息系统(GIS)的投入运行做了 8 条规定:当月抄见止度下载或录入 GIS 后必须锁定,当月应收电费经 GIS 计算、复核、下账后的数据必须锁定,业务人员不得擅自修改;当月电费计算下账后,发现个别用户数据差错或其他原因需修改的,必须按规定制度和电费计算流程进行处理;严格控制退补电费的审批权限,建立电费退补管理制度和电费差错考核制度;对已实行银行实时联网结算电费的单位,营销部门必须由专人每日与银行进行实收电费对账,并做到电费日结日清,确保银行联网结算电费系统数据与银行到账电费金额一致;明确各岗位的职责分工,严格按照抄、核、收 3 个环节明确分工、相互监督的原则配备人员,不允许 3 个环节由同一人担任;电费抄、核、收工作必须按流程化进行;加强 GIS 权限管理;加强电费工作的安全稽查和监督管理。临安市供电局按照这些要求,使电费管理工作更加规范有效。

2005 年,根据浙江省电力公司关于全面开展电费安全效能监察工作要求,临安市供电局成立电费效能监察工作领导小组,制定《临安市供电局电费安全效能监察实施意见》《临安市供电局电费安全效能监察工作细则》,在全局范围开展电费安全大检查,加强电费安全关键环节的管理,推进电费管理标准化、规范化,推进资金管理集约化、电费管理精细化。10 月,根据杭州市电力局《关于同意临安市供电局设立电费账务中心的批复》(杭电人资字〔2005〕17 号),临安市供电局设立电费账务中心,加强对电费的管理和监督,实行电费应收和实收一体化管理。

2009 年,临安市供电局根据浙江省电力公司《关于开展"电费管理年"活动的通知》(浙电营〔2009〕68 号)的工作布置和要求,结合本局工作实际,开展"电费管理年"活动,全面落实电费回收责任制,建立、健全电费回收快速反应和风险预警防范机制,修订《电费回收保障体系》《电费回收风险防范体系》《电费风险应急预案》;探索电费回收新思路、新办法,加强电费管理内控制度建设;进一步夯实电费管理基础,减少电费差错,确保完成全年电费回收任务。

2012 年 7 月,浙江省电力公司印发《电费账务管理办法(试行)》,规定从抄表核算之后所发生的电费账务处理工作,包括电费应收账务管理、电费实收账务管理、电费发票管理、电费呆坏账管理等业务要求。临安市供电局据此规范管理电费业务,确保电费资金安全。

2014 年 4 月,根据国网浙江电力电费精益化管理要求,国网浙江临安市供电公司制定《2014 年电费抄核收精益化管理实施细则》;实施采集主站运行、计量装置在线监测、自动抄表集中监控一体化;变革传统电费核算模式,前移电费核算风险管控关口,实现事前、事中、事后全过程"三抓三防三确保"新型智能电费核算工作模式;依托"集抄集收"管理模式深化应用,建立"客户导向型、抄表自动化、核算智能化、回收费控化、缴费多元化、账务实时化、服务互动化"(一型六化)的新型电费抄核收业务模式。

　　根据国家发展和改革委员会办公厅印发的《关于完善两部制电价用户基本电价执行方式的通知》（发改办价格〔2016〕1583号）和国网浙江省电力公司安排，2016年9月18—19日，国网浙江临安市供电公司开展"互联网＋营销服务"基础业务优化流程操作演练。公司营销部（客户服务中心）组织调度服务员、电费核算员及各单位用电检查员、业务受理员，测试基本电价计费方式变更、暂停、暂停恢复、调需量值、增容、低压更名六类流程，验证权限配置、流程操作、电费试算等功能，记录测试过程中的缺陷和问题，供厂商整改。此次演练完成6类业务37种场景43个流程的线上线下测试及4类业务15种场景的电费试算，编撰业务流程操作演练和电费试算报告。

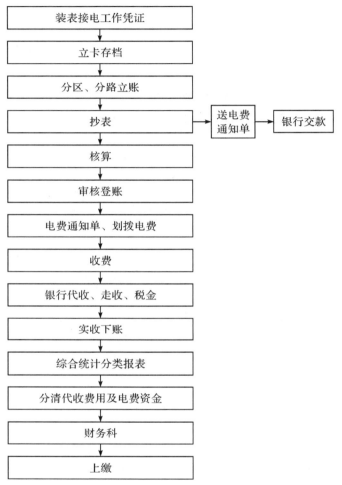

国网浙江临安市供电公司电费账务流程

# 第六章 农 电

1961年11月6日,临安县电力灌溉基建委员会成立。是年底,青山公社蒋杨生产大队安装临安县第一个电力灌溉机埠。1963年7月,为发展电力灌溉,促进农业生产发展,35千伏於潜变电站建成投运,临安农村逐步由大电网供电。临安农村用电从单一的农田灌溉用电发展到农村照明、农副产品加工用电及小规模的工业用电。1970年,全县新建机电排灌设备216台,装机总容量855.712马力;农村电站6座,发电设备容量216千瓦,全年发电量1479.52万千瓦时。1974年,全县所有公社架通了10千伏配电线路,95%以上的大队安装了配电变压器,100%的大队通了电,农村电力网基本形成。1978年9月,青山公社建立全县第一个农村电力管理站。1983年11月,全县第一个区级的农村电力管理联站——玲珑区电力管理联站成立。1985年5月,临安县政府批准成立临安县农电管理总站,负责全县乡(镇)电管站和农电工作。1994年8月,临安县政府批准成立临安县农村初级电气化建设领导小组,指导全县农村电气化建设。1996年2月,临安县被电力工业部授予"农村电气化县"称号。1999年4月,临安市成立以市长为组长的临安市农电体制改革、农村电网改造领导小组。9月,临安市供电局成立农网改造领导小组,在全市开展"两改一同价"工作,自2001年11月1日起对临安市供电局所辖农村电网的农村居民生活用电到户价实行城乡居民生活用电同网同价。根据《国务院批转国家经贸委关于加快农村电力体制改革加强农村电力管理意见的通知》(国发〔1999〕2号)和《关于印发〈浙江省乡(镇)农电体制改革实施意见(试行)〉的通知》(浙经贸能源〔2001〕1350号)文件精神,临安市由点到面在全市范围内开展农电管理体制改革。2002年,临安市撤销各乡(镇)电力管理联站及各乡(镇)电管站,组建19个供电营业所;原临安市各电管站的工作全部移交给供电营业所,由临安市供电局直接领导,实行规范化管理。2004年,临安市供电局会同临安市物价局对农村集体电力资产进行评估,并由临安市经济发展局监证,对全市646个行政村1675.58万元电力资产进行资产评估、协议签订和移交工作。10月,临安市电力资产移交工作全部结束,实现国务院提出的城乡用电同网同价的目标。12月,临安市供电局完成农电体制改革任务,理顺农电管理体制。

## 第一节 农电设施

### 一、配电线路

1955年,临安电厂架设6千伏线路1.5千米,供西墅街工农速成中学用电,此为临安配电线路之始。

1959年,从闲林埠钢铁厂35千伏降压站引出的10千伏余杭线上,支接31.5千米线路至临安县城关镇,临安开始由杭州电网供电,临安电厂随即停止发电。1960年,城关镇改由220千伏杭州变电站的10千伏临安线供电。1963年5月,35千伏临安变电站建成投入运行,建设10千伏出线4条,分别送电至青山、青云、横畈、板桥等地,为临安东部地区用大电网的电提供了保证。7月,35千伏於潜变电站建成投入运行，35千伏电源于临安变电站引出，10千伏线路有於潜、潜川、昌化3条，为临安中部地区用大电网的电提供了保证。1970年，由于电网建设的原材料缺乏，为节省投资，35千伏变电站开始执行10千伏"二线一地制"运行。

1972年开始，10千伏配电线路逐渐向农村和山区延伸。当时，分支线架设靠农村各大队微薄的集体经济收入和农民挖坑、立杆。电杆采用木质电杆，从当地山上采伐而来。铝导线由国家分配（向临安县物资局申请购买），导线规格基本是16毫米²、25毫米²。临安农民为农村电气化做出了重大贡献。至1974年，全县所有公社都架通了10千伏配电线路，95%以上的大队安装了配电变压器，100%的大队通了电。

农村用电量快速增长，但当时供配电设施陈旧不堪，安全供电问题突出。临安电力公司组织力量分期分批对农村10千伏线路进行更新改造，木质电杆逐渐调换成混凝土电杆（临安电力史上第一次用混凝土电杆是在1964年第4季度，10千伏青云线从临安县政府至人民医院路段木质电杆调换成混凝土电杆），导线由细调粗，农村配电变压器由临安电力公司代修。由于农村供电设备资产归社、队所有，尚要由社、队承担一定比例的维修资金。

为了解决农村社队的安全用电问题，根据电力工业部《关于建立代管社队农电资产维护基金的通知》（〔82〕电财字第47号），临安电力公司从1982年起，按接收或代管资产的总额提取"代管社队农电资产维护基金"，作为农村社、队10千伏供电线路的维修和改造资金。凡属临安县供电范围内，产权仍属社、队集体所有的农村10千伏供电线路，按照自愿的原则，由产权所属的社、队提出申请，经临安电力公司核实同意并签订接收或代管协议书，报请临安县政府核准后，该条10千伏供电线路由临安电力公司接收或负责代管，今后高压供电线路的维修及更新改造费用由临安电力公司负担。至1982年12月，临安电力公司和全县各社、队签订代管农电资产协议书227份，总计代管10千伏配电线路931.32千米。

"二线一地制"供电因供电可靠性差，事故多，对通信干扰大，20世纪80年代期间又逐步改为"三相三线制"运行。1992年初，结束临安县10千伏电网"二线一地制"的历史。

20世纪90年代，临安县（市）供电局新建了一批35～220千伏电压等级变电站，使10千伏供电半径逐渐缩小，小水电站先后通过10千伏线路并入临安电网，供电范围随之扩大。之后，供电企业结合企业安全、文明生产达标和"创一流"活动，开展建设10千伏标准化配电线路活动，加大配电网整改力度。农村配电网结合建设农村电气化县，以创建用电"标准村""合格村"为载体进行整改。

1999年，临安市供电局开始第一期农网建设与改造工作。按照"所站结合，以所为主"的要求，以"小容量，多布点"的形式，达到降低农网线损、提高线路末端电压、确保供电质量的目的。2001年，完成第一期农网改造任务，改造10千伏线路249千米，调换高耗能变压器219台，变电容量1.15万千伏安，新增配电变压器181台，变电容量1.09万千伏安。2002年，临安市供电局完成第二期农网改造任务，改造10千伏线路175千米，新增配电变压器122台，变电容量5840千伏安。

2015年，国家启动新一轮新增城镇和农村电网改造升级工程建设，国网浙江临安市供电公司结合临安山区配网实际情况，编制《新增城农网改造升级工程设备选型和配置要求》，并以联系单（联一运检〔2015〕62号）的形式印发。国网浙江临安市供电公司在标准化设计基础上适当提高建设改造标准，在昌化、於潜等山区跨距较大、树枝引起线路故障多发区域采用钢质转角杆、耐张杆和小型铁塔，在锦城城区和青山湖科技城、锦南新城核心区域配网设备的高压接线端子及导线接续线夹采用绝缘引线或绝缘罩等进行绝缘封闭，低压线路连接采用异形线夹或合金金具连接，铜铝过渡连接采用合金金具连接，并均加装绝缘护套。

2015年11月26日，国网浙江临安市供电公司完成天目山镇、藻溪镇区域3条环网架空线路的配电自动化试点工作，成为全省首家实现架空线配电自动化的县级供电公司。架空线配电自动化以10千伏架空线路为基础网架，通过加装具有遥测、遥信、遥控、遥调功能的自动化开关，实现对架空线路故障自动隔离、快速研判、负荷转供等操作。架空线配电自动化的实现,为架空线故障的快速隔离及研判、负荷倒换提供信息化平台,为缩短抢修时间、提升供电质量奠定了基础。

## 二、低压线路

20世纪60年代农村电网建设初期,由于当时农村经济基础薄弱,市场物资供应短缺,农村低压线路建设因陋就简。低压电杆多为杉木、毛竹杆,导线较细,甚至将铝绞线拆股使用,加之低压电网缺乏合理的设计,施工工艺差,电压低,线损率高,安全隐患多。1970年,为进一步做好农村用电线路维修工作,浙江省革命委员会生产指挥组安排给杭州地区用电生产维修导线5吨,临安电力公司革命委员会分到A016型导线0.5吨,专用于10千伏及以下所有农业用电线路生产维修。

20世纪70年代中后期,各地自筹资金,购置混凝土电杆和铝导线、塑料绝缘线,逐步更换木质电杆、毛竹杆和拆股线。杭州市电力局专职农电管理机构设立后,采购一批混凝土电杆及裸铝线、塑料电线、三相电缆线,以优惠的价格分配给各地农村。1974年,临安全县实现村村通电,农村电力网基本建成。

1983年,临安县供电局对全县5049千米农村低压线路进行调查摸底,制定整改措施并着手整改,至年底,线路完好率由1982年底的45.4%提升至73.2%。

为加快农村低压电网的整修步伐,解决农村低压电网建设费用的不足,根据杭州市政府发布的杭政〔1984〕186号文件规定,1985年1月起,临安县对资产归属乡(镇)、村集体所有的低压线路,在农村用电电费中加收10%农电维修管理费,落实农村低压电网建设、整修资金。从20世纪80年代中期开始,临安农村低压电网开始全面改造。至1995年底,全县共投资金额3898.68万元(其中农电维修费补助2296.36万元),改造农村用电标准村73个、合格村213个,整改低压线路3316.6千米。1995年11月,通过由华东电业管理局、浙江省农村工作办公室、浙江省农业厅、浙江省电力工业局、各市与各县电力部门专家组成的验收工作组的专项验收,临安县实现农村电气化县的目标。

1999年,临安开始实施"两改一同价"工作。农村电网改造的重点是农户计量装置、接户线路、危及人身安全及供电半径过长而影响供电质量的供电线路。1999—2002年,一、二期农网改造期间,共改造农村0.4千伏低压线路6523千米。

2006年,贯彻国家电网公司"新农村、新电力、新服务"的"三新"农电战略,临安开启新农村电气化建设。2006—2012年,临安市供电局累计投入资金10.68亿元,完成18个乡镇(街道)、298个行政村的新农村电气化建设改造工作。2012年8月28日,随着岛石镇、清凉峰镇和湍口镇通过新农村电气化建设验收,临安全境实现"村村电气化"。新农村建设改造过程中,推广集束导线在低压接户线中的应用,机械强度增强3倍以上,有效缓解各种恶劣天气对线路产生的影响,还有阻抗小的特点,比传统导线电压下降30%,对于稳定末端电压、提高电压质量具有实际意义,临安农村用电质量大为提高,有力推动了农村经济发展。

2013年,临安市有219千米的农村农用电力线路,主要用于农村的农业排灌、生产,由乡镇(街道)、村自行出资、建设和维护。多年来,受投入资金不足、设备被盗及运行维护不专业等因素影响,农用电力线路运行混乱、管理薄弱,存在极大隐患,由农用电力线路引发的触电事故时有发生。在临安市政府的支持下,国网浙江临安市供电公司于2013年6月启动农村农用电力线路改造和移交工作,历时2年,总投资2856万元,改造临安市范围内152个村的老旧农用线路,将村里原有的木制废旧电杆、裸导线拆除,统一采用12米混凝土电杆、70毫米$^2$绝缘线。改造好的线路经供电所与村委会协商,无偿移交给国网浙江临安市供电公司进行资产维护与管理。2014年10月底,国网浙江临安市供电公司全面完成农村农用电力线路改造移交工作。12月9日,通过杭州市经济和信息化委员会、国网杭州供电公司的联合验收,国网浙江临安市供电公司成为杭州地区首家通过验收的单位。其中龙岗供电所沃村农排工程获"国网浙江省电力公司2014年农村农用电力线路改造接收标杆工程"称号。

### 三、配电装置

20世纪50年代末，农村配电装置十分简陋。60年代初，临安县部分乡村开始建造电力排灌站。至1962年10月31日，全县建成机埠18处，设备能力191千瓦，受益面积1.2万亩。1963年，随着35千伏临安变电站、於潜变电站的相继建成，农村供电区域不断扩大，电力排灌站等农村配电设施迅速增加。

1984年，临安县供电局遵照电力工业部《关于建立代管社队农电资产维护基金的通知》（〔82〕电财字第47号），与全县648个村签订《代管农电资产协议书》，代管845台变压器，并向上级主管局申报资金，对年久失修的变压器逐年进行大修或更新。

1984年8月，浙江省电力工业局印发《关于发布用户量电方式的规定和专用计量柜有关问题的通知》（浙电用〔84〕第114号），对用户的量电方式做了专门规定，要求容量100千伏安及以上的低压量电用户，包括社队办企业，都要装设低压专用计量柜或计量箱，达到便于安装、查线、抄表和防止窃电的目的。最初，低压专用计量柜采用BSL型，计量柜或计量箱为密封型，各类电价的计量表和附属装置均封在内部，有窥视窗，便于抄表。计量柜门加锁并加封印，以防窃电。

根据杭州市电力局《关于淘汰BSL（全系列）低压配电装置的通知》，从1988年1月起，淘汰BSL低压配电装置（全系列）。1991年，根据浙江省电力工业局《关于农村综合用电变压器低压配电装置的几点规定》，临安县供电局的低压配电屏采用PGL型或专用配电屏、计量、配电综合屏，配电变压器低压侧装设总开关和熔断器，各分路装设分路开关和熔断器。计量装置（互感器、电能表及其间的二次线等）安装在计量屏或配电屏的专用计量仓内并加封。

1994年，临安县供电局结合标准（合格）村建设，对农村综合变配电房进行同步改造，计量屏采用临安县供电局电力开关厂生产的JBP型计量屏。

1998年，根据国家电力公司对农村电网建设和改造的要求，临安市供电局遵照《临安市1998—2000年农村电网建设、改造规划》和《农村电网建设与改造技术原则》，投入2.2亿元资金对农村电网进行建设与改造。

2002年后，农村配电网改造执行新的标准，淘汰"64标准""73标准"高耗能配电变压器。新增配电变压器选用S9系列节能变压器，全密封波纹油箱，防盗型，减少了维护工作量。针对农村负荷分散的特点，配电变压器台区按"小容量，密布点，短半径"及减少线路电能损坏和提高电能质量的原则进行布局。新装配电变压器以采用杆上装置为主，变压器底沿对地距离不小于2.5米，户外配电箱箱底距地面高度大于2米，变压器高压引下线采用架空绝缘导线。在条件许可的农村采用台屋式装置，其标准按《农村低压电力技术规程》。

为推广高效节能技术并提升农村供电质量，2009年8月起，临安市供电局制订3年淘汰全部高耗能变压器的工作计划，大规模置换高耗低效变压器。2011年12月7日，临安市最后1台S7型高耗能变压器调换工作完成，淘汰527台高耗能变压器的任务提前完成，推动临安绿色农村电网建设。2012年，临安全境实现"村村电气化"。新农村电气化建设采用非晶合金等节能型配电变压器，节能型配电变压器占比达到100%，年可节约电能约259.7万千瓦时。

2012年11月2日，临安市供电局作为杭州市电力局智能配电台区建设试点单位，改造完成首个智能配电台区——青柯村中变智能配电台区。智能化配电台区管理打破原有的台区运行管理模式，通过对变压器、配电柜、漏电保护器以及无功补偿装置等设备的智能化改造，加入智能配电变压器终端、智能剩余电流动作保护器、温度检测仪、智能电容、智能防盗模块、智能门禁等装置，不仅实现将配电变压器油温、配电房室温、漏电保护器、无功补偿等常规运行参数纳入智能公变监测系统进行实时监测，还新增漏保分合闸告警及短信提醒、远程试跳、远程控制分合、无功远程控制投切、配电柜门禁化管理等智能化功能,使得配电台区管理更趋于信息化、合理化、人性化。

2014年,国网浙江临安市供电公司按照设备精良、指标精益、管理精细、服务精致、环境精美的"五精"标准,分类分批整改公变台区。国网浙江临安市供电公司通过组织对台区经理工作的评比,激发台区经理的工作积极性,形成"比、学、赶、超"的创精品台区的氛围。是年,玲珑供电所石桥4号公变、天目供电所闽坞村(里闽坞)公变被国网浙江省电力公司授予"2014年度百佳精品台区"称号。国网浙江临安市供电公司将"精品台区"建设作为农村台区建设的样板工程,融入供电所标准化管理,提高供电所管理水平。

### 四、农村用电设备

1961年11月,临安县电力灌溉基建委员会设立。是年底,青山公社蒋杨生产大队电力抽水机埠建成。1962—1965年,随着大电网输变电建设完成,全县建电力灌溉机埠174处,动力1935千瓦,灌田1670公顷。20世纪60年代后期至70年代,临安县电力灌溉机埠发展迅速。1973年,临安有固定机埠716处,临时机埠583处,电动机1101台、容量8405千瓦,连同内燃机动力灌溉面积4913公顷。20世纪80年代初,农村实行家庭联产承包责任制,小型电力灌溉设施剧增。1985年底调查,临安有固定电灌机埠580处,电动机容量5998千瓦,灌田2955公顷;临时电灌机埠1849处,电动机容量8309千瓦。20世纪90年代,随着农业生产结构调整,电灌机埠和电动机容量均趋减少。1999年,临安有固定电灌机埠355处,电动机容量3424千瓦,灌田2685公顷,临时电灌水泵1018台,电动机容量1891千瓦。青山镇汪家埠1978年兴建排涝机埠1处,电动机3台90千瓦,保护农田67公顷。乐平乡2005年建成河西排涝机埠,装机400千瓦,保护农田80公顷;建成河东排涝机埠,装机800千瓦,保护农田135公顷。

临安农村由大电网供电后,农村用电从单一的农田灌溉用电发展到农村照明、农副产品加工用电及小规模的工业用电。农村用电设备除电灌机埠外,逐渐增加了电灯、电视机、电冰箱、电风扇、电动打稻机、粮食加工机械、茶叶加工机械等电气设备。1983年12月,国务院批准临安县为全国100个农村电气化试点县之一。之后,对临安农村低压电网进行全面的建设和整改,1995年11月,临安县通过农村电气化县验收。1996年2月,临安县被电力工业部授予"农村电气化县"称号。至1996年,临安市农业机械总动力26万千瓦。

进入21世纪,随着农村电网的建设和改造,以及新农村电气化建设的完成,临安电网农村电气化程度越来越高,用电设备在数量和类型上也逐年升级。

至2016年,全市农业机械共10.55万台,总动力39.19万千瓦。其中最多的是排灌机械,有4.45万台,动力6.15万千瓦;其次为林果业机械,有2.21万台,动力5.23万千瓦。

## 第二节　农电管理

### 一、农电组织

20世纪60年代,公社机电站建立,是公社农机、农电、水利综合管理部门。

1973年,杭州市电力局设立农电管理科,在临安、富阳、桐庐3个地区试点,落实公社专职电工,发挥社、队两级管电组织作用,形成最初的农电管理网。

20世纪80年代,农电组织进一步完善。

(一)农电管理总站

1985年5月,根据《浙江省农村电力管理站暂行条例》,临安县政府批准设立临安县农电管理总站,任命临安县供电局分管农电的副局长兼任总站站长。临安县农电管理总站在同级政府领导下,对区、乡(镇)电管站行使农电管理职能,临安县供电局实行归口行业管理。其工作主要有:做好计划用电、安全用电、节约用电工作;配合县电网建设规划,制定农村配电网的规划并组织实施;管理农电经费,按照规定标准向区、乡(镇)电管站划拨经费,并对费用的使用负责审查和监督。临安县农电管理总站实行企业化管理,独立核算,自负盈亏。经费由临安县供电局从农村电价综合加价中的农村低压电网维修费用中全额划拨,各区、乡(镇)站组织的劳务收入按一定比例上缴临安县农电管理总站。

在20世纪90年代,临安县(市)农电管理总站下辖3个区站、25个乡(镇)电管站,负责全县39个乡(镇)、662个行政村的农电管理。

根据《国务院批转国家经贸委关于加快农村电力体制改革加强农村电力管理意见的通知》(国发〔1999〕2号)和《浙江省经贸委、浙江省电力工业局关于尽快完成农电总站资产移交工作的通知》(浙经贸电力〔2007〕569号),临安市政府同意将原临安市农电管理总站的固定资产、财物及债权、债务等全部无偿移交给供电企业管理,并由供电企业承担相应的维护管理责任。临安市农电管理总站于2007年12月31日前完成资产移交和并账工作。2008年4月,临安市政府批复同意临安市农电管理总站撤销。

(二)农村电力管理站

1973年,国务院明确指示农村安全用电工作须由电力部门统一管理后,临安电力公司开始设专职农电管理人员,负责指导农电管理工作。1974年初,根据杭州供电局的要求,每个公社配备了一名专职电工,负责公社范围内的农电安全。1978年9月,作为浙江省电力工业局的试点,临安电力公司在青山公社设立农村电力管理站。1980年10月,根据浙江省电力工业局《关于公社电管站试点有关问题的试行规定》(浙电农〔80〕第96号),临安电力公司在河桥公社进行公社电管站试点。1981年,为了切实改善农村用电管理,根据浙江省电力工业局《关于整顿公社电工的通知》(浙电农〔81〕第94号)和杭州市电力局《关于整顿公社专职电工意见的通知》(杭电农字〔81〕第04号),临安电力公司对原有的公社专职电工进行整顿。12月,临安电力公司以10千伏线路为单位设立6个农村电管站(青云站、玲珑站、潜川站、於潜站、昌西站、昌化站)(简称线站)。翌年,临安电力公司又设立7个农村电管站(横畈站、青山站、天目站、太阳站、昌南站、昌北站、板桥站)。农村电管站是县级电力公司的基层管电机构,主要任务是负责本地区范围内的低压线路规划、建设和运行维护检修,管好各种低压电力设备;做好安全用电管理,防止触电事故和设备损坏事故;作好计划用电与节约用电管理,降低线损;负责抄表收费工作,正确执行电价制度;从事本地区社、队低压用电设备的修理和电气安装工作;完成电力部门委托交办的任务。

1983年,在原线站组织形式的基础上,临安县设立3个农村电力管理联站(玲珑区站、昌化区站、於潜区站)(简称区站),区站下设线站(设在电管站中)。区站是区范围内的用电管理机构,属集体经济性质,行政上归区公所领导,业务技术、财务管理由临安电力公司负责。区站一般配备人员3~5名,正站长由区公所分管负责人兼任,副站长由临安电力公司指派。区站的主要任务是负责本区范围内的安全用电、计划用电、节约用电等用电管理工作,负责对下属线站的行政组织领导和技术上指导、财务上的督促。区站和线站实行经济独立核算,经费来源、对电管员的工资除由电力部门给予补贴外,由区、社采取"以电养电"办法,按社、队企业核准用电的配电变压器容量。从1984年起,临安每年每千伏安收取1元钱的管理费,管理费由区站统一提取,作为区内各站日常开支和必要的活动经费。

1992年,临安县农电管理总站制定《农电管理总站低压电网整改工程管理制度》,规定农村低压电网整改工程一律由所在乡(镇)电管站受理,并由乡(镇)电管站组织站内电力安装队施工。在有关农村电网项目工程审查批准下达前,乡(镇)电管站不得与用户发生任何业务,凡享受农电维修费补助的所有工程一律由临安县农电管理总站审查批准。此后,该制度推广至杭州市电力局管辖的其他各县级供电局、用电管理所。5月,临安县实施撤区扩镇并乡,加快城镇化步伐。9月17日,临安县供电局撤销玲珑、於潜、昌化3个区站,增设高虹、堰口、湍口、龙岗4个乡(镇)电管站。乡(镇)电管站负责全乡(镇)的农村用电与低压电网发展规划、安全用电管理、计划用电管理、节约用电管理、农村电价电费管理及村电工管理等工作。

1994年,临安县供电局增设上甘、乐平、临目、塔山、洪岭、顺溪、马啸、千洪、横路等乡(镇)电管站,全县共有乡(镇)电管站30个。乡(镇)电管站实行由临安县农电管理总站和所在供电所双重领导,在它们的统一领导下开展各项工作。

1997年9月,临安市农电管理总站体制改革,以供电辖区设立玲珑、於潜、昌化3个乡(镇)电管联站,定员4人,设站长1名(由临安市供电局任命)。

1998年初,临安市供电局确定以横畈、锦城、杨岭、藻溪、湍口5个乡(镇)为农电管理体制改革的试点单位,实行农村电费和农村电工统一管理,对乡(镇)电管站进行资产清理,人员收编,重新划定业务工作范围,使其成为临安市供电局直管的"供电营业所"。至2000年,临安乡(镇)基本实现电管站"统管"到村。

2001年8月24日,杭州市电力局印发《关于临安市供电局要求成立乡(镇)供电营业所请示的批复》(杭电供〔2001〕317号),根据《国务院批转国家经贸委关于加快农村电力体制改革加强农村电力管理意见的通知》(国发〔1999〕2号),按照深化农村电力体制改革与加强农村电力管理相结合的原则,为使农电体制改革稳步推进,批复同意临安在现有乡(镇)电管站的基础上,建立供电营业所。先按一套班子、两块牌子运作管理,待条件成熟时再撤销乡(镇)电管站;按照《关于桐乡等15个县(市、区)城乡居民生活用电同价的通知》(浙价工〔2000〕401号)的精神,农村综合变压器以下用户的各类电费结算和用电管理仍归口于县(市、区)农电管理总站,继续按照收支两条线原则和相应的管理制度,加强对各乡(镇)供电营业所的管理和考核,实施"五统一、四到户、三公开";各乡(镇)供电营业所人员的用工性质保持不变,继续按照原有编制、劳动关系、劳动报酬及列支渠道,由临安市农电管理总站统一管理;农电安全考核和各类统计报表仍按原口径编制上报。

2002年1月,临安市供电局撤销各乡(镇)电管联站及各乡(镇)电管站,设立19个供电营业所,由临安市供电局直管。供电营业所实行营配合一和收支两条线的管理。

## 二、农村电工

20世纪60年代初,各公社机电站相继设立,大队电工、机手由机电站管理。大队电工、机手的培训,除临安县农业局等部门外,一般由公社机电站组织。1963年后,农村用电逐渐兴起,临安供电部门开始参与农村电工的培训。1964年,浙江省电力工业局在农村推广"亦工亦农电工"制度,公社、大队在社员中挑选作风正、有一定文化基础的青壮年为农村电工,经过供电部门老师傅的培训和指导,具有一定的电工技术。这支队伍,平时务农,有电力工程时参加电力工程建设并获得相应的报酬,成为当时农村电力建设中的骨干力量。

1973年,浙江省革命委员会批准浙江省水利电力局在临安、富阳等12个县的每个用电的公社配备1名亦农亦工专职电工进行试点。公社专职电工从此由公社机电站分离出来,成为公社的农电专管员,行政上由公社领导,粮户关系不变,电力部门负责技术、业务指导。公社专职电工的职责是:当好公社农业用电的"参谋";定期组织安全大检查,帮助大队电工对电力线路和用电设备进行整修;协助电力部门对大队电工进行技术培训等。

1991年,为加强村电工队伍的思想作风建设,临安开展村电工农民技术职称评定工作,相关人员通过电力部门培训考试,由临安县供电局评定小组审核后,报杭州市电力局批准,由临安县政府统一发证。

1992年,随着临安县撤区扩镇并乡,临安县供电局对农电体制进行改革,加强对村电工的管理,根据实际制定《村电工管理办法》,相应地制定聘用、考核等措施并贯彻实施。临安县供电局按照浙江省物价局、浙江电力工业局文件精神制定《临安县农电维修管理费管理办法(试行)》,对农村用电征收农电维修管理费,其中村电工补贴费占农电维修管理费总额的30%。村电工的补贴资金由临安县农电总站划拨给乡(镇)电管站,由乡(镇)电管站发到村电工。

20世纪90年代后期,由于部分乡(镇)、村领导对农村用电管理松懈,让村电工放任自流,电费由村电工一手操纵,出现村电工私人经营电力、承包电费的现象,造成农村用电和电费电价管理混乱。1998年,临安市供电局、临安市农电管理总站遵照临安市委、市政府的指示,印发《临安市农村电工管理及考核实施办法》,整顿农村电工队伍,并逐村进行审核登记,重新签订《村电工聘用合同》。村电工从原来813个重新登记注册为687个。

2000年3月,临安市供电局印发《关于农村电工整顿优化重新招聘的通知》(临电农〔2000〕001号),对横畈、城关、杨岭、藻溪4个试点乡(镇)的农村电工进行整顿优化,重新招聘上岗。11月12日,临安市政府批转临安市供电局《关于全面开展农村电工整顿优化重新招聘的请示》,临安市农电管理总站制定《关于开展农村电工整顿优化重新招聘的实施方案》,并设立村电工清理整顿领导小组,开展全市村电工清理整顿重新招聘工作。具体工作由临安市农电管理总站牵头,乡(镇)政府、村民委员会(简称村委会)配合,各乡(镇)电管联站、乡(镇)电管站实施,开展"两考一评"(即文化理论考试、工作业绩考核、群众评议)工作,按成绩择优录用。通过"两考一评"工作,临安全市招聘专业电工283人,并签订《临安市专业电工聘用协议》,组建了一支专业的农村电工队伍。

1999—2002年,临安市供电局按照国家电网公司的要求,对农电体制进行改革,对农村电网进行新一轮改造,在"两改"基本完成的基础上,实现城乡居民生活用电同网同价。取消农村电工承包电费,农村电工实行由乡(镇)电管站统一招聘、集中管理、合理分工、统一考核、发放报酬。2002年,撤销各乡(镇)电管联站及各乡(镇)电管站,设立由临安市供电局直管的19个供电营业所后,农村电工纳入供电局统一管理,临安市农村电工的补贴由临安市供电局统一划拨至各供电营业所代为发放,农村电工除做好农村电网改造和维修工作外,还协助做好抄表和电费回收工作。

2004年,临安市被确定为浙江省16个农电体制改革试点单位之一,在农网改造和管理体制改革的基础上进一步深化,重点进行劳动用工制度改革。农村电工和电管员均委托劳动和社会保障事务代理所代理,与临安市协和劳动和社会保障事务代理所签订劳务派遣协议,工资奖金由临安市协和劳动和社会保障事务代理所发放。11月30日,临安市农电管理总站与97名农电电管员终止劳动关系;终止劳动关系后的96名农电电管员于12月1日起,由临安市协和劳动和社会保障事务代理所代理。

### 三、农村标准化、电气化建设

20世纪60年代初至70年代,农村电网已基本形成。受经济条件、技术条件限制,电网布局不合理,设备简陋、线路质量低劣,加之管理工作薄弱、人员安全知识缺乏,事故连年上升。70年代初期,临安电力公司加强农村低压电网检查和整改工作。1973年,临安电力公司帮助西天目包家大队、东天目车庄大队、杨岭素云大队、上高大队等几个大队全面改造低压线路,并普查大部分社、队的低压线路现状,对其中严重不安全的线路及时采取措施,使农村低压线路质量有不同程度的提高。为规范农村电网的整改标准,1980年7月,杭州市电力局制定《杭州地区电气装置安装标准》,浙江省电力工业局制定《浙江省农村电气装置标准(试行)》,临安农村电网严格按上级标准进行整改。1983年12月,国务院批准临安县为全国100个农村电气化试点县之一。1984年2月,临安县政府设立临安县农村电气化领导小组,推进农村电气化的发展。

1988年9月,浙江省电力工业局印发《浙江省农村用电"标准村"、"合格村"验收办法(试行)》,以指导新一轮农村电网标准化建设。1993年8月,浙江省电力工业局等印发《关于农村低压电网维修费用实行农村电价综合加价办法的通知》,根据"谁建、谁管、谁用"以电养电原则,对农村用电征收农村低压电网维修费,使农村电网改造资金得到落实。临安各乡(镇)电管站根据文件要求,全面规划,组织实施,是年底建成低压电网合格村 121 个。

根据能源部《关于颁发〈农村电气化标准〉的通知》(能源农电〔1991〕80 号)文件精神和浙江省电力工业局、杭州市电力局有关要求,1994 年 7 月,临安县政府设立临安县农村初级电气化建设领导小组,副县长任组长,县农村经济工作委员会主任、县供电局局长为副组长;并抽调有关领导、各专业技术人员,设立电气化领导办公室。同时,临安县政府又批转临安县供电局《关于临安县农村电气化县建设实施意见的请示》,发至全县各乡(镇)和有关部门。之后,全县各乡(镇)都设立加强农村电气化工作领导班子。是年,临安全县建成农电标准村(合格村)48 个。

建设电气化县实施项目多,所需要资金缺口大,临安县政府提出"谁受益,谁出钱,谁用电,谁办电"的筹措资金的指导思想。1994 年底至 1995 年初,在测算批准县物价局、县供电局两局上报的 1995 年综合加价水平时,临安县政府先后两次召开常务会议,批准临安县电网建设资金作为综合加价组价因素。临安县农村电气化领导小组为了调动激发乡(镇)及村筹措资金的积极性,制定并印发《关于我县进行低压电网标准化建设实行奖励措施的通知》《本年度低压电网建设补助标准的通知》。各乡镇抓住机遇,主动提出"上下配合,多方筹资,共担重任",采用"乡镇拨一点、集体拿一点、上级补一点、户里集一点"的办法。2 年时间,全县用于高压电网建设资金 5140 万元;农村低压电网建设资金 2130 万元,其中农电维修补助资金 1080 万元,乡村集资 650 万元,县电网建设资金拨付 400 万元。1995 年 11 月 18 日,临安县农村电气化创建工作通过浙江省农村电气化验收委员会的验收。1996 年 2 月,电力工业部授予临安县"农村电气化县"称号。至 1996 年,临安全市共改造用电标准村(合格村)326 个。

1995 年临安县农村电气化建设考核指标汇总见表 6-1。

表 6-1　1995 年临安县农村电气化建设考核指标汇总

| 序号 | 考核指标内容 | 单位 | 标准 | 完成实绩 |
|---|---|---|---|---|
| 1 | 乡通电率 | % | 100 | 100 |
| 2 | 村通电率 | % | 100 | 100 |
| 3 | 户通电率 | % | 100 | 100 |
| 4 | 排灌用电供电保证率 | % | 100 | 100 |
| 5 | 乡村居民生活用电供电保证率 | % | 90 以上 | 99.93 |
| 6 | 全县人口年均用电量 | 千瓦时 | 300 以上 | 815.63 |
| 7 | 全县农业人口年均用电量 | 千瓦时 | 160 以上 | 612.72 |
| 8 | 全县农业人口农村生活年均用电量 | 千瓦时 | 50 以上 | 165.68 |
| 9 | 送电线路事故率 | 次/(百千米·年) | 低于 0.5 | 0 |
| 10 | 配电事故率 | 次/(百千米·年) | 低于 3 | 0.57 |
| 11 | 变电事故率 | 次/(台·年) | 低于 0.15 | 0 |
| 12 | 农村触电死亡事故率 | 人/千万千瓦时 | 低于 0.35 | 0 |
| 13 | 农电标准化变电站 | % | 40 以上 | 80 |
| 14 | 农电标准化送电线路 | % | 40 以上 | 55.6 |
| 15 | 农村用电标准(合格)村 | % | 40 以上 | 43.6 |
| 16 | 送电主设备完好率/一类设备占比 | %/% | 100/70 以上 | 100/76.9 |
| 17 | 配电主设备完好率/一类设备占比 | %/% | 100/70 以上 | 100/81 |
| 18 | 变电主设备完好率/一类设备占比 | %/% | 100/70 以上 | 100/96.9 |
| 19 | 低压配电装置完好率/一类设备占比 | %/% | 95 以上/60 以上 | 99/84.2 |
| 20 | 电压合格率 | % | 90 以上 | 93.57 |
| 21 | 线损率 | % | 8 以下 | 7.45 |
| 22 | 电费回收率 | % | 100 | 100 |

2005 年 12 月,中共中央、国务院印发《中共中央 国务院关于推进社会主义新农村建设的若干意见》(中发〔2006〕1 号),明确今后 5 年中国经济社会发展的奋斗目标和行动纲领,提出建设社会主义新农村的重大历史任务,为做好当前和今后一个时期的"三农"(即农业、农村、农民)工作指明方向。2006 年,浙江省委、省政府印发《关于全面推进社会主义新农村建设的决定》,指出"加大农村电网建设与改造的投入力度,开展新农村电气化县、乡(镇)、村建设。"临安市委、市政府印发《临安市"十一五"社会主义新农村建设规划》。

2006 年起,临安市供电局围绕"新农村、新电力、新服务"的发展战略,按照"政府发动、乡镇主动、电力推动、百姓互动"的思路,以"标准化、智能化"为目标,推进新农村电气化建设工作。2007 年 10 月,临安市政府办公室印发《关于成立临安市社会主义新农村电气化建设工作领导小组的通知》(临政办函〔2007〕71 号),成立临安市社会主义新农村电气化建设工作领导小组。

2008 年,临安全市投资 7093 万元,完成新农村电气化改造工程 208 项;配电变压器新增布点 116 台,新增容量 11020 千伏安;配电变压器增容 45 台,增加容量 5625 千伏安;改造 90 个行政村(219 个自然村)、290 个台区。12 月 24 日,临安市新农村电气化建设通过由浙江省经济贸易委员会、浙江省农业和农村工作领导小组办公室和浙江省电力公司组成的新农村电气化建设考评组县级考评验收。

2009 年 1 月 18 日,国家电网公司印发《关于命名 2008 年新农村电气化建设先进单位的通知》(国家电网农〔2009〕65 号),临安市供电局被命名为国家电网公司 2008 年新农村电气化建设先进单位。是年,临安市供电局投入新农村电气化改造资金 5728 万元,完成 50 个村(99 个自然村)的低压改造项目;改造 10 千伏及以下项目 251 项,配电变压器新增布点 35 台,配电变压器增容 46 台,增加容量 8865 千伏安。7 月和 10 月,临安市共有 50 个村通过临安市经济发展局、临安市农业和农村工作办公室、临安市供电局组成的临安市新农村电气化村考评验收小组考评验收,被授予"临安市新农村电气化村"称号。12 月,高虹镇、三口乡通过由杭州市经济发展局、杭州市农业和农村工作办公室、杭州市电力局组成的杭州市新农村电气化乡(镇)建设考评验收小组考评验收。

2010 年 10 月,临安市平山村等 29 个村通过临安市新农村电气化村考评验收小组考评验收,被授予"临安市新农村电气化村"称号。12 月,临安市锦南街道通过杭州市新农村电气化乡(镇)建设考评验收小组考评验收,获"A 类新农村电气化乡(镇)"称号。

2011 年 10 月,临安市射干村等 23 个村通过临安市新农村电气化村考评验收小组考评验收,被授予"临安市新农村电气化村"称号。12 月,临安市河桥镇通过杭州市新农村电气化乡(镇)建设考评验收小组考评验收,获"A 类新农村电气化乡(镇)"的称号。

2012 年 6 月和 8 月,临安市潘山村等 106 个村通过临安市新农村电气化村考评验收小组考评验收,被授予"临安市新农村电气化村"称号。8 月 28 日,临安市岛石镇、清凉峰镇和湍口镇通过杭州市新农村电气化乡(镇)验收,临安全境实现"村村电气化、镇镇电气化"。

6 年内,临安累计投入资金 10.68 亿元,完成 18 个乡镇(街道)、298 个行政村的新农村电气化建设改造工作。

# 第三节　"两改一同价"

"两改一同价"是中共中央、国务院为减轻农民负担、促进农村经济发展提出的重大举措,也是电力企业实施改革、造福千家万户的一项民心工程。1998 年 10 月 4 日,《国务院办公厅转发国家计委关于改造农村电网改革农电管理体制实现城乡同网同价请示的通知》(国办发〔1998〕134 号)公布。1999 年 1 月 4 日,《国务院批转国家经贸委关于加快农村电力体制改革加强农村电力管理的意见》(国发〔1999〕2 号)公布。1999 年 4 月 27 日,临安市政府办公室印发《关于成立临安市农电体制改革农村电网改造领导小组的通知》(临政办〔1999〕38 号),批转临安市供电局《临安市农电体制改革和农村电网改造实施方案》,确定横畈、锦城、杨岭、藻溪、湍口 5 个乡(镇)为农电改革的试点,以点带面全面开展"两改一同价"工作。是月,临安市委、市政府设立临安市农村用电秩序整顿领导小组。5 月 6 日,临安市召开全市农村用电秩序整顿动员大会,全面开展农村用电秩序整顿工作,取缔村电工承包电费的现象,打击恶意欠费、窃电、违章用电行为,制止"人情电、关系电、权力电"现象的发生。通过农村用电秩序整顿后,全市 661 个行政村的农村用电全部由乡(镇)电管站(供电营业所)实行统一管理,为减轻农民负担,实现"五统一、四到户、三公开"管理奠定良好的基础。作为试点,横畈供电营业所于 2000 年 4 月 6 日设立。

1999—2001 年,在临安市农村电网建设与改造工程中,临安市供电局共投入资金 2.2 亿元,完成 35 千伏及以上输变电工程 8 项;完成 10 千伏线路改造 249 千米,调换高耗能变压器 219 台,新增配电变压器 181 台;完成全市 412 个村的全面及部分改造,改造农村 0.4 千伏低压线路 2924 千米,安装农户表计 8.38 万户。2001 年 10 月,第一期农网改造工程通过浙江省计划委员会、浙江省电力公司、浙江省财政厅等部门组成的验收小组的验收。自 11 月 1 日起,对临安市供电局所辖农村电网的农村居民生活用电到户价实行城乡居民生活用电同网同价。2002 年,临安市供电局投资 5700 万元进行第二期农村电网和一户一表改造,改造 10 千伏线路 175 千米,增设配电变压器 122 台,改造农村 0.4 千伏低压线路 3599 千米,安装农户表计 17084 户。7 月,临安市小水电自供区农网改造工程通过验收。12 月,临安 651 个村实行城乡居民生活用电同网同价。2003 年,实现城乡其他各类用电的同网同价。

2002 年,以"厂网分开、竞价上网、打破垄断、引入竞争"为主要内容的市场化改革,带动全国电力工业进入新的市场化发展阶段。临安市供电局按照《国务院批转国家经贸委关于加快农村电力体制改革加强农村电力管理意见的通知》(国发〔1999〕2 号)和浙江省经济贸易委员会、浙江省电力工业局《关于印发〈浙江省乡(镇)农电体制改革实施意见(试行)〉的通知》(浙经贸能源〔2001〕1350 号),树立"对内以营销为中心、对外以客户为中心"的企业新理念,以"优质、方便、规范、真诚"的服务方针,实施农电体制改革,在全局范围内分工重构传统业务职能,整合业务流程,按照电力行业"管理为主、兼顾行政区划、方便客户"的原则,撤销乡(镇)电管联站、乡(镇)电管站,重新划分原供电营业区域,组建完全隶属于供电局的 19 个乡(镇)供电营业所,实行营配合一和收支两条线的管理,建立起"以市场为导向、以效益为中心、以服务为宗旨"的营销新体系和"通畅、高效、快速"的符合电力市场要求的服务新模式。

2004 年,临安市供电局会同临安市物价局评估农村集体电力资产,并由临安市经济发展局监证,对全市 646 个行政村 1675.58 万元电力资产进行资产评估、协议签订和移交工作,至 2004 年 10 月,资产移交工作全部结束,实现国务院提出的城乡用电同网同价的目标。12 月 2 日,临安市农电体制改革总结大会在临安市供电局召开,标志着历时 5 年的"两改一同价"工作取得阶段性成果。

# 第四节 农电安全

## 一、安全措施

### (一)农村电工教育培训

1963 年临安电力公司成立后,随着农村用电的普及,供电部门开始参与农村电工的培训,以提高农村电工业务知识和工作水平。

1970 年,临安全县农村普遍对安全用电不够重视,触电事故频发,4—7 月的 4 个月中,仅临天等 5 个公社就发生触电事故 16 次,其中死亡 6 人,重伤 9 人。为此,临安县革命委员会生产指挥组批转印发临安电力公司革命委员会《关于当年农村安全用电问题的报告》，对全县农村安全用电提出指导性意见。

1972年，临安电力公司革命委员会技术人员自己动手编写和刻印教材；在各公社的大力支持下，全年培训15个公社的农村电工420多名、触电急救员630多名。在"双夏"季节，公司组织28名职工到9个社、队，一边参加农业劳动，一边帮助农村电工检修农业供用电设备。1973年，杭州供电局在临安、富阳、桐庐3个地区试点，落实公社专职电工，发挥社、队两级管电组织作用。临安电力公司革命委员会改变往年等货上门修理的工作方法，到23个公社65个大队现场维修配电变压器81台，既减轻农民负担，又及时解决用电安全问题。1977年，临安电力公司革命委员会组织大队电工培训，以公社为单位，共25次，计525人；协助公社培训生产队电工8400余人（次）。1978年，推进农村电工队伍建设，加强对公社、大队、生产队电工的培训考核，经考核合格，获合格证的有280人，获操作证的有2548人。1979年，专门培训一批触电急救员。4月2日，临目公社溪口大队陈某某碰撞断落在低压线上的广播线而触电，在场社员立即用干燥树枝挑开电源，大队电工做人工呼吸，对其抢救脱险，避免一起人身触电死亡事故。

为加强和巩固电工队伍的建设，提高其技术水平，浙江省开展全省社会电工的统考工作。参加电工统考的主要是厂矿企事业单位及专用变的乡（镇）、村和个体联办企业的有营业执照的承装电工。临安县于1986年4—6月，对430名无证电工举办6期培训班；9—10月，对有证电工举办二期电视录像辅导班。8月，临安县设立电工考试委员会，下设办公室，专门负责有关统考和换发证的日常工作。1994年，为贯彻《农村低压电气安全工作规程》《农村安全用电规程》《农村低压电力技术规程》，临安县供电局组织从事农电工作的专业技术人员、管理人员、农村电工进行培训，并每人发放印有三项规程的手册一本。1997年，临安市283个单位的574人参加全省社会电工统考，通过考试合格发证的共530人，合格率92%，对促进安全生产起到了积极作用。

2000年，结合农网改造任务，临安市供电局举办新电工的培训、安装队施工人员的《电力安全工作规程》考试，以及工作负责人、工作票签发人的专业培训，通过培训、考试、资格认可，要求他们切实履行电力安全工作规程中的安全责任，确保人身和设备安全。

2002年，临安市供电局各供电营业所设立后，每年都组织电管员、专兼职电工进行电工进网作业许可证、上岗前安规等系统的培训。2004年，临安市供电局组织农村电工参加杭州市电力局农村电工岗位知识及技能竞赛，获团体一等奖。

根据《行政许可法》条例，2004年，临安市供电局对社会电工的考证和管理职能发生了变化，临安市供电局劳动人事科主动与临安市劳动和社会保障局联络商讨管理办法，提出并实行社会电工进网作业持有"双证"上岗制度。之后，临安市供电局每年都组织举办社会电工取证培训班。

2010年4月29日，临安市供电局培训中心由浙江省电力公司授牌成为县局级农电中级工培训基地，此为全省第二家、杭州市第一家获得授牌资质的县局级农电中级工培训基地。

（二）农村安全用电宣传

20世纪60—70年代，我国农村用电发展迅速，但由于用电知识和用电安全宣传不力，农村触电事故时有发生。各级电力主管部门和地方政府开始加强安全用电的宣传教育。临安电力公司结合下乡抄表、收费或设备维修，向农民宣传安全用电知识；在农村用电公社、大队张贴安全用电标语、图画、通知、条例，并在春耕、"双夏"农村用电高峰季节，通过有线广播宣传安全用电知识。

1975年，浙江省电力工业局在奉化县召开全省农电会议，强调安全用电知识的宣传和普及。临安电力公司革命委员会参照奉化经验，对以往发生的典型事故案例剖解事故原因，加强防范措施，总结经验教训；印制安全用电宣传手册、画报等，分发到农民手中或张贴在公共场合。

1977年，临安电力公司革命委员会编写农村安全用电宣传稿并发放到各公社、大队；编制并张贴《社员安全用电守则》；在"双夏"前对各公社、大队的电动打稻机和三芯线进行全面检查；组织各公社电工总结经验教训,互通情报,进行大总结、大评比,表扬农电安全用电工作落实得好的先进集体和个人。1979年,临安广泛利用多种宣传工具(广播、黑板报、宣传画、电影等)传播安全用电知识。由于重视农电安全,宣传教育广泛深入,临安人民的用电安全知识普及提高。玲珑公社玲珑大队和临目公社溪口大队分别发生2起碰撞低压线触电事故,都被当地群众通过用木质电杆挑开、打断电线而避免了触电死亡。1979年农村触电死亡人数比1978年下降25%。

电管站人员宣传安全用电

　　1985年,临安县农电管理总站设立后,每年派农村安全用电宣传车到全县农村田间地头宣传和检查安全用电。"双夏"前夕,县、区、乡(镇)各级召开"双夏"支农动员大会。各乡(镇)电管站组织支农小分队下乡支农,帮农民解决一些用电困难。乡(镇)电管站在墙上书写标语,在公路、集镇悬挂醒目的安全用电大幅宣传标语,在配电室墙上、配电变压器上悬挂安全警示牌;"双夏"期间,利用乡镇广播宣传安全用电注意事项;在暑假前,给中、小学生上安全用电课,进行安全用电知识教育。

　　随着农网"两改一同价"工作的深入、乡(镇)电管站体制改革的深化、农村集体电力资产的上划移交管理,供电企业负责管理的供用电范围大幅增加,加强农村安全用电和电力法律、法规宣传教育越显重要。国家电力公司先后印发《关于加强〈农村用电宣传挂图〉宣传、发行,促进农村安全用电的通知》(农综〔1999〕23号)和《关于加强农村安全用电宣传、发行〈农村用电安全〉教育片的通知》(农电〔2000〕9号)。临安结合当地实际情况,订购大批《农村用电宣传挂图》和《农村用电安全》教育片,到农村各地张贴和放映。之后,临安电力部门每年都制作或采购大量的农村安全用电宣传材料,用于农村安全用电宣传的这些资料以农村居民喜闻乐见的形式为主,如图片、练习本、扑克牌、动画片、电影等。

　　2011年7月27日晚,临安市供电局在当地纳凉人群最为密集的人民广场露天播放电力设施保护宣传片——《电力设施保护警示录》并在现场发放印有节能知识的小扇子和各类用电宣传手册,解答群众提出的各类用电方面的问题。

　　2013年5月13日,临安市供电局和临安市公安局联合开展电力设施保护宣传活动,在人员密集的厂区、村委等地张贴宣传海报;对电力设施破坏现场联合进行勘查追踪,确保电力设施安全。

　　2015年10月,国网浙江临安市供电公司启动"百场电影"下乡活动,在全市各个行政村进行免费巡回播放。电影开播前半个小时,滚动播放《农村电力设施和电能保护常识》《农村触电急救》《家庭用电安全》等7部安全用电宣传片,并现场发放节能宣传手册。临安市累计观影人数超过5万人(次),发放安全手册3万余份。

　　(三)农村安全用电大检查

　　20世纪60年代,电力部门开始建立农村用电设备定期检查制度,每年春、冬季节组织开展农电安全大检查,重点检查农村用电设备和社、队电工执行规章制度情况。20世纪70年代,农村安全用电大检查实行分级负责制,35千伏输变电设备和10千伏高压配电设备由电力部门组织检查;低压配电网由社、队电工检查;在各级进行自查的基础上,由上级电力部门组织抽查、复查和对口检查。

　　由于当时社、队对农村用电管理较为薄弱,低压触电伤亡事故频发,仅1970年4月到7月初,全县就发生触电事故16次,死亡6人,重伤9人。为此,临安电力公司革命委员会专门打报告给临安县革命委员会,要求加强农村安全用电,县革命委员会批转了此报告。1978年"双夏"期间,临安县委书记黄太和专门在公社书记会议上作了关于农村安全用电的讲话,公社、大队层层发动,有效地促进了农电安全。

1982年"双夏"前,临安电力公司开展农电安全用电大检查,主要查安全思想,查线路设备,查制度落实,查宣传效果,查计划用电;检查的方法采取电管站组织公社、大队自查,各工段组织电管站互查,电力公司组织全县抽查;边查边改边整顿。此后,每年农电安全用电大检查做法和检查内容大致相同。1985年设立临安县农电管理总站后,每年均开展"春季、冬季"农村安全用电大检查。1998年,临安市农电管理总站建立农电系统安全管理网络体系,临安市农电管理总站建立安全管理网络领导小组,乡(镇)电力管理联站建立以安全员为主的安全管理网络片组。在"双夏"和秋收冬种农忙季节期间,临安市农电管理总站安全管理领导小组对各乡(镇)电管站管辖的农村开展安全用电大检查,并经常对漏电保护器投入运行情况进行抽查和考核。乡(镇)电管站督促村电工做好本村的农村安全用电工作,并与村签订《农村安全用电管理协议书》,确保该站所管辖范围农电安全无事故。

1999—2001年,临安第一期农网改造期间,春、秋季安全大检查主要是发展农村综合变配电房、漏电保护器、农网改造施工现场的安全管理等工作。2000年,结合春、秋季安全大检查,针对原无锡产漏电保护器性能差、有一相不灵敏相和使用期限已满的实际情况,将原无锡产漏电保护器全部调换成临安乾龙漏电保护器,共调换786台,新装345台。全市共有漏电保护器2900余台,全部是临安生产的,提高了漏电保护器的运行率。

进入21世纪,临安市供电部门每年都开展对农村用电安全检查及宣传工作,重点对辖区的线路及台区进行巡查,对线路下的违章树木及线路与地面的安全距离进行检查,针对设备暴露的问题进行全面梳理,发现设备缺陷隐患,及时整治。同时,加强安全用电宣传,每年的安全生产月临安市供电局都会向群众讲解安全用电、科学用电、保护电力设施等相关常识,以提高广大人民群众的安全用电意识。

2010年6月,临安市供电局响应浙江省电力公司工作要求,结合当地农村用电特点,开展严防农村低压触电事故专项活动,安排农用线路安全管理、农村综合变压器低压台区总保护器安装运行管理、低压电网特殊巡视和监测、加强各类安全标识和防护管理、加强农村用电安全宣传五项内容。

2012年7月,临安市供电局成立专门农用线路检查组,对全市农用线路安全情况进行普查,检查重点为农用线路线径、高度是否合格,线路通道下方是否有树、竹等影响,装置设备是否合格等内容,对于检查不合格的农用线路,一律发放安全监察书,要求整改到位,限期未整改的则采取停电处理,消除安全隐患。

(四)"双夏"支农和百日无事故竞赛

20世纪60年代初开始,电力日渐在农村普及。农村触电死亡事故不断增加,"双夏"期间尤甚,每年7—9月的触电事故占全年农村触电事故的70%以上。为改变这一状况,按照上级电力部门的统一部署,每年到"双夏"期间,临安电力公司除留部分人员处理日常事务和处理事故外,其余则分组分片由领导带队,到农村支援"双夏"。工作重点是检查配电设备、农电线路和用电设备,指导安全用电,及时处理事故。20世纪70年代中期,电力供需矛盾十分突出,为保证农业用电,不误稻谷收割和插种的农时,临安县供电部门与临安县生产指挥组联合制定各行各业避峰让电支援农业生产的用电方案,同时,仍组织人员在"双夏"期间下田间地头。

为保证"双夏"季节农村安全用电,1978年,浙江省电力工业局在全省范围内开展"百日无事故"竞赛活动,时间定在7—9月"双夏"期间。活动内容为安全用电宣传、电力支农服务。开展"百日无事故"竞赛活动后,该年"双夏"期间的农村安全用电情况有所好转,农村触电死亡人数比上一年同期下降56%。

随着农村农用移动电器(电动打稻机、潜水泵等)的逐步推广,临安县试制农电接线盒,装于架空线路电杆上,方便田间移动电器接线操作,大大减少了挂钩用电的违章现象。

临安电力系统每年参加由浙江省电力工业局、杭州市电力局组织的农电"百日无事故"竞赛活动。

"双夏"前对大队电工进行安全技术业务培训。"双夏"期间组织电力支农小分队下乡巡回检查,重点检查配电设备、农电线路、用电设备、家用保安器的安装率、投运率、完好率情况,以及杆上接线盒、插座的安装情况,同时还检查电管员、村电工及支农人员每日坚守工作岗位为农户提供优质服务情况。支农小分队人员巡视在田间地头、村庄,发现问题就地解决,既当检查员,又当宣传员、检修员,努力搞好"双夏"安全用电。1994年,临安县供电局获杭州市电力局第十四次"农电百日安全竞赛"优胜单位称号。1995年,临安县供电局获杭州市电力局第十五次"农电百日安全竞赛"先进集体称号,以及浙江省电力工业局第十五次"农村用电百日安全竞赛"先进单位称号。

1998年开始,临安市供电局"农村用电百日安全竞赛"改为"农村安全用电及优质服务竞赛",开展第十八次农村安全用电及优质服务竞赛。农电体制改革后,临安市农村电网安全系数提高,农电队伍加强,农民的安全意识也提高,"双夏"期间农电安全竞赛活动已失去原来的意义。至2000年,临安市连续开展20余年的"农电百日安全竞赛"活动结束。

(五)安装触电保安器(漏电保护器)

鉴于20世纪70年代农村触电死亡事故频繁发生,1978年,浙江省电力工业局在临安县临天公社试点安装触电保安器,运行情况良好,该年触电死亡人数比上一年下降了37%。此后,临安县把安装触电保安器作为农村安全用电的主要技术措施来大力推广。触电保安器在推广初期,仅限于装在配电房农用低压线路出口处,称为总体保护;后在田间分支线路的电杆上安装称分体保护;装在电动打稻机、流动水泵接线板上,只保护1台设备,称单体保护。1983年,杭州市电力局、杭州市人民检察院、杭州市农村工作办公室、杭州市经济委员会、杭州市公安局和杭州市劳动局联合发出《关于低压电力线路必须装用触电保安器的联合通告》后,触电保安器便更加普及。1985年,全县农用配电变压器普遍安装了触电保安器和中性点不接地运行两项技术措施,使农电事故数比1984年下降了80%。

80年代中后期,随着农村家用电器的增多,家用漏电保护器(简称漏保)逐步普及。家用漏保装在每户的计量表箱内,称为家保,形成总体保护、分体保护和单体保护及家保"四级"保护。漏保的推广和应用,大幅减少触电事故的发生,"双夏"期间也极少有触电死亡事故发生,家用电器触电死亡事故杜绝。

2009年,临安市供电局在新农村电气化建设中改造4195户表箱,实现100%安装家用漏保。

2013年,国网浙江临安市供电公司启动国网浙江电力智能漏保全覆盖试点工程建设。国网浙江临安市供电公司作为杭州地区唯一一家试点单位,历时1个月,完成全公司4950台智能漏保现场安装及系统主站调试上线工作,实现智能漏保安装覆盖率100%。公司结合台区负责人制度,加强智能漏电保护监测力度,开展漏电保护运行的全面检查,避免出现因漏电导致的安全事故。20世纪90年代至2016年,临安县(市)年均农村触电死亡人数不到1人。

至2016年,临安市拥有漏保11.31万台,投运率100%。

(六)配电变压器中性点不接地

农村配电变压器自20世纪50年代起采用中性点直接接地方式运行。1983年,浙江省电力学会召开农村低压电网中性点不接地学术讨论会。同年12月,召开浙江省农村电气化学术讨论会,广泛征求意见。1984年6月,浙江省电力工业局印发《浙江省农村配电变压器中性点不接地运行规程(试行)》,推广配电变压器中性点不接地的安全技术措施。杭州市电力局于1984年2月制定《关于推广农村配电变压器中性点不接地运行的意见》。1985年,临安县供电局推广触电保安器和配电变压器中性点不接地两项技术措施,共安装触电保安器632台,配电变压器中性点不接地597台,使农电死亡事故大幅度下降。90年代之后,临安市由于农村低压线路质量提高、管理加强、漏保大量推广,农村用电安全形势好转,配电变压器中性点不接地运行又因技术上有一定的局限性而逐渐淘汰。

## 二、农村触电事故选录

1970年7月17日,横溪公社钱皇铺大队第三生产队副队长刘某某和社员王某某在田间将二相照明线路临时改装为打稻机三相电力线路时,适值同大队其他生产队想用电动机打稻,将三相闸刀推上,致使刘某某触电,幸经及时抢救,没有死亡,但胸部和两只手掌已被严重烧伤。

1970年7月25日,横畈公社郎家大队社员曹某某在田间使用电动打稻机打稻,在收理皮线时,因不懂电的知识,赤膊的右胸膛碰到漏电的皮线接头处,触电致死。

1970年8月1日,临天公社余村大队社员许某某到田间处理临时架设的照明电灯时,见300支光螺丝灯泡沾有露水,就以右手拉衣角去揩,触及灯头铜皮带电处,触电死亡。

1973年8月3日,横畈公社塘楼大队第二生产队一线一地制照明线路断线,造成3名社员触电、2名死亡、1名重伤的群伤事故。

1978年6月28日,临天公社龚家大队第七生产队副队长钱某某去机埠打水,因电动机外壳漏电,使钱某某脚碰电机而触电摔倒,后脚脚筋被三角皮带扭断。

1978年7月1日,横畈公社安村大队整改低压线路时,生产队电工俞某某拔去这条线路的分路插开(熔断器),由于边相采用直接,俞某某未发现,当时大队要收割花草籽,总闸刀送电,造成正在杆上紧线的俞某某因在紧线时脚碰拉线而触电,经抢救脱险。

1978年7月10日,青山公社研里大队某电工在电杆上搭火,由其他电工采用翻接头断开电源,由于电源未完全断开,中相漏电,使该电工在搭中相导线时脚碰拉线而触电,从电杆上摔下来,手臂伤势严重。

1978年7月21日,高虹公社水涛庄大队第五生产队打稻,采用挂钩用电,打稻结束后,赵某某叫1名妇女把挂钩钩子拿下来,该妇女没有照做,赵某某去拆电源接头,由于打稻机处闸刀倒装,造成触电,手指烧伤。

1979年5月1日,昔口大队社员苏某某路过大队机埠抽水用的低压动力线下,因整改过的线路未做尽头拉线,加上之前因大风影响,电杆倾斜,导线对地距离只有1.3米,苏某某由于不懂安全用电知识,为走过去,用手将电线抬高,从而触电死亡。

1979年7月23日,下步大队社员盛某某因新屋造好后3年未通电,等不及电工来给他安装,在雨天自己拉线安装。在拉线过程中,要跨越三相动力线。该动力线三相电源只装了2只保险盒,另1只保险盒因盖破损而直通,盛某某误认为已断电,就将导线甩过去,然后到水田去拆电源接头,因一相直通而触电死亡。

1979年7月27日,金家大队社员黄某某在给电动打稻机换地方时没有拔去电源插头,不小心碰到了带电的插头,从而触电死亡。

1981年6月25日,潜阳公社昔口大队社员殷某某路过大队抽水机动力线下,由于该低压线横担腐烂,绝缘子连同导线从杆上滑下,离地只有20厘米,殷某某为走过去,用手将线抬高一些,从而触电死亡。

1981年7月10日下午,太阳公社高拔大队在大队电工的带领下,共19人参加低压线路整改工作。由于没有采取安全措施,在紧线时,低压线上弹碰到10千伏高压线,发生群伤触电事故,共15人触电,3人从杆上摔下来,1人重伤,5人轻伤。

1983年6月1日,乐平公社西乐大队第七生产队社员王某某去自己责任田里耘田。该田间有横跨380伏三相四线木质电杆线路,导线是A—25单股铝线,因曾挂钩用电致使导线接触不良,属危险线路,原已停用,后因打麦需要,又通电使用。王某某耘田时耙柄碰及导线,导线当即断落在王某某的头部,使王某某触电死亡。

# 第七章　管　理

民国时期,临安电汽有限公司为私营股份制企业,有营业章程。

中华人民共和国成立初期,临安电厂为地方国营企业;潜电厂初办时为私营工业企业,1956年春,接受社会主义改造,成为公私合营企业;昌化水电站为地方国营企业。这些企业均采用传统方式进行生产、经营、财务、人事等管理。

1959年10月,临安接通杭州电网后,临安电厂结束火力发电。1960年8月,临安电厂改名为临安县供电所,由原来的发电企业改为供电企业,管理职能也相应地改变。1962年12月,经浙江省电业管理局批准,杭州供电局发文将临安县供电所改名为临安电力公司。1963年1月,杭州供电局接管临安境内的地方电厂、输变电设备和供用电业务。3月,浙江省人民委员会发文将临安等电力企业划归水利电力部直属管理。

"文化大革命"时期,临安电力公司受到严重冲击,生产及管理一度松懈,企业发展缓慢。1977年,贯彻中共中央《关于加快工业发展若干问题的决定》,重新建立规章制度,企业各项管理逐渐恢复正常。

十一届三中全会后,临安电力公司贯彻落实中共中央"调整、改革、整顿、提高"的方针,企业管理从指导思想、组织领导、管理制度等方面进行一系列的改革和建设。1982年4月起,临安电力公司开展全面的企业整顿,推行经济责任制,试行"党组织集体领导,职工民主管理,经理行政指挥"的管理体制。根据"四化"(即革命化、年轻化、知识化、专业化)和精干有力的要求,调整企业的领导班子。1983年12月,临安电力公司改名为临安县供电局,负责临安境内的电力建设、电网运行、维修和供用电业务。1988年4月,临安县供电局由部属企业划为省属企业,原管理模式不变,企业党政职能更为明晰,行政机构陆续调整,管理工作不断加强。1995年,通过农村电气化县验收。1996年,通过华东电网"双达标"验收。1997年,通过电力工业部"双达标"验收。2002年,临安市供电局被命名为国家电力公司"一流县供电企业"。2012年,国务院国有资产监督管理委员会批复同意自2012年1月1日起将临安市供电局等61户浙江省地方供电企业国有产权无偿划转给浙江省电力公司,临安市供电局成为浙江省电力公司直供直管的全资子公司,纳入国家电网公司一体化管理。产权划转后,企业独立法人地位不变、独立购销主体不变、核算体制不变、利润全部用于地方电网建设与发展不变。2013年5月,临安市供电局更名为国网浙江临安市供电公司。

## 第一节　管理体制

### 一、体制沿革

民国23年(1934)8月,杭县人沈锦林父子三人开办临安电汽有限公司,抗日战争爆发后,因燃料断绝而停办,厂房及设备在日机轰炸县城时被炸毁。而后,县城陆续开办了一些碾米厂,如临安聚源碾米厂、丰年大碾米厂等,以白天碾米为主,晚上兼营照明,但均因经营不善,开办时间不长。1950年下半年,江苏常州人胡禹门等人合股到临安办电厂，他们既是股东，又是工人，后因经营不善，亏损严重，债主纷纷向法院起诉，该厂无法在临安继续开办，遂将机器设备迁往江西。1951年7月，在临安镇上建成的私营发电厂（木炭发电）也因规模小，经营困难，开办不久即关闭。

1953年，经浙江省工业厅批准同意，临安县政府筹建临安电厂。7月，设立临安电厂基建委员会，由临安县委城镇工作部部长戴福君任主任，原裕民米厂厂长翁顺潮任厂长、基建负责人，由县政府拨款1.9万元，厂址即原裕民米厂发电车间。12月，临安电厂建成发电，有职工7人。

1959年7月，因区划调整，余杭电厂并入临安电厂。1960年4月，临安电厂调整组织机构，分建3个基层部门：临安工区、余杭工区、修配车间。1960年8月，临安电厂更名为临安县供电所。1961年4月，因分县，余杭电厂从临安县供电所划出。9月，中共中央颁发《国营工业企业工作条例（草案）》（简称"工业七十条"），提出国营工业企业管理工作的一些指导原则。临安县供电所根据临安县委、县人民委员会的要求，实行党支部领导下的厂长负责制；实行"五定"（定基建规模和产品方向，定生产任务，定人员、机构，定固定资产和流动资金，定原料、材料和燃料的供应）、"五包"（包产品的品种、数量和质量，包工资总额，包成本，包上缴利润，包设备的维护检修和主要设备的使用年限）责任制；加强企业经济核算和财务管理。

1962年5月，於潜电厂停办，该厂9名职工归属临安县供电所，设於潜供电所。12月，经浙江省电业管理局批准，杭州供电局发文将临安县供电所改名为临安电力公司。1963年1月，杭州供电局接管临安境内的地方电厂、输变电设备和供用电业务。3月，浙江省人民委员会发文将临安等供电企业划归水利电力部直属管理，隶属杭州供电局。临安电力公司实行党支部领导下的经理负责制。1964年6月，昌化水电站停止发电，昌化水电站18名职工负责10千伏线路维护检修工作，用电业务由於潜供电所负责，后临安电力公司与昌化水电站签订合同，委托昌化水电站负责用电业务。1967年3月，杭州供电局印发文件，明确昌化水电站业务由临安电力公司暂时代为管理。

"文化大革命"初期，"临安电力公司革命造反总部"强行夺取企业党政大权，并以"总部"名义行使领导权。1967年12月，"临安电力公司革命造反总部"经"临安县革命造反联合总指挥部"批准设立"临安电力公司革命委员会"，行使企业领导权。1974年1月，昌化水电站划归临安电力公司管辖，设昌化工段。1976年11月，临安电力公司下设3个工段：临安工段、於潜工段、昌化工段。临安电力公司成为集供电、用电、调度、变电检修于一体的综合电力企业。1978年，根据新宪法"除了实行政企合一的厂矿企业以外，都不是一级政权，不设立革命委员会"和临安县委《通知》（临委〔1978〕第27号）文件精神，临安电力公司革命委员会改回临安电力公司。

1982年，临安电力公司开始企业整顿，推行经济责任制。1983年，与杭州市电力局签订安全经济承包合同。12月，临安电力公司改名为临安县供电局。1985年5月，实行局长负责制。

1988年4月，临安县供电局划为浙江省省属企业，企业党政职能机构进一步分清，行政机构陆续调整，并相应调整财务、劳动工资、计划、统计等方面的管理工作。实行"两包两挂"（即包实现利润、包技术改造任务，工资总额与售电量和实现利润挂钩）的内部承包经营责任制，原管理模式不变，仍由杭州市电力局管辖。

1990年，临安县供电局全面开展企业升级工作，会计、计量、档案、全面质量管理等基础管理先后通过验收。1991年2月，临安县供电局通过省级先进企业和国家二级企业总体验收。4月，临安县供电局设立"双达标"工作领导小组，全面开展"双达标"工作。1992年1月，通过杭州市电力局"双达标"内部考评验收，12月，通过华东电业管理局"双达标"验收组的验收。1993年6月，临安县供电局设立三项制度改革领导小组，实行劳动、人事和工资三项制度改革。在定机构设置、定岗位编制、定人员职数、定岗位职责的"四定"基础上，于人事制度改革上引入竞争机制，采用双向选择与公开招聘的方法聘任中层干部和劳动组合,对管理人员和生产人员进行上岗考试、考核,经杭州市电力局批准,确定了全局职工的岗位工资。1995年10月,设立临安县供电局实行全员劳动合同制领导小组,逐步开展全员劳动合同制工作。1996年12月,临安撤县设市,临安县供电局改称临安市供电局。1999年4月,浙江省电力公司与浙江省政府签订全省统一的《趸售县供电企业代管协议》,代管协议明确"三个不变""两个控制""四个加强"的原则,即代管后产权隶属关系不变、财税体制不变、趸售方式不变;控制人员增长、控制工资总额,临安市供电局成为浙江省电力公司代管的县级供电企业。

2000年,根据杭州市电力局第八届第三次职工代表大会提出"创一流"供电企业的总体部署,临安市供电局开展"创一流"工作。2002年,临安市供电局被国家电力公司授予"一流县供电企业"称号,并连续第四次获国家电力公司"双文明单位"称号。是年,临安市供电局进行全面的体制改革,重新整合企业资源,理顺营销、生产、多经三大管理体系。在全局范围内对传统业务职能分工重构,业务流程整合,撤销各乡(镇)电管联站和各乡(镇)电管站,重新划分原供电营业所区域,组建完全隶属于临安市供电局的19个乡(镇)供电营业所,实行营配合一和收支两条线的管理,建立起"以市场为导向、以效益为中心、以服务为宗旨"的营销新体系和"通畅、高效、快速"符合电力市场要求的服务新模式。生产体制以安全为基础、效益为中心原则,初步建立"生产管理运行专业化、检修维护标准化、基本建设市场化"的生产管理体系。多种经营以实现产权多元化、经营市场化、产业规模化、管理规范化的发展目标,构筑"以资本为纽带、现代企业制度为基础、资产经营管理为中心"的多经新体系,形成以房地产、小水电为主导及五大骨干企业的多经新格局。企业逐步实现由计划生产型向市场经营型过渡。

2004年4月,临安市被确定为浙江省16个农电体制改革试点单位之一,在圆满结束农网改造和管理体制改革的基础上进一步深化农电体制改革,重点对人员劳动关系进行改革,即对电管员队伍实行劳动和社会保障代理。2009年,临安市供电局被国家电网公司授予"新农村电气化建设先进单位"称号。2010年,临安市供电局被中国水利电力质量管理协会授予"全国电力行业实施卓越绩效模式先进企业"称号。2012年7月,临安市供电局全面建成"三集五大"体系,并通过杭州市电力局专业评估和综合验收。11月22日,国务院国有资产监督管理委员会批复同意自2012年1月1日起将临安市供电局等61户浙江省地方供电企业国有产权无偿划转给浙江省电力公司,临安市供电局从代管县局变成直供直管子公司,纳入国家电网公司一体化管理。12月,临安市供电局被命名为浙江省电力公司"科技进步先进县供电企业"。2013年1月,临安市供电局被国家电网公司复评为"国家电网公司一流县供电企业"。2013年5月,根据《浙江省电力公司关于规范公司系统各单位名称的通知》(浙电人资〔2013〕702号),临安市供电局更名为国网浙江临安市供电公司,7月11日,启用"国网浙江临安市供电公司"印章。11月,国网浙江临安市供电公司获"国家电网公司科技进步先进县供电企业"称号。2015年10月,国网浙江临安市供电公司获"全国电力行业用户满意企业"称号。

1953—2016年临安供电企业行政负责人情况见表7-1,技术负责人情况见表7-2。

表7-1　1953—2016年临安供电企业行政负责人情况

| 名称 | 职务 | 负责人 | 任职时间 |
|---|---|---|---|
| 临安电厂 | 厂长 | 翁顺潮 | 1953年7月—1960年8月 |
| | 第二厂长 | 李玉民 | 1957年4月—1958年5月 |
| | 副厂长 | 严克纯 | 1959年7月—1960年8月 |
| 临安县供电所 | 主任 | 翁顺潮 | 1960年8月—1963年1月 |
| 临安电力公司 | 经理 | 张景亭 | 1963年1月—1967年12月 |
| | 副经理 | 翁顺潮 | 1963年1月—1967年12月 |

续表

| 名称 | 职务 | 负责人 | 任职时间 |
|---|---|---|---|
| 临安电力公司革命委员会 | 主任 | 陈先根 | 1967年12月—1968年12月 |
| | 主任 | 黄再荣 | 1968年12月—1969年4月 |
| | 主任 | 陈先根 | 1969年4月—1970年10月 |
| | 主任 | 朱开清 | 1970年10月—1973年4月 |
| | 主任 | 张景亭 | 1973年4月—1978年4月 |
| | 副主任 | 郭明 | 1976年11月—1978年4月 |
| | 副主任 | 翁顺潮 | 1967年12月—1978年4月 |
| | 副主任 | 陈先根 | 1976年11月—1977年11月 |
| 临安电力公司 | 经理 | 张景亭 | 1978年4月—1982年6月 |
| | 经理 | 周作模 | 1982年11月—1983年12月 |
| | 副经理 | 郭明 | 1978年4月—1979年11月 |
| | 副经理 | 翁顺潮 | 1978年4月—1979年11月 |
| | 副经理 | 陈先根 | 1978年4月—1980年10月 |
| | 副经理 | 潘之元 | 1978年9月—1982年11月 |
| | 副经理 | 黄梦生 | 1978年12月—1983年8月 |
| | 副经理 | 周作模 | 1981年11月—1982年11月 |
| | 副经理 | 陈坚 | 1983年8月—1983年12月 |
| | 副经理 | 盛成皿 | 1983年8月—1983年12月 |
| 临安县供电局 | 局长 | 周作模 | 1983年12月—1991年12月 |
| | 局长 | 潘之元 | 1991年12月—1996年12月 |
| | 副局长 | 陈坚 | 1983年12月—1996年12月 |
| | 副局长 | 盛成皿 | 1983年12月—1986年12月 |
| | 副局长 | 陆鉴 | 1986年12月—1996年4月 |
| | 副局长 | 李连强 | 1996年4月—1996年12月 |
| 临安市供电局 | 局长 | 潘之元 | 1996年12月—1998年9月 |
| | 局长 | 沈跃建 | 1998年9月—2000年12月 |
| | 代局长 | 李连强 | 2000年12月—2001年4月 |
| | 局长 | 李连强 | 2001年4月—2006年6月 |
| | 局长 | 宋耘 | 2006年6月—2013年7月 |
| | 副局长 | 陈坚 | 1996年12月—2000年12月 |
| | 副局长 | 李连强 | 1996年12月—2000年12月 |
| | 副局长 | 丁松 | 2000年12月—2009年1月 |
| | 副局长 | 许欣农 | 2000年12月—2010年8月 |
| | 副局长 | 黄小平 | 2009年1月—2013年7月 |
| | 副局长 | 丁松 | 2010年8月—2013年7月 |
| | 副局长 | 周雷 | 2010年8月—2013年7月 |
| | 副局长 | 李志强 | 2010年8月—2013年7月 |

| 名称 | 职务 | 负责人 | 任职时间 |
|---|---|---|---|
| 国网浙江临安市供电公司 | 总经理 | 宋耘 | 2013 年 7 月—2013 年 9 月 |
| | 总经理 | 沈广 | 2013 年 9 月—2015 年 12 月 |
| | 总经理 | 殷伟斌 | 2015 年 12 月—2016 年 9 月 |
| | 总经理 | 洪洲 | 2016 年 9 月—2016 年 12 月 |
| | 副总经理 | 丁松 | 2013 年 7 月—2016 年 12 月 |
| | 副总经理 | 黄小平 | 2013 年 7 月—2016 年 11 月 |
| | 副总经理 | 周雷 | 2013 年 7 月—2014 年 3 月 |
| | 副总经理 | 李志强 | 2013 年 7 月—2014 年 8 月 |
| | 副总经理 | 安晓军 | 2014 年 3 月—2016 年 12 月 |
| | 副总经理 | 汪李忠 | 2015 年 6 月—2016 年 12 月 |
| | 副总经理 | 朱军 | 2016 年 11 月—2016 年 12 月 |

表 7-2 1984—2016 年临安供电企业技术负责人情况

| 职务 | 负责人 | 任职时间 |
|---|---|---|
| 主任工程师 | 陆鉴 | 1984 年 7 月—1998 年 9 月 |
| | 竺政庆 | 1998 年 9 月—2005 年 1 月 |
| 总工程师 | 李志强 | 2007 年 11 月—2010 年 8 月 |
| | 安晓军 | 2010 年 8 月—2014 年 3 月 |
| | 汪李忠 | 2014 年 3 月—2015 年 6 月 |
| | 吴振杰 | 2015 年 6 月—2016 年 10 月 |
| | 麻立群 | 2016 年 10 月—2016 年 12 月 |

## 二、机构设置

民国期间,临安电汽有限公司为股份制私营企业,人员配置极少,企业负责人兼任技术人员。

中华人民共和国成立后,私营电厂机构设置简单。1960 年 4 月,临安电厂调整组织机构,分建 3 个基层部门:临安工区、余杭工区、修配车间,由正、副厂长兼任工区主任,并明确书记、厂长、工区和修配车间各类人员的职责。

1962 年 5 月,於潜电厂人员划归临安县供电所管辖,设立於潜供电所(1965 年更名为於潜工段);1974 年 1 月,昌化水电站人员划归临安电力公司管辖,设立昌化工段。1976 年 11 月,临安电力公司下设 3 个工段:临安工段、於潜工段、昌化工段。1977 年 4 月,临安电力公司设立电力调度,并由杭州供电局安全调度科派员进行调度设备下放及业务交底手续。1981 年 5 月,临安电力公司设用电管理股、生产技术股、行政财务股,负责用电业务、电费电价、用电监察、线损管理、安全用电、调荷节电、生产检修、技术管理、固定资产、运行管理、行政事务、财务管理等工作。1983 年 3 月,临安电力公司设立变电工段,下辖变电检修班、临安变电站、於潜变电站、昌化变电站、龙岗变电站。

1983 年 12 月,临安电力公司改名为临安县供电局。杭州市电力局明确县供电局职能股室及其主要职责范围,可设股室:局办公室、生产技术股、计划财务股、用电管理股、总务股。1984 年 5 月,临安县供电局所属的临安、於潜、昌化工段改名为玲珑、於潜、昌化供电所。11 月,成立多种经营企业——临安县供电局电气服务公司。1985年5月,设立临安县农电管理总站。1987年4月,设立企业管理办公室。1990年3月,临安县供电局电气服务公司更名为临安县电力承装公司,并成立杭州临安开关厂。1990年4月,临安县供电局设立物资供应股。至1990年底,临安县供电局下设五股二室(生产技术股、用电管理股、计划财务股、总务股、物资供应股,办公室、企业管理办公室),玲珑、於潜、昌化三个供电所及变电工段、调度室等基层单位,电力承装公司、开关厂等多经企业。

1992年6月,临安县供电局设多种经营办公室;9月,设基建办公室。1993年,根据杭州市电力局《劳动、人事、工资三项制度改革总体方案》的要求,按照"精简、效能、理顺关系"的原则,调整管理机构和生产组织,临安县供电局职能科室调整为4个,分别是局办公室、生产技术科、用电管理科、财务科;生产单位7个,分别是玲珑供电所、於潜供电所、昌化变电站、变电工区、农电总站、调度室、计量室;设电力实业总公司,管辖全局所有多种经营企业,实行董事会领导下的总经理负责制。1996年,临安市供电局增设安全监察科。1997年,临安市供电局增设劳动人事科、审计科。1998年,临安市供电局调度室更名为调度所,撤销审计科、行政科,设立锦城供电所。1999年,临安市供电局恢复行政科(与华电房地产公司两块牌子、一套班子)。2000年,临安市供电局行政科与华电房地产公司分设;撤销变电工区,设立变电运行管理所和变电检修管理所。2002年,临安市供电局全面体制改革,撤销用电管理科,设立营销配电科;撤销变电运行管理所、变电检修管理所,设立运行管理所、检修管理所;计量室更名为计量管理所;撤销锦城供电所、玲珑供电所、於潜供电所、昌化供电所、横畈供电营业所、各乡(镇)电管联站及各乡(镇)电管站,设立19个供电营业所(锦城供电营业所、锦西供电营业所、锦北供电营业所、太湖源供电营业所、锦南供电营业所、青山供电营业所、於潜供电营业所、潜南供电营业所、太阳供电营业所、藻溪供电营业所、天目供电营业所、横路供电营业所、昌化供电营业所、昌南供电营业所、湍口供电营业所、昌西供电营业所、龙岗供电营业所、大峡谷供电营业所、昌北供电营业所)。2003年,临安市供电局撤销计算机室,设立企管科;撤销行政科,设立基建科。2004年,临安市供电局撤销运行管理所,撤销运行管理所青云操作站、临安操作站、昌化操作站和输电线路班,设立青云变电管理所、临安变电管理所、昌化变电管理所和输电线路管理所。2005年,临安市供电局设立监察审计室。

2006年,为适应国家电网公司建设"一强三优"现代公司的要求,根据杭州市电力局《关于临安市供电局"四定"管理工作实施方案的批复》(杭电人资〔2006〕441号)的规定,临安市供电局"四定"机构设置如下。

1.一级机构(职能科室)的设置

办公室、财务科、生产技术科、安全监察科、营销科、政工科(含工会办)、监察审计科、基建科和人力资源科。科室总数为9个。

2.二级机构(生产单位)的设置

调度所、客户服务中心、物资管理中心、锦城供电营业所。

3.三级机构(生产班组)的设置

(1)职能科室下设的班级机构:办公室下设小车班;基建科下设前期办公室;人力资源科下设培训中心;政工科(含工会办)下设生活后勤服务中心,生活后勤服务中心内设餐饮组和生活后勤组;安全监察科下设汽车修理部;营销科下设配网监控中心。

(2)生产管理所:青云变电管理所、临安变电管理所、昌化变电管理所、检修管理所、输电线路管理所、信息管理所。

(3)供电营业所:青山供电营业所、锦西供电营业所、锦北供电营业所、於潜供电营业所、藻溪供电营业所、潜南供电营业所、太阳供电营业所、昌化供电营业所、昌南供电营业所、龙岗供电营业所、锦南供电营业所、太湖源供电营业所、天目供电营业所、横路供电营业所、昌西供电营业所、湍口供电营业所、大峡谷供电营业所、昌北供电营业所。

（4）二级机构内设的班组：调度所内设调度班；客户服务中心内设电费账务中心、营销业务班和95598客户服务班；锦城供电营业所内设线路班、电费一班（城镇）、电费二班（农村）、抢修操作班和用电班等5个班组。

多经企业设立：杭州临安电力实业总公司，下设综合部、财务部及浙江恒晟置业有限公司、临安恒丰水电有限公司、浙江恒力电力承装有限公司、杭州恒信电气有限公司、临安恒晟广告有限公司、临安恒晟物业管理有限公司、临安电力物资供应公司、临安恒远电力工程有限公司、临安恒通有限公司、青山湖休闲村、临安电力印刷厂。

2009年5月，杭州市电力局印发《关于同意临安市供电局设立变电运行工区的批复》（杭电人资字〔2009〕22号），同意临安市供电局撤销临安变电管理所、青云变电管理所、昌化变电管理所，设立变电运行工区，下设3个生产班组：岗阳操作站、青云操作站、昌化操作站。

2010年7月，根据《关于规范县级供电企业本部机构编制的实施意见》（浙电人资〔2010〕341号）和《关于杭州市电力局县级供电企业本部机构编制实施方案的批复》（浙电人资〔2010〕758号）的精神，临安市供电局本部机构设置8个职能部门，分别是办公室、发展基建部、人力资源部、财务资产部、安全监察部、生产技术部、营销部、思想政治工作部。同时，设置工会办公室。

2012年5月，临安市供电局启动"三集五大"体系建设，根据浙江省电力公司《关于全面推进"三集五大"体系建设的意见》（浙电办〔2012〕119号）、《浙江省电力公司"三集五大"体系建设操作方案》（浙电办〔2012〕246号）和《关于"三集五大"体系建设操作方案的批复》（杭电人资〔2012〕185号）等文件精神，临安市供电局本部设置7个职能部门，分别是办公室、发展建设部、人力资源部、财务资产部、安全运检部、党群工作部、电力调度控制中心，其中，安全运检部与检修（建设）工区合署；设立安全运检部〔检修（建设）工区〕、客户服务中心（营销部）和物流服务中心等3个业务支撑和实施机构。

2012年7月1日，根据国家电网公司、浙江省电力公司"大检修"体系建设要求，临安市供电局设立配网运行抢修指挥中心，其前身是临安电力"95598"客户服务中心，隶属于检修（建设）工区配电运检中心。该中心正常情况下，承担配网运行抢修指挥中心的功能，主要承担配网抢修指挥、"95598"工单受理、报修受理、非调度设备管理、车辆物资调度等职能；应急情况下，承担临安市供电局应急指挥中枢职能，协调指挥各相关部门，妥善应对电力系统突发紧急事件。通过整合"两个中心"的职能，实现全局资源的优化协调配置。

2013年1月3日，根据《浙江省电力公司关于县供电企业设立党群工作部和安全监察质量部（保卫部）的通知》（浙电人资〔2012〕1877号）要求，临安市供电局设立安全监察质量部（保卫部）。同时，安全运检部调整为运维检修部。5月27日，根据《浙江省电力公司关于规范公司系统各单位名称的通知》（浙电人资〔2013〕702号），临安市供电局更名为国网浙江临安市供电公司。7月11日，根据《关于启用国网浙江省电力公司杭州供电公司办公室等部门、单位印章的通知》（杭电办字〔2013〕20号），启用"国网浙江临安市供电公司"印章。8月30日，根据《关于杭州地区县公司供电所机构优化设置的批复》（浙电农〔2013〕919号）的批复意见，国网浙江临安市供电公司设立6个供电所和8个供电服务站。

（1）青山供电所（局中层副职单位）：负责3个镇（街道）的供电服务，分别是青山湖街道、板桥镇、高虹镇。下设板桥供电服务站和高虹供电服务站。

（2）玲珑供电所（局中层副职单位）：负责5个镇（街道）的供电服务，分别是锦城街道、玲珑街道、锦北街道、锦南街道、太湖源镇。下设太湖源供电服务站。

（3）於潜供电所（局中层正职单位）：负责3个镇（街道）的供电服务，分别是於潜镇、太阳镇、潜川镇。

下设太阳供电服务站和潜川供电服务站。

（4）天目供电所（局中层副职单位）：负责 1 个镇（街道）的供电服务，分别是天目山镇。

（5）昌化供电所（局中层正职单位）：负责 3 个镇（街道）的供电服务，分别是昌化镇、河桥镇、湍口镇。下设湍口供电服务站。

（6）龙岗供电所（局中层副职单位）：负责 3 个镇（街道）的供电服务，分别是龙岗镇、清凉峰镇、岛石镇。下设清凉峰供电服务站和岛石供电服务站。

2013 年 12 月 31 日，根据《国网浙江临安市供电公司关于本部职能部门设置的通知》（临电人〔2013〕244 号）文件，国网浙江临安市供电公司设置本部职能部门 8 个，分别为办公室、发展建设部、财务资产部、安全监察质量部（保卫部）、人力资源部、党群工作部［工会、纪委（纪检）办公室、团委］、乡镇供电所管理部、电力调度控制分中心。运维检修部与检修（建设）工区合署，营销部与客户服务中心合署，具有职能管理和实施主体双重职责。根据《国网浙江临安市供电公司关于业务支撑和实施机构设置的通知》（临电人〔2013〕245 号）文件，设置业务支撑和实施机构 2 个，分别为运维检修部［检修（建设）工区］、营销部（客户服务中心）。运维检修部［检修（建设）工区］下设班组 12 个，分别为综合室、输电运检一班、输电运检二班、青云变电运维班、方圆变电运维班、变电检修一班、变电检修二班、带电作业班、配电运检一班、配电运检二班、信通运检班、仓储配送班。营销部（客户服务中心）下设班组 6 个，分别为综合室、营业班、抄表班、计量班、用电检查班、核算账务班。之后，组织机构相对稳定。

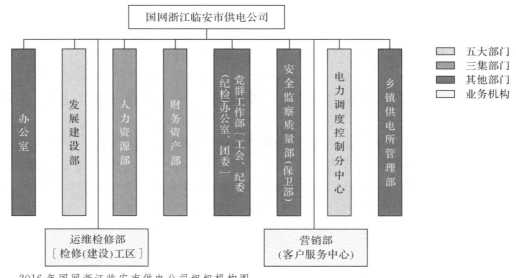

2016 年国网浙江临安市供电公司组织机构图

# 第二节　专业管理

## 一、计划管理

（一）规划

临安县在未由杭州电网供电前，临安、於潜电厂及昌化水电站自主经营，无统一发展规划，只有呈报地方政府的年度零星基本建设计划。

1959 年 6 月，杭州电气公司制定《杭州地区 1960—1962 年三年电网发展规划》，翌年，调整为《1961—1965 年五年发展规划》。该规划主要为解决地区电网在运行中的供需矛盾及供电薄弱环节，做好输、变、配电之间的衔接和负荷的平衡。1960年8月,临安县供电所成立后,根据该规划定期制订工作计划,并上报杭州供电所,报告计划完成情况。1962年,杭州供电局在各县供电企业编制的10年规划基础上,汇编《1963—1972年杭州地区电网10年发展规划》,预测规划期内负荷、电量水平,设计电网发展规划。1963年,临安县编制临安1963—1972年电气化规划,提出在"三五"和"四五"期间的电力发展规划。临安电力公司根据上级规划修订、调整县级电网发展规划。此后,因受资金短缺等制约,规划未得以全面实施,但变电站布点、主网接线完善等工作仍根据规划先后完成。

1984年11月,临安县供电局设立电网规划领导小组。1985年,为适应电网发展需要,临安县供电局编制《临安县1986—2005年电网规划》。1992年,临安县供电局结合本局科技发展规划设想,编制《八五科技发展规划》,该规划分科技发展规划纲要和科技计划项目表两部分,从提高电网供电能力、提高抗御自然灾害能力、提高调度自动化水平、提高通信设施和现代化水平、提高企业管理和全员素质、开展技术革新和技术改进等方面,促进临安电网的建设和发展。

1995年,在第三次全国工业普查工作中,临安县供电局查清各类设备的实物量及其技术状况,为编制新的电网发展规划准备确切的基础资料。

1997年,临安市供电局制定《创一流供电企业总体规划》,设立创一流供电企业工作领导小组、办公室及专业小组,对创建县级一流供电企业工作职责逐一分解落实。1999年,临安市供电局制定《创建一流供电企业规划》。嗣后,临安市供电局根据《国家电力公司一流县级供电企业考核标准》和《国家电力公司一流县级供电企业验收细则(试行)》,对安全管理、经营管理、文明生产、设备和生产管理、营销管理与优质服务、节能管理、技术进步、科学管理与企业文化等8项考核内容、创一流必备条件等进行职责分解、自查分析、整改。2002年9月,临安市供电局通过国家电力公司一流县级供电企业验收组的考核验收。11月,被国家电力公司授予"国家电力公司一流县供电企业"称号。

随着临安市经济建设速度的加快和产业结构的较大变化,对低压配网建设要求增加,2001年,临安市供电局编制并印发《临安市城市中低压配电网改造规划》,其中的负荷预测、城网现状、存在问题、改造重点及技术措施等内容作为临安市城市中低压配电网改造依据,发挥了很大的作用。根据临安市供电局"十五"电网规划、通信规划的要求和信息化建设的现状,临安市供电局编制《"十五"电网规划》《"十五"通信规划》《"十五"信息化规划》,以临安市供电局的实际需要和信息化现状为基础,以浙江省电力公司、杭州市电力局的规划要求为指导,采取自行开发和引进、消化相结合的思路,充分利用实用、先进的软硬件系统和技术,采用循序渐进、不断完善的方法,全面推进临安市供电局的信息化建设。"十五"期间,电力市场体制的确立,各项改革措施的实施和各项法律制度的建立、健全,为科技发展创造了更为有利的环境和条件,同时也对科技进步提出新的、更高的要求。临安市供电局编制并印发《"十五"科技进步规划》,以实际需要和科技现状为基础,以浙江省电力公司、杭州市电力局的规划要求为指导,以解决生产、经营、管理、建设中的热点和难点技术问题为重点,采取体制创新、机制灵活的工作思路,发展利用高新技术,通过引进、消化吸收、普及推广不断改造传统技术、传统工艺和传统管理,增强企业可持续发展能力。同时,临安市供电局编制《临安市供电局"十五"精神文明建设规划》,加强精神文明建设。

2003年,临安市供电局编制并印发《标准化建设规划(2002—2006年)》,根据电力市场发展的需要和行业特点,制定、实施各类标准及对标准的实施进行监督,规范企业管理,提高企业管理水平和服务质量。2003年9月,由杭州市电力局、杭州市质量技术监督局、临安市质量技术监督局组成的验收专家组对临安市供电局标准化工作进行评审验收,临安市供电局通过企业标准化三级水平确认。

"十五"期间,农村电网经过大规模改造后,临安市农村电网网架结构得到进一步完善,但随着城乡一体化步伐的推进、农村小集镇建设、农民新村的大量搬迁等,对农村低压网的发展和建设提出新的要求。2007年,临安市供电局编制《临安市农村低压配电网规划(2006—2010年)》,指导"十一五"期间的低压电网改造和建设工作,以达到为广大农村用户提供充足能源和电力、提高农村电网的电能质量和供电可靠率、降低电能损耗的目的,为广大农村的建设和发展提供支持。

信息化是世界经济和社会发展的大趋势,也是中国产业优化升级和实现工业化、现代化的关键环节。电网GIS(地理信息系统)是临安市供电局企业信息化的重要组成部分。2006年,临安市供电局根据《浙江省电力公司信息化发展"十五"规划》《杭州市电力局信息化发展"十五"规划》《临安市供电局"十五"信息化规划》,结合临安市供电局信息化建设的现有基础和发展目标,制定《临安市供电局电网GIS"十一五"规划》。

2005年,临安市供电局编制《临安电网"十一五"发展规划及2020年远景目标展望》,并于8月5日通过杭州市电力局专家组审查。

2007年,根据《临安市城市总体规划》《临安市国民经济和社会发展第十一个五年规划纲要》对电力发展的要求,结合《杭州城市电网"十一五"规划》《杭州电网目标网架规划》,临安市供电局重新修编《临安电网"十一五"规划及远景目标网架展望》,编制《临安市电力工程专项规划》。该规划针对临安电网中网架结构薄弱、220千伏电源布点不足,负荷分布不均衡、供电能力不足,供电半径大、电压质量合格率较低,局部小水电送出存在问题等缺点,致力于将临安电网建设成一个网架结构坚强、自动化程度高、供电能力强、信息通信配套、生产管理自动化和信息化的县级电网。《临安电网"十一五"规划及远景目标网架展望》《临安市电力工程专项规划》于2007年4月5日通过临安市发展和改革局组织的专家组论证,于7月23日获临安市政府批准发布实施。

2010年,临安市供电局以"坚强电网"为目标,以"适度超前、完善布点、优化网架"为原则,开展主网规划的编制工作,完成《临安电网2030年目标网架规划》《临安电网"十二五"发展规划》《临安东部电网补强专项规划》《临安市"十二五"农网规划》《临安市"十二五"中心镇电网规划》《青山湖科技城电力专项规划》。对原《临安市电力工程专项规划》进行滚动修编,编制《临安市"十二五"电力设施布局规划》。

"十二五"期间,临安市电网规划面临临安乡镇区划调整、节能减排以及临安市供电局内部部门职责调整等新形势,临安市供电局在电网发展、建设过程中密切关注社会经济发展的状态、外部环境因素的变化,协调与地方规划的关系,及时滚动和修正电网规划。2012年,根据国家电网公司布置开展新一轮配网规划滚动工作要求,结合临安经济发展趋势、负荷预测情况,对部分规划项目建设时序进行调整。将《临安电网"十二五"发展规划及远景展望》《临安市"十二五"电力设施布局规划》提请临安市政府主导进行评审发布,并将《临安市"十二五"管网规划》《临安市"十二五"配电网规划》《临安市"十二五"中心镇电网规划》等提交临安市发展和改革局备案,在最大程度上做好临安市供电局变电站站址及路径的保护工作,为临安市供电局"十二五"期间电网建设打下良好的基础。

2013年,根据国网浙江省电力公司推行的"两全"管理("全面计划、全面预算"管理),国网浙江临安市供电公司开展电网规划项目库、预备项目库等工作的研究、收资工作,实现对综合计划涉及的各类项目计划的全面指导。

2015年7月,国网浙江临安市供电公司设立电网规划委员会,进一步加强电网规划管理,完善电网规划体系;开展《临安电网"十三五"发展规划及中长期目标网架规划》和《临安电网"十三五"电力设施布局规划》的编制工作;完成《临安高新技术产业园区电力专项规划》的编制工作,通过终稿评审并公布。

2016年11月,《临安市电网"十三五"电力设施布局规划》经临安市政府批复同意发布实施。该规划是临安市政府确定的"十三五"专项规划之一,为临安市"十三五"期间电网建设的指导性文件。该规划在课题调研、规划编制阶段征求镇(街道)和相关部门的意见,以《临安市域总体规划》、镇(街道)

总体规划及相关控制性详细规划为依据,结合最新用地规划,预测空间负荷分布情况;针对城市饱和负荷进行电力平衡,开展远期、远景变电站及廊道布局,在城市规划图上进行变电站站址及廊道布局规划。该规划确立临安电网"两源七点、双环三片"(指形成500千伏临安变电站、500千伏杭州变电站2个电源;形成龙岗变电站、方圆变电站、青云变电站、岗阳变电站、泉口变电站、柯家变电站、锦里变电站共7个220千伏受电点;全市220千伏主干输电网主要形成临安—西部环、临安—主城环2个双环网;形成临安西部区块、中部区块、东部区块3片110千伏配电分区)的电网结构,解决网架结构、负荷相互转供能力、调度运行灵活性较弱的问题,应对偏远山区电网抗自然灾害能力较低、供电可靠性较低、电能质量相对较弱的问题;适度超前发展临安高压电网,满足近远期临安市域电力负荷及用电量增长的需求,为国民经济发展、城乡建设和居民生活提供充足、安全、优质的用电保证。

(二)计划

20世纪50年代,各电厂根据上年实绩,分别编制本厂年度产销、利润、成本计划,其指标为发电量、售电量、产值、利润、成本等内容。

1960年4月,临安电厂分设临安工区、余杭工区、修配车间3个基层部门,每个基层部门都设有财务计划统计员,负责编制月度、季度、年度的生产、财务、基建、大修理、物资等有关计划。1963年1月,临安电力公司成立,开始在杭州供电局的指导下,编制分季度用电量、电力平衡、基建、大修及负荷预测以及生产技术、安全措施、财务、物资等专项计划。"文化大革命"期间,计划工作受到冲击。

十一届三中全会以后,临安电力系统的计划管理工作经过全面整顿,逐渐恢复和健全各项管理制度,严格按工作程序办事,明确各类计划的分工权限。1982年11月,杭州市电力局设立各县电力公司的专职计划统计员,开始将杭州市电力局的指令性指标分解下达至各供电所各所属班组,由各生产单位各自制订实施计划,形成三级计划指标和纵向管理体系。

1983年8月,临安电力公司制定《生产计划制度》,明确规定公司、工段的月度生产计划和各生产班组的周作业计划制定与执行要求,落实公司、工段、班组三级生产责任制。

1985年3月,为避免无计划停电或重复停电给企业和用户造成的损失,临安县供电局制定《关于加强计划检修的规定》,对所属供电设备的计划检修做出明确规定:各生产单位必须在每月25日前填报下月的检修工作计划,由临安县供电局负责运行方式的人员和有关股室讨论后下达执行。对计划检修的执行情况,由临安调度按月考核统计。

2001年,临安市供电局修订《工作计划管理办法》,规定工作计划分为年度计划、季度计划和月度计划三类,实行"三级管理""一级管一级"的原则,分级上报,逐级审批,定点发布,百分制考核,规范工作计划管理,适应经济责任制考核的需要。

2008年,临安市供电局设立综合计划管理办公室及工作小组,加强综合计划过程控制,推进临安市供电局综合计划管理工作,构建"制度完善、指标科学、流程清晰、调控有力"的综合计划管理体系。

2011年,浙江省电力公司推行全面计划全面预算的"两全管理模式",综合计划的重要性进一步凸显。5月,临安市供电局设立综合计划管理领导小组和工作小组,负责综合计划工作的整理筹划和日常管理工作;制定《综合计划管理办法》和《综合计划考核评分细则》2个体系文件,完善计划执行激励机制,细化综合计划管理,变被动统计分析为主动控制;建立综合计划项目储备库,形成企业战略指导规划,计划落实该规划的全面计划管理模式。

2014年开始,国网浙江临安市供电公司经营计划编制纳入同业对标管理,主要涉及电量、用电最高负荷指标的预测准确率,每年分春季、秋季对电力市场进行预测分析,上报预测值,年底以实际完成情况与两次预测值进行比较,按偏差率大小进行排名。

（三）统计

1955年,临安电厂时期即设专职统计员1名,主要进行年度电力生产经济技术指标情况的统计。1960年4月,临安电厂分设临安工区、余杭工区、修配车间3个基层部门,每个基层部门都设有财务计划统计员,按质按量定期上交各项统计报表,并逐步建立电力生产、销售以及劳动工资、安全生产等定期报表制度。1965年,临安电力公司以整理1963—1964年度统计资料为主,兼收1949—1963年历年资料,并上报杭州供电局。"文化大革命"期间,统计工作时断时续,除供、售电量和劳动工资、财务等主要企业报表外,不少资料未作统计。

1982年11月,杭州市电力局设立各县电力公司的专职计划统计员,由生技股统计送电、变电、配电设施技术等方面资料。之后,杭州市电力局用电、安全、调度等部门相继开展数据资料统计工作,由杭州市电力局汇编成《计划统计年报》,一年一册,形成资料性的统计手册。1985年开始,杭州市电力局将计算机技术应用于统计工作,配置专用计算机,并逐步推广应用于用电量的统计和分析等。杭州市电力局统计工作归口生技股,统计内容主要包括设备状况、供用电经营情况、负荷情况、主要生产指标完成情况、主要经济指标完成情况、电网建设情况和人事工资等。

1999年底,临安市供电局根据浙江省电力公司要求,统计报表应用程序使用全省通用的"统计分析管理信息系统",进一步提高统计工作现代化管理水平。

2005年,根据国家统计局规定,开始执行新的行业用电分类标准。临安市供电局统计工作仍归口临安市供电局生产技术科,有专职统计员1名。2006年,统计工作归口部门调整为办公室,统计内容没有变化。2011年,统计工作归口部门调整为发展基建部,临安市统计局启用"统计联网直报平台"。2012年,国家电网公司的"规划计划信息管理平台"上线,系统内所有报表均由该平台上报,增加农网月报和半年报,增加线损、投资、业扩方面的统计数据,统计报表上报时间要求更加严格。

## 二、财务管理

（一）核算方式

民国时期,临安电汽有限公司为独立核算,自负盈亏。

中华人民共和国成立后,相继建成的临安电厂和於潜电厂,均实行独立经济核算;后各地陆续开办小电厂,仍为独立经济核算,自负盈亏。

1960年8月,临安县供电所成立后,在杭州供电所管辖下,进行财务管理工作。1963年1月,临安电力公司成立,为水利电力部部属企业,隶属杭州供电局,在财务上实行"统收统支"的核算体制。临安电力公司完成财产清点,向杭州供电局办理交接、签证和并账等工作。

1981年起,临安电力公司开始实行内部核算;是年,完成利润总额87.85万元,增超利润17.85万元,超计划25.5%,同比增加23.8万元,上升37.2%。

1984年,企业自主权进一步扩大,临安县供电局与杭州市电力局签订《安全经济承包合同》,完成基数合同后,超额部分与市局按比例分成。与此同时,试行"工资总额包干"的承包。

1988年临安县供电局由部属企业划为省属企业后,取消"统收统支"的核算办法,实行"收支挂钩"的核算办法。

1989年,计算机财务核算系统投入使用,临安县供电局在全省县级供电局中最早实现会计核算电算化。1990年,临安县供电局通过浙江省电力工业局会计工作达标验收,成为浙江省电力系统县级供电局第一家通过会计达标工作验收的单位。

1993年,国家财会制度发生重大变革,7月1日起,根据国家统一规定,临安县供电局执行《企业财务通则》和《企业会计准则》,实行新的会计核算制度。1996年1月,临安县供电局设立财务核算中心。

1996 年以前,临安电力基建工程基本实行收支两条线的财务制度,收入全部上交,支出由主管部门拨款,并基本采用与生产财务分开记账、独立核算的管理方式。1996 年 8 月 23 日,国务院印发《关于固定资产投资项目试行资本金制度的通知》(国发〔1996〕35 号),决定对固定资产投资项目试行资本金制度。1997 年 8 月 14 日,国家电力公司印发《关于电力项目实施资本金制度的若干意见》(国电计〔1997〕60 号),对国家电力公司用于电力项目的资本金来源、资本金投向原则、资本金使用范围和投资决策程序做出明确规定。从此,电力投资项目全面实施资本金制度。

2002—2005 年,临安市供电局项目成本均通过 SAP-PS 模块进行成本归集核算。

2007 年,临安市供电局根据上级要求,开展会计基础规范化达标工作,实现会计基础工作的规范化、科学化、精细化管理。是年底,临安市供电局多种经营企业实行独立经济核算。

2009 年,国家电网公司提出财务集约化管理总体工作思路和目标,以增强公司财务管控能力、提升运营效率和效益为目的,以财务资源的集团化、集约化运作为中心,以建立适应现代企业制度要求、科学高效的财务集约化管理体系为目标,推行财务管理“六统一”(统一会计政策、统一会计科目、统一信息标准、统一成本标准、统一业务流程、统一组织体系)、“五集中”(会计集中核算、资金集中管理、资本集中运作、预算集约调控、风险在线监控)。按照财务集约化管理的总体要求,结合国家财经法规变化情况,国家电网公司制定并出台《国家电网公司会计核算办法 2009》,调整完善业务核算方式,统一国家电网公司系统会计科目体系,对各类重大会计政策进行规范。2010 年 6 月,浙江省电力公司根据《国家电网公司会计核算办法 2009》,制定《浙江省电力公司会计核算手册》,临安市供电局根据该手册,开展会计核算工作。

2011 年 1 月,浙江省电力公司省地县一体化 ERP(企业资源计划)全覆盖项目运行,ERP 全覆盖系统有效统一了业务处理平台、管理模式和业务标准,为财务集约化管理提供信息化支撑。5 月,临安市供电局省地县一体化 ERP 全覆盖项目通过浙江省电力公司的实用化验收。临安市供电局结合浙江省电力公司会计核算办法的颁布执行和 ERP 上线运行,制定临安市供电局会计核算作业指导书,对各项经济事项明确并统一会计核算方式,提高会计核算规范化和标准化水平。

2012 年,临安市供电局国有产权无偿划转浙江省电力公司管理,临安市供电局从浙江省电力公司代管县局变成直供直管子公司后,与部属企业一样应用远光财务管控系统进行报表编报等财务处理,会计核算和报表管理与部属企业接轨,实现由账到表一键式自动生成。

2015 年 4 月,国网杭州供电公司市县财务一体化管理项目上线运行,国网浙江临安市供电公司所有的网上报销资金由国网杭州供电公司审批后方可支付;所有的资金根据部门上报的月度资金计划,在审批流程完成后,由国网杭州供电公司财务统一进行资金划转支付。

(二)固定资产

20 世纪 60 年代前,境内电厂规模较小,一般固定资产不足 10 万元。临安电厂 1957 年时固定资产原值为 6.31 万元。1963 年 1 月,临安等五县的电力企业由杭州供电局接管,临安电力公司将原临安县供电所固定资产予以清点,按要求造具清册,移交杭州供电局,固定资产原值 18.50 万元。1973 年,临安电力公司革命委员会在上年清产核资的基础上建立全公司资产账户,初步做到财产进出有记录,工具材料领发有手续,财务收支有审批。

为了加强对固定资产的管理和经济核算工作,1979 年 12 月,临安电力公司制定《固定资产管理制度(试行稿)》,规定凡使用期在 1 年及以上,单位价值在 800 元及以上(包括电度表、互感器),基本上能独立发挥作用的一切资产均属管理范围;并对固定资产管理职责和增减办法作明确规定,要求建立固定资产的账卡档案,及时记录资产增减的变动情况,定期查点固定资产,年终报送固定资产明细表,把固定资产的管理情况作为企业管理评比考核的一项重要内容。是年,临安电力公司对全公司进行了一次全面的清产核资工作,固定资产盘盈为 8.61 万元,盘亏(是 3 笔设备安装费)为 1.61 万元,报上级审批报废资产 16

项,计净值 2.49 万元,没有发生无着落的资产情况。

1983 年,根据电力工业部制定的《电力工业企业固定资产目录》和杭州市电力局制定的《固定资产管理办法和固定资产目录》,结合公司具体情况,临安电力公司重新修订印发固定资产目录,重新划分固定资产分类和划分标准点;改变部分固定资产登记对象和登记方法,修改部分固定资产分类折旧率。确定固定资产的标准主要有 3 条:①使用年限在 1 年及以上;②单位价值在 800 元及以上;③基本上能发挥独立作用。一般认为同时具备以上 3 个条件的作为固定资产,不能同时具备以上 3 个条件的作为附属设备和低值易耗品。

1985 年 9 月,临安县供电局贯彻国务院《国营企业固定资产折旧试行条例》,再次清点固定资产。其时,房屋固定资产原值为 117.1 万元,建筑物原值为 37.86 万元,送变电线路及设备原值为 411.94 万元,配电线路及设备原值为 128.64 万元,通信线路及设备原值为 29.73 万元,用电设备原值为 52.97 万元,运输设备原值为 21.98 万元,修造设备原值为 4.47 万元,各类工具原值为 7.81 万元,其他为 19.96 万元,固定资产原值共计 832.46 万元。

1987 年,根据水利电力部新颁布的《电力工业企业固定资产目录》和上级有关规定,临安县供电局完成新的固定资产分类明细清单,并汇总编制固定资产新旧分类对照表,从 7 月 1 日起按新的分类接转新的核算卡。

1996 年 12 月,为加强各基层单位的固定资产管理,临安县供电局在各基层单位、部门设立兼职固定资产管理网络。翌年,临安市供电局修订《临安市供电局固定资产管理办法》,对固定资产的划分标准和分类范围、固定资产登记、计价、建账、立卡、调拨、转移、报废、折旧等作明确规定,其中固定资产的单位价值提高至 2000 元及以上;并规定财务部门是全局固定资产账目总的动态管理职能部门,生技部门是全局固定资产实物总的动态管理和技术管理职能部门。

2001 年 2 月,根据《华东电网电力工业企业固定资产目录》和上级有关规定,临安市供电局修订《固定资产管理办法》,明确各单位对固定资产管理与使用的权责关系,明确划分固定资产与低值易耗品的界限;固定资产管理实行统一领导,贯彻归口与分级管理相结合的原则,即在临安市供电局生产局长的领导下,生产技术科和财务科负责全局固定资产的归口管理,各职能科室根据职责范围分别负责相关固定资产的管理,各固定资产的保管使用单位按"谁使用、谁保管、谁管理"的原则,设立专(兼)职人员,具体负责固定资产的实物管理,设立局、车间、班组三级管理网络;明确固定资产由生产技术科和财务科会同使用部门分别建卡,卡片依据《华东电网电力工业企业固定资产目录》建立。

2004 年,根据《国务院批转国家经贸委关于加快农村电力体制改革加强农村电力管理意见的通知》(国发〔1999〕2 号)、《国务院办公厅转发国家计委关于改造农村电网改革农电管理体制实现城乡同网同价请示的通知》(国办发〔1998〕134 号)规定:"乡及乡以下农村集体电力资产采取自愿上交、无偿划拨的方式由县级供电企业管理,并由其承担维护管理责任"。《关于加快推进农电资产估价鉴定移交工作的通知》(浙经贸能源〔2002〕1317 号)要求:"乡镇、村集体电力资产无偿移交给县(市、区)级供电企业,移交范围是供电企业计量计费电表及表前的全部集体电力资产。对于计量计费电表后的永久性排灌线路,由于移交条件尚未成熟,暂不移交"。临安市供电局完成临安地区农村集体电力资产估价移交工作,移交农村电网资产 1487.13 万元。是年底,临安市供电局固定资产原值为 33151.80 万元,净值 22413.21 万元。

2007 年 12 月,根据《浙江省经贸委、浙江省电力工业局关于尽快完成农电总站资产移交工作的通知》(浙经贸电力〔2007〕569 号)的规定,临安市农电管理总站整体资产无偿移交给临安市供电局,移交的资产包括流动资产 40.47 万元、固定资产 2263.38 万元、在建工程资产 1985.42 万元、流动负债 41.36 万元。

2009 年,临安市供电局采取新的固定资产清查模式,根据全局各单位的盘点结果,再与 PSMS(集中监控系统)设备台账、GIS线路台账相结合,统计出全局的实物资产,根据2009年印发的《浙江省电力公司固定资产目录》及原资产卡片和、PSMS设备台账、GIS线路台账,建立标准的对应关系。

2010年,临安市供电局完成固定资产投资2.53亿元。固定资产原值10.26亿元,折旧2.94亿元,净值7.32亿元。

2011年,随着ERP系统的应用,根据浙江省电力公司的要求,临安市供电局对变电设备的异动及时通过PMS进行管理,及时填写异动单(内容包括设备的投运、退运、变更、调拨)。为确保资产财务管理与资产实现账卡物一致,应用SAP(企业管理解决方案)系统设备资产进行联动管理,对固定资产的新增、运行、减少、变动进行动态管理。

2012年,临安市供电局"三集五大"体系建设后,部门变动较大,为更好地管理好局资产,在"三集五大"前后分别进行主人制台账统计清查;在"三集五大"机构重组后,对重组人员变动后资产进行处置,防止重组后资产管理的混乱。

2014年,根据国网浙江省电力公司及国网杭州供电公司的资产清查要求,国网浙江临安市供电公司组织开展房屋、仪器仪表、配网及信息设备、办公用品的清查工作;结合信息设备移交国网浙江省电力公司统一管理的工作,对信息资产进行清查及资产划分,理清信息资产和非信息资产情况,并将信息资产划转给国网浙江省电力公司统一管理;为进一步加强房屋、土地等大额资产管理,开展房屋、土地类资产清查;通过实地核查、历史财务凭证核查等步骤,完成公司99处房屋土地和财务资产卡片核对工作,并根据清查结果,将房产证号、土地证号等权属信息全部完善更新至财务资产卡片中,实现业务数据与财务数据的全对应。

1983—2016年临安电力系统固定资产统计见表7-3。

表7-3 1983—2016年临安电力系统固定资产统计

单位:万元

| 年份 | 原值 | 折旧 | 净值 | 年份 | 原值 | 折旧 | 净值 |
|---|---|---|---|---|---|---|---|
| 1983 | 622.04 | 232.22 | 389.82 | 2000 | 23637.27 | 5713.99 | 17923.28 |
| 1984 | 781.56 | 293.07 | 488.49 | 2001 | 26188.76 | 7126.49 | 19062.27 |
| 1985 | 832.46 | 332.14 | 500.32 | 2002 | 28409.32 | 8696.01 | 19713.31 |
| 1986 | 856.89 | 351.68 | 505.21 | 2003 | 32937.93 | 10238.97 | 22698.96 |
| 1987 | 670.33 | 265.30 | 405.03 | 2004 | 33151.80 | 10738.59 | 22413.21 |
| 1988 | 727.86 | 292.69 | 435.17 | 2005 | 40833.13 | 11778.33 | 29054.80 |
| 1989 | 1025.77 | 316.20 | 709.57 | 2006 | 46343.07 | 14304.73 | 32038.34 |
| 1990 | 1094.68 | 375.15 | 719.53 | 2007 | 63378.76 | 15981.29 | 47397.47 |
| 1991 | 1196.33 | 440.06 | 756.27 | 2008 | 76224.36 | 18195.63 | 58028.73 |
| 1992 | 1432.57 | 440.08 | 992.49 | 2009 | 92952.48 | 25569.55 | 67382.93 |
| 1993 | 1668.53 | 517.91 | 1150.62 | 2010 | 102611.68 | 29374.48 | 73237.20 |
| 1994 | 3288.67 | 1449.65 | 1839.02 | 2011 | 114800.46 | 36727.85 | 78072.61 |
| 1995 | 4054.47 | 1707.07 | 2347.40 | 2012 | 122829.19 | 44654.84 | 78174.35 |
| 1996 | 5230.12 | 1978.57 | 3251.55 | 2013 | 173034.46 | 80013.65 | 93020.81 |
| 1997 | 12026.62 | 2420.37 | 9606.25 | 2014 | 182009.76 | 88956.16 | 93053.60 |
| 1998 | 21483.68 | 3226.37 | 18257.31 | 2015 | 190538.24 | 99180.01 | 91358.23 |
| 1999 | 22938.67 | 4378.16 | 18560.51 | 2016 | 204889.00 | 105005.12 | 99883.88 |

(三)专用基金

1974年3月,杭州供电局革命委员会印发《关于使用新的会计科目的有关事项的通知》(供电〔74〕革财字第 05 号),原专用拨款科目改为专用基金科目,包括电表复置金、大修理基金、二项费用基金。临安电力公司自 3 月起电表复置金提成 50％留公司自行使用,其余 50％连同其他折扣上缴杭州供电局。

1978 年 2 月,杭州供电局革命委员会印发《关于加强"专用基金"管理的通知》(供电〔78〕革财字第 04 号),对专用基金(三项费用资金、业务扩充资金、电度表复置金)的使用管理做了明确规定。

1982 年 8 月,杭州市电力局印发《财务管理制度(试行)》,规定专用基金的管理原则、资金来源、使用范围和管理。专用基金的资金来自企业内部形成、上级拨入和其他单位拨入,主要作为专项工程设备、物资采购资金,更新改造资金,业务扩充资金,电度表复置金,大修理基金,职工奖励基金(和利润挂钩,按照经济责任制的规定执行),职工福利基金(按照职工工资总额的 11％预提包干使用),生产发展基金和其他专用基金。

1984 年,根据杭州市电力局《利润分成办法》规定,临安县供电局与杭州市电力局签订经济承包合同,经营自主权有所扩大,并逐步采取承包经营形式,其超额利润按 8.5∶1.5 分成,即 8.5 成由杭州市电力局平衡后上缴浙江省电力公司,1.5 成按 4∶3∶3 的比例分摊(4 成用于生产发展基金,3 成用于福利基金,3 成用于奖励基金)。

1986 年,增加代管农电资产维护基金,用于产权属社队集体所有的农村 10 千伏供电设备的维护和管理。电能表复置金并入更新改造资金。电能表复置金标准,按电能计量装置及工器具资产总值的 10％逐年提取。

1988 年,征收电力建设资金,按实用电量每千瓦时征收 0.02 元,凡新装和增加用电容量在 100 千伏安(千瓦)及以上者,不分电压等级,每千伏安(千瓦)征收 120 元。临安县供电局在每月收取电费和新装、增容用户报装时,分别征收,逐月按实收数全额上缴,由杭州市电力局集中,汇交浙江省电力开发公司。

1989 年,临安县供电局实行工效挂钩后,职工奖励基金的开支改从工资基金科目中交,取消职工奖励基金专项账户。

1993 年 7 月 1 日起,电力工业企业执行新的财务会计制度,取消原专用基金科目,将更新改造基金转入实收资本科目,业务扩充基金、以电养电基金转入资本公积科目,生产发展基金转入盈余公积科目,职工福利基金转入应付福利费科目,代管农电维护基金转入其他应付款科目;大修理基金转入固定资产修理费;企业支付的供电贴费和配电贴费在生产成本中列支。

(四)成本和利税

民国 23 年(1934)开办的临安电汽有限公司,预计供电成本为 0.27 元/千瓦时,在抗日战争爆发后停办。而后开办的一些碾米厂或私营电厂,开办时间均不长。

中华人民共和国成立初期,电厂成本主要由燃料、材料、工资、折旧、费用构成。国家对电力销售征收营业税,税率为 2％。1953 年 12 月,临安电厂发电,是年底,实际供电单位成本 15032 元(旧币)/千瓦时,总供电成本 1877.5 万元(旧币)。1954 年,临安电厂开展增产节约运动,加强成本管理,挖掘潜力,扩大生产,该年度实际供电单位成本 6589 元(旧币)/千瓦时,总供电成本 1.76 亿元(旧币),比计划成本降低 11.31％,盈余 8037.29 万元(旧币)。临安电厂从开办到 1957 年底,实现利润 5.10 万元,上缴税金 2712 元。

1958 年,国家对电力企业改征工商统一税,税率为 5％。是年,临安电厂实际供电单位成本 323.35 元/千千瓦时,总供电成本 3.85 万元,利润 3.5 万元。由于电厂生产规模的扩建,生产产量逐年增加,单位成本逐年降低,年度利润逐年增加。1959 年,接通杭州电网后,临安电厂改变生产发电为购入电,成本中的原材料为购电费,是年,实际供电单位成本 190.01 元/千千瓦时,总供电成本 17.16 万元,利润 17.40 万元。

1963 年 1 月,临安电力公司成立,在财务管理上实行"统收统支"的核算体制,即所有收入全部上交,成本开支由杭州供电局下达指标,按月结算。

"文化大革命"期间,财务成本管理一度混乱,成本报表仅列材料、工资、费用3项内容。1973年后,成本管理逐步恢复,增加检修支出、折旧费等内容,并在费用中列出明细二级科目。是年,临安电力公司革命委员会总成本40.11万元。

1979年,贯彻中共中央对国民经济调整的总方针,临安电力公司增收节支,降低生产成本,全年生产成本开支总发生额49.24万元,供电单位成本为6.33元/千千瓦时,比1978年下降0.12元/千千瓦时。但由于1979年记账方法改变,将过去销售旧料收入和劳务收入交杭州市电力局改为冲减临安电力公司生产成本有关项目,因此上报全年生产成本为40.97万元,供电单位成本为5.27元/千千瓦时。1979年开始,临安电力公司建立工会经费,按实列支,计入供电成本。

1981年,临安电力公司试行企业内部经济核算,全年供电成本开支为58.57万元,供电单位成本为5.82元/千千瓦时,完成利润87.85万元。

1983年,根据财政部《关于国营企业利改税试行办法》和上级有关规定,临安电力公司实行"利改税",在固定基金科目下,取消企业固定基金、待转固定基金2个明细科目,将实行"利改税"前的企业固定基金、待转固定基金2个明细科目的余额转入国家固定基金明细科目。

1988年,浙江省属电力工业企业试行工资总额同经济效益挂钩浮动方法:工资总额基数的70%与售电量挂钩,按核定的万千瓦时工资含量和实际收取用户电费的售电量计提工资基金;工资总额基数的30%与实现利润挂钩,按实际实现利润的增长比例及核定的工资与实现利润的挂钩浮动比例计提工资基金;计提工资总额按国家规定进入有关成本费用,企业不再从留利中提取奖励基金。杭州市电力局与浙江省电力工业局建立省属供电企业承包经营合同关系。杭州市电力局对所属临安县供电局实行内部承包经营责任制分包,形式采用"两包两挂"(包实现利润、包技术改造任务、工资总额与售电量和实现利润挂钩);基数利润由杭州市电力局核定,完成基数利润,杭州市电力局按浙江省电力工业局承包规定给人均生产发展基金600元、福利基金250元,超利部分,经考核后,临安县供电局留5成,杭州市电力局留2成,浙江省电力工业局留1成,另外2成用于调节。是年,临安县供电局生产总成本1297.99万元,实现利润225.64万元。

1993年,国家全面调整电价,从4月1日起,按《目录电价》向用户补收电费。临安县供电局当年销售收入和利润都有大幅度上升,全年销售收入8095.77万元,利润总额502.10万元。1994年起,实行"一包二挂"承包经营责任制,即包上缴税后利润(调控基金),实行工资总额与实现利润和售电量(含110千伏变电站直供电量)挂钩,其中,与售电量挂钩的工资总额基数占70%,与实现利润挂钩的工资总额基数占30%。实现利润按33%上缴所得税和上缴税后利润(调控基金)后,其余留存,并按60%公积金和40%公益金分配。1994年1月1日起,临安县供电局统一按国家规定的增值税就地缴纳增值税。是年,临安县供电局销售收入1.20亿元,总成本1.08亿元,供电单位成本23.62元/千千瓦时,利润总额900.89万元。

2001年,临安市供电局制定《财务预算管理办法》,在全局范围内实行预算管理,将费用预算分解到各个部门,将大到电网建设、小到低值易耗品等都纳入预算管理;各部门树立成本效益观念,按预算管理要求执行,可控费用得到降低,经济活动处于受控状态,特别是职工医疗费、汽车修理费等均下降明显,职工医疗费同比下降近30%;同时强化成本管理,提高企业经济效益;全局线损工作成效明显,使得主业的经营成本得到降低;制定《经济活动分析管理办法》,定期开展财务经济活动分析,及时分析研究经营和财务状况,提出有效措施,解决好经营和财务活动中的有关问题,为企业发展、经营、投资等提供有用信息,以利于领导分析决策,进一步增强企业实力。是年,临安市供电局生产总成本共计3.13亿元,其中购电成本为2.61亿元,供电成本为5240.11万元。

2003年,临安市供电局制定《财务预算管理标准》,建立科学、有序的预算管理体系。是年,临安市供电局生产总成本为4.49亿元,其中供电成本为7680.87万元,利润359.13万元。

2005年,临安市供电局销售电量增长较快,由于新电价出台使购电成本增加,供电单位成本110.39元/千千瓦时,成本总计7.21亿元,比上年增加1.48亿元,利润总额927.94万元。

2008年1月1日,临安市供电局执行新的《中华人民共和国企业所得税法》,企业所得税由33%降至25%。临安市供电局做好纳税筹划工作,是年,供电成本2.30亿元,供电单位成本111.97/千千瓦时,利润总额1846.64万元,纳税调整后所得2617.22万元,适用税率25%,实际应纳所得税额654.30万元。

2009年1月1日,临安市供电局执行新的《中华人民共和国增值税暂行条例》,依法实施增值税转型工作。是年,销项税率为17%,临安市供电局增值税总额为5709.22万元,比上年同期的6077.24万元减少368.02万元,主要原因是税收政策变动,增加了固定资产抵扣进项税。

1985—2016年临安电力系统成本和利润见表7-4。

表7-4 1985—2016年临安电力系统成本和利润

| 年份 | 购电成本/万元 | 供电成本/万元 | 总成本/万元 | 供电单位成本/(元/千千瓦时) | 利润总额/万元 |
|---|---|---|---|---|---|
| 1985 | 861.3 | 103.66 | 964.96 | 7.09 | 146.01 |
| 1986 | 998.98 | 115.53 | 1114.5 | 6.99 | 194.35 |
| 1987 | 1192.09 | 142.01 | 1334.1 | 7.22 | 263.37 |
| 1988 | 1155.35 | 142.64 | 1297.99 | 8.2 | 225.64 |
| 1989 | 1195.06 | 182.63 | 1377.69 | 9.87 | 246.57 |
| 1990 | 1397.76 | 251.35 | 1649.11 | 12.91 | 231.44 |
| 1991 | 2254.56 | 297.83 | 2552.39 | 13.07 | 259.47 |
| 1992 | 2891.54 | 369.82 | 3261.36 | 13.93 | 240.11 |
| 1993 | 6775.99 | 647.85 | 7423.84 | 19.66 | 502.1 |
| 1994 | 9779.39 | 1023.65 | 10803.04 | 23.62 | 900.89 |
| 1995 | 10094.26 | 1345.15 | 11439.41 | 29.66 | 516.25 |
| 1996 | 10922.51 | 1743.63 | 12666.14 | 37.47 | 1152.74 |
| 1997 | 13201.92 | 2011.19 | 15213.11 | 42.20 | 1192.22 |
| 1998 | 12943.89 | 2364.32 | 15308.21 | 48.42 | 1237.54 |
| 1999 | 13126.61 | 3890.81 | 17017.41 | 84.42 | 783.60 |
| 2000 | 21249.43 | 4116.25 | 25365.68 | 76.20 | 13.29 |
| 2001 | 26103.53 | 5240.11 | 31343.64 | 77.9 | 122.03 |
| 2002 | 29519.64 | 6287.65 | 35807.29 | 78.16 | 247.74 |
| 2003 | 37176.96 | 7680.87 | 44857.82 | 75.59 | 359.13 |
| 2004 | 45008.10 | 12322.06 | 57330.16 | 108.16 | 867.70 |
| 2005 | 57199.25 | 14895.51 | 72094.76 | 110.39 | 927.94 |
| 2006 | 67910.93 | 16199.88 | 84110.82 | 103.09 | 1999.91 |
| 2007 | 79627.65 | 19567.71 | 99195.36 | 106.83 | 2402.52 |
| 2008 | 86979.06 | 23032.71 | 110011.77 | 111.97 | 1846.64 |
| 2009 | 99751.40 | 27844.02 | 127595.42 | 129.01 | −783.22 |
| 2010 | 116446.07 | 32183.48 | 148629.55 | 125.28 | 5132.83 |
| 2011 | 124096.94 | 35821.26 | 159918.20 | 129.96 | 8000.24 |

| 年份 | 购电成本/万元 | 供电成本/万元 | 总成本/万元 | 供电单位成本/(元/千千瓦时) | 利润总额/万元 |
|---|---|---|---|---|---|
| 2012 | 130036.30 | 40127.64 | 170163.94 | 145.56 | 4075.37 |
| 2013 | 137663.10 | 41483.23 | 179146.33 | 145.33 | 2773.42 |
| 2014 | 128668.65 | 48676.44 | 177345.09 | 170.90 | 2152.76 |
| 2015 | 121853.97 | 51345.02 | 173198.99 | 185.25 | 1636.69 |
| 2016 | 124543.78 | 51381.13 | 175924.91 | 175.16 | 1891.46 |

### 三、审计管理

（一）管理体制

杭州市电力局于1987年7月设立审计科，设科长1名，配备2名专职审计人员，负责局本部和下属单位的财务收支审计工作，所属临安县供电局配备兼职审计员。为了加强对工程建设成本的控制，1993年，杭州市电力局设立审计处，配备3名工程审计人员，负责全局大修、技改、配电网、小型基建项目的预决算审核审计；临安县供电局也相应配备专职审计人员。1994年7月，临安县供电局设立审计组，每年对各经济实体的财务进行一次审计。

1997年6月，临安市供电局设立审计科，设科长1名、管理专职人员1名。此外，临安市供电局先后制定《临安市供电局内部审计工作规定》《临安市供电局大修、技措、业扩、小型基建工程项目审计实施办法》《临安市供电局企业经理(厂长)离任经济责任审计实施办法》等一系列制度，同时在制度中明确内部审计规定和工程审核程序。在工程审核中规定，各项工程的预(决)算必须由审计科审核盖章后，财务部门才能根据此付款。明确企业经理(厂长)离任必须通过经济目标责任审计等一系列措施。

1998年6月，根据机构改革方案，临安市供电局撤销审计科。1999年3月，临安市供电局设立审计领导小组，审计的日常工作由局财务科负责组织、实施。

2005年1月，临安市供电局设立监察审计室，设主任1名、纪检监察专职人员1名、审计专职人员1名。2006年12月，临安市供电局监察审计室改名为监察审计科。2010年7月，按照浙江省电力公司《关于规范县级供电企业本部机构编制的实施意见》(浙电人资〔2010〕341号)要求和《关于杭州市电力局县级供电企业本部机构编制实施方案的批复》(浙电人资〔2010〕758号)，撤销临安市供电局监察审计科，其审计检查监督职能划入临安市供电局办公室。

2011年4月，按照浙江省电力公司《进一步健全纪检监察机构的意见》(浙电人资〔2011〕368号)要求，临安市供电局设立监察审计部，编制人数为4人，原由其他部门负责的有关监察审计职能调整到监察审计部。2012年5月，根据"三集五大"体系建设要求对机构全面调整，撤销临安市供电局监察审计部，其管理职能划入临安市供电局党群工作部。

（二）专项审计

1991年，根据杭州市电力局《关于进行电费收入审计调查的通知》(杭电审字〔91〕第07号)精神，临安县供电局在分管局长的领导下，由兼职审计员牵头，组织用电、财务等有关人员，对1990年度的电费收入及随电费收取的其他费用进行审计调查，审计调查内容包括煤炭运输加价费、电力建设基金、三电费用、电费欠收情况等。

1992年，根据浙江省电力工业局《转发能源部关于国家审计署对电力行业进行审计的电报的通知》(浙电审〔1992〕144号)精神和杭州市电力局的工作布置，临安县供电局财务、用电等有关部门对1991年度的各项收支情况进行自查，形成电力行业审计自查报告，内容包括工资基金收支情况、电价执行情况、平议电量的执行情况、加工电费收支情况等。同年，根据杭州市电力局《关于对1991年度〈生产发展基金提取、使用〉进行审计的通知》(杭电审字〔92〕第 03 号)精神,临安县供电局对 1991 年度的生产发展基金进行自审。

临安市农电管理总站于 2007 年 12 月 31 日前完成资产移交和并账工作,农电管理总站的资产、负债等并入临安市供电局核算。按照《关于转发省公司〈对农电总站资产移交和并账工作情况进行审计调查〉的通知》(杭电审字〔2007〕3 号)要求,2008 年 8 月,临安市供电局对该项工作开展审计自查。

2011 年 6 月,根据国家电网公司《关于开展审计检查专项工作的通知》(国家电网审〔2011〕773 号)、浙江省电力公司《关于开展审计检查专项工作的通知》(浙电审〔2011〕902 号)及杭州市电力局专项要求,临安市供电局在全局范围内开展审计检查专项工作,审计检查的主要内容包括"三重一大"决策、招投标管理、业扩报装及集体企业管理、职工薪酬福利及股权清退管理、住房建设及公务用车管理、公务活动管理、"小金库"专项治理等七大类。

(三)任期经济责任审计

1997 年 9 月,临安市供电局制定《企业经理(厂长)离任经济责任审计实施办法》,明确规定多经企业经理(厂长)离任的审计范围、审计组织和程序、审计方法、审计报告等内容。是月,临安市供电局对生活服务公司进行停业审计,同时对下属电力饭店、劳保经营部进行同步审计。11 月,临安市供电局对临安开关厂、玲珑电力安装队、於潜电力安装队、临安电力承装公司等 4 家单位进行厂长(经理)离任经济目标责任审计。

2002 年,临安市供电局撤销玲珑、於潜、昌化 3 个乡(镇)电管联站及各乡(镇)电管站,对 3 个乡(镇)电管联站和 26 个乡(镇)电管站站长进行任期离任经济责任审计。审计主要依据上级和局内有关文件、会计报表、账簿、凭证、经济责任书和年终财务检查资料等,主要就 3 年来的财务收支进行审计检查。

临安电力系统历年来都严格开展任期离任经济责任审计,发现问题,及时纠正,进一步规范财务管理,严肃财务纪律。

(四)工程审计

1997 年 8 月,临安市供电局制定《大修、技措、业扩、小型基建工程项目审计实施办法》。临安市供电局审计科会同行政科对 110 千伏於潜变电站扩建、35 千伏颊口变、青山湖休闲村的棋牌室与集体宿舍改造土建决算部分进行审计。

2000 年,浙江省电力公司在全省范围内开展城乡电网建设与改造项目审计调查。结合该次调查,临安市供电局对 1999 年以来的两网工程开展情况和审计情况进行自查。2002 年,临安市供电局在农网改造工程审计中,根据国家电网公司《加强对第二期农村电网建设与改造工程管理的若干规定》(农电〔2002〕2 号),制定《临安市第二期 10 千伏及以下农网工程项目管理实施细则》,转发到各农网改造工程决算和核价单位或部门,从源头抓起,把好农网改造工程三级验收关口,把好农网改造工程量关口,把过去以单纯的计算、核对和比较的工程审计,发展成为全过程的审计监督,做好开工前审计、建设期审计、结算审计和决算审计工作。该年临安市供电局审计工程 288 个,工程审定金额 5700 万元,核减率 3%。临安市供电局审核大修、业扩、技改工程 85 个,审定金额 2030 万元,核减率 3.5%。对土建工程的审计,临安市供电局委托给信誉好、有公证造价资格证书(乙级或丙级)的社会中介机构进行审计。该年,临安市供电局委托临安建设银行建筑经济科和临安检察会计中心审计土建工程 31 个,审定金额 317 万元,核减率 21%。之后,临安市供电局每年都开展城乡电网建设和大修、技改、业扩、小型基建工程审计工作。

## 四、线损管理

临安电汽有限公司时期采用包灯制和火表灯并存,且负荷不大,对线路损失未加重视。中华人民共和国成立初,临安城关镇上私营小电厂线路、设备等质量差,管理不善,致使线损大、亏损严重,办厂时间均不长即倒闭。

20世纪50年代，国家将供电线损作为考核电力企业的主要技术经济指标之一，各电力企业开始注重线损管理，着手整治配电网，加强用电管理，开展反窃电斗争，线损管理取得一些成果。

临安电力公司成立后，按照杭州供电局印发的《线路损失指标管理办法》及《线损节电计算的统一规定（试行草案）》，明确线损管理职责，划分各级关口表，规定线损计算办法，落实降低线损的具体措施，并委派技术人员兼任线损管理员，线损管理逐步制度化。1963年，临安全年供电量352万千瓦时，售电量为301万千瓦时，线损率为14.5%。

"文化大革命"期间，电力建设发展缓慢，管理混乱，致使电能质量低、线损大，10年中有7年线损大于20%，最大时为22%。"文化大革命"结束后，临安电力公司着手线损管理工作。1979年，从公司到工段指定线损专职管理人员，根据各工段的不同情况，进行线损小指标的考核。各工段开展查处窃电、清扫线路、轮换和校验计量表计、业务普查、安装电容器等降损措施，线损率降至10.2%。

20世纪80年代初，临安电力网主网架从35千伏升为110千伏后，供电能力和电压质量普遍提高，供电量不断增加。临安县供电局生技部门针对公司输电线路长、导线细、山高树多等情况，采取调杆换线、调整线路布局、缩短线径等有力措施降损节电，线损电量逐年减少。1981年，临安全年供电量11111万千瓦时，售电量10064万千瓦时，线损率为9.4%。

1986年5月，为搞好降损节电工作，临安县供电局设立线损领导小组，各供电所及变电工段分别配备1名线路工作专管人员。随后几年中，相继建成藻溪、青云等35千伏变电站，增加10千伏出线，缩短供电半径，降低线损率。

20世纪90年代初，线损率降低系数被列为供电企业达标、创一流的必备考核指标，规定10千伏及以下配电网综合线损率小于5%，线损率大于9.5%的配电线路条数不能超过配电线路总条数的10%。1992年，临安县供电局调整线损领导小组，建立10千伏线路线损管理责任人，落实各项降损节电措施，确保线损率指标和达标、创一流工作的完成。采取的降损节电措施主要有以下几点。①管理降损（包括加强电网负荷管理，落实避峰用电计划，减少峰谷用电负荷差，提高用电负荷率；开展反窃电活动和营业普查工作；加强用户和小水电的无功管理，调整无功考核标准；开展抄、开、收定性、定量分析，加强复核和稽查工作；加强计量装置运行监督等）。②技改降损（包括更换高耗能配电变压器；改装安装防窃电箱；10千伏线路分流改造；变电站、10千伏配电线路增装电容器；农村低压电网改造等）。③计量降损（包括加强计量表计五率考核；加强变电站关口表和平衡表校验；加强高配用户计量管理；及时调换故障表，低压大用户表计升级等）。④调度降损（包括加强电网经济运行管理；加强系统电压和无功管理；严格执行月度检修计划，减少临修率和重复检修等）。

进入21世纪，临安市供电局围绕"安全、经济、多供、少损"的目标，再次设立以经营副局长为组长的线损领导小组和局、各供电所线损工作小组，并在各相关科室、供电营业所均配置线损专管员，形成完整的降损节能管理网络。临安市供电局先后制定《线损管理办法》《线损管理专项经济责任制考核办法》等一系列规章制度，坚持线损管理"统一领导、分级管理、分工负责"的原则，以"技术线损最优、管理线损最小、综合线损合理"为目标，定期开展线损分析工作，形成月度重点分析、季度全面分析、年度总结分析制度，深化线损"分区、分压、分线、分台区"管理。2000年，临安线损率为7.05%，2011年降至1.12%。

随着信息化的提升，2014年国网浙江临安市供电公司上线省市县一体化同期线损统计管理系统，解决传统线损管理模式存在的供售电量不同期引起统计线损率波动剧烈、数据采集质量不高，而无法精准开展线损管理、线损率无法在线自动计算和监测分析等问题。2016年，根据国家电网公司"推进一体化电量与线损管理系统建设"总体要求，国网浙江临安市供电公司制定《国网浙江临安市供电公司推进一体化电量与线损管理系统建设实施方案》，部署国网一体化电量与线损管理系统，实现分区、10千伏及以上分压、农网分线和分台区同期线损管理，确保实现国家电网公司提出的"五个百分百"（数据 100％接入、关系 100％准确、电量 100％完整、线损 100％合理、监测 100％有效）建设目标。

1963—2016 年临安电网线损率统计见表 7-5。

表 7-5　1963—2016 年临安电网线损率统计

| 年份 | 供电量/万千瓦时 | 售电量/万千瓦时 | 线损率/％ |
|---|---|---|---|
| 1963 | 352 | 301 | 14.49 |
| 1964 | 504 | 424 | 15.87 |
| 1965 | 711 | 588 | 17.30 |
| 1966 | 966 | 797 | 17.49 |
| 1967 | 1268 | 1015 | 19.95 |
| 1968 | 1312 | 1017 | 22.48 |
| 1969 | 1636 | 1276 | 22.00 |
| 1970 | 1846 | 1440 | 21.99 |
| 1971 | 2918 | 2291 | 21.49 |
| 1972 | 3791 | 2965 | 21.79 |
| 1973 | 4230 | 3549 | 16.10 |
| 1974 | 4240 | 3409 | 19.60 |
| 1975 | 4700 | 3718 | 20.89 |
| 1976 | 5634 | 4395 | 21.99 |
| 1977 | 6920 | 5993 | 13.40 |
| 1978 | 7633 | 6755 | 11.50 |
| 1979 | 8656 | 7773 | 10.20 |
| 1980 | 10272 | 9204 | 10.40 |
| 1981 | 11111 | 10064 | 9.42 |
| 1982 | 10952 | 10032 | 8.40 |
| 1983 | 11723 | 10862 | 7.34 |
| 1984 | 12808 | 12026 | 6.11 |
| 1985 | 15815 | 14617 | 7.58 |
| 1986 | 17842 | 16531 | 7.35 |
| 1987 | 21233 | 19659 | 7.41 |
| 1988 | 22826 | 21174 | 7.24 |
| 1989 | 24452.50 | 22290.92 | 8.84 |
| 1990 | 24535.80 | 22663.75 | 7.63 |
| 1991 | 28600.29 | 26238.76 | 8.26 |
| 1992 | 32364.28 | 29610.24 | 8.51 |
| 1993 | 38873.22 | 35457.98 | 8.79 |

| 年份 | 供电量/万千瓦时 | 售电量/万千瓦时 | 线损率/% |
|---|---|---|---|
| 1994 | 47850.26 | 43325.76 | 9.46 |
| 1995 | 49281.86 | 45346.78 | 7.98 |
| 1996 | 50554.74 | 46525.34 | 7.97 |
| 1997 | 51450.23 | 47652.68 | 7.38 |
| 1998 | 52599.78 | 48828.51 | 7.17 |
| 1999 | 49574.63 | 46104.60 | 7.00 |
| 2000 | 57627.59 | 53565.36 | 7.05 |
| 2001 | 71588.36 | 67266.18 | 6.04 |
| 2002 | 86114.56 | 80449.54 | 6.58 |
| 2003 | 108537.04 | 101614.74 | 6.38 |
| 2004 | 121558.97 | 113927.14 | 6.28 |
| 2005 | 143379.51 | 134929.53 | 5.89 |
| 2006 | 166962.25 | 157140.33 | 5.88 |
| 2007 | 193422.36 | 183160.99 | 5.31 |
| 2008 | 205695.10 | 196560.04 | 4.44 |
| 2009 | 227200.04 | 215822.57 | 5.01 |
| 2010 | 262149.32 | 256901.02 | 2.00 |
| 2011 | 278751.22 | 275624.96 | 1.12 |
| 2012 | 288935.00 | 283348.93 | 1.93 |
| 2013 | 303682.62 | 294321.85 | 3.08 |
| 2014 | 302002.86 | 293241.98 | 2.90 |
| 2015 | 285560.40 | 277161.53 | 2.94 |
| 2016 | 303815.35 | 293344.67 | 3.45 |

### 五、工程管理

1979 年之前,临安电力工程均由浙江省、杭州市电力部门负责设计、组织施工。1979 年,上级批准 35 千伏临安变电站扩建升级为 110 千伏,临安电力公司技术人员第一次自行完成初步设计任务,除 110 千伏部分由杭州市电力局安装调试外,其余施工均由临安电力公司承担。

1984 年 1 月,杭州市电力局发文明确:各县供电局生技股负责设备安全、运行检修、新建扩建工程管理等工作;各县供电局计划财务股负责作业、生产、基建计划的编制、汇编、统计、核算、分析等工作。

1992 年 2 月,临安县供电局设立基建领导小组,对全局基建工作进行决策;下设临时基建办公室,负责基建工程的联络、现场管理等日常工作。9 月,临安县供电局设立基建办公室,为局常设职能股室。

1995 年 7 月,35 千伏青山变电站升压为 110 千伏工程,2 万千伏安的主变压器投入运行,这是临安县供电局第一个全部由自己施工的 110 千伏输变电工程。

1997 年 5 月,为规范工程管理,确保电力建设工程保质、保量、按时完成,临安市供电局制定《临安市供电局技措、业扩、大修工程项目管理规定(试行)》和《工程管理制度》。《临安市供电局技措、业扩、大修工程项目管理规定(试行)》明确生产技术科为管理一般性技措和大修工程项目的职能部门,负责编制一般性技措和大修工程的年度、季度计划,调节并监督工程进度,审查施工质量、审查设计和完工报告。生产技术科负责工程项目设计书费用的审核及工程决算的审核。财务科为全局工程财务管理的职能部门,管理全局工程实施资金和成本。局属各单位应在规定的日期内,将工程项目计划按其性质分别报送局生产技术科,生产技术科进行审查、补充、修改、汇总,上报主任工程师和生产副局长进行预审。预审后,召开计划平衡会,工程项目计划由生产技术科汇总列入季度(月度、年度)生产计划,上报和下达。生产技术科明确工程项目名称,基本内容,主办单位和设计、供货、施工单位,下达计划进度要求。50万元以上技措、业扩、外包大修项目实施前,均需签订施工合同。工程竣工后,由安装单位提供决算书,物资部门提供材料费用清册,经局生产技术科审核,交财务科做总决算,总决算由局长审批后交财务科进行结算。《工程管理制度》明确了工程项目建议书确立、可行性研究、选址、设计、招标、施工、竣工验收等全过程管理制度。

1998年,临安市供电局推行工程建设公开招标,规范立项管理、承发包管理、工程资金管理、工程预决算管理等4个工作流程。

2001年,临安市供电局制定《建设工程管理制度》,明确和规范全局各有关单位建筑工程管理职责和工作行为,提高建筑工程管理水平。建筑工程包括土建工程,水、电安装工程,装饰工程,房屋维修工程。规定行政科为全局建筑工程的归口管理部门;生产技术科负责35千伏及以上的输变电工程(建筑工程项目的土建部分)前期管理工作;财务科为全局工程资金及工程审计管理部门。规定全局所有建筑工程必须委托有资质的监理单位进行监理,监理全过程参与建筑工程的日常管理。明确工程档案的归档范围和移交管理工作。

2007年,临安市供电局建设并投入运行"工程管理信息系统",使工程管理实现流程化、信息化、规范化,提高工程全过程管理的效率、效益。主网6745.3万元改造工程于2007年底全部完成完工决算。调整配网工程管理方式,采用运行部门主导模式,发挥基层单位的主观能动性。全年配网工程投入资金9849.4万元,完成建设项目331项。对80个行政村进行落户线改造,改造台区220个,减少区域性用电"卡脖子"现象;改造公变台区109个,增设调换变压器140台,解决城镇用户电压低和用电困难问题。推进新农村电气化建设示范工程,完成79个试点村的电网改造工作。2008年,投入建设资金9500余万元,完成16个电气化乡(镇)、90个电气化村的建设目标,通过由浙江省经济贸易委员会、浙江省农业办公室和浙江省电力公司等部门组织的新农村电气化县验收,被国家电网公司评为2008年"新农村电气化建设先进单位"。

2011年起,临安市供电局严格执行网、省公司二级招标管理制度规定,对符合招标条件的工程、物资,一律上报浙江省电力公司进行统一招投标。工程项目立项由临安市供电局行文上报浙江省电力公司,浙江省电力公司以文件批复批准立项。对于变更项目,按照专业部门提出变更申请,递交计划部门审批,后递交分管副局长、局长进行审批后方可变更,并按照浙江省电力公司统一要求上报浙江省电力公司批复。对于建成投产的工程项目,由项目部门组织资产验收,针对验收中存在的问题,出具整改联系单,直到项目验收合格为止。验收合格后,由项目部门、运行部门、资产部门办理移交手续。对于工程项目的竣工决算,由项目实施部门进行资料的统一收集、整理,待完整后移交审计部门予以结算审计。财务部门依据投产通知书、竣工结算资料等完成转资工作。

2012年,临安市供电局整合各级资源,建立新型工程项目前期管理模式;试行项目负责制,探索输变电工程全过程管理模式;推动特高压电网建设,完成浙北—福州1000千伏交流特高压和宁东—浙江±800千伏直流特高压路径在临安市的意见签署、县域选址意见和环评公众调查等工作。临安市供电局被浙江省电力公司评为2012年度重点工程建设先进单位。

2015 年,国网浙江临安市供电公司建立以公司为管理主导,以属地镇街为实施主体,以第三方评估、动迁公司为执行主体,政府各部门全力配合的"一种模式、两大主体、三方联动"管理体系的"政企联合"工作模式,推进特高压工程建设。至 2016 年,国网浙江临安市供电公司完成途经临安的 1000 千伏浙北—福州特高压交流输电线路和灵州—绍兴±800 千伏特高压直流输电线路的属地化管理工作。

## 六、物资管理

### (一)物资采购

民国期间,临安电汽有限公司所需物资由企业直接从市场采购。中华人民共和国成立初期,属于国家计划分配的物资,由企业向地方物资部门和业务主管部门申请,经批准后采购。列入商业系统经营的物资仍由企业自行采购。

1960 年 4 月,临安电厂分设临安工区、余杭工区、修配车间 3 个基层部门,每个部门都设材料工具保管员,负责材料、工具的领发、登记入册、仓库整理等工作。

1963 年 1 月,临安电力公司成立后,除自行采购办公用品等零星物品外,其余物资由杭州供电局统一采购供应,电网建设工程项目材料实行专项管理。

1972 年 9 月,杭州供电局革命委员会印发《物资供应管理制度(试行稿)》,对各县电力公司物资计划的编制和采购管理、验收与保管、领退等做了详细的规定。

1977 年 8 月,杭州供电局革命委员会印发《关于清仓查库,加强物资管理工作的有关规定》(供电〔77〕革供字第 02 号)。为了使物资供应做到"统而不死,活而不乱",有利生产保障供应,根据二、三类物资供应的渠道和就地就近供应的原则,杭州供电局革命委员会允许二类物资中的一部分与三类物资的全部由各县电力公司自行采购,采购的资金按杭州供电局革命委员会下达的流动资金定额中的比例及各县电力公司的库存实际,由杭州供电局革命委员会财务科按计划分别拨款。明确杭州供电局革命委员会与各县电力公司关于生产大修、维修、地方业扩、两项费用工程的供应材料的原则界线:凡属杭州供电局革命委员会批准的两项费用工程、大修工程材料均由杭州供电局革命委员会供应科负责组织供应;维修材料、地方业扩工程材料由各县电力公司自行采购。

1980 年,杭州市电力局印发《物资供应管理制度》,对物资供应计划与物资采购、验收、领、退、运输等做出具体规定,使物资管理工作规范、有序。是年起,部分零星消耗性材料由临安电力公司自行采购,零星固定资产(单位价值在 800 元及以上)仍由杭州市电力局集中统一订购。

1988 年,临安县供电局变更为浙江省省属企业,物资管理权限相应扩大,35 千伏及以下输变电需要物资,二、三类机电产品和一般物资,均可自行采购。

1992 年 11 月,设立临安县电力物资供应公司,负责电力建设和改造物资的采购、存储、供应。

1999 年 2 月,临安市供电局设立物资供应科。10 月,根据国家经济贸易委员会、国家电力公司和浙江省电力工业局、杭州市电力局有关农网建设改造工程物资管理的要求,临安市供电局设立农网物资招标领导小组,全面负责农网改造物资管理的各项工作。

2001 年 2 月,临安市供电局制定《物资招议标管理办法》,规定物资一次采购价值在 5000 元及以上的、工程总造价在 10 万元及以上的基本建设与维修项目、总造价在 5 万元及以上的装饰工程,都必须实行招议标。3 月,设立临安市供电局招标中心及领导小组,加强对物资的管理工作,规范各类物资的采购行为,降低生产成本,提高经济效益。招标中心按分线管理的原则,设立电网建设工程、电力物资采购招议标小组,土建、维修、装潢工程招议标小组,多种经营有关项目招议标小组,办公、生活物资招议标小组,农电、计量物资采购招议标小组等 5 个招议标小组。招标中心日常管理工作由局办公室负责,具体工作由对口专业科室负责。列入招标物资的有各类变压器、各种线材、各种办公用品等 17 类。

2004年，临安市供电局在原管理制度的基础上修订《物资采购管理办法》《物资管理办法》等管理标准。2005年，临安市供电局按"三小"（小额资金、小宗物资、小型工程管理）管理规定，修订完善《订货合同管理标准》《小件物资采购、废旧物资处理管理办法》，根据"三清理一规范"（清理"小金库"、银行账户、各类公司规范招投标管理），强调招投标管理的规范性，本着公平、公开、公正原则，由监审科全过程监督，所有设备、大宗物资（除上级部门统一招标物资外）、小额小件物资采购全部采用招投标的形式，并将结果以公开形式公布。

2006年，根据国家电网公司《关于加强招投标集中管理工作的意见》，公司系统内招投标实行国家电网公司总部和网省公司两级集中管理：国家电网公司总部负责220千伏及以上输变电工程项目、总部大宗办公用品采购的招标工作；各网省公司负责110千伏及以下输变电工程项目、小型基建、技改、大修、行政办公用品和大宗物资材料（包括电度表、配电箱、低压电缆和开关、仪器仪表、各种车辆、工器具等）采购的招标工作；各单位所属地市级公司及以下单位不再单独招标采购。12月，临安市供电局设立物资管理中心，结合当前招标、物资管理的操作模式和上级有关招标工作的管理规定，重新制定《采购管理办法》《招标采购实施细则》《询价采购实施细则》《单一来源采购实施细则》《小宗物资采购实施细则》《废旧物资回收、仓储及处置规定》。

2009年11月，临安市供电局设立物流服务中心。根据浙江省电力公司《关于加强县级企业物资集约化管理的意见》《浙江省电力物资管理办法（试行）》等文件规定，临安市供电局开始实行物资集约化管理。临安市供电局采购工作的重点由原来的招标采购管理逐步转变为物资计划管理、物资合同的签约履约管理、物资仓储及配送管理、物资验收及资金结算管理、应急物资管理、废旧物资管理等内容，形成物资计划管理、物资合同的签约履约管理、物资仓储及配送管理、物资验收及资金结算管理、应急物资管理、废旧物资管理六大环节为基础的物流服务新体系。

2006—2016年，国家电网公司物资管理经历了两级（即国家电网公司总部和网省公司两级）集中管理、物资集约化管理、物力集约化管理3个阶段，各类物资及服务招标采购活动由国网及省公司两级招投标管理中心统一实施。国网浙江临安市供电公司不再进行任何形式的招标采购活动，仅负责物资采购计划的需求收集及申报、合同履约、后续物资管理等相关事宜。

（二）物资储存

民国时期，临安电汽有限公司生产规模较小，储备物资较少，仓库设施比较简陋。1953年12月，临安电厂成立后，重视仓库建设，并设专人管理。

20世纪70年代，临安电力公司仓库普遍实现"四号定位""五五堆放"管理，即按库存物资自然属性分库、分架、分层次、分位，统一编号，重新标签，使库存物资便于保管、发放和盘点。

1978年，根据杭州供电局《关于清仓查库，加强物资管理工作的有关规定》（供电〔77〕革供字第02号），临安电力公司完成全公司仓库物资的清理工作，摸清公司所有物资的总值，搞清物资在各个方面（如线路维修、农电、修配场、表计修理等）的占用数。在清仓查库中，制订合理的库存贮备计划，贮备定额、超贮备多余、积压物资清册，以及多余积压物资利用、处理计划。7月，临安电力公司制定《公司仓库管理制度》，明确仓库人员职责、领料退料、材料进库、材料内部调换、材料出库、材料销售、表计管理等方面的规定。

1994年5月，室内面积2500米²、室外面积3800米²的畔湖桥仓库建成投入使用，电力物资（除劳保、办公用品外）全部迁至畔湖桥仓库。2011年，甲供物资外迁后，畔湖桥仓库成为临安市供电局废旧物资的仓储场地，委托杭州临安电力物资公司管理。

2006年，临安市供电局结合推行5S管理，对供电营业所的仓库进行全面清理，不再采用原先浙江恒力电力承装有限公司二级仓库的管理模式，建立不依附于多经的配网维修材料及备品备件仓库，明确维修材料的采购、仓储、领用、核算等经办和管理细则规定。临安市供电局配套建设临安农电管理中心特种设备和仓储用房,建筑面积 3103.8 米$^2$。

2008 年,临安市供电局在局汽修厂厂区内建造备品仓库,建筑面积 290 米$^2$,专门存放大件(变电)备品设备和从变电工程拆除的设备器材;有关仓储服务委托临安电力物资公司进行,备品设备仅限检修管理所人员可以随时领用,且必须办理相应的手续;临安市供电局检修管理所每月对库存的备品设备进行核对、检查。

2011 年,临安市供电局向杭州恒信电气有限公司租赁仓储场地,作为局甲供物资仓库。仓库地处玲珑工业园区金潭路 1 号杭州恒信电气有限公司厂区内,室内面积 1850 米$^2$,室外面积 15500 米$^2$。临安市供电局物流服务中心开发二级仓库管理流程,突出"简单、快捷、实用性强"的特点,改变以往出入库管理审核环节缺失的状态,进一步规范备品备件、日常维修材料、劳保与办公用品的发放程序,减少物资的损失、丢失和浪费。2012 年,临安市供电局金潭路仓库上线 ERP 系统,对各仓储业务进行标准化管控,实现规范化操作。

2013 年 5 月,为深化物资集约化管理,规范仓储管理,优化业务流程,统一二级仓库建设标准,临安市供电局制定《二级仓库管理指导意见》,对仓储人员职责分工、仓储作业规范、仓储管理要求、仓储信息管控等方面进行规范。根据浙江省电力公司盘活利库相关工作要求,临安市供电局主动对接项目管理部门,盘活利库,加快物资周转,由初始价值 7000 万元的库存力压降至 1700 万元,下降率75.7%。5 月 30 日,临安市供电局为全省首家通过浙江省电力公司库存资源盘活利用验收的企业。

2014 年,金潭路仓库进行标准化改造,根据库存物资的组成特点,将仓库划分为装卸区、入库待检区、收货暂存区、不合格品暂存区、出库(配送)理货区、仓储装备区、货架存储区、室外料棚区、露天堆场区等九大功能区,运用高效的智能化物资预约分拣技术,使用研发的仓储物资声光定位技术,引入 PDA(掌上电脑)终端设备辅助仓储物资工作标准化开展。改造后的仓库占地面积为 4800 米$^2$(含过道及绿化带),其中仓库库房 900 米$^2$,货棚 300 米$^2$,户外堆场 300 米$^2$;日均出入库物资 100 托以上,年出库金额5000 万元以上;主要存放配网工程物资、运维物资、应急物资等。8 月 22 日,金潭路仓库通过国网杭州供电公司验收,成为杭州电力系统范围内首家通过预验收的标准化仓库。

(三)修旧利废

20 世纪 50 年代,临安电厂为节约成本,将旧设备修复使用。

"文化大革命"期间,临安电力公司修旧利废工作一度中断,后根据杭州供电局要求,重新恢复修旧利废工作。1978 年,临安电力公司通过清仓查库,对一些废旧物资做了处理;仓库的保管员都有修理台,从废物堆里找材料,进行加工改造,既为施工克服材料不足的困难,又为国家节省资金,在新桥、临目线的施工中,许多螺丝、垫块、绝缘子等材料,都是职工自己动手修旧利废加工改造的。是年,临安电力公司修旧利废为国家节约资金 5095 元。

1987 年,响应中共中央、国务院在全国各行各业中广泛开展增产节约、增收节支("双增双节")运动的号召,临安县供电局开展"双增双节"运动,全年节约 24.9 万元,修旧利废 2.17 万元。

1992 年 5 月,临安县供电局设立清仓查库、修旧利废领导小组,开展全局范围内的清仓查库、修旧利废工作。

1994 年 8 月,临安县供电局制定《废旧物资管理规定》,设立废旧物资管理小组,杭州临安电力物资公司负责清理废旧物资,经生产技术科或其他有关科室检验报废后,由财务科负责估价,经管理小组批准后处理。临安县供电局鼓励各生产单位修旧利废,对各单位回收的各类废旧物资按处理后价格的 15%给予奖励。

2001 年 8 月,为加强废旧物资的回收、处理,提高废旧生产资料的再生利用率,临安市供电局制定

《废旧物资管理办法》,确定各部门的职责和分工、废旧物资的保管及处理、账务处理、废品回收的奖励规定等。

自大规模城农网改造结束后,各供电营业所废旧物资数量已不是很多,主要是大修理、技术改造工程和零星维修工程中所换下的导线、设备、金具等废旧材料。2005年9月,临安市供电局制定《废旧物资管理效能监察实施意见》,开展对各供电营业所的废旧物资管理效能监察工作,通过监察,进一步加强对废旧物资回收、入库登记、出库登记的管理,规范废旧物资的处理流程,严格报废物资的鉴定手续,规范废旧物资出售收入的管理流程。

2006年,临安市供电局对多年来积压、储存于各供电营业所的配网材料、废旧物资开展全面清理和整顿工作,由物资主管部门统一组织回收和处理。12月,临安市供电局制定《废旧物资回收、仓储及处置规定》,进一步规范废旧物资回收、仓储及处置的相关管理和经办工作,明确按规定进行现场处理的以外的所有废旧物资一律送交废品仓库(即畔湖路仓库),并按规定办理交接手续;任何单位或个人均不得擅自处置废旧物资。

2007年,临安市供电局物资管理中心设立后,以联系单《关于明确废旧物资回收、仓储及处置有关事宜》(联一招标中心〔2007〕1号)、《关于废旧物资移交废品仓库的有关事宜》(联一物资〔2007〕6号)的形式,将废旧物资回收、移交、仓储以及处置等相关环节的工作做了进一步的细化和明确。为规范农村低压配网工程相关废旧物资的回收管理工作,逐步解决"以料抵工"、施工单位随意处置等不规范问题,物资管理中心依据《废旧物资回收、仓储及处置规定》的原则要求,制定《低压配网工程废品现场处置补充规定》,提出现场处置操作方式和具体要求。鉴于条件限制,临安市供电局的废旧物资仓储及回收、处置相关服务工作由杭州临安电力物资公司承担(委托管理)。临安市供电局加大废旧物资仓储保管工作的管理力度,落实专门的废品存放场地,设置专职废旧物资管理人员,配置相应的管理设施(如地磅、货架等),明确仓储管理的具体要求,并建立废旧物资管理台账和相关记录制度。

2010年,临安市供电局制定《低压配网工程废品处置规定》,根据市场行情和废旧物资的处置价格,按月制定配网废旧物资处理指导价格,并适时调整处置方式,及时催办与通报回收情况,有效提高废旧物资回收率以及处理透明度。

2011年,临安市供电局印发《关于明确配网工程废旧物资回收相关事项》的工作联系单,调整低压配网废旧物资管理模式,由工程单位自行处置转变为集中管理、集中处置,规范废旧物资回收范围和回收数量的换算比例,与工程管理实行联动,确保废旧物资及时回收;适应浙江省电力公司废旧物资管理模式的转变,将废旧物资纳入ERP管理范畴,执行浙江省电力公司废旧物资集中处置规定,按照标准程序上报处置计划,通过市场评估合理定价,进一步规范废旧物资的管理。

2012年7月,临安市供电局重新制定《废旧物资管理办法》,加强监审废旧物资招投标管理力度,加强废旧物资鉴定、回收、处理的全过程管理,提高废旧物资处理的透明度,防止国有资产流失。是年,临安市供电局处置废旧物资4批,其中自行处置2批,上报浙江省电力公司集中处置2批,回收金额146.10万元。

2013年之后,国网浙江临安市供电公司废旧物资均上报国网浙江省电力公司集中处理。严格根据国网浙江省电力公司、国网杭州供电公司对废旧物资存放和回收的要求,特别是对于废旧变压器的处置,现场核实中标厂商的拆解能力,并要求提供拆解照片和拆解视频,存档保存;按照国家电网公司关于ERP系统废旧物资编码规范的要求,加强编码规范管控,加强计划清单提报的合规性,所提报废旧物资均应符合编码规范要求,系统操作与提报清单一一对应,账物一致。

## 七、档案管理

民国时期,临安电汽有限公司无档案管理制度和专职档案管理人员,企业文书和财务会计档案分别由经理和会计兼管。因企业关停、人事变迁,加之战乱频繁,企业档案资料除呈报政府归录地方档案的有保存外,其余无存。

1953年,临安电厂投产后,始有会计年报、总账、工资表等作为会计档案保存下来,其他门类的档案极少有保存。

"文化大革命"期间,档案缺失严重,1965—1969年5年间没有文档保存下来。

1985年初,临安县供电局开始实行文书档案的立卷归档工作。1986年,临安县供电局办公室联合局生技股整理临安电力系统的文书档案、科技档案、会计档案和生产图表、经营管理报表。临安县供电局档案工作被评为杭州地区各县供电局第一名。

1989年3月,根据企业档案管理升级的要求,以及临安县政府《关于建立机关综合档案室的通知》(临政发〔88〕175号)、杭州市电力局《关于颁发市电力局档案管理工作制度标准的通知》(杭电档字〔89〕1号)精神,临安县供电局设立综合档案室,作为局办公室下属的档案管理部门,负责全局的档案管理工作,集中管理全局的各类档案;同时,建立以局综合档案室为中心的二级档案管理网络。

临安县供电局综合档案室利用库存档案资料,编写《大事记》《组织机构沿革》《基础数据汇编》《荣誉汇编》等编研材料,主动提供利用服务。从1990年起,临安县供电局综合档案室每年系统地编写《年鉴》。

1990年2月,临安县供电局设立档案管理领导小组。11月,临安县供电局通过国家二级企业档案管理内部评审验收。1991年10月,临安县供电局被评为杭州市"七五"期间档案系统先进集体。

1993年,临安县供电局将文书、科技等档案录入计算机,实现计算机编目、统计、检索、查阅。是年,库房使用面积36米²,库存文书档案883卷、科技档案845卷、会计档案2517卷、照片档案76张。

1997年,临安市供电局修订补充档案复制、收集、保管、利用、"四参加""三纳入"等制度,并将库房面积扩大至180米²。1998年,临安市供电局投入20多万元安装档案密集架20列、底图柜2只、卡片柜2只。12月,临安市供电力局通过企业档案工作目标管理"国家二级"认定验收,成为临安首家企业档案工作目标管理国二级企业。是年底,临安市供电局库存文书档案1529卷、科技档案1159卷、会计档案3174卷、照片档案10组。

随着办公自动化系统(OA系统)的全面应用,从1998年开始,临安市供电局收发文工作按双轨制运行。2001年,临安市供电局启用浙江省电力公司推广应用的OA系统,实现电子文档全省一体化管理,除文书档案外,特种载体档案、会计档案也在OA系统档案库里录入、检索。临安市供电局修订《电力建设工程档案资料管理办法》《文书档案管理办法》《实物档案管理办法》等档案制度,将档案管理工作纳入经济责任制考核。从2001年开始,临安市供电局文书档案以件为保管单位归档;是年,有文书档案891件。

随着新技术、新设备的使用,软盘、光盘等磁性载体的档案资料越来越多,为适应新形势的需要,临安市供电局档案室于2002年购买1台防磁柜,将2001—2002年的磁性载体进行归档处理。2003年,临安市供电局对城、农网工程档案进行规范化管理。2004年,临安市供电局启用NEUSOFT SEAS7.0档案管理系统,将历年的变电站工程、线路工程、自身基建工程等科技档案录入档案管理系统,实现资源共享。2005年,临安市供电局办公大楼搬迁,档案室利用大楼搬迁的机会,对室存档案进行大盘点,对符合销毁要求的档案资料登记造册,并报请局档案鉴定小组批准后,进行部分档案资料的销毁工作,同时盘清全局室存档案的数量和现存质量。2006年12月,临安市供电局通过企业档案目标管理"国家二级"复查验收。

2011年,为推进档案信息化建设,确保单位电子文件和数字档案的安全规范和有效管理,临安市供电局设立档案信息化领导小组,全面开展室存档案的数字化工作和数字档案室的创建活动,临安市供电局综合档案室获浙江省规范化数字档案室称号;为配合浙江省电力公司做好档案历史数据的迁移工作,将 OA 系统数据库的电子文件和数字档案迁移到协同办公系统,并启用协同办公系统的档案管理平台管理档案;建立电子文件和数字档案安全保管和备份制度,做到重要电子档案数据一式三套保存(一套封存保管,一套提供利用,一套送临安市档案局异地保管);建立数字档案室信息发布网页,有关档案工作和档案管理的信息与成果均在档案信息网上发布,可在网上直接点击查阅档案;按照库房"八防"(防盗、防光、防高温、防水、防潮、防空、防鼠、防虫)要求,将库房的电子感应门全部改造成防盗门,加装防盗窗,并把所有百叶窗改成避光窗帘。

2012 年,临安市供电局完成将档案管理系统里的科技档案数据迁移到协同办公系统的工作。在"规范化数字档案室"的基础上,临安市供电局从组织保障、数据库建设、电子文件归档、数据管理、开发利用等五方面着手进行数字档案室的继续建设工作,并聘请外单位人员进行重要的科技档案和文书档案的扫描挂接业务,库存档案数字化率 75%,获"浙江省示范数字档案室"称号。档案室编纂的企业年鉴获杭州市优秀编研成果奖。

2015 年 1 月,国家电网公司档案管理一级部署上线运行,档案应用服务器全部集中在国家电网公司总部。9 月,国网浙江临安市供电公司完成全部档案数据的迁移。至 2016 年,国网浙江临安市供电公司库房建筑面积 384 米²,装备计算机 3 台、复印机 1 台、打印机 1 台、高速扫描仪 1 台、空调 8 台、加湿机 6 台、除湿机 6 台,库存案卷级档案 27449 卷、文件级档案 16110 件、磁性载体档案 211 盘、照片档案 1510 张、实物档案 990 件,总数字化率 98%。

## 第三节　综合管理

### 一、企业整顿

"文化大革命"期间,临安电力公司各项工作遭受严重破坏。1977 年,临安县委路线教育工作队进驻临安电力公司,与公司党总支一起,在思想上拨乱反正、解放思想,深入开展企业整顿。1978 年,临安电力公司继续深入开展全面整顿,包括组织整顿和企业管理整顿;调整和充实公司领导班子,增强领导班子的战斗力;又先后整顿工会、共青团组织,设立妇女组织;加强班组建设,选拔 13 名优秀工人担任工段、班组干部;落实党对知识分子的政策,提拔 1 名脱产和 2 名不脱产的技术员;根据电力部门线长面广、工作分散的特点,在扩编班组的基础上,健全生产指挥系统,分配变、线路、修配、用电、财务等几个方面,明确技术人员和有关干部的岗位责任;在财务管理上,清查账目,盘点仓库,紧缩开支;通过学浙西供电企业、学余杭电力公司,健全各种规章制度,绘制各种图表,促进社会主义劳动竞赛的开展,各项工作逐步走上条理化。

1982 年 2 月,杭州市电力局被确定为全省电力系统首批企业全面整顿试点单位之一。次月,临安电力公司召开企业整顿动员大会。4 月,依照杭州市电力局企业整顿规划的统一部署和要求,临安电力公司设立在党总支统一领导下的企业整顿领导小组,制定临安电力公司企业整顿规划,全面展开企业整顿。整顿的主要内容是完成"五项工作"(落实和完善经济责任制,改进企业经营管理,搞好全面计划管理、安全生产和经济核算;整顿和加强劳动纪律,严格执行奖惩制度;整顿财经纪律,打击经济领域的犯罪活动,健全财务制度;整顿劳动组织,按定员定额组织生产,有计划地对各级人员进行培训,坚决克服人浮于事、工作散漫的缺点;整顿和建设好各级领导班子,加强对职工的政治思想教育工作。经过整顿和加强这五项工作,做到"人定岗、岗定责、责定奖惩");达到"三个建成"(建成一个有民主集中的领导体制,建成一支又红又专的职工队伍,建成一套科学文明的企业管理制度);实现"六个好"(三者兼顾好、安全生产好、经济效益好、劳动纪律好、文明生产好、政治工作好)。

整顿前,临安电力公司设有3股1室、5个直属班组、3个工段。企业整顿后,新设立变电工段;将各工段原来的线路班分为配电班、大修班,将原属临安工段的修配场、校表室划为公司领导。经过整顿,全公司有4个工段、5个直属班组、17个工段隶属的班组(其中4座变电站),加上3股1室,共30个单位。按照"四化"(革命化、年轻化、知识化、专业化)要求,对工段干部进行整顿,全公司工段干部14人,平均年龄42岁;对班组骨干进行整顿,共有班组长34人,平均年龄35岁。实行党、政分工,遵循党总支集体领导、职工民主管理、经理行政指挥的原则,制定具体的实施办法,建立职工代表大会和经理办公会议制度。协调党政工团关系,整顿工会、共青团组织,挑选年轻党员担任团总支书记。学习首钢经验,修订和完善经济责任制,在一定程度上克服平均主义,调动职工的积极性。建立和健全《财务管理制度》《物资管理制度》《领导岗位职责》等33种管理制度。开展"三查三整顿"活动,健全规章制度,严肃劳动纪律,严格奖惩制度,贯彻执行职工代表大会通过的《厂规厂纪》。

1983年9月,临安电力公司全面整顿工作通过浙江省电力工业局验收。公司根据验收组提出的意见继续整顿,翌年6月,通过浙江省电力工业局整顿验收复查。

1989年,根据中共中央、国务院《关于进一步清理整顿公司的决定》(中发〔89〕8号)文件精神和杭州市电力局的部署,临安县供电局设立清理整顿公司领导小组,推进清理整顿工作,对质量管理、计量管理、档案管理、会计管理、班组管理、职工教育等方面继续进行整顿。1990年,临安县供电局分别通过会计达标、三级计量、国二级档案管理、全面质量管理验收。1991年,临安县供电局通过省级先进企业和国二级企业内部验收。1992年1月,临安县供电局通过杭州市电力局组织的"双达标"内部考评验收。

1993年,根据杭州市电力局的统一部署,临安县供电局进行劳动、人事、工资三项制度改革,在"四定"(定机构设置、定岗位编制、定人员职数、定岗位职责)基础上,在人事制度改革上引入竞争机制,采用双向选择和公开招聘的方法聘任中层干部和劳动组合。

1997年,根据"治理整顿、深化改革、强化管理、促进发展"的工作思路,临安市供电局设立治理整顿领导小组、劳动组织整顿领导小组。在通过电力工业部"双达标"检查验收的基础上,设立临安市供电局创一流供电企业领导小组和7个专业工作小组,制定创一流的总体规划,全面开展创一流工作。设立审计科,配备专职纪检监察人员,进一步加强内部审计和纪检监察,开展企业的离任审计和供配电贴费等专项检查工作。向社会推出承诺制服务,按照承诺服务内容做好各项工作。玲珑供电所于该年12月通过浙江省电力工业局验收,被列为全省电力系统20个示范窗口之一。临安市供电局对农电体制进行了一些改革,对村电工队伍进行了整顿,在规范农村电价上采取一村一价等措施,该年有4个乡(镇)电管站通过标准化一级站的验收。

1998年,临安市供电局设立多种经营企业整顿和清欠领导小组,把多种经营企业的经营权、监督权、仲裁权分开,做到互相制约、互相促进。通过整顿加大应收款的清理和回收力度,加快决算进度,提高资金利用率。加强临时工使用规范管理,专门设立劳人科,通过定员、定岗和清退,减少临时工80人。

2001年,按照国家电力公司在全国电力系统开展电力市场整顿和优质服务年活动的统一部署和浙江省电力公司、杭州市电力局对开展此项活动的若干意见,临安市供电局设立电力市场整顿和优质服务年活动领导小组,在全局范围内开展电力市场整顿和优质服务年活动,推行行风建设责任制,出台《行风督查制度》《行风建设管理实施细则》,实施优质服务计分制考评办法,推出《行风建设举报奖励办法》,推出如"一口对外"和客户代理制等一系列优质服务新举措,并实行重大工程项目领导负责制,加强内部管理,简化工作流程,履行供电服务承诺,探索用电管理体制的改革和创新。结合企业实际,对作为企业核心机制的经济责任制进行深层次改革。新制度体现了干什么考核什么、一级考核一级、公开公平公正等原则,局和各科室、单位均出台各自的新考核制度,并严格执行,调动全局干部职工的积极性。设立临安市供电局招标中心,推行招议标制度,全年组织招议标37次,降低成本费用100多万元。

2001年,为加快农村电力体制改革,对乡(镇)电管站实施整顿,在原有乡(镇)电管站机构设置的基础上,设立乡(镇)供电营业所,作为过渡形式,乡(镇)电管站站长兼任乡(镇)供电营业所所长职务。2002年,在全局范围内重构传统业务职能分工,整合业务流程,撤销乡(镇)电管联站、乡(镇)电管站,重新划分原供电营业区域,组建完全隶属于供电局的19个乡(镇)供电营业所,实行营配合一和收支2条线的管理,建立"以市场为导向、以效益为中心、以服务为宗旨"的营销新体系和"通畅、高效、快速"符合电力市场要求的服务新模式。2002年11月,临安市供电局被国家电力公司授予"2001年度一流县供电企业"称号。

随着"两改一同价"和农村用电"五统一、四到户、三公开"管理的实现,农村用电的管理体制发生了深刻的变化,从原来以村为单位的管理扩展到了以户为单位的管理,村级管电组织也随之消失。农村公用事业和临时性用电的管理问题也随之凸显,长期以来形成的农村用电观念和习惯与当前的农村用电管理体制产生了较大的矛盾。2003年,临安市供电局在全市开展农村用电秩序整顿工作。各供电营业所依靠当地政府和公安机关,按照整顿工作部署,开展农村用电秩序整顿工作活动,打击挂钩用电、无表用电和用电不缴费等违章用电行为,维护农村正常的供用电秩序,扭转临安市农村用电管理混乱的状况,确保电力事业的持续发展和农村社会秩序的稳定。

此后,临安市供电局继续按照创一流企业的工作标准,加强经济责任制考核中涉及一流指标工作考核,将企业日常工作均纳入巩固建设工作的整体规划,在管理、环境、秩序、设备、人员等方面深入整顿,企业管理水平不断提高。

## 二、经济责任制

十一届三中全会后,杭州市电力局把工作重点转移到发展生产与加强经营管理上。按杭州市电力局统一部署,临安电力公司于1982年试行经济责任制,采用百分制计奖办法,对基层单位、职能科室和职工实行指标考核。1983年,临安电力公司学习首钢经验,修订和完善了经济责任制,把上级下达的各项指标和任务分解成700余条小指标、千余条具体考核要求,落实到股室、所和直属班组共12个考核单位,在下达季度生产计划时提出供电量、售电量、线损率、平均电价、农村照明电度、生产费用、医药费、福利费、材料定额和劳动出勤等10多项经济技术指标,进行具体考核。新的经济责任制从该年二季度开始贯彻执行,按实绩进行奖金分配,在一定程度上克服了平均主义,调动了职工群众的积极性。

1984年,临安县供电局与杭州市电力局签订安全经济承包合同,随后,又与各供电所签订安全经济承包合同。局和所两级领导在坚持安全第一的同时,注重经济效益,及时下达生产任务和提出各项经济指标,对计划的实施情况及时进行督促检查和考核,职工也十分关心各项指标的完成情况,改变了过去那种只强调完成生产任务、忽视经济核算的情况。

1985年,临安县供电局实行局长负责制后,进一步完善经济责任制,落实定额管理和小指标管理。结合经济责任制,临安县供电局将杭州市电力局目标承包值层层分解到各供电所,同时根据工作需要,对所一级下放了一定的权限(如班组长任免权、奖金分配权),使所一级的责、权、利有机地结合起来,增强了企业的活力。1986—1988年,临安县供电局连续三年被杭州市电力局授予"文明单位"称号。

1988—1990年,杭州市电力局与各县供电局实行三年内部承包经营责任制分包。1991—1993年,杭州市电力局与各县局实行第二轮三年内部承包经营责任制分包。承包内容实行"两包两挂"。

1991年5月,临安县供电局第五届第二次职工代表大会讨论、修改、制定《临安县供电局经济责任制考核办法(试行)》,根据责、权、利相结合的原则,实行各基层单位生产任务、经济技术指标与专业股室挂钩,采用自评和考核相结合,进行分级考核。根据全局各项实际工作,将考核内容分为日常工作和经济技术指标两大类。经济责任制的日常考核工作由企业管理办公室归口管理。是年,开展"安全、文明生产创水平达标",各项安全技术经济指标大幅度增长。

2001年3月,临安市供电局制定《经济责任制考核办法》,对奖金分配按岗位职责,奖优罚劣,实行总额包干、宏观调控。经济责任制考核按一级考核一级的原则,建立三级考核体系,体现"两个文明"一起考核的原则,本着干什么考核什么的原则,制定简单、实用、规范的考核办法,试行一所一策、一厂一策的分配方式,体现公开、公平、公正的原则,列入奖金考核的奖金额度为100%,考核的覆盖面为100%。2002年4月,临安市供电局贯彻按劳分配原则,改进奖金分配考核方式,修订《经济责任制考核办法》,组成由局长任组长、党委书记任副组长、其他局领导为组员的临安市供电局考核领导小组,负责全局经济责任制考核工作。临安市供电局考核领导小组下设考核办公室和考核督查组。临安市供电局根据每年经济效益测算情况,确定年度可分配奖金额度,并按照各单位人员配备、责任大小确定可分配奖金额度。全局奖金根据考核内容划分为日常考核奖与年终考核奖两大类。其中,日常考核奖包括安全奖、计划管理奖、季度指标奖、关键事件奖及其他奖;年终考核奖包括综合管理奖、年终指标奖及中层干部经济责任奖。各单位根据自身实际情况,按本单位制定的经济责任制考核办法发放奖金;局在年终对各单位考核奖金发放额度总额进行控制。

2003年7月,临安市供电局根据第八届第二次职工代表大会精神,又对原经济责任制考核办法进行修订,明确企业管理科为全局经济责任制考核的管理职能部门,负责制定和贯彻实施经济责任制考核办法及相关实施细则,负责局务例会等综合性会议布置的主要工作任务的检查、考核,负责监督、指导各单位经济责任制考核办法的制定、执行和日常考核工作。考核仍分为日常考核和年终考核两部分。日常考核以安全管理、工作任务完成情况、企业法规执行情况以及经济技术指标(季度)完成情况为主要考核内容;年终考核则以工作目标、技术经济指标和综合性管理工作考核为主。制定《临安市供电局经济责任制考核办法实施细则》,对日常考核的依据和标准做出具体的规定。

之后,临安市供电局根据工作实际,对经济责任制考核办法进行相应的修订,不断完善考核方法和考核内容。

2011年起,临安市供电局经济责任制考核更名为绩效考核。

## 三、达标升级和标准化工作

根据《杭州市电力局"七五"计划期间企业升级规划》要求,临安县供电局于1988年10月制定《临安县供电局"七五"期间企业升级规划》,开始企业升级工作。根据企业升级工作需要,先后设立计量管理领导小组、档案管理领导小组和全面质量管理领导小组;建立安全、计量、档案、全面质量、电压质量、供电可靠率、线损等管理网络;设立班组工人岗位技术员,使各项管理工作在班组能得到具体实施。根据《临安县供电局"七五"期间企业升级规划》的总体要求,临安县供电局制订年度升级工作计划以及全面质量管理、档案管理、计量管理等单项工作计划。完善、修改和编制生产管理制度、财务管理制度、总务股管理制度、档案管理制度、计量管理制度和一系列综合管理制度及调度规程等,先后制定《安全质量保证体系》《降损节电保证体系》《电压合格率、供电可靠率保证体系》。1990年5月,临安县供电局通过会计工作达标验收。8月,临安县供电局通过三级计量验收。11月,临安县供电局通过档案国二级验收。12月,临安县供电局通过全面质量管理的评审验收。翌年2月,临安县供电局通过国二级企业总体验收。

1991年3月,临安县供电局制定《安全、文明生产创水平达标规划》,巩固和发展国二级企业成果,深入开展"双达标"活动。4月,设立"临安县供电局安全、文明生产创水平达标领导小组",建立以"双达标"为内容的经济责任制,把"双达标"五大管理要求、指标层层分解、层层落实。1992年1月,临安县供电局通过杭州市电力局"双达标"验收组的验收。12月,临安县供电局通过华东电业管理局"双达标"验收组的验收。1997年2月,临安市供电局通过电力工业部"双达标"验收。

1992年10月,临安县供电局落实能源部关于在全国电力行业中开展以安全、效益、服务为主要内容的"电力为农业、为农民、为农村经济服务达标竞赛活动"的决定,制定《临安县供电局争创电力为农业、为农民、为农村经济服务达标企业责任分解》,把开展电力"三为"服务达标竞赛与"双达标"结合,与电网建设、安全用电结合,与加强行业管理、行风建设结合。1995年1月,通过杭州市电力局"三为"服务达标验收委员会验收,被电力工业部评为1994年度电力"三为"服务达标单位。随着农电体制改革和农网"两改一同价"工作的不断深入,电力"三为"服务与供电企业"创一流"和优质服务工作紧密联系在一起。根据国家电力公司《关于将"三为"服务达标活动纳入创一流和优质服务工作中的通知》(农综〔2001〕36号)文件精神,不再单独开展电力"三为"服务达标活动,有关电力"三为"服务活动考核内容和评价指标分别纳入供电企业"创一流"工作和"示范窗口"创建活动中进行考核。

为了加强企业管理工作,形成科学化、合理化、规范化、高效率的管理机制,临安市供电局自2000年9月开始全面开展标准化工作,设立临安市供电局标准化领导小组、标准化工作办公室,设立技术、工作、生产管理与电力建设、经营管理、通用管理、规章制度等6个标准专业小组,建立以技术标准为主体,包括管理标准、工作标准、规章制度在内的企业标准化体系,做到工作有标准、办事有考核,获得最佳的企业管理秩序和经济效益。

2003年,临安市供电局制定并印发《标准化建设规划(2002—2006年)》,明确通过企业标准化三级水平认证,实现"三标一体"管理体系认证的目标。9月,通过企业标准化三级水平认证。2005年10月,临安市供电局"三标一体"管理体系通过杭州万泰认证有限公司外部审核认证。之后,"三标一体"管理体系认证作为临安电力系统一项长期的管理工作持续进行。

## 四、创一流同业对标

1996年,临安县供电局在第六届第二次职工代表大会上提出创一流供电企业的发展目标。为进一步巩固电力工业部"双达标"成果,抓好创一流供电企业各项工作。1997年,临安市供电局设立创一流供电企业工作领导小组和工作专业组,并制定《临安市供电局创一流供电企业总体规划》《临安市供电局创一流供电企业工作职责分解》《临安市供电局创一流供电企业专业组实施计划》,从安全管理、文明生产、设备与生产管理、用电管理与优质服务、节能管理与科技进步等方面创一流。

2000年,临安市供电局制定《创一流工作动态考核办法》,并设立创一流办公室,加强对创一流工作的日常管理。2001年,为进一步提高企业管理水平、经营水平、服务水平和整体素质,适应农电"两改一同价"和杭州市电力局创建国际一流供电企业的要求,临安市供电局根据国家电力公司印发的《一流县级供电企业考核标准(执行)》《国家电力公司一流县级供电企业验收细则》和杭州市电力局制定的规划,制定《争创一流县级供电企业实施计划》《创一流供电企业考核和资料及资料职责分解表》,做到分管领导、责任科室、资料责任人"三到位",使创一流工作处于有效控制状态。2002年3月,临安市供电局创一流工作通过杭州市电力局创一流考评组的预验收。8月,通过浙江省电力公司创一流考评组的初检。9月,通过国家电力公司创一流供电企业考核调研组的检查。临安市供电局安全生产情况、供电可靠率、电压合格率、线损率、电费回收率以及管理工作情况等各项指标都达到或超过一流企业考核标准,11月,临安市供电局被国家电力公司授予"一流县供电企业"称号。嗣后,继续巩固县级一流供电企业成果,开展创建国际一流供电企业工作。

2005年,根据国家电网公司《关于在县供电企业开展同业对标深化创一流工作的指导意见》精神,临安市供电局以同业对标(即通过选定标杆企业并进行规范、连续的比较分析,帮助企业寻找、确认、跟踪、分析并超越自己的竞争目标)为手段,以创一流为载体,把同业对标和创一流工作有机结合起来,全面提高企业管理水平和综合实力。5月,临安市供电局企管科下发同业对标职责分配联系单,将国家电网公司同业对标综合评价指标体系分解至各职能科室。7月,临安市供电局设立创一流同业对标工作领导小组和创一流同业对标工作办公室,明确各职能科室的职责。8月,临安市供电局印发《创一流同业对标工作指导意见》《创一流同业对标工作实施办法》《创一流同业对标工作规划》,为开展同业对标工作提供制度保障。9月,浙江省电力公司发布同业对标综合评价排序和同业对标指标实绩,临安市供电局名列浙江省县级供电企业第12名,名列县级供电企业第4名。

2012年是"国家电网公司一流县供电企业"再创建年,也是创一流同业对标工作取得重大成果的一年。临安市供电局在日常管理中加大创一流工作与同业对标工作的结合度,通过"日常工作一流化、一流工作常态化",采取多种措施促进"创一流"与同业对标的双提升。调整对标管理组织网络,确定年度目标,制订指标提升计划,修订管理标准和考核制度,形成对标工作日常管理闭环机制,促进指标水平的稳步提升。是年,临安市供电局共申报典型经验22篇,对标综合排名位居浙江省电力公司县级供电企业第2类第4名,成为综合管理标杆单位。

2013年,国网浙江临安市供电公司设立同业对标薄弱指标攻关小组,修订《同业对标考核细则》,加强同业对标动态管控和薄弱指标攻关,以对标综合排名第2类第2位的成绩被国网浙江省电力公司评为同业对标综合管理标杆单位。

2014年对标体系调整较大,增加管理型指标,重新定义明确指标计算,规范取数来源,并在继续引用绝对水平对标排名的同时,引入基础评价指标,建立"基础评价+业绩评价+管理评价"三维对标模型,对对标工作提出新的要求和挑战。国网浙江临安市供电公司针对2014年新的指标体系和工作要求,设立确保同业对标进入国网浙江省电力公司综合标杆单位、力争排名保位争先、专业管理标杆数量省内领先的年度工作目标,将对标工作落实到人、责任到人,加强部门间协同作用,开展落实2014年对标工作。是年,国网浙江临安市供电公司同业对标位列国网浙江省电力公司第二集团第1位,被评为综合管理标杆单位,4个专业排名第1位,综合排名创历史新高。

2015年,国网浙江临安市供电公司同业对标排名位列第二集团24家县级供电企业第1位,被评为综合管理标杆单位;规划、建设、运行、物资和配套保障等5个专业获国网浙江省电力公司专业标杆称号;3篇典型经验被评为国网浙江省电力公司内部对标典型经验,实现零的突破。

2016年,国网浙江临安市供电公司获国网杭州供电公司同业对标工作先进集体称号。

## 五、行风建设

20世纪80年代初,电力部门个别职工以电谋私时有发生。临安电力系统贯彻"调整、改革、整顿、提高"的方针,着手整顿企业在生产、经营中的不正之风。为自觉接受群众监督,促进行风建设,1981年,临安电力公司深入开展"人民电业为人民"的教育,狠刹在供电服务中出现的"吃、喝、拿"的歪风。1986年,临安县供电局制定《党风供电作风责任制》《思想政治工作责任制》,向社会聘请供电作风监督员50名,在内部设立供电作风监督员23名,并设立临安县供电局供电作风监督小组,采取"走出去,请进来"的办法,广泛征求用户意见,组织人员走访用户等,召开每年至少一次的用户座谈会、监督员座谈会,检查供电作风。1988年5月,临安县供电局转发《杭州市电力局进一步端正行风的六条规定》,结合自身实际,修改和完善各项服务措施。在原来在局内外聘请73名供电作风监督员的基础上,又设立了1名供电作风联络员,在玲珑供电所进行"两公开一监督"试点,以点带面全面展开行风建设工作。"两公开一监督"试点在全局推广后,均取得较好的效果,并受到杭州市和临安县纪委有关领导的充分肯定。

1991年初,临安县供电局参加杭州市六家公用事业单位"迎新春、树新风、创优质服务"百日竞赛活动,为群众做好事,办实事,於潜供电所在该次活动中成绩显著,被评为"杭州市六家公用事业创优质服务百日竞赛活动优胜集体"。"双夏"期间,临安市供电局组织支农小分队"服务到田间地头、工作到机头",帮助农民解决用电上的实际困难,保证"双夏"期间 24 小时不停电。

1995 年,临安县供电局贯彻浙江省政府对电力、卫生两大系统开展行风公开评议和杭州市委、市政府关于开展"纠热点问题、创行业新风"为主要内容的行风"双评"要求,进一步加大行风建设力度,受到电力工业部党组成员、纪检组长李雪莹带队的电力工业部行风检查组和浙江省政协常委张兴钱带队的浙江省行风评估组的肯定。临安县供电局被浙江省政府纠正行业不正之风办公室和浙江省电力工业局评为行风建设和优质服务的"十佳县供电局";玲珑供电所被评为"十佳供电所";临目乡电管站被评为"十佳乡镇电管站"。

1997 年 3 月,临安市供电局推行社会服务承诺制,对优质服务工作提出更高的要求。12 月,玲珑供电所营业室被浙江省电力工业局评为浙江省电力系统首批"为人民服务,树行业新风"示范窗口。

1999 年 1 月,临安市供电局在锦城镇设立电力客户服务中心和电力事故抢修中心,向社会公开十项服务内容和第二次承诺制服务。实行客户申请报装一条龙服务,规范电力售前、售中和售后服务。事故抢修中心实行 24 小时全天候服务。开展农村用电秩序整顿活动,开展"查窃电、纠违章、清欠费"为主的用电普查工作,打击农村违章用电和窃电歪风,维护正常的农村供电秩序。聘请市级机关、各乡镇有关领导及电力用户共计 50 人组成监督员队伍,每年召开 2 次供电作风监督员座谈会,听取各方面意见,有针对性地开展工作,提高供电服务质量。

2001 年,临安市供电局围绕国家电力公司提出的开展"电力市场整顿和优质服务年"活动,在思想教育先行的基础上,推行行风建设责任制,制定《行风督查制度》《行风建设管理实施细则》,实施优质服务计分制考评办法,推出《行风建设举报奖励办法》,踏实做好重要用户服务工作,推出"一口对外"和客户代理制等一系列优质服务新举措,实行重大工程项目领导负责制。

2003 年,临安市供电局探索客户全程代理服务的方式,推出人性化的客户回访服务;深入走访电力客户,虚心听取意见建议,全年走访企业 55 家,召开 27 人(次)座谈会,征询意见 15 条;加强对电力客户的分析和优质服务的稽查、考核,全年共开展行风稽查 10 次;全面推行客户服务告示制,将 1982 块供电服务告示牌张贴到全市各乡(镇)行政村和配电变压器台区,接受社会的监督;2002 年 12 月成立的"95598"客户服务中心充分发挥桥梁纽带作用,共受理来电 21276 起,其中直接服务电力客户 12900 起,办结率 100%。

2006 年,临安市供电局开展电力营销工作"服务年、管理年"活动,扩展优质服务内容,完善服务体系,提升服务品质。6 月 16 日,启动临安市供电局 VIP 客户服务,通过提供个性化的服务,进一步提高客户满意度。针对临安市重点项目"百日攻坚"活动,临安市供电局设立电力服务领导小组和攻坚小组,局领导领办项目实行对口服务。开展"爱心光明行"暨"青春光明行"主题日活动,组织电力活动进社区,为敬老院、孤寡老人、移民区等特殊服务对象提供包括电力隐患排查、线路检修、灯头开关维修等电力服务,帮助解决困难,职工以实际行动践行真诚服务、奉献于民的本色。

2007 年,临安市供电局开展"作风建设年"活动,设立相关组织机构,利用报纸《临安电力》、内联网、宣传橱窗等各种宣传媒体,做好舆论宣传工作。围绕学风、思想作风、领导作风、工作作风、生活作风建设等 5 个重点内容,通过局领导班子专题民主生活会、机关作风调查问卷、局领导带队走访大用户、基层单位班子民主生活会、党风廉政建设形势分析会等多种途径深入查找不足。9 月,开展"为基层服务月"活动,集中整改落实前阶段查找出来的各项问题,将"作风建设年"的成果落实到解决问题、促进工作的根本目的上,对企业的健康稳定发展起到积极作用。

2012 年,临安市供电局坚持"你用电、我用心",推进"95598"光明服务工程,开展保障居民用电服务质量监管专项行动。开展"进村入企""百日攻坚"活动,全年走访 30 余家重点工程项目和客户,为企业量身定制优化用电建议书,切实发挥用电参谋作用。深化"电力—社区"共建,设立"台区经理便民服务点"试点,定期在便民服务点提供业扩报装、用电业务咨询和故障报修等服务。

2013 年 1 月,临安市供电局营业服务部业务班获杭州市"巾帼文明岗"称号,"打造客户服务中心智能化营业厅"项目获杭州市第二届"政风行风建设创新举措优秀奖"称号。

之后,国网浙江临安市供电公司落实行风巡查刚性管理,通过视频监控、现场查看、交叉互查等形式进行行风督查。强化外部监督,充分发挥行风监督员听民声、访民意、代民言的作用。定期组织公司退二线人员组成的督察组对供电所进行行风建设检查。与兄弟公司联合开展行风交叉巡查活动。通过内外监督、检查,不断地提升公司服务品质。

### 六、文明单位创建

1982 年,临安电力公司结合企业整顿,在"五讲四美三热爱"活动中,开始开展文明班组的创建活动,在此基础上提出创建文明单位的目标。

1984 年 5 月,临安县供电局设立创建文明单位领导小组,贯彻中共中央"两个文明一起抓"的方针,制定创建计划和实施细则,细化目标措施,层层落实责任,评比文明班组,激发全体职工的主人翁责任感,提高全体职工的思想作风和业务素质。1984 年,临安县供电局 3 个班组被评为杭州市级"文明班组",3 个班组被评为杭州市电力局和临安县"文明班组"。

1984 年 10 月,杭州市电力局在於潜召开现场会,推广於潜供电所创建文明班组的经验。临安县供电局抓住契机,以於潜供电所为典型,以点带面,把握全局。将文明班组活动与岗位责任制百分计奖、小指标竞赛相结合,在全局推广玲珑供电所个人文明生产考核评分办法,极大地调动职工当家作主的积极性。在创建过程中,坚持党政工团齐抓共管,按照"两个文明一起抓,两个任务一起下,两副担子一起挑,两个成果一起要"的要求,通过创建活动,有效地夯实企业管理基础,推动企业全面发展。1985 年,於潜供电所被杭州市政府命名为杭州市电力局"文明供电所",玲珑供电所等 6 个班组被临安县政府命名为临安县"文明班组"。

1986 年,临安县供电局在抓好文明班组建设的基础上,着重抓供电所、工段、股室文明建设,抓住党风供电作风和安全生产经济效益这 2 个关键,从加强企业的思想政治工作和基础管理出发,健全基础管理台账,使文明创建活动更进一步。临安县供电局被临安县委、县政府命名为临安县"文明单位"。1986—1988 年,临安县供电局连续 3 年被杭州市电力局命名为"文明单位"。1996 年,被电力工业部评为全国电力系统首届"双文明单位"。1996—2001 年,连续被国家电力公司评为"双文明单位"。2002 年,被杭州市委、市政府命名为"文明单位"。2004 年,被浙江省委、省政府命名为"文明单位"。2007—2008 年,被国家电网公司评为"双文明单位"。2008—2010 年,连续 3 年被杭州市电力局评为"文明单位标兵",2013 年和 2015 年再次被杭州市电力局评为"文明单位标兵"。

# 第八章 多种经营

为解决社会就业压力,特别是电力职工子女的就业问题,临安县供电局于 1984 年 11 月创办临安县供电局电气服务公司,为该局多种经营之始。该公司创办后,于 1985 年和 1987 年分别向临安县供电局以及公司内部职工集股 1.5 万元和 8.5 万元,合计集股 10 万元,用于日常运营。

20 世纪 90 年代,根据能源部关于电力建设、电力生产、多种经营三大支柱协调发展的指示精神,临安多种经营的经营范围不断扩充,企业规模日益增大。1990 年 3 月,临安县供电局电气服务公司更名为临安县电力承装公司,同时设立杭州临安开关厂。1992 年 6 月,临安县供电局设立多种经营办公室,具体指导各经营单位开展多种经营。

1993 年 2 月,杭州临安电力实业总公司成立,采取目标管理和利润承包等形式,开始对包括临安县电力承装公司、杭州临安开关厂在内的下属 10 家多种经营企业(简称多经企业)行使管理职能。

1998 年,临安市供电局第六届第四次职工代表大会通过决议,组建临安电力建设有限公司和临安市供电职工持股协会。

进入 21 世纪,临安电力多种经营从产权制度改革入手,依托杭州临安电力实业总公司和临安市供电职工持股协会两大投资主体,形成以房地产、水电开发为主导,以电力承装、电气制造、路灯广告为骨干的多种经营新格局。

2003 年 8 月 6 日,根据国务院国有资产监督管理委员会、国家发展和改革委员会、财政部联合印发的《关于继续贯彻落实国务院有关精神 暂停电力系统职工投资电力企业的紧急通知》(国资改革〔2003〕37 号)精神,临安市供电局解散并注销临安市供电职工持股会,将出资人入股的资金全部返还出资人。

2006 年 3 月,浙江恒晟投资有限公司注册成立;8 月,变更为浙江恒晟控股集团有限公司,注册资金5200 万元。

2008 年,杭州临安电力实业总公司和浙江恒晟控股集团有限公司设立临安电力多经企业管理咨询委员会,进一步规范多经企业的管理。

2016 年,经集体企业改制,杭州临安电力实业总公司被杭州电力集体资产经营管理中心吸收合并;4 月,设置浙江大有集团有限公司临安分部,负责国网浙江临安市供电公司集体资产的监督管理工作;5 月,杭州临安电力实业总公司注销。

1984—2016 年临安电力主要多种经营企业情况见表 8-1。

表 8-1 1984—2016 年临安电力主要多种经营企业情况

| 企业名称 | 成立日期 | 主要业务(产品) | 停业时间 | 备注 |
|---|---|---|---|---|
| 临安县供电局电气服务公司 | 1984 年 11 月 | 电力线路架设,电气设备安装、修理、试验,变电站安装 | 1998 年 7 月注销 | 1990 年 3 月更名为临安县电力承装公司;1998 年 7 月更名为临安市锦城电力安装工程队后注销 |

续表

| 企业名称 | 成立日期 | 主要业务(产品) | 停业时间 | 备注 |
|---|---|---|---|---|
| 杭州临安开关厂 | 1990年3月 | 配电屏制造、加工、修理、销售 | 2005年6月注销 | |
| 临安县於潜电力安装队 | 1992年4月 | 电力线路、电力设备安装 | 1997年1月注销 | |
| 临安电力印刷厂(原临安县於潜区印刷厂转让) | 1992年4月 | 其他印刷 | 2014年11月注销 | |
| 杭州临安电力物资公司 | 1992年11月 | 销售电力设备、金属材料、建筑材料、化工原料等,电力资源开发、服务,仓储、装卸搬运,汽车、电力设备租赁 | 2016年5月注销 | |
| 杭州临安电力综合经营公司 | 1992年12月 | 纺织品、服装、文化用品、日用化学品、电力设施安装维修 | 2003年9月吊销 | |
| 临安县电气节能技术开发部 | 1992年12月 | 能源及原材料开发,建筑材料、电器材料等批发、零售、服务 | 2003年9月吊销 | 1993年3月更名为临安县能源物资公司;1999年7月临安市人民法院民事裁定宣告破产 |
| 杭州临安电力实业总公司 | 1993年2月 | 电力设备、电力物资、机电维修、电力线路安装、变电站安装等 | 2016年5月注销 | |
| 浙江临安电力康乐公司 | 1994年1月 | 电气设备、线路高低压配电房设计与施工安装 | 1997年4月注销 | |
| 临安电力起重公司 | 1994年1月 | 汽车起重服务 | 1997年5月注销 | |
| 临安电力生活服务公司 | 1994年1月 | 机电设备、建筑材料、煤炭、化工原料、土特产、卷烟(零售) | 1995年3月注销 | |
| 临安华电房地产开发有限公司 | 1994年9月 | 商品房开发、销售 | | 2002年2月更名为临安恒晟房地产开发有限公司;2004年8月更名为浙江恒晟置业有限公司 |
| 杭州临安青山湖休闲村 | 1994年10月 | 酒店管理 | 2009年2月注销 | 2007年11月资产转让给青山湖圣园(杭州)置业有限公司 |
| 杭州奥特电力电子有限公司 | 1995年1月 | 电子产品、仪器、仪表、电力产品、机电产品的制造、批发、零售,高新科技产品,技术转让,民用产品 | 2002年10月吊销 | 2000年决议通过解散;2001年2月临安市人民法院宣告破产 |
| 临安电力通讯有限公司 | 1995年3月 | 通信器材、通信设备、通信线路设置、通信服务、建材 | 2003年9月吊销 | |
| 杭州临安电力汽车修理厂 | 1995年5月 | 汽车、摩托车维修 | 2005年6月注销 | |
| 临安电力财经信息服务有限公司 | 1995年5月 | 财经、物资信息提供、咨询服务,股市、期货知识讲座与培训 | 2003年9月吊销 | |
| 杭州临安电力综合经营公司大光明歌舞厅 | 1996年5月 | 烟、饮料 | 2003年9月吊销 | |
| 杭州临安电力综合经营公司阳光大酒店 | 1996年5月 | 烟、酒、饮料 | 2003年9月吊销 | |
| 临安电力建设有限公司 | 1998年6月 | 电力线路与设备安装、维修、设计,高低压电器安装、维修,高低压开关柜制造、销售,汽车起重服务,通信设备、通信线路设置和服务等 | 2004年1月注销 | |

续表

| 企业名称 | 成立日期 | 主要业务(产品) | 停业时间 | 备注 |
|---|---|---|---|---|
| 临安市路灯广告有限公司 | 1999年3月 | 设计、制作、代理、发布国内广告,灯箱与路灯安装、维修等 | 2013年5月注销 | 2000年8月更名为临安市电力广告有限公司;2002年2月更名为临安恒晟广告有限公司 |
| 临安恒丰水力有限公司 | 2001年3月 | 水力发电、销售,电力设备销售、安装、修理,电力技术咨询服务 | | 2002年5月更名为临安恒丰水电有限公司;2009年4月变更为临安恒丰水电投资有限公司 |
| 临安恒力电力承装有限公司 | 2001年4月 | 输变电工程设计、安装、施工及维修,通用工程和民用建筑、照明及普通设备安装、维修等 | | 2005年3月更名为浙江恒力电力承装有限公司 |
| 临安恒晟物业管理有限公司 | 2002年3月 | 住宅小区物业管理、水电安装,绿化工程施工 | 2013年11月注销 | |
| 杭州恒信电气有限公司 | 2003年2月 | 成套电气设备及配件、高低压金具材料制造、加工、销售,电力物资销售 | | |
| 临安恒远电力工程有限公司 | 2003年5月 | 电压等级在10千伏及以下的输变电工程设计、安装、施工、维修,民用建筑照明安装、维修等 | 2012年9月注销 | |
| 浙江恒坤电力技术有限公司 | 2004年3月 | 电力电缆、通信电缆及附件、成套电力设备、电气设备的生产、开发、安装、销售及其技术咨询 | 2007年11月迁出临安 | 2007年8月股权转让给吉林省金冠电气有限公司 |
| 临安恒通房地产营销策划有限公司 | 2004年8月 | 房地产销售代理,房屋买卖、租赁代理,房地产前期及营销策划代理,房地产权证代办,房地产信息咨询 | 2007年8月注销 | |
| 临安恒泽水电有限公司 | 2005年12月 | 水力发电,电力设备销售、安装、修理,电力技术咨询服务 | | 2012年5月股权全部转让给临安恒丰水电投资有限公司 |
| 浙江恒晟投资有限公司 | 2006年3月 | 投资、能源、房地产、设备制造、广告媒体、咨询、施工、建筑行业 | | 2006年8月,变更为浙江恒晟控股集团有限公司;2012年8月更名为临安恒晟实业投资有限公司 |
| 杭州市电力设计院有限公司临安分公司 | 2007年5月 | 110千伏及以下电压等级送、变电工程设计、咨询、总承包 | 2012年4月注销 | |
| 杭州恒信电气有限公司电力器材分公司 | 2008年2月 | 成套电气设备及配件、高低压金具材料加工、销售,电力物资销售 | | 前身为临安市农电总站下的集体企业杭州临安电器开关厂 |
| 临安恒远电力工程有限公司照明工程分公司 | 2008年2月 | 道路照明、景观照明设计安装、维修,配电设备销售、维修,电缆安装,电力设备及配件销售 | 2012年8月注销 | |
| 临安恒越培训有限公司 | 2008年9月 | 成年人的非证书劳动职业技能培训、成年人的非文化教育培训、电力技术咨询、企业管理咨询 | 2013年2月注销 | |
| 临安恒业房地产开发有限公司 | 2010年6月 | 房地产开发经营 | 2015年3月注销 | |

| 企业名称 | 成立日期 | 主要业务（产品） | 停业时间 | 备注 |
|---|---|---|---|---|
| 杭州临安恒益电力设计有限公司 | 2011 年 1 月 | 110 千伏及以下电压等级送、变电工程设计、咨询 | 2013 年 11 月注销 | |
| 浙江恒力电力承装有限公司照明工程分公司 | 2012 年 7 月 | 设计、制作、代理、发布国内广告，安装、维修民用建筑照明工程、灯箱、路灯，销售、维修配电设备，销售电力设备及材料等 | | 2013 年 4 月更名为浙江恒力电力承装有限公司广告照明工程分公司 |
| 杭州恒信电气有限公司淳安分公司 | 2013 年 8 月 | 加工、销售成套电气设备及配件、高低压金具材料、电缆附件，电气设备维修 | | |
| 浙江恒力电力承装有限公司物资分公司 | 2013 年 9 月 | 销售配电设备、电力设备及材料、电器设备、广告材料、日用百货等，电力设备租赁，电力资源开发，服务仓储、装卸搬运 | | |
| 浙江恒力电力承装有限公司恒益设计分公司 | 2013 年 10 月 | 110 千伏及以下电压等级送、变电工程设计与咨询，销售电力物资，为总公司承接建设工程总承包业务及项目管理、相关技术与管理服务，工程监理、设备监理、工程项目管理及工程技术咨询服务，工程勘察 | | |
| 杭州临安电力实业总公司汽车服务分公司 | 2013 年 11 月 | 机动车维修，二类汽车维修（小型车辆维修），电动汽车租赁，轮胎销售，企业管理、汽车事务代理 | 2016 年 5 月注销 | |
| 浙江恒力电力承装有限公司恒晟物业分公司 | 2013 年 11 月 | 物业管理及咨询服务，房屋修缮，水电安装，房屋租赁代理，室内外装饰装潢设计及施工，绿化工程施工，花卉、盆景租赁，楼宇机电配套设备安装、维修 | | |
| 浙江恒力电力承装有限公司供配电服务分公司 | 2013 年 12 月 | 110 千伏及以下电压等级送、变电工程设计、咨询及服务，安装、维修机电配套、配电设备，销售电力设备及材料、电器设备，电力设备租赁，电力资源开发 | | |
| 杭州临安电力实业总公司恒益设计分公司 | 2015 年 1 月 | 110 千伏及以下电压等级送、变电工程设计、咨询 | 2016 年 5 月注销 | |
| 临安市恒通供电服务有限公司 | 2015 年 8 月 | 乡（镇）及农村配电与营销服务，承修、承试电力设备 | | |
| 杭州恒信电气有限公司恒益设计分公司 | 2016 年 2 月 | 110 千伏及以下电压等级送、变电工程设计、咨询，建设工程总承包业务及项目管理、相关技术与管理服务，工程监理、设备监理、工程项目管理及工程技术咨询服务 | | |
| 浙江恒力电力承装有限公司汽车服务分公司 | 2016 年 3 月 | 机动车维修，二类汽车维修（小型车辆维修），电动汽车租赁，轮胎销售，企业管理、汽车事务代理 | | |
| 杭州恒信电气有限公司塑业分公司 | 2016 年 12 月 | 生产电力与市政工程用管材及配套设施、井盖、支架、塑料制品、玻璃制品 | | |
| 杭州电力招标咨询有限公司临安工程监理分公司 | 2016 年 12 月 | 为总公司承接业务 | | |

1993—2016年临安电力多种经营企业效益情况见表8-2。

表8-2　1993—2016年临安电力多种经营企业效益情况

| 年份 | 企业数 | 固定资产原值/万元 | 总收入/万元 | 实现利润总额/万元 |
|---|---|---|---|---|
| 1993 | 8 | 297.60 | 4040.00 | 417.60 |
| 1994 | 13 | 117.85 | 4100.00 | 480.00 |
| 1995 | 17 | 178.09 | 6017.50 | 618.90 |
| 1996 | 16 | 241.37 | 8180.00 | 1073.00 |
| 1997 | 16 | 505.14 | 5840.13 | 531.13 |
| 1998 | 14 | 2081.60 | 3826.10 | 87.30 |
| 1999 | 14 | 2458.50 | 6384.50 | 734.00 |
| 2000 | 14 | 2096.40 | 13119.60 | 823.60 |
| 2001 | 16 | 2385.70 | 11996.60 | 2554.70 |
| 2002 | 17 | 2984.90 | 20432.20 | 4383.60 |
| 2003 | 18 | 5283.80 | 66298.60 | 11251.10 |
| 2004 | 16 | 8573.50 | 53739.00 | 4081.70 |
| 2005 | 15 | 3757.94 | 56013.00 | 10098.30 |
| 2006 | 14 | 1775.09 | 67235.60 | 3071.60 |
| 2007 | 15 | 1914.42 | 69195.80 | 5357.90 |
| 2008 | 15 | 1992.01 | 72383.80 | 7783.90 |
| 2009 | 15 | 2006.36 | 72911.10 | 6399.70 |
| 2010 | 16 | 2192.63 | 60553.70 | 3486.70 |
| 2011 | 16 | 2507.97 | 62807.30 | 1879.34 |
| 2012 | 16 | 6804.10 | 62857.00 | 5847.00 |
| 2013 | 17 | 6880.31 | 51200.00 | 1960.00 |
| 2014 | 14 | 7339.54 | 74583.20 | 5719.00 |
| 2015 | 15 | 7531.69 | 82751.67 | 3367.26 |
| 2016 | 14 | 8250.29 | 87092.01 | 3563.95 |

# 第一节　发展历程

临安电力系统的多种经营始于1984年。11月,临安县供电局成立临安县供电局电气服务公司,该公司集体性质的经济实体,负有提高经济效益和安置效果的双重任务,企业资金实行独立核算。沈海根任经理,职工大多系临安县供电局的职工子女。1985年,公司销售收入121.7万元,利润16.3万元。

1990年3月,临安县供电局电气服务公司更名为临安县电力承装公司,王雪瑞任经理。同时,设立杭州临安开关厂。

1993年2月,临安县供电局设立杭州临安电力实业总公司,王雪瑞任总经理。5月,临安县供电局设立临安电力实业总公司董事会,潘之元任董事长,陈坚、何永林任副董事长。杭州临安电力实业总公司实行董事会领导下的总经理负责制,设办公室、生产经营科、杭州临安开关厂、杭州临安电力汽车修理厂、临安县电力承装公司、杭州临安电力物资公司、临安县能源物资公司、临安电力生活服务公司、杭州临安电力综合经营公司、浙江临安电力康乐公司、临安电力印刷厂、汽车队。

1998年,杭州临安电力实业总公司将临安市电力承装公司、杭州临安开关厂、临安电力物资公司等10家电力建设类企业,组建临安电力建设有限公司。杭州临安电力实业总公司作为投资主体,将吸纳的资金集中,由专门设立的职工持股协会管理,并将资金投向临安电力建设有限公司,主要用于开关厂的技改,以及其他企业的设备更新和发展。

2000年12月,杭州临安电力实业总公司调整董事会成员,李连强任董事长,何永林任副董事长,董事会由丁松、许欣农等5人组成。

2001年3月,根据规范市场管理,实行电力体制改革,深化优质服务和职工持股协会退股等原因,临安电力建设有限公司停止经营,歇业清算。2004年1月注销。

临安县供电局文件

临电字(90)第14号

★

关于局电气服务公司更名为"临安县电力承装公司"和建立"杭州临安开关厂"的通知

局属各单位、各股室:
随着我局电气服务公司的业务发展,经研究决定,并经县经委批准,我局电气服务公司更名为"临安县电力承装公司"。为进一步促进该公司的发展,经研究并报县经委批准,决定建立"杭州临安开关厂"。
特此通知。

临安县供电局
一九九○年三月六日

1990年3月6日,临安县供电局电气服务公司更名为临安县电力承装公司,同时建立杭州临安开关厂

2001年3月19日,临安恒丰水力有限公司第一届第一次股东会一致决议通过临安恒丰水力有限公司由临安市供电职工持股协会和杭州临安电力实业总公司两股组成,注册资本500万元。其中,临安市供电职工持股协会出资475万元,占注册资本金的95%;杭州临安电力实业总公司出资25万元,占注册资本金的5%。是月30日,临安恒丰水力有限公司正式成立。

2002年3月,杭州临安电力实业总公司与临安恒晟房地产开发有限公司共同投资组建临安恒晟物业管理有限公司。12月,又共同投资组建杭州恒信电气有限公司,公司注册资本500万元。其中,杭州临安电力实业总公司出资350万元,占注册资本金的70%;临安恒晟房地产开发有限公司出资150万元,占注册资本金的30%。

2006年3月,浙江恒晟投资有限公司成立。8月,更名为浙江恒晟控股集团有限公司。杭州临安电力实业总公司和浙江恒晟控股集团有限公司为"两块牌子,一套班子",实行集体企业和民营企业的统一管理。以浙江恒晟控股集团有限公司为母公司,浙江恒晟置业有限公司、杭州恒信电气有限公司、临安恒丰水电有限公司、临安恒远电力工程有限公司、临安恒晟广告有限公司5家子公司联合组建企业集团,集团名称为浙江恒晟控股集团。2012年8月,浙江恒晟控股集团有限公司更名为临安恒晟实业投资有限公司。

2016年3月,集体企业改制,杭州临安电力实业总公司被杭州电力集体资产经营管理中心吸收合并。根据《国网杭州供电公司关于浙江大有集团公司分部机构设置和岗位配置的通知》(杭电人〔2016〕79号),4月,设置浙江大有集团有限公司临安分部,作为国网浙江临安市供电公司集体资产监管委员会的常设机构,在国网浙江临安市供电公司的直接领导下,行使集体资产的监督管理职能。5月,杭州临安电力实业总公司注销。

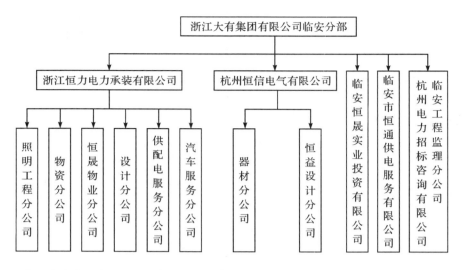

浙江大有集团有限公司临安分部企业结构

# 第二节 产业结构

1984年,临安县供电局电气服务公司成立后,主要从事高低压线路的安装架设,变压器、电动机等电气设备的修理试验,经营电气物资和兼营其他服务性项目,产业结构以电力建设为主。

1993年,杭州临安电力实业总公司成立,作为临安县供电局多种经营的综合管理机构,主要职责是对各多经企业经营管理活动进行规划、指导、协调、监督、考核等。杭州临安电力实业总公司按照"产权多元化,经营市场化、产业规模化、管理规范化"的"十五"发展战略,建设以资本为纽带,以现代企业管理制度为基础,以资产经营管理为中心的多种经营新体系;坚持"有所为有所不为"的原则,深化改革,开拓创新,抓大放小,扩大规模;经过股本结构调整,产业结构重组,业务资源整合,基本理清产权,优化资源配置,完善法人治理结构,形成以房地产和小水电为主导产业,恒力承装、开关制造和广告为骨干的五大公司。2003年,临安电力多经企业经营利润首次破亿,达1.13亿元。

2016年,杭州临安电力实业总公司集体企业改制,杭州临安电力实业总公司被杭州电力集体资产经营管理中心吸收合并。浙江大有集团有限公司临安分部设立后,行使国网浙江临安市供电公司集体资产的监督管理职能。是年底,在浙江大有集团有限公司临安分部管理下,集体企业营业收入8.71亿元,比去年同期增加4340万元。

# 第三节 多种经营企业管理

## 一、体制改革

1984年11月,临安县供电局电气服务公司成立,为集体所有制性质,独立经营、独立核算、自负盈亏。1987年9月,临安县供电局电气服务公司设生产技术组(包括配电屏制作和路灯维修)、经营供销组、财务后勤组三个组,明确各组的职能范围和职责。

1990年3月,临安县供电局电气服务公司更名为临安县电力承装公司。该公司发挥自身行业优势,开展优质服务,取得较好的经济效益和社会效益。是月,杭州临安开关厂成立。该厂主要加工、销售成套电气设备及配件、高低压金具材料;销售电力物资;维修电气设备;服务仓储(除危险品)、电力电子技术咨询、物业管理。杭州临安开关厂于2004年整体转让给杭州临安电力实业总公司和临安恒晟房地产开发有限公司共同投资组建的杭州恒信电气有限公司。

1993年2月,杭州临安电力实业总公司成立。总公司实行董事会制,集体决策全公司的生产、经营方针等重大事项;并实行董事会领导下的总经理负责制,总经理全面负责日常生产经营的组织和领导;另有副总经理2～3人,协助处理日常生产、经营活动。总公司设办公室、生产经营科、财务科等部门;下设经营单位为杭州临安开关厂、临安县电力承装公司等10家企业。

1994年9月,杭州临安电力实业总公司通过浙江省电力工业局、杭州市电力局的全面质量管理验收。11月,被浙江省电力工业局批准为三级电力施工企业。

20世纪90年代,在能源部"电为核心,多种产业,三大支柱,协调发展"的方针指引下,临安电力多种经营开始大步跨越:涉及电力科研,与广州电子科技园发展总公司等合作组建杭州奥特电力电子有限公司,通过技术转让,研制自动抄表系统;涉足证券期货业,成立临安电力财经信息服务公司;涉足房地产业,与大华建筑公司合作成立华电房地产有限公司;参与青山殿水电工程,取得青山殿水电开发有限公司16.5%的股权。

1997年,临安市供电局改革杭州临安电力实业总公司的管理体制,将原总公司下属独立法人经济组织统归为电建类和发展类两类,各设1名法人代表。实施厂长经理经营者的经营权与法人代表的资产管理监督权分开,由董事长实施总裁权,做到经营权、监督权、总裁权的相互制约和促进。临安市供电局对杭州临安电力实业总公司的机构和职能进行调整,将企业经营范围分为三大部分:一是联营、参股的直接经济类企业;二是与临安市供电局电力建设直接相关的多经企业;三是以发展第三产业为主的多经企业。杭州临安电力实业总公司办事机构设生产技术科、经营管理科、财务科、办公室。法人代表职权包括生产经营的指导权、监督权、协调权、服务权和财务审批权。厂长(经理)职权包括指挥生产、经营权、管理权、奖惩权。

1997年起,临安电力多种经营步入调整期。对一些既无人才优势、又无行业特色的企业,如杭州临安青山湖休闲村、杭州临安电力综合经营公司阳光大酒店、杭州临安电力综合经营公司大光明歌舞厅、杭州临安电力汽车修理厂、临安电力印刷厂,实行内部租赁承包经营模式;整合电力施工资源,撤销临安县电力承装公司;成立临安电力建设有限公司,并将原各供电所的电力安装队、临安电力通讯有限公司等归入临安电力建设有限公司;撤销临安电力起重公司,其相关业务并入锦城供电所;依托临安市供电局路灯队,成立临安市电力广告有限公司;关停临安电力康乐公司、临安电力生活服务公司等。通过资源整合、调整充实,取得明显效果。

进入21世纪,临安市供电局提出"多种经营实现'产权多元化、经营市场化、产业规模化、管理规范化'的发展战略目标,努力构建以资本为纽带、以现代企业制度为基础、以资产经营为中心的多种经营新体系"。临安电力从多种经营产权制度改革入手,调整结构,抓大放小、扩张规模、资源优化组合形成主导产业。依托杭州临安电力实业总公司和临安市供电职工持股协会两大投资主体,形成以房地产、水电开发为主导,以电力承装、电气制造、路灯广告为骨干的多种经营新格局。恒晟房产先后投资6亿元,开发建设杭州东新园C组团、临安"云中绿园""恒晟逸家"等小区,面积达$20\times10^4$平方米;恒丰水电采用投资新建、租赁承包、竞标收购等多种形式、多渠道、低成本、快速度扩张,水电总装容量达13兆瓦;恒力承装取得电力施工三级总承包资质,对外拓展市场,承接110千伏萧山西兴输变电工程和杭州东新园小区的配网工程,为企业的市场化发展迈出坚实的一步;杭州临安开关厂以迁厂为契机,在玲珑工业园区新建厂区,组建杭州恒信电气有限公司;广告公司依托路灯业务,提高市场占有率。2003年,临安电力多经企业经营利润首次破亿,达1.13亿元。

2004年,根据国务院、国家电网公司电力体制改革的要求,临安市供电局对多经企业进行调整重组,理清理顺主业和多经企业的产权关系、管理关系、业务关系,逐步建立起规范科学的现代企业制度,实现所有权和经营权分离,形成以清晰产权的资产关系为纽带、以资本经营为中心、以电力建设产业为主导、追求效益最大化的多种经营新格局。

2006年3月,浙江恒晟投资有限公司成立,注册资产5200万元;8月,更名为浙江恒晟控股集团有限公司。杭州临安电力实业总公司和浙江恒晟控股集团有限公司为"两块牌子,一套班子",实行集体企业和民营企业的统一管理。2012年8月,浙江恒晟控股集团有限公司注册资本从5200万元减到3500万元,公司名称变更为临安恒晟实业投资有限公司。

2013年5月,浙江恒力电力承装有限公司吸收合并临安恒晟广告有限公司,吸收合并后注册资本为2050万元,杭州临安电力物资公司、杭州临安电力实业总公司分别持股400万元、1650万元。

2013年11月,浙江恒力电力承装有限公司吸收合并杭州临安恒益电力设计有限公司和临安恒晟物业管理有限公司,吸收合并后注册资本为2450万元,股东为杭州临安电力实业总公司。

为贯彻落实国务院办公厅《关于在全国范围内开展厂办大集体改革工作的指导意见》(国办发〔2011〕18号)和国家电网公司《关于开展集体企业改革改制工作的指导意见》(国家电网体改〔2015〕100号)的要求,实现国家电网公司为厂办大集体改革设定的"改革改制、重组整合、强化管理、健康发展"目标,2016年3月,杭州临安电力实业总公司的主办单位变更为杭州电力集体资产经营管理中心。浙江恒力电力承装有限公司、杭州恒信电气有限公司、临安市恒通供电服务有限公司股东由杭州临安电力实业总公司变更为杭州电力集体资产经营管理中心。4月,设立浙江大有集团有限公司临安分部,作为国网浙江临安市供电公司集体资产监管委员会的常设机构,在国网浙江临安市供电公司的直接领导下,行使集体资产的监督管理职能。5月,杭州临安电力实业总公司注销。10月,贯彻集体企业"集团化发展、市场化经营、规范化管理"的总体要求,国网浙江临安市供电公司在杭州电力集体资产经营管理中心占比10.35%的权益全部进入浙江大有集团有限公司,在浙江大有集团有限公司股权中占比5.19%。

## 二、经营管理

1984年,临安县供电局电气服务公司成立后,依赖电力主业,发挥企业自身优势,进行生产经营。1990年,杭州临安开关厂成立,主要加工、销售成套电气设备及配件、高低压金具材料,销售电力物资,维修电气设备,服务仓储(除危险品)、电力电子技术咨询、物业管理。

1992年,临安县供电局成立多种经营办公室,指导各经营单位开展多种经营。1993年,杭州临安电力实业总公司成立,采取目标管理和利润承包等形式,开始对包括临安县电力承装公司、杭州临安开关厂在内的下属10家多种经营企业行使管理职能。

20世纪90年代,为了拓宽经营渠道,本着平等互利原则,杭州临安电力实业总公司与一些企业单位建立联营关系,如玲珑造纸厂、玲珑复合包装用品厂、於潜农场、於潜印染厂、临安良种场、临安电讯线材厂、临安横畈电工器材厂(后更名为杭州青峰实业公司)及千顷塘、陶金坪、青山殿等水电站(见表8-3)。

表8-3　联营水电站情况

| 名称 | 联营甲方 | 联营乙方 | 入股比例 | 入股时间 |
|---|---|---|---|---|
| 千顷塘电站 | 临安县龙井桥乡千顷塘水力发电站 | 临安县电力承装公司 | 40% | 1992年12月 |
| 陶金坪电站 | 临安县龙井桥乡兰坪村村民委员会 | 杭州临安电力实业总公司 | 35% | 1994年11月 |
| 柘林电站 | 临安县龙井桥乡柘林村村民委员会 | 杭州临安电力实业总公司 | 30% | 1995年5月 |
| 临安青山殿水电开发有限公司 | 杭州临安电力实业总公司、浙江省水利水电建设投资公司、上海太湖水利水电开发公司、杭州天目山药厂、杭州临安水利水电实业公司、杭州坚胜贸易商行 | | 16.5% | 1995年1月 |

进入 21 世纪,杭州临安电力实业总公司制定一系列规章制度,加强对多经企业的监督管理。2001年,制定经济责任制考核办法、车辆管理和安全生产责任制等制度。2002 年,制定法人委托代理制度、经济合同管理办法、多经企业档案管理办法及实施细则、地方统筹性集体职工医疗保险管理实施细则(试行)、多经企业厂长(经理)考核办法等。

2008 年 7 月,为进一步规范主多关系,临安市供电局设立多经规范管理工作领导小组,对多经规范管理工作进行总体领导、决策、协调。

2009 年 9 月,临安市供电局设立集体资产管理委员会,进一步加强对集体资产的规范管理。按照"规范管理、集团运作、科学发展"的方针,实现钱王文化广场、大源塘电站等项目的资金回笼,推进恒信土地转让和"恒晟御城"项目的实施进程。强化预算管理和资金调控,全年压缩各类预算近千万元,减少财务费用近 300 万元。各综合产业多措并举,实现企业稳健发展。浙江恒力电力承装有限公司加强物资管理,降低采购成本,盘活资金,为综合产业提供充足的资金支持。浙江恒晟置业有限公司在"恒晟逸家""左邻右里"等楼盘售罄的同时,集中精力做好"恒晟御城"项目前期工作。杭州恒信电气有限公司申报高新技术企业,当年享受税收优惠 100 余万元。临安恒丰水电投资有限公司确保电站健康运行,青山殿水电站取得良好回报。临安恒晟广告有限公司杭州项目部扭转被动局面,夯实杭州业务市场。杭州市电力设计院有限公司临安分公司拓展设计范围,向外部市场争取项目。临安恒晟物业管理有限公司合理调配资源,实现全年效益扭亏为盈。

2010 年,结合综合产业实际情况,临安市供电局制定主多分开实施方案和加强集体企业管理工作方案,调整股权结构,进一步规范干部职工的持股行为。

2012 年,按照浙江省电力公司《关于代管县局主多分开方案的批复的函》(浙电函字〔2012〕68 号),杭州恒信电气有限公司、临安恒晟广告有限公司 2 家多经企业由临安市供电局主办集体企业杭州临安电力实业总公司收购,临安恒远电力工程有限公司清算关闭,临安恒丰水电投资有限公司对外转让,浙江恒晟置业有限公司由一般职工继续持股并存续经营。

2013 年,国网浙江临安市供电公司开展集体企业重组整合工作和主多分开"回头看"工作,实施集体企业规范化和市场化。杭州临安电力物资公司实施歇业清算,成立浙江恒力电力承装有限公司设计分公司、浙江恒力电力承装有限公司恒晟物业分公司、浙江恒力电力承装有限公司供配电服务分公司、杭州临安电力实业总公司汽车服务分公司。杭州临安电力实业总公司经营范围变更为一般经营项目,包括销售电力设备、电力物资、电气设备、金属材料、针纺织品、广告材料、日用百货,设计、制作、代理、发布国内广告,安装、维修灯箱、路灯,维修机电产品,提供企业管理咨询、电力技术咨询、住宅小区物业管理、成年人的非证书劳动职业技能培训、成年人的非文化教育培训(涉及前置审批的项目除外)等服务,水电安装、绿化工程施工,110 千伏及以下电压等级送变电工程设计、咨询,汽车租赁服务,含下属分支机构经营范围。

2014 年 8 月,根据《国网浙江省电力公司关于下发集体企业财务一体化管理方案的通知》(浙电财〔2014〕482 号)要求,杭州临安电力实业总公司财务管理中心成立,对集体企业财务实施一体化管理。

2016 年 3 月,杭州临安电力实业总公司由杭州电力集体资产经营管理中心吸收合并;4 月,浙江大有集团有限公司临安分部成立,行使国网浙江临安市供电公司集体资产的监督管理职能;5 月,杭州临安电力实业总公司注销。

# 第四节　多种经营企业

## 一、杭州临安电力实业总公司

该公司隶属于国网浙江临安市供电公司,承担公司多种经营企业的管理、指导、协调、服务等职能。

1993年2月成立,注册资金3050万元。总公司机构设置综合部、财务部,下设浙江恒晟置业有限公司、临安恒丰水电有限公司、浙江恒力电力承装有限公司、杭州恒信电气有限公司、临安恒晟广告有限公司、临安恒晟物业管理有限公司、临安电力物资供应公司、临安恒远电力工程有限公司、临安恒通供电服务有限公司等企业。主营业务为经营电力设备、电力物资、电气设备销售业务,提供成年人的非证书劳动职业技能培训、非文化教育培训,提供企业管理咨询等。总公司作为临安电力各集体企业的投资主体,主要行使战略规划、资本运作、投资、制定经营目标、经营管理控制、协调、服务等职能。2005年3月,杭州临安电力实业总公司被评为杭州市再就业先进企业。

2016年3月,集体企业改制,杭州临安电力实业总公司被杭州电力集体资产经营管理中心吸收合并;5月,杭州临安电力实业总公司注销。

## 二、浙江恒力电力承装有限公司

浙江恒力电力承装有限公司前身为临安县供电局电气服务公司,于1984年11月成立。1990年3月,更名为临安县电力承装公司。2000年,撤并原锦城供电所电力安装队、玲珑供电所电力安装队、杭州临安物资公司、临安电力通讯有限公司、临安市电力承装公司、检修管理所(2005年划出)等单位,成立多种经营电力施工企业。2001年4月,临安恒力电力承装公司成立。2005年3月,更名为浙江恒力电力承装有限公司。

浙江恒力电力承装有限公司属于国网浙江临安市供电公司旗下一家集体企业,主要经营范围为110千伏及以下电力等级电力设施的安装、维修、试验,民用建筑照明工程安装、维修,配电设备制造、销售、维修等。具有电力工程施工总承包三级资质和送变电工程专业承包三级资质,已获得"三标一体"管理体系认证,是临安市金融系统AAA级信用企业,连续多年被授予"临安市纳税大户"称号。公司下属企业有浙江恒力电力承装有限公司供配电服务分公司、浙江恒力电力承装有限公司物资分公司、浙江恒力电力承装有限公司恒晟物业分公司、浙江恒力电力承装有限公司广告照明工程分公司、浙江恒力电力承装有限公司汽车服务分公司。2016年底,公司资产总额5.23亿元,实现产值5.17亿元。公司技术力量雄厚,有管理部(室)8个、专业施工班组14个;有员工231人,其中各类专业技术人员100余人,中高级职称人员50余人,二级资质以上注册建造师20余人,送电、变电、配电、电缆作业和带电作业施工队伍10支。公司施工装备齐全,有各类大中型专业设备近100台。

自成立以来,公司承建临安地区30余座110千伏和35千伏变电站、650余千米输电线路、3000多个配网工程,还承建4000余个10千伏配电线路和小区配电工程。公司多次获上级主管部门嘉奖,被评为G20杭州峰会保电先进集体,获"浙江省用户满意企业"等称号。

(一)浙江恒力电力承装有限公司汽车服务分公司

浙江恒力电力承装有限公司汽车服务分公司成立于2016年3月,位于临安市环北路3号,占地面积1.33公顷。公司设综合部、车管部、安质部和维修部4个部门,有员工160余人。车管部下辖5个车队,受托管理主业和集体车辆共220余辆;维修部有维修技术人员12人,其中,技师3人,高级工5人,配备车载电梯、发动机综合性能分析仪、电脑解码仪、四轮定位仪、车体矫正机、烤漆房、举升机等现代维修设备。公司具备杭州临安市汽修行业二类汽车维修企业资质,以"诚信、快捷、专业、优质"为服务宗旨,遵循"用户至上、服务第一"的经营服务理念,连续多年被临安市机动车服务管理局评为临安市维修行业"年度先进企业"和信用考核优秀(AAA)级企业。

(二)浙江恒力电力承装有限公司广告照明工程分公司

浙江恒力电力承装有限公司广告照明工程分公司成立于2012年7月,前身为1999年3月成立的临安市路灯广告有限公司。主营业务为设计、制作、代理,发布国内广告业务,安装、维修民用建筑照明工程、灯箱、路灯,销售、维修配电设备,销售电力设备及材料、电气设备、广告材料、日用百货,服务仓储、房屋租赁代理。2016年有员工45人,其中,全民职工2人,集体职工11人,劳务外包32人。

（三）浙江恒力电力承装有限公司恒晟物业分公司

浙江恒力电力承装有限公司恒晟物业分公司前身为临安恒晟物业管理有限公司,成立于2002年3月26日,注册资本300万元;2013年11月7日,根据上级单位统一部署,被浙江恒力电力承装有限公司吸收合并后,浙江恒力电力承装有限公司恒晟物业分公司成立。2014年11月26日,由杭州市住房保障和房产管理局核定为国家三级资质物业服务企业。物业分公司主营业务为物业管理及咨询服务,房屋修缮、水电安装、房屋租赁代理、室内外装饰装潢设计及施工,绿化工程施工,花卉、盆景租赁,楼宇机电配套设备安装、维修等。公司设综合部、安全质量监察部、绿化部、工程部等。2016年,物业分公司有员工118人,其中,全民职工1人,集体职工10人,代理制职工5人,其他职工102人;具有物业管理专业证书和初级职称以上的各类专业管理人才30余人。

（四）浙江恒力电力承装有限公司供配电服务分公司

浙江恒力电力承装有限公司供配电服务分公司成立于2013年12月,隶属于浙江恒力电力承装有限公司,无独立注册资本。供配电服务分公司主营业务包括电力销售服务、计量设备安装与运维、配电设备安装与运维。2016年,有员工61人,公司下设抄表收费班、低压运维班、装接运维班。

（五）浙江恒力电力承装有限公司物资分公司

浙江恒力电力承装有限公司物资分公司是一家经营电力设备及相关物资的专业化销售公司,成立于2013年9月,注册资本200万元,具有AAA级银行信用等级,与浙江恒力电力承装有限公司合署办公。

## 三、杭州恒信电气有限公司

杭州恒信电气有限公司是一家专业从事高低压成套设备、电控设备生产销售的高新技术企业,位于杭州临安玲珑工业园区,下辖电力器材分公司。

1990年3月,临安县供电局电气服务公司配电屏车间和临安电器开关厂配电屏车间合并成立杭州临安开关厂。是年,生产的配电屏通过机电部和能源部组织的低压成套开关设备生产秩序与产品质量整顿验收小组的验收,获"合格证书"。1993年1月1日起,杭州临安开关厂实行独立核算,迁址临安县锦城镇上甘路畔湖桥。1999年11月,杭州临安开关厂通过中国进出口商品质量认证中心的评审,同时通过ISO 9002质量体系认证。2003年2月,杭州临安开关厂在临安玲珑工业园区新建厂区,组建杭州恒信电气有限公司。杭州临安开关厂厂区占地面积5.33公顷,固定资产超2亿元,员工280余人,其中大专以上文化程度的员工150余人,具有年产5亿元的生产制造能力。2004年10月25日,杭州市电力局以《关于同意杭州临安开关厂产权转让的批复》(杭电多〔2004〕384号)同意杭州临安开关厂产权整体转让给临安市供电局新组建的杭州恒信电气有限公司。2005年6月,杭州临安开关厂注销。

杭州恒信电气有限公司产品所属领域为设备制造行业,主要产品为高低压成套输配电设备,已形成智能中压开关柜、高低压成套开关、冷缩电缆附件、箱式变电站、配网及自动化产品、电力金具六大系列,有50余种产品。

杭州恒信电气有限公司技术先进,设备精良,工艺完善,检测手段齐备。拥有开关行业关键设备"数控三大件"——数控冲床、数控折弯机、数控剪板机,以及大量先进加工设备。高低压检测设备齐全,能满足多类产品的研究性试验及出厂试验要求。

杭州恒信电气有限公司具有较强的新产品研发能力。2011年,公司研发中心被认定为杭州市高新技术企业研发中心。2012年,公司研发中心被认定为浙江省高新技术企业研发中心。公司拥有授权专利35项,其中发明专利3项。2012年,杭州恒信电气有限公司与西安交通大学合作开展"面向智能电网的新型智能中压开关柜研发"项目。2013年,研发"智能型中压开关柜",为进军智能电网设备市场做准备。

近年来,杭州恒信电气有限公司发展迅速,销售网络迅速扩大,业务不断拓展,恒信品牌影响力逐年提升。2011年,公司产品被认定为杭州市名牌产品。2013年,公司产品被认定为浙江省名牌产品。

杭州恒信电气有限公司通过多年发展,已形成独具特色的、适应市场快速发展的经营机制和运作机制,在质量上精益求精,追求产品零缺陷,先后通过ISO 9001质量管理体系认证、ISO 14001环境管理体系认证和OHSMS18000职业健康安全管理体系认证、计量管理体系认证、国家强制CCC认证、PCCC认证,产品畅销海内外。

(一)杭州恒信电气有限公司电力器材分公司

杭州恒信电气有限公司电力器材分公司由原杭州临安电器开关厂改制而成,成立于1992年,由原临安市农电管理总站投资设立,注册资本100万元,原产品以配电箱、注塑及金属表箱为主。2007年12月,被杭州恒信电气有限公司整体收购。2008年2月,注册成立为杭州恒信电气有限公司电力器材分公司。公司有员工52人,下设综合部、技术部、生产部、品质部和市场部5个部门。

(二)杭州恒信电气有限公司恒益设计分公司

杭州恒信电气有限公司恒益设计分公司是国网浙江临安市供电公司下属的一家集体企业,成立于2007年5月,原名为杭州市电力设计院有限公司临安分公司,2016年2月,更名为杭州恒信电气有限公司恒益设计分公司。公司具有送变电工程设计丙级资质,专门从事110千伏及以下送变电、10千伏配电工程设计和咨询等技术与管理业务,是临安市唯一的电力设计单位。

恒益设计分公司设变电室、线路室、综合室、财务室、文印室和档案室,拥有先进的计算机辅助设计系统(CAD)、办公室自动化系统(OA)及GPS测量系统,实现设计、管理和信息网络化。公司拥有一批高素质的技术人员,共有员工24人,其中大专及以上学历人员占95%以上。公司注重员工的能力提升,定期组织培训,提高员工的整体素质。

近几年来,临安地区的电网建设飞速发展。公司充分挖掘自身潜力,紧抓电力市场发展契机;承揽临安地区部分110千伏输变电工程及35千伏输变电工程、10千伏用户配电工程的设计。为临安地区的电网建设和城市发展做出应有的贡献,取得良好的社会效益和经济效益。

## 四、临安恒通供电服务有限公司

临安恒通供电服务有限公司成立于2015年8月17日,注册资本400万元。主营业务为乡(镇)及农村配电与营销服务,承装(承修、承试)电力设备。公司有员工408人,设综合管理部及供电业务部。

## 五、浙江恒晟置业有限公司

浙江恒晟置业有限公司成立于1994年9月,原名临安华电房地产开发有限公司。成立时企业注册资本518万元,2002年增至1000万元,公司变更为临安恒晟房地产开发有限公司。2002年,公司取得杭州市房地产开发企业三级资质。2003年,获临安市"百强企业"称号,被浙江省电力工业局评为电力多种经营先进企业。2004年,企业注册资本增至2000万元,公司变更为浙江恒晟置业有限公司。2004年,被评为临安市房地产业优秀开发企业。2005年,取得全国房地产开发企业二级资质。

# 第九章　科学技术

民国期间，临安电汽有限公司为小机组发电、低电压供电，技术落后。

中华人民共和国成立初期，一些私营小电厂营运时间短，技术水平低，但也开展了一些设备改造等革新。临安电厂发电后，开展增产节约、挖潜革新，改造老式柴油发电机组，提高发电机组出力，同时围绕节油、节炭、燃料代用开展技术革新，为缓解燃料紧缺、提高企业经济效益起到积极作用。针对电力建设缺资金、缺材料、缺技术的问题，广大电力职工坚持自力更生、艰苦奋斗的精神，贯彻"土洋结合""两条腿走路"的方针，献计献策，攻克技术难关。

1963年1月，临安电力公司成立后，加强对科技工作领导，采纳职工合理化建议，有计划地组织技术革新，取得一定效果。

"文化大革命"期间，电力科技工作受到严重干扰。

1978年，根据杭州供电局《1978—1985年科技发展纲要（草案）》，临安电力公司进一步加强对科技工作的领导，组织科技队伍，开展科技交流和技术革新活动，在生产、管理上取得了一定的技术改进、技术革新成果。

随着临安县经济建设快速发展，全社会用电量增加，技术革新内容以节电为主，在生产、管理上推行使用新技术、新设备。同时，临安县供电局鼓励职工学习新技术、新知识。1990年起，临安县供电局职工自发组织的技术攻关活动——QC小组活动全面推广并取得成效。1992年9月，为充分调动科技人员的积极性和创造性，进一步促进企业技术进步和经济发展，临安县供电局成立科学技术协会。结合企业达标创一流目标，临安县供电局坚持科技兴企战略，制定科技发展规划，逐步加大科技投入，计算机应用逐步普及，变电设备的更新和调度自动化建设速度加快，变电、通信、新能源等新技术不断推广应用，并取得不少科技成果。

1996年，随着调度自动化系统通过实用化考评验收，临安市供电局逐步开展变电站无人值班和综合自动化工作，对促进电网的安全经济运行、提高劳动生产率起到积极作用。1997年，建设以计算机为主要技术手段的管理信息系统（MIS），作为传统管理模式向现代化管理转变的突破口，在计划、统计、用电营业、安全、技术、档案、财务、干部、劳资管理及动态管理等方面应用微机管理，并配合杭州市电力局联网，实现信息资源共享。1999年12月，MIS通过实用化验收。2000年，临安市供电局5座110千伏变电站、12座35千伏变电站全部实现无人值班。临安市供电局开通互联网代理服务，调度实时信息查询、财务核算、用电管理、办公自动化、电子会议系统等在计算机网络下有效运作。

进入21世纪，临安市供电局在科技进步、质量管理（QC）方面取得较大成绩，科技成果、QC成果多次获奖，但是没有把实际工作中取得的成果进行知识产权保护。为提高保护知识产权意识，2011年临安市供电局开展专利申请工作，对前几年优秀的QC成果进行收集、分析，请专业的知识产权代理事务所进行指导，申请专利。次年，共有10项专利被国家知识产权局授予专利证书。

临安电力系统不断提高电网技术和装备水平，加强新型电网建设，积极推进电网智能化建设。2012年12月，临安市供电局被浙江省电力公司评为2012年"科技进步先进县供电企业"。2013年11月，国网浙江临安市供电公司被国家电网公司评为2013年"科技进步先进县供电企业"。"科技进步先进县供电企业"的创建,为推动临安电力系统科技进步、推进电网科学发展、提高电网装备水平和管理水平指明了方向,为应对企业发展新形势、破解企业发展新问题注入新的推动力。

2016年,国网浙江临安市供电公司建立科技创新虚拟团队,完成专利申请15项,其中,1项专利获国网浙江省电力公司专利奖三等奖,1项科技成果获国网浙江省电力公司县级供电企业科技成果奖二等奖,3项科技成果获国网浙江省电力公司县级供电企业科技成果奖三等奖。全面质量管理3项成果分别获全国"海洋王"杯QC发布赛优胜奖和一等奖、二等奖。公司调研课题"能源互联网助推科创新城发展"入选浙江省电力行业协会年度十大重点调研课题。

# 第一节　科技管理

## 一、合理化建议、技术革新、科技进步

20世纪50年代,临安境内各小型电厂围绕增产节约,开展群众性的技术革新活动。临安县城私营电厂因燃煤紧缺,一度改用木炭为燃料,采用工人改造锅炉、改进调整器等革新办法,以保证电力生产正常进行。

1958年,临安电厂工人创造冷磅警报器,打冷磅时不用工人值守,到规定磅数时,警报器自动发出警报;创造电动机开关自动控制器,使电动机拖动抽水机打满后实现自动开关。1959年,临安电厂工人发明了万能车、直升梯、一炉带二引擎等,不仅提高了工作效率,而且节约了原材料。

20世纪60年代,杭州供电局及其下级各县公司开展技术革新和技术革命活动。临安电力公司在革新工器具、检修新工艺、降损节电、架空线路等方面都有不少合理化建议和技术革新成果。

20世纪70年代,临安电力公司针对生产薄弱环节,进行设备技术改造和工艺技术改进。1978年,昌化工段3名修配工人自制变压器吊运车、烘房控制盘等修理设备,上山下乡搞修理;试验班工人利用瓷盘电阻器等装置,改进变电站小容量蓄电池充电方式,避免蓄电池长期欠充电和直流母线电压过高,从而影响继电器和蓄电池寿命的问题;工人又利用变电站主变中相接地电流测量接地网接地电阻。1979年,为了提高修理效率,确保"双夏"用电的需要,修配场职工发扬自力更生精神,自制变压器特性试验台1台、点焊机2台、绕线机1台、大电流发生器5只,烘房运用远红外线烘干技术,解决铜铝接头焊接技术,修复搁置多年的铝芯变压器4台。其中,铜铝接头焊接、远红外技术干燥变压器获杭州市电力局1978—1979年技术革新成果项目奖励。

20世纪80年代初,针对农村低压电网人员触电时有发生的情况,临安电力公司学习兄弟县公司经验,进行农村低压电网中性点不接地的运行技术革新。该种运行方式对供电回路的绝缘要求较高,普及有一定困难,但对安全要求高的特殊用户不失为较佳方案。临安县供电局研制的单相接地故障探测装置、PC—1500机用于会计凭证汇总、中间继电器线圈断线检测装置,先后获杭州市电力局合理化建议、技术革新、技术改进成果奖励。1989年,临安县供电局设立职工技术协作委员会,积极开展多种形式的技术交流、技术攻关、技术培训和合理化建议活动。

1991年6月,临安县供电局结合全国"质量、品种、效益年"活动,开展"合理化建议月"活动,职工参与提出有关增产增收、降低消耗、节约开支等内容的合理化建议。

1992年,临安县供电局科学技术协会设立后,下达开展科技活动的范围、程序、经费等方面的规定。之后,大量新技术、新设备运用于电力生产,技术力量涵盖各个生产领域,计算机普及应用于安全生产管理,大量应用软件投入日常工作中。

1995年,针对基层单位在现场施工时,现场安全措施执行不严而造成安全事故的问题,临安县供电局制定并实施"重大、复杂施工工程执行开工许可证制度"和"开工前的工作汇报制度"。制度下达后,一

以贯之,有效促进了生产一线安全管理,稳定了安全秩序。

1997年,针对太阳镇当地家庭轻纺工业较分散、供电线路长而引起无功补偿严重不足、造成太阳变电站主变压器超载的问题,临安市供电局采取安装随机无功补偿电容器的措施,通过无功就地补偿,主变压器超载情况得到缓解,优化供电质量,提高电能利用率。临安市供电局新建第一座综合自动化变电站——35千伏颊口变电站。该项目的关键技术是采用电力部电力自动化研究院(南京南瑞继电保护有限公司)的LFP系列保护和BJ系列监控设备,大幅提高自动化水平,增强电网安全运行的可靠性。针对个别用户在互感器二次侧窃电的现象,临安市供电局向山西省互感器研究所提出定制0.2级防窃电互感器的要求。该互感器二次侧桩头及电压线都有能加铅封的封盖,安装后起到了明显的防窃效果。针对高压用户计量装置熔丝熔断不能被及时发现,导致少计电量且退补困难的问题,临安市供电局在高压用户中安装失压计时仪,用来监视电能表的运行状况,使用户能及时发现故障,也为退补电量提供有力的依据。这些合理化建议和技术革新均获杭州市电力局1998年合理化建议、技术进步成果项目奖励。1998年,杭州奥特电力电子公司(属于临安市供电局的多经企业)研制的"电力线载波自动抄表系统"获浙江省电力公司科技进步奖一等奖和临安市科技进步奖二等奖,达到国际先进水平。

2001年,根据国家电力公司提出创建县级一流供电企业的号召,临安市供电局在全局范围内开展"我为企业创一流提合理化建议"活动,并设立局职工合理化建议评审领导小组,开展优秀建议评选。全局各部门职工从计算机网络管理、用电营销、后勤服务、企业文化、安全生产、人力资源管理、优质服务、规章制度等方面提出各种建议,并付诸实施。其中"电力营销体制研究与改革""供电营业所IP电话系统"等8项建议、成果获杭州市电力局2002年度合理化建议、技术改进、技术创新成果奖励。之后,临安市供电局每年都开展合理化建议征集活动,并对优秀合理化建议、技术改进、技术创新成果进行奖励。

2010年,临安市供电局结合"科技进步先进县供电企业"创建活动的开展,进一步加大力度,推进技术创新、科技进步。临安市供电局按照浙江省电力公司的要求开展群众性科技创新项目的申报,是年,共有4个基层班组实施群众性科技创新项目的建设工作,完善了群众自主创新的途径,进一步提高广大基层员工创新的积极性;临安市供电局设立科技城智能电网综合示范工程前期工作小组,编制《青山湖科技城智能电网综合示范工程前期方案》。科技城智能电网综合示范工程按照国家电网公司、浙江省电力公司"十二五"智能电网发展规划要求建设,遵循"能复制、能实行、能推广"的思路,利用信息化、自动化、互动化的技术手段,实现电力流、信息流、业务流的高效协同,构建安全、优质的可再生能源供应体系和服务体系,打造节能、环保、宜居的智能电网城。

2012年,临安市供电局修订《科技成果奖励办法》,并制定《科技论文、专利成果奖励办法》,建立完善的科技创新管理体系。2013年,国网浙江临安市供电公司制定《科技项目管理办法》,明确科技项目全过程规范化管理,开展科技项目后评估工作,制定《科技项目后评估管理办法》,对于技术经济价值较高、先进实用的成果,如"输电线路覆冰实时监测""输电网设备安全预控平台""输变电设备状态监测技术研究及应用""中压开关柜智能在线监测""用电信息采集、远程抄表系统""临安山区微气象条件下输电线路覆冰设计的研究及应用"等进行推广应用。11月,国网浙江临安市供电公司获"国家电网公司科技进步先进县供电企业"称号。

2014年4月,临安青山湖科技城智能电网综合建设工程通过国网浙江省电力公司专家组的验收。8月,国网浙江临安市供电公司申报科技成果"青山湖科技城智能电网综合技术的研究与应用"获2014年度国网浙江电力县级供电企业科技成果奖一等奖。

为鼓励生产一线员工积极参与发明创造,2015年,国网浙江临安市供电公司一方面采取正向激励措施,执行专利成果奖励办法,提高全员申报专利积极性;另一方面,从多方面挖掘专利潜力,依托群众性创新项目、质量管理活动,从生产经营实际出发,归纳总结工作现场中的新方法、新工艺。2016年,国网浙江临安市供电公司建立科技创新虚拟团队,发挥"带头人"作用,完成专利申请 15 项,首次申报并获得国网浙江电力专利奖三等奖;全面质量管理三项成果分别获"海洋王"杯 QC 成果发表赛优胜奖和一、二等奖;公司被中国电力企业联合会、中国水利电力质量管理协会评为"2016 年全国电力行业质量奖"。

## 二、全面质量管理与 QC 小组活动

### (一)活动内容

20 世纪 80 年代末,供电系统推行全面质量管理(TQC),其中一种新型的群众质量控制和技术攻关的方法(QC 活动)广泛推广。QC 活动注重实效,选题小型、实用、新鲜,采用制定对策、实施情况、效果检查、总结提高循环方法,并定期发布评选,推广较快,逐渐代替传统的技术革新和合理化建议活动。

1988 年起,临安县供电局在全局范围内进行全面质量管理基础知识教育,其中有 62.5%的管理人员和 46.2%的生产一线职工参加全国统考,并取得结业证书。1989 年 3 月,在昌化供电所试点的"'质、量、素、积'管理法"参加杭州市电力局 QC 成果发布,获二等奖,这是临安县供电局第一个 QC 成果。

1990 年,临安县供电局设立全面质量管理领导小组,设立管理网络,制定《临安县供电局全面质量管理实施办法》和《临安县供电局质量管理小组工作条例》,对 QC 小组组建、活动、成果发布及奖励等做出规定。是年,临安县供电局有 17 个 QC 小组登记注册。10 月,临安县供电局召开首次 QC 成果发布会,8 个 QC 小组发布 QC 成果。其中昌化供电所 QC 成果"降低鱼跳线线损,提高经济效益"代表临安县供电局参加杭州市电力局 QC 成果发布,获三等奖。12 月,临安县供电局全面质量管理工作通过杭州市电力局评审验收;临安县供电局选送的三项 QC 成果参加杭州市电力局第三次 QC 成果发布会,其中,"加强电压管理,提高电压合格率"成果获二等奖(一等奖空缺),"加强工程档案'三率'管理"成果获三等奖,"提高变电检修工具使用管理水平"成果获鼓励奖。

此后,临安市供电局班组 QC 活动逐步走向规范化,并将"QC"作为科技创新的一项重要手段。1999 年,临安市供电局共有 21 个 QC 成果进行发布。产业单位也积极开展 QC 小组活动,其中,青山湖休闲村工程部 QC 小组成果"改进管道布局,解决水箱溢水"不仅获本局 QC 成果发布二等奖(一等奖空缺),而且代表临安市供电局参加杭州市电力局 1999 年度优秀 QC 小组成果发布会,获三等奖。

为进一步提高企业全面质量管理水平,适应市场需求,临安市供电局对所属多种经营企业进行质量管理体系认证工作。1999 年 11 月,杭州临安开关厂通过中国进出口商品质量认证中心的评审,通过 ISO 9002 质量体系认证。2003 年 2 月,浙江恒力电力承装有限公司通过北京华龙电联认证中心 ISO 9001:2000 质量体系认证。2005 年 11 月,浙江恒力电力承装有限公司"三标一体"管理体系通过北京中电联认证中心认证复评。

为做好全面质量管理工作,进一步发挥 QC 成果在提升企业创新力和发展力方面的作用,临安电力系统重视开展 QC 工作全过程管理,领导深入基层班组,和小组成员一起就实施过程中遇到的问题进行探讨,从项目课题实施的可行性方面给予指导,帮助把握课题改进和成功的方向。重点支持生产(服务)一线员工组成的以解决现场实际问题为主的"现场型""服务型"QC 小组开展活动,鼓励技术含量高、管理有创新的"攻关型""管理型"QC 小组开展活动,倡导"创新型"QC 小组积极开展活动。提倡基层单位、班组针对实际工作中的问题,发挥优势,设立联合 QC 攻关小组,力促 QC 整体工作迈上新台阶。2010 年,客户服务中心业务班 QC 成果"客户信息管理系统的研发"和浙江恒力电力承装有限公司项目一部 QC 成果客户服务中心业务班"缩短隔离开关操作机构安装时间"获中国质量协会主办的第二届"海洋王"杯全国 QC 小组成果发表二等奖。之后,临安电力 QC 成果连续多年在"海洋王"杯全国 QC 小组发表赛上获佳绩。2014 年,国网浙江临安市供电公司有 4 项 QC 成果获"海洋王"杯全国 QC 小组成果发表赛奖项,其中,"缩短变电站更换蓄电池断电时间"和"降低铜铝过渡连接金具故障数"2 个 QC 成果分别获第

十届"海洋王"杯全国QC小组成果发表赛优胜奖（即特等奖）和一等奖。

通过QC成果的评审和表彰，不仅解决了生产工作过程中的一些实际问题，而且有力地促进了班组基础管理工作。1999年8月，临安市供电局多种经营企业杭州临安开关厂被评为浙江市场服务质量信得过单位。2010年9月，临安市供电局客户服务中心业务班被中华全国总工会、中华全国妇女联合会、共青团中央中国科学技术协会、中国质量协会评为"全国质量信得过班组"。之后，临安电网调度控制中心、变电检修二班、信通运检班、自动化运维班相继获"全面质量信得过班组"称号。

（二）获奖成果

临安电力系统历年重要的QC成果获奖情况见表9-1。

表 9-1　临安电力系统历年重要的 QC 成果获奖情况

| 成果名称 | 班组 | 国家级 | 省级 | 地市级 | 获奖时间 |
|---|---|---|---|---|---|
| 客户信息管理系统的研发 | 客户服务中心业务班 | 第二届"海洋王"杯全国QC小组成果发表赛二等奖 | — | 浙江省电力公司一等奖 | 2010年 |
| 缩短隔离开关操作机构安装时间 | 浙江恒力电力承装有限公司项目一部 | 第二届"海洋王"杯全国QC小组成果发表赛二等奖 | — | — | 2010年 |
| 电网调控一体化信息辅助管理系统的研发 | 临安电网调度控制中心 | — | 浙江省优秀质量管理小组成果一等奖 | 浙江省电力公司二等奖；杭州市优秀质量管理小组成果一等奖 | 2011年 |
| 缩短客户电费增值税专用发票换领时间 | 客户服务中心业务班 | 第三届"海洋王"杯全国QC小组成果发表赛二等奖 | — | — | 2011年 |
| 缩短继电保护二次电缆对线时间 | 浙江恒力电力承装有限公司项目一部 | 第三届"海洋王"杯全国QC小组成果发表赛二等奖 | — | 杭州市质量协会一等奖 | 2011年 |
| 接地线在柜监测管理系统的研制 | 岗阳操作站 | — | 浙江省质量协会三等奖 | — | 2011年 |
| | | 第四届"海洋王"杯全国QC小组成果发表赛一等奖 | — | — | 2012年 |
| 缩短油化试验油样瓶的清洗时间 | 检修管理所 | — | — | 杭州市质量协会一等奖 | 2012年 |
| | | — | 浙江省质量协会二等奖 | — | 2011年 |
| 缩短航空插座换针时间 | 杭州恒信电气有限公司电气制造部 | 第四届"海洋王"杯全国QC小组成果发表赛二等奖 | — | — | 2012年 |
| 降低航空插座换针破损率 | 杭州恒信电气有限公司电气制造部 | | | 浙江省电力公司二等奖 | 2012年 |
| 缩短流变一次通流的时间 | 浙江恒力电力承装有限公司项目一部 | | | 杭州市质量协会一等奖 | 2012年 |
| 工器具准备单智能填写装置的研制 | 岗阳操作站 | 第六届"海洋王"杯全国QC小组成果发表赛一等奖 | — | — | 2013年 |
| | | — | 浙江省质量协会三等奖 | 浙江省电力行业协会三等奖 | 2012年 |

续表

| 成果名称 | 班组 | 国家级 | 省级 | 地市级 | 获奖时间 |
|---|---|---|---|---|---|
| 线路压变谐波抑制装置的研制 | 检修管理所 | 第六届"海洋王"杯全国 QC 小组成果发表赛二等奖 | — | — | 2013 年 |
| 增值税发票自助换领装置的研发 | 营销部(客户服务中心)营业班 | 第八届"海洋王"杯全国 QC 小组成果发表赛二等奖 | 国家电网公司二等奖 | 国网浙江省电力公司、浙江省电力行业协会一等奖 | 2014 年 |
| KYN28A－12 高压开关柜验电窗口的研制 | 青云运维班 | 第八届"海洋王"杯全国 QC 小组成果发表赛二等奖 | — | — | 2014 年 |
| 缩短开关柜就位时间 | 浙江恒力电力承装有限公司项目一部 | — | 浙江省第二届"省质协杯"QC 成果发布会一等奖 | — | 2014 年 |
| 降低微气象地区天池3799 线杆塔受损率 | 输电运检一班 | — | — | 杭州市质量协会二等奖 | 2014 年 |
| 缩短变电站更换蓄电池断电时间 | 变电检修二班 | 第十届"海洋王"杯全国 QC 小组成果发表赛优胜奖 | — | — | 2014 年 |
| 降低铜铝过渡连接金具故障数 | 配网抢修指挥中心 | 第十届"海洋王"杯全国 QC 小组成果发表赛一等奖 | — | — | 2014 年 |
| 降低铜铝过渡连接金具断裂率 | 配网抢修指挥中心 | — | 浙江省第二届"省质协杯"QC 成果发布会二等奖 | 杭州市质量协会一等奖 | 2014 年 |
| 蓄电池组更换装置的研制 | 变电检修二班 | — | — | 杭州市质量协会二等奖 | 2014 年 |
| 缩短母线式更换为穿心式电流互感器的工时 | 营销部(客户服务中心)计量班 | — | — | 杭州市质量协会三等奖 | 2014 年 |
| 低压绝缘导线铜接头压制设备的研制 | 杭州恒信电气有限公司电气制造部 | — | 浙江省第二届"省质协杯"QC 成果发布会一等奖 | — | 2014 年 |
| 用电业务自助咨询服务台的研发 | 营销部(客户服务中心)营业班 | — | 浙江省第三届"省质协杯"QC 成果发布会一等奖;浙江省优秀质量管理小组成果一等奖 | 杭州市质量协会一等奖 | 2015 年 |
| 实用型调控交接班风险防控装置的研制 | 调控运行班 | — | — | 杭州市质量协会二等奖 | 2015 年 |
| 卷轴型红布幔的研制 | 青云运维班 | — | — | 杭州市质量协会三等奖 | 2015 年 |
| 调控与抢修指挥故障信息协同系统的研制 | 调控运行班 | — | 浙江省第三届"省质协杯"QC 成果发布会二等奖 | 杭州市质量协会二等奖 | 2015 年 |
| 重复拨打 95598 用户管理程序的研发 | 配网抢修指挥班 | — | — | 杭州市质量协会三等奖 | 2015 年 |
| 降低变电站保护装置通信芯片损坏次数 | 变电检修二班 | — | 浙江省第三届"省质协杯"QC 成果发布会一等奖 | — | 2015 年 |
| 安全围栏预警及试验电源切断装置研制 | 浙江恒力电力承装有限公司项目一部 | — | 浙江省第三届"省质协杯"QC 成果发布会一等奖 | — | 2015 年 |

| 成果名称 | 班组 | 国家级 | 省级 | 地市级 | 获奖时间 |
|---|---|---|---|---|---|
| 电缆桥架口保护滑车的研制 | 浙江恒力电力承装有限公司项目三部 | — | 浙江省第三届"省质协杯"QC成果发布会一等奖 | — | 2015年 |
| KYN28A－12型高压开关柜航空插件延长器的研制 | 方圆运维班 | — | — | 杭州市质量协会一等奖 | 2015年 |
| | | 第十四届"海洋王"杯全国QC小组成果发表赛二等奖 | 浙江省第四届"省质协杯"QC成果发布会一等奖 | — | 2016年 |
| 缩短充放电试验蓄电池断电时间 | 变电检修二班 | — | — | 杭州市质量协会二等奖 | 2015年 |
| | | 第十四届"海洋王"杯全国QC小组成果发表赛一等奖 | 浙江省第四届"省质协杯"QC成果发布会一等奖 | — | 2016年 |
| 普通发票自助打印终端的研发 | 营销部（客户服务中心）营业班 | 第十四届"海洋王"杯全国QC小组成果发表赛优胜奖 | — | — | 2016年 |
| 缩短桥架电缆敷设时间 | 浙江恒力电力承装有限公司项目三部 | — | 浙江省第四届"省质协杯"QC成果发布会一等奖 | — | 2016年 |
| 调控与抢修指挥信息协同系统的研制 | 调控运行班 | — | 浙江省第四届"省质协杯"QC成果发布会二等奖 | — | 2016年 |

### （三）QC课题选介

**1.电网调控一体化信息辅助管理系统的研发**

该课题是临安电网调度控制中心曙光QC小组于2010年3月注册实施的课题，张波明任组长。

该课题选题理由是："调控一体化"是国家电网公司推进"三集五大"战略、构建"大运行"体系重要一环，目的是提高电网掌控能力。从电网监控工作的角度看，就是要对监控中发现、发生的故障信息进行科学高效的管理，当前完全依靠手工查询才能获取故障事件信息的管理手段无法满足快速增长和"多进程"监控业务要求，无法满足实时掌控电网运行状况的要求。

该课题小组经过调查分析，形成最优整体方案（见表9-2）：以"统一设备数据库"为基础，"面向事件"、格式化电网监控日志记录模式，以"工作流"和"状态快照"技术对事件流程实现"闭环控制"和"无缝"业务交接；使用基于"关键词"和"标签"技术实现自动关联的"知识库系统"，和自动对历史事件进行调用统计和设备数据库数据调用，实现"在线业务分析和提醒"功能；"零时差"自动生成电网调控业务报表（见表9-2）。

**表9-2　系统最佳方案**

| 序号 | 方案组成 | 选定方案 |
|---|---|---|
| 1 | 系统平台 | APACHE＋PHP＋MYSQL |
| 2 | 系统组成 | 由有机关联的6个分系统组成 |
| 3 | 监控日志分系统方案 | "面向事件"记录，实现"闭环管理"的"格式化"日志方案 |
| 4 | 业务交接分系统方案 | 基于"工作流"和"状态快照"技术的"无缝"业务交接系统 |
| 5 | 设备数据库方案 | 分层树状设备数据库 |
| 6 | 在线业务分析与提醒 | 根据历史工况，设备数据库自动统计分析，业务事件与知识库自动关联，给出提醒信息 |
| 7 | 业务报表方案 | 基于监控日志系统的自动业务报表系统 |

经制定对策并实施,系统于2010年9月12日投入使用。通过一段时间的运行,系统在调控业务处理、信息管理等方面体现出良好的实用价值和优越性:实现信息记录格式化、标准化、规范化及电网监控业务"在线分析和智能提醒";可以直接调用输变电设备"设备异常、事故跳闸、系统接地、设备越限"等精确的"设备健康履历表"及故障的发生频率等指标,为"状态检修"提供直接、精确、全面的数据支持;在监控日志记录完成后,系统自动生成"事故跳闸""设备异常""系统接地""设备越限""定期切换"等6大类监控业务报表,提高电网异常信息统计报送速度与效率;实现电网监控业务无缝交接;实现电网异常事件从开始到结束的"闭环管理";强化调控各值之间的协调、沟通和配合,提高工作效能。

2.缩短继电保护二次电缆对线时间

该课题是临安市供电局浙江恒力电力承装有限公司项目一部QC小组于2010年3月注册实施的课题,李继新任组长。

该课题选题理由是:每座变电站内所用二次电缆数量众多,在改线或接线工作后,为保证二次设备之间正确可靠的连接,避免产生误接线的情况,在变电站投入运行前需要花费大量的时间对电缆芯线进行多次核对,过程非常烦琐。

该课题小组经过调查分析,发现在变电站中的二次电缆中,4芯电缆用量最多,所以只要解决了4芯电缆的对线时间问题,其他芯线的问题也就解决了。而影响4芯电缆对线时间的主要因素是查找和传话时间,如何减少查找和传话时间是缩短对线工作时间的关键。

经制定对策并实施,该课题小组对二次对线装置进行加工改造,并在班组仓库进行4芯电缆对线的试验,然后在变电站现场进行实际对线应用,同时也做了8芯电缆的对线试验。通过试验和应用,发现改进后的对线装置效果显著,整个对线工作只需要一人在一侧将待接电缆芯线全部接入后,另一人将另一端的芯线逐一核对,并且只需要一次接线就可以进行12芯的核对,其间不用换线,也不需要寻找基准芯线,就可以完成工作,大幅提高工作效率。

二次电缆接线:在对侧将电缆随机插好并做好标记,然后在另一侧进行逐一对线,任意夹住一根芯线,之后将其他任一芯连接对线端处,显示面板就会显示一个数字,该数字就是对侧插线板上的位置号。二次对线:黄色芯线位于3号插线孔,在另一侧连通电路后,面板就显示"3"。这样就完成了对线,不需要通信传话,就完成了一芯的核对。接下来将剩余的芯线逐一核对记录,就可以核对出所有的芯线,最后剩下的就是公共端,对线的整个过程十分简单明了快捷。在实际工作中,在插线侧的每个芯线上都标有方向套,上面标有编号,只需要记录下编号和插线盒的具体对应位置,那么就可以很方便地进行对线,确保了正确性。

二次电缆接线

二次对线

3.缩短客户电费增值税专用发票换领时间

该课题是临安市供电局客户服务中心业务班QC小组于2010年3月注册实施的课题,姚娟任组长。

该课题选题理由是:营业厅增值税专用发票相关业务的工作量非常大,再加上增值税专用发票换领时间相对集中(每月下旬),以及增值税客户换领无规律,导致客户认为增值税专用发票换领等待时间过长,抱怨较大,影响了客户满意率。缩短增值税发票换领等待时间成了企业急需解决的难题。

该课题小组经过调查分析,发现"导出、整理和打印换领发票清单"是换领发票的前期工作,不影响客户换领增值税发票的换领时间。"翻找已开发票""客户签领""核对签领记录""业务员换领登记"4个环节直接影响着客户增值税发票的换领时间。影响换领时间的要因是发票存放杂乱、缺乏发票换领的信息化手段、缺乏客户签领的信息化手段三方面。

针对要因,该课题小组制定发票存放规范,开发"增值税专用发票换领系统",制作"增值税专用发票换领卡",通过换领系统实现自动打印换领记录等对策。

该课题小组研发出"增值税专用发票换领管理模块",大幅缩短客户换领增值税的等待时间,原来客户换领增值税的平均时间为4.83分钟,运用研发的增值税发票换领管理模块后将客户换领的平均时间缩短至0.5分钟,每张增值税发票的换领节省了约4.33分钟。以2010年9月为例,增值税清单总量约为3456份,取得的效益如下:

$$\underset{4.33}{\text{平均每张发票节省时间(分钟)}} \times \underset{3456}{\text{发票总量(份)}} = \underset{14964.48}{\text{总计节省时间(分钟)}} \qquad \text{节约约 } 249.41 \text{ 小时}$$

运用增值税专用发票换领管理模块后极大地提高工作效率和工作质量,在广大电力客户中树立"始于客户需求,终于客户满意"的良好形象,提升客户满意度,取得良好的社会效益。

4.KYN28A－12型高压开关柜航空插头延长器的研制

该课题是国网浙江临安市供电公司方圆运维班"安一"QC小组于2015年3月注册实施的课题,邵懂任组长。

该课题选题理由是:KYN28A－12型高压开关柜在国网浙江临安市供电公司各变电站使用普遍,配合工作量较大。在进行KYN28A－12型高压开关柜配合操作工作中,往往会出现操作人员力气不足很难推动小车、花大量时间调节小车车架高度、导轨与小车车架有偏差卡涩而推不进中置柜等问题。这些问题严重影响运行人员倒闸操作时间,降低工作效率。

该课题小组经调查分析,在KYN28A－12型高压开关柜各项配合工作过程中,航空插头本身的插拔时间较短(一般少于10秒),大部分时间都用在配合该项工作所需的准备

航空插头延长器

阶段,因此使用延长器可以精简插拔航空插头的准备步骤,时间可以控制在5分钟以内。通过一系列的研制和调试,小组成功制作航空插头延长器。

QC小组分步完成装置使用说明书编制、操作培训。经一段时间的试用,航空插头延长器运行情况正常,最后经国网浙江临安市供电公司运维检修部、安全监察质量部通过,于2015年11月10日投入使用。

KYN28A－12型高压开关柜航空插头延长器的投入使用,避免了为配合检修工作需将开关小车由检修位置推至试验位置这一过程,有效减少操作人员的操作步数,大幅缩短用户停电时间,减小电能损耗,显著提高经济效益。

5.普通发票自助打印终端的研发

该课题是国网浙江临安市供电公司营销部(客户服务中心)营业班QC小组于2015年2月注册实施

的课题,叶木根任组长。

该课题的选题理由是:为用户开具普通发票的业务量大,占总业务的比例逐步升高。领用普通发票的流程复杂,领用时间较长,用户满意率不高。

该课题小组对开具、发放普通发票的业务量进行统计,认为该业务技术含量不高,大多为重复性、机械性劳动,可以通过引导逐渐将人工打印模式全部转移为用户自助领用模式,以"机"代"人",有效减轻人工工作量。经过各方面的分析,将目标设定为人工打印普通发票业务量由100%下降至10%。通过对电力客户领用普通发票时间期望值的调查统计,同时借鉴营业厅现有自助终端办理业务的用时统计,小组成员计划将普通发票领用的时间由原来的307秒下降至30秒。

实现普通发票的快速自助领用,选择何种领用模式是装置研发的关键。小组成员提出普通发票自助领用的两种模式——人工装投模式和自助打印模式,并对以上两种领用模式进行总结归纳,最终确定采用"自助打印模式"方案,分为自助终端设备和自助打印平台两个部分。

自助终端设备包括装置外观和打印功能。小组先对设备的材质、尺寸进行选择,再对设备的查询、打印、二代身份证识别等功能的主要硬件进行选择。

2015年10月1日,普通发票自助打印终端投入使用。该终端上线后,经过一个月的统计分析,发现普通发票人工打印占比由原来的100%下降至7.12%,大幅减少大厅业务受理员的工作量,提高工作效率。该普通发票自助打印终端的使用,大幅缩短用户普通发票领用的时间,用户满意率达100%。

# 第二节　科技应用

## 一、计算机应用

杭州供电局《1978—1985年科技发展纲要(草案)》提出,利用电子计算机进行电力系统计算、电力调度和营业管理等方面的工作计划。1985年,临安县供电局开始运用PC－1501计算机进行理论线损计算、会计凭证汇总、统计等,标志着计算机在企业管理领域的应用的开始。其中,计划财务股的"PC－1500计算机用于会计凭证汇总的程序"获杭州市电力局1985年合理化建议、技术革新、技术改进成果奖励。随着计算机在财务、生产技术、人事劳动、档案、物资等部门的运用,工作效率大幅提高,促使企业的安全生产、经营管理向高层次、上等级的方向发展。1992年12月,临安县供电局企业管理办公室和计划财务股设立临安虹电计算机技术服务部,对全局计算机进行管理和维护。

1998年,临安市供电局设立计算机室,计算机应用建设初具规模,网络覆盖全局所有机关科室和生产管理场所,联网计算机130台,涉及办公自动化应用岗位93个。应用软件管理信息系统(MIS)有综合查询、生产技术管理、用电管理、财务管理、调度管理、调度接入、办公自动化等13个子系统。临安市供电局形成以供电局电力大楼微机房为系统中心,各生产管理场所通过远程网与系统中心连接的广域网模式。

2005年,临安市供电局电力大楼搬迁,新的电力中心的建设极大地改善了信息网的机房环境和基础设施的技术条件。局本部信息网络以千兆光纤到楼层设备间(汇聚层交换机),百兆六类双绞线到办公桌面,中心交换机采用一台Cisco 4506和一台Cisco 4006通过双通道千兆连接的方式。2006年,临安市供电局实施杭州市电力局网络安全改造项目,新增加一台核心交换机H3C S9508,作为网络核心服务器组,提高核心网络的数据交换数量,减轻原网络中Cisco 4506和Cisco 4006的数据交换压力,提高服务器组业务的稳定性和可靠性,增强核心网络的性能。供电营业所、变电管理所等外设机构主要通过SDH和单模光纤接入,由于通信资源限制,横路供电营业所、汽车修理部等少数外设机构通过租用网通VLAN接入。通过租用专用光纤实现与银行的联网,租用移动短信通道实现用电现场管理信息采集。租用网通光缆连接因特网,用于远程 VPN 接入(局域网用户通过浙江省电力公司访问因特网)。租用电信光缆连接外网服务器(外网服务器直接连接因特网,但不接入局内部网络)。通过 2 条 100M 链路连接杭州市电力局,并通过杭州市电力局接入浙江电力信息网(ZEPNET),成为浙江电力信息网的一个组成部分。

2009 年,临安市供电局在全局变电站配置信息终端电脑,实现 PSMS(动力设备及环境集中监控)流程的变电站现场实时应用,实现各类生产资料信息的现场查询。变电站信息终端电脑的投入应用,在提高生产工作效率的同时也为临安市供电局 2010 年班组"五型四化"建设、"基础管理规范化""数据资料信息化"工作打好基础。

2011 年,为确保信息安全,全面提高信息安全水平和管理水平,临安市供电局开展信息网络分离工作。分离改造后,恒信电气、恒晟置业、恒信器材分公司等多家企业仅保留 1 台终端与临安市供电局内网连接,与临安市供电局内网连接的计算机终端由专人负责管理,严禁接入其他网络,日常维修统一由临安市供电局信息管理所处理,确保临安市供电局内网信息安全。

至 2016 年,国网浙江临安市供电公司有台式电脑 683 台,服务器 5 台,便携式计算机 140 台,打印机 230 台,多功能一体机 80 台,UPS(不间断电源)2 台。

## 二、信息系统应用

1996 年,作为传统管理模式向现代化管理转变的突破口,临安县供电局开始建设以计算机为主要技术手段的管理信息系统(MIS)。该系统是杭州市电力局 MIS 的一个分系统,与杭州市区 MIS 联网运行。11 月,临安县供电局调度自动化系统通过浙江省电力公司、杭州市电力局验收组实用化考评验收。1997 年 7 月,临安市供电局计算机管理信息系统总体设计通过浙江省电力公司、杭州市电力局和临安市科委专家的评审。1998 年 7 月,MIS 的一个主要子系统——办公自动化系统进入试运行阶段。12 月 1 日,实行单轨制运行。

1999 年 12 月,临安市供电局计算机管理信息系统通过浙江省电力公司、杭州市电力局和临安市有关专家的验收。2001 年 2 月,临安市供电局电网调度自动化主站系统完成由 RD-800B 版升 RD-800C 版的升级工作,同时 Web 浏览器投入运行;3 月,临安电网小水电实时信息管理系统投入试运行,内联网新闻发布系统开始试运行;8 月,220 千伏青云变电站正式启用微机开票系统;12 月,内联网综合查询系统向全局用户开放。2002 年 4 月,财务管理系统"远光财务管理世纪新"投入运行。2003 年 5 月,通用台账管理系统投入试运行;12 月,电力营销客户管理信息系统通过实用化验收。该年还完成了电子文档管理系统、安全性评价管理信息系统、工作票系统等项目的开发和应用。2006 年,临安市供电局配电 WebGIS、电费语音催缴系统、安全生产运行控制系统、配电运行管理系统等系统通过验收,开始试运行。随着各个专业信息系统的建立和完善,相关的手工台账及统计报表逐步取消,实现规范管理和提高效率的目的。

2011 年 1 月 27 日,按照浙江省电力公司统一部署,临安市供电局省地县一体化 ERP 全覆盖项目正式上线,项目应用覆盖财务管理、设备管理、项目管理、物资管理、人资管理五大模块。4 月 6 日,该项目通过杭州市电力局 ERP 系统财务管理单轨验收;5 月 5 日,该项目通过杭州市电力局 ERP 实用化预验收;5 月 26 日,该项目通过浙江省电力公司的实用化现场验收。2012 年,浙江省电力公司 ITSM(信息运维管理系统)在临安市供电局上线并实用化运行。

2013 年,根据上级要求(国家电网公司不允许县级公司自建信息系统),国网浙江临安市供电公司对自建小系统进行清理和整合。至 2016 年,公司无自建信息系统,均使用国家电网公司、国网浙江省电力公司统推的系统,形成较为完整的数据信息网络。2016 年国网浙江临安市供电公司应用软件见表 9-3。

表 9-3　2016 年国网浙江临安市供电公司应用软件

| 业务名称 | 应用软件名称 | 投用时间 | 功能简述 |
|---|---|---|---|
| 财务管理 | 电子报账 | 2011 年 | 费用报销、供应商支付流程审批 |
| 营销管理 | 电力营销业务应用系统 | 2009 年 | 处理营销相关业务 |
|  | 用电信息采集系统 | 2007 年 | 数据集中采集 |
| 安全生产管理 | 安监一体化平台 | 2013 年 | 安全综合管理、隐患管理等应用平台 |
|  | 作业项目风险管控系统 | 2014 年 | 作业现场管控、电网风险预警功能 |
| 协同办公 | 协同办公系统 v2.0 | 2015 年 | 用于电力公司内部发文、收文、签报、会议、档案等管理 |
| 人力资源管理 | ERP 集中部署 | 2016 年 | 薪酬管理、员工管理、组织管理 |

（一）调度自动化系统

1990 年，杭州市电力局对下辖各县部分 110 千伏变电站安装远动设备，开始实施电网调度自动化。此前，调度运行管理和事故处理仅凭模拟系统图板及电话，系统运行情况通过报表和电话传达。1995 年，先后建立调度自动化 RD－800 主站系统和调度管理 SCADA（数据采集与监视控制）系统。1996 年 11 月，临安电网调度自动化系统通过浙江省电力工业局、杭州市电力局的实用化考核验收。该系统由 1 个中心站、18 个厂站组成，对电网数据采集、负荷监视、负荷报表、电网运行方式模拟等均实行微机管理，采用载波通道。具备电网调度自动化等综合功能的临安电力大厦投入使用。

2001 年 2 月，临安市供电局电网调度自动化主站系统完成由 RD－800B 版升 RD－800C 版的升级工作。2003—2004 年，临安市供电局对调度自动化系统进行全面升级，新系统采用国电南瑞科技股份有限公司的 OPEN2000 电网综合监控系统，采用光纤通道。2004 年 10 月，新一代调度自动化系统随调度所搬迁至新供电大楼。2005 年 12 月，新系统通过杭州市电力公司调度自动化实用化复查验收。

2011 年，临安市供电局作为省内试点，与杭州市电力局开展地县一体调度自动化系统建设，完成原有调度自动化系统的升级改造。随着调度自动化技术支持系统的升级完善，以及胜联变电站等智能变电站的建设，在调度端实现远方程序化操作、保护远方投退、定值远方调取、修改及软压板投退等功能，实现调控一体化模式下对一、二次设备的最大监视及遥控范围，使调度员可全方位、多角度掌握电网的实时、故障信息。2015 年，开展调度自动化系统（OPEN2000 系统）升级至地县一体化智能电网调度技术支持系统（D5000 系统）工作。D5000 系统包括地调主系统和县调子系统，承担整个杭州地区的调度自动化业务，提升自动化系统运行可靠性，确保电力系统安全、优质、经济运行。

（二）办公自动化系统

办公自动化系统（OA）是临安市供电局信息管理系统（MIS）的一个主要子系统，整个 MIS 于 1997 年初按杭州市电力局下达的任务书总投资 350 万元，其中办公自动化系统软件投入 6 万元。1998 年 6 月完成安装调试，7 月进入试运行阶段，12 月 1 日实行单轨制运行，网络覆盖全局所有生产管理单位部门，各单位部门公文流转、通知、内部信息等相关业务全部进入计算机系统进行处理，显著提高办公效率和自动化水平。

2001 年 9 月 9 日，临安市供电局启用浙江省电力公司推广应用的 OA 系统，实现电子文档全省一体化管理，规范工作流程，提高办事效率，降低企业管理成本。

2011 年，临安市供电局应用国家电网公司推广的"SG186"协同办公系统，包括收文、发文、签报、督办、信息、会议、值班、任务协作、知识管理、档案管理十个业务模块，原 OA 系统的档案历史数据也相应地迁移到协同办公系统的档案管理平台。协同办公系统的应用进一步规范办公流程，提高办公效率，提升管理水平与决策支持能力，强化信息枢纽能力，加强统筹协调能力，推动公司管理工作科学化、规范化、制度化。

### 三、推广应用新技术

（一）输变电新技术

2015年,杭州恒信电气有限公司研发生产单孔操作实现针对高压电气设备的五种防误功能(简称五防)的小型化固定式开关柜,采用高可靠性的单孔操作五防操作机构、侧装式隔离开关、侧装式断路器、侧装式接地开关以及多重折边的独特工艺技术,完成单孔操作实现五防。至2016年,用户包括云南电网公司、国网浙江临安市供电公司、国网浙江建德市供电公司、国网浙江淳安县供电公司,该小型化固定式开关柜已应用于厂矿、企业、办公楼、房地产等。

（二）管理新技术

2011年,临安市供电局生产技术部负责开发的生产系统规范标准查询平台上线。该平台收纳涉及电网调度运行、专业管理、生产管理、技术改造等12类规范标准100余条,在主页面上将规范标准按管理对象、标准名称、文号、发文单位、标准状态及相关附件显示,采用新的查询界面,可分类查询、任意词查询和高级检索,提供给用户更灵活的组合查询条件,使资源的检索定位更加迅速、准确。

基于OMS(电网调度技术支持)一体化系统的自动化专业作业流程智能化研究应用是国网浙江临安市供电公司与南京普建维思信息技术有限公司于2015年共同研究开发的项目。OMS一体化系统遵循临安电网电力设备的运行状况和规律,进一步对现有管理流程进行总结、分析,通过对标学习,查找流程中不合理的环节和因素,极大地提高县级供电企业电网运行管理水平和信息化程度。该项目成果在全省范围内具有较高的推广价值。

（三）信息通信新技术

2010年6月,在中国电力企业联合会主办的"2009—2010年优秀电力信息化成果系列评选活动"中,临安市供电局申报的"基于BPM平台流程化管理系统"获全国优秀电力信息化成果奖二等奖。

2011年,临安市供电局发明的光缆挡鼠板在杭州市电力局及下级桐庐县供电局、富阳市供电局、临安市供电局等单位的光缆线路运维中得到应用,效果明显。该装置结构简单、实用性强,采用该装置之后,杭州市电力局及其下级单位的光缆线路被松鼠破坏的现象持续减少。该技术于2012年1月获国家知识产权局授予的专利证书。

（四）新能源技术

2013年初,以杭州源牌环境设备有限公司250千峰瓦光伏发电项目为代表的临安市第一批光伏发电项目投入运行。

2014年10月,杭州临安华旺热能有限公司污泥焚烧发电项目投入运行,以造纸污泥、山核桃蒲作为燃料生产电和热能,装机容量6000千瓦,年均发电量约2000万千瓦时,除部分电量供企业自身外,其余上网。

2014年11月,临安绿能环保发电有限公司垃圾焚烧发电项目投入运行,以临安市生活垃圾为主要燃料焚烧发电,装机容量7500千瓦,年均发电量约4000万千瓦时,主要电量上网。

2016年1月,临安市首家大型地面光伏电站——临安泰特光伏发电有限公司大龙田农光互补光伏电站投入运行,装机容量1万千峰瓦,年均发电量1005万千瓦时。

（五）智能电网技术

智能电网作为未来城市能源供应和服务的"高速公路",将在城市的资源优化配置中发挥重要作用。临安市供电局在青山湖科技城进行智能电网综合建设工程试点,该工程是浙江省内两个智能电网综合建设工程之一,也是唯一的县级智能电网综合建设工程。工程总投资1.9亿元,建设范围约115千米$^2$,涵盖电力系统发、输、变、配、用等各个环节。工程共涉及智能电网相关项目16项,包括清洁能源接入、储能系统、输变电设备在线监测、智能变电站、配电自动化、优质电力园区(电能质量监测和控制)、用电信息采集、智能小区、电动汽车充电设施、电力光纤到户、智能营业厅、应急指挥中心、智能配用电一体化通信平台、智能风光互补路灯、智能电网综合应用展示、智能电网信息集成与展现等。2012年2月24日,临安市供电局完成青山湖科技城智能电网建设需求分析报告。2014年4月4日,青山湖科技城智能电网综合建设工程通过国网浙江省电力公司的验收。

（六）智能变电站合并单元不停电升级技术

2016年6月3日,国网浙江临安市供电公司完成110千伏胜联智能变电站合并单元不停电升级工作,实现浙江省内首座110千伏智能变电站国电南瑞合并单元不停电升级整改。针对国电南瑞智能变电站二次设备GOOSE插件存在家族性缺陷问题,国网杭州供电公司于4月22日召开整改专题会。为避免停电整改对系统供电能力的影响,最大限度降低设备停役操作风险,国网杭州供电公司要求采取智能变电站不停电升级整改,临安市内的110千伏胜联智能变电站被列入该批次整改范围。胜联智能变电站升级整改涉及10个间隔18台合并单元。多点工作易造成安全监护措施不到位等情况,安全措施一旦出现遗漏,将引起后续遥测核对工作中误跳运行设备。国网浙江临安市供电公司检修人员合理分工、明确职责,严控作业风险,细化风险管控措施,优化作业流程,开展核对投退32个软压板、核对投退25块硬压板、插拔44根光纤等操作,每一步骤均按施工方案实施、严格复查,有效降低作业风险,提高现场安全作业能力,为后续开展智能设备不停电整改工作奠定基础。

# 第三节　科技成果

2007年,浙江省电力公司开始开展县级供电企业科技成果奖评奖工作。历年来,临安电力系统都有科技成果获奖(见表9-4)。

表9-4　2007—2016年临安电力系统获奖科技成果

| 成果名称 | 获奖级别(省公司级) | 主要完成人员 |
|---|---|---|
| 县级配电网综合管理系统 | 2007年度科技成果奖二等奖 | 李志强、黄小平、刘宏伟、林青山 |
| 财务内部控制系统 | 2008年度科技成果奖三等奖 | 宋耘、丁松、李志强、杨越、石磊 |
| 基于BPM平台流程化管理系统 | 2008年度科技成果奖三等奖 | 李志强、麻立群、应用、王国锋、彭斌 |
| 配电网智能评估与辅助决策开发 | 2009年度科技成果奖三等奖 | 李志强、张伟峰、陈礼朝、龙亮 |
| 基于KPI关键目标全过程控制管理系统的研究与开发 | 2009年度科技成果奖三等奖 | 李志强、杨鸣、陈生智、钟剑、彭斌 |
| 输变电设备状态监测技术研究及应用 | 2010年度科技成果奖三等奖 | 李志强、安晓军、麻立群、资斌、姚爱明 |
| 浙江省科创基地智能电网综合示范工程的研究 | 2010年度科技成果奖三等奖 | 宋耘、李志强、麻立群、姚爱明、章浩 |
| 中压开关柜智能在线监测装置的研究与应用 | 2011年度科技成果奖二等奖 | 李志强、安晓军、麻立群、姚爱明、陈琛、王万亭、张剑 |
| 临安市供电局输电网设备安全预控平台 | 2011年度科技成果奖三等奖 | 李志强、麻立群、资斌、郭谡、彭斌 |
| 基于微气象的线路覆冰精确预测及差异化设计研究与应用 | 2012年度科技成果奖三等奖 | 宋耘、李志强、安晓军、麻立群、资斌 |
| 青山湖科技城智能电网综合技术的研究与应用 | 2013年度科技成果奖一等奖 | 沈广、麻立群、彭斌、黄萃、郭谡、许峰、易孔明、邵懂、舒叶辉、姚爱明 |

| 成果名称 | 获奖级别（省公司级） | 主要完成人员 |
|---|---|---|
| 基于智能调度系统清洁能源接入平台的研究建设与应用 | 2014年度科技成果奖三等奖 | 王国锋、陈晓君、黄灵芝、任雪丰、王力 |
| 线路微机保护不停电检修模式的研究与应用 | 2014年度科技成果奖三等奖 | 王国锋、阮军培、沈利生、任雪丰、韩鹏 |
| 单孔操作实现五防的小型化固定式开关柜研制及应用 | 2015年度科技成果奖二等奖 | 殷伟斌、王万亭、麻立群、张剑、徐石、李伟、罗明亮 |
| 基于OMS一体化系统的自动化专业作业流程智能化研究应用 | 2015年度科技成果奖三等奖 | 吴振杰、王国锋、陈晓君、黄灵芝、任雪丰 |

## 一、科技成果

（一）青山湖科技城智能电网综合技术的研究与应用

作为浙江省重点工程，青山湖科技城定位于打造国家级高新技术产业开发区、国家自主创新示范区、国家知识产权保护示范区和国家级科技企业孵化器的战略目标。智能电网作为承载第三次工业革命的重要载体，能够紧密贴近科技城城市发展的先进性需求，同时也能为其提供更加清洁、高效、稳定、可靠、优质、智能的电力能源和供电保障。青山湖科技城智能电网综合技术的研究与应用项目开展"智能供电""智能用电""绿色能源""综合应用"四大模块相关技术的研究，完成智能风光互补路灯、通信一体化平台、智能电缆隧道在线监测、智能电网信息集成与展示、智能营业厅等16个方面的示范应用。项目涵盖"发、输、变、配、用、调通"全环节，该项目的实施，大幅提高科技城电网智能化装备水平，降低电网运营管理成本，在投资成本、管理成本及用户电费出资上获得较大经济回报，在电网建设和社会效益方面经济成效明显。该智能电网项目的综合应用，为科技城节能减排和绿色经济发展起到推动作用。通过项目建设，每年预计节能标准煤179吨，减少二氧化碳排放量449.6吨，减少碳粉尘排放量122吨，减少二氧化硫排放量13.5吨，减少氮氧化物排放量6.73吨。

该项目申请发明专利5项、软件著作权登记1项、经国家电网公司国内外科技查新2项，在全国科技期刊发表论文14篇。多项技术在国内甚至国际属领先水平。

（二）单孔操作实现五防的小型化固定式开关柜研制及应用

该成果解决市场上常规的12千伏固定式开关柜存在体积大、操作程序烦琐、操作力度大、防护等级低等问题，采用高可靠性的单孔操作五防操作机构、侧装式隔离开关、侧装式断路器以及侧装式接地开关以及多重折边的独特工艺技术，完成单孔操作实现五防的小型化固定式开关柜的研制。

该成果获发明专利1项、授权实用新型专利1项、经浙江省科技信息研究院查新1项、经国网电力科学研究院查新1项。项目产品经云南电网公司、国网浙江建德市供电公司、国网浙江淳安县供电公司，以及厂矿、企业、办公楼、房地产等行业用户反映，效果良好，可大幅提高供电可靠性及供电安全性。项目产品可在各类配电场合，特别是对用地要求较高的一次配电场合和需要断路器保护的二次配电场合，如小型变电站、开关站等推广应用。

（三）基于智能调度系统清洁能源接入平台的研究建设与应用

该项目开展临安电网清洁能源现状的调查和研究，建设基于智能调度系统清洁能源接入平台。该平台的综合呈现、发电实时监测、发电功率预测、气象信息展示、地理信息及厂站简介等功能模块技术先进，运行稳定；该平台完成对临安电网92座小水电及光伏发电、淤泥发电、垃圾发电等小电源实时出力的采集，通过分区域的精确气象信息，实现非统调电源的出力预测，为临安电网的安全、稳定、经济运行提供有效保障。在平台的运行维护上，该平台由于实现单点维护、全网共享技术，管理和运维成本大幅减少。

该成果申请发明专利 1 项、实用新型专利 1 项、经浙江省科技信息研究院国内外科技查新 2 项，在全国科技期刊发表论文 2 篇。多项技术在国内甚至国际属领先水平。

## 二、专利项目

（一）光缆挡鼠板

2012 年 1 月 4 日，由临安市供电局信息管理所自主研发的"光缆挡鼠板"被国家知识产权局授予"外观设计专利权"。2008 年，该局刚刚投运的夏禹—藻溪 ADSS 光缆 12 号杆被松鼠咬断，且离杆约 20 米处光缆也有被咬痕迹，造成通信中断，直接经济损失达 2.5 万元。此前，光缆线路遭松鼠破坏的事件也屡有发生，让维修人员不胜其扰。该局信息管理所决定研制一种工具，能够在不改动任何线路设施敷设的情况下，解决光缆线路被松鼠重复咬断的问题，杜绝经济损失和通信中断引起的安全隐患。经过多次现场勘查和分析，翻阅大量科普资料，制作不同形状的多种阻挡装置。经过多次现场实验，最终完成向国家知识产权局申请的光缆挡鼠板。该板采用镀锌冷轧板喷塑制作，由两个半圆片组成，安装时中间圆孔可夹拉线，不仅不会破坏原有的拉线装置，而且易于安装，可有效阻挡体长 15～25cm 的松鼠攀越。通过在光缆线路上的实地运用，效果明显，从根本上解决松鼠对光缆的破坏。自该装置被推广以来，临安市供电局再未发生一起光缆被松鼠破坏的事件。

（二）一种更换绝缘子辅助夹具

该实用新型专利技术涉及电力领域，特指一种更换绝缘子辅助夹具，包括左限位件、右限位件。左限位件包括半圆环状的夹持部，夹持部两侧向外延伸形成固定部，固定部的端部开设有固定孔，右限位件与左限位件对称设置。该种更换绝缘辅助夹具拆装灵活，效率高。

（三）一种便携式一体化指挥平台箱体

该实用新型专利技术涉及电力通信技术领域，特指一种便携式一体化指挥平台箱体，包括主体箱，以及以可拆卸的方式设置在主体箱上的顶盖、前盖、后盖。主体箱中设置若干抽拉式抽屉，主体箱两侧设置若干固定卡扣，所述固定卡扣分别与顶盖、前盖、后盖上的凹槽相匹配。采用上述方案后，该指挥平台箱体组装灵活、维护简单、灵活便携。

（四）多功能登山杖

该实用新型专利技术公开多功能登山杖，包括手柄和固定安装在手柄上的主杆。其中，手柄前端设有 LED 手电，后端设有示警器（包括发光二极管和蜂鸣器），底端握手处设有刀具，顶端设有操作按钮和指南针，内腔设有电源模块及控制电路，控制电路分别与操作按钮、LED 手电、示警器和电源模块相连；主杆为伸缩式或折叠式结构，外表面设有刻度尺。该实用新型专利技术所述的多功能登山杖，整体结构简洁、小巧，成本低，多个功能的组合非常方便巡线人员的巡视工作。

（五）一种高压开关柜

该实用新型专利技术公开一种高压开关柜，包括柜体和开关小车。柜体分成上层的仪表和母线室、中层的断路器室和下层的电缆室。开关小车可拉出、推进断路器室且通过航空插件与柜体电连接，并设有航空插件的插头。断路器室内与插头相对应的位置设有航空插件的插座。高压开关柜还包括航空插件延长器。航空插件延长器的两端可分别同时与开关小车上的插头、断路器室内的插座可拆式电连接。该实用新型专利技术高压开关柜在配合检修时可大幅减少操作步骤，提高工作效率。

（六）一种带有围栏的遮阳棚

该实用新型专利技术公开一种带有围栏的遮阳棚，包括遮阳棚本体及设置在遮阳棚本体四周的围栏组件。围栏组件包括数个立柱以及设置在相邻立柱间的围栏，围栏包括固定围栏和活动围栏。其中，固定围栏的两侧设有连接杆，立柱上设有安装连接杆的连接孔；活动围栏一侧接在立柱上，另一侧与另一个活动围栏或者立柱活动连接。遮阳棚本体的支撑杆的下端通过连接件固定在立柱上。采用该带有围栏的遮阳棚后，可以保证现场工作人员的人身安全，而且整个遮阳棚结构简单，成本低廉，可拆卸式结构，在不使用时可以拆卸掉，不占空间，不影响工作，非常方便。

（七）蓄电池充放电试验单向导通装置

该实用新型专利技术公开一种蓄电池充放电试验单向导通装置，包括壳体。壳体内设有 2 个散热座，散热座内均安装有二极管、熔断器。二极管的正极与熔断器相连、负极连接负极线夹。使用该蓄电池充放电试验单向导通装置后，在整个蓄电池充放电试验中蓄电池断电时间大大降低，由原先的平均 4.36 小时降低为 5.9 分钟，大幅度提高电网的供电可靠性。

（八）电缆桥架口保护滑车

该实用新型专利技术公开一种电缆桥架口保护滑车，包括车架及安装在车架上的滑轮。车架包括对称安装的左支撑片和右支撑片（均设有一长凹槽），两支撑片之间通过连接轴和连接片（设有固定用的螺栓）相连；连接片的两端固定安装在长凹槽的侧边；滑轮套接在连接轴上，可沿连接轴自由滚动。滑轮为口径两端大中间小的圆柱形。上述结构的电缆桥架口保护滑车，可减少电缆与桥架铁皮的摩擦，提高电缆安装效率，而且结构简洁、使用方便。

（九）一种电工实训装置

该实用新型专利技术公开一种电工实训装置，包括操作台，以及设置在操作台上的空气开关、电压表、电流表、功率因数表、电压调压器、电流调压器、隔离变压器、升流器、升压器、电压互感器、电流互感器、交流接触器、时间继电器、计时器、电压挡位开关、电流挡位开关、电工计量切换开关、相位切换开关、电流保护单元、数个控制按钮和接线端子。操作台体上方设有挂表架。该电工实训装置可以提供电压源、电流源及电压移相等，使学员接线完成后能试验、运行。

2012—2016 年临安电力系统获专利证书项目见表 9-5。

表 9-5　2012—2016 年临安电力系统获专利证书项目

| 专利类型 | 序号 | 专利名称 | 专利号 | 设计人（发明人） | 专利权人 | 授权公告日 |
|---|---|---|---|---|---|---|
| 外观设计 | 1 | 光缆挡鼠板 | ZL 2011 3 0254018.1 | 许江颖、许峰、沈哲清 | 临安市供电局 | 2012 年 1 月 4 日 |
| | 2 | 带有围栏的遮阳棚 | ZL 2016 3 0070261.0 | 赵训君、徐建文、汪李忠、吴振杰、郑炜忠、孟国凯、沈晓明、王智勇、方卫平、曲亮、柴俭俭、周圆圆、骆森、何静 | 国网浙江临安市供电公司、国家电网公司、国网杭州供电公司、浙江恒力电力承装有限公司 | 2016 年 8 月 3 日 |
| | 3 | 自助打印终端 | ZL 2016 3 0178098.X | 叶木根、殷伟斌、黄小平、汪李忠、吴振杰、周建群、易孔明、王洁颖、王园、李丛丛、麻立群、丁琰、蔡雪峰、李宁、夏超、应季凯、蒋浩、章立 | 国网浙江临安市供电公司、国家电网公司、国网杭州供电公司 | 2016 年 9 月 14 日 |

**续表**

| 专利类型 | 序号 | 专利名称 | 专利号 | 设计人(发明人) | 专利权人 | 授权公告日 |
|---|---|---|---|---|---|---|
| 发明 | 1 | 铠装移开式金属封闭开关设备内活门锁定装置 | ZL 2013 1 0005158.3 | 王万亭、王彤东、麻立群、张剑、林友福 | 杭州恒信电气有限公司、国家电网公司、国网浙江临安市供电公司、国网杭州供电公司等 | 2014年12月3日 |
| | 2 | 一种油样瓶清洗装置及其清洗工艺 | ZL 2013 1 0566145.3 | 孙通、虞七夫、邵琨、韩鹏、杜思桥、王佳琳 | 国家电网公司、国网浙江临安市供电公司、国网杭州供电公司等 | 2015年2月25日 |
| | 3 | 一种电力设施作业现场人员着装安全检测方法 | ZL 2013 1 0745896.1 | 牟轩沁、彭斌、潘坚跃、李志强、安晓军、麻立群、李敏、张元歆 | 国家电网公司、国网浙江临安市供电公司、国网杭州供电公司等 | 2015年3月18日 |
| | 4 | 一种大型电力变压器的检修支架 | ZL 2013 1 0087987.0 | 王翔、邵琨、龚鹤峰 | 临安市供电局、国家电网公司 | 2013年6月26日 |
| | 5 | 智能电网信息集成与展示平台 | ZL 2013 1 0703691.7 | 彭斌、潘坚跃、李志强、麻立群、许江颖、林青山、李伟 | 国家电网公司、国网浙江临安市供电公司、国网杭州供电公司 | 2015年10月28日 |
| | 6 | 一种免登杆光缆挂钩加挂装置及加挂方法 | ZL 2015 1 0005431.1 | 洪洲、汪李忠、吴振杰、麻立群、程炜东、许江颖、王均健、沈哲清、许峰、姚晓倩、胡永昌 | 国家电网公司、国网浙江临安市供电公司、国网杭州供电公司 | 2016年12月7日 |
| 实用新型 | 1 | 一种智能中压开关柜 | ZL 2011 2 0279744.3 | 麻立群、王万亭、姚爱明、张剑、虞七夫 | 临安市供电局、杭州恒信电气有限公司 | 2012年3月14日 |
| | 2 | 一种安装在线测温传感器的母线室隔板 | ZL 2011 2 0268774.4 | 王万亭、林友福、麻立群、姚爱明、虞七夫 | 杭州恒信电气有限公司、临安市供电局 | 2012年3月14日 |
| | 3 | 在线监测绝缘件泄流电流的绝缘件 | ZL 2011 2 0268773.X | 王万亭、麻立群、林友福、姚爱明、虞七夫 | 杭州恒信电气有限公司、临安市供电局 | 2012年3月14日 |
| | 4 | 电缆芯线对线器 | ZL 2011 2 0293016.8 | 赵训君、李继新、孙铭梁、张鹏飞、王长中 | 临安市供电局、浙江恒力电力承装有限公司 | 2012年4月25日 |
| | 5 | 智能中压开关柜 | ZL 2011 2 0443796.X | 王万亭、张剑、林友福、麻立群、姚爱明 | 杭州恒信电气有限公司、临安市供电局 | 2012年8月1日 |
| | 6 | 一种线路压变谐波抑制装置 | ZL 2012 2 0613303.7 | 韩鹏、阮军培、孙通、方丰、吕华、沈利生 | 临安市供电局、国家电网公司 | 2013年6月19日 |
| | 7 | 一种工器具准备单生成装置 | ZL 2012 2 0658813.6 | 邵懂、程炜东、吴一峰、王召、赵华、罗明亮、沈传洲 | 临安市供电局、国家电网公司 | 2013年6月26日 |
| | 8 | 一种可带电更换的开关柜眉头 | ZL 2013 2 0007010.9 | 徐石、麻立群、于文、黄葛飞 | 杭州恒信电气有限公司、临安市供电局 | 2013年8月14日 |
| | 9 | 一种蓄电池在线放电装置 | ZL 2013 2 0575173.7 | 孙通、阮军培 | 国家电网公司、国网浙江临安市供电公司、国网杭州供电公司 | 2014年2月26日 |
| | 10 | 一种新型铜铝过渡连接金具 | ZL 2013 2 0570065.0 | 龙亮 | 国家电网公司、国网浙江临安市供电公司、国网杭州供电公司 | 2014年2月26日 |

| 专利类型 | 序号 | 专利名称 | 专利号 | 设计人（发明人） | 专利权人 | 授权公告日 |
|---|---|---|---|---|---|---|
| 实用新型 | 11 | 一种基于单片机的工器具智能选择装置 | ZL 2013 2 0576129.8 | 邵懂、程炜东、吴一峰、敖志香 | 国家电网公司、国网浙江临安市供电公司、国网杭州供电公司 | 2014 年 4 月 16 日 |
| | 12 | 一种变电站蓄电池更换装置 | Z L2013 2 0661719.0 | 韩鹏、方丰、杨浩、沈利生、时钟鸣、许铭、徐建宁 | 国家电网公司、国网浙江临安市供电公司、国网杭州供电公司 | 2014 年 4 月 23 日 |
| | 13 | 一种油样瓶超声波清洗机 | ZL 2013 2 0717599.1 | 韩鹏、虞七夫、邵琨、孙通、陈佳、方丰、陈俊学 | 国家电网公司、国网浙江临安市供电公司、国网杭州供电公司 | 2014 年 5 月 7 日 |
| | 14 | 一种用于油样瓶清洗机的油水分离装置 | ZL 2013 2 0717606.8 | 王佳琳、虞七夫、凌征凯、陈佳、方炜、陈文明、杨鑫海、邵琨 | 国家电网公司、国网浙江临安市供电公司、国网杭州供电公司 | 2014 年 5 月 7 日 |
| | 15 | 一种油样瓶清洗装置 | ZL 2013 2 0717587.9 | 邵琨、虞七夫、孙通、韩鹏、陈佳、王翔、龚鹤峰 | 国家电网公司、国网浙江临安市供电公司、国网杭州供电公司 | 2014 年 5 月 7 日 |
| | 16 | 一种带有验电窗的中置式高压开关柜 | ZL 2013 2 0752338.3 | 程炜东、罗明亮、邵懂、孔祥峰、王召、吴一峰、金萍、沈传洲、马欣 | 国家电网公司、国网浙江临安市供电公司、国网杭州供电公司 | 2014 年 5 月 21 日 |
| | 17 | 一种电力作业现场安全区域预警装置 | ZL 2014 2 0329507.7 | 彭斌、潘坚跃、李志强、安晓军、麻立群、牟轩沁、李敏、张元歆 | 国家电网公司、国网浙江临安市供电公司、国网杭州市萧山区供电公司、国网杭州市余杭区供电公司 | 2014 年 11 月 5 日 |
| | 18 | 一种带电作业现场着装安全监测装置 | ZL 2014 2 0329342.3 | 彭斌、潘坚跃、李志强、安晓军、麻立群、牟轩沁、李敏、张元歆 | 国家电网公司、国网浙江临安市供电公司、国网杭州市萧山区供电公司、国网杭州市余杭区供电公司 | 2014 年 11 月 5 日 |
| | 19 | 一种接地装置 | ZL 2014 2 0735497.7 | 方军、施建良、却立军、帅彬 | 国家电网公司、国网浙江临安市供电公司、国网杭州供电公司 | 2015 年 3 月 18 日 |
| | 20 | 一种可伸缩钳形电流测试仪 | ZL 2014 2 0734666.5 | 杨巍、胡忠阳、缪勇、童健 | 国家电网公司、国网浙江临安市供电公司、国网杭州供电公司 | 2015 年 4 月 8 日 |
| | 21 | 一种运杆车 | ZL 2014 2 0734680.5 | 杜文武、王少兵、谢琪辉、许竞锋 | 国家电网公司、国网浙江临安市供电公司、国网杭州供电公司 | 2015 年 4 月 8 日 |
| | 22 | 一种模块化多功能安全帽 | ZL 2014 2 0731935.2 | 郭谖、李阳、李伟、孙通、陈新君、童鑫 | 国家电网公司、国网浙江临安市供电公司、国网杭州供电公司 | 2015 年 4 月 8 日 |
| | 23 | 一种松线制动器 | ZL 2014 2 0735115.0 | 许良、陈伟、韩冰、王伟、章声、蓝剑 | 国家电网公司、国网浙江临安市供电公司、国网杭州供电公司 | 2015 年 4 月 8 日 |
| | 24 | 一种电动汽车智能交流充电桩 | ZL 2014 2 0780886.1 | 麻立群、许峰、汪李忠、许江颖、王均健、舒叶辉、蔡书青 | 国家电网公司、国网浙江临安市供电公司、国网杭州供电公司 | 2015 年 4 月 8 日 |
| | 25 | 一种免登杆光缆挂钩加挂装置 | ZL 2015 2 0006401.8 | 许江颖、王均健、沈哲清、麻立群、许峰、彭斌、林青山、相恺、林涛、吴思炜、黄一帆、姚晓情、胡永昌、吴一峰 | 国家电网公司、国网浙江临安市供电公司、国网杭州供电公司 | 2015 年 4 月 29 日 |

续表

| 专利类型 | 序号 | 专利名称 | 专利号 | 设计人（发明人） | 专利权人 | 授权公告日 |
|---|---|---|---|---|---|---|
| 实用新型 | 26 | 一种高压电源近电保护装置 | ZL 2015 2 0006402.2 | 杨杰、李继新、孙铭梁、吴红灵、张鹏飞、周鑫治、程玉林 | 国家电网公司、国网浙江临安市供电公司、国网杭州供电公司、浙江恒力电力承装有限公司 | 2015年5月13日 |
| | 27 | 一种通信芯片实时电压监测装置 | ZL 2015 2 0064823.0 | 韩鹏、虞七夫、沈利生、方丰、徐建宁、许铭、时钟鸣、游春瑜、陈佳 | 国家电网公司、国网浙江临安市供电公司、国网杭州供电公司 | 2015年6月10日 |
| | 28 | 用于通信芯片的实时电压监测及过压保护装置 | ZL 2015 2 0064822.6 | 韩鹏、虞七夫、沈利生、方丰、徐建宁、许铭、时钟鸣、游春瑜、陈佳 | 国家电网公司、国网浙江临安市供电公司、国网杭州供电公司 | 2015年7月1日 |
| | 29 | 一种移动式线路保护小车 | ZL 2015 2 0135379.7 | 阮军培、王国锋、沈利生、任雪丰、韩鹏、陈晓君、王力、方丰、黄灵芝 | 国家电网公司、国网浙江临安市供电公司、国网杭州供电公司 | 2015年7月1日 |
| | 30 | 电网清洁能源接入远程实时集中监控系统 | ZL 2015 2 0133518.2 | 陈晓君、王国锋、任雪丰、黄灵芝、王力、阮军培、谢传明 | 国家电网公司、国网浙江临安市供电公司、国网杭州供电公司 | 2015年7月1日 |
| | 31 | 一种电工实训装置 | ZL 2015 2 0775465.4 | 毕永明、余新军、冯坚、方向晖、黄小平、汪李忠、钱腾波 | 国网浙江临安市供电公司、国家电网公司、国网杭州供电公司 | 2016年2月17日 |
| | 32 | 电缆桥架口保护滑车 | ZL 2015 2 0757889.8 | 祝荣岗、章迪松、邵旭初、蓝炯敏、黄敏、赵训君、徐建文、陈云柏、曲亮 | 国网浙江临安市供电公司、国家电网公司、国网杭州供电公司、浙江恒力电力承装有限公司 | 2016年2月17日 |
| | 33 | 一种高压开关柜 | ZL 2015 2 1038011.5 | 李博、汪李忠、吴振杰、麻立群、邵懂、牛建党、朱荣、李赟、严双喜、曹文生 | 国网浙江临安市供电公司、国家电网公司、国网杭州供电公司 | 2016年4月27日 |
| | 34 | 多功能登山杖 | ZL 2015 2 1013181.8 | 陈新君、张水云、童鑫、王钱锋 | 国网浙江临安市供电公司、国家电网公司、国网杭州供电公司 | 2016年6月1日 |
| | 35 | 一种开关柜柜门 | ZL 2016 2 0094884.6 | 蓝勇琴、陈敏、麻立群、周立、商林平、邵亮、曹存余 | 杭州恒信电气有限公司、国网浙江临安市供电公司、国家电网公司、国网杭州供电公司 | 2016年8月24日 |
| | 36 | 开关柜嵌入式柜顶小母线端子 | ZL 2016 2 0002737.1 | 张琪英、陈敏、麻立群、毛海鸣、邵亮、王彤东、林道源 | 杭州恒信电气有限公司、国网浙江临安市供电公司、国家电网公司、国网杭州供电公司 | 2016年6月15日 |
| | 37 | 单孔单轴操作实现五防的小型化固定柜 | ZL 2016 2 0011460.9 | 王万亭、王彤东、麻立群、路长征、于文、汪李忠、吴振杰 | 杭州恒信电气有限公司、国网浙江临安市供电公司、国家电网公司、国网杭州供电公司 | 2016年4月27日 |
| | 38 | 蓄电池充放电试验单向导通装置 | ZL 2016 2 0162665.7 | 沈利生、虞七夫、方丰、徐建宁、操越、许铭、时钟鸣、游春瑜、韩鹏、汪李忠、吴振杰 | 国网浙江临安市供电公司、国家电网公司、国网杭州供电公司 | 2016年7月27日 |

| 专利类型 | 序号 | 专利名称 | 专利号 | 设计人（发明人） | 专利权人 | 授权公告日 |
|---|---|---|---|---|---|---|
| 实用新型 | 39 | 一种带有围栏的遮阳棚 | ZL 2016 2 0194463.0 | 赵训君、徐建文、汪李忠、吴振杰、郑炜忠、孟国凯、沈晓明、王智勇、方卫平、曲亮、柴俭俭、周圆圆、骆森、何静 | 国网浙江临安市供电公司、国家电网公司、国网杭州供电公司、浙江恒力电力承装有限公司 | 2016 年 8 月 3 日 |
| | 40 | 一种便携式一体化指挥平台箱体 | ZL 2016 2 0752095.7 | 殷伟斌、汪李忠、吴振杰、麻立群、程炜东、许峰、李伟、孙通、郭谡、许江颖、沈哲清、林青山、彭斌、王均健、林涛、吴思炜、黄一帆、姚晓倩、胡永昌、毛江东 | 国网浙江临安市供电公司、国家电网公司、国网杭州供电公司 | 2016 年 12 月 28 日 |
| | 41 | 一种更换绝缘子辅助夹具 | ZL 2016 2 0750513.9 | 殷伟斌、汪李忠、吴振杰、麻立群、骆继承、资斌、王少华、李阳、邵敏 | 国网浙江临安市供电公司、国家电网公司、国网杭州供电公司 | 2016 年 12 月 28 日 |

# 第四节　管理创新成果

　　"十一五"时期,临安市供电局坚持以科学发展观为导向,以建设"一强三优"供电企业为主线,坚持实施精细化管理、标准化建设和规范化运作,不断推进全局体制、机制和管理创新。2006—2007 年,多项管理创新成果获浙江省电力公司和浙江省电力行业协会奖励。

　　2009 年,为了实现国家电网公司提出的公司发展方式转变、电网发展方式转变的要求,浙江省电力公司制定并施行《企业管理创新成果评审管理办法》,完善企业管理创新成果评审体系和激励机制,鼓励和引导公司系统各单位探索管理创新,不断深化改革,强化管理,完善经营机制,促进电力企业安全生产,增加经济效益。企业管理创新成果评审成为公司系统和电力行业常态化项目。

　　根据管理创新工作安排,国网浙江临安市供电公司于 2014 年 10 月启动新一轮管理创新成果立项工作,于 2015 年 1 月完成成果收集,共收集各部门优秀成果 21 项,内容涵盖班组管理、营销服务、运维管理、调控管理、品牌建设等多个领域,展现公司各部门一年来的工作成效和成果创新。经前期各部门主要负责人评审,最终评选出优秀成果 10 项并参加发布会。2015 年 3 月 24 日,10 项公司优秀管理创新成果进行现场发布。发布会上,各项目负责人对各自成果从项目背景、成果实施、管理成效等几方面进行展示,通过生动形象的诠释使得成果得到评委的一致好评。

　　临安电力系统每年都围绕符合性、创新性、实践性、效益性,总结管理创新经验,提炼管理创新成果。2006—2016 年临安电力系统管理创新成果获奖情况见表 9-6。

表 9-6　2006—2016 年临安电力系统管理创新成果获奖情况

| 成果名称 | 获奖级别 | 主创人员 | 参与人员 |
|---|---|---|---|
| 配电运行管理系统 | 浙江省电力行业企业管理创新成果二等奖（2006 年） | 李志强、黄小平、刘宏伟 | — |
| 基于 GIS 的数字化配电信息系统开发 | 浙江省电力行业企业管理创新成果三等奖（2006 年） | 李志强、黄小平、冯强、刘宏伟 | — |
| 业务流程梳理与优化 | 浙江省电力行业企业管理创新成果三等奖（2007 年） | 李志强、徐越飞 | — |
| 党支部和党员考核激励机制的创新实践 | 浙江省电力公司系统企业管理创新成果二等奖（2009 年） | 何永林 | 邱丹、杨鸣、杜强军、陈生智 |

续表

| 成果名称 | 获奖级别 | 主创人员 | 参与人员 |
|---|---|---|---|
| 变电运行班组自主培训教育模式的探索与实践 | 浙江省电力公司系统企业管理创新成果一等奖(2011年) | 宋耘、李博 | 何永林、应松军、钟剑、应用、陈生智、王钱锋、敖志香、牛建党 |
| 生产人员技能评价考核体系研究与探索 | 浙江省电力公司系统2012年企业管理创新成果二等奖 | 宋耘、陈倍智 | 安晓军、应用、毕永明、陈生智、冯坚、林阿依、焦永莉、柳启俊 |
| 基于青山湖科技城智能电网综合建设工程的科技创新团队管理体系研究及实践 | 浙江省电力公司系统/浙江省电力行业2013年企业管理创新成果三等奖 | 宋耘、李志强 | 安晓军、麻立群、钟剑、彭斌、付红豪、邵懂、罗明亮 |
| 基于自动化及电子图形技术的配网可视化管理模式 | 浙江省电力行业2014年企业管理创新成果三等奖 | 李志强、应康 | 安晓军、楼华辉、王国锋、黄洪青、张波明、贾磊、赵晨旭、岑苏琦 |

# 第十章　职　工

民国时期，临安电汽有限公司为发电、供电、用电一体的私营企业，连老板在内，共有职工5人。

1953年12月，临安电厂建成发电，职工人数7人。1960年8月，临安县供电所成立，至年底有职工32人。1962年5月，公私合营於潜电厂停办，该厂9名职工归属临安县供电所，至年底临安县供电所职工人数为52人。1974年1月，昌化水电站划归临安电力公司革命委员会管理，昌化水电站35名职工归属临安电力公司革命委员会，至年底临安电力公司革命委员会职工人数为155人。

1955年，临安电厂职工名册

十一届三中全会以后，临安电力工业快速发展，尤其随着高电压、大电网的逐步完善，高新技术的推广应用，以及社会主义市场经济的逐步形成，职工队伍逐步壮大，职工技术业务水平不断提高。临安县供电局注重职工教育，把全员培训作为提高企业整体素质和市场竞争力的重要措施。至20世纪90年代，一支电力生产、科研、调度等门类齐全的职工队伍逐步形成。

随着企业经济效益的不断改善，临安电力系统经过多次工资晋级和实行岗位工资、技能工资，职工收入增长幅度较快。医疗保险、养老保险等社会保障制度的实施，解决了职工的后顾之忧。职工劳动保护和各项福利待遇也得到较快改善。同时，临安电力系统根据不同时期的中心工作，以人为本，适时对职工进行思想政治教育及劳动纪律、安全纪律等方面教育，职工精神面貌与时俱进，爱岗敬业、爱国奉献的企业精神得以发扬光大，一流县级供电成果不断巩固。广大职工坚持科学发展观，艰苦创业，在电力建设和为社会服务中，涌现出如翁顺潮、周作模、宋林根、潘之元、程炜东、李宁、林青山、周亚等一大批劳动模范。至2016年，国网浙江临安市供电公司有全民职工341人，集体职工132人，农电职工400人，离退休职工139人。

## 第一节　职工队伍

### 一、职工构成

民国时期，临安电汽有限公司工人为就地雇佣，技术人员由公司负责人兼任。

1953年12月，临安电厂成立后，其与之后建立的於潜电厂、昌化水电站的职工均来自当地居民，由厂方各自管理。

1962 年 5 月,於潜电厂停办,该厂 9 名职工归属临安县供电所。随着临安、於潜等变电站相继投产,临安电网初步形成,电力企业通过社会招工、安置复员退伍转业军人等渠道招收职工,至 1965 年,有职工68 人。1974 年 1 月,昌化水电站 35 名职工归属临安电力公司革命委员会。此后,随着境内电网的扩大,职工队伍亦随之增加。至 1979 年,临安电力公司职工总数为 195 人,其中生产人员 177 人,分布在供电、施工、运行、检修、调度等部门。

20 世纪 80 年代起,临安电力公司陆续招收待业人员,接收中专、技校等毕业生,以及部分符合政策的退休职工子女补员,安置复退军人等,职工人数逐渐增多。至 1989 年,临安电力公司全民职工达 254人。随着多经企业的创办和发展,陆续招收集体职工,至 1991 年,集体职工有 25 人。

20 世纪 90 年代起,临安县供电局根据浙江省电力工业局关于提高职工素质的实施意见,原则上不再直接从社会上招收新工人,在能源部发布的《电力工人技术等级标准》所列主要技术工种范围内补充新工人,职工来源主要是电力系统内分配的大专、中专、技术学校及普通高校毕业生,职工素质随之提高。1992 年,临安县供电局因建造电力大楼,招收了一批土地征用工。

随着电网发展,为解决变电运行、线路运行检修等一线生产人员不足问题,根据《浙江省电力公司供电企业社会用工补充生产一线人员劳动工资和社会保险管理试行办法》的精神,2003 年,临安市供电局采用劳动和社会保障事务代理的办法,招收代理制职工(即劳务派遣用工制度)。代理制职工由代理机构(临安市劳动和社会保障事务代理所)负责招工,与代理机构签订劳动合同,由代理机构负责职工工资发放和办理各类保险。临安市供电局与临安市劳动和社会保障事务代理所签订劳务派遣协议,负责代理制职工日常管理。同年,在乡(镇)农电体制改革中,临安市供电局也采用代理制方式招收农村专业电工276 名,并签订劳动合同和岗位责任书。翌年,临安市供电局与临安市协和劳动和社会保障事务代理所签订 387 名劳动代理制职工的派遣协议,并制定《劳动代理制职工工资、奖金考核发放办法(试行)》,临安市供电局各单位(科室)将劳动代理制职工统一纳入本单位(科室)的经济责任制考核,由各单位(科室)制定劳动代理制职工考核制度和考核,劳动代理制职工的工资、奖金由劳动代理机构根据考核结果组织发放。之后,临安市供电局基本上每年都与代理所签订劳务派遣协议。

2014 年,国网浙江临安市供电公司根据国网浙江省电力公司规范劳务派遣用工有关规定和工作要求,在对全公司劳动用工(特别是劳务派遣用工)、岗位分布和业务外包开展情况专项调研的基础上,编制《国网浙江临安市供电公司规范劳务派遣用工实施方案》,排定规范劳务派遣用工实施计划并按计划执行。对于在社会通用岗位(驾驶员、服务员、综合行政、物业后勤)上的 120 名劳务派遣职工,实行业务外委;对于在非核心生产一线岗位上的 61 名国网浙江省电力公司劳务派遣职工,采取集体企业招聘的方式;对于在非核心岗位上的 13 名自招劳务派遣职工,采取业务外包的方式。国网浙江临安市供电公司彻底解决混岗问题,同时提前完成劳务派遣职工控制在 10% 的考核目标,确保职工队伍稳定。

2015 年,为加强农电用工队伍建设,规范农电用工管理,根据《中华人民共和国劳动合同法》等法律法规和文件精神,结合国网杭州供电公司农电用工管理实际情况,国网浙江临安市供电公司编制《农电用工方式调整操作方案》,由集体资产经营平台出资注册成立临安市恒通供电服务有限公司,受托承接乡(镇)及农村配电与营销服务业务,同时根据工作需要受托承担乡(镇)10 千伏运维检修业务。原农电工自愿参加临安市恒通供电服务有限公司的招聘,通过公开报名、审核及考试,临安市恒通供电服务有限公司共计招收 410 名原农电工,通过招聘考试录用为集体企业自聘工,劳动合同期限从2015 年 11 月 1 日开始计算。

1985—2016 年临安电力系统职工分类情况见表 10-1～表 10-3。

表 10-1　1985—1995 年临安电力系统职工（全民）分类人数统计

| 年份 | 全民 | 其中女性 | 技术人员 | 管理人员 | 服务人员 | 工人 | 学徒 | 其他 |
|---|---|---|---|---|---|---|---|---|
| 1985 | 240 | 25 | 6 | 25 | 6 | 185 | 13 | 5 |
| 1986 | 240 | 26 | 7 | 26 | 5 | 189 | 9 | 4 |
| 1987 | 248 | 28 | 8 | 26 | 5 | 200 | 7 | 2 |
| 1988 | 251 | 32 | 9 | 26 | 5 | 196 | 12 | 3 |
| 1989 | 254 | 36 | 10 | 29 | 2 | 189 | 13 | 11 |
| 1990 | 255 | 36 | 10 | 30 | 2 | 194 | 10 | 9 |
| 1991 | 257 | 38 | 8 | 40 | 5 | 189 | 5 | 10 |
| 1992 | 261 | 38 | 10 | 39 | 4 | 190 | 6 | 12 |
| 1993 | 283 | 45 | 9 | 33 | 18 | 180 | 27 | 16 |
| 1994 | 291 | 54 | 6 | 39 | 3 | 158 | 50 | 35 |
| 1995 | 299 | 53 | 37 | 54 | 12 | 182 | 4 | 10 |

表 10-2　1996—2016 年临安电力系统职工分类人数统计（按用工性质分）

| 年份 | 全民 | 集体 | 农电用工 | 劳务派遣（代理制） | 离退休（全民） |
|---|---|---|---|---|---|
| 1996 | 279 | 78 | 113 | — | 54 |
| 1997 | 271 | 78 | 113 | — | 52 |
| 1998 | 267 | 78 | 111 | — | 62 |
| 1999 | 274 | 74 | 111 | — | 66 |
| 2000 | 289 | 80 | 111 | — | 63 |
| 2001 | 293 | 82 | 104 | — | 66 |
| 2002 | 298 | 84 | 99 | 329 | 68 |
| 2003 | 300 | 91 | 97 | 383 | 73 |
| 2004 | 312 | 105 | 390 | 91 | 73 |
| 2005 | 351 | 100 | 428 | 112 | 78 |
| 2006 | 355 | 104 | 424 | 134 | 82 |
| 2007 | 349 | 62 | 414 | 169 | 85 |
| 2008 | 311 | 99 | 446 | 186 | 89 |
| 2009 | 311 | 95 | 436 | 182 | 92 |
| 2010 | 319 | 94 | 436 | 80 | 93 |
| 2011 | 327 | 90 | 424 | 218 | 97 |
| 2012 | 329 | 146 | 421 | 165 | 101 |
| 2013 | 328 | 142 | 419 | 102 | 108 |
| 2014 | 348 | 140 | 413 | 8 | 121 |
| 2015 | 344 | 136 | 410 | — | 129 |
| 2016 | 341 | 132 | 400 | — | 139 |

表 10-3　1996—2016 年临安电力系统职工(全民)分类人数统计(按技术、技能、文化程度分)

| 年份 | 全民 | 其中女性 | 按专业技术资格等级 | | | 按技能等级 | | | | | 按文化程度 | | | | |
|------|------|----------|--------|--------|--------|----------|------|--------|--------|--------|--------|----------|----------|----------|----------|
| | | | 高级 | 中级 | 初级 | 高级技师 | 技师 | 高级工 | 中级工 | 初级工 | 研究生 | 大学本科 | 大学专科 | 高中(含中专、技校) | 初中及以下 |
| 1996 | 279 | 52 | 1 | — | — | — | — | | | | — | 5 | 46 | 97 | 131 |
| 1997 | 271 | 51 | 1 | — | — | — | — | 134 | 51 | 14 | — | 6 | 47 | 97 | 121 |
| 1998 | 267 | 48 | 1 | — | — | — | — | 128 | 51 | 14 | — | 6 | 51 | 97 | 113 |
| 1999 | 274 | 47 | 1 | 10 | 43 | — | 1 | 135 | 75 | 2 | — | 11 | 67 | 91 | 105 |
| 2000 | 289 | 56 | 2 | 10 | 49 | — | 1 | 134 | 90 | 3 | — | 17 | 75 | 93 | 104 |
| 2001 | 293 | 55 | 2 | 9 | 49 | — | 1 | 8 | 4 | — | 1 | 22 | 74 | 91 | 105 |
| 2002 | 298 | 56 | 2 | 9 | 48 | — | 1 | 16 | 4 | — | 3 | 31 | 80 | 84 | 100 |
| 2003 | 300 | 58 | 1 | 11 | 60 | — | 1 | 16 | 54 | — | — | 38 | 85 | 81 | 96 |
| 2004 | 312 | 62 | 1 | 11 | 96 | — | 1 | 7 | 52 | — | 1 | 48 | 91 | 80 | 92 |
| 2005 | 351 | 65 | 1 | 12 | 126 | — | — | | | | 5 | 60 | 120 | 110 | 56 |
| 2006 | 355 | 63 | 2 | 19 | 101 | — | 8 | 19 | 69 | — | 7 | 65 | 125 | 106 | 52 |
| 2007 | 349 | 56 | 2 | 21 | 87 | 1 | 14 | 21 | 76 | 1 | 7 | 78 | 117 | 101 | 46 |
| 2008 | 311 | 53 | — | 23 | 90 | — | 24 | 23 | 69 | 1 | 1 | 70 | 110 | 87 | 43 |
| 2009 | 311 | 56 | — | 25 | 96 | — | 24 | 52 | 55 | 1 | 2 | 80 | 107 | 82 | 40 |
| 2010 | 319 | 60 | — | 29 | 100 | 6 | 32 | 51 | 53 | 1 | 5 | 92 | 103 | 81 | 38 |
| 2011 | 327 | 61 | 1 | 41 | 88 | 11 | 30 | 108 | 41 | 1 | 7 | 111 | 100 | 76 | 33 |
| 2012 | 329 | 63 | 4 | 42 | 102 | 18 | 111 | 53 | 24 | — | 9 | 128 | 92 | 73 | 27 |
| 2013 | 328 | 63 | 6 | 53 | 114 | 42 | 191 | 14 | 2 | — | 16 | 135 | 94 | 60 | 23 |
| 2014 | 348 | 69 | 16 | 68 | 129 | 127 | 168 | 2 | — | — | 24 | 155 | 105 | 46 | 18 |
| 2015 | 344 | 68 | 23 | 69 | 128 | 127 | 157 | 3 | — | — | 30 | 155 | 103 | 43 | 13 |
| 2016 | 341 | 67 | 22 | 69 | 125 | 164 | 106 | 2 | — | — | 31 | 162 | 101 | 41 | 6 |

## 二、职工素质

临安电厂成立初期,职工文化程度水平较低,大多为小学文化程度,甚至文盲、半文盲。1958 年前后从农村招收的职工文化水平也不高。通过扫盲、业余文化学习、专业技术培训、练基本功等多种形式的教育培训,临安电力系统技术业务骨干逐渐增多,职工的文化水平和业务能力不断提高。

十一届三中全会以后,临安电力工业加快发展步伐。随着高电压大电网逐步完善,高新技术的广泛应用,对职工的业务水平要求不断增高。据 1986 年临安县供电局统计,当时全局共有全民职工 240 人,其中具有大专及以上文化程度的仅 17 人,占 7.08%;高中(含中专、技校)76 人,占 31.67%;初中 98 人,占 40.83%;小学 48 人,占 20%;文盲 1 人,占 0.42%。34 周岁及以下的青年职工 143 人,占 59.58%。为改变队伍整体素质不高状况以适应新形势要求,临安县供电局通过文化补课、技术培训等多种措施,提高职工尤其是青年职工整体素质,大批文化水平高、技术能力强的标兵因此涌现。同时,有计划地充实技术业务骨干力量,先后招收武汉大学、上海电力学院、华北电力大学、东北电力大学、南京工程学院等高校毕业生为职工。

1983 年 6 月,陆鉴经浙江省电力工业局评审,被批准为工程师,成为临安电力系统第一位中级技术职称干部。1987 年,根据中共中央和水利电力部职称改革工作领导小组关于在企业进行职称改革工作的指示和部署,为保证"双聘"(专业技术职务和工人技师)评审、聘任工作的顺利进行,杭州市电力局发文设立基层各单位职称改革领导小组。临安县供电局职称改革领导小组由局长担任组长,负责本单位"双聘"工作的宣传动员和申报材料核实上报等工作。之后,专业技术职务(后改称专业技术资格)和技能等级的评审成为电力系统的常态化工作,临安电力系统每年都推荐职工申报,以激发职工的积极性,提升技术和技能水平。

1990 年 5 月,临安县供电局印发《职工教育管理制度》,把职工教育工作纳入局长承包任期目标,由局分管领导、办公室、生产技术股、用电管理股负责人等组成临安县供电局职工教育领导小组,局办公室具体负责实施,各供电所、工段、班组设培训员,形成培训网。职工教育工作被列入各单位创建文明单位和经济责任制考核内容之一。支持职工报考专业对口的大、中专院校,学习形式以业余、函授为主。按照杭州市电力局《关于职工业余、函授及自学学习的奖励办法(试行)》(杭电教字〔85〕第 2 号)、《关于改进参加脱产、半脱产、业余(函授)学历教学职工奖金发放办法的通知》(杭电宣教字〔88〕第 4 号)的有关条文,对参加大、中院校学习的人员进行奖励。1990 年底,临安县供电局共有全民职工 255 人,其中大学(包括大专)及以上文化程度 20 人,占 7.84%;高中(包括中专及技校)88 人,占 34.51%;初中及以下 147 人,占 57.65%。34 周岁及以下的青年职工 118 人,占 46.27%。全局有 82 人参加资格培训,14 人参加技术等级培训,103 人参加适应性培训,6 人参加高等教育学习,3 人参加中专教育学习。1994 年 12 月,潘之元经浙江省电力工业局确认具备高级政工师资格,成为临安电力系统具备高级技术资格的第一人。

为适应创一流供电企业的需要,切实加强职工教育工作,以建设一支高素质的职工队伍。1998 年 12 月,临安市供电局设立职工教育管理网络,开展全局干部职工的教育培训工作。1999 年 12 月,根据杭州市电力局职工学历教育管理制度的规定,结合实际,临安市供电局制定《职工学历教育管理制度》,明确企业职工以岗位培训为主,强化职工的职业道德、基本理论、基础知识、基本技能的教育,注重专业技术人员的继续教育,以适应电力生产岗位和市场经济的需要。之后,临安市供电局有针对性地选派思想品德好、敬业爱岗、工作出色的优秀职工参加成人高考,接受中等教育。2000 年底,临安市供电局共有全民职工 289 人,其中大专及以上文化程度 92 人,占 31.83%;高中(含中专、技校)93 人,占 32.18%;初中及以下 104 人,占 35.99%。34 周岁及以下的青年职工 122 人,占 42.21%。

21 世纪是知识经济快速发展的年代,生产技术人员素质和管理人员工作业务水平是现代企业发展的关键。临安市供电局在转变观念、求实进取、抓住机遇、锐意改革的工作中,始终把提高职工队伍综合素质放在首位。2001 年,临安市供电局开始有第一名研究生。是年,临安市供电局选送 9 名管理干部参加浙江省电力工业局、杭州市电力局组织的管理人员培训班;自办 8 期不同内容的管理岗位培训班和知识讲座,共有 200 余人(次)参加;组织全局驾驶员进行职业道德和业务知识考试;组织全局各工种、各专业人员参加《电力安全工作规程》考试;利用双休日,组织举办《电工基础》知识短期培训班,邀请电力职工大学的老师主讲,局属各供电所的线路工、承装公司的装接工、路灯管理所的检修工 60 余人参加培训;完善学历教育和职工教育管理的基础工作,根据局后续学历教育现状,制定和修改职工学历教育管理制度、标准。是年,后续学历的中专毕业生有 9 人,在读生 104 人(包括中技函授班 55 人),在读人数超过往年。制定《临安市供电局职称评定工作管理办法》,实行"国家电力公司系统统一标准、公正评定与专业参加全国考试相结合的专业技术资格考评机制",设立职称考评领导小组,进行工程系列、政工系列、图档系列、会经统系列、审计系列、计算机等系列的评审推荐工作。是年,有高级职称 2 人,中级职称 9 人,初级职称 49 人。

2004 年 4 月,临安市供电局设立职工教育培训工作领导小组和职工教育培训工作网络组织,有针对性地开展"全员学习"活动,根据中层干部、管理人员及职工的实际状况和专业岗位特点,以培训为载体,岗位技能需要什么,就培训什么,缺少什么,就弥补什么。对中层干部,主要进行强化现代理念、发展观念和超前意识的培训,强化对企业使命感的教育,重点是创新力的培养。对管理人员,主要进行常规性管理知识拓展的培训,并根据通用性和个性化相结合的要求,分别开展岗位研修、计算机知识深化、专业技能培训等各类特定的对应式培训。在职工的对应式培训方面,将培训重点放在提高技术工人、骨干队伍的文化层次和理论水平及技能操作上,重点提升中高级技术工人的素质和能力,确保职工队伍中的技术等级和技能等级结构合理,稳中有升,同时注重提高技术工人的实际操作能力和处理事故障碍的能力,培养一专多能型的人才。

为实现"十一五"期间"一流供电服务、一流临安电网、一流运营水平"为核心的发展目标,提供人力资源保障,提升人员整体素质,2007年,临安市供电局以"职业技能年"为契机,编制《2007年至2009年职工教育培训规划书》《职工教育培训体系建设指导纲要》,贯彻"工作学习化,学习工作化"的理念,创建学习型组织作为教育培训工作的平台,全面提升员工素质,优化结构,构建行业领先、符合长期发展需要的培训管理体系。2006年12月,经浙江省电力公司考评和全国电力行业高级技师资格评审委员会评审,冯强获得电力行业特有工种相应的高级技师资格,为临安电力系统第一位高级技师。2007年11月,何永林被浙江省电力公司聘为管理三级专家,为临安电力系统第一位省公司三级专家。

2008年,浙江省电力公司下达一项新的人力资源同业对标考核指标"人才当量",临安市供电局根据人才当量指标要求和提高员工综合素质的需要,修订《职工学历教育制度》,选送职工参加研究生班、电力专业本科班、电力中专学历班。

2011年,临安市供电局制定《人才当量指标提升方案(实施计划)》,从学历、职称和技能等级三个方面来提升人才当量密度。是年底,临安市供电局人才当量指标由年初的0.7提升到0.89。

至2016年,国网浙江临安市供电公司全民职工总人数为341人。按学历分:大学本科及以上193人,大学专科101人,高中(包括中专、中技)41人,初中及以下6人。按职称分:高级职称22人,中级职称69人,初级职称125人。按技术等级分:高级技师164人,技师106人,高级工2人。

### 三、离退休职工

1962年,国务院颁布《关于工人、职员退休处理的暂行规定》,明确退休年龄:男性年满60周岁,高空作业人员提前至55周岁;女职员(干部)55周岁,女职工50岁。1979年5月,临安电力公司办理首例退休手续。根据国务院颁布的《关于老干部离职休养的暂行规定》,公司符合离休条件的干部有2人(离休干部李玉民、张景亭分别于1995年12月和2012年9月去世)。1992年1月,临安县供电局设立退休职工管理委员会,由单位主要领导分管,日常工作由工会负责。1994年6月,临安县供电局设立离退休党支部。

1997年,《杭州市电力局职工离退休问题的暂行规定》明确任何单位不得聘用外单位的离退休职工,任何单位不得聘用已超过60周岁的男性和50周岁的女性临时工,之前聘用的都必须在1997年12月31日前清退。自1997年10月1日起,临安市供电局距法定退休年龄5年及以内的职工(含提前退休工种岗位的人员)可以经本人申请,办理退养手续。

2003年,临安市供电局明确多种经营企业女职工退休年龄,部门副科长(副主任、副经理)及以上职务且在本岗位任职满5年,专业科室中具有会计、经济、统计系列助理级及以上和工程系列中级及以上职称且在岗位任职满5年的,按管理人员的退休年龄退休。

2006年,临安市供电局对原农电管理总站农电工(在农电体制改革前的线路工)工龄予以确认,依据"从事线路工工作累计满10年的,男性年满55周岁,女性年满45周岁,连续工龄(缴费年限)满10年(1997

年底以前参加工作）或连续工龄（缴费年限）满 15 年（1998 年 1 月 1 日后参加工作），可以作为从事特殊工种提前退休"，与临安市劳动和社会保障局召开专题协调会议，明确"特殊工种连续满 10 年（从改制起计算）、缴费满 15 年的年满 55 周岁的男性职工可办理提前退休手续；特殊工种连续不满 10 年（从改制起计算）、缴费补缴满 15 年的可视作特殊工种连续工作满 10 年办理提前退休手续"。临安市供电局为达到要求的农电工办理提前退休手续，解决农电工特殊工种提前退休的历史遗留问题。

2011 年，根据浙江省电力公司《关于加强职工退休管理的规定》（浙电人资〔2011〕1023 号），明确，原干部身份女职工，被聘用到管理岗位上工作，年满 55 周岁，应该退休。原干部身份女职工，被聘到非管理岗位上连续工作满 1 年，可以选择以工人身份按国家规定于 50 周岁退休，也可以选择以干部身份按国家规定于 55 周岁退休。原工人身份女职工，或者本单位实行全员劳动合同制后参加工作的女职工，45 岁起被聘用到管理岗位上连续工作满 5 年，可以选择以工人身份按国家规定于 50 周岁退休，也可以选择以干部身份按国家规定于 55 周岁退休；被聘用到管理岗位上连续工作不满 5 年的，年满 50 周岁时应该退休。经履行公司专业技术资格评（认）定程序，获得专业技术资格的，在办理退休上视作聘用，可以选择 50 周岁退休，也可以选择 55 周岁退休。女职工在达到 50 周岁时，对退休年龄做出书面选择。单位将女职工的书面选择存档保管。

至 2016 年，国网浙江临安市供电公司建有离退休职工阅览室 1 间，面积约 100 米$^2$，内有报刊、图书，供离退休职工阅览。公司每年都安排退休职工健康体检，召开春节茶话会，对退休职工生病住院、去世进行走访慰问，对家庭困难的退休工人进行困难补助。

# 第二节　职工教育

## 一、文化教育

中华人民共和国成立初期，各地都开展扫盲识字活动，推广速成识字法，境内数家私人小型电厂工人也积极参加当地组织的活动。20 世纪 60 年代初期，临安县供电所（后改称临安电力公司）组织职工开展从小学到初中的业务文化学习；聘请业余教师，组织职工在业余时间学习。"文化大革命"开始，职工业余文化学习被政治学习所替代。

十一届三中全会以后，临安电力公司加强职工教育，提高全体职工的文化素质，把职工教育的重点放在"文化大革命"期间进厂的青壮年工人文化技术补课方面，因地制宜地组织青壮年学习文化。1980 年，临安电力公司制定《1980 年至 1981 年职工业余教育规划》，组成业余教育领导小组，负责职工的业余文化教育及技术培训等工作。对初中未毕业的职工，开办初中班，授以语文、数学、物理三门课程，以自学为主，老师讲课为辅。对已取得初中文凭的职工，鼓励自学或进入业余或函授学校学习，对自学成才的职工按照杭州市电力局自学奖励规定进行奖励。对 35 岁以上管理人员，鼓励参加各种技术业务培训学习，对具有初、高中文化的，有计划地选送报考专业对口的各类业余、函授、半脱产、全脱产大中专学校。

1983 年，临安电力公司举办小学班，对公司职工进行集中扫盲；举办脱产补习班，对文化考试不及格的职工进行补课；把青壮年补课列入经济责任制考核内容，不完成按百分计奖规定扣奖。

1984 年，临安县供电局对青年职工的补课扩展到文化、政治、技术三个方面。政治补课采取集中脱产办学，每期 15 天，各供电所、工段、班组按本单位青年职工总数 20％选派，主要学习中国近代史、科学社会主义常识、中国工人三门课。技术补课主要为学徒工进行基础知识理论培训，培训方法以自学为主或参加杭州市电力局脱产培训。1985 年，临安县供电局完成全部职工文化、技术补课和青工政治轮训，合格率 100％。

2001 年,根据国家电力公司及浙江省电力公司关于在 2000 年底年龄在 40 岁及以下主要工种的职工在"十五"期间文化程度必须达到中技水平的要求,临安市供电局与浙西电力技术学校联合开办中技函授班,利用双休日集中面授和辅导,对全局符合条件的 55 名职工进行函授。

2008 年,浙江省电力公司下达"人才当量"考核指标,临安市供电局根据人才当量指标要求和提高员工综合素质的需要,修订《职工学历教育制度》,选送 9 名职工参加研究生班学习,22 名职工参加电力专业本科班学习,33 名农电工参加电力中专学历班学习。全局以各种渠道参加学历教育在读人员为 102 人。

2012 年 10 月—2015 年 12 月,临安市供电局(国网浙江临安市供电公司)培训中心与华北电力大学联合举办专升本函授班,共计 39 名员工参加函授班,利用业余时间完成所有课程的学习和考试,获大学本科学历。

## 二、技术培训

中华人民共和国成立初期,职工技术培训主要采用"传、帮、带"的形式。

1963 年 1 月,临安电力公司成立,随着电网格局的调整,对职工的技能要求也不断提高,公司将职工的技术培训作为企业的一项重要基础工作,要求学徒工必须有师傅传带,并签订《师徒合同》,实行"包教、包学、包会"。另外,结合实际,请经验和理论知识丰富的技术人员上课,并传授操作经验。通过技术培训或实际操作,职工业务水平和操作能力得以提高。

"文化大革命"期间,临安电力系统职工的技术培训,受到一定程度影响。"文化大革命"结束后,业务技术培训工作逐渐得到重视,临安电力公司定期组织员工培训。与此同时,临安工段还坚持开展每星期的业务技术学习日活动,技术员拟学习提纲,讲安全规程,集中上课,分散辅导,并举行闭卷考试。通过业务技术的学习,促进安全生产。

1980 年,临安电力公司联合临安县工业交通办公室、总工会,对全县电气技术人员、生产科(技术科)管电的有关领导干部和广大电工分期分批进行短期安全技术培训和以电气安全技术为主的考试。考试及格后发放"电气安全技术考试合格证"。之后,凡从事电气工作的人员,在电气安装申请时必须持有该证,否则不准操作。

1983 年,贯彻劳动人事部、全国职工教育管理委员会《关于进一步搞好青壮年工人技术补课工作的意见》,临安电力公司制定《技术培训计划》《职工文化技术补课学习制度》,组织青壮年职工进行技术培训,培训内容主要有:电工基础、线路技术、变电技术、配电变压器检修技术、验电接地、转移电压、工作票签发、力学基础知识、立杆防倒、蓄电池维护、开关维护及用电监察等。

1985 年,针对生产技术人员工人普遍存在操作水平低,达不到工种等级要求的情况,临安县供电局组织职工学习技术理论和操作技能,广泛开展以技术问答和反事故演习为主要内容的技术培训活动。坚持"基层推荐,领导批准,自学为主,定向培养"的原则,抽调职工参加中级技术培训,脱产在校和参加各种大中专业余学习的有 27 人。

1986 年,临安县供电局在"双补"结束后教育培训重点转到职工中级技术培训,选送职工参加脱产培训,组织职工业余学习,选送职工参加函授大专、中专、电大半脱产业余学习,组织职工参加杭州市电力局、浙江省电力工业局各种专业技术培训,鼓励职工进行成人学历教育以提高文化水平。对职工每学期到外地集中复习、考试,在时间安排上给予保证,学习期间的费用,按规定给予报销。

1990 年,临安县供电局全面开展工人岗位培训,在培训形式上采取多样化,坚持按需施教,学以致用,干什么学什么,缺什么补什么,以提高职工本职工作能力为核心,以线路工、变电运行工、变电检修工、装表接电工、校表工、用电监察工、驾驶员等工种为重点,举办业务理论培训及技术操作比武等形式的岗位培训。对岗位培训实行考核,岗位培训完成情况与年终文明单位考核挂钩。

随着电网发展步伐加快、规模扩大，尤其是新技术的应用和"以人为本"经营战略的确定，职工教育培训得到日益重视和加强。临安县供电局在安排工程技术人员从事职工教育培训工作、注重学历教育的同时，转向以新兴技术应用为主的教育培训。1992年，临安县贯彻落实《邓小平南方谈话》（中共中央〔1992〕2号）文件精神，组织动员全县职工，投入"科技进步年"的各项活动中，在全县范围内掀起万名职工操作技术大比武和竞争百名状元活动的竞赛热潮。1993年1月3日，临安县委、临安县政府授予临安县供电局职工应小保"高配电工操作技术培训状元"称号，授予临安电力承装公司职工毛新荣"装表工操作技术状元"称号。

1993年4月，杭州市电力培训中心临安分校设立，其主要职责为负责全局职工技术业余培训、岗位等级考核；承担电工上岗（复审）等级、业务和操作技能培训、考核等。潘之元任校长，何永林、陈坚任副校长。能源部第九号令《进网作业电工管理办法》规定，凡从事进网电气设备安装、试验、检修、运行等作业的电工，必须经电力部门培训、考核，并取得"电工进网作业许可证"后，方准进网作业。进网作业电工培训时间，低压电工不得少于100学时；高压电工不得少于160学时；低压电工转为高压电工不得少于60学时；特种电工不得少于120学时。临安县供电局对临安县范围内的部分电工进行培训，考试科目全部合格者，发放"电工进网作业许可证"。

20世纪90年代，临安县（市）供电局根据不同岗位的特点，以不同的形式进行练兵：全局各变电站都坚持每月一次的技术问答，每位值班人员都以书面形式答题；每月一次的现场考问，值班人员互相提问；每月一次事故预想；每月一次运行分析，提出一些技术措施，同时按季节特点，布置下个月的安全技术措施；每季度一次反事故演习；等等。临安县（市）供电局对变电站运行人员每年组织一次技术考试，进行动态管理。作为第一批接收杭州市电力局110千伏检修、运行的单位，临安县供电局选派变电检修和线路工人参加市局有关110千伏变电、线路检修、运行方面的技术培训班。临安县（市）供电局组织变电站和线路的班长参加市局的技术培训班。临安县（市）供电局组织人员参加市局等举办的技术比武和知识竞赛等活动。1995年4月，临安县供电局在杭州市电力局举办的"供电杯"安全生产知识竞赛中获第一名。

电子计算机的应用，是实现现代化企业的一项基础，临安县供电局全面推广微机管理，为各基层单位和多经企业培训微机人才，选派一些工作中的骨干到杭州等地学习计算机应用技术。1995年，玲珑供电所的微机管理在农村电气化验收中，被验收委员会领导评为"全省领先"。

进入21世纪，随着新技术、新设备、新材料的推广应用，生产自动化水平逐步提高，为了适应技术设备的更新，临安市供电局重点开展职工的岗位技术培训，培训形式灵活多样。选送生产一线的职工参加杭州市电力局组织的各项技术培训班，并取得岗位资格证书。在基本技能方面，开展线路、变电、驾驶三大工种技术大比武活动。自办各类岗位培训班，有继电保护、变电运行开票技能、送配电线路人员技术、调度人员技术、抄表收费人员业务知识等培训，有效提高各类人员的专业素质。

为贯彻"十一五"发展战略和提高职工队伍素质，临安市供电局有计划地对职工队伍进行全方位培训，使职工的政治、业务、文化、技能综合素质进一步提高，职工队伍的学历、专业、知识结构整体优化。2006年，杭州市电力培训中心临安分校改组成临安市供电局职工技能培训中心，作为临安市供电局职工教育培训的日常组织机构，负责全局职工的素质教育、更新知识教育、专业知识教育，以及职工内部技能鉴定、培训、技术比武和竞赛等工作。

2010年8月23日起，临安市供电局开展一线工作人员"人人过关"培训。9月，继电保护专业工作人员20人完成"人人过关"培训竞赛，其中，集中授课5天、操作考试和笔试3天；送电线路作业人员24人完成"人人过关"培训，其中，理论知识培训2天，实际操作培训3天。10月15日，变电检修、高压试验和油化专业工作人员完成历时5天的"人人过关"培训竞赛，包括集中授课、笔试和操作考试。11月12日，送电线路作业人员15人完成"人人过关"培训竞赛。

2012 年 11 月 13 日,临安市供电局开展为期 10 天的变电运维一体化集中培训,培训分为理论知识和实践操作两种形式,由变电检修人员根据实际工作需求,对 21 名运行人员进行培训。通过培训,运行人员掌握 21 项安全风险小、专业程度不高、经过短期培训且无需取证即可开展的一、二次设备维护性检修业务技能,例如变压器取油样、更换主变压器硅胶、重启监控装置等,承担日常开展的运行检修项目,实现部分检修项目的运维一体化。

自 2013 年起,国家电网公司集中开展新员工脱产培训。至 2016 年,国网浙江临安市供电公司共计参加国家电网公司新员工培训 8 期次,总计参培新员工人数 40 人,新员工培训地点分布于山东济南、山西临汾、山东泰安、西安咸阳、江苏连云港等国家电网公司集中培训基地。

自 2014 年起,国家电网公司在员工中推广以网络大学为平台的学习培训形式,每人每年需完成 200 学分的培训学习。国网浙江临安市供电公司 2014—2016 年全员网络大学培训率均达 100%。

# 第三节　职工待遇

## 一、工资

民国时期,临安电汽有限公司工人平均月工资为 31 元,技术人员 50 余元。中华人民共和国成立初期,临安有关小型私营电厂实行月工资制,一度将其折成实物(米)量,按月折价发放。

1952 年 4 月,华东军政委员会颁布《华东区统一工资计算单位办法》,工资统一折换"工资分",依照政府按月公布的"工资分值"按月结算工资。1953 年 12 月,临安电厂建成投产后,工资按该办法执行,职工之间工资有较大差距,如投产当月,临安电厂技术员月计工资分 187 分,工资分每分 2385 元(旧币),当月工资额 446000 元(旧币);学徒(练习生)月计工资分 94 分,当月工资额 224200 元(旧币)。工资视工厂效益而定,并不稳定。

1956 年 4 月,根据国家统一规定,各地电厂进行工资改革,取消工资分制,实行货币工资标准。1963 年,各地电力企业统一进行工资调整,重点对象是多年未升级的老职工和 1959 年参加工作的中专生。在调整工资中将大部分职工的工资标准归并到水利电力部当年制定的《电力工业企业行政管理人员和工程技术人员简化工资标准》和《直属发电厂、供电局(所)运行、检修、修配工人工资标准》。是年末,临安电力公司在册职工 49 人,工资总额 28058.06 元,人均月工资 47.72 元。

"文化大革命"期间,职工工资六七年未予调整。1972 年,国务院和浙江省革命委员会文件规定,对工资偏低的职工予以调整升级,临安电力公司革命委员会有 10 名职工调整工资额,人均月增工资 8.5 元。临安电力公司革命委员会在册职工 78 人,工资总额 51249.26 元,人均月工资 54.75 元。

1978 年,临安电力公司再次对职工工资调整升级,其中在工资偏低的 40% 职工中升级 42 人,1966 年前二级工、1971 年前一级工升级 8 人,靠级 1 人,缓增 1 人,缓调 1 人。1979 年,工资总额为 138744.64 元(包括提存福利金 13648.69 元),时有职工 193 人,人均月工资 59.91 元。

1980 年,贯彻执行《国务院关于职工升级的几项具体规定》(国发〔1979〕251 号),经浙江省电力工业局验收批准,杭州市电力局对临安电力公司 72 名职工进行调资升级。

1983 年,临安电力公司贯彻执行《国务院批转劳动人事部关于一九八三年企业调整工资和改革工资制度问题的报告的通知》(国发〔1983〕65 号),实施工资制度改革,调资同企业的效益挂钩;贯彻"按劳分配"原则,调资与劳动成果挂钩。通过"两个挂钩"和"调改结合"方针的贯彻,企业经营管理得以改善,职工学文化、学技术业务的积极性提高,企业素质和经济效益有较大的提高,工资问题上存在的"平均主义、吃大锅饭"的弊端被克服。对进站满一年的新电管员进行转正定级,电管员的工资级别标准定为五级,一级工 32.00 元,二级工 37.00 元,三级工 43.00 元,四级工 50.00 元,五级工 58.00 元。试用期为一年的新电管员经评定考试及格可转为正式电管员,其工资级别为一级工。对考试不及格的给予补考,并延长转正时间。

1985 年,临安县供电局对 1984 年底以前,经杭州市电力局统考合格的电管员,做工资调正和靠级。自 1985 年 1 月 1 日起,电管员的工资标准按供电局工人同级工资标准执行。凡建站后进站的电管员,按期转正定级;年满三年不到二级的晋升为二级;对于贡献大、成绩显著、模范遵守站规站纪的骨干,晋升时间可提前半年至一年。调资以后的工资,一级 32.9 元,二级 38.8 元。是年,浙江省电力工业局根据国务院《关于国营企业工资改革的通知》精神,将职工工资标准纳入华东电业管理局制定的《企业工资标准》。该标准规定:变电运行人员实行岗位等级工资制,其他工人在技术等级标准的基础上实行统一的等级工资制,管理人员和工程技术人员实行职务等级工资制。各系统按其等级,执行同一工资标准。工人起点工资为 36 元,分 11 个等级,最高 150 元;干部起点为 37 元,分 17 个等级,最高工资为 220 元。干部、工人的每一工资等级,均分为正级和副级,正、副级分两档,即一个工资等级有 4 个档次。

1986 年,临安县农电总站对农电工工资制度进行改革。工资改革采用新拟工资标准,执行电力企业 36 元起点工资,采用先套后调,套调结合的方法,套级以职工现行的工资等级套入新拟标准相对应的工资等级的正级,套级后凡 1982 年 9 月之前参加工作的均可升一级。工资的升级增资部分,实行全额浮动,按《临安县农电总站经济责任制考核办法》考核。

1987 年,华东电业管理局进行全网职工工资调整升级,临安县供电局时有职工 246 人,分别实行固定增资或浮动增资。

1989 年,临安县供电局根据浙江省电力工业局《关于试行效益工龄工资的实施办法》(浙电劳〔89〕第 203 号)精神,实施效益工龄工资。工龄工资按每工作 1 年计发 0.5 元,最高 20 元。根据浙江省电力工业局《关于一九八九年企业效益工资升级的实施意见》(浙电劳〔89〕第 228 号)精神,1989 年,临安县供电局全面实施以工资总额与经济效益挂钩的经营承包责任制,进行企业效益工资的升级,升级范围为 1988 年 12 月在册的固定职工、合同制职工和 1988 年 8 月 25 日以后离退休,且符合条件的职工,普升半级效益工资。杭州市电力局成为国家二级企业后,又提高所属企业各类职工起级工资标准,并增发国二工资。

1990 年 6 月,浙江省电力工业局印发《一九八九年工资工作的实施意见》(浙电劳〔90〕第 155 号),对 1989 年 9 月 30 日在册并已定级的固定职工、合同制职工及 1971 年底前参加工作的计划内长期临时工,1989 年度军队转业、退伍军人增加标准工资,并适当提高大中专技校毕业生和新招工人的工资待遇。对初级专业技术职务的起点工资标准也做了调整:助理工程师及相当专业技术职务的起点工资按企业工资标准十二级副(78 元)执行;技术员及相当专业技术职务的起点工资按十四级正(61 元)执行。

1990 年 1 月,根据杭州市电力局《关于做好一九八九年企业效益工资机动指标升级的通知》(杭电劳字〔90〕第 01 号),在 1989 年企业效益工资升级的基础上,对职工进行企业效益工资机动指标升级。临安县供电局职工代表组长会议审议通过 5% 效益升级工资人员名单,其时,全局在册职工 255 人,审议通过增资人员 11 人,增资人员均为生产、施工单位一线岗位中做出突出成绩的班组长、技术人员、工人及生产技术骨干。其后,又根据浙江省电力工业局《关于 1990 年效益工资安排的实施意见》(浙电劳〔90〕第 153 号)规定,开展 1990 年效益工资升级工作,把 1989 年 9 月底在册的固定职工、合同制职工及 1971 年底前参加工作的计划内长期临时工,1989 年度军队转业、退伍军人,在 1989 年底以前报到的人员列入 1990 年企业效益工资增资范围。11 月,临安县供电局属增资范围的有 220 人,不属增资范围的 21 人,增加半级的 215 人,多增资的 3 人,不予增资的 2 人,增资金额 1603 元。其中,110 千伏变电站 16 人均增加半级效益工资,增资后的企业工资为 2000 元,增资后的国二工资为 114 元。同时,根据浙江省电力工业局《关于清核固定标准工资问题的通知》(浙电劳〔90〕第 152 号)要求,取消企业内部工资标准(44 元起点工资标准),停止执行《关于印发〈一九八八年工资工作安排意见〉的通知》(浙电劳〔88〕第 158 号)规定的纳入标准办法。各类专业技术职务的起点工资标准为:教授级高级工程师 169 元,高级师 125 元,中级师 104 元,助理师 72 元,专业员 56 元。1989 年 9 月 30 日在职职工部分企业(效益)工资固定为标准工资。临安县供电局清核固定工资 260 人,企业效益工资增资额 3278 元,其中 110 千伏变电站运行人员 16 人,增资 199 元。又根据浙江省劳动人事厅《关于适当提高国营企业离退休人员待遇的通知》(浙劳人险〔1990〕19 号)和浙江省电力工业局《关于适当提高退休职工生活待遇的通知》(浙电劳〔90〕第 196 号)文件精神,给离休、退休人员普遍增发离休、退休费,并提高职工退休、退职费的最低保证数,加发退休补贴费标准(各档提高 5%),加发书报费、清凉饮料费。

1993 年 2 月 10 日,华东电管局批准杭州市电力局为 1992 年度安全、文明生产达标企业,杭州市电力局从 3 月起试行安全、文明生产达标奖励工资,全局全民在职的固定职工、合同制职工均属实行达标奖励工资的范围,增加半级工资额作为达标奖励工资,按季发放。1993 年,劳动、人事、工资三项制度改革后,临安县供电局开始实行以岗位技能工资制为主要形式的内部分配制度,执行浙江省电力工业局《企业岗位工资标准》,凡 1992 年 12 月末在册的职工中,1991 年底前参加工作的职工和 1992 年底前毕业并参加工作的大中专技校生均列入执行《企业岗位工资标准表》的范围。新参加工作的职工,在上岗培训期、熟练期、见习期、试用期的工资待遇和定级工资标准及农民合同制定期转换工的工资待遇均按浙江省电力工业局《新进人员工资待遇表》执行,最低月标准工资为 61 元。1993 年 9 月 1 日后的企业新进人员不再增发国二工资,原职工的国二工资也不再随调整工资而增加。自 1993 年起,省属企业将 1992 年底前建立的副食品等价格补贴和 1993 年 1 月建立的每人每月 3 元粮价补贴(合计每人每月 54 元),按 1992 年末在册职工人数核入工资总额基数。对于 110 千伏及以上变电站运行人员,临安县供电局将 1979 年建立的副食品价格补贴每人每月 5 元,1988 年建立的职工生活价格补贴每人每月 10 元,1985 年建立的肉类价格补贴每人每月 4 元及临时生活补贴每人每月 2 元,合计每人每月 21 元,临安县供电局按 1992 年末在册职工人数核入工资总额基数。临安县供电局工资基数为 967454 元,其中 110 千伏及以上变电站人员为 49005 元。

1994 年 4 月 1 日起,浙江省电力工业局《关于提高企业岗位工资起点标准的通知》(浙电劳〔1994〕0261 号)规定,在 1993 年浙江省电力工业局《企业岗位工资标准》所确定"93 企业岗位标准"各等级工资标准额基础上,工资额均提高 20 元。即原"93 企业岗位标准"80 元起点的标准额改为 100 元起点标准额;"93 企业运行岗位标准"90 元起点的标准额改为 110 元起点标准额;原各等级间级差不变。

1995 年,根据浙江省电力工业局《关于技能工资入轨运行实施办法的通知》(浙电劳〔95〕0150 号)精神,临安县供电局 1994 年 1 月 1 日在册职工(包括 1992 年底以前参加工作的职工和 1993 年底前毕业并参加工作的大专、中专、技校生,至 1994 年底前已定级的人员),均列入技能工资入轨运行范围。对入轨运行调资的职工,以本人部颁技能工资等级为基数,对应"入轨基础工资标准"相应等级的工资额,然后以"相应等级的工资额"套入部颁(97 年起点)标准相同的工资额,重新确定调整后的技能工资等级,作为职工新的部颁技能工资。该次技能工资入轨调整工资最高等级线为 39 级,超过 39 级不再升级。

1997 年,杭州市电力局印发《岗位薪级工资入轨和岗位薪级工资考评实施细则》《岗位薪级工资管理办法(试行)》,每岗位设置 5 个薪级(一岗除外),薪级的确定依据工作年限和上岗年限所对应的分值以及工作考评成绩对应分值之和确定。考评是通过对职工履行本岗位职责的能力、生产工作实绩、职业道德、劳动态度、遵纪守法等方面的综合评价以区分同一岗位的劳动差别,从而进一步调动劳动积极性,全面提高职工素质。岗位薪级工资实行一岗多薪,易岗易薪的动态管理。岗位薪级工资分为上岗工资、试岗工资、待岗工资三种形式,上岗工资按岗位所对应的岗位薪级工资标准执行,试岗工资按 200 元标准执行,待岗工资按 32 元标准执行。职工的基本工资为岗位薪级工资和技能工资之和。

1999 年,临安市供电局在实行岗位薪级工资的同时,根据浙江省电力公司《关于继续加强工资调控搞活企业内部工资分配的通知》(浙电劳〔1998〕0479 号)精神,实行岗位薪级工资,将部分奖金分配与岗位薪级挂钩。同时,根据浙江省电力公司《关于 1999 年调整职工工资标准,增加职工工资收入的实施意见》(浙电劳〔1999〕1311 号),提高工龄工资标准,工龄工资由每年 1 元提高到每年 4 元;并相应提高岗位工资岗差和薪级工资薪差,岗差每级增加 10 元,即岗差由 40 元调整到 50 元,薪差在原 10 元的基础上再增加 15 元,即薪差 25 元。

2003 年 7 月 1 日起,临安市供电局执行《杭州市电力局岗薪工资实施办法》(杭电劳〔2003〕289 号),设立岗级区间,简化工资结构,归并各类物价补贴。

2004 年,临安市供电局实施《杭州市电力局工资方案》(杭电人资〔2004〕406 号)和《杭州市电力局岗位薪点工资和劳动积累工资日常管理办法》(杭电人资〔2004〕447 号),继续进行企业内部工资分配结构调整,完善和规范工资分配的激励机制,进一步理顺分配关系,适度拉开不同层次岗位的收入差距,建立以岗位为基础,以业绩和能力为导向的工资分配制度。岗位薪点工资制是以劳动岗位为对象,按岗位确定薪点标准,将工资分配与职工工作业绩和企业经济效益挂钩,以现行岗级为基础,设置 52 个薪点等级。起薪点标准为 1200 点(初始点值为 1 元),各薪点等级之间按 1.05 等比系数排列。为适当提高劳动积累因素的工资在职工工资收入中的比重,实行职工劳动积累工资办法,按照职工工作年限确定劳动积累点,以职工劳动积累点和点值计算劳动积累工资,按职工的工作年限分段累计计算,确定职工劳动积累点,具体标准:10 年及以下,10 点/年;11～20 年,20 点/年;21～30 年,30 点/年;31 年及以上,40 点/年,初始点值为 1 元。

2015 年,国网浙江临安市供电公司根据国网浙江省电力公司《关于印发岗位绩效工资管理办法的通知》(浙电规〔2015〕13 号)及四项配套制度,以"优化薪酬分配结构、规范工资发放项目、完善动态调整机制"为原则,全面实施岗位绩效工资制度,2015 年 9 月开始将岗位薪点工资、薪点浮动工资以及劳动积累工资的薪点点值从"1 元/点"调至"1.2 元/点",以优化薪酬分配结构,提高岗位薪点工资占比。

## 二、奖金

1955 年,根据浙江省政府嘉兴区专员公署工业局工财字 80 号文件精神,临安电厂奖励基金提取按照中财委〈53〉财经财字第 66 号令之规定,电业按第二类标准,即从计划利润中提取 3%,从超计划利润中提取 18%,但所提金额不得超出全年工作总额 10%,亦不应低于 4%。由浙江省财政部门批准,临安电厂提取 320 万元(旧币)。1956 年动用 60 万元(旧币),其中奖励 1955 年度先进生产者 40 万元(旧币),救济困难职工 20 万元(旧币)。1957 年,经临安县人民委员会同意,按工业生产人员工资总额 10% 提存企业奖励基金,计提 487 元。1962 年起,奖励基金分两处提成,一处是应提计划内的企业奖励基金,另一处是超计划企业奖励基金(超计划利润的 10%),共提企业奖励基金 1832 元,支出 1310.67 元,用于弥补福利费超支 57.11 元和医药费 1253.56 元。

1979 年,临安电力公司贯彻分配原则,试行奖励制度,根据上级主管局按季下达、按季考核的具体要求,工人、管理服务人员、技职人员(包括企业党、政、主要干部)一律实行月评等级季发奖金。凡本局正式职工、生产(工作)满 6 个月以上的学徒工、熟练工、练习生,均实行奖励制度。1982 年 7 月,临安电力公司实施《经济责任制试行办法》,把岗位责任、劳动效果和经济效益挂钩,采取以得分百分比计算奖金的办法,月考季发。

之后,在企业改革中,临安电力公司奖励制度不断改革。1984 年,实施《安全经济承包合同》(杭州市电力局与临安县供电局签订,临安县供电局内部签订)后,采用经济责任制承包奖,杭州市电力局按季根据合同完成情况下达奖金指标,年终结算。临安县供电局如完不成合同规定的包干利润额,取消全年奖金和每月扣罚每人月工资的 20%。累计支出奖金 45508.65 元,其中超利润奖 12425 元。

自 1985 年二季度起,临安县供电局奖金考核和发放改为"月考预发,全季平衡结算"。为克服奖金分配中的平均主义,实行职务奖金系数。

1991 年 8 月,临安县供电局设立经济责任制考核小组,制定并实施《经济责任制考核办法(试行)》,再次改革奖金分配形式,解决平均主义问题,根据责、权、利相结合的原则,实行各基层单位生产任务、经济技术指标与专业股室挂钩。将考核内容分为日常工作和经济技术指标两大类,将奖金分成两块:①按人均每月60 元提取,用于日常工作考核;②扣除以上奖金及安全承包考核奖金、班组"双达标"升级奖、党务工作考核奖等有关单项奖金,结余部分全部与经济技术指标挂钩,按照经济技术指标标准进行考核分配。

1997 年 3 月,临安市供电局印发《奖金(劳务)管理办法(试行)》,奖金类别分为:安全考核奖、月度综合奖、文明职工奖、年终考核奖、其他单项奖,奖金分考核目标、工作目标、理想目标三级考核。1998 年 12月,临安市供电局修订《经济责任制考核办法(试行)》,完善三级考核制度,考核结果与月度综合奖挂钩,月综合奖为 600 元/人,每月预发 400 元/人,每月余下 200 元/人按每季度末考核实绩发放。各科室、生产单位基数为 100 分,扣 1 分,即从考核基金中扣除{[单位见奖人数×200 元/(人·月)×3 月]×1/100}元。2000 年 6 月,修订《经济责任制考核办法》,实行"分级考核""按责设奖"和"联责考核",把局属各科室、供电所、总公司及农电总站均纳入考核范围。按工作责任大小确定考核系数,其中,正局级为 1.5;副局级(总公司经理参照享受)为 1.4;正科级(正所)为 1.3;副科(副所)为 1.25。

2001 年 3 月,为贯彻按劳分配原则,体现奖优罚劣政策,改进奖金分配考核方式,临安市供电局再次修订《经济责任制考核办法》,对奖金分配按岗位职责实行总额包干,按照一级考核一级的原则,建立三级考核体系,列入奖金考核的奖金额度为 100%,考核的覆盖面为 100%。根据主业经营规模效益,在基础水平线上,对经济指标实行不同奖罚幅度的考核。其中,昌化供电所的考核系数为 0.9;於潜供电所的考核系数为 1;锦城、玲珑供电所的考核系数为 1.1。将奖金划分为月度奖、季度奖、专项奖、年终奖和中层干部经济责任奖五类。

之后,临安市供电局根据实际情况多次修订《经济责任制考核办法》,不断完善考核方法和考核内容。

2012 年,根据《浙江省电力公司县级供电企业绩效管理办法(试行)》执行绩效考核,由杭州市电力局按季度对县级企业进行考核,根据考核结果,发放奖金。2013 年,杭州市电力局对县级企业的考核改为按月考核。

2013 年 4 月,为适应"三集五大"体系建设需要,推进全面全员绩效管理,临安市供电局设立绩效管理委员会。翌年,国网浙江临安市供电公司制定《绩效考核实施细则》和《专项考核实施细则》。明确考核内容;明确考核层级;明确绩效考核工作的责任部门和具体工作要求;加强考核时效性、有效性和针对性的管控;通过简化考核计分方式,简化统计汇总、提高工作效率。同时进一步加大专业考核和过程监控力度,完善点评机制和绩效排名,综合国网浙江省电力公司、国网浙江省电力公司杭州供电公司月度司务会,国网浙江省电力公司杭州供电公司运营监控、同业对标、绩效考核等各项工作内容,做到月月有点评、月月有考核,形成各部门、各单位高度重视绩效点评考核工作的良好局面,以绩效点评考核为抓手,提升各项工作的开展。

2015 年,国网浙江临安市供电公司制定《绩效考核实施办法(试行)》(临电规〔2015〕2 号)、《2015 年度绩效考核指标体系》(临电人〔2015〕145 号)、《创一流同业对标评价与考核意见》(临电发展〔2015〕159号),优化绩效考核体系建设,增强绩效考核导向作用。实行办法与体系分开(办法为纲领原则基本保持不动,指标体系每年修订发布),建立公司层、部门层和班组层 3 层指标体系。明确指标管理根据"谁管理、谁负责"的原则,实行分层管理。各专业考核指标调整工作由各专业管理部门负责,原则上每年实施一次,每年年初由各专业部门修订部门考核指标及评价标准,经人资部汇总并经绩效管理委员会审议通过后执行。实现同业对标和绩效考核的有机结合,将同业对标统一纳入绩效考核体系,利用绩效考核的手段,引导公司各单位围绕公司中心任务及关键指标,扎实开展各项工作。同时在考核时坚持有奖有罚、全面考核和不重复考核的原则,实现各项指标和工作考核的闭环管理。

### 三、津贴

临安电力系统职工除工资外,尚有津贴一项,大致包括工资性津贴、保健性津贴和住房、自行车等其他津贴。

1954年起,临安电厂发放职工外出旅差津贴,加班加点按时计发少量津贴。1959年,临安电厂对从事夜班值班的人员发放夜班津贴,夜班津贴按班次发放。1965年10月起,因国家提高粮食统销价格,临安电力公司对职工增发米贴,每人每月以0.8元计。1973年,临安电力公司革命委员会向经常使用自备自行车公出的干部职工发放自行车修理补助费,补贴标准每月每辆1.5元,在管理费中开支。1979年11月起,临安电力公司革命委员会向职工增发副食品补贴,每人每月5元。

1983年9月,临安电力公司开始执行保健津贴制度,享受保健津贴的工种班组有:送电班、大修班、配电线路班、装表组。1984年7月,临安县供电局修订夜餐费补贴标准:县局调度室每月12.4元;110千伏变电站每月26餐,计夜餐费10.4元;35千伏变电站每月16餐,计6.4元。8月,为了解决住在本局宿舍和住在房管会宿舍的职工租费不一致的矛盾,临安县供电局对住外面的职工给予房租补贴。8月起实施岗位津贴,供电所所长、副所长每人每月分别可得6元、5元,班长、副班长得4元、3元,110千伏、35千伏变电站所长(包括调度室主任)得5元。1985年1月起,临安县供电局副食品补贴增至每人每月13元,增发午餐补贴每人每月15元。对变电站值班运行人员发放岗位责任津贴,110千伏变电站及县局调度正值为每人每月5元,副值为每人每月4元;35千伏变电站正值为每人每月3元,副值为每人每月2元。1985年4月起,国家调整粮油购销政策,市场猪肉价格放开,临安县供电局职工每人每月增发肉贴3元。1986年1月起,根据杭州市电力局规定,临安县供电局职工增发每人每月电贴4元,另享受卫生费5.45元、书报费4元。

为照顾企业职工中参加工作较早、连续工龄较长的职工,退休后不至于过多地降低收入,从1990年7月起,在浙江省政府《批转省劳动人事厅、财政厅〈关于给退休职工适当加发退休补贴费的报告〉的通知》(浙政〔1986〕35号)规定的加发退休补贴费标准上,各档提高5%。临安县供电局凡符合享受特殊贡献(优异)待遇的退休职工,加发退养费、退休补贴费,特殊贡献待遇不超过本人原标准工资。同时试行《职工优惠用电实施细则》,凡由供电局安排住房的职工,享受用电优惠,未安排住房的职工则享受适当补贴(该项优惠自2000年11月1日起取消)。

1993年6月,贯彻浙江省劳动厅、财政厅《关于企业离退休人员增加生活补贴费的通知》(浙劳险〔1993〕99号),临安县供电局给离休人员和新中国成立前参加革命工作的老工人增加生活补助费每人每月30~35元,给退休人员增加生活补助费每人每月14~16元。浙江省电力工业局规范午餐补贴,规定午餐补贴按在册职工和聘用人员实际工作天数,每天每人2元标准执行,每人每月不得超过78元,临安县供电局按此标准执行。9月,浙江省电力工业局在工资改革中,将国家规定的补贴26元(即1979年、1988年两次规定的副食品价格补贴15元和1991年、1992年两次粮油调价补贴11元)及临时岗位津贴、运行岗位津贴均纳入"93企业岗位标准"和"93企业运行岗位标准"两个岗位工资标准中。

1995年12月,三制改革后,临安县供电局取消干部的岗位津贴。为进一步体现按劳分配原则,根据担负的工作责任大小,明确企业内部干部劳务岗位系数,最高系数为正局级1.3,最低系数为机关职工0.95,各生产单位职工系数均为1。

2003年7月,临安市供电局结合体制改革和岗位实际,根据岗位责任、工作量的大小等因素,对部分岗位薪级(简称岗薪)工资明显偏低的岗位实行岗位津贴,并按月发放。

2005年,临安市供电局对享受岗位津贴的岗位体系进行进一步的梳理和完善,制定《部分岗位津贴实施办法》,在岗位薪点工资制基础上,岗位津贴根据职工现行岗位参考岗级和实际执行的岗级之差,每上调1个岗级增加2个薪点等级,但最高增加4个薪点等级的原则确定。岗位津贴发放对象为在岗并在册的全民职工、省属集体职工中部分岗位薪点工资明显偏低的人员。局机关科室科长、副科长岗位津贴一般参考岗级为13岗、12岗,局机关科室管理人员一般参考岗级为11岗。该办法自2005年7月1日起执行。

2008年,临安市供电局按照2007年修订的标准《Q/HLD G2024—2007生产(经营、管理)技能人才管理办法(试行)》要求,对符合办法要求的人员发放一次性奖励,标准为高级3万元,中级1万元;对取得首次资格后再取得的第二资格人员,一次性奖励标准按最高标准补差额。同时,按照办法要求,对符合要求人员发放月度津贴,标准为高级500元/月,中级300元/月。

2009年9月1日起,参照《杭州市电力局生产一线特殊岗位津贴实施暂行办法》(杭电人资〔2009〕432号)文件精神,临安市供电局修订《部分岗位津贴实施办法》,提高高空作业津贴、夜餐津贴、变电运行工龄津贴标准,建立带电线路作业津贴、户外作业津贴,根据不同岗位、电压等级等条件明确各项津贴具体标准和发放原则,通过薪酬的导向和激励作用,鼓励职工积极从事和安心生产一线岗位工作。

# 第四节 社会保障

## 一、劳动防护

中华人民共和国成立后,境内各小型电厂向职工发放如工作服、雨鞋、球鞋等劳保用品。1960年临安县供电所成立后,按照杭州供电所《劳动保护衣着用品发放标准》发放在职员工每人每年工作服1套,费用由单位和个人各半负担。对生产工人和处于一线的工程技术人员,可得劳动保护用品,如发给从事低压作业的线路工、装表工、变电值班、检修工绝缘胶鞋、草帽、藤帽等。1961年,杭州供电所制定《劳动保护用品发放制度》,规定各工种劳动保护用品的使用周期,实行分工管理,由劳动工资部门定工种岗位,安全监督部门定发放标准,行政部门负责采购和发放。

1963年,国家劳动部颁发《国营企业职工个人防护用品发放标准》,临安电力公司开始按标准发放个人防护用品。1981年,浙江省电力工业局重新修订《浙江电力系统职工个人劳动防护用品发放标准和暂行管理办法》,发放标准有所放宽,对使用年限做新的规定。例如,变电站值班工发备用雨衣、棉衣、中筒靴,经理、主任、技术员每3年发1套工作服,外勤人员可发水壶、肥皂等。1983年,浙江省电力工业局再次修订管理办法,临安电力公司据此制定《职工个人防护用品领发和管理办法》,逐步建立和健全采购、管理、发放、登记等制度。

2003年,杭州市电力局对职工劳动防护用品管理办法和发放标准进行较大修订,新进生产人员首发工作服均按两套发放,使用时间适当延长。2004—2005年,杭州市电力局多次修订该管理办法和发放标准,劳动防护用品种类增加为职业服、劳保服及防护用品(棉工作服、棉衬衫、棉上衣、雨衣雨裤、中筒胶鞋、防护毛巾、低压绝缘鞋、防护眼镜、长雨衣、耐油绝缘鞋、长筒胶鞋、防护皮鞋、轻便胶鞋、手套、肥皂等),劳动防护用品在保证质量的前提下,逐步与企业形象视觉识别系统结合,做到分类设计、分类配备、分类管理。

2009年,按照年中检查以及职工代表巡视意见,临安市供电局对劳动防护用品发放标准进行部分修改:对营配工雨衣雨裤和低压绝缘鞋发放周期进行调整(雨衣雨裤由48个月调整为36个月,低压绝缘鞋由24个月调整为12个月);对原发放肥皂的工种增发洗衣粉(发放周期为3个月);明确生产局长、供电营业所所长(书记)、二级机构负责人(书记)和技术专职、生产管理所所长、操作站站长、其他需直接参加(管理)生产的技术人员等岗位劳动防护用品发放标准和发放原则;对于规定标准之外,各基层生产单位个别职工确因工作需要增发劳动防护用品的,明确增发申请要求和操作流程。同时以联系单形式印发《临安市供电局劳动防护用品发放标准》(2009 年 9 月修订),参照执行。

之后,根据"三集五大"以及机构改革调整,国网浙江临安市供电公司对劳动防护用品加强统一管理,按照《国网杭州供电公司职工劳动防护用品发放标准》进行劳保用品的发放。

## 二、社会保险

### (一)养老保险

1985 年 1 月 1 日,临安县供电局合同制职工开始缴纳地方养老基金。1992 年 7 月 1 日起,临安县供电局合同制职工由参加地方退休养老金统筹改为参加行业统筹。

1992 年起,根据浙江省电力工业局《关于实行企业补充养老保险与个人储蓄性养老保险的实施办法的通知》(浙电劳〔1992〕1178 号)和杭州市电力局的有关规定,临安县供电局实行企业补充养老保险与个人储蓄性养老保险(简称补充养老保险)制度。补充养老保险采用企业补充养老保险与个人储蓄性养老保险挂钩的办法,个人储蓄性养老保险自愿参加,凡个人申请参加储蓄性养老保险的,企业对职工实行补充养老保险制度。

1995 年 7 月起,临安县供电局根据浙江省电力公司《关于调整企业补充养老保险与个人储蓄性养老保险标准的通知》(浙电劳〔1995〕0830 号),企业补充养老保险金标准调整为每年 2 元×工龄(以年计);职工个人储蓄性养老保险金标准调整为每年 1 元×工龄(以年计)。

1996 年,临安市供电局根据电力工业部《关于印发〈电力行业职工养老保险制度改革试点方案〉和〈实施办法〉的通知》(电人教〔1996〕172 号),调整企业补充与个人储蓄性养老保险金的计发办法,原按职工本人现行效益工龄工资的标准改为按职工本人岗位的岗级与效益工龄工资相挂钩的标准。职工个人储蓄性养老金缴费金额为职工效益工龄工资+[(该职工岗级−1)×3],确定职工个人养老金 1 份;原企业补充 2 份改为补充 4 份。计息标准也同时予以调整,年息为 10%,月息为 0.83%。

1998 年 1 月 1 日起,临安市供电局按职工本人缴费工资基数的 11% 建立职工基本养老保险个人账户,企业职工基本养老保险个人账户包括个人缴费的全部和从企业缴费中划转的一部分。

2000 年以后,临安市供电局退休人员的退休生活费进行社会并轨,全体退休人员的基本养老金(基础性养老金、个人账户养老金、过渡性养老金、过渡性调节金、过渡性补贴)等项目由浙江省社保中心发放。

2002 年,临安市供电局将企业补充养老保险金改为企业年金。

2004 年 1 月—2009 年 12 月,临安市供电局养老保险企业缴纳部分为当年工资总额的 20%,个人缴纳8%。2010 年 1 月—2011 年 12 月,将上年度个人总收入作为基数,企业每月补贴为上年度个人月收入×8.33%;个人月缴为上年度个人月收入×2.11%。2010 年 1 月起,养老保险企业缴纳部分为当年工资总额的 14%;个人缴纳 8%。2013 年 1 月起将上年度个人总收入作为基数,企业每月补贴为上年度个人月收入×5%;个人月缴为上年度个人月收入×1.25%。

2016 年,国网浙江临安市供电公司办理离退休并享受养老金待遇的共 139 人,为职工缴纳的企业年金总计为 378.21 万元,职工个人缴纳总计为 94.41 万元。基本养老保险企业缴纳 669.87 万元,职工个人缴纳总计 296.39 万元。

### (二)医疗保险

1953 年,临安电厂成立后,职工医疗费用按照国家 1951 年颁布,1953 年、1956 年修订的《中华人民共和国劳动保险条例》执行,职工伤病就医,医疗费用由企业负担,其供养直系亲属医疗费的50%由企业报销。每年提存的医药卫生补助金超支严重,如1962年提存746.96元,当年支用2000.52元,不足部分由企业奖励基金弥补。

1984年5月,临安县供电局制定《关于加强医药费管理的几条规定》,对医药费使用办法进行改革,制定取消记账单、指定就诊医院、外购药品不予报销等规定,在一定程度上制止因医药费开支管理不严而导致的医药费超支严重现象。1985年,临安县供电局制定以人定额报销医疗费的规定:医疗费实行以人定额,每月3元,全年36元通用。工伤或疾病、重病住院治疗期间,作病假处理的,在全年36元基数中扣除当月3元基数后(跨月的扣两个月基数),其医疗费按规定可报销部分给予全部报销;如做补休处理的其医疗费在本人全年定额中报销。当年累计数(不包工伤及做病假住院的医疗费)超过本人可用基数时,个人按年龄段承担部分医疗费(见表10-4)。年终按个人结算,全年医疗费用有结余的,其结余部分按50%结转到下年续用,也可以领取现金归个人保管使用。

表 10-4 各档医疗费用超基数部分个人负担比例

| 职工年龄段 | 超基数部分个人负担比例 |
| --- | --- |
| 未达35周岁 | 30% |
| 35～49周岁 | 20% |
| 50周岁及以上 | 10% |

1997年12月,根据《关于印发〈杭州市电力局职工医疗保险制度改革实施细则(试行)〉的通知》(杭电劳〔1997〕0816号)精神,临安市供电局设立医疗保险制度改革领导小组和办公室,制定《临安市供电局职工医疗费报销管理办法(试行)》,对医疗保险金的筹集、职工就医管理、医疗费报销管理等再次作明文规定。《临安市供电局职工医疗费报销管理办法(试行)》规定:医疗保险金由企业和职工个人共同缴纳筹集,筹集比例按省电力公司规定;统一使用"临安市供电局职工医疗保健卡"(即病历卡),核发"杭州市电力局职工医疗保险卡",两卡由职工本人包管,限本人使用;设立定点医院;医疗费报销实行计算机管理,职工就医所需费用先由职工现金支付,然后按规定流程报销或自付。1998年1月1日起,正式实施医疗保险制度改革办法。

2002年9月1日起,临安市供电局执行杭州市城镇职工基本医疗保险制度,印发《职工基本医疗保险和补充医疗保险报销管理实施办法(试行)》,进一步规范职工就医管理。其中基本医疗保险费缴纳标准,以该年度职工工资总额为基数提取8%,其中6%按月向杭州市医保经办机构缴纳,用于建立杭州市基本医疗保险统筹基金,2%用于按不同比例划入职工的基本医疗保险个人账户;在职职工个人按上年度基本养老保险缴费基数的2%缴纳基本医疗费,从职工每月发放的工资中代扣并全部计入其个人账户。职工未达到法定退休年龄前,应连续参加基本医疗保险。职工到达法定退休年龄退休时,基本医疗保险缴费年限(含视作缴费年限)不足20年的,应按规定标准由单位和个人一次性补缴满20年,方可继续享受基本医疗保险待遇。补充医疗保险经费由职工个人缴费和企业补充组成。在职职工按上年度基本养老保险缴费基数的0.5%缴纳〔退休(职)人员不缴纳补充医疗保险费〕,企业补充医疗保险所需资金在应付福利费中列支,福利费不足列支时,其低于工资总额的4%部分,经同级财政部门核准后列入成本。

2016年,国网浙江临安市供电公司在职职工按个人缴费基数的2%按月缴纳职工医保费,单位按个人缴费基数之和的11.5%缴纳职工医保费。单位按上年度工资总额的5%缴纳补充医疗保险,个人不缴纳。

(三)计划生育

1983年11月,临安电力公司设立计划生育领导小组。1985年起,临安电力系统执行《浙江省计划生育条例》,并每年与当地政府签订《计划生育目标管理责任书》。

2001年,为贯彻执行中共中央、国务院发布的《关于加强人口与计划生育工作稳定低生育水平的决定》,临安市供电局落实计划生育责任制,与局属各单位支部签订《计划生育目标管理责任书》,并参照杭州市电力局《计划生育考核和奖励办法》进行考核和奖励。

2004年6月,临安市供电局计划生育领导小组更名为临安市供电局人口与计划生育管理领导小组,下设人口与计划生育工作联系员。自2004年起,每年都分别与杭州市电力局、临安市锦城街道党工委签订《人口与计划生育目标管理责任书》。

2011年11月,中国各地全面实施"双独二孩"政策;2013年12月,中国实施"单独二孩"政策;2015年10月,十八届五中全会指出:坚持计划生育基本国策,积极开展应对人口老龄化行动,实施全面二孩政策。

2016年1月14日,浙江省公布并实施《浙江省人民代表大会常务委员会关于修改〈浙江省人口与计划生育条例〉的决定》(简称《决定》)。国网浙江临安市供电公司根据国网浙江省电力公司通知,对《决定》中涉及计划生育假、产假、哺乳假变动明确如下。一是计划生育假:自愿接受节育手术的职工在国家规定的休假期间,工资、奖金政策发放。因配偶接受手术需要照顾的,经手术单位证明,可给予7天的假期,工资正常发放。二是产假:女职工法定产假仍按照原规定执行,顺产假98天,剖宫产假113天,难产、双胞胎以上的增加产假15天。4个月之内流产的14天,4个月及以上流产的30天。产假期间停发工资、奖金,享受生育津贴。2015年12月31日之后生育的,女职工法定产假期满后,新增30天的奖励假,不影响晋薪、调整工资,并计算工龄。《决定》规定,奖励假期间用人单位根据具体情况,可以给予其他优惠待遇。经请示国网浙江省电力公司,在社保政策落地前,暂按照生育假处理。男职工可享受15天护理假,工资、奖金正常发放。三是哺乳假,对持有"独生子女父母光荣证",女方产假期满后抚育婴儿有困难的,经本人申请,所在单位可以给予6个月的哺乳假,并领取独生子女奖励至子女14周岁。有条件的单位,可以给予女方产后一年假期(含法定假期),但不发放独生子女奖励。哺乳假期间,停发奖金,工资按本人岗薪工资和劳动积累工资80%计发,不影响晋薪、调整工资,并计算工龄。对没有领取"独生子女服务光荣证"的女职工,确因家庭困难需要休假的,经本人申请,可按事假处理。以上假期均包含双休、节假日。

(四)丧葬抚恤

1960年,临安县供电所成立后,职工丧葬抚恤标准原则按1956年国家修订的《劳动保险条例》办理。此后,标准屡有调整。1985年,临安电力公司执行杭州市劳动局、杭州市总工会、杭州市财政税务局联合印发的《关于全民企业职工因工死亡、病故后遗属抚恤、生活补助的暂行规定》,发放一次性抚恤金及生活补助费。因工死亡的职工抚恤金600元,因病或其他非因公死亡的职工抚恤金300元。遗属生活补助标准为:因工死亡的职工遗属,农业人口的每人每月25元,非农业人口的每人每月30元;因病或其他非因工死亡的职工遗属,农业人口的每人每月20元,非农业人口的每人每月25元。遗属生活补助费发至失去供养条件时止。1986年起,丧葬费由200元改为400元。对因工死亡的职工,其供养直系亲属系鳏寡孤独者,在规定的补助标准的基础上,每人每月增加补助5元。

1991年起,临安县供电局因工死亡的职工丧葬费调整为600元;因病或其他非因工死亡的职工丧葬费为400元。因工死亡的职工一次性抚恤金800元;因病或其他非因工死亡的职工一次性抚恤金400元。其遗属生活补助费分别比1985年的规定增加20元:因工死亡的职工遗属,农业人口的每人每月45元,非农业人口的每人每月50元;因病或其他非因工死亡的职工遗属,农业人口的每人每月40元,非农业人口的每人每月45元;遗属系孤身一人者,在上述标准的基础上再增加补助10元。

1994年,临安县供电局再次调整企业职工和离退休人员死亡后的丧葬费、抚恤金、供养直系亲属生活困难补助费标准。丧葬费由原规定的400元调整为800元。一次性抚恤金标准调整为:因工死亡的职工抚恤金为 4000 元;因病或其他非因工死亡的职工抚恤金为 2000 元;死亡职工没有供养直系亲属的,一次性抚恤金可发放给直系亲属。对死亡职工遗属生活困难补助费标准也做调整:因工死亡的职工供养直系亲属,非农业户口的每人每月补助 120 元,农业户口的每人每月补助 100 元;因病或其他非因公死亡的职工供养直系亲属,非农业户口的每人每月补助 100 元,农业户口的每人每月补助 85 元;对因工死亡的职工,其供养直系亲属系鳏寡孤独、无依无靠者,在上述补助标准的基础上,每人每月增加补助 10 元;遗属中需供养的子女、弟妹,其年龄由 16 周岁延长至 18 周岁。

1996 年,临安市供电局再次调整企业职工和离退休人员死亡后的抚恤金、供养直系亲属生活困难补助费标准。丧葬费标准不变,仍按 800 元执行。一次性抚恤金标准调整为:因工死亡的职工,发放 36 个月本人指数化月平均缴费工资;因病或其他非因工死亡的职工,仍按 2000 元发放。对职工遗属生活困难补助费标准也做调整:因工死亡的职工供养直系亲属,非农业户口的每人每月补助 125 元,农业户口的每人每月补助 100 元;因病或其他非因公死亡的职工供养直系亲属,非农业户口的每人每月补助 105 元,农业户口的每人每月补助 85 元;对因工死亡的职工,其供养直系亲属系鳏寡孤独、无依无靠者,在上述补助标准的基础上,每人每月增加补助 10 元。之后,随着社会经济的发展和生活水平的提高,临安市供电局通过逐步提高生活困难补助费标准的办法来改善供养直系亲属的生活待遇,各种补贴不再发放。

自实行企业职工基本养老保险制度后,企业职工和离退休人员丧葬费等的管理、发放也统一纳入社会保险范围。1999 年 1 月起,临安市供电局职工丧葬费调整为 2000 元。2000 年 1 月起,临安市供电局执行《浙江省企业职工工伤保险实施办法》规定:因工死亡的职工,其丧葬补助费按当地上年度职工平均工资 6 个月的标准发放;供养直系亲属的职工抚恤金按月发放,由死者生前提供主要生活来源的死者亲属,配偶每月按当地上年度职工月平均工资 40％发放,其他供养直系亲属每人每月按 30％发放,孤寡老人或孤儿每人每月在上述基础上加发 10％;一次性工亡补助费,按当地上年度职工平均工资 60 个月的标准发放;离休干部遗属,其配偶每人每月补助为 230～290 元。

2005 年 1 月起,临安市供电局企业职工(含退休、退职人员)死亡后一次性丧葬补助标准由原来的 2000 元调整为 4000 元。凡 1937 年 7 月 6 日前参加革命工作的企业离休人员死亡后,其供养配偶的生活困难补助费由每人每月 385 元调整为 425 元;抗战时期参加革命工作的企业离休人员死亡后,其生前供养的配偶生活困难补助费由每人每月 330 元调整为 365 元;解放战争时期参加革命工作的企业离休人员死亡后,其供养父母、配偶的生活困难补助费由每人每月 295 元调整为 325 元。同时,对职工遗属生活困难补助费标准也做调整:因病或其他非因公死亡的职工供养直系亲属,非农业户口的每人每月补助220 元,农业户口的每人每月补助 190 元。企业离休人员供养配偶等的生活补助费和退休人员死亡后符合供养条件的直系亲属生活困难补助费,因已实行社会化发放,所以该次标准调整由浙江省社保中心负责实施。

2011 年 7 月 1 日起,临安市供电局参加企业职工基本养老保险的个人(含未达到法定退休年龄的参保人员和退休、退职人员)因病或其他非因公死亡后,其遗属可以领取丧葬补助费和抚恤金。丧葬补助费标准统一为 4000 元。抚恤金标准为:2011 年 7 月 1 日—2013 年 12 月 31 日,因病或其他非因公死亡的参保人员为 1 万元;2014 年 1 月 1 日起,按死亡的参保人员缴费年限(含视同缴费年限)确定,不满 1 年的发放 2000 元;1 年(含)至 15 年(含)的统一为 1 万元;超过 15 年的,在发放 1 万元的基础上,每满 1 年(不满 1 年按 1 年计算)增发 1000 元,最多增发 1.5 万元。

## 三、职工福利

### (一)职工住房

1972 年底,临安县革命委员会把原租给临安电力公司革命委员会作办公楼及职工宿舍的旧楼房折价转让给临安电力公司革命委员会所有。1976年,临安电力公司革命委员会向杭州供电局革命委员会提出修建报告。1977年底开工,1978年5月完工,实际大修面积1163米²,共开支大修费用69898.27元。

1976年12月,经杭州市电力局批准,临安电力公司为昌化工段新建仓库、修配、营业及职工住宿等综合性楼房,由昌化建工队承包施工,1979年5月完工,建筑面积1800米²,总工程开支9.86万元。

1962年於潜供电所成立时,有职工及家属17人,职工宿舍384米²(其中仓库120米²)。1981年,於潜职工及家属增至74人,为解决职工住宿困难,临安电力公司向杭州市电力局申请修建於潜职工宿舍。1983年,於潜职工宿舍完工并投入使用。

随着电力企业的发展,职工人数也不断增多,原有的住房难以满足职工居住需求。1983年,临安电力公司经杭州市电力局同意,在临安镇广场路新建职工宿舍,建筑面积800米²,共四层,于1984年完工。1985年1月,临安县供电局制定《广场路职工住房分配方法》,分房对象为原广场路旧宿舍拆迁户,住于集体宿舍内的带眷户(1976年12月前参加工作),以及其他困难户(住房面积小于15米²)。住房分配采用计分方法,按总分的高低依次分配住房。总分相等的情况下,按本系统工龄长短、职称、双职工、独生子女依次分配。

1989年,临安县供电局第四届第二次职工代表大会通过《职工住房分配暂行办法》,自通过之日起生效实施。符合分房条件的职工按"计分标准"计算分数,按得分高低依次选房。在计分相同情况下,按"双职工""本局工龄长者""职工年龄大者"优先考虑分配。临安县供电局在昌化镇西街村为昌化变电站、昌化供电所职工建造职工宿舍,建筑面积892.88米²,为四层砖混结构,由昌西建筑工程公司施工,1991年11月投入使用。

1993年,根据临安县政府《关于印发〈临安县城镇住房制度改革实施方案〉的通知》(临政〔1993〕16号),临安县供电局设立住房制度改革领导小组,下设办公室,负责局房改日常事务管理工作。1994年,原建(购)职工住房全部实行房改,并开始实行住房公积金制度。投资50万元,拆除於潜大街东门巷原於潜供电所534.12米²的危房,新建建筑面积1030米²的110千伏於潜变电站职工宿舍,共六层砖混结构,施工单位为临安县上甘建筑工程公司。1996年,於潜变电站宿舍完工;新建锦城镇畔湖桥职工宿舍、湖山新村宿舍,并购买锦福新村住房21套,解决於潜、锦城地区职工的住房困难。至1996年,临安市供电局共有220套住房(包括南苑小区和南苑二小区、木梳弄、江桥路、城南街、杭徽路、吕家弄延伸段、锦福新村、湖山新村、勤俭弄、西瓜村、上甘路以及於潜镇、昌化镇等处)参加房改,出售给职工。

1997年,昌化供电所有在职职工35人,仅有标准住房8套,职工住房困难十分突出。加之无适当位置安排车辆的停放和材料的堆置,为缓解住房矛盾,解决职工的后顾之忧,满足安全、文明的生产要求,经临安市计划委员会同意,拆除昌化供电所原有住房,新建16套职工宿舍,底层为车库和仓库。12月,昌化供电所宿舍及附属工程开工建设,1998年8月完工,施工单位为浙江省东阳市第四建筑工程公司第二分公司,建筑面积1956.1米²,总造价156.01万元,为五层砖混结构。

1999年,临安市供电局按照临安市政府《临安市进一步深化城镇住房制度改革的若干意见》(临政〔1999〕2号),停止住房实物分配,并参照意见中的职工住房补贴标准和规定,实施职工住房分配货币化的相关政策。

2000年1月,临安市供电局调整住房公积金缴存比例,职工和单位各12%,缴存基数按职工上年缴费工资收入确定。

随着企业的发展,新招职工不断增多,而新进职工个人一时又无能力购置商品房,未婚单身职工的住房问题亟待解决。为切实改善单身职工的居住条件,2003年,临安市供电局建成锦城镇新民街电力公寓,并制定《新民街电力公寓分配管理办法》,坚持以维护大多数单身职工的利益,切实改善单身无房职工的居住条件为宗旨,以解决单身职工从无房到购房这一过渡时期实际住房困难为原则。电力公寓住房实行统一分配,统一管理,有偿租用。

2006 年,临安市供电局根据《浙江省电力工业局在杭单位住房分配货币化实施办法》和《临安市进一步深化城镇住房制度改革的若干意见》中的相关规定,制定职工住房面积补贴调整方案,经职工代表组长联席会议讨论通过,报临安市政府批准,对临安市供电局职工住房面积补贴进行一次性调整,享受面积 70 米², 补贴 493 元/米²。原已优惠购房的,按不足 70 米² 的差额面积 493 元/米² 补贴。

从 2004 年起,临安市供电局对 1999 年 1 月 1 日以后参加工作的未参加过房改的职工实行住房公积金补贴。住房公积金补贴的标准:职工住房公积金缴存基数×5%,由单位按月给予补贴,最高不超过 40 元/月。职工的住房公积金补贴和住房公积金由单位按月缴存到市住房资金管理中心,一并纳入职工个人账户。之后根据上级部门文件要求,每年调整住房公积金缴纳基数,并按照规定比例缴纳。2015 年起,国网浙江临安市供电公司住房公积金缴纳按照《关于开展 2015 年住房公积金年度调整工作的通知》(杭公积金〔2015〕25 号)文件中相关标准规定执行。

(二)职工食堂

20 世纪 50 年代,临安电厂因厂房狭小,未建食堂。1960 年 8 月,临安县供电所成立时有职工 39 人。为解决职工就餐问题,开始建设食堂,限于经济条件,食堂简陋。20 世纪 60 年代初,临安电力系统发动职工自力更生、开荒种菜,改善职工生活。1976 年,临安、於潜、昌化工段分别开设食堂。食堂建成后,面向生产服务,有时遇变电、线路大检修,食堂职工送饭菜到施工现场。

1977 年,浙江省电力工业局党组下达《加强职工生活后勤工作》文件后,职工食堂条件逐步得到改善。1986 年,临安县供电局花费 6700 元,更新、增置烘箱、面包机、绞肉机、节炉灶等炊具、餐具。其时,食堂食品种类丰富,供应量充足,服务质量好,职工满意度高。

为推动食堂工作,1986 年 10 月,杭州市电力局组织 5 个县局开展食堂对口竞赛检查,其内容为服务态度、食堂管理、经济核算、饭菜品种、饭菜质量、安全卫生、夏季饮料以及执行食品卫生的情况,临安县供电局食堂获对口竞赛流动红旗。翌年 10 月,临安县供电局食堂又通过杭州市电力局组织的对口评比检查,被评为优胜食堂。

2001 年 6 月 1 日,临安电力大厦食堂投入使用。食堂宽敞卫生,配置较现代的炊具设备,并聘请有烹调技术的厨师和炊事员、服务员。食堂制定一套管理制度,对食品采购、成本核算、饭菜质量、花色品种、清洁卫生等都作明文规定,并几度修改完善。

2005 年 4 月,临安电力中心交付使用,在 3 号楼三楼和四楼新建职工食堂,建筑面积 2000 米²,食堂有员工 34 人,其中管理人员 1 人,食品安全专管员 1 人,厨师 11 人,服务员 14 人,初加工人员 7 人,食堂可同时容纳 300 人就餐,在临安电力中心上班的职工基本上都在该食堂用餐。2008 年,临安电力中心食堂获浙江省卫生等级 A 级单位荣誉称号。2009 年,为进一步提升管理和服务水平,临安电力中心食堂引进五常管理(即常组织、常整顿、常清洁、常规范、常自律)理念,并通过三效企业的五常管理认证。2013 年 11 月,临安电力中心食堂率先在杭州 7 县级公司中通过国网浙江省电力公司的健康食堂验收。2015 年 7 月,临安电力中心食堂通过浙江省食品药品监督管理局的评审考核,获 2015 年度"省级餐饮服务食品安全示范单位"称号。

2015 年 8 月,於潜供电所食堂通过系统内部二级健康食堂的验收,餐厅与厨房面积约为 120 米²,共有餐位 60 余个,食堂工作人员 2 名。2015 年 10 月,玲珑供电所和昌化供电所食堂同时通过系统内部二级健康食堂的验收,玲珑供电所厨房与餐厅面积约为 110 米²,共有餐位 60 余个,食堂工作人员 2 人。昌化供电所厨房与餐厅面积约为 110 米²,共有餐位 60 余个,食堂工作人员 2 人。2016 年 12 月,青山供电所食堂获国网杭州供电公司二级健康食堂称号。青山供电所厨房和餐厅面积约为 120 米²,共有餐位 90 余个,食堂工作人员 2 人。

至 2016 年,国网浙江临安市供电公司共承办 18 个基层站所食堂,包括青山供电所、於潜供电所、昌化供电所、玲珑供电所 4 个中心站所食堂,板桥站、高虹站、太湖源站、天目站、潜川站、太阳站、湍口站、清凉峰站、岛石站、龙岗站 10 个供电服务站食堂,青云运维班、方圆运维班、汽车修理部、输电运检班 4 个食堂。

(三)其他福利

20 世纪 80 年代末,为改善职工生活水平,解决职工后顾之忧,临安县供电局与临安县膨润土化工厂、临安县良种场、临安县粮油厂及於潜良种场等单位签订合同,投资建立生活基地,每年平价供应全局职工石油液化气以及鸡鸭鱼蛋肉油米等食品。

1986 年起,杭州市电力局统一安排职工休养,由杭州市电力局工会分配名额,统一安排前往休养地;是年,临安县供电局有 16 名职工被安排休养。休养对象主要为工龄满 5 年以上的线路工、运行值班工,工龄在 25 年以上的其他工种的老职工,先进生产(工作)者。之后,休养对象逐步扩大到各类模范先进人物和先进集体代表、在工作中能发挥积极作用的生产骨干和科技人员、即将离退休的老职工等。

20 世纪 90 年代,临安县(市)供电局逐步扩大职工休养群体,并形成制度,根据工龄、费用不同等条件,合理统一安排。还增加休养地点,供职工选择。根据报名人数,由局主管部门统一安排时间,做到分期、分批有计划地外出休养,同时允许职工家属、子女一同休养(费用自理)。

2003 年,临安市供电局职工疗休养周期逐渐缩短为 4 年 1 次,当年组织 120 余名职工(包括电管员)参加疗休养。

2008 年,临安市供电局制定《职工疗休养工作管理办法(试行)》,规定临安市供电局工龄满 3 年的在职全民职工、集体职工、原电管员的代理制职工、省公司劳务派遣职工均可以享受疗休养待遇,休养周期为 3 年 1 次,每次休养时间为 5 个工作日。疗休养由职工自主利用年休假等假期进行,实行计划审批和费用报销制,一个休养期的费用报销标准为 3500 元/人。

## 第五节 奖 惩

### 一、职工奖惩

1951 年 5 月,在私营临安镇丰年大碾米厂担任内燃机工的翁顺潮被浙江省政府评为"三级工业劳动模范"。而后的临安电厂等发电企业为表彰在生产和工作中做出贡献的职工,开展评选和奖励先进生产(工作)者、先进集体,以精神奖励为主,也适当给予一些纪念性的物质奖励。1960 年临安县供电所成立后,对职工奖励仍以印发奖状和表扬为主,适当物质奖励,并树立先进典型,号召全体干部职工学习,以增加集体荣誉感。

十一届三中全会之后,包括知识分子在内的工人阶级主人翁地位再次突显。各级党委、政府在贯彻以经济建设为中心时,重视对先进的表彰奖励。各单位也认真组织各种评先进、学先进的活动。1979 年,临安电力公司职工潘汉军作为杭州市职工劳动模范和先进生产(工作)者代表出席杭州市人民代表大会。

2010 年,浙江省电力公司制定《浙江省电力公司劳动模范评选管理办法(试行)》,开始省公司系统劳动模范的评选。临安市供电局职工程炜东被评为 2010 年浙江省电力公司劳动模范;2012 年,李宁被评为第二届浙江省电力公司劳动模范;2013年,李宁获国家电网公司劳动模范称号;2014年,林青山被评为第三届国网浙江省电力公司劳动模范;2016年,周亚被评为第四届国网浙江省电力公司劳动模范。

临安电力公司成立以后,重视奖惩制度建设。1983年8月,根据国务院《企业职工奖惩条例》和《杭州供电局厂规厂纪》,临安电力公司结合本公司实际制定《临安电力公司厂规厂纪》。对职工违规违纪行为,根据事实及其危害程度,呈报杭州市电力局,按有关规定进行处理。行政处分一般采取警告、记过、记大过、降级、撤职、留用察看、开除等。

1990年10月,临安县供电局第五届第一次职工代表大会审议通过《临安县供电局局规局纪》《临安县供电局职工奖惩实施细则》。职工奖励分为记功、记大功、晋级、通令嘉奖、授予先进生产(工作)者和劳动模范称号,并发放一次性奖金,奖励计入档案。处分分警告、记过、记大过、降级、撤职、留用察看、开除,在行政处分同时,可给予一次性惩罚。2000年3月,临安市供电局制定《安全生产奖惩考核规定(暂行)》等3个联责考核办法,贯彻和坚持"以责论处""重奖重罚"的原则,并把思想工作同行政、经济手段结合起来。奖励上,坚持精神鼓励与物质奖励相结合;处罚上,坚持以教育为主,惩教结合的原则;行政处分和经济处罚并处。翌年,落实《临安市供电局安全生产奖惩考核规定》等3个联责考核办法。

2015年1月1日起,根据"三集五大"要求,国网浙江临安市供电公司执行《国家电力公司员工奖惩规定》及《国家电网公司表彰奖励标准》《国家电网公司员工违规违纪行为惩处细则》和《纪律处分对应的经济处罚标准》3个有关标准。

## 二、荣誉

历年来,临安电力系统在安全生产、党建、行风建设、文学艺术等方面皆取得诸多荣誉。级别较高的荣誉有:1991年9月,临安县供电局获中国电力企业联合会"抗洪救灾先进集体"称号。1995年1月,临安县供电局获电力工业部"电力'三为'服务达标单位"称号。1996年2月,临安县获电力工业部"农村电气化县"称号。1996年6月,临安县供电局被评为电力工业部"全国电力系统首届双文明单位"。1997年1月,临安市供电局被电力工业部农电司评为"县级电网调度自动化系统实用化单位"。1998年6月,临安市供电局被国家档案局评为"企业档案工作目标管理国家二级单位"。从1998年起,临安市供电局连续多年被国家电力(网)公司授予"双文明单位"称号。另外,临安电力企业还多次获省、市级"抗灾抢险"先进单位、杭州市电力局"文明单位"等称号。2005年1月,临安市供电局被浙江省委、浙江省政府授予"省级文明单位"称号。2008年3月,临安市供电局获"浙江省抗击雨雪冰冻灾害先进集体"称号。2012年12月,临安市供电局获"国家电网公司一流县供电企业"称号。2015年10月,国网浙江临安市供电公司获"全国电力行业用户满意企业"称号。2016年11月,国网浙江临安市供电公司获"2016年全国'安康杯'竞赛优胜单位"称号。

至2016年,临安电力系统历年来获省级及以上集体荣誉见表10-5。

表10-5 临安电力系统历年来获省级及以上集体荣誉情况

| 单位 | 荣誉称号 | 授予单位 | 授予时间 |
| --- | --- | --- | --- |
| 临安县供电局 | 抗洪救灾先进集体 | 中国电力企业联合会 | 1991年9月 |
| 临安县供电局 | 电力"三为"服务达标单位 | 电力工业部 | 1995年1月 |
| 临安县 | 农村电气化县 | 电力工业部 | 1996年2月 |

| 单位 | 荣誉称号 | 授予单位 | 授予时间 |
|---|---|---|---|
| 临安县供电局 | 浙江省供电系统行风建设和优质服务十佳县供电局 | 浙江省政府纠正行业不正之风工作办公室 | 1996年3月 |
| 临安县供电局 | 全国电力系统首届双文明单位 | 电力工业部 | 1996年6月 |
| 临安市供电局 | 县级电网调度自动化系统实用化单位 | 电力工业部农电司 | 1997年1月 |
| 临安市供电局 | 全省电力专项整治先进单位 | 浙江省电力设施保护领导小组 | 1997年12月 |
| 临安市供电局 | 档案工作目标管理省级先进 | 浙江省档案局 | 1998年1月 |
| 临安市供电局 | 企业档案工作目标管理国家二级单位 | 国家档案局 | 1998年6月 |
| 临安市供电局 | 1996—1997年度国家电力公司双文明单位 | 国家电力公司 | 1998年7月 |
| 临安市供电局 | 1998—1999年度国家电力公司双文明单位 | 国家电力公司 | 2000年8月 |
| 临安市供电局 | 2000—2001年度国家电力公司双文明单位 | 国家电力公司 | 2002年7月 |
| 临安市供电局 | 省级文明单位 | 浙江省委、浙江省政府 | 2005年1月 |
| 临安市供电局 | 浙江省卫生先进单位 | 浙江省爱国卫生运动委员会 | 2006年12月 |
| 临安市供电局 | 浙江省抗击雨雪冰冻灾害先进集体 | 浙江省委、浙江省政府 | 2008年3月 |
| 临安市供电局 | 供电服务浙江省用户满意服务 | 浙江省质量协会、浙江省质协用户委员会 | 2008年10月 |
| 临安市供电局 | 新农村电气化建设先进单位 | 国家电网公司 | 2009年1月 |
| 临安市供电局 | 全省城乡电力设施布局专业规划编制工作先进集体 | 浙江省建设厅、浙江省电力工业局 | 2009年3月 |
| 临安市供电局 | 新农村电气化县（A类） | 浙江省经济贸易委员会、浙江省农业和农村工作办公室、浙江省电力公司 | 2009年4月 |
| 临安市供电局 | 2007－2008年度国家电网公司文明单位 | 国家电网公司 | 2009年12月 |
| 临安市供电局 | 全国电力行业实施卓越绩效模式先进企业 | 中国水利电力质量管理协会 | 2010年4月 |
| 临安市供电局 | 2009年度省级治安安全示范单位 | 浙江省公安厅、浙江省社会管理综合治理委员会办公室、浙江省社会治安综合治理协会 | 2010年12月 |
| 临安市供电局 | 2010年度省级治安安全示范单位 | 浙江省社会治安综合治理委员会办公室、浙江省公安厅、浙江省社会治安综合治理协会 | 2011年6月 |
| 临安市供电局 | 2011年度全国"安康杯"竞赛优胜单位 | 中华全国总工会、国家安全生产监督管理总局 | 2012年1月 |
| 临安市供电局 | 2011年度省级治安安全示范单位 | 浙江省社会治安综合治理委员会办公室、浙江省公安厅、浙江省社会治安综合治理协会 | 2012年4月 |
| 临安市供电局 | 国家电网公司一流县供电企业 | 国家电网公司 | 2012年12月 |
| 临安市供电局 | 2012年度全国"安康杯"竞赛优胜单位 | 中华全国总工会、国家安全生产监督管理总局 | 2013年4月 |
| 国网浙江临安市供电公司 | 科技进步先进县供电企业 | 国家电网公司 | 2013年11月 |
| 国网浙江临安市供电公司 | 2013年度全国"安康杯"竞赛优胜单位 | 中华全国总工会、国家安全生产监督管理总局 | 2014年4月 |

**续表**

| 单位 | 荣誉称号 | 授予单位 | 授予时间 |
|---|---|---|---|
| 国网浙江临安市供电公司 | 2013年浙江省创建"治安安全单位"活动成绩突出单位 | 浙江省公安厅、浙江省社会管理综合治理委员会办公室、浙江省社会治安综合治理协会 | 2014年6月 |
| 国网浙江临安市供电公司 | 2014年浙江省创建"治安安全单位"活动成绩突出单位 | 浙江省公安厅、浙江省社会管理综合治理委员会办公室、浙江省社会治安综合治理协会 | 2015年4月 |
| 国网浙江临安市供电公司 | 全国电力行业用户满意企业 | 中国水利电力质量管理协会 | 2015年10月 |
| 国网浙江临安市供电公司 | 2016年全国"安康杯"竞赛优胜单位 | 中华全国总工会、国家安全生产监督管理总局 | 2016年11月 |
| 国网浙江临安市供电公司 | 2016年全国电力行业质量奖 | 中国电力企业联合会、中国水利电力质量管理协会 | 2016年11月 |

# 第十一章 党 群

1958年8月以前,临安电厂与临安食品厂等单位联合设立电厂党支部。1959年3月,临安电厂设临安电厂党支部。1961年3月,临安电厂党支部更名为临安县供电所党支部,同时设立临安县供电所共青团小组和工会小组。1963年1月,临安电力公司成立,党群组织相应随之更名。公司党组织贯彻党的路线、方针、政策,通过开展思想政治工作,发挥党员的先锋模范作用,团结和带领职工群众,发展电力事业。1966年"文化大革命"开始后,临安电力公司党群组织均受到冲击,活动基本处于瘫痪状态。1970年,恢复临安电力公司党支部,设立临安电力公司工代会。1971年6月,设立临安电力公司团支部。

1976年11月,临安电力公司设立临安电力公司党总支。十一届三中全会以后,临安电力公司党总支加强精神文明建设和思想政治工作,以建设一支有道德、有理想、有文化、有纪律的职工队伍为目标,以经济建设为中心,领导企业整顿改革,加快电力建设发展步伐,提高企业经济效益和社会效益。1984年12月,经临安县委批准,设立临安县供电局党委,进一步加强对工会、共青团的领导,加强思想政治工作,充分发挥企业党组织的领导核心作用和监督保证作用,创建和谐企业,促进临安电力工业和精神文明建设不断发展。1996年12月,临安撤县设市,临安县供电局党委更名为临安市供电局党委。2013年5月,根据《浙江省电力公司关于规范公司系统各单位名称的通知》(浙电人资〔2013〕702号),临安市供电局更名为国网浙江临安市供电公司,临安市供电局党委更名为国网浙江临安市供电公司党委。

至2016年,国网浙江临安市供电公司党委有党员370人,下设党总支1个、党支部13个;国网浙江临安市供电公司团委有团员141人,下设团支部9个;国网浙江临安市供电公司工会有会员461人,下设分工会12个。

## 第一节 党的组织

### 一、组织沿革

20世纪50年代,临安电厂与临安食品厂等单位联合设立电厂党支部。1959年3月,临安电厂单独设党支部,辛苗海任副书记。1961年3月,临安电厂党支部更名为临安县供电所党支部,书记先后由刘德柱、张景亭担任。1963年1月,临安县供电所改称临安电力公司,党组织相应改名为临安电力公司党支部,张景亭任书记。

"文化大革命"期间,党组织活动陷于瘫痪状态。1967年12月,临安电力公司成立临安电力公司革命委员会。1970年10月,恢复临安电力公司党支部,朱开清任书记,党的组织生活恢复正常。

1971年2月,经临安县委同意,设立昌化水电站党支部,郭明任书记。1976年11月,临安电力公司和昌化水电站机构合并,设临安电力公司党总支,张景亭任书记;是月,公司下设临安、於潜、昌化三个工段,设立3个工段党支部。1982年11月,潘之元任临安电力公司党总支书记。

十一届三中全会以后,临安电力工业加快发展,职工人数增多,党组织亦逐步壮大。1983年12月,临安电力公司改名为临安县供电局,各工段改名为供电所,党组织也相应改名。1984年12月,经临安县委决定,设立临安县供电局党委,潘之元任书记,下设5个党支部,共有党员43人。1996年12月,临安撤县设市,临安县供电局更名为临安市供电局,党组织也相应改名为临安市供电局党委。1997年4月,何永林任临安市供电局党委书记。

2006年10月12日,临安市供电局党委召开第一次代表大会,选举产生新一届党委和纪委委员。

2011年4月29日,临安市供电局党委召开第二次代表大会,选举产生局新一届党委和纪委委员。

2012年,根据"三集五大"机构调整,临安市供电局党委同步部署,完成6个党支部的调整和96名党员的组织关系转移。

2013年,临安市供电局改名为国网浙江临安市供电公司,党组织相应改名为国网浙江临安市供电公司党委。

2016年11月11日,国网浙江临安市供电公司党委召开第三次代表大会,选举产生新一届党委和纪委委员。

至2016年,国网浙江临安市供电公司党委下设机关第一支部、机关第二支部、客户服务中心支部、於潜供电所支部、昌化供电所支部、玲珑供电所支部、青山供电所支部、运维检修第一支部、运维检修第二支部、离退休支部、恒力承装支部、恒信电气支部、恒晟物业分公司支部共13个党支部和大有公司临安分部党总支。

1958—2016年临安电力系统党组织主要负责人见表11-1。

表11-1 1958—2016年临安电力系统党组织主要负责人

| 名称 | 职务 | 姓名 | 任职时间 |
|---|---|---|---|
| 临安电厂党支部 | 副书记 | 辛苗海 | 1959年3月—1959年12月 |
| 临安县供电所党支部 | 书记 | 刘德柱 | 1961年10月—1962年11月 |
| | 书记 | 张景亭 | 1962年11月—1963年1月 |
| 临安电力公司党支部 | 书记 | 张景亭 | 1963年1月—1967年12月 |
| | 书记 | 朱开清 | 1970年10月—1976年11月 |
| | 副书记 | 张景亭 | 1973年4月—1974年11月 |
| 临安电力公司党总支 | 书记 | 张景亭 | 1976年11月—1982年6月 |
| | 书记 | 潘之元 | 1982年11月—1983年12月 |
| | 副书记 | 郭明 | 1976年11月—1981年11月 |
| | 副书记 | 潘之元 | 1978年9月—1982年11月 |
| | 副书记 | 陈德云 | 1978年12月—1983年10月 |
| 临安县供电局党总支 | 书记 | 潘之元 | 1983年12月—1984年12月 |
| 临安县供电局党委 | 书记 | 潘之元 | 1984年12月—1996年12月 |
| | 副书记 | 周作模 | 1984年12月—1991年12月 |
| | 副书记 | 何永林 | 1992年7月—1996年12月 |

| 名称 | 职务 | 姓名 | 任职时间 |
|---|---|---|---|
| 临安市供电局党委 | 书记 | 潘之元 | 1996 年 12 月—1997 年 4 月 |
| | 书记 | 何永林 | 1997 年 4 月—2010 年 8 月 |
| | 书记 | 丁松 | 2010 年 8 月—2013 年 7 月 |
| | 副书记 | 何永林 | 1996 年 12 月—1997 年 4 月 |
| | 副书记 | 潘之元 | 1997 年 4 月—1998 年 9 月 |
| | 副书记 | 沈跃建 | 1998 年 9 月—2000 年 12 月 |
| | 副书记 | 宋耘 | 2010 年 8 月—2013 年 7 月 |
| 国网浙江临安市供电公司党委 | 书记 | 丁松 | 2013 年 7 月—2016 年 12 月 |
| | 副书记 | 宋耘 | 2013 年 7 月—2013 年 9 月 |
| | 副书记 | 沈广 | 2013 年 9 月—2015 年 12 月 |
| | 副书记 | 殷伟斌 | 2015 年 12 月—2016 年 9 月 |
| | 副书记 | 洪洲 | 2016 年 9 月—2016 年 12 月 |

## 二、组织建设

### (一)党员队伍

20 世纪 50 年代,临安电厂设立之初,有职工 7 人,其中党员 1 人。60 年代,临安电力公司党支部加强党员管理和发展工作,结合生产建设,对党员进行党的知识教育,使广大党员在各自岗位上发挥先锋模范作用。由于在建党工作上受"阶级成分论"等"左"倾思想的影响,发展党员慎重有余,积极不足,至 1975 年底,临安电力系统仅发展党员 21 人。

1978 年 12 月,十一届三中全会召开,中共中央适时提出"坚持标准,保证质量,改善结构,慎重发展"的建党方针,临安电力公司党组织"解放思想,实事求是",注重对职工中的积极分子和中青年知识分子的培养和考察,按照"成熟一个,发展一个"的原则,开展组织发展工作。入党审批等组织建设工作由临安县委组织部办理。此外,转业军人和其他单位调入的党员人数也增加了临安电力公司的党员数量。

1980 年 11 月,为加强对党员的教育和管理工作,便于归口管理,临安县委组织部发文《关于临安电力公司等四单位党的组织关系划归县工办党组管理的通知》(临组〔1980〕107 号),将临安电力公司的党组织关系划归临安县工办党组管理,有关党的建设方面的工作均由临安县工办党组办理。是年起,临安电力系统开展"争创先进党支部"和"争当优秀党员"的"双争"活动,进行党支部集体领导、党的思想建设和组织建设、政治思想工作、党员学习等方面的比学赶帮竞赛。每年都按照党支部、党员竞赛的标准总结评比,健全党的组织生活,建立"三会一课"(党员大会、支部委员会、党员小组会,党课)制度,不断提高党员素质,充分发挥党支部的战斗堡垒作用和党员的先锋模范作用。1984 年 12 月,成立临安县供电局党委,党的组织建设工作由党委自行办理。1985 年,在原来"双争"的基础上增加"争创先进党小组"活动(简称"两先一优"活动)。1983—1990 年,先后有 11 个党支部、11 名党员被临安县委评为先进党支部、优秀党员。1990 年底,临安县供电局共有党员 69 人,党支部 7 个。

1992 年,临安县供电局党组织培养发展生产第一线的青年入党积极分子,3 名积极分子入党,均为生产第一线工人。8 名职工向党组织提出入党申请,均为 30 岁及以下的青年,其中 7 名为生产一线工人。建立共青团向党组织推荐优秀团员入党的制度,临安县供电局团委向临安县供电局党委提出 6 名推荐对象。临安县供电局党委建立党员责任区制度,以党员的模范行动带领全局职工努力奋斗。1992 年底,临安县供电局共有党员89人,党支部9个。

1998年,临安市供电局制定《基层党支部考核办法(试行)》,把党支部承担的基本任务量化为具体指标,实行定期考核。考核结果作为确定达标党支部、评选先进党支部的主要依据。2001年,为使全体党员在各条战线发挥作用,临安市供电局各党支部开展党员责任区活动,明确每个党员的任务和作用;在全局开展党员身边无事故和无行风问题活动;坚持一年一度的党内"双评"工作,对支部通过评议进行分类,对全局118名党员进行定格,全部为合格党员,对其中2名党员提出诚勉谈话,评出党员积极分子14人,其中优秀党员2人。是年底,临安市供电局共有党员149人,党支部13个。

2003年9月,临安市供电局党委通过浙江省电力公司党组达标考核验收,被授予"达标基层党组织"称号。2004年开始,临安市供电局党委以创建学习型党组织为抓手,通过开展党支部达标、党员责任区等活动巩固基层组织基础。

2005年5月,根据浙江省委组织部《关于调整11个市电力(业)局和59个县(市、区)供电(电力工业)局(公司)党组织隶属关系的通知》(浙组通〔2005〕16号),"现由地方党委管理的59个县(市、区)供电(电力工业)局(公司)党组织,调整为11个市电力(业)局(公司)管理",临安市供电局党组织关系隶属于杭州市电力局党委管理。12月,根据杭州市电力局党委《关于杭州市电力局党委及五县(市、区)供电局党委组织关系接转的报告》(杭电党〔2005〕80号),杭州市电力局党委及包括临安市供电局在内的五县(市、区)供电局党组织关系整体接转至浙江省电力公司机关党委。

2008年,临安市供电局党委全面实施电子党务动态管理,创造性地提出并实施同类支部对标管理、党小组特色工作竞赛、党员作用量化考核制,全方位推进企业党建工作。

2011年,临安市供电局党委修订党员发展流程,加强党员发展的计划性,探索"党员作榜样"动力机制,通过评选"党员示范窗口""党员先锋岗",设立"党员服务队",制定《党员服务队活动实施细则》,明确服务标准,打造党员服务品牌。

至2016年,国网浙江临安市供电公司共有党员370人,其中女性54人,预备党员4人,离退休职工43人。按文化程度分,研究生18人,大学本科123人,专科96人,中专14人,高中及中技74人,初中及以下45人。按年龄分,30岁及以下46人,31~35岁65人,36~40岁55人,41~45岁36人,46~50岁38人,51~55岁61人,56~60岁29人,61~70岁27人,71岁及以上13人。临安电力系统历年党员情况见表11-2。

表11-2 1975—2016年临安电力系统党员情况

| 年份 | 党员人数 | | | | 年份 | 党员人数 | | | |
|------|------|----|----|------------------|------|------|----|----|------------------|
| | 总数 | 男 | 女 | 其中包括的离退休党员 | | 总数 | 男 | 女 | 其中包括的离退休党员 |
| 1975 | 22 | 22 | 0 | 2 | 1993 | 94 | 92 | 2 | 20 |
| 1984 | 43 | 43 | 0 | 3 | 1994 | 98 | 95 | 3 | 22 |
| 1986 | 79 | 79 | 0 | 2 | 1995 | 99 | 97 | 2 | 22 |
| 1987 | 86 | 85 | 1 | 5 | 1996 | 95 | 91 | 4 | 15 |
| 1988 | 93 | 91 | 2 | 5 | 1997 | 111 | 106 | 5 | 14 |
| 1989 | 64 | 63 | 1 | 5 | 1998 | 113 | 108 | 5 | 14 |
| 1990 | 69 | 68 | 1 | 5 | 2000 | 138 | 129 | 9 | 13 |
| 1991 | 82 | 81 | 1 | 8 | 2001 | 149 | 142 | 7 | 14 |
| 1992 | 89 | 88 | 1 | 12 | 2002 | 151 | 141 | 10 | 16 |

| 年份 | 党员人数 | | | | 年份 | 党员人数 | | | |
|------|------|------|------|------|------|------|------|------|------|
| | 总数 | 男 | 女 | 其中包括的离退休党员 | | 总数 | 男 | 女 | 其中包括的离退休党员 |
| 2003 | 155 | 144 | 11 | 18 | 2010 | 249 | 208 | 41 | 26 |
| 2004 | 172 | 153 | 19 | 22 | 2011 | 264 | 221 | 43 | 29 |
| 2005 | 186 | 162 | 24 | 22 | 2012 | 269 | 226 | 43 | 29 |
| 2006 | 195 | 168 | 27 | 22 | 2013 | 278 | 231 | 47 | 29 |
| 2007 | 217 | 184 | 33 | 24 | 2014 | 279 | 232 | 47 | 34 |
| 2008 | 223 | 188 | 35 | 25 | 2015 | 288 | 240 | 48 | 38 |
| 2009 | 240 | 199 | 41 | 27 | 2016 | 370 | 316 | 54 | 43 |

（二）干部管理

1963年1月前，临安电厂、临安县供电所党政干部，均由临安县委任命。1963年1月起，临安电力公司党政干部经杭州供电局党委与临安县委协商决定，党组织干部由临安县委任免，行政干部由杭州供电局党委任免。各县电力公司行政干部由杭州供电局直接任免的干部管理制度，至1966年中止。

"文化大革命"初期，党的干部管理工作处于停顿状态，临安电力公司革命委员会成员先后由临安县造反联合总指挥部、临安县革命委员会任免。1970年，党组织逐步恢复组织生活后，临安电力公司党政干部由临安县委任免。

1977年，临安电力公司党总支加强班组长等干部队伍的培养和建设，从优秀工人中选拔干部，选拔支部人员和工段长、班长13人，设立团支部3个，培养团干部7人，共产党员和班组长及以上干部成为生产骨干，充分发挥了战斗模范作用。

1978年后，干部管理逐步趋于正常、规范。临安电力公司及其后的临安县供电局局级党组织正副书记、委员及纪委书记，由临安县委任免；公司及其后的局级行政正副职、主任工程师，由杭州市电力局任免；局机关党支部正副书记1994年以前由临安县县级机关党委任免，1994年起由临安县供电局党委任免；基层党支部正副书记由临安电力公司及其后的临安县供电局局级党组织培养、考察、任免；职能科（股）室正副职（1984年以前由杭州市电力局任免）及基层单位行政正副职由临安电力公司及其后的临安县供电局任免。

临安电力系统党组织重视干部管理工作，从基层单位的生产骨干、部队转业干部、生产第一线工人中选拔干部，担任领导和生产管理工作。十一届三中全会后，经复查，为"文化大革命"中受迫害干部恢复名誉。

1981年，为了加强生产指挥系统，健全党总支领导下的经理负责制，加强股室、工段和班组的建设，临安电力公司选拔有一定专业知识、年富力较强的5名正副股长，其中1人被选拔为副经理，调整股室人员，选拔2名正副工段长，充实2名党支部委员。

1982年，贯彻浙江省委《关于进一步做好落实干部政策工作的意见》，临安县供电局党组织按照革命化、年轻化、知识化、专业化的方针和德才兼备的原则，加强领导班子建设，开展干部评议、推荐、组织考察、上级审批工作，并推进班子建设，改变干部精神面貌软弱涣散状态，进行新老干部交替，配备领导骨干。

1985年，临安县供电局在行政上实行局长负责制，对下属行政干部进行聘用。10月，临安县供电局设立局评议干部小组，拟定评议干部实施细则，开展民主评议干部活动。民主评议干部是考核干部、加强干部管理的一个重大改革。民主评议范围主要是局级行政领导干部、股室和供电所一级干部，每年一次。

民主评议内容以党章和干部条件为标准，从德、能、勤、绩等方面进行评议。

1990年9月，临安县供电局制定《干部管理办法（试行）》，设立局干部考核领导小组，由潘之元任组长，加强对干部队伍的管理、监督工作，推动干部队伍考核工作经常化、制度化。同时，结合"双争双评"（争创先进党支部、争做优秀党员，民主评议支部、评议党员）开展党员干部评议和党支部评议。根据评议结果，各支部对照党员先进性教育活动目标机制，查找不足之处，制定整改措施。通过宣讲、教育、讨论及结合自身工作的各类活动，达到"提高党员干部素质，服务人民群众，促进各项工作"的目的。此后，每年均设立中层干部考评领导小组，对干部德、能、勤、绩、廉五方面进行年度考评。一般分自评、业绩考核、民主测评三阶段，考核等次为优秀、称职、基本称职和不称职。在考核干部的基础上，择优选拔干部。

1993年11月，临安县供电局按照杭州市电力局"三项制度"改革要求，引入竞争机制，首次对部分中层干部岗位实行公开招聘。1996年，临安市供电局首次聘任的中层干部任期届满，为了对干部任职期间的德、能、勤、绩、廉做出全面的评价，为下一轮的干部聘任提供依据，临安市供电局对全局47名中层干部进行民主评议。

1997年8月，临安市供电局修订《干部管理办法（试行）》，对干部的基本要求、职级、选拔和任免、考核、奖惩等进一步做出明确规定。是年起，结合年终干部考核，临安市供电局开展评选"优秀干部"活动，每年评选优秀干部若干名，以进一步调动广大干部的积极性和创造性。

1999年，为及时了解掌握干部队伍的思想工作情况，促进下属党政班子的思想作风建设，临安市供电局党委实行干部谈话制度，通过谈话达到沟通思想、增进团结、提高认识、促进工作的目的。谈话内容包括干部本人的思想、工作、学习、家庭、身体等情况，班子建设情况，对上级部门的意见和建议。2000年，临安市供电局加大对干部的考核力度，实施干部诫勉谈话和末位淘汰等制度，并对两个中层干部岗位实行竞聘上岗。

进入21世纪后，临安市供电局围绕"新时期党员先进性"的主题，在党内开展先进性教育活动，把党员的思想和行为统一到"三个代表"的要求上，落实到努力完成本职工作任务上，发挥党员的先锋模范作用。进一步加强干部管理，通过各类例会制度，把上级精神和本局党政工作任务贯彻和落实到基层；通过每月督查检验干部工作业绩，健全经济责任制并严格考核，加强干部工作自觉性。制定中层干部任前公示等制度，引入竞争上岗机制。把管理人员也纳入严格管理，建立并实施绩效考核体系，引入末位淘汰、竞聘上岗等机制。

2002年，临安市供电局制定《中层干部竞聘上岗实施办法》，设立中层干部竞聘上岗领导小组，确定竞聘上岗的基本程序和竞聘人员的必备条件，规范竞聘的组织实施，并对五个中层副职岗位进行公开竞聘。公开竞聘担任中层副职的职工试用期一年，试用期内履行该岗位职责，享受该岗位的待遇；试用期满后，根据试用期的考核情况，决定是否正式聘任。

2003年，临安市供电局改革传统用人机制，加大绩效考核力度，建立干部末位淘汰、竞争上岗的激励机制和职工降岗降薪、升岗升薪制度。年初，对全局中层干部、供电营业所所长和科室人员进行全面考评，2人居末位而调离原岗位，5人全年奖金下浮，8人全年奖金上浮。

2004年，临安市供电局进一步加强基层单位领导班子建设，加强对中层干部的监督管理，根据中纪委关于党内监督的有关规定，以及杭州市电力局《中层干部三项谈话制度实施办法》的有关要求，制定纪委负责人同下级单位与科（部）室党政主要负责人谈话制度、中层干部任前廉政谈话制度、中层干部诫勉谈话制度（简称三项谈话制度）。2007年，临安市供电局完善干部管理制度，推出干部轮岗交流等制度，出台后备人才管理办法，通过选拔推荐，建立局后备人才队伍。

为进一步加强干部日常教育、监督和管理，建立、健全干部日常管理机制，2010年1月起，临安市供电局开展干部管理月度分析工作，分析对象为全局班长及以上干部和局后备人才，建立干部个人表现月度报告制度和干部管理月度分析制度,建立、健全中层干部廉政档案。之后,临安市供电局每年都开展中层干部廉政档案集中填报工作,作为反映、评价中层干部廉洁从业情况的重要参考依据。

2013年,"三集五大"体系建设后,为进一步巩固建设成果,提升企业管理水平,推进公司"两个文明"建设,国网浙江临安市供电公司开始开展大政工及干部考核一体化考评。对公司中层干部、班级所长、机关管理人员以及对文明室(部)、文明班组、达标基层党组织、党风廉政建设进行年度考核测评。之后,国网浙江临安市供电公司每年都开展政工一体化考评,以推进"两个文明"协调发展,实现政工工作与企业发展共融、与员工成长同步,进一步发挥党组织的战斗堡垒作用和党员的先锋模范作用。

### 三、思想建设

临安电力系统党组织设立以来,重视思想建设工作,结合自身实际和中心工作,组织党员学习党的路线、方针、政策,学习党的理论、党的基本知识,学习科学、文化和业务知识。

20世纪60年代初期,国民经济发生严重困难,根据中共中央在经济建设中贯彻"调正、巩固、充实、提高"方针的决定,临安电力系统党组织广泛开展"工业学大庆",教育职工发扬优良传统,团结一致,艰苦奋斗,战胜困难,在工作中坚持"三老四严"(做老实人、说老实话、办老实事,严格的要求、严密的组织、严肃的态度、严明的纪律),苦练基本功,促进电力生产任务的完成。同时,深入开展学雷锋、学习毛泽东思想,培养广大职工共产主义道德风尚,提倡全心全意为人民服务的精神。

"文化大革命"开始后,临安电力公司党组织被迫停止活动,党的宣传教育工作遭到严重干扰。但大多数干部职工凭着经党的多年教育所具备的思想觉悟,排除干扰,坚守岗位,做好企业生产经营工作,保证了临安工农业生产和城乡居民生活的用电需求。1976年10月粉碎"四人帮"后,临安电力公司党组织活动恢复正常,思想政治工作的优良传统开始恢复,党的思想建设不断加强。

1977年,在临安县委路线教育工作队和临安电力公司党总支的领导下,临安电力公司进行企业整顿,对照大庆式企业的六条标准,重点开展党总支和党支部两级人员的思想建设。党总支加强班组长以上干部队伍的培养和建设,从优秀工人中选拔一批干部。广大共产党员和班组长以上干部成为生产骨干。开展职工队伍的思想政治工作,在贯彻县、局工业学大庆会议精神的基础上,开展工段之间、班组之间、个人之间的社会主义劳动竞赛,评思想、比贡献、选模范、树标兵,表彰先进,总结经验,调动积极因素。

1978年,临安电力公司党组织进行整党整风,在党内开展积极的思想斗争。改选党支部,调整和充实公司领导班子,增强领导班子的战斗力。先后整顿工会、共青团组织,设立妇女组织,召开妇女代表大会(简称妇代会),选出妇女组织组长和县妇代会代表。通过整党整风,在党总支的直接领导下,三个工段党支部把政治工作和经济手段结合起来,以此来提高职工积极性。

十一届三中全会以后,临安电力公司党组织认真贯彻落实会议精神,组织干部职工学习邓小平《解放思想,实事求是,团结一致向前看》重要讲话;组织党员、干部学习《关于党内政治生活的若干准则》,使党员提高执行党的路线、方针、政策的自觉性,保障党员政治生活的正常开展;组织党员干部学习十一届六中全会通过的《关于建国以来党的若干历史问题的决议》,使其思想上、政治上与中共中央保持一致。

1981年3月,杭州市电力局职工代表大会发出"人民电业为人民"的倡议后,临安电力公司响应上级号召,开展"人民电业为人民"优良服务活动,各工段、各班组都制定服务公约,扭转吃、喝、拿的不正之风,端正服务方向。

1982年,临安电力公司党总支组织党员学习十二大文件精神,号召党员在"五讲、四美、三热爱"(讲文明、讲礼貌、讲道德、讲卫生、讲秩序,心灵美、语言美、行为美、环境美,热爱祖国、热爱社会主义、热爱中国共产党)和"人民电业为人民"活动中起带头作用。同时,开展创建文明班组活动,从抓班组建设、打好扎实基础入手,提出创建文明单位的目标,扎实推进文明单位创建工作。

1983年10月,十二届二中全会通过《中共中央关于整党的决定》。临安县供电局党总支于1984年6月成立职工政治学校,加强职工思想政治教育和政治补课的领导。1985年6月,临安县供电局党委按照中共中央"统一思想、整顿作风、加强纪律、纯洁组织"的要求,开始全面整党。至10月,第一批机关整党工作结束,参加整党的机关17名党员全部予以登记。1986年1月,设立临安市供电局整党领导小组,开始第二批整党,即基层单位整党。3月,临安县供电局党委制定党风建设的几项规定及各级党风责任制,并由局纪检小组负责建立定期检查汇报和考核制度。

1987年初,临安县供电局党委深入开展形势教育,在党员中开展"争当优秀党员,为党争光辉"活动,在职工中开展"争做文明职工,争创文明单位"活动。6月,临安县供电局党委印发《关于加强党内监督的若干规定》。10月,进一步健全党组织生活,重申组织生活制度:坚持每月召开一次全体党员参加的组织生活会,每季度召开一次党支部的民主生活会,至少半年召开一次党委的民主生活会,每月召开一次党委会,每季度召开一次纪检小组会议。

1989年8月,临安县供电局党委设立局民主评议党员工作指导小组,按照认真准备、学习教育、自我总结、民主评议、组织审定、表彰和处理等步骤,开展民主评议党员工作,对党员的思想认识和现实表现进行全面评议。1990年,临安县委组织部、机关党委、经委党委在临安县供电局开展"双争双评"试点。临安县供电局党委围绕"增强党性修养,牢固树立全心全意为人民服务"这个主题,开展马克思主义基本原理、党的基本路线、党的基本知识的"三基教育",进行思想、组织、作风"三项建设",经受执政、改革开放、反和平演变"三个考验"。发挥党委的政治核心、党支部的战斗堡垒、党员的先锋模范"三个作用"。贯彻"从严治党"的方针,坚持标准,严格要求,正面教育,从9月初开始,进行为期一个月的"双争双评"工作。

1991年,临安县供电局党委贯彻十一届七中全会精神,结合社会发展的"八五计划"和"十年规划"学习,开展基本国情和基本路线的"双基"教育,促进全局职工坚定社会主义信念。1992年,临安县供电局党委结合企业生产经营多层次、多内容地开展思想政治工作,根据县委部署,开展机关干部思想评议活动。1995年,临安县供电局党委通过开展新时期形势任务教育,激发全局干部职工的创造性、积极性;通过举办职工硬笔书法比赛、召开职工家属座谈会等活动,增强职工凝聚力、向上力。

1997年,临安市供电局党委召开全局党员干部大会,传达贯彻十五大精神和上级有关纪检监察、廉政建设和行风建设等方面的指示精神,并邀请十五大代表、优秀共产党员陈金水作报告,邀请钱王律师事务所律师讲解《中华人民共和国刑法》知识等;组织党员干部观看党纪教育片《歧途》《钱江风范》《人民公仆颂》《红与黑的沉思》;组织机关人员观看由杭州市纪委、杭州市检察院、杭州市监察局联合举办的反腐败图片展览。组织党纪政纪知识学习和考试。

进入21世纪后,临安市供电局党委坚持每月召开一次党委会,每年召开一次民主生活会,传达上级关于党风廉政建设的精神,分析党风廉政建设精神,布置党风廉政建设工作。坚持每季度组织党员干部观看党纪教育录像片一次。在全局开展"树三德,强素质,促发展"活动,在干部中开展从政道德教育,在职工中加强职业道德教育。

2003年,临安市供电局党委贯彻中共中央关于"形成全民学习、终身学习的学习型社会,促进人的全面发展"的要求,在党内开展创建学习型党组织活动,逐步形成"学习新知识、增强新本领"的新理念,不断提高党员队伍的整体素质,更好地发挥各级党组织、共产党员在企业改革发展中的战斗堡垒作用和先锋模范作用。临安市供电局党委结合实际在全局开展"讲学习、比贡献、促一流"主题教育活动,并把"讲、比、促"活动与创建"学习型党组织"、创建文明单位(科室)和满意单位活动结合起来,营造独具特色的企业文化。

2005年,临安市供电局党委在全局党员中开展以实践"三个代表"重要思想为主要内容的保持共产党员先进性教育活动,坚持经常性教育同适当的集中教育相结合,着力解决党员队伍的"不符合""不适应"问题,保持党的先进性、纯洁性,加强党的基层组织建设,推进企业各项工作全面进步,促进临安市电力事业的更大发展,为建设"强市、名城、胜地"提供可靠的电力保证。2006年,临安市供电局党委在全体职工中开展"八荣八耻"教育,引导职工树立正确的社会主义荣辱观。2008年,临安市供电局党委开展以十七大精神为主线的形势任务教育活动,通过开展庆祝改革开放30周年、"迎奥运,塑形象,添光彩""树新形象,创新业绩""感恩祖国,为祖国做实事;感恩企业,为企业做实事;感恩家庭,为家庭做实事"等主题活动,实现"解放思想增活力,科学发展强实力,构建和谐添魅力"的目标,进一步将全局干部职工的思想统一到实现全局目标任务上。2010年,临安市供电局党委开展争创"四强"(政治引领力强、推动发展力强、改革创新力强、凝聚保障力强)党组织、争做"四优"(政治素质优、岗位技能优、工作业绩优、群众评价优)共产党员活动。

2012年,临安市供电局党委设立由局领导班子成员带头的形势任务宣讲团,将该年"三集五大"体系建设、"安全年"活动、主多分开等形势任务,利用"理论学习周""新春安全学习周"、迎峰度夏职工代表巡视等大型活动,以及日常的基层工作调研活动,及时将信息传达到基层一线。通过定期、不定期地到挂钩室(部)、基层单位进行走访、谈心和调查摸底的工作方式,进行"面对面""一对一"的沟通交流,及时掌握和发现职工思想动态,把问题解决在基层、消除在萌芽状态,确保改革发展进程中企业安全生产、队伍建设、优质服务、廉洁从业和信访舆情稳定等。创新开展党建工作交叉巡视活动。参加交叉巡视检查的成员包括各党支部书记、党支部委员、政工员及党群部党务工作人员;交叉巡视检查内容分组织建设、思想建设、作风建设、完成工作任务、思想政治工作五个方面;交叉巡视检查每季度开展一次,每次从局综合组、生产组和多经组党支部中各抽取一个支部组成检查组进行巡视检查,形成党建工作的常态检查交流机制。是年,临安市供电局党委被评为浙江省电力公司"创先争优闪光之星"。

2013年,国网浙江临安市供电公司党委推进大政工体系建设,开展"中国梦·国网情"主题学习活动,开展省级文明单位道德讲堂建设,开展"善小""微小"行动征集,开展形势任务宣讲团"走基层"调研、支部园地建设和评比等活动。2014年,国网浙江临安市供电公司党委开展党的群众路线教育实践活动,覆盖公司全部14个党支部及249名党员职工。2015年,国网浙江临安市供电公司党委以打造"精神富有"员工主题活动为抓手,开展国网杭州供电公司思政工作"柔性管理"的试点和落地工作。思政工作"柔性管理"项目把精神文明建设工作与企业管理同步、与生产经营合拍,在党委的统一领导下,行政、工会、共青团共同发挥主体职能作用,构建纵向上由党委、党支部延伸到党小组、班组,横向上齐抓共管的全员、全方位、全过程的精神文明建设工作管理体系。

2016年,国网浙江临安市供电公司党委开展"两学一做"(学党章党规、学系列讲话,做合格党员)学习教育活动,以"四个一"(一周一送、一月一学、一季度一讲、一年一评)模式助推学习教育。

### 四、制度建设

1983年,临安电力公司党组织建立政治学习制度,系统地组织职工学习毛泽东思想、邓小平理论,重点进行坚持党的四项基本原则、三热爱和全心全意为人民服务、"人民电业为人民"等思想教育。加强共青团的领导,对青年工人进行前途、理想、道德、纪律教育。

1986年,临安县供电局党委和临安县供电局联合印发《临安县供电局思想政治工作责任制》,对思想政治工作的队伍、责任和考核、奖惩等做出明确规定。

1987年,临安县供电局党委制定《关于加强党内监督的若干意见》,明确党内监督制度,保证党的组织、党员特别是党员干部按《中国共产党章程》和企业的规章制度办事,防止党内不良倾向的发生。1988年,临安县供电局党建立填报"党支部月度活动情况和党员概貌月度评议信息表"制度,促进党支部活动和党员管理工作的发展。

1989年,临安县供电局党委设立民主评议党员工作指导小组,开展党员民主评议工作。此后,这种民主评议逐渐成为制度,保证了党的先锋模范作用的发挥。

1990年,临安县供电局党委建立和健全"双争双评"制度(争当优秀共产党和争创先进党支部、民主评议党员和民主评议党支部制度),把基层党组织的思想、组织、作风建设,把领导班子、党员队伍、发展党员等方面的制度融为一体,落实党要管党的原则和全面从严治党的方针。

加强制度建设,强化制约机制,是临安县供电局多年来搞好党风廉政建设的一项主要内容。1995年,临安县供电局进一步加强廉政方面的制度建设,印发《关于认真贯彻落实"四条补充规定"和"执行十条规定"的通知》。

1997年2月,临安市供电局通过浙江省电力工业局组织的电力工业部"双达标"检查验收,在该基础上,按照创一流供电企业的要求做出部署,对照部颁考核标准,制定创一流供电企业总体规划,各科室结合工作实际制定切实可行的规章制度,将历年来形成的制度进行汇编并印发,检查制度执行情况,对各项工作开展规范化、法治化管理。临安市供电局党委加强党风廉政建设,制定党风领导班子廉政建设责任制,基层党支部也都制定责任制,督促全局党员和干部职工自觉遵守党风、廉政规定。临安市供电局加强行风建设,深化优质服务,推出社会服务承诺制。

1999年,临安市供电局从基础管理入手,加强制度建设,设立落实党风廉政建设责任制领导小组,明确责任分工,先后制定《临安市供电局对中层干部实行谈话诫勉制度》《临安市供电局接待管理办法》,结合"两网"改造的新形势,制定《临安市供电局基建工程管理实施细则》《临安市供电局农网物资管理办法》《临安市供电局低压电网改造工程管理及考核办法》等一系列规章制度,形成一整套跟踪管理的制约机制。

21世纪初,临安市供电局新一届领导班子上任后,坚持民主集中制,相继制定《临安市供电局党委会工作规则》《临安市供电局局办公会议议事规则》《杭州临安电力实业总公司董事会议事规则》等一系列领导制度,重要问题经集体讨论后决定。2001年,临安市供电局贯彻落实国家电力公司关于开展"电力市场整顿和优质服务年活动"精神和临安市开展"满意单位、不满意单位"评选活动的要求,根据行风建设目标规划和行风建设目标责任书的有关规定,制定《临安市供电局行风建设管理实施细则》《临安市供电局责任制实施细则》《临安市供电局责任制追究实施办法》,落实责任制,临安市供电局与各基层单位党政负责人,各基层单位与班组,层层签订党风廉政建设责任书,在机制上形成党委统一领导、党政齐抓共管、纪委组织协调、部门各司其职的格局。

"十一五"期间,临安市供电局不断完善修订各项制度。在人事管理方面,出台《临安市供电局重要岗位轮岗实施办法》《临安市供电局干部管理办法》《临安市供电局竞聘上岗实施办法》《临安市供电局后备人才管理办法》等制度,促进人员合理流动,优化队伍结构,并通过逐级推荐完成局后备人才库建设,拓宽干部选拔渠道,规范干部任免、管理等工作,促进企业的党风廉政建设。在财务管理方面,深化全面预算管理,逐步将年度预算细化、分解到每季度、每月,严格控制。在招标工作方面,设立中层编制的招标中心,出台《临安市供电局采购管理办法》,制定《多经企业招投标管理暂行规定》,对整个采购和招标环节等具体操作细则做了明确规定,并明确多经企业的招投标管理权限和处理程序,加强对多经企业招投标工作的监督管理。在物资采购管理方面,制定《临安市供电局废旧物资回收、仓储及处置规定》,明确各职能部门的管理职能、优化处理流程,进一步规范废旧物资的管理。在不断健全制度的同时,注重与之相配套的电子审批流程的开发和应用,建立核心业务工作流程审批平台,进一步完善临安市供电局物资采购、招标申请、工程预决算的审批及经办程序的信息化,电子审批流程的应用进一步提高临安市供电局制度执行力度和规范化水平。

2008年,临安市供电局党委创新党建工作机制,制定《临安市供电局同类支部对标管理办法》《临安市供电局党员作用量化考核办法》,引入内部良性竞争机制。临安市供电局党委申报的"党支部和党员考核激励机制的创新实施"项目获浙江省电力公司系统企业管理创新成果奖二等奖。

2014年,国网浙江临安市供电公司完成"三集五大"建设,推进"五位一体"协同机制建设,深化通用制度宣传贯彻执行,在贯彻执行国家电网公司通用制度基础上,进一步制定非通用制度实施细则和补充制度,废止不适用的制度,理顺各单位、部门适用制度共92项,累计废止原有制度142项。通过建立、健全公司工作制度、管理制度、考核制度和督促检查制度,不断完善和探索构建可执行、可监督、可检查、可问责的制度体系。

## 五、文化建设

20世纪90年代,临安县(市)供电局开始注重企业文化建设,结合企业达标创一流工作,培育提炼"求实奋进、负重拼搏、争创一流、服务人民"的企业精神,增强企业员工的向心力和凝聚力。

进入21世纪后,临安市供电局结合企业实际,以塑造战略导向型企业文化为突破口,使员工树立正确的价值观,确立企业发展的共同愿景,构建具有临安市供电局特色的企业文化。2004年,倡导"精细管理、有序竞争、规范操作、真诚服务"的核心价值观,弘扬"求真务实、开拓创新、团结拼搏、竞优争先"的企业精神。

2005年,临安市供电局系统地打造企业"文化力"工程,提出"三个一"的企业核心文化,即坚持"以人为本"的企业理念,弘扬"崇本务实,创新致远"的企业精神,体现"诚信、奉献、和谐"的核心价值观。在具体工作中,打造"认真、规范、严格、关爱"的安全文化、"真诚服务、共谋发展"的服务文化和"诚信、规范、自律、关爱"的廉政文化。

宣传工作是企业文化建设的有效途径。2005年,临安市供电局创刊报纸《临安电力》,并把杂志《先行》转为局级刊物。《先行》至2009年12月共出刊20期,《临安电力》至2009年12月共出刊82期。《先行》和《临安电力》对宣传临安电力系统各项生产经营活动、推进企业文化建设起到了一定的作用。同时,临安市供电局以内联网站作为对内宣传的主要平台,拓展对外宣传方式,企业宣传从"纸质化"向"电子化"转型。

2009年,国家电网公司提出打造"百年老店"的目标,建设真正意义上的一体化企业集团,建立与之相适应的统一企业文化,加快培育"诚信、责任、创新、奉献"的核心价值观,打造统一的"国家电网"品牌,对国家电网公司各级单位提出加快建设以"四统一"(统一的核心价值观、统一的发展目标、统一的品牌战略、统一的管理标准)为基础的优秀企业文化。临安市供电局按照国家电网公司"一盘棋"的要求,大力宣传核心价值观,采取座谈、讨论、宣讲、培训、演讲、竞赛等多种形式,引导员工深刻领会国家电网公司核心价值观的科学内涵和本职要求,全面认知、认同国家电网公司核心价值观。临安市供电局按照企业文化手册指导要求,全面推行国家电网公司统一的企业愿景、企业使命、企业宗旨、企业核心价值观和企业精神等基本价值理念,开展企业文化精品工程、企业文化落地工程、企业文化评价工作。

2012年,临安市供电局根据"三集五大"企业文化建设要求,开展"五统一"(统一价值理念、统一发展战略、统一制度标准、统一行为规范、统一公司品牌)的企业文化建设。

2015年,国网浙江临安市供电公司企业文化建设以"五大工程"(文化保障工程、文化提升工程、文化引领工程、文化共建工程、文化示范工程)为抓手,培养"精神富有"员工,实现"五统一"文化落地。在创建过程中,通过学习传播、展示传播、典型传播、沟通传播、仪式传播、文体传播六大渠道,实现员工、团队、企业和社会四个层面企业文化传播和落地效率的最大化。同时,加强企业文化领导机制、工作机制、保障机制三个机制建设,建立企业文化展示厅、劳模工作室、道德讲堂、职工书屋四大阵地。探索建立典型人物挖掘机制,选树国网劳模李宁、央企青年岗位能手林青山、最美杭州人赵赟等一系列先进典型。

2016年,国网浙江临安市供电公司获国网杭州供电公司品牌建设工作先进单位称号,获临安市精神文明创建先进单位称号。

## 六、纪检监察

### (一)组织机构

由于临安电力公司党组织一直由临安县委管辖,纪律检查工作也主要由临安县纪委管理。1981年10月,杭州市电力局纪委建立。临安电力系统党的纪律检查工作在杭州市电力局纪委和临安县纪委统一部署下开展。临安县供电局党委成立之前,纪检工作由临安县供电局党总支纪检委员负责。1984年12月,临安县供电局党委成立后,设立纪检组,组长由党委纪检委员担任。

1987年5月,临安县供电局调整纪检组,章启昌任组长,局属各党支部设立纪检员。1989年4月,临安县供电局设立监察组,章启昌任组长。

1990年5月,根据临安县委文件精神,临安县供电局党委配备副书记级纪检组长,何永林任纪检组长,分管纪检工作。临安县供电局健全两级监察网络:局设监察组,基层设兼职监察员,监察机构和纪检组织采取一个机构、两块牌子的形式,由兼职纪检干部、纪检员交叉任职,监察组长由纪检组长兼任,兼职监察员由各党支部纪检委员兼任,监察除局级领导以外的全体职工(局级领导属上级监察机关的监察对象)。

1991年12月,经临安县监察局同意,临安县供电局设立监察室,何永林兼任监察室主任。

1996年10月,临安县供电局纪检组改为临安县供电局纪委,何永林任纪委书记。1997年6月,临安市供电局设立局专职纪检监察员,负责全局纪检监察的具体工作,人员编制放在局办公室。1997年4月,何永林任临安市供电局党委书记后,仍兼任纪委书记。2006年1月,郑应忠任纪委书记。

2005年1月,临安市供电局设立监察审计室,设主任1人、纪检监察专职人员1人、审计专职人员1人。2006年12月,监察审计室改名为监察审计科。2010年7月,临安市供电局规范本部机构设置,撤销监察审计科,纪检监察工作由新设立的思想政治工作部负责。

2011年4月,临安市供电局设立监察审计部,编制人数为4人,原由其他室(部)负责的有关监察审计职能调整到监察审计部。监察审计部与纪委合署办公,负责企业党风廉政建设和反腐败工作;对企业所属部门及其领导班子成员、重要岗位职工进行廉洁从业教育监督;对企业的生产经营活动进行效能监察和行风建设管理;查处纪检监察信访举报的受理及违法违纪案件;临安市供电局进行本企业及下属单位内部审计工作;对内控制度的健全和执行情况进行监督、检查及评价。2012年5月,临安市供电局根据"三集五大"体系建设要求对机构进行全面调整,撤销监察审计部,其管理职能划入新设立的党群工作部。

### (二)纪检监察工作

20世纪80年代初,临安电力公司纪律检查工作的重点是贯彻落实十一届三中全会的路线、方针、政策,服从和服务于经济建设这一中心;组织党员学习中央纪委《关于党内政治生活的若干准则》,教育党员以身作则,发挥先锋模范作用;根据上级部署,按照实事求是、有错必纠的原则,对党员在"文化大革命"中的一些问题进行复查;在中共中央、国务院关于打击经济领域中严重犯罪活动的决定下达后,抽调干部内查外调,着重查处党员受贿索贿问题,边查边改,堵塞漏洞。

1982年,临安电力公司开展全面的企业整顿工作,于1983年9月通过浙江省电力工业局验收,即转入整改。在整改中,暴露出不少群众反响较大的行风方面的问题,引起公司党组织的注意。加强行风问题,尤其是解决党员干部身上的问题,被提到重要议事日程。此后,临安县供电局党组织加强对行风和党纪党风的监督力度,检查用公款请客送礼、请吃受礼等,制定改进规定,并及时向上级纪律检查部门汇报。

1986年,临安县供电局把党风、供电作风建设作为创建文明单位的重点,印发《党风供电作风责任制》,以党风建设促供电作风,并聘请供电作风社会监督员51人,设立局内部的供电作风监督小组,聘请内部监督员,形成内外结合、上下结合的监督体系。每年召开一两次供电作风监督员座谈会,广泛征求意见,明确措施,抓紧落实。

1988年,临安县供电局在玲珑供电所试点,并在全局推广实行"两公开一监督",公开收费标准、用电制度、办事规则等,自觉接受群众监督。在党内,临安县供电局党委制定《党风保证制》,要求每个党员书面向支部做出做十个方面模范的保证,将先锋模范作用具体化。1989年,印发《临安县供电局两公开一监督制度》和《临安县供电局关于违反廉政制度处理的暂行规定》,并召开专门会议进行宣传贯彻。

1991年5月起,临安县供电局实行局领导接待日制度,设立监督电话,对用户提出的一些疑难问题,特别是一些较大企业提出的用电问题,组织现场办公,提高办事效率,帮助用户排忧解难。

1992年,临安县供电局制定《关于在经济活动中有关问题的若干意见》等廉政制度,强调党风、行风和廉政建设,进行经常性的廉政教育,组织党员干部观看党纪教育片,组织机关干部和基层党员干部参观省"惩腐倡廉"图片展览,根据上级纪委和监察部门要求,对全局上一年的合同进行审查。

临安县供电局一贯十分重视群众来信来访,由党政主要领导亲自审阅来信,并组织调查、处理。1993年,收到来信8件、人大代表议案19件、政协委员提案1件,处理率100%。

1994年,按照上级纪检、监察机关布置的清理无偿占用企业钱物、清理企业在外资金等专项检查要求,临安县供电局开展两次全局性的专项检查。5月,组织行业作风大检查;9月,组织优质服务大检查。临安县供电局监察室带领有关人员深入各基层供电所、电管站等进行对照检查,走访乡村、工矿企业用户,征求意见和要求。是年,在全局干部职工中未发现以电谋私等现象;全年干部职工拒收酬金8570元,拒收礼品约折人民币1500元。临安县供电局纪检组、监察室获临安县"忠诚卫士"称号。

1995年,贯彻十八届中央纪委五次全会和国务院反腐败工作会议精神,临安县供电局组织班子成员听取杭州市勤政为民廉洁奉公事迹演讲报告,组织党员和机关干部听取临安县重点工程建设模范人物事迹报告,组织党员观看教育片《东海魂》,在全局范围内开展职业道德教育。按照上级部署,临安县供电局开展清理账外资金(小金库)、严格执行个调税、住房清理等各类专项检查。对于来信来访,坚持"三个百分百"(100%登记受理,100%了解调查,发现确有问题100%处理)。制定并印发《关于进一步加强企业管理若干问题的规定》后,由临安县供电局财务部门对杭州临安开关厂、临安兴达服务部、杭州临安汽车修理厂3个多经企业进行财务审计。对一些比较容易出问题或者比较容易成为热点的环节加强管理,如健全基建工程的管理制度,明确工程必须招投标、采购材料签订合同必须层层把关。是年,临安县供电局共拒收礼金、礼品23人(次)、礼金3.15万元、礼品折价约5400元;上交礼品3人(次)、折价约1500元;收到来信5件、政协提案2件、人大议案3件,结案率100%。

1996年,临安市供电局组织党员干部在"双学"的基础上,观看党纪教育录像片《警世存亡》《钱江作证》等,组织学习《党纪政纪条规手册》并考试;同时加强纪检监察力度,开展建设工程项目执法监察等工作。制定并印发《关于重申严格客饭管理的规定》《关于严肃整顿本局职工用电纪律的通知》。

1997年,临安市供电局健全有关党政协调、强化监督机制等方面的制度。组织全局党员干部参加党纪政纪的考试,组织党员干部观看党纪录像片《歧途》《钱江风范》《人民公仆颂》《红与黑的沉思》,组织党员干部观看由杭州市纪委、检察院、监察局联合举办的反腐败图片展览。通过目标明确、针对性强的宣传教育工作,提高广大党员干部廉洁自律意识。是年,党员干部上交礼品价值6900元。重视来信来访,对前几年发生的几起违规违纪事件进行严肃处理:对一名违纪职工给予行政记大过处分;对一名违纪党员给予留党察看两年、留厂察看两年的处分;对一名乡电管站站长挪用电费的案件,配合检察院进行立案侦查。在局体制上进行调整,设立审计科,配备专职纪检监察人员,加强内部审计和纪检监察工作,开展公费出国(境)、公费安装电话、购置移动电话、企业的离任审计和供配电贴费等专项检查,促进企业健康发展。

1999年,临安市供电局实行党风廉政建设目标管理责任制,局与各基层单位签订党风廉政建设目标责任书,明确党政领导班子在党风廉政建设中应承担的责任,并把党风廉政建设的落实情况作为民主生活会和述职报告的一项重要内容,作为对干部业绩评定、选拔使用的重要依据,列入单位年终考核内容,实行一票否决制。

2002年,临安市开通"12345"市长公开电话,临安市供电局调整信访工作领导小组和网络人员,制定办理市长公开电话的工作办法,配合市长公开电话处理好群众来电,及时解决市民反映的问题和困难。是年,受理市长公开电话交办单118件,反馈率100%,办结率100%,来电人满意率98%。

2003年,在思想上"预防为主"的基础上,临安市供电局建立一系列制约和监督机制(如民主决策机制、干部管理机制、财务管理机制、招投标管理机制、工作督察机制等),形成有约束力的预防腐败体系。加强检查、督查力度,每月开展一次工作督查,半年开展一次对制度(重点是"人、财、物"管理制度)执行情况的全面检查。在企业内部,制定实施《厂务公开制度实施细则》《选拔中层干部公示制》《党员发展公示制》;在社会上,全面推广供电服务告示制,1982块告示牌张贴在全市各行政村和综合配电变压器台区,详细公布服务内容、投诉电话等,为客户提供便捷的告知服务,接受社会的监督。

2005年,临安市供电局监察审计室牵头组织开展"三清理一规范"(清理银行账户、清理小金库、清理各类公司,规范招投标管理)工作,全局取消银行账户47个,保留账户10个,未发现"小金库"问题。2006年,临安市供电局"四管齐下"治理商业贿赂(开展警示教育、完善制度、开展专项效能监察、明确商业贿赂自查自纠的十个重点)。2007年,临安市供电局以"作风建设年"为契机,组织开展廉政文化作品征集活动、廉政建设知识竞赛。结合预防职务犯罪工作,邀请临安市人民检察院、临安市反贪局相关领导给局党员干部作预防专题辅导报告,进一步优化教育效果。通过营业抄核收管理、固定资产管理、工程管理等关键环节的专项效能监察,日常招投标、物资采购、合同签订环节等重要环节的审批监督,以及厂务公开、职工代表巡视、信访查办等多种途径的民主监督,形成企业内部多层次、多途径的监督合力,全面提高监督效能。

"十二五"期间,临安电力系统按照分层施教的原则,组织开展领导干部廉政安规在线考试、廉政承诺和家庭助廉等活动。定期组织党员干部观看廉政教育电影,开展廉政文化作品征集活动。把惩防体系建设与落实党风廉政建设责任制紧密结合起来,进一步明确各级、各部门领导及重要岗位人员"一岗双职"的工作职责,按照"谁主管、谁负责"的原则,层层分解责任,按照协同监督机制建设要求,调动各方积极性,构建合力,促进工作落实,全面推进惩防体系建设。借助新兴媒体,开发"临电清风"微信平台,拓展廉政教育新渠道。开展廉政教育情景剧和电视短片编排工作,参加临安市纪委"廉政临安 你我同行"廉洁文化微作品评选活动。加强优质服务和行风建设,制定供电所服务清单和供电所所长权责清单。加强春节、五一劳动节、十一国庆节等节假日期间党风廉政建设宣传教育和监督,对节日期间公车使用和夜间停车情况进行突击检查。实施生产性技改工程全过程管理效能监察,编制《效能监察可行性研究报告》,印发《生产性技改工程全过程管理效能监察实施方案》。组织相关部门对生产性技改工程进行效能监察,印发《效能监察建议书》。组织班级所长及以上领导干部开展廉政安规在线考试,签订不出入私人会所、不接受和持有私人会员卡承诺书、遵守"酒局""牌局"等问题纪律要求承诺书。明确协同监督工作重点,把落实企业重要决策部署、执行"三重一大"决策制度、干部作风建设问题、纠正不正之风和解决突出问题、落实效能监察建议和决定、开展廉政风险防控等六方面工作作为年度协同监督工作的重点。定期召开监督工作委员会联席会议,听取汇报研究问题,制定措施,督促整改。加强对各项重要部署贯彻落实情况的监督检查,针对供电所管理提升、集体企业无差别管理、依法治企等专项检查发现问题的整改情况,加强监督检查,确保整改到位。健全工程建设领域监督检查长效机制,着力加强农网改造升级工程的监督检查,推广"一书一查一公示"模式的农网工程廉政协议管理,建立内外监督制约机制,确保工程优质、资金安全、干部廉洁。严格执行招投标厂商廉洁信用等级查询制度,改进监督方式,推进交易中心招投标工作规范化。构建"多维度立体监督"行风工作格局,解决服务群众"最后一公里"问题。2010 年、2012 年,临安市供电局纪委分别被浙江省电力公司党组授予"先进纪检监察组织"称号。

# 第二节　职工代表大会

## 一、历届大会

1981 年 4 月 22—24 日,临安电力公司召开首届职工代表大会,参会代表 43 人。此次大会指导思想为:认真贯彻落实中央工作会议精神,联系实际,总结 1980 年工作,提出 1981 年工作任务,充分发扬民主,行使工人阶级当家作主的权利,督促检查各项工作,提出合理化建议,发动群众献计献策,努力提高生产水平、管理水平和技术水平,为圆满完成 1981 年各项任务做出努力。会议主要议程为:传达贯彻有关文件和杭州市电力局第二届职工代表大会精神;听取和审议公司经理工作报告及有关股室专题发言;提出合理化建议,审议和通过有关决议;改选公司工会委员会。

1983 年 4 月 15—17 日,临安电力公司召开第二届第一次职工代表大会,同时召开第三届工会会员代表大会,审议通过经理工作报告、上届大会提案处理情况报告,选举产生第三届工会委员会。

1985 年 10 月 19—20 日,临安县供电局召开第三届第一次职工代表大会,审议通过局长工作报告、职工代表大会制实施细则、民主评议干部实施细则、关于民主评议干部情况的汇报、关于上届职代会提案处理情况的汇报、关于福利基金和职工奖励基金使用情况的汇报,协商通过该届职工代表大会的专门工作小组——干部审议小组、经费审查小组、三项基金使用审查小组、职工分房监督小组的人员组成,选举产生第四届工会委员会。

1988 年 7 月 12 日,临安县供电局召开第四届第一次职工代表大会,审议通过局长工作报告,修改并通过《以人定额报销医药费管理办法》,选举产生第五届工会委员会。

1990 年 10 月 23—24 日,临安县供电局召开第五届第一次职工代表大会,审议通过局长工作报告、局规局纪及职工奖惩实施细则,原则上通过《1990—1992 三年目标管理方案》,选举产生第六届工会委员会和经费审查委员会。

1995 年 4 月 8—9 日,临安县供电局召开第六届第一次职工代表大会,审议通过局长工作报告、财务工作报告,选举产生第六届职工代表大会专门委员会(安全生产委员会、干部评议委员会、提案处理委员会、生活福利委员会),选举产生第七届工会委员会和经费审查委员会。

1998 年 6 月 6 日,临安市供电局召开第六届职工代表大会临时会议,审议通过局机构改革方案,选举产生临安电力建设有限公司董事会、监事会。

1999 年 2 月 7—8 日,临安市供电局召开第七届第一次职工代表大会,审议通过局长工作报告、财务工作报告、提案处理工作报告、干部评议工作报告、临安电力建设有限公司董事会调整方案,审议通过第七届职工代表大会各专门委员会组成人员。

2002 年 1 月 18 日,临安市供电局召开第七届职工代表大会临时会议,审议局电力生产体制、营销体制、职工持股制度改革方案。

2002 年 3 月 1—2 日,临安市供电局召开第八届第一次职工代表大会,审议通过局长工作报告、财务工作报告、提案处理工作报告、干部评议工作报告,签订集体合同、安全承包责任书、党风廉政建设责任书。

2005 年 2 月 24—25 日，临安市供电局召开第九届第一次职工代表大会暨第九届工会会员代表大会，审议通过局长工作报告、财务工作报告、提案处理工作报告、工会工作报告、工会经费审查报告、职工投资收益情况汇报，调整职工代表大会专门委员会人员，选举产生第九届工会委员会，签订安全承包责任书、党风廉政建设责任书。

2010 年 2 月 5 日，临安市供电局召开第十届第一次职工代表大会，审议通过局长工作报告、财务工作报告、提案处理工作报告，听取业务招待费使用情况汇报、综合产业 2009 年投资收益情况汇报，审计通过局第十届职工代表大会专门委员会调整建议名单，签订集体合同、安全廉政目标责任书。

2012 年，临安市供电局召开第十届第三次、第四次、第五次职工代表大会。第十届第三次职工代表大会全面总结回顾局 2011 年工作，确定 2012 年的重点工作。第十届第四次职工代表大会专题审议通过"三集五大"体系建设操作方案及主多分开工作实施方案，并对两项工作进行专题部署。第十届第五次职工代表大会审议通过临安市供电局国有资产无偿划转方案和职工安置方案。

2015 年 2 月 6 日，国网浙江临安市供电公司召开第十一届第一次职工代表大会，审议通过总经理工作报告、财务工作报告、提案处理工作报告等。

临安电力系统历届职工代表大会概况见表 11-3。

表 11-3　临安电力系统历届职工代表大会概况

| 届次 | 会议时间 | 参加人数 | | | | 主要议题 |
|---|---|---|---|---|---|---|
| | | 总计 | 正式代表 | 列席代表 | 特邀代表 | |
| 第一届第一次 | 1981 年 4 月 22—24 日 | 43 | 43 | — | — | 审议通过经理工作报告及有关股室专题发言，提出合理化建议，选举产生第二届工会委员会 |
| 第二届第一次 | 1983 年 4 月 15—17 日 | 62 | 61 | — | 1 | 审议通过经理工作报告、提案处理情况报告，选举产生第三届工会委员会 |
| 第二届第二次 | 1984 年 3 月 19—20 日 | 61 | — | — | — | 审议通过局长工作报告、企业整顿时建立的各项制度、福利基金收支情况报告、工会经费使用情况报告 |
| 第三届第一次 | 1985 年 10 月 19—20 日 | 63 | 55 | 7 | 1 | 审议通过局长工作报告、民主评议干部情况汇报、福利基金和职工奖励基金使用情况汇报、提案处理情况汇报，选举产生第四届工会委员会 |
| 第三届第二次 | 1987 年 4 月 28—29 日 | 73 | 60 | 10 | 3 | 审议通过局长工作报告、开展"双增双节"运动的十条具体措施 |
| 第四届第一次 | 1988 年 7 月 12 日 | 65 | 53 | 10 | 2 | 审议通过局长工作报告，修改并通过《以人定额报销医药费管理办法》，选举产生第五届工会委员会 |
| 第四届第二次 | 1989 年 9 月 2 日 | 69 | 54 | 11 | 4 | 审议通过局长工作报告、改革分房办法汇报 |
| 第五届第一次 | 1990 年 10 月 23—24 日 | 69 | 61 | 4 | 4 | 审议通过局长工作报告、1990—1992 年三年目标管理方案、局规局纪及职工奖惩实施细则，选举产生局第六届工会委员会和经费审查委员会 |
| 第五届第二次 | 1991 年 5 月 29—30 日 | 71 | 63 | 4 | 4 | 审议通过局长工作报告、财务工作报告，讨论并通过重新修订的经济责任制考核办法 |
| 第五届第三次 | 1992 年 4 月 2—3 日 | 75 | 65 | 5 | 5 | 审议通过局长工作报告、财务工作报告、多种经营工作报告 |

| 届次 | 会议时间 | 参加人数 | | | | 主要议题 |
|------|---------|---------|------|------|------|---------|
| | | 总计 | 正式代表 | 列席代表 | 特邀代表 | |
| 第五届第四次 | 1994 年 5 月 11—12 日 | 79 | 74 | 5 | — | 审议通过局长工作报告、财务工作报告,审议通过局三年发展目标 |
| 第六届第一次 | 1995 年 4 月 8—9 日 | 90 | 81 | 4 | 5 | 审议通过局长工作报告、财务工作报告,选举产生六届职工代表大会专门委员会,选举产生第七届工会委员会和经费审查委员会 |
| 第六届第二次 | 1996 年 5 月 25—26 日 | 90 | 80 | 6 | 4 | 审议通过局长工作报告、财务工作报告、提案处理工作报告、调整专门委员会 |
| 第六届第三次 | 1997 年 4 月 8—9 日 | 92 | 81 | 7 | 4 | 审议通过局长工作报告、财务工作报告、提案处理工作报告、干部评议工作报告 |
| 第六届第四次 | 1998 年 3 月 24—25 日 | 89 | 80 | 9 | — | 审议通过局长工作报告、财务工作报告、提案处理工作报告、干部评议工作报告,调整专门委员会,通过职工持股协会章程和理事会组成人员,签订集体合同和经济目标责任书 |
| 第七届第一次 | 1999 年 2 月 7—8 日 | 105 | 79 | 22 | 4 | 审议通过局长工作报告、财务工作报告、提案处理工作报告、干部评议工作报告,调整临安电力建设有限公司董事会,审议通过第七届职工代表大会各专门委员会组成人员 |
| 第七届第二次 | 2000 年 2 月 18—19 日 | 95 | 79 | 10 | 6 | 审议通过局长工作报告、财务工作报告、提案处理工作报告、干部评议报告,签订安全承包及风险抵押责任书 |
| 第七届第三次 | 2001 年 2 月 16—17 日 | 97 | 85 | 6 | 6 | 审议通过局长工作报告、财务工作报告、提案处理工作报告、干部评议工作报告 |
| 第八届第一次 | 2002 年 3 月 1—2 日 | 103 | 85 | 11 | 7 | 审议通过局长工作报告、财务工作报告、提案处理工作报告、干部评议工作报告,签订集体合同、安全承包责任书、党风廉政建设责任书 |
| 第八届第二次 | 2003 年 1 月 25—26 日 | 101 | 85 | 10 | 6 | 审议通过局长工作报告、财务工作报告、提案处理工作报告、干部评议工作报告,签订安全承包责任书、党风廉政建设责任书 |
| 第八届第三次 | 2004 年 2 月 6 日 | 100 | 85 | 9 | 6 | 审议通过局长工作报告、财务工作报告、提案处理工作报告、干部评议工作报告、职工参股企业经营状况汇报和职工持股会注销清算情况汇报 |
| 第九届第一次 | 2005 年 2 月 24—25 日 | 98 | 92 | — | 6 | 审议通过局长工作报告、财务工作报告、提案处理工作报告、工会工作报告、工会经费审查报告、职工投资收益情况汇报,调整职工代表大会专门委员会人员,选举产生第九届工会委员会,签订安全承包责任书、党风廉政建设责任书 |
| 第九届第二次 | 2006 年 1 月 21—22 日 | 98 | 92 | — | 6 | 审议通过局长工作报告、财务工作报告、提案处理工作报告、干部评议工作报告、局“十一五”发展纲要、电力中心一期工程建设专项效能监察情况通报、多种经营“十五”总结报告、职工投资企业经营情况汇报 |
| 第九届第三次 | 2007 年 3 月 6 日 | 101 | 95 | — | 6 | 审议通过局长工作报告、财务工作报告、提案处理工作报告、业务招待费使用情况汇报、2006 年度职工持股分红报告,调整职工代表大会专门委员会人员,签订安全承包责任书、党风廉政建设责任书、女职工权益保护专项责任书 |

续表

| 届次 | 会议时间 | 参加人数 | | | 主要议题 |
|---|---|---|---|---|---|
| | | 总计 | 正式代表 | 列席代表 | 特邀代表 | |

| 届次 | 会议时间 | 总计 | 正式代表 | 列席代表 | 特邀代表 | 主要议题 |
|---|---|---|---|---|---|---|
| 第九届第四次 | 2008年1月30日 | 101 | 95 | — | 6 | 审议通过局长工作报告、财务工作报告、提案处理工作报告、业务招待费使用情况汇报、集团公司2007年度经营情况汇报，签订安全承包责任书、党风廉政建设责任书 |
| 第九届第五次 | 2009年2月25日 | 102 | 94 | 2 | 6 | 审议通过局长工作报告、财务工作报告、提案处理工作报告、业务招待费使用情况汇报、集团公司2008年度投资收益情况汇报，签订安全承包责任书、党风廉政建设责任书 |
| 第十届第一次 | 2010年2月5日 | 103 | 97 | — | 6 | 审议通过局长工作报告、财务工作报告、提案处理工作报告、业务招待费使用情况汇报、综合产业2009年投资收益情况汇报，调整职工代表大会专门委员会人员，签订集体合同，签订安全廉政目标责任书 |
| 第十届第二次 | 2011年1月25日 | 104 | 99 | — | 5 | 审议通过局长工作报告、财务工作报告、提案处理工作报告、业务招待费使用情况汇报、集团公司2010年投资收益情况汇报，签订综合业绩考核责任书 |
| 第十届第三次 | 2012年1月19日 | 112 | 99 | 9 | 4 | 审议通过局长工作报告、财务工作报告、提案处理工作报告、业务招待费使用情况汇报、集团公司2011年投资收益情况汇报，签订综合业绩考核责任书 |
| 第十届第四次 | 2012年5月18日 | 99 | 99 | — | — | 审议通过"三集五大"体系建设操作方案、主多分开工作实施方案，听取局长动员讲话 |
| 第十届第五次 | 2012年6月8日 | 99 | 99 | — | — | 通过国有资产无偿划转方案、职工安置方案 |
| 第十届第六次 | 2013年1月29日 | 105 | 96 | 4 | 5 | 审议通过局长工作报告、财务工作报告、提案处理工作报告、业务招待会使用情况汇报，签订集体合同 |
| 第十届第七次 | 2014年1月23日 | 96 | 85 | 5 | 6 | 审议通过总经理工作报告、财务工作报告、提案处理工作报告 |
| 第十一届第一次 | 2015年2月6日 | 115 | 84 | 26 | 5 | 审议通过总经理工作报告、财务工作报告、提案处理工作报告 |
| 第十一届第二次 | 2016年2月1日 | 121 | 85 | 30 | 6 | 审议通过总经理工作报告、财务工作报告、提案处理工作报告 |

## 二、参政议政

职工代表大会作为企业民主管理的法定形式，临安电力系统将企业的重大决策、职工切身利益问题、经费使用情况等，都向职工代表大会进行汇报。在职工代表大会闭会期间，临时需要研究、处理或做了决定的重大事项，则采取职工代表组长联席会议的形式进行审议。

1981年4月，临安电力公司首次召开职工代表大会，选举职工代表，提出85条提案，改选工会。会后公司对职工代表大会的提案一一做了落实和说明，广大职工行使当家作主的权利，进一步调动了职工的积极性。

此后，临安电力系统职工代表大会基本每年召开一次，逐步制度化、规范化。职工代表大会议程一般为听取并审议局(公司)行政领导所作工作报告及经费使用情况报告,听取并审议职工提案处理情况报告,表彰先进集体和个人,通过职工代表大会所作的决议等。职工代表大会尤其注重讨论并解决有关职工切身利益的事项。

1995 年,临安县供电局第六届第一次职工代表大会专门设立安全生产委员会、干部评议委员会、提案处理委员会、生活福利委员会。职工代表行使自己参政议政的民主权利,以主人翁姿态,围绕临安县供电局的实际,提建议、出主意。在第六届第一次职工代表大会期间,收到提案书 26 份。其中,有关生产经营管理方面的 8 条,有关职工福利方面的 14 条。至第六届第二次职工代表大会召开前,绝大多数提案已付诸实施。例如,对代表提出的局汽车修理厂的安全问题,由杭州临安电力实业总公司、局基建科新建汽车修理厂新厂房,使汽车修理厂搬出居民集中区,消除火灾隐患;有代表从提高办事效率、缩短事故处理的时间、提高经济效益出发,提出更新老旧车辆和给供电所配备传真机,局车管部门、调度通讯部门根据各单位的实际情况,分期分批给各基层单位配置电子计算机、传真机,更新车辆;有代表提出基层职工对文化娱乐设施的需求,临安县供电局在昌化供电所开办多功能厅,添置音响设备,在变电工区新建篮球场和健身房,在玲珑供电所建设舞厅,基本解决职工的业余活动需求。

2000 年,临安市供电局制定《厂务公开实施细则》之后,每年都公开新招大学生的分配去向、招工录用职工子女、职工一次性住房补助、职工医疗费用、业务招待费开支等情况,保障广大职工的知情权、参与权、表达权和监督权。

为充分行使职工代表参与企业民主管理、民主监督的权利,收集职工对企业发展的建议和意见,自2005 年起,临安电力系统每年都组织职工代表巡视活动。通过与一线职工的沟通交流,征求安全生产、劳动保护、生活后勤等各方面的意见和建议,并组织相关职能室(部)及各巡视组联络员召开职工代表意见分解专题讨论会,逐条明确所征求意见的责任单位、办理方式、办结时限,并按照督办要求进行闭环、销号管理。各职能部门(单位)无论采用何种处理方式,均在规定时限内提交相关书面印证材料予以闭环管理,党群工作部随即进行销号管理,并将办结情况在公司领导班子会议上进行汇报。该项活动的开展增进各基层单位之间的交流与沟通,进一步夯实公司安全生产的基础,有效解决许多涉及生产一线职工利益的实际问题与困难,提高生产一线职工参政议政的广泛性和积极性。

2012 年 1 月 6 日,临安市供电局举办职工代表现场竞聘会,牛建党成为临安市供电局首名竞聘产生的职工代表,参加当年的职工代表大会。

2016 年,国网浙江临安市供电公司第十一届第二次职工代表大会期间,收到提案 9 件,其中,涉及安全生产 3 件、企业管理 2 件、人力资源 2 件、生活后勤 2 件。提案主要集中在安全生产方面,反映了职工代表对企业安全生产的高度关注。在认真开展提案征集、充分收集职工意见与建议的同时,公司重视各种民主管理方式的完善,通过征集合理化建议、职工代表巡视、领导干部民主生活会等活动,进一步收集职工对企业生产经营管理的各类意见和建议。是年,征集合理化建议 24 条、职工代表巡视意见建议 131 条、公司"两学一做"专题民主生活会活动征求意见建议 10 条。这些收集渠道作为职工提案的有效补充,共同形成公司较为完善的意见建议收集、反馈机制。

## 第三节　群团组织

### 一、工会

(一)组织沿革

2006 年前,临安电力系统的党组织关系归临安县(市)委领导,工会组织也由临安总工会领导。

20 世纪 50 年代,临安电厂、於潜电厂和昌化水电站均有工会组织,分别由临安县、於潜县、昌化县总工会领导。而后的临安县供电所、临安电力公司均设立工会。"文化大革命"开始后,工会正常活动一度中止。

1970 年 9 月 15 日,临安电力公司设立工代会,潘柏青任主任。1975 年 7 月工代会撤销。

1978 年 4 月 29 日,临安电力公司召开工会代表大会,会议正式代表 41 人,选举产生工会委员会,潘之元任主任。自此,工会组织在临安电力公司党组织领导下,以经济建设为中心,组织开展各项活动。

1981 年 4 月 22—24 日,临安电力公司召开首届职工代表大会,同时召开第二届工会会员代表大会,选举产生第二届工会委员会,王金华任主任。工会作为职工代表大会闭会期间的常设机构,负责处理职工代表大会的日常工作,检查提案和决议的落实情况。

1983 年 4 月 15—17 日,临安电力公司召开第二届第一次职工代表大会暨第三届工会会员代表大会,选举产生第三届工会委员会,王金华当选为工会主任。

1985 年 10 月 19—20 日,临安县供电局第三届第一次职工代表大会选举产生第四届工会委员会,配备专职工会主席章启昌,平时列席局党委会议,从组织上保证工会充分发挥联系群众的纽带作用。

1988 年 7 月 12 日,临安县供电局第四届第一次职工代表大会选举产生第五届工会委员会,章启昌任主席。

1990 年 10 月 23—24 日,临安县供电局第五届第一次职工代表大会选举产生局第六届工会委员会和经费审查委员会,章启昌任工会主席。并设立机关和基层 6 个分工会。

1995 年 4 月 8—9 日,临安县供电局第六届第一次职工代表大会选举产生第七届工会委员会和经费审查委员会,章启昌任工会主席。

2001 年 6 月 2 日,临安市供电局召开第八届工会会员代表大会,会议正式代表 82 人,选举产生第八届工会委员会和经费审查委员会,包红民任工会副主席,主持工会工作。

2005 年 2 月 24—25 日,临安市供电局召开第九届第一次职工代表大会暨第九届工会会员代表大会,选举产生第九届工会委员会和经费审查委员会,包红民任工会主席。

2009 年 10 月 17 日,临安市供电局召开第十届工会会员代表大会,参会代表 99 人,选举产生第十届工会委员会和经费审查委员会,包红民任工会主席。

2013 年 7 月,根据杭州市电力局《关于做好各基层单位工会组织更名工作的通知》(杭电工〔2013〕19 号)文件精神,经临安市总工会批复同意,临安市供电局工会委员会更名为国网浙江临安市供电公司工会委员会。为进一步适应浙江省地方供电企业国有产权整体上划国网浙江省电力公司的新形势,满足"三集五大"体系建设完成后的发展需要,根据《关于对〈浙江省电力工会调整并统一县供电企业工会组织关系及相关工作体制的请示〉的批复》(浙总工发〔2013〕115 号)和《关于明确县级供电企业改变管理模式后工会经费管理渠道的通知》(浙工财〔2013〕31 号)文件精神,从 2014 年 1 月 1 日起,浙江省电力工会实行"浙江省电力工会和地方工会双重领导,以浙江省电力工会领导为主"的管理体制,并实行分级管理的模式。国网浙江临安市供电公司工会以国网杭州供电公司工会管理为主,临安市总工会协助管理。国网浙江临安市供电公司工会选举结果由国网杭州供电公司工会审批,抄送临安市总工会。

2014 年 5 月,钱腾波任国网浙江临安市供电公司工会主席。2014 年 11 月 25 日,国网浙江临安市供电公司召开第十一届工会会员代表大会,参会代表 83 人,选举产生第十一届工会委员会和经费审查委员会。

临安电力系统历届工会负责人见表 11-4。

**表 11-4　临安电力系统历届工会负责人**

| 工会名称 | 姓名 | 职务 | 任职时间 | 工会届次 |
|---|---|---|---|---|
| 临安电力公司工会 | 潘之元 | 主任 | 1978 年 4 月 | 第一届 |
| | 王金华 | 主任 | 1981 年 4 月 | 第二届 |
| | 王金华 | 主任 | 1983 年 4 月 | 第三届 |
| 临安县供电局工会 | 章启昌 | 主席 | 1985 年 10 月 | 第四届 |
| | 章启昌 | 主席 | 1988 年 7 月 | 第五届 |
| 临安县(市)供电局工会 | 章启昌 | 主席 | 1990 年 10 月 | 第六届 |
| | 章启昌 | 主席 | 1995 年 4 月 | 第七届 |
| 临安市供电局(国网浙江临安市供电公司)工会 | 包红民 | 副主席(主持工作) | 2001 年 6 月 | 第八届 |
| | 包红民 | 主席 | 2005 年 2 月 | 第九届 |
| | 包红民 | 主席 | 2009 年 10 月 | 第十届 |
| 国网浙江临安市供电公司工会 | 钱腾波 | 主席 | 2014 年 5 月 | 第十一届 |

(二)主要活动

**1.劳动竞赛**

1970 年,临安电力公司工代会设立初期,主要组织职工参加政治时事、政策、业务、文化学习,促进生产发展。1972 年 4 季度开始,全公司逐步开展赛进步、赛团结、赛纪律、赛安全、赛贡献、赛管理的竞赛运动,青年工人在老工人的言传身教下,学习和钻研技术,业务水平有很大提高。

十一届三中全会后,临安电力公司工会围绕安全生产、电网建设中心工作,组织开展工段之间、班组之间、个人之间的社会主义劳动竞赛,评思想,比贡献,选模范,树新兵,充分调动职工群众的积极性,发挥职工群众的创造力。组织开展"安全生产对口竞赛""百日安全竞赛",以及各项技能比武。1978 年,组织开展四座变电站之间的红旗循环赛,工段、班组、个人之间的半年评比,班组、个人之间的月总结、季度评比,比贡献竞赛,把竞赛制度化。临安电力公司通过竞赛,有力地促进工作。

根据中华全国总工会 1984 年印发的《关于整顿工会基层组织,开展建设"职工之家"活动的决定》,临安县供电局工会围绕"四个现代化"建设制定各项规章制度。定期召开职工代表大会,审议管理的重大决策,讨论决定有关职工切身利益的重大问题。抓班组民主管理,健全民主生活会。落实职工的劳动保险和劳保福利,坚持维护职工的正当利益,解决职工生活中迫切需要解决的问题。发挥工会组织在职工代表大会闭会期间的职责,开展上下左右关系疏通工作,使企业的重要决策通过工会的桥梁作用贯彻始终。公司工会把创建文明班组和建"职工之家"有机结合起来,组织开展以文明班组活动为中心的社会主义劳动竞赛。针对工作实际,制定变电站对口竞赛实施办法,开展各变电站间的流动红旗竞赛。於潜供电所 3 个班组被杭州市政府命名为文明班组,昌化供电所大修班、昌化变电站、局调度室等 6 个班组被临安政府命名为文明班组,於潜供电所工会被临安县总工会授予"工会先进集体"称号。1986 年,临安县供电局工会被临安县总工会授予"职工之家"合格证。1988 年,临安县供电局工会被临安县总工会授予"先进职工之家"称号。

1992 年,临安县供电局工会选送变电运行、装表、校表、变电检修、线路等工种职工参加浙江省电力工业局、杭州市电力局、临安县组织的六大工种的比武。在临安县万名职工操作比武中,6 人获前 3 名,其中应小保、毛新荣分别获高配电工、装表工比武的"状元"。在杭州市电力局操作比武中获前 2 名的有 8 人,其中冯坚获杭州市电力局电能计量技术比武第 1 名。

为提高职工业务技术素质,1997 年,临安市供电局工会举办变电运行工、线路工和汽车驾驶员三大技术工种的技术比武。临安市供电局变电运行人员李威昊、章剑平参加杭州市电力局技术比武,获第1名。驾驶员方向前参加浙江省电力工业局汽车技术比武,获优胜奖。

2001年,临安市供电局工会组织开展"安康杯"安全竞赛活动,举办局内联网主页设计评比、电脑宣传画制作比赛等活动。

2003年,临安市供电局工会开展创建先进、模范"职工小家"活动,获"杭州市先进职工之家"称号。

2007年,临安市供电局工会以开展"职业技能年"活动为契机,组织以"优质服务、安全生产"为主题的知识竞赛,"服务在身边"为主题的书画、摄影大赛,以及"党员服务日""青春光明行"等系列活动,为职工开展岗位练兵、技能比武、展现自我搭建平台,有效提高职工队伍的技能素质。是年,临安市供电局获杭州市电力局"职业技能年"优胜奖。职工涂译文获浙江省电力公司95598技术比武第一名;程炜东被授予"杭州市经济技术创新能手"称号。

2008年,临安市供电局工会以开展社会主义劳动竞赛为基础,以创一流服务、创一流管理、创一流业绩、创一流团队"四创"为主要内容,响应上级工会创建"工人先锋号"的活动,"95598"客户服务班被评为临安市首批"工人先锋号"。2009年,临安市供电局组织职工参加杭州市电力局"配电杯"女职工厨艺展示大赛,获团体一等奖和两个单项第一。组织开展的营配工岗位理论与技能竞赛被列为2009年临安市级23个技能大赛比赛项目之一,唐仕高获冠军。林青山获浙江省电力公司"信通杯"信息系统安全运行技能竞赛第一名。2010年,临安市供电局工会组织职工参加上级各类技能竞赛共18项,参加人数490人。其中,阮军培代表杭州市电力局参加浙江电网县局继电保护技术技能竞赛,获团体一等奖、个人第二名;邵懂参加浙江省电力公司防误操作调考,获个人第一名;程炜东参加杭州市电力行业变电运行专业青工防误操作比武,获个人全能二等奖,被授予"杭州市青年岗位能手"称号,被评为浙江省电力公司第一届劳动模范。2012年,临安市供电局职工李宁被评为浙江省电力公司第二届劳动模范,翌年又被评为国家电网公司劳动模范。

自2006年起,临安市供电局连续四年获杭州市"安康杯"竞赛优胜企业。2011年,获浙江省"安康杯"竞赛优胜企业称号。2012—2016年,连续五年获全国"安康杯"竞赛优胜企业称号。

2013年,国网浙江临安市供电公司开展"职业技能年"活动,制定"职业技能年"活动方案,设立"职业技能年"组委会,规定活动方式并明确活动要求,全年在各类技能竞赛中均取得较好的成绩。其中,林青山在2013年国网信息通信系统运维技能竞赛中获个人第三名,被授予国家电网公司"技术能手"称号。公司以劳模李宁为标杆,以"1+7"模式(即1个李宁工作室+7个基层专业工作室)创建"李宁劳模示范工作室"。通过工作室"四个统一"建设(即统一团队建设、统一文化建设、统一品牌传播、统一制度管理),充分发挥国网劳模的"品牌、聚集、扩散"效应,国网浙江临安市供电公司成为全省电力行业首家实现基层各专业工作室联网运行的企业。

2014年,国网浙江临安市供电公司深化"三位一体"竞赛活动制度,开展由工会总体协调、相关职能室(部)具体负责的技能竞赛。公司职工李宁在国网浙江电力供电服务技能竞赛中,获个人第二名,代表国网浙江省电力公司参加国家电网公司比赛,获团体二等奖,被授予国网浙江省电力公司"百对好师徒"荣誉称号,并获杭州市五一劳动奖章。林青山获中央企业青年岗位能手称号。罗明亮在国网浙江省电力公司带电检测及在线监测(变电组)调考中获第一名。公司举办"一司一亮点"项目验收活动,通过"成果篇""展示篇""汇报篇"三个篇章,立体呈现国网浙江临安市供电公司"劳模精神的传承与弘扬"工作的开展情况、李宁"1+7"劳模创新工作室运作机制及建设成果。

2015年,基于深入推进劳模"三传一新"(传承精神、传播文化、传授技能、创新创效)、促进劳模工作室集约化发展的需要,国网浙江临安市供电公司在整合原有劳模工作室的基础上,打造跨专业复合型劳模工作室平台——国网浙江临安市供电公司劳模工作室联合创智中心。在实现公司对原有各劳模工作室一体化管理的同时,集中各岗位线上核心技术人才,对公司层面跨专业重点课题进行研究攻关,将中心打造成为具备跨专业创新创效、人才培养、传承劳模精神等多项功能的联合创智平台。

2016年,国网浙江临安市供电公司获国网杭州供电公司工会工作先进单位称号,获全国"安康杯"竞赛优胜单位称号。

2. 文体活动

中华人民共和国成立初期,临安境内各发电企业开展的体育活动,一般以球类、广播体操等为主。而后,随着群众性体育运动的兴起,电力企业体育活动也有组织、有领导地开展起来。1970年后,临安电力公司不仅经常在企业内部开展体育项目的比赛,还多次组织参加各类运动会及单项体育比赛,并在篮球、乒乓球、羽毛球及象棋、围棋等比赛中取得好成绩。

1997年,临安市供电局青山湖休闲村自编自导的舞蹈《青山湖之恋》获杭州市电力局职工文化艺术年活动一等奖,临安市供电局获"文化艺术年"团体第二名。

1998年,临安市供电局工会开展职工文体年活动,先后举办乒乓球、射击、台球、游泳等比赛和家庭文艺演出,参加人数达226人(次)。青山湖休闲村的舞蹈《九九女儿红》和临安市农电管理总站徐迎芬的独唱《爱的奉献》均获杭州市电力局职工文艺汇演一等奖。

进入21世纪后,临安市供电局工会每年都举办职工文艺晚会,并参加电力系统各类文艺比赛,群众文艺活动蓬勃发展。

2001年,临安市供电局为庆祝中国共产党成立80周年和庆祝杭州供电90周年,举办全局歌咏会,参加临安市合唱歌咏大会;组织"三新三爱"演讲比赛、职工象棋比赛;设立职工活动中心,丰富职工业余生活,增强企业文化气息。

2003年,临安市供电局职工参加杭州市电力局第三届职工文化艺术节,有4人在书法比赛中获奖,2人在征文比赛中获奖,职工自编自演的歌伴舞《向往神鹰》获文艺演出一等奖。此外,在杭州市电力局"大有杯"职工乒乓球比赛、农村电工岗位知识及技能竞赛等活动中均获优秀成绩。

2007年,临安市供电局工会与团委创办"先行"读书社和开展"漂流书"活动,为全局职工提供良好的学习平台;开展学习型家庭评比活动,选出优胜家庭,营造"家家是学习之家,人人是学习之人"的浓厚学习氛围。临安市供电局职工帅军家庭在杭州市"春满我家"家庭才艺表演比赛中获最佳才艺表演奖。临安市供电局舞蹈队代表杭州市电力局在杭州市工业兴市文艺汇演中获一等奖。

2008年,临安市供电局工会结合"职工体育运动年"主题活动,开展羽毛球集训及交流赛、乒乓球比赛、太极拳与健身操培训班、趣味运动会等活动,参加上级组织的各类比赛共19个大项,在杭州市电力局"十杯迎奥运"活动中屡创佳绩。

2009年,临安市供电局工会结合"职工文化艺术年"主题活动,以"活力新临电,献礼六十年"为主题,对文体协会的组成结构进行扩编与完善,文体协会下设足球分会、篮球分会、羽毛球分会、乒乓球分会、太极拳分会、健美操分会、书画分会、摄影分会8个分会。临安市供电局职工帅军代表国家电网公司参加全国"安全伴我行"演讲比赛,获优秀奖。

2012年,临安市供电局承办浙江省电力公司"信通杯"乒乓球、CS大赛。在杭州市电力局第六届职工文化艺术年"生活美好"摄影、书画比赛中,临安市供电局职工毛无穷获摄影特等奖。李平南获临安市全民健身运动会象棋比赛个人第一名。

2014年是国网浙江临安市供电公司体育运动年,公司广泛开展小型化、基层化的群众性职工文体活动,加强职工文体协会建设,吸引更多职工参加文体活动。公司承办国网杭州供电公司"临电杯"羽毛球比赛,并获男双冠军。组织职工参加"淳电杯"乒乓球赛、"余电杯"足球比赛、"大有杯"田径赛、"配电杯"游泳比赛、"桐电杯"台球及围棋比赛、"富电杯"篮球比赛,均获得较好成绩。公司还自行组织乒乓球、台球、篮球、四人制足球比赛等活动,丰富职工群众的业余文化生活。

2015 年是国网浙江临安市供电公司文化艺术年,公司文体协会整合为 10 个,吸引更多职工参加文体活动。公司组织开展"恒力杯"台球大赛,与兄弟公司开展台球、游泳交流活动;开展三八妇女节趣味运动会活动;组织职工参加杭州电力系统足球、篮球、羽毛球、乒乓球四大联赛,全年开展联赛 40 余场次,参赛人员 500 余人(次);组织职工参加临安市首届职工运动会广播操、钓鱼、登山、游泳、篮球、象棋等比赛,参赛人数 70 余人;发动全公司职工参加健步走、工间操等多项基础健身活动,全年参加人数 1000 余人。

### 3.女职工工作

1978 年,临安电力公司设立妇女组织,召开妇代会,选出妇女组织组长和临安县妇代会代表。为充分发挥妇女在企业改革中的作用,维护女职工权益,1984 年 3 月,由临安县供电局妇代会选举,并经临安县供电局党总支同意,设立局妇代小组,贵金花任组长。

1991 年 3 月,根据临安县总工会女职工委员会关于基层工会女职工工作的意见,为更好地动员、组织、引导临安县供电局女职工参与"安全、文明生产创水平达标"活动,维护女职工的合法权益,临安县供电局设立工会女职工委员会,李中华任主任。之后,工会女职工委员会团结、带领临安电力系统的女职工参加企业的建设,维护女职工合法权益。

1999 年 11 月,临安市供电局召开全局女职工大会,选举产生第四届工会女职工委员会,邵丽当选为主任。临安市供电局工会女职工委员会任期与临安市供电局工会任期相同。2002 年 6 月,临安市供电局工会女职工委员会换届改选,邵丽继续当选为主任。2005 年,临安市供电局"95598"客户服务中心被评为 2003—2004 年临安市"巾帼文明示范岗"。2007 年,临安市供电局客户服务中心"95598"客户服务班被评为 2006 年杭州市"巾帼文明岗"。2009 年,临安市供电局工会女职工委员会组织女职工参加杭州市电力局"配电杯"女职工厨艺展示大赛,获团体一等奖和两个单项第一。

2010 年 3 月,临安市供电局工会女职工委员会换届选举,何菊萍当选为副主任。是年,临安市供电局"95598"客户服务班被杭州市工会女职工委员会授予"巾帼风采奖"。2011 年,临安市供电局"95598"客户服务班被杭州市总工会评为"杭州市五一巾帼标兵岗"。2013 年,国网浙江临安市供电公司客户服务中心营业班被中华全国总工会评为"全国五一巾帼标兵岗"。

工会女职工委员会每年都组织开展"三八节"女职工活动。2012 年,组织开展"晒晒我的幸福""秀秀我的才艺"活动,参加的女职工 100 余人。2013 年,国网浙江临安市供电公司组织参加国网杭州供电公司"书香国网、牵手幸福"女职工主题读书活动,39 名女职工作品在英大传媒集团网站刊登。

2015 年 5 月,国网浙江临安市供电公司工会女职工委员会换届选举,何菊萍当选为主任。

## 二、共青团

### (一)组织沿革

1971 年 6 月,经临安县革命委员会政治工作组批准,设立临安电力公司团支部,郭志相任书记。昌化水电站(昌化工段)单独设有团支部。1977 年 4 月,经临安县革命委员会政治工作组批准,设立临安电力公司团总支,潘之元任团总支书记。5 月,经临安电力公司团总支同意,设立临安、於潜、昌化 3 个工段团支部。

1984 年 12 月,经临安团县委批准,设立临安县供电局团委,何永林任书记。

之后,临安电力系统团委基本上是每三年进行一次换届选举。2003 年,临安市供电局第九届团委委员候选人以公开竞聘的方式产生。

2012 年,根据"三集五大"机构调整,临安市供电局党委同步部署,科学合理设置局属党工团组织,及时完善组织架构,完成 9 个团支部的调整。

2016 年,国网浙江临安市供电公司共有团员 157 人,设 11 个团支部。

临安电力系统团委历届组织概况见表 11-5。

表 11-5　临安电力系统团委历届组织概况

| 名称 | 设立时间 | 书记 | 委员人数 | 团员人数 | 届次 |
|---|---|---|---|---|---|
| 临安县供电局团委 | 1984 年 12 月 | 何永林 | 6 | — | 第一届 |
| | 1986 年 2 月 | 盛成皿 | 7 | 47 | 第二届 |
| | 1987 年 2 月 | 何菊萍 | | | |
| | 1988 年 6 月 | 徐建文 | 4 | — | 第三届 |
| | 1990 年 7 月 | 陈美丽 | 7 | — | 第四届 |
| | 1993 年 5 月 | 郑应忠 | 5 | — | 第五届 |
| | 1995 年 5 月 | 郑应忠 | 5 | 80 | 第六届 |
| 临安市供电局团委 | 1998 年 5 月 | 王国锋 | 7 | 62 | 第七届 |
| | 2001 年 4 月 | 王国锋 | 7 | — | 第八届 |
| | 2003 年 10 月 | 杜强军 | 8 | — | 第九届 |
| | 2006 年 5 月 | 徐越飞 | 9 | 108 | 第十届 |
| | 2009 年 5 月 | 邱丹 | 7 | 261 | 第十一届 |
| | 2012 年 5 月 | 付红豪 | 7 | 258 | 第十二届 |
| 国网浙江临安市供电公司团委 | 2015 年 5 月 | 毛无穷 | 7 | 141 | 第十三届 |

（二）主要活动

20 世纪 60 年代,临安县供电所成立初期,团小组带领团员青年开展"向雷锋同志学习"、学习毛泽东著作活动,开展岗位技术练兵,在电力建设中发挥积极作用。"文化大革命"期间,团组织处于瘫痪状态。

1971 年 6 月,临安电力公司团支部成立,团组织生活恢复正常,但活动有限。1976 年,"文化大革命"结束后,临安电力公司团支部开始整顿团支部,改选团干部。1977 年,临安电力公司团总支召开团员大会和团总支委员会议,发展一批新团员,对团组织生活进行部署。

1981 年,临安电力公司团总支在整顿团支部、改选团支部的基础上,召开公司团员大会,动员团员青年深入开展"五讲四美"、做新长征突击手活动。

1984 年,临安县供电局团总支开展"振兴中华"读书活动,结合本职工作开展岗位练兵,提高团员青年的文化业务水平和实际工作能力;开展技术革新和修旧利废等活动,配合党政工开展创建"文明班组"竞赛活动,充分发挥团员青年在生产上的突击作用和骨干作用。是年,团总支组织团员青年成立篮球队,参加临安团县委组织的纪念"五四"运动体育比赛,获亚军。

1987 年,临安县供电局团委开展艰苦奋斗优良传统相关教育,组织团员青年参加"双增双节"活动,推广"五个一"精神(即节约每"一分钱、一尺线、一颗螺丝、一滴油、一度电"),全年节约支出 24 万元。1988 年,临安县供电局团委举办青年职工电力线路安全技术知识竞赛。1990 年,临安县供电局团委开展团员教育评议活动,通过对团员的正面教育,提高团员素质,发挥团员的先锋模范作用。临安县供电局团委被临安团县委授予"1990 年县级共青团工作进步奖"称号。

1991 年,临安县供电局变电工段团支部创办团刊《变电青年》。4 月,临安县供电局团委成立玲珑供电所电力抢修突击队,在供电所团支部的配合下,随时随刻处理各种电力事故,最大限度地满足广大客户的要求。1992 年 11 月,临安县供电局团委贯彻团中央关于代表和维护青少年权益的指示精神,设立临安县供电局团委青工利益维权工作小组,在临安县供电局党委的领导下,本着坚持对青年负责和正确处理青年利益与全局利益关系的原则,积极为青年多做实事,引导青年为振兴临安经济、壮大企业实力作贡献。1993 年,临安县供电局团委创办《临电团讯》(后改为《临电青年》)。

1998 年,临安市供电局团委组建第一支足球队;组织团员青年参加杭州市电力局团委主办的"我为电力营销进一言"活动,为企业进一步发展出谋划策;开展社会公益活动,参与由临安团市委牵头的"手拉手"结对帮扶下岗职工子女助学活动;组织庆祝"改革开放 20 年"系列活动,包括征文活动、书法比赛、摄影比赛、绘画比赛等。

1999 年,临安市供电局团委以"爱国主义、集体主义和社会主义教育"为重点,组织纪念"五四"爱国运动80 周年大型活动、为临安福利院孤儿捐款活动、"电力走向市场大讨论"演讲比赛、以"三讲"为主要内容的黑板报比赛、"党纪、政纪条规"知识竞赛、迎接新世纪元旦文艺晚会。在局域网上创办青年刊物——《临电青年》,成为向青工进行思想教育、及时传达团工作信息、供爱好写作的青年团员发挥一技之长的青年园地。在加强企业文化建设的过程中,局属各单位的宣传工作基本上由各单位的团支部承担,团组织在宣传工作中发挥很大作用。8 月,临安市供电局团委发起"青年文明号"创建活动,经临安市供电局党委批准,设立以临安市供电局工会主席为组长的"青年文明号"创建领导小组,首批"青年文明号"创建对象"锦城供电所客户服务中心""变电工区 220 千伏青云变"被临安团市委命名为"2000 年度临安市级青年文明号"。2002 年,临安市供电局团委被临安团市委授予"2001 年度临安市共青团工作先进集体"称号。

2004 年,临安市供电局团委成立"先行"青年读书社,创办《先行》团刊(2005 年转为局级刊物),收录临安市供电局青年职工关于热点聚焦、基层写真、职场经略、职工生活等方面的文章。

2008 年初的抗冰雪灾害抢险活动中,临安市供电局团委号召全体青年团员积极参加,全局各条战线的青年团员表现出敢于吃苦、勇于奉献的精神,抢在一线,干在前沿,发挥青年人的生力军作用。在创建"群众满意基层站所""青年光明行"等活动中,临安市供电局局团委主动参与,组织广大青年志愿者走进广场、走进小区、走进学校、走进农村、走进敬老院,为社会服务,为企业服务。是年,临安市供电局团委被杭州团市委授予"2007 年度杭州市先进团委"称号。

2009—2012 年,临安市供电局团委发动广大团员青年主动参与电力系统职业技能年、文化艺术年、体育运动年和"三位一体"综合竞赛等活动,取得一系列优秀的成绩;除组织中秋晚会、篮球赛和足球赛等常规活动外,还组织开展电影沙龙活动、单身青年职工联谊活动、优秀团员青年世博游活动、"3·12 绿色家园行动"和无偿献血等活动;通过开展"与责任同行"演讲比赛、"统一的企业文化建设""庆祝中华人民共和国成立 60 周年""庆祝中国共产党成立 90 周年"等系列活动,引导团员青年谈看法、写体会,进一步统一全局团员青年的思想;通过组织《阳光心态》《我们的九十年》团史讲座,帮助团员青年培养良好的职场心态和职业道德。临安市供电局团委获 2009—2012 年杭州市五四红旗团委、浙江省电力公司"五有"团委称号;10 余名青年团员获杭州市"功勋志愿者"、浙江省电力公司优秀团干部、岗位能手等荣誉。

2012 年,临安市供电局团委开展青年"号手岗队"活动,营造"比学赶超"浓厚氛围。其后 3 年,一些团员青年荣获"中央企业技术能手""国家电网公司技术能手"、浙江省"青年岗位能手"、国网浙江省电力公司"百对好师徒"、国网浙江省电力公司"劳动模范"、杭州市"五一劳动奖章"等荣誉称号,充分展示团员青年风采。开展进学校、小区、敬老院等志愿服务,举办"电力安全知识宣传""送课进校园"等形式多样的电力服务活动。开展"中国梦·国网情"主题学习、"制度管事、文化管心"主题征文及演讲比赛。开展"阳光心灵助力安全生产"活动,对安全从业人员进行心理知识宣传、心理疏导和心理帮助,制作《认识自我,助力情绪管理》课件。组织志愿者参加"城乡联动,万人参与"清洁大行动、"七一"进社区用电宣传服务、"国际志愿者日"服务孤寡老人活动、安全用电进校园活动等志愿服务。深化"阳光乡村行活动",与共建单位青山湖街道团工委,共同开展清明祭扫烈士陵园活动。联合浙江省送变电工程公司团委、锦北街道团工委和西林小学团工委,开展"用心为希望着色"电力爱心助学行活动。在临安市外来务工子女学校开展"微心愿"圆梦活动、帮扶结对活动、电力爱心图书角捐赠和电力课堂活动。举办联欢晚会,开展登山、跳绳和户外拓展训练等体育活动,组织电影沙龙、球迷协会、户外骑行和单身青年联谊等活动,提升团员的团队意识,丰富团员的业余生活。

# 人 物 录

## 一、企业主要负责人

**翁顺潮**（1914—2002年） 浙江余杭人。高小文化程度。1930—1934年，在富阳萍利电厂当学徒。1935—1951年，在新登新兴电灯公司及临安丰年碾米厂等当内燃机工。1951年5月，被浙江省政府评为三等工业劳动模范。1951年6月起，任裕民米厂负责人。1953年7月起，任临安电厂厂长。1954年12月，加入中国共产党。1960年8月起，任临安县供电所主任。1963年1月起，任临安电力公司副经理。1967年12月起，任临安电力公司革命委员会副主任。1979年11月，退休。2002年6月12日，逝世。

**辛苗海**（1933年7月—） 浙江临安人。高小文化程度。中国共产党党员。1950年8月，参加工作。1956年4月起，任临安农村有线广播站站长。1958年3月起，任三口乡党总支副书记。1958年10月起，任亭子人民公社党委委员。1958年11月起，任亭子钢铁厂党委副书记。1959年3月起，任临安电厂党支部副书记（主持工作）。1959年12月，调离临安电厂。

**刘德柱**（1928—2011年） 山东沂源人。初中文化程度。1948年12月，参加工作。1949年10月，加入中国共产党。1961年10月起，任临安县供电所党支部书记。1962年11月，调离临安县供电所。2011年12月29日，逝世。

**张景亭**（1915—2012年） 山东益都人。高小文化程度。1945年7月，参加工作。1947年4月，加入中国共产党。1962年11月起，任临安县供电所党支部书记。1963年1月起，任临安电力公司党支部书记、经理。1973年4月起，任临安电力公司党支部副书记、临安电力公司革命委员会主任。1976年11月起，任临安电力公司党总支书记、临安电力公司革命委员会主任。1978年4月起，任临安电力公司党总支书记、经理。1982年6月，离休。2012年9月，逝世。

**黄再荣**（1934年7月—） 浙江临安人。初中文化程度。1956年12月，加入中国共产党。1968年12月前，任临安县工商行政管理局革命领导小组组长。1968年12月起，任临安电力公司革命委员会主任。1969年4月，调离临安电力公司。

**朱开清**（1924年4月—） 山东滕州人。高小文化程度。1946年10月，加入中国共产党。1948年2月，参加工作。1952年10月起，任中国新民主主义青年团昌化县委副书记。1954年11月起任昌化团县委书记。1958年4月起，任新溪乡党总支书记。1959年1月起，任昌化硫化厂党支部书记。1961年9月起，任新溪人民公社党委书记。1970年10月起，任临安电力公司党支部书记、临安电力公司革命委员会主任。1976年11月，调离临安电力公司。

**潘之元**（1939年12月—） 浙江州安人。普师文化程度，高级政工师。1958年7月起，在昌化硫化厂当工人。1959年9月起，在临安师范学校读书。1960年1月，加入中国共产党。1962年4月起，在岛石公社南阳小学任教。1963年12月起，在昌化剧团当会计。1969年3月起，任昌化水电站党支部委员。1976年11月起，任临安电力公司党总支委员、团总支书记、工会主席。1978年9起，任临安电力公司党总支副书记、副经理。1982年11月起，任临安电力公司党总支书记。1984年12月，临安县供电局党总

---

支升为党委,任党委书记。1991年12月起,任临安县供电局局长。1999年12月退休。

**周作模**(1931年12月—) 浙江临安人。高中文化程度,工程师。1951年起,在昌化县马啸乡学校任教。1952年5月起,在昌化县文教局工作。1959年11月,调入临安县水电局任技术干部。1962年6月,调入临安电力公司,随后相继担任临安电力公司技术干部、生技股股长。1981年11月起,任临安电力公司副经理。1982年11月起,任临安电力公司经理。1983年9月,加入中国共产党。1983年12月起,任临安县供电局局长。1984年12月起,兼任临安县供电局党委副书记。1991年12月,退休。

**何永林**(1953年2月—) 浙江杭州人。大学本科学历,高级政工师。1969年4月起,为余杭县沾桥公社三联大队插队知青。1972年11月起,在杭州供电局工作。1974年10月起,任临安电力公司昌化变电站运行工、副班长。1980年11月,加入中国共产党。1983年3月起,相继担任临安电力公司变电工段党支部书记、公司团总支书记,临安县供电局办公室副主任、主任、局团委书记、党委委员。1990年5月起,任临安县供电局党委副书记级纪检组长、纪委书记、党委副书记。1997年4月起,任临安市供电局党委书记。2007年11月,被聘为浙江省电力公司管理三级专家。2010年8月起,任临安市供电局协理员(杭州市电力局正处级)。2013年3月,退休。

**沈跃建**(1960年3月—) 浙江富阳人。大学本科学历。1978年12月起,相继担任富阳电力公司富阳工段线路工、办公室驾驶员。1982年3月起,相继担任富阳供电局文书、办公室副主任、主任。1986年4月,加入中国共产党。1994年10月起,任富阳市供电局副局长。1998年9月起,任临安市供电局局长、党委副书记。2000年12月,调离临安市供电局。

**李连强**(1964年1月—) 安徽利辛人。研究生学历。1980年11月,参加工作。1985年,进入浙江省电力职工大学读书。1987年7月起,相继担任临安县供电局变电工段技术员、副工段长。1988年6月,加入中国共产党。1992年1月起,任生产技术股副股长。12月起,任临安县供电局局长助理。1993年3月起,任临安县供电局党委委员。1996年4月起,任临安市供电局副局长。2000年12月起,任临安市供电局代局长。2001年4月起,任临安市供电局局长。2006年6月,调离临安市供电局。

**宋耘**(1968年5月—) 浙江杭州人。研究生学历。1996年6月,加入中国共产党。1990年8月起,相继担任杭州市电力局电气承装公司办事员、劳动人事处主管、劳动人事处副处长、多种经营处处长、人力资源处处长。2006年6月起,任临安市供电局局长、党委委员。2010年8月起,任临安市供电局局长、党委副书记。2013年7月起,任国网浙江临安市供电公司总经理、党委副书记。2013年9月,调离国网浙江临安市供电公司。

**丁松**(1963年8月—) 浙江湖州人。研究生学历。1980年11月,参加工作。1992年2月起,相继担任临安县(市)供电局企业管理办公室副主任、多种经营办公室主任、行政科科长、农电管理总站站长、局办公室主任。2000年5月,加入中国共产党。2000年12月起,任临安市供电局副局长。2001年8月起,任临安市供电局党委委员。2009年2月起,任余杭供电局副局长。2010年8月起,任临安市供电局党委书记、副局长。2013年7月起,任国网浙江临安市供电公司党委书记、副总经理。

**沈广**(1974年7月—) 浙江上虞人。研究生学历。1993年6月,加入中国共产党。1995年9月,参加工作。2004年3月起,任杭州市电力局城东供电局副局长。2007年3月起,任杭州市电力局营销处副处长兼客户中心副主任。2008年5月起,任杭州市电力局城北供电局局长、党总支书记。2011年12月起,任杭州市电力局办公室主任。2012年12月起,任杭州市电力局副总工程师、办公室主任。2013年9月起,任国网浙江临安市供电公司总经理、党委副书记。2015年12月,调离国网浙江临安市供电公司。

**殷伟斌**(1974年5月—) 浙江长兴人。研究生学历。1996年8月起,先后在杭州市电力局送电管理所、送电工区工作。2003年10月,加入中国共产党。2008年5月起,任杭州市电力局送电工区党支部书记、副主任。2011年12月起,任杭州市电力局电力建设分公司总经理。2013年9月起,任国网杭州供电公司运维检修部配电运检工区主任、供电抢修服务中心常务副主任。2013年12月起,任国网杭州供电公司运维检修部(检修分公司)副主任、配电运检室主任、供电抢修服务中心常务副主任。2015年12月起,任国网浙江临安市供电公司总经理、党委副书记。2016年9月,调离国网浙江临安市供电公司。

**洪洲**(1971年10月—) 浙江富阳人。研究生学历。1992年10月起,先后在富阳市供电局基建科、变检所、青云所、调度所工作。1999年10月,加入中国共产党。2001年12月起,任富阳市供电局调度所所长兼通调公司经理。2004年2月起,任富阳市供电局输变电检修所所长兼浙江容大电力工程有限公司总经理。2005年7月起,任浙江容大电力工程有限公司总经理。2005年11月起,任富阳市供电局总工程师。2006年11月起,任富阳市供电局党委委员、总工程师。2007年11月起,任桐庐县供电局党委委员、副局长。2008年,被聘为浙江省电力公司管理三级专家。2013年6月起,任国网桐庐县供电公司党委委员、副总经理。2014年3月起,任国网浙江淳安县供电公司总经理、党委副书记。2016年9月起,任国网浙江临安市供电公司总经理、党委副书记。

## 二、企业先进人物

### (一)浙江省劳动模范

临安电力系统职工获浙江省劳动模范情况见表1。

**表1 临安电力系统职工获浙江省劳动模范情况**

| 受奖人 | 荣誉称号 | 授予单位 | 获奖年份 |
|---|---|---|---|
| 翁顺潮 | 浙江省三等工业劳动模范 | 浙江省政府 | 1951 |

### (二)国家电网公司劳动模范

临安电力系统职工获国家电网公司劳动模范情况见表2。

**表2 临安电力系统职工获国家电网公司劳动模范情况**

| 受奖人 | 荣誉称号 | 授予单位 | 获奖年份 |
|---|---|---|---|
| 李宁 | 国家电网公司劳动模范 | 国家电网公司 | 2013 |

### (三)杭州市劳动模范

临安电力系统职工获杭州市劳动模范情况见表3。

**表3 临安电力系统职工获杭州市劳动模范情况**

| 受奖人 | 荣誉称号 | 授予单位 | 获奖年份 |
|---|---|---|---|
| 方明治 | 1992年度杭州市劳动模范 | 杭州市政府 | 1993 |
| 宋林根 | 1993年度杭州市劳动模范 | 杭州市政府 | 1994 |
| 潘之元 | 1995年度杭州市劳动模范 | 杭州市政府 | 1996 |
| 李宁 | 杭州市劳动模范 | 杭州市政府 | 2016 |

### (四)(国网)浙江省电力公司劳动模范

临安电力系统职工获(国网)浙江省电力公司劳动模范情况见表4。

**表4 临安电力系统职工获(国网)浙江省电力公司劳动模范情况**

| 受奖人 | 荣誉称号 | 授予单位 | 获奖年份 |
|---|---|---|---|
| 程炜东 | 第一届浙江省电力公司劳动模范 | 浙江省电力公司 | 2010 |
| 李宁 | 第二届浙江省电力公司劳动模范 | 浙江省电力公司 | 2012 |
| 林青山 | 第三届国网浙江省电力公司劳动模范 | 国网浙江省电力公司 | 2014 |
| 周亚 | 第四届国网浙江省电力公司劳动模范 | 国网浙江省电力公司 | 2016 |

# 附　录

## 附录一

### 临安电力企业年表

| 时间 | 名称 | 地址 |
|---|---|---|
| 1953 年 12 月—1960 年 8 月 | 临安电厂 | 临安县城关镇 |
| 1960 年 8 月—1962 年 12 月 | 临安县供电所 | 临安县城关镇 |
| 1963 年 1 月—1967 年 12 月 | 临安电力公司 | 临安县临安镇 |
| 1967 年 12 月—1978 年 4 月 | 临安电力公司革命委员会 | 临安县临安镇 |
| 1978 年 4 月—1983 年 12 月 | 临安电力公司 | 临安县临安镇 |
| 1983 年 12 月—1996 年 12 月 | 临安县供电局 | 临安县锦城镇天目路 |
| 1996 年 12 月—2013 年 5 月 | 临安市供电局 | 临安市锦城镇上甘路/万马路 |
| 2013 年 5 月—2016 年 12 月 | 国网浙江临安市供电公司 | 临安市锦城街道万马路 |

## 附录二

# 临安县政府呈浙江省建设厅

**事由**　为呈送临安县电灯公司注册书图暨申领执照及印花费银二件鉴核示遵由。

**时间**　民国二十五年三月四日。

**案奉**　钧厅二十五年二月十日第七四三号训令内开：

"案奉　建设委员会二十五年一月三十日第三七号训令开：'查各地三四等电厂补办注册一案本会曾于二十三年十二月十八日公布《全国三四等电气事业补办注册暂行办法》令发各省建设厅转发未申请注册之三四等电厂遵照在案兹查自该项办法施行以来遵限申请注册者固已不少而迄未遵办者为数尚多设一律予以取缔不准注册或勒令停办似非体恤商粮之至意特将该项办法第 1 条之注册期限准予展长一年截止本年年底为止合行抄发该省尚未补办注册之三四等电厂名单一纸令仰该厅分饬各设电厂一体遵照并随时督促依限补办以崇电政'等因。奉此，除分令外，合行令仰该县长即便转临安电灯公司遵照办理，并随时督促依限补办，以崇电政。此令。"等因，奉经转饬本县电灯公司遵照去后，兹据该公司呈送各项书图，暨执照、印花等费银，请予转呈等情，据此，除批示外，理合检同原件，并执照印花等费洋十四元，一并备文呈请鉴核办理，指令祗遵。

　　谨呈

浙江省建设厅兼厅长黄

计呈送企业意见书二份，营业区域图二份，创业概算书二份，收入概算书二份，支出概算书二份，工程计划书二份，路线分布图一份，发电所内线图二份，营业章程概要二份，投资人名簿二份，首席申请人及主任技术员履历二份，地方政府意见书二份，法币十四元。收据已交送款人带回。

何扬烈

临安县县长

# 附录三

## 浙江省人民委员会文件

## 浙江省人民委员会
## 关于电网输变电设备管理问题的通知

### 计字 435 号

专员公署、杭州市、湖州市、富阳、余杭、临安、萧山、桐庐、绍兴、衢县、江山、建德、淳安、嘉善、平湖、海盐、德清、桐乡、海宁、嘉兴、吴兴县人民委员会,省电业管理局:

为了加强集中统一领导,适应电力工业的特点,以利于安全发供电,对本省电网输变电设备的管理问题,作如下通知:

1.本省电网内 35 千伏、10 千伏(包括 6 千伏)的输变电设备,改由省电业管理局负责领导管理,今后凡是计划安排,电网调度,基本建设,经营管理,机构人员及生产技术工作等,均由省电业管理局直接领导,统计管理。自一九六二年七月改变隶属关系。

2.电网内各县供电机构,应当根据技术经济的合理性进行必要的调整。具体整编方案由省电业管理局决定。

3.人民公社投资兴建的全部输变电设备,仍归公社所有。为加强对设备运行、检修工作的领导,由电业部门与公社进行协商,在征得公社同意后由电业部门统一管理。如公社愿意自己管理,亦可由其自行负责管理。

4.一九六二年五月三日省人民委员会批转省水利电力厅"关于做好防汛防旱工作,保证农业丰收的报告"中有关输变电设备的管理办法,如与这次通知的规定有出入时,按照这次通知执行。

浙江省人民委员会(印)

一九六二年七月三日

## 附录四

# 浙江省人民委员会文件

## 浙江省人民委员会
## 关于将嘉兴供电局等企业划归水电部直属
## 管理的通知

　　省电业管理局,嘉兴、金华专署,杭州市,临安、桐庐、余杭、萧山、富阳、诸暨、嘉兴、平湖、桐乡、嘉善、海宁、德清、海盐、长兴、吴兴、江山、衢县、建德、绍兴县人民委员会,杭州、嘉兴、浙西供电局:

　　国家经委经企耿字 323 号通知,同意将本省嘉兴供电局,绍兴、江山、衢州、临安、桐庐、余杭、萧山等供电所(公司)和湖州、绍兴电厂、江山煤矿自备电厂等二十一个企业划归水利电力部直属管理。请即办理交接手续。

　　附:划归水利电力部直属管理的企业名单。

浙江省人民委员会(印)

一九六三年三月二十九日

　　抄:国家经委,水利电力部,华东局计委,华东电业管理局;省计划经济委员会,财政厅,煤炭厅。

划归水利电力部直属管理的企业名单

| 所属供电局 | 上划单位 |
| --- | --- |
| 省电业管理局杭州供电局 | 临安电力公司、桐庐电力公司、余杭电力公司、萧山电力公司(诸暨斗门变电站并入)、富阳电力公司,共 5 个单位 |
| 省电业管理局嘉兴供电局 | 嘉兴供电所、平湖供电所、桐乡供电所、嘉善供电所、海盐供电所、德清供电所、长兴供电所、海宁供电所、吴兴供电所、湖州发电厂,共 10 个单位 |
| 省电业管理局浙西供电局 | 江山供电所、衢州供电所、江山煤矿自备电厂、新安江供电所(淳安、寿昌变电站并入),共 4 个单位 |
| 省电业管理局 | 绍兴供电公司、绍兴发电厂,共 2 个单位 |

# 附录五

## 国家经济委员会文件

### 关于同意将浙江省十七个县的
### 部属供电企业划给地方管理的复函

经体〔1986〕60 号

水利电力部、浙江省政府：

水电部〔85〕水电劳字第 14 号、浙江省浙政发〔1984〕275 号文均悉。

经与有关部门商量，同意浙江省的萧山、余杭、富阳、临安、桐庐、长兴、嘉善、平湖、海盐、海宁、桐乡、德清、建德、江山、诸暨、龙游、淳安等十七个县的 35 千伏及以下的供电由直供改为趸售形式，下放地方管理。对重点企业用电，仍由浙江省电力局按国家计划任务保证供应。

有关财政、设备、劳动、物资等项指标的划转，从一九八六年一月一日起，按国家有关规定办理，关于趸售折扣率问题，按现行规定执行，不再提高。

中华人民共和国国家经济委员会（印）
一九八六年一月三十日

抄送：国家计委、财政部、劳动人事部、国家物资局，浙江省计经委、财政厅。
本委能源局。
国家经委办公厅。

# 附录六

## 浙江省电力工业局关于下发
## 十七个县供电局划为省属企业后计划、财务、劳资有关规定的通知

浙电劳(88)第 87 号

杭州、绍兴、湖州、嘉兴、金华、衢州电力(业)局：

根据国家经委经体(86)60 号、水电部(86)水电劳字第 22 号文的精神，现将十七个县供电局划为省属企业后计划、财务和劳资的有关规定发给你们，请遵照执行。

附件①：

1. 关于十七个县供电局划为省属企业后线损率、计划、统计的有关规定。

2. 关于十七个县供电局划为省属企业后财务处理及会计核算的有关规定。

3. 关于十七个县供电局划为省属企业后劳动工资的有关规定。

浙江省电力工业局(印)
一九八八年四月十九日

# 附录七

## 浙江省委组织部

### 浙组通〔2005〕16 号

### 关于调整 11 个市电力(业)局(公司)和 59 个县(市、区)供电(电力工业)局(公司)党组织隶属关系的通知

各市、县(市、区)党委,省电力公司党组:

随着电力体制改革的不断深化,浙江省电力公司已按照国家有关要求实行了网厂分开政企分开,各市电力(业)局(公司)和各县(市、区)供电(电力工业)局(公司)已成为省电力公司的核心企业,不再具有行政管理职能。为进一步理顺浙江省电力公司全系统的党组织关系,使省电力公司党组织更好地按照建立现代化企业制度的要求,对系统内党组织实行统一管理,更好地服务我省经济社会发展,根据中共中央组织部《关于在深化国有企业改革中党组织设置和领导关系等有关问题的通知》中(中组发〔1998〕9 号)明确的"国有企业实行改组、改制、联合、兼并或其他形式改革后,企业的组织形式发生变化,企业党组织要按照党章规定,根据企业规模、党员人数和工作需要,经上级党组织批准,同步组建、改建或更名党的基层委员会(总支部委员会,支部委员会)选配好党组织负责人。企业内部的党组织设置,也要随着企业组织结构和党员分布状况的变化,及时进行调整"的精神,经省委研究决定,对现由地方党委管理的 11 个市电力(业)局(公司)和 59 个县(市、区)供电(电力工业)局(公司)党组织的隶属关系予以调整:即将现由地方党委管理的 11 个市电力(业)局(公司)党组织,调整为省电力公司机关党委管理;现由地方党委管理的 59 个县(市、区)供电(电力工业)局(公司)党组织,调整为 11 个市电力(业)局(公司)党委管理。

以上各市电力(业)局(公司)和各县(市、区)供电(电力工业)局(公司)领导干部管理仍按双重管理办法执行,上级电力(业)局(公司)党委为主管理,各级地方党委协助管理。

附:调整党组织隶属关系的 11 个市电力(业)局(公司)和 59 个县(市、区)供电(电力工业)局(公司)名单

浙江省委组织部(印)

2005 年 4 月 5 日

附

## 调整党组织隶属关系的11个市电力(业)局(公司)和
## 59个县(市、区)供电(电力工业)局(公司)名单

一、以下11个市电力(业)局(公司)的党组织关系隶属于浙江省电力公司机关党委。其党组织和党员的日常管理由浙江省电力公司机关党委负责：

杭州市电力局、宁波电业局、温州电业局、嘉兴电力局、湖州电力局、绍兴电力局、金华电力局、衢州电力局、舟山市电力公司、台州电业局、丽水电业局

二、以下59个县(市、区)供电(电力工业)局(公司)的党组织关系分别隶属于11个市电力(业)局(公司)党委管理。其党组织和党员的日常管理分别由11个市电力(业)局(公司)党委负责：

隶属于杭州市电力局党委的：

1.萧山供电局

2.余杭供电局

3.富阳市供电局

4.临安市供电局

5.桐庐县供电局

隶属于宁波电业局党委的：(略)

隶属于温州电业局党委的：(略)

隶属于嘉兴电力局党委的：(略)

隶属于湖州电力局党委的：(略)

隶属于绍兴电力局党委的：(略)

隶属于金华电业局党委的：(略)

隶属于衢州电业局党委的：(略)

隶属于舟山市电力公司党委的：(略)

隶属于台州电业局党委的：(略)

隶属于丽水电业局党委的：(略)

# 后 记

修志是我国悠久的文化传统。志载史实,可为后人留下宝贵的精神财富。编纂《临安电力工业志(1930—2016)》,旨在为临安电力事业更好更快的发展提供借鉴,起到"存史、资治、教化"的作用,是一件十分有意义的事。

《临安电力工业志(1930—2016)》的编纂工作起步较晚,2010年3月,《临安电力志》编纂委员会和编纂办公室成立。之后,又根据工作及人员的变动情况调整编纂委员会、编纂办公室名称及成员。编纂工作在宣传发动、制订计划、印发纲目后,因故一度停止。2015年4月,已退休的原临安市供电局党委书记何永林(主编)在时任国网浙江临安市供电公司总经理沈广的要求下重新主持启动编纂工作,公司档案室方恒慧(副主编)重新制订纲目,搜集资料,撰写志稿。公司历任主要领导宋耘、丁松、沈广、殷伟斌、洪洲、李宏雯等及现任总经理朱卫东、党委书记王一达都高度重视本志书的编纂工作,对编纂工作的顺利开展和完成起到了重要作用。

搜集资料为撰写志书的基础。编纂办公室采用先内后外、先古后今的方法,广征博采,多方搜集资料,在充分利用公司档案室所存档案资料的基础上,前后数十次赴浙江省、杭州市、临安区档案馆、临安区地方志办公室,临安区水利水电局及国网浙江省电力公司、国网杭州供电公司档案室广泛查阅资料。但终因年湮事远,加上公司在20世纪80年代前未设立档案室,前期资料奇缺。在收集到的资料中,亦有不少存疑的资料信息,需多方求证,仔细核实,方能入志。

在本志书的编纂过程中,从篇目设计到编写志书,为博采众长,力求反映时代特点、地域特色和企业专业性,修志人员根据上级领导和修志专家的意见,并借鉴兄弟单位出版的志书,先后多次调整、修改志书篇目内容。2021年5月,完成初稿。之后,进行内审和修补。2022年10月,经修补完善的内审稿送至浙江省电力系统史志专家徐长松和临安区地方志办公室方志专家许锦光审稿,在徐长松和许锦光等专家的指导下,继续修补完善。如此反复修改,八改其稿,于2023年5月22日,召开终审会。会上,浙江省电力系统史志专家徐长松和临安区地方志办公室方志科杨彩霞(受方志科科长许锦光委托参加终审会)一致同意《临安电力工业志(1930—2016)》通过终审。

《临安电力工业志(1930—2016)》前设概述、大事记,以统领全志,纵述全貌;专志设发电、电网、供电、用电、营业、农电、管理、多种经营、科学技术、职工、党群共11章;卷末辑人物录、附录。

为使本志书真正能存真求实、经世致用,编纂力求科学性、系统性、史料性、规范性相统一,全书由副主编方恒慧负责编写和修补,各部门、单位联络人员提供专业数据,公司原档案管理专职人员章梵、大有集团临安分部原档案管理员楼春莉和现档案管理员姚晓倩等做了大量的资料数据梳理工作。主编何永林对每一稿都进行仔细审核,并提出大量的修补意见。其间,公司历任领导对此项工作给予了极大的支持,尤其是赵训君、张稼睿多次牵头组织协调,召开内审会。编纂过程中,得到了临安区地方志办公室、临安区档案局、临安区水利水电局等单位的大力支持,特别是临安区档案局原副局长朱建潮多次帮忙在档案馆里查找临安电力早期档案。公司老领导周作模、潘之元、陆鉴、陈坚以及现任有关领导黄小平、包红民等也十分关心本志书的编纂工作，并提出了宝贵的修改意见和建议。浙江省电力系统史志专家徐长松数次仔细审阅稿件，提出修改意见，提供了不少很有价值的档案资料，还数次到临安进行现场指导、竭诚赐教。

在本志书出版之际，谨向关心、支持、帮助修志工作的各位专家、领导、退休老同志和同事们表示衷心的感谢。

由于编者水平有限，本志书难免存在疏漏差误之处，恳请领导、专家、读者不吝赐教。

《临安电力工业志》编纂办公室

2023 年 5 月